甘肃水利统计年鉴2015

GANSU SHUILI TONGJI NIANJIAN2015

甘肃省水利厅 编

甘肃科学技术出版社

图书在版编目（CIP）数据

甘肃水利统计年鉴·2015/甘肃省水利厅编.--兰州：甘肃科学技术出版社，2023.1
ISBN 978-7-5424-3026-7

Ⅰ.①甘…Ⅱ.①甘…Ⅲ.①水利建设-统计资料-甘肃-2015-年鉴 Ⅳ.①F426.9-54

中国国家版本馆CIP数据核字（2023）第002681号

甘肃水利统计年鉴2015
甘肃省水利厅 编

责任编辑　刘　钊
封面设计　杜世忠　孙顺利

出　版　甘肃科学技术出版社
社　址　兰州市城关区曹家巷1号 730030
电　话　0931-2131572（编辑部） 0931-8773237（发行部）

发　行　甘肃科学技术出版社　　　印　刷　兰州鑫泰印刷有限公司
开　本　889毫米×1194毫米　1/16　印　张　34.25 插 页 3 字 数 870千
版　次　2023年2月第1版
印　次　2023年2月第1次印刷
印　数　1~300
书　号　ISBN 978-7-5424-3026-7　　　定　价　189.00元

图书若有破损、缺页可随时与本社联系：0931-8773237
本书所有内容经作者同意授权，并许可使用
未经同意,不得以任何形式复制转载

编 委 会

主　任：魏宝君

副主任：李　均　栾维功　何春三　陈德兴　王金城　翟自宏　张世华　陈新江

委　员：赵建林　李　峰　路泽生　周瑾成　朱建海　姚进忠　牛最荣　李延寿
　　　　刘立昱　徐崇锋　李　龙　郭万荣　郭海临　刘宗平　周　荣　贾小明
　　　　苏永新　贾文平　刘向荣　刘晓峰　严文学　郑百战　雷小平　阎有勇
　　　　刘绍斌　杨忠琪　张建胜　廖　赞　张　潜　周川琪　安　鑫　赵元忠
　　　　董江善　杨正华　刘　强　张本胜　张新民　曾有孝　冯德宝　张永明

编 写 人 员

主　　编：郭海临　安　鑫

副 主 编：冯德宝　张永明

执行编辑：肖丽丽

编辑人员：刘璞祖　李昌兰　周　龙　韩廷宇　王海宁　姜国军　秦　蕾
　　　　　王敦瑜　王　欢　牛亚芳　白宝宁　李　宁　李　军　张　伟
　　　　　赵学艳　张朝辉　吴少卿　陈　静　王喜泽　李焯然　冯郑萍
　　　　　孔吉军　张学政　闫晓芳　雷　蕾　顿银彬　何娟玲　李怡平
　　　　　杨进东　王柏森　丁茂兰　张天任　马　健　朱高忠　党文涛
　　　　　李常亮　王嘉翔　陈　鹏　张　帆　唐颖丰　陈　璐　张蓉琪

编 者 说 明

一、《甘肃水利统计年鉴2015》系统收录了甘肃省各市州及省属有关单位2015年水利工程设施、工程效益、资金投入等方面的统计数据，是一部全面反映2015年甘肃省水利发展情况的资料性年鉴。

二、本年鉴正文内容分为四个篇章，即：水利综合指标（按县区分）、水利综合指标（按流域分）、水利建设投资统计、主要统计指标解释。

三、单位采用国际统一法定标准计量单位和水利统计惯用单位。

四、部分数据合计项由于数字位数取舍而产生的计算误差，均未做机械调整。

五、年鉴编辑过程中得到诸多单位和同志的大力支持，在此深表谢意。限于编辑经验和水平，本年鉴难免存在缺点和错误，望各界专家、领导和广大读者提出宝贵意见和建议。

2015年主要指标完成情况说明

1. 水利总投入

2015年下达各类水利投资计划153.95亿元,同比增长34.9%,创历史新高。分投资来源看,中央投资63.74亿元,省级投资23.38亿元,市县自筹及群众投劳折资11.3亿元;农村饮水安全项目省级贷款3.97亿元,农发行贷款38.22亿元,其他项目贷款12.21亿元;农村水电项目社会融资及银行贷款1.13亿元。完成各类水利投资165.8亿元,其中水利固定资产投资158.79亿元,小型及其他水利项目投资7.01亿元。

2. 水利建设项目

2015年水利在建项目747个,其中本年施工737个,筹建10个。本年施工项目中,当年开工470项,续建267项;本年全部建成投产521项。在建项目投资总规模521.84亿元,同比增加10.51%。在建项目累计安排投资343.33亿元,累计到位资金320.48亿元,累计完成投资291.79亿元,累计新增固定资产212.24亿元。

2015年水利建设项目计划投资134.51亿元,其中中央投资57.01亿元;到位资金142.82亿元,其中中央投资56.91亿元;完成投资158.79亿元,其中中央投资81.61亿元。

3. 水利工程年供水能力及供水量

水利工程年供水能力达到147.45亿米^3。年供水量117.95亿米^3,其中:内陆河流域76.7亿米^3,黄河流域38.94亿米^3,长江流域2.31亿米^3;农业灌溉88.02亿米^3,工业生产10.79亿米^3,城镇生活4.38亿米^3,乡村生活4.65亿米^3,生态环境10.1亿米^3。甘肃省人均用水量458米^3(2015年末,常住人口2590.78万人),比上年人均减少7米^3。全国人均用水量445米^3。甘肃省农田灌溉亩均用水量493米^3/亩。

4. 城乡供水

已建成城乡集中式供水工程12 181处,其中:城镇自来水厂106处,农村集中式供水工程12 075处;农村分散式供水工程74.89万处。

5. 灌溉面积

灌溉面积累计达到1501.76千公顷。其中:耕地灌溉面积(有效灌溉面积)1306.72千公顷,林果草灌溉面积195.04千公顷。

6. 节水灌溉面积

节水灌溉面积累计达到920.67千公顷。其中:喷灌24.09千公顷,微灌176.5千公顷,低压管灌160.63千公顷,渠道防渗516.6千公顷,其他工程42.85千公顷。

7. 集雨补灌

集雨补灌面积新增 0.45 千公顷，减少 4.27 千公顷，年末达到 295.59 千公顷。集雨水窖新增 0.43 万眼，减少 1.74 万眼，累计达到 174.58 万眼。

8. 农村饮水安全

农村饮水安全达标人口新增 147.75 万人，累计达到 2086.02 万人。

9. 水土流失治理

治理水土流失面积 2057.3 千米^2，核减治理水土流失面积 193.6 千米^2，累计达到 7.70 万千米^2。新修梯田 84.84 千公顷，核减 11.31 千公顷，累计达到 2 016.27 千公顷。

10. 农村水电

已建成水电站 709 座。其中：大型水电站 6 座；中型水电站 35 座；小型水电站 668 座。

11. 规模以上灌区

规模以上灌区 417 处，耕地灌溉面积 1245.69 千公顷。其中：50 万亩以上灌区 4 处，30 万~50 万亩灌区 19 处，10 万~30 万亩灌区 21 处，5 万~10 万亩灌区 34 处，1 万~5 万亩灌区 161 处，0.2 万~1 万亩灌区 185 处。

规模以上灌区渠道长度 8.81 万千米（流量 0.2 米^3/秒及以上渠道），其中衬砌防渗渠道长度 4.17 万千米。

12. 水库、塘坝、窖池

已建成水库 381 座，库容 96.11 万米^3。其中：大型 9 座，库容 79.76 万米^3；中型 42 座，库容 10.52 万米^3；小型 330 座，库容 5.83 万米^3。

累计建成塘坝 0.24 万座，窖池 134.6 万座。

13. 水闸、堤防

已建成水闸 6251 座，其中：大型 4 座，中型 72 座，小型 6175 座；河湖引水闸 3543 座，水库引水闸 2542 座。

新修堤防 602.14 千米，累计达到 7039.49 千米；保护人口 876.44 万人，保护耕地 421.86 千公顷。新修达标堤防 598.28 千米，累计达到 5689.64 千米。

14. 规模以上泵站、机电井

泵站 5644 处，其中：大型 11 处，中型 118 处，小型 5515 处；河湖取水泵站 5050 处，水库取水泵站 361 处。

已建成机电井 21.41 万眼，其中：规模以上机电井 6.48 万眼，规模以下机电井 14.93 万眼。

15. 入河湖排污口

入河湖排污口 189 个，其中河流 186 个，水库 3 个。入河湖废污水排放量 31803 万吨。

目录

CONTENTS

1 水利综合指标（按县区分）

- 1-1 2015年灌溉面积 ········ 3
- 1-2 2015年灌溉面积按工程类型分 ········ 6
- 1-3 2015年有效灌溉面积减少情况 ········ 7
- 1-4 2015年节水灌溉面积 ········ 10
- 1-5 2015年集雨补灌 ········ 13
- 1-6 2015年农村饮水安全 ········ 16
- 1-7 2015年水电站 ········ 19
- 1-8 2015年水土保持（一） ········ 22
- 1-9 2015年水土保持（二） ········ 26
- 1-10 2015年除涝面积 ········ 29
- 1-11 2015年水库、塘坝、窖池 ········ 32
- 1-12 2015年规模以上灌区（一） ········ 36
- 1-13 2015年规模以上灌区（二） ········ 39
- 1-14 2015年堤防 ········ 42
- 1-15 2015年河道治理 ········ 46
- 1-16 2015年水闸 ········ 49
- 1-17 2015年泵站 ········ 53
- 1-18 2015年机电井 ········ 56
- 1-19 2015年入河湖排污口（一） ········ 59
- 1-20 2015年入河湖排污口（二） ········ 62
- 1-21 2015年城乡供水（一） ········ 65
- 1-22 2015年城乡供水（二） ········ 69
- 1-23 2015年农村集中式供水工程 ········ 73
- 1-24 2015年水利工程实际供水能力 ········ 76
- 1-25 2015年水利工程供水量（按供水方向分） ········ 79
- 1-26 2015年水利工程供水量（按工程类型分） ········ 82
- 1-27 2015年各类水利建设投资完成情况 ········ 85
- 1-28 2015年主要社会经济指标 ········ 88
- 1-29 2015年主要农作物指标 ········ 91

2 水利综合指标（按流域分）

- 2-1 2015年灌溉面积 ········ 97
- 2-2 2015年有效灌溉面积减少情况 ········ 100
- 2-3 2015年节水灌溉面积 ········ 103
- 2-4 2015年集雨补灌 ········ 106
- 2-5 2015年农村饮水安全 ········ 109

2-6	2015年水电站	112
2-7	2015年水土保持（一）	115
2-8	2015年水土保持（二）	119
2-9	2015年水库、塘坝、窖池	122
2-10	2015年规模以上灌区（一）	126
2-11	2015年规模以上灌区（二）	129
2-12	2015年堤防	132
2-13	2015年河道治理	136
2-14	2015年水闸	139
2-15	2015年泵站	143
2-16	2015年机电井	146
2-17	2015年入河湖排污口（一）	149
2-18	2015年入河湖排污口（二）	152
2-19	2015年城乡供水（一）	155
2-20	2015年城乡供水（二）	159
2-21	2015年农村集中式供水工程	163
2-22	2015年水利工程实际供水能力	166
2-23	2015年水利工程供水量（按供水方向分）	169
2-24	2015年水利工程供水量（按工程类型分）	172
2-25	2015年各类水利建设投资完成情况	175

3 水利基本建设投资情况

3-1	2015年水利建设项目计划总投资	181
3-2	2015年水利建设项目累计安排投资	199
3-3	2015年水利建设项目累计到位投资	228
3-4	2015年水利建设项目累计完成投资	258
3-5	2015年水利建设项目计划投资	287
3-6	2015年水利建设项目到位资金	316
3-7	2015年水利建设项目完成投资	344
3-8	2015年水利建设项目完成投资（按市州分）	372
3-9	2015年水利建设项目完成投资（按投资用途、所属流域分）	399
3-10	2015年水利建设项目完成投资（按隶属关系、建设性质分）	400
3-11	2015年水利建设项目完成投资（按项目规模、投资构成分）	401
3-12	2015年水利建设项目新增能力及效益	402
3-13	2015年水利建设项目一览表（一）	403
3-14	2015年水利建设项目一览表（二）	420
3-15	2015年水利建设项目一览表（三）	435
3-16	2015年水利建设项目一览表（四）	453
3-17	2015年水利建设项目一览表（五）	471
3-18	2015年水利建设项目一览表（六）	498

4 主要统计指标解释

主要统计指标解释	527

1 水利综合指标（按县区分）

1-1 2015年灌溉面积

单位:千公顷

地 区	灌溉面积					实际耕地灌溉面积
	小计	耕地灌溉面积	林地灌溉面积	园地灌溉面积	牧草地灌溉面积	
甘肃省	1501.76	1306.72	146.83	31.51	16.70	1165.78
兰州市	105.16	89.72	14.63	0.81		82.49
城关区	6.78	1.42	5.16	0.20		1.34
七里河区	5.08	3.13	1.95			3.05
西固区	4.85	3.10	1.35	0.40		3.09
安宁区	1.72	0.19	1.32	0.21		0.19
红古区	7.14	7.14				6.63
永登县	33.72	32.99	0.73			32.99
皋兰县	19.83	16.90	2.93			16.83
榆中县	26.04	24.85	1.19			18.37
嘉峪关市	10.30	7.23	1.78	1.29		7.23
嘉峪关市	10.30	7.23	1.78	1.29		7.23
金昌市	100.97	93.29	3.64	1.57	2.47	61.86
金川区	19.85	17.02	0.18	0.83	1.82	17.02
永昌县	81.12	76.27	3.46	0.74	0.65	44.84
白银市	133.60	119.83	8.61	5.16		113.68
白银区	9.19	5.46	3.18	0.55		5.46
平川区	9.24	8.89	0.20	0.15		8.89
靖远县	48.69	46.56	2.02	0.11		46.56
会宁县	19.10	18.16	0.61	0.33		13.93
景泰县	47.38	40.76	2.60	4.02		38.84
天水市	49.29	46.01		3.28		37.57
秦州区	5.70	5.70				5.70
麦积区	9.95	7.47		2.48		5.16
清水县	3.75	2.95		0.80		2.69
秦安县	6.43	6.43				5.05
甘谷县	10.19	10.19				6.79
武山县	10.32	10.32				10.32
张家川县	2.95	2.95				1.86
武威市	230.81	205.99	21.23	1.36	2.23	182.34
凉州区	116.86	104.45	12.41			91.96
民勤县	48.88	42.49	4.47	0.64	1.28	42.49
古浪县	54.02	49.35	3.95	0.72		39.93
天祝县	11.05	9.70	0.40		0.95	7.96
张掖市	357.66	290.36	62.50	1.60	3.20	264.40
甘州区	105.46	89.25	16.21			65.55

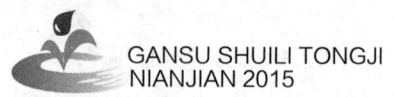

1-1 续表

单位:千公顷

地 区	灌 溉 面 积					实际耕地灌溉面积
	小计	耕地灌溉面积	林地灌溉面积	园地灌溉面积	牧草地灌溉面积	
肃南县	12.99	11.28	1.23	0.04	0.44	11.28
民乐县	77.42	72.38	3.48	1.56		72.38
临泽县	73.78	38.54	32.48		2.76	38.54
高台县	43.79	37.75	6.04			37.75
山丹县	44.22	41.16	3.06			38.90
平凉市	42.24	36.66	0.73	4.85		26.92
崆峒区	11.60	10.92	0.09	0.59		8.02
泾川县	7.60	6.99	0.52	0.09		5.28
灵台县	6.03	2.69		3.34		1.87
崇信县	1.99	1.85		0.14		1.53
华亭县	2.69	2.62	0.07			1.53
庄浪县	2.91	2.86	0.05			2.62
静宁县	9.41	8.72		0.69		6.07
酒泉市	283.03	245.67	24.51	8.18	4.67	245.67
肃州区	78.19	70.49	5.34	2.36		70.49
金塔县	53.65	45.34	8.31			45.34
瓜州县	53.29	48.38	2.94	1.97		48.38
肃北县	3.47	1.22	1.59		0.66	1.22
阿克塞县	1.18	0.58	0.24		0.36	0.58
玉门市	63.65	55.92	3.69	1.05	2.99	55.92
敦煌市	29.60	23.74	2.40	2.80	0.66	23.74
庆阳市	36.65	35.23	0.16	1.26		30.60
西峰区	8.88	8.21	0.16	0.51		8.21
庆城县	2.06	2.06				2.06
环 县	4.77	4.77				3.06
华池县	3.31	3.31				3.31
合水县	3.43	3.43				2.12
正宁县	1.88	1.88				1.46
宁 县	5.50	4.75		0.75		4.75
镇原县	6.82	6.82				5.63
定西市	54.60	54.36	0.11		0.13	47.76
安定区	5.65	5.65				5.65
通渭县	3.49	3.38	0.11			
陇西县	9.01	9.01				9.01

1-1 续表

单位:千公顷

地 区	灌 溉 面 积					实际耕地灌溉面积
	小计	耕地灌溉面积	林地灌溉面积	园地灌溉面积	牧草地灌溉面积	
渭源县	6.35	6.35				3.13
临洮县	21.85	21.85				21.85
漳　县	3.80	3.80				3.80
岷　县	4.45	4.32			0.13	4.32
陇南市	31.94	23.32	6.83	1.79		18.37
武都区	8.48	3.97	4.51			3.97
成　县	3.26	3.26				3.26
文　县	7.14	5.33	1.81			5.33
宕昌县	1.97	1.97				1.97
康　县	0.89	0.62	0.27			0.49
西和县	1.84	1.84				
礼　县	4.03	2.24		1.79		1.46
徽　县	2.54	2.36	0.18			1.89
两当县	1.79	1.73	0.06			
临夏回族自治州	55.71	53.26	2.10	0.35		42.39
临夏市	3.42	3.42				2.69
临夏县	12.52	12.34	0.18			10.73
康乐县	5.99	5.99				3.82
永靖县	10.85	10.55	0.30			8.94
广河县	7.91	7.02	0.89			5.90
和政县	2.60	2.60				2.50
东乡县	7.02	6.30	0.57	0.15		5.15
积石山县	5.40	5.04	0.16	0.20		2.66
甘南藏族自治州	9.81	5.80		0.01	4.00	4.52
合作市	0.97	0.33			0.64	0.33
临潭县	0.62	0.62				0.25
卓尼县	2.13	2.09			0.04	1.62
舟曲县	1.41	1.41				1.38
迭部县	1.31	1.06		0.01	0.24	0.69
玛曲县	0.32				0.32	
碌曲县	0.37				0.37	
夏河县	2.68	0.29			2.39	0.25

注:耕地灌溉面积=有效灌溉面积。

1-2 2015年灌溉面积按工程类型分

单位：千公顷

地 区	灌溉面积	河流引水	水 库	塘 坝	提灌站	机电井	其他灌溉面积
甘 肃	1501.76	425.09	502.77	23.79	256.73	286.21	7.17
兰州市	105.16	41.28	0.76	0.31	51.91	10.90	
嘉峪关市	10.30	4.61	3.67			2.02	
金昌市	100.97	5.70	60.42			34.85	
白银市	133.60	11.28	1.93	0.19	113.23	6.97	
天水市	49.29	20.74	1.82	0.21	10.95	15.57	
酒泉市	230.81	28.64	109.94	0.37	26.37	65.12	0.37
张掖市	357.66	163.68	135.65	1.57	7.64	49.12	
武威市	42.24	18.30	10.41	0.07	4.74	8.66	0.06
定西市	283.03	51.05	149.96	0.85		81.17	
陇南市	36.65	7.17	1.54	18.65	6.80	2.49	
平凉市	54.59	26.05	11.15	0.73	16.50	0.16	
庆阳市	31.94	12.63	3.19	0.43	1.83	8.44	5.42
临夏回族自治州	55.71	27.19	12.33	0.41	15.46	0.32	
甘南藏族自治州	9.81	6.77			1.30	0.58	1.16

注：其他灌溉面积指山泉水或截潜流。

1-3 2015 年有效灌溉面积减少情况

单位：千公顷

地　区	本年有效灌溉面积		本年有效灌溉面积减少				
	新　增	减　少	建设占地	水源不足	工程损毁	退耕	其　他
甘肃省	10.07	0.23	0.07		0.06		0.10
兰州市	0.36	0.11	0.02				0.09
城关区		0.01					0.01
七里河区	0.01	0.04					0.04
西固区	0.02	0.04					0.04
安宁区							
红古区	0.04	0.02	0.02				
永登县	0.13						
皋兰县	0.03						
榆中县	0.13						
嘉峪关市							
嘉峪关市							
金昌市							
金川区							
永昌县							
白银市	1.33	0.06			0.05		0.01
白银区							
平川区	0.20						
靖远县	0.53						
会宁县	0.20	0.06			0.05		0.01
景泰县	0.40						
天水市	0.86						
秦州区	0.20						
麦积区							
清水县	0.28						
秦安县	0.38						
甘谷县							
武山县							
张家川县							
武威市	3.10						
凉州区							
民勤县							
古浪县	3.07						
天祝县	0.03						
张掖市	0.67						

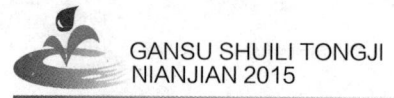

1-3 续表

单位：千公顷

地 区	本年有效灌溉面积		本年有效灌溉面积减少				
	新 增	减 少	建设占地	水源不足	工程损毁	退 耕	其 他
甘州区							
肃南县							
民乐县							
临泽县							
高台县							
山丹县	0.67						
平凉市	0.28						
崆峒区							
泾川县							
灵台县	0.13						
崇信县	0.01						
华亭县	0.03						
庄浪县	0.03						
静宁县	0.07						
酒泉市							
肃州区							
金塔县							
瓜州县							
肃北县							
阿克塞县							
玉门市							
敦煌市							
庆阳市	1.44						
西峰区	0.03						
庆城县	0.17						
环 县	0.02						
华池县	0.23						
合水县	0.66						
正宁县	0.23						
宁 县							
镇原县	0.10						
定西市	0.55						
安定区							
通渭县							

1-3 续表

单位：千公顷

地 区	本年有效灌溉面积		本年有效灌溉面积减少				
	新 增	减 少	建设占地	水源不足	工程损毁	退耕	其 他
陇西县	0.07						
渭源县	0.18						
临洮县							
漳 县	0.30						
岷 县							
陇南市	1.00						
武都区							
成 县							
文 县							
宕昌县							
康 县							
西和县							
礼 县							
徽 县	0.54						
两当县	0.46						
临夏回族自治州	0.30	0.06	0.05				0.01
临夏市							
临夏县	0.04	0.04	0.04				
康乐县							
永靖县	0.09	0.01			0.01		
广河县	0.01	0.01	0.01				
和政县							
东乡县							
积石山县	0.16						
甘南藏族自治州	0.19						
合作市							
临潭县							
卓尼县	0.07						
舟曲县	0.03						
迭部县	0.09						
玛曲县							
碌曲县							
夏河县							

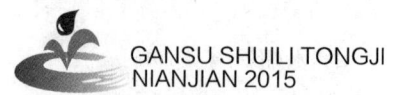

1-4 2015年节水灌溉面积

单位：千公顷

地区	节水灌溉面积						本年	
	小计	喷灌	微灌	低压管灌	渠道防渗	其他工程	新增	减少
甘肃省	920.67	24.09	176.50	160.63	516.60	42.85	120.48	34.55
兰州市	67.07	6.69	4.31	9.58	46.49		6.87	1.81
城关区	6.78	2.68		3.52	0.58			0.01
七里河区	2.52			0.26	2.26			
西固区	0.02				0.02			
安宁区	0.96	0.77			0.19			
红古区	2.98	0.64	1.30	0.72	0.32		1.83	
永登县	25.95	0.48	2.11	2.25	21.11		1.53	0.34
皋兰县	7.47			0.53	6.94			
榆中县	20.39	2.12	0.90	2.30	15.07		3.51	1.46
嘉峪关市	5.80		3.98	1.82			3.31	0.88
嘉峪关市	5.80		3.98	1.82			3.31	0.88
金昌市	51.17	0.05	7.56	10.97	26.26	6.33	6.56	
金川区	10.88		4.14	5.60	1.11	0.03	1.34	
永昌县	40.29	0.05	3.42	5.37	25.15	6.30	5.22	
白银市	111.26	1.13	14.73	7.65	77.79	9.96	7.79	5.63
白银区	7.69		3.90	0.46	3.33		0.92	
平川区	7.38	0.93	2.06	1.07	3.32		1.34	1.33
靖远县	32.73	0.20	3.05	1.41	19.00	9.07	1.33	0.93
会宁县	17.86		1.59	3.82	11.75	0.70	3.53	3.24
景泰县	45.60		4.13	0.89	40.39	0.19	0.67	0.13
天水市	26.16	1.67	4.26	7.83	6.18	6.22	2.70	0.40
秦州区	2.58	0.12	0.98	0.55	0.10	0.83	0.20	
麦积区	1.55	0.01	0.91	0.63			0.04	0.40
清水县	2.95	0.28	1.10	0.45		1.12	0.28	
秦安县	4.87		0.35	2.29	0.31	1.92	0.38	
甘谷县	4.97		0.06	0.74	4.18		0.33	
武山县	7.78	1.26	0.86	2.18	1.53	1.94	1.47	
张家川县	1.46			0.99	0.06	0.41		
酒泉市	153.59	0.10	36.27	20.20	97.02		23.12	0.11
玉门市	34.36		8.10	5.02	21.24		8.64	
肃州区	29.65		7.90	1.25	20.50		5.00	
敦煌市	21.81		10.69	6.44	4.68		2.90	
金塔县	24.35	0.08	4.67	3.60	16.00		4.54	
肃北县	0.68	0.02		0.06	0.60		0.25	

10

1-4 续表

单位:千公顷

地 区	节水灌溉面积						本 年	
	小 计	喷 灌	微 灌	低压管灌	渠道防渗	其他工程	新 增	减 少
阿克塞县	0.34		0.11	0.23			0.14	0.11
瓜州县	42.40		4.80	3.60	34.00		1.65	
张掖市	155.70	2.47	35.48	51.52	66.19	0.04	31.64	6.13
甘州区	61.20	0.14	10.39	19.67	31.00		7.17	
肃南县	6.76		3.00	3.76			3.75	4.53
民乐县	21.15	0.85	2.36	7.08	10.86		6.71	
临泽县	26.01	0.07	4.93	6.65	14.36		2.07	
高台县	21.28	0.07	7.23	8.80	5.14	0.04	4.60	1.60
山丹县	19.30	1.34	7.57	5.56	4.83		7.34	
武威市	170.46	0.60	53.10	26.49	86.96	3.31	24.30	19.53
凉州区	96.20		23.81	13.06	59.33		9.54	6.62
民勤县	45.72		20.71	5.70	19.31		4.04	4.04
古浪县	25.10		7.31	6.47	8.06	3.26	8.78	8.87
天祝县	3.44	0.60	1.27	1.26	0.26	0.05	1.94	
定西市	37.82	1.46	4.26	4.41	27.69		2.57	
安定区	4.34	0.66	1.49	1.53	0.66			
通渭县	3.02	0.01	0.03	1.83	1.15		1.13	
陇西县	7.05		0.67	0.65	5.73		0.46	
渭源县	4.51	0.20	0.11	0.02	4.18		0.18	
临洮县	15.17	0.04	0.02	0.27	14.84		0.80	
漳 县	1.48	0.24		0.11	1.13			
岷 县	2.25	0.31	1.94					
陇南市	31.58	2.16	5.05	4.51	12.61	7.25	5.57	
武都区	8.92	0.59	3.31	1.59	2.26	1.17	3.36	
宕昌县	2.62		0.22		1.99	0.41		
成 县	1.20	0.24	0.05	0.11	0.47	0.33		
康 县	2.87	0.47	0.06	0.25	0.93	1.16	0.27	
文 县	4.74	0.12	0.01	0.98	2.14	1.49	0.94	
西和县	2.81	0.11	0.22		1.07	1.41		
礼 县	4.30	0.02	0.47	0.43	2.55	0.83		
两当县	2.25	0.15	0.53	0.92	0.32	0.33	0.46	
徽 县	1.87	0.46	0.18	0.23	0.88	0.12	0.54	
平凉市	32.24	0.31	2.83	5.79	17.93	5.38	2.60	
崆峒区	9.28	0.14	0.18	1.10	6.79	1.07	0.37	

1-4 续表

单位:千公顷

地 区	节水灌溉面积						本 年	
	小 计	喷 灌	微 灌	低压管灌	渠道防渗	其他工程	新 增	减 少
泾川县	5.15	0.03	0.07	0.63	3.86	0.56	0.23	
灵台县	4.96		2.51	2.45			1.48	
崇信县	1.81	0.01		0.27	1.22	0.31	0.01	
华亭县	1.79	0.05		0.10	1.39	0.25	0.10	
庄浪县	0.54	0.03	0.07	0.14	0.30		0.21	
静宁县	8.71	0.05		1.10	4.37	3.19	0.20	
庆阳市	29.20	2.71	4.39	9.41	9.17	3.52	2.32	
西峰区	5.95	1.43	0.65	1.46	1.95	0.46	0.03	
庆城县	2.97	0.14	0.76	0.54	1.16	0.37	0.17	
环县	2.42	0.15	0.13	0.29	1.55	0.30	0.02	
华池县	4.18	0.27	0.04	1.56	1.48	0.83	0.23	
合水县	3.43	0.15	1.10	0.74	0.63	0.81	0.99	
正宁县	1.98	0.05	0.49	1.44			0.30	
宁县	3.96	0.16	1.20	1.90	0.65	0.05	0.58	
镇原县	4.31	0.36	0.02	1.48	1.75	0.70		
临夏回族自治州	42.37	0.75	0.28	0.12	41.23		0.13	0.06
临夏市	2.25	0.03			2.22			
临夏县	11.69	0.07	0.04		11.59		0.05	0.06
康乐县	3.56	0.05	0.04	0.11	3.36		0.01	
永靖县	8.78	0.60		0.01	8.17			
广河县	5.29				5.29			
和政县	2.56				2.56			
东乡族县	3.22				3.22			
积石山县	5.02		0.20		4.82		0.07	
甘南藏族自治州	6.25	3.99		0.34	1.08	0.84	1.00	
合作市	0.97	0.55		0.26	0.07	0.09	0.30	
临潭县	0.11	0.11						
卓尼县	0.64				0.44	0.20		
舟曲县	0.86				0.57	0.29		
迭部县	0.36	0.20		0.08		0.08		
玛曲县	0.32	0.32						
碌曲县	0.37	0.37						
夏河县	2.62	2.44				0.18	0.70	

1-5 2015年集雨补灌

地 区	集雨水窖(眼)				补灌面积(万亩)			
	上年达到	本年新增	本年减少	年末达到	上年达到	本年新增	本年减少	年末达到
甘肃省	1758889	4301	17429	1745761	449.12	0.68	6.41	443.39
兰州市	84177			84177	16.17			16.17
城关区	4700			4700	0.65			0.65
七里河区	3000			3000	0.45			0.45
西固区	2437			2437	0.57			0.57
安宁区								
红古区	1009			1009	0.25			0.25
永登县	27800			27800	10.20			10.20
皋兰县	27800			27800	10.20			10.20
榆中县	25577			25577	0.22			0.22
嘉峪关市								
嘉峪关市								
金昌市								
金川区								
永昌县								
白银市	160974			160974	33.31			33.31
白银区	3104			3104	0.80			0.80
平川区	10688			10688	2.13			2.13
靖远县	43188			43188	8.64			8.64
会宁县	92521			92521	8.26			8.26
景泰县	11473			11473	3.48			3.48
天水市	222856			222856	62.30			62.30
秦州区	12565			12565	3.00			3.00
麦积区	13697			13697	3.78			3.78
清水县	26888			26888	7.47			7.47
秦安县	71545			71545	19.47			19.47
甘谷县	48748			48748	15.29			15.29
武山县	26583			26583	7.00			7.00
张家川县	22830			22830	6.29			6.29
酒泉市								
玉门市								
肃州区								
敦煌市								
金塔县								
肃北县								

1-5 续表

地　区	集雨水窖（眼）				补灌面积（万亩）			
	上年达到	本年新增	本年减少	年末达到	上年达到	本年新增	本年减少	年末达到
阿克塞县								
瓜州县								
张掖市								
甘州区								
肃南县								
民乐县								
临泽县								
高台县								
山丹县								
武威市	30711		5886	24825	8.16		3.60	4.56
凉州区	2876			2876	0.78			0.78
民勤县								
古浪县	16123		5886	10237	4.98		3.60	1.38
天祝县	11712			11712	2.40			2.40
定西市	325927			325927	92.37			92.37
安定区	97000			97000	24.46			24.46
通渭县	70900			70900	20.98			20.98
陇西县	57949			57949	17.08			17.08
渭源县	39029			39029	10.02			10.02
临洮县	33750			33750	12.10			12.10
漳　县	14756			14756	4.05			4.05
岷　县	12543			12543	3.68			3.68
陇南市	116406			116406	71.36			71.36
武都区	11821			11821	13.12			13.12
宕昌县	27437			27437	7.48			7.48
成　县	3164			3164	4.60			4.60
康　县	1452			1452	7.21			7.21
文　县	764			764	9.09			9.09
西和县	12795			12795	8.97			8.97
礼　县	57361			57361	14.16			14.16
两当县	464			464	2.22			2.22
徽　县	1148			1148	4.51			
平凉市	272863			272863	60.43			60.43
崆峒区	49600			49600	11.15			11.15

1-5 续表

地　区	集雨水窖（眼）				补灌面积（万亩）			
	上年达到	本年新增	本年减少	年末达到	上年达到	本年新增	本年减少	年末达到
泾川县	39863			39863	9.04			9.04
灵台县	15026			15026	7.78			7.78
崇信县	28322			28322	6.07			6.07
华亭县	18873			18873	4.19			4.19
庄浪县	25553			25553	2.64			2.64
静宁县	95626			95626	19.56			19.56
庆阳市	338279	4301	4000	338580	68.24	0.68	1.60	67.32
西峰区	45314		4000	41314	6.50		1.60	4.90
庆城县	30423			30423	8.92			8.92
环　县	86856			86856	17.52			17.52
华池县	95265			95265	21.94			21.94
合水县	3660	3567		7227	3.16	0.68		3.84
正宁县	39749			39749	7.11			7.11
宁　县								
镇原县	37012	734		37746	3.09			3.09
临夏回族自治州	168983		7543	161440	29.45		1.21	28.24
临夏市								
临夏县	19289		1538	17751	2.47		0.80	1.67
康乐县	15880			15880	3.10			3.10
永靖县	63698		401	63297	9.13		0.04	9.09
广河县	8059		1059	7000	1.75			1.75
和政县	19880		240	19640	3.53			3.53
东乡族县	18834		316	18518	4.58		0.08	4.50
积石山县	23343		3989	19354	4.89		0.29	4.60
甘南藏族自治州	37713			37713	7.33			7.33
合作市								
临潭县	14527			14527	3.39			3.39
卓尼县	5435			5435	0.72			0.72
舟曲县	16252			16252	2.99			2.99
迭部县	1499			1499	0.23			0.23
玛曲县								
碌曲县								
夏河县								

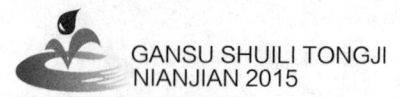

1-6 2015年农村饮水安全

单位：万人

地　区	农村饮水安全达标人口	上年农村饮水安全达标人口	本年饮水安全新增人口
甘肃省	2086.02	1941.78	147.75
兰州市	131.98	120.54	11.44
城关区	4.26	4.26	
七里河区	10.49	10.49	
西固区	6.32	6.32	
安宁区	3.94	3.94	
红古区	5.94	5.94	
永登县	46.14	44.67	1.47
皋兰县	15.39	14.50	0.89
榆中县	39.49	30.42	9.07
嘉峪关市	2.16	2.16	
嘉峪关市			
金昌市	24.88	24.88	
金川区	5.29	5.29	
永昌县	19.59	19.59	
白银市	134.34	116.24	18.10
白银区	7.44	6.59	0.85
平川区	10.37	10.37	
靖远县	42.39	38.13	4.27
会宁县	55.88	44.54	11.34
景泰县	18.26	16.62	1.64
天水市	303.05	263.56	39.49
秦州区	43.71	37.79	5.92
麦积区	45.12	36.41	8.71
清水县	28.94	27.93	1.01
秦安县	52.71	48.65	4.06
甘谷县	53.44	44.34	9.10
武山县	46.18	38.94	7.24
张家川县	32.96	29.50	3.46
酒泉市	67.79	66.70	1.09
玉门市	9.79	9.64	0.15
肃州区	23.38	23.38	
敦煌市	10.09	10.09	
金塔县	11.79	11.79	
肃北县	1.00	1.00	

1-6 续表

单位:万人

地 区	农村饮水安全达标人口	上年农村饮水安全达标人口	本年饮水安全新增人口
阿克塞县	0.60	0.60	
瓜州县	11.14	10.20	0.94
张掖市	105.28	97.79	7.49
甘州区	34.60	29.09	5.51
肃南县	2.70	2.70	
民乐县	21.93	19.98	1.95
临泽县	12.56	12.53	0.03
高台县	13.42	13.42	
山丹县	20.07	20.07	
武威市	131.78	132.99	2.29
凉州区	52.40	51.29	1.11
民勤县	23.43	26.94	
古浪县	37.79	36.61	1.18
天祝县	18.16	18.16	
定西市	264.36	248.09	16.27
安定区	38.71	38.71	
通渭县	42.82	42.82	
陇西县	40.40	40.40	
渭源县	33.78	33.78	
临洮县	48.60	47.12	1.48
漳 县	17.76	17.76	
岷 县	42.29	27.50	14.79
陇南市	241.26	219.14	22.12
武都区	47.73	40.18	7.55
宕昌县	27.90	26.58	1.32
成 县	21.84	20.15	1.69
康 县	18.64	18.64	
文 县	21.64	20.70	0.94
西和县	36.15	36.15	4.65
礼 县	44.86	39.51	5.35
两当县	4.53	4.53	
徽 县	17.97	17.36	0.61
平凉市	189.85	186.15	3.69
崆峒区	30.77	29.93	0.84
泾川县	31.20	31.20	

1-6 续表

单位:万人

地 区	农村饮水安全达标人口	上年农村饮水安全达标人口	本年饮水安全新增人口
灵台县	22.04	21.09	0.94
崇信县	8.20	8.20	
华亭县	12.65	12.65	
庄浪县	40.59	40.59	
静宁县	44.40	42.49	1.91
庆阳市	231.35	221.89	9.46
西峰区	23.68	23.47	0.21
庆城县	24.95	23.99	0.96
环　县	35.48	30.93	4.55
华池县	12.44	10.49	1.95
合水县	15.31	15.07	0.24
正宁县	21.67	21.42	0.25
宁　县	50.59	50.29	0.30
镇原县	47.22	46.22	1.00
临夏回族自治州	173.51	172.52	0.98
临夏市	9.67	8.69	0.98
临夏县	35.61	35.61	
康乐县	23.73	23.73	
永靖县	17.77	17.77	
广河县	19.90	19.90	
和政县	18.66	18.66	
东乡族县	25.86	25.86	
积石山县	22.29	22.29	
甘南藏族自治州	84.44	69.11	15.33
合作市	8.26	6.62	1.64
临潭县	15.23	13.78	1.45
卓尼县	13.09	10.51	2.58
舟曲县	11.87	11.87	
迭部县	5.19	5.18	0.01
玛曲县	11.58	8.07	3.51
碌曲县	6.68	5.26	1.42
夏河县	12.54	7.82	4.72

1-7 2015年水电站

单位:座

地　区	水库数量					
	小计	大(1)型	大(2)型	中型	小(1)型	小(2)型
甘肃省	709	1	5	35	81	587
兰州市	24			6	4	14
城关区						
七里河区						
西固区	3			3		
安宁区						
红古区	9				1	8
永登县	11			2	3	6
皋兰县	1			1		
榆中县						
嘉峪关市	1					1
嘉峪关市	1					1
金昌市	18					18
金川区						
永昌县	18					18
白银市	2			1	1	
白银区	1			1		
平川区						
靖远县	1			1		
会宁县						
景泰县						
天水市	11					11
秦州区						2
麦积区	2					6
清水县	6					
秦安县						
甘谷县						
武山县	3					3
张家川县						
武威市	46				7	39
凉州区	40				1	39
民勤县						
古浪县						
天祝县	6				6	

1-7 续表

单位:座

地 区	水库数量					
	小计	大(1)型	大(2)型	中型	小(1)型	小(2)型
张掖市	85			9	8	68
甘州区	14			9	8	68
肃南县	44			1	1	12
民乐县	10			8	6	30
临泽县	10					10
高台县						10
山丹县	7				1	6
平凉市	1					1
崆峒区	1					1
泾川县						
灵台县						
崇信县						
华亭县						
庄浪县						
静宁县						
酒泉市	69			1	10	58
肃州区	4					4
金塔县	2					2
瓜州县	5					5
肃北县	22			1	5	16
阿克塞县						
玉门市	27				5	22
敦煌市	9					9
庆阳市	7					7
西峰区	2					2
庆城县	1					1
环 县						
华池县						
合水县						
正宁县						
宁 县	3					3
镇原县	1					1
定西市	39			1	13	25
安定区						
通渭县						

1-7 续表

单位:座

地　区	水库数量					
	小计	大(1)型	大(2)型	中型	小(1)型	小(2)型
陇西县						
渭源县	4				1	3
临洮县	20			1	5	14
漳　县	4					4
岷　县	11				7	4
陇南市	183		2	5	11	165
武都区	25				5	20
成　县	1					1
文　县	69		2	4	6	57
宕昌县	31			1		30
康　县	16					16
西和县	2					2
礼　县	31					31
徽　县	2					2
两当县	6					6
临夏回族自治州	66	1	1	2	5	57
临夏市	3					3
临夏县	21					21
康乐县	10			1	1	8
永靖县	7	1	1	1	2	2
广河县	6				2	4
和政县	13					13
东乡县	5					5
积石山县	1					1
甘南藏族自治州	157		1	10	23	123
合作市	5				2	3
临潭县	7				3	4
卓尼县	17		1	1	4	11
舟曲县	70			4	9	57
迭部县	26			5	5	16
玛曲县	8					8
碌曲县	5					5
夏河县	19					19

注:除潮汐电站以外,所有符合定义规定的水电站。

1-8 2015年水土保持（一）

单位：千公顷

地　区	水土流失综合治理面积		新增水土流失综合治理面积									新增小流域综合治理面积	封禁治理保有面积
	小计	其中：小流域综合治理面积	小计	基本农田			水土保持林	经济林	种草	封禁治理	其他		
				小计	梯田	其他							
甘肃省	7702.23	2024.55	205.73	85.25	84.84	0.41	50.35	13.04	9.23	45.40	2.46	75.83	1404.27
兰州市	404.82	123.89	5.00	1.30	1.30		0.52		0.83	2.35		0.51	54.99
城关区	10.95	4.64											0.28
七里河区	23.65	8.18	0.40				0.07			0.33			4.41
西固区	14.82	2.11											2.34
安宁区	4.55	1.66											
红古区	21.02	4.79	0.40				0.10		0.29	0.01			3.71
永登县	153.24	36.69	1.20	0.67	0.67		0.05		0.05	0.43			22.88
皋兰县	43.12	31.36	1.20	0.05	0.05		0.16		0.43	0.56		0.28	13.62
榆中县	133.47	34.46	1.80	0.58	0.58		0.14		0.06	1.02		0.23	7.75
嘉峪关市	25.12	2.82	0.10				0.05		0.05				2.93
嘉峪关市	25.12	2.82	0.10				0.05		0.05				2.93
金昌市	159.48	1.51	0.30				0.14		0.16			0.30	40.23
金川区	73.65												6.39
永昌县	85.83	1.51	0.30				0.14		0.16			0.30	33.84
白银市	635.52	161.88	14.10	8.01	7.60	0.41	2.84	0.76	0.23	2.26		4.47	44.18
白银区	21.44	8.03	1.00	0.13	0.13		0.46	0.19		0.22		0.29	5.68
平川区	29.99	3.93	1.00	0.47	0.47		0.41		0.10	0.02		0.17	2.26
靖远县	162.84	14.75	2.59	1.00	1.00		0.89	0.53		0.17		0.29	14.21
会宁县	360.58	122.45	8.51	6.00	6.00		0.77		0.13	1.61		3.43	12.88
景泰县	60.67	12.72	1.00	0.41		0.41	0.31	0.04		0.24		0.29	9.15
天水市	631.05	153.31	29.81	10.48	10.48		6.07	8.12	1.19	3.55	0.40	3.39	41.35
秦州区	109.59	26.53	5.17	1.55	1.55		0.90	1.96		0.36	0.40	0.56	14.24
麦积区	108.63	22.57	5.02	1.35	1.35		1.47	2.20				0.02	
清水县	121.93	23.11	4.08	1.88	1.88		0.46	1.18	0.04	0.52		0.13	8.11
秦安县	80.02	13.85	3.61	1.17	1.17		0.18	1.75		0.51		0.95	1.84

1-8 续表

单位：千公顷

地区	水土流失综合治理面积		新增水土流失综合治理面积									新增小流域综合治理面积	封禁治理保有面积
	小计	其中：小流域综合治理面积	小计	基本农田			水土保持林	经济林	种草	封禁治理	其他		
				小计	梯田	其他							
甘谷县	88.50	41.09	4.16	1.44	1.44		0.86	1.03	0.15	0.68		0.95	4.55
武山县	69.28	14.84	4.10	1.64	1.64		1.50			0.96		0.33	11.31
张家川县	53.10	11.32	3.67	1.45	1.45		0.70		1.00	0.52		0.45	1.30
武威市	**734.98**	**23.88**	**2.65**	**1.31**	**1.31**		**0.47**		**0.37**	**0.50**		**0.56**	**108.52**
凉州区	68.42	3.81	0.30				0.04			0.26			13.74
民勤县	195.45	0.99											28.90
古浪县	99.73	11.57	1.19	0.72	0.72				0.29	0.18		0.28	39.04
天祝县	371.38	7.51	1.16	0.59	0.59		0.43		0.08	0.06		0.28	26.84
张掖市	**423.37**	**6.05**	**3.00**				**0.59**	**0.40**		**2.01**		**0.29**	**231.78**
甘州区	40.24		0.55				0.20	0.35					16.77
肃南县	127.23	2.97	0.69							0.69		0.29	110.95
民乐县	20.03	1.51	0.65					0.05		0.60			12.58
临泽县	74.19	1.07	0.26							0.26			14.64
高台县	7.74		0.33							0.33			0.66
山丹县	153.94	0.50	0.52				0.39			0.13			76.18
平凉市	**631.03**	**176.34**	**33.69**	**13.83**	**13.83**		**14.35**	**0.97**	**0.25**	**4.29**		**8.98**	**31.49**
崆峒区	99.15	32.08	5.32	2.89	2.89		1.91	0.04		0.48		2.44	1.53
泾川县	96.53	25.11	4.62	1.59	1.59		2.65			0.38			4.96
灵台县	115.63	29.40	4.61	1.45	1.45		2.58			0.58		1.99	12.29
崇信县	57.53	13.41	4.37	2.12	2.12		0.99	0.02	0.02	1.22			3.84
华亭县	44.67	7.07	3.47	0.50	0.50		2.51	0.02		0.44		0.77	5.11
庄浪县	85.56	28.23	6.18	2.17	2.17		1.80	0.89	0.23	1.09		2.99	2.66
静宁县	131.96	41.04	5.12	3.11	3.11		1.91			0.10		0.79	1.10
酒泉市	**132.89**	**4.17**	**0.60**				**0.44**	**0.06**	**0.01**	**0.09**		**0.09**	**129.50**
肃州区	18.34	0.30	0.08				0.05	0.02	0.01			0.01	18.11
金塔县	66.48	1.28	0.04				0.04						66.01

1-8 续表

单位：千公顷

地区	水土流失综合治理面积		新增水土流失综合治理面积									新增小流域综合治理面积	封禁治理保有面积
	小计	其中：小流域综合治理面积	小计	基本农田			水土保持林	经济林	种草	封禁治理	其他		
				小计	梯田	其他							
瓜州县	3.49	1.00	0.11				0.11						3.01
肃北县	29.88		0.07				0.06	0.01					29.56
阿克塞县	0.81		0.11				0.02			0.09			0.69
玉门市	7.12	0.81	0.08				0.05	0.03				0.08	6.18
敦煌市	6.77	0.78	0.11				0.11						5.94
庆阳市	**1067.43**	**414.95**	**38.03**	**22.36**	**22.36**		**7.34**	**0.41**	**2.13**	**5.79**		**12.85**	**39.40**
西峰区	52.92	34.35	1.00	0.47	0.47		0.30	0.02		0.21		0.29	0.78
庆城县	142.83	43.38	3.98	2.79	2.79		0.47	0.03		0.69		1.24	2.85
环　县	241.73	63.97	9.48	7.07	7.07		1.50		0.91			0.52	11.54
华池县	151.90	26.11	4.98	3.20	3.20		0.68	0.01	0.39	0.70		1.24	7.60
合水县	105.41	26.24	3.77	0.99	0.99		1.25	0.23		1.30		2.35	4.36
正宁县	67.29	38.90	3.16	1.18	1.18		1.34	0.06	0.06	0.52		2.16	5.56
宁　县	119.86	63.11	4.23	1.90	1.90		0.83	0.05	0.02	1.43		2.40	2.87
镇原县	185.49	118.89	7.43	4.76	4.76		0.97	0.01	0.75	0.94		2.65	3.84
定西市	**1020.87**	**605.73**	**35.36**	**15.24**	**15.24**		**10.51**	**0.03**	**1.35**	**8.23**		**19.32**	**86.40**
安定区	283.13	219.79	6.31	4.08	4.08		0.84			1.39		2.58	10.43
通渭县	156.68	107.67	6.01	2.69	2.69		1.37		0.38	1.57		4.52	9.52
陇西县	132.75	94.96	6.02	2.40	2.40		1.90	0.02	0.09	1.61		4.57	11.57
渭源县	107.50	56.17	5.52	1.93	1.93		2.88		0.05	0.66		1.55	11.32
临洮县	186.87	85.44	5.50	2.84	72.84		0.92	0.01		1.73		4.28	17.04
漳　县	89.54	31.55	3.00	0.97	0.97		0.89		0.48	0.66		1.53	21.31
岷　县	64.40	10.15	3.00	0.33	0.33		1.71		0.35	0.61		0.29	5.21
陇南市	**897.60**	**134.05**	**19.00**	**7.28**	**7.28**		**0.49**	**0.68**	**2.09**	**6.40**	**2.06**	**2.74**	**219.54**
武都区	149.79	36.70	2.20	0.73	0.73		0.15	0.10	0.27	0.80	0.15	0.80	44.43
成　县	59.40	5.66	1.80	1.07	1.07				0.22	0.39	0.12	0.28	18.13

1-8 续表

单位：千公顷

地 区	水土流失综合治理面积		新增水土流失综合治理面积									新增小流域综合治理面积	封禁治理保有面积
	小计	其中：小流域综合治理面积	小计	基本农田			水土保持林	经济林	种草	封禁治理	其他		
				小计	梯田	其他							
文 县	109.22	7.60	1.00	0.19	0.19		0.08	0.07	0.14	0.44	0.08	0.29	22.52
宕昌县	160.43	13.68	1.20	0.11	0.11			0.05	0.18	0.59	0.27	0.28	51.06
康 县	65.06	12.13	1.70	0.60	0.60		0.05	0.05	0.21	0.57	0.22	0.29	11.80
西和县	95.38	13.65	3.00	1.49	1.49		0.07		0.35	0.73	0.36		2.05
礼 县	191.03	27.14	4.00	2.18	2.18		0.08	0.31	0.14	1.12	0.17	0.23	43.56
徽 县	46.76	10.13	2.50	0.39	0.39		0.03	0.09	0.43	1.11	0.45	0.29	19.91
两当县	20.53	7.36	1.60	0.52	0.52		0.03	0.01	0.15	0.65	0.24	0.28	6.08
临夏回族自治州	**321.78**	**175.88**	**20.97**	**5.10**	**5.10**		**4.72**	**1.55**	**0.63**	**8.97**		**19.21**	**44.52**
临夏市	4.81	1.28	0.29	0.02	0.02		0.04	0.04		0.19		0.29	0.69
临夏县	54.18	30.62	6.17	1.23	1.23		1.77	0.61	0.27	2.29		5.95	8.56
康乐县	42.39	13.91	1.37	0.37	0.37		0.22		0.02	0.76		1.24	3.56
永靖县	54.62	34.20	3.63	0.41	0.41		1.37	0.13	0.07	1.65		3.48	11.59
广河县	22.68	9.71	1.30	0.98	0.98		0.13	0.01		0.18		0.91	0.37
和政县	28.89	9.92	1.25	0.42	0.42		0.10	0.14	0.02	0.57		0.95	2.97
东乡县	74.04	49.49	3.49	1.23	1.23		0.95	0.08	0.13	1.10		3.05	9.86
积石山县	40.17	26.75	3.47	0.44	0.44		0.14	0.54	0.12	2.23		3.34	6.92
甘南藏族自治州	**616.29**	**40.09**	**3.12**	**0.34**	**0.34**		**1.82**	**0.06**	**0.10**	**0.80**		**3.12**	**329.44**
合作市	28.39	0.81					0.12					0.12	20.52
临潭县	50.15	1.04	0.07				0.07					0.07	30.47
卓尼县	156.06	2.86	0.74				0.49		0.10	0.15		0.74	29.51
舟曲县	35.64	28.92	1.15	0.31	0.31		0.60	0.06		0.18		1.15	24.71
迭部县	35.87	5.37	1.04	0.03	0.03		0.54			0.47		1.04	15.09
玛曲县	273.33												176.66
碌曲县	31.24												30.85
夏河县	5.61	1.09											1.63

1-9 2015年水土保持（二）

地 区	已治理沟道条数（条）		已建成黄土高原淤地坝（座）			当年新建淤地坝（座）			已实施小流域综合治理条数（条）	
	小计	其中:当年治理沟道条数	小计	其中:骨干坝	中型坝	小计	其中:骨干坝	中型坝	小计	其中:当年竣工条数
甘肃省	14668	244	1582	552	444	5		5	1705	128
兰州市	125	2	123	34	17				131	2
城关区	6								6	
七里河区	29			4	1				14	
西固区	5								5	
安宁区	3								2	
红古区	7								7	
永登县	28		15						25	
皋兰县	30	1	26	8	5				30	1
榆中县	17	1	78	25	12				42	1
嘉峪关市	1								1	
嘉峪关市	1								1	
金昌市	2								2	
金川区										
永昌县	2								2	
白银市	189	5	1	1					160	4
白银区	15	1							8	
平川区	7								14	1
靖远县	32	1	1	1					30	1
会宁县	100	2							88	1
景泰县	35	1							20	1
天水市	2034	40	91	20	19	1		1	212	31
秦州区	721	1	37	7	6				44	1
麦积区	544	1	16	3	1				36	1
清水县	207	2							36	2
秦安县	164	8	1	1					24	8
甘谷县	282	15	20	2	4	1		1	35	6
武山县	72	5	17	7	8				22	5
张家川县	44	8							16	8
武威市	48								19	2
凉州区	6								3	
民勤县	2								1	
古浪县	21								8	1
天祝县	19								7	1

1-9 续表

地 区	已治理沟道条数（条）		已建成黄土高原淤地坝（座）			当年新建淤地坝（座）			已实施小流域综合治理条数(条)	
	小计	其中:当年治理沟道条数	小计	其中:骨干坝	中型坝	小计	其中:骨干坝	中型坝	小计	其中:当年竣工条数
张掖市	9	1							8	1
甘州区										
肃南县	4	1							3	1
民乐县	2								2	
临泽县	1								1	
高台县										
山丹县	2								2	
平凉市	332	16	127	39	43	2		2	171	8
崆峒区	29	1	16		1				23	
泾川县	39	2	35	9	13				21	1
灵台县	53	55	2	3					17	
崇信县	31		7	3	4				15	2
华亭县	25								18	
庄浪县	99	5	63	24	22	2		2	36	4
静宁县	56	3	1	1					41	1
酒泉市	9	2							9	2
肃州区	2	1							2	
金塔县	2								2	
瓜州县	2								2	
肃北县										
阿克塞县										
玉门市	2	1							2	1
敦煌市	1								1	
庆阳市	9581	30	847	305	258	1		1	231	14
西峰区	507	1	38	20	13				18	1
庆城县	468	13	125	60	14				29	2
环 县	4418	2	314	94	109				40	3
华池县	1846	2	89	41	36				22	2
合水县	353	3	65	20	32				20	1
正宁县	1379	3	39	11	15				17	1
宁 县	362	3	48	16	22				28	1
镇原县	248	3	129	43	17				57	3
定西市	1185	76	372	150	94	1		1	404	35
安定区	530	10	155	81	37				177	5
通渭县	156	12	56	6	1	1		1	53	6

1-9 续表

地 区	已治理沟道条数（条）		已建成黄土高原淤地坝（座）			当年新建淤地坝（座）			已实施小流域综合治理条数（条）	
	小计	其中:当年治理沟道条数	小计	其中:骨干坝	中型坝	小计	其中:骨干坝	中型坝	小计	其中:当年竣工条数
陇西县	183	18	62	19	23				66	9
渭源县	75	9	61	22	20				34	3
临洮县	99	16	30	18	9				35	8
漳　县	97	9	8	4	4				24	3
岷　县	45	2							15	1
陇南市	573	35							144	10
武都区	74	10							18	3
成　县	35	4							7	1
文　县	37	4							7	1
宕昌县	47	3							10	1
康　县	69	4							18	1
西和县	82								14	
礼　县	137	3							33	1
徽　县	55	4							20	1
两当县	37	3							17	1
临夏回族自治州	573	36	21	3	13				142	15
临夏市	4								2	1
临夏县	108	8	8		8				25	2
康乐县	76	3	3	1	1				20	2
永靖县	113	7	7	2	2				22	2
广河县	23	4							12	2
和政县	37								12	1
东乡县	124	11	2		1				29	3
积石山县	88	3	1		1				20	2
甘南藏族自治州	7	1							71	4
合作市	1								3	
临潭县	1								2	
卓尼县	1								5	1
舟曲县									42	1
迭部县	2	1							14	2
玛曲县										
碌曲县										
夏河县	2								5	

1-10 2015年除涝面积

单位：千公顷

地 区	除 涝 面 积			
	小　计	3~5年一遇标准	5~10年一遇标准	10年以上一遇标准
甘肃省	13.60	4.98	1.63	6.99
兰州市	0.09	0.04	0.05	
城关区				
七里河区				
西固区				
安宁区	0.09	0.04	0.05	
红古区				
永登县				
皋兰县				
榆中县				
嘉峪关市				
嘉峪关市				
金昌市				
金川区				
永昌县				
白银市	1.36	0.56	0.80	
白银区				
平川区				
靖远县	1.36	0.56	0.80	
会宁县				
景泰县				
天水市	0.81			0.81
秦州区				
麦积区				
清水县	0.70			0.70
秦安县				
甘谷县				
武山县				
张家川县	0.11			0.11
武威市				
凉州区				
民勤县				
古浪县				
天祝县				
张掖市				

1-10 续表

单位:千公顷

地 区	除 涝 面 积			
	小 计	3~5 年一遇标准	5~10 年一遇标准	10 年以上一遇标准
甘州区				
肃南县				
民乐县				
临泽县				
高台县				
山丹县				
平凉市				
崆峒区				
泾川县				
灵台县				
崇信县				
华亭县				
庄浪县				
静宁县				
酒泉市				
肃州区				
金塔县				
瓜州县				
肃北县				
阿克塞县				
玉门市				
敦煌市				
庆阳市				
西峰区				
庆城县				
环 县				
华池县				
合水县				
正宁县				
宁 县				
镇原县				
定西市	3.63		0.78	2.85
安定区				
通渭县				

1-10 续表

单位:千公顷

地 区	除 涝 面 积			
	小 计	3~5 年一遇标准	5~10 年一遇标准	10 年以上一遇标准
陇西县				
渭源县				
临洮县				
漳 县	0.78		0.78	
岷 县	2.85			2.85
陇南市	7.71	4.38		3.33
武都区	3.33			3.33
成 县	0.05	0.05		
文 县				
宕昌县				
康 县				
西和县				
礼 县	3.66	3.66		
徽 县				
两当县	0.67	0.67		
临夏回族自治州				
临夏市				
临夏县				
康乐县				
永靖县				
广河县				
和政县				
东乡县				
积石山县				
甘南藏族自治州				
合作市				
临潭县				
卓尼县				
舟曲县				
迭部县				
玛曲县				
碌曲县				
夏河县				

1-11 2015 年水库、塘坝、窖池

地　区	水库数量(座)						水库库容（万米^3）						塘坝数量	窖池数量
	小计	大(1)型	大(2)型	中型	小(1)型	小(2)型	小计	大(1)型	大(2)型	中型	小(1)型	小(2)型	(座)	(座)
甘肃省	381	1	8	42	172	158	961133	570000	227600	105228	50698	7608	2384	1346025
兰州市	24			5	7	12							1324	163966
城关区														4013
七里河区													6	11134
西固区	3			3									1	1342
安宁区														
红古区														
永登县	14				5	9							1237	51683
皋兰县	5			1	1	3							57	598
榆中县	2			1	1								23	95196
嘉峪关市	12			1	3	8	7230			6400	592	238		
嘉峪关市	12			1	3	8	7230			6400	592	238		
金昌市	3			1	2									
金川区														
永昌县	3			1	2									
白银市	17			2	9	6	5920			2368	3087	465	74	237898
白银区	6			1	1	4								3104
平川区	1					1	85					85	1	9931
靖远县	1			1			2368			2368			26	43188
会宁县	8				7	1	3157				3087	70	43	170202
景泰县	1				1		310					310	4	11473
天水市	9				4	5	2384				2190	194	15	235510
秦州区	2				1	1	333				273	60		12565
麦积区														17926
清水县	3					3	111					111		26888
秦安县	1				1		820				820		5	73708
甘谷县													10	48748

1-11 续表

地区	水库数量(座)						水库库容（万米^3）						塘坝数量	窖池数量
	小计	大(1)型	大(2)型	中型	小(1)型	小(2)型	小计	大(1)型	大(2)型	中型	小(1)型	小(2)型	(座)	(座)
武山县	1					1	24					24		26583
张家川县	2				2		1097				1097			29092
武威市	22			5	7	10	13837			11220	2498	119	71	19799
凉州区	9			3	2	4	10362			9994	282	86		7240
民勤县	1			1										
古浪县	7			1	4	2	3475			1226	2216	33	57	10273
天祝县	5				1	4							14	2286
张掖市	70			11	32	27	47577			38144	8483	950	79	1396
甘州区	2			1	1		1720			1320	400		20	
肃南县	14			3	6	5	21750			19120	2404	227	18	1396
民乐县	8			3	1	4	7101			6200	735	166	8	
临泽县	18				10	8	2187			1995	192			
高台县	13			1	9	3	3363			1048	2205	110	7	
山丹县	15			3	5	7	11456			10456	745	255	26	
平凉市	35			2	22	11	18717			11570	6564	584	10	158948
崆峒区	5			1	3	1	3774			2970	776	28		21281
泾川县	1				1		186				186			7503
灵台县	6				1	5	363				106	257	2	15026
崇信县	1				1		380				380		1	2329
华亭县	5				3	2	972				929	44		749
庄浪县	4				3	1	1179				1087	92		25553
静宁县	13			1	10	2	11864			8600	3100	163	7	86507
酒泉市	81		3	3	35	40	73185		49880	12423	7753	3129	35	87
肃州区	41				9	32	2667				1577	1090	9	
金塔县	14		1	1	10	2	18562		10480	3905	4037	140		
瓜州县	12		1		7	4	21689		20000		1451	238	14	
肃北县													5	61

1-11 续表

地区	水库数量(座)						水库库容（万米³）						塘坝数量	窖池数量
	小计	大(1)型	大(2)型	中型	小(1)型	小(2)型	小计	大(1)型	大(2)型	中型	小(1)型	小(2)型	(座)	(座)
阿克塞县													6	26
玉门市	6		1	1	4		24908		19400	3878		1630		
敦煌市	8			1	5	2	5359			4640	688	31	1	
庆阳市	28		1	2	21	4	64949		51000	5281	8520	148	605	298041
西峰区	5		1	1	3		53705		51000	2092	613		70	91
庆城县	5			1	3	1	4832			3189	1616	27	2	31336
环　县	5				4	1	2110			2093	17			84176
华池县	4				3	1	1174			1123	51		10	97716
合水县	4				3	1	625			572	53			7227
正宁县	2				2		961			961				39749
宁　县	1				1		782			782			13	
镇原县	2				2		760			760			510	37746
定西市	21			3	11	7	7329			2160	4795	374	84	139888
安定区	7				4	3	1661				1460	201		
通渭县	4			1	2	1	1590			1200	324	67	1	58879
陇西县														457
渭源县	2				2		1270				1270			14250
临洮县	3			1	1	1	2775			960	1741	74	72	47432
漳　县	2					2	33					33	11	14756
岷　县	3			1	2									
陇南市	19		2	4	4	9	19567		10420	7208	1649	291	64	31387
武都区														11821
成　县	4				2	2	429				300	129	10	3164
文　县	4		2	2			14455		10420	4035				
宕昌县														
康　县														

1-11 续表

地区	水库数量(座)						水库库容(万米^3)						塘坝数量(座)	窖池数量(座)
	小计	大(1)型	大(2)型	中型	小(1)型	小(2)型	小计	大(1)型	大(2)型	中型	小(1)型	小(2)型		
西和县	7			1	1	5	1603			1035	436	132		12795
礼　县	2			1	1		3050			2138	913			
徽　县	2					2	30					30	46	3143
两当县													8	464
临夏回族自治州	16	1	1	2	6	6	600133	570000	22000	6714	1272	147	23	21392
临夏市														
临夏县	1				1		591				591			
康乐县	5				1	4	266				190	76	7	1004
永靖县	3	1	1	1			596794	570000	22000	4794				6952
广河县	2					2	71					71	2	1500
和政县	4			1	3		2303			1920	383			5112
东乡县	1				1		108				108		13	2837
积石山县													1	3987
甘南藏族自治州	24		1	1	9	13	100306		94300	1740	3297	969		37713
合作市	3				3		526				526			
临潭县	1					1	20					20		14527
卓尼县	6		1			5	94784		94300			484		5435
舟曲县	4				2	2	743				623	120		16252
迭部县	6			1	3	2	3866			1740	1975	151		1499
玛曲县	1				1		173				173			
碌曲县	2					2	144					144		
夏河县	1					1	50					50		

注：水库统计范围为水库总库容≥10万米^3。
　　塘坝统计范围为50米^3≤蓄水容积＜10万米^3。
　　窖池统计范围为10米^3≤蓄水容积＜500米^3。

1-12 2015年规模以上灌区（一）

地 区	灌区数量(处)						耕地灌溉面积(千公顷)						
	小计	50万亩以上	(30~50)万亩	(10~30)万亩	(5~10)万亩	(1~5)万亩	(0.2~1)万亩	小计	50万亩以上	(30~50)万亩	(10~30)万亩	(5~10)万亩	(1~5)万亩	(0.2~1)万亩
甘肃省	424	4	19	21	34	161	185	1245.69	201.72	417.90	273.24	121.46	170.04	61.32
兰州市	75			2	4	16	52	104.16	44.09		24.24	8.12	14.89	12.82
城关区	16					1	15	4.83					0.72	4.11
七里河区	3					3		4.41					4.41	
西固区	8					3	5	3.46					1.90	1.56
安宁区	2						2	0.91						0.91
红古区	3				2		1	6.42				6.19		0.23
永登县	21	1				3	17	50.50	44.09				3.10	3.31
皋兰县	7			1	1	1	4	13.32			12.05		0.68	0.59
榆中县	15			1	1	5	8	20.31			12.19	1.93	4.08	2.11
嘉峪关市	4					4		7.23					7.23	
嘉峪关市	4					4		7.23					7.23	
金昌市	5		2	1	2			80.11		48.37	17.95	13.79		
金川区														
永昌县	5		2	1	2			80.11		48.37	17.95	13.79		
白银市	55	1	2		6	20	26	137.98	51.43	32.40	14.99	14.16	15.77	9.23
白银区	5					1	4	5.46					1.31	4.15
平川区	8				1	1	6	3.98				0.55	2.00	1.43
靖远县	23			1	3	9	10	42.29			19.71	12.11	8.29	2.18
会宁县	6			1		4	1	30.85			12.69	14.99	3.05	0.12
景泰县	13	1			1	2	9	55.40	51.43			1.50	1.12	1.35
天水市	44				3	21	20	26.95				2.47	18.14	6.35
秦州区	3					1	2	1.59					0.86	0.73
麦积区	8					7	1	5.89					3.87	2.02
清水县	5					1	4	2.67					1.47	1.20
秦安县	5					2	3	2.27					1.56	0.71
甘谷县	15				2	3	10	6.21					4.52	1.69
武山县	6					1	5	6.81					2.47	4.35
张家川县	2						2	1.51					1.51	
武威市	19	1	2	4	2	9	1	202.24	37.51	45.19	99.56	1.46	16.91	1.61
凉州区	6		2	2		1	1	104.45		45.19	58.57		0.69	
民勤县	3	1				2		42.49	37.51				4.98	
古浪县	6			2	1	3		45.79			40.99	1.46	3.34	
天祝县	4				1	3		9.51					7.90	1.61

1-12 续表

地 区	灌区数量(处)							耕地灌溉面积(千公顷)						
	小计	50万亩以上	(30~50)万亩	(10~30)万亩	(5~10)万亩	(1~5)万亩	(0.2~1)万亩	小计	50万亩以上	(30~50)万亩	(10~30)万亩	(5~10)万亩	(1~5)万亩	(0.2~1)万亩
张掖市	28		8	8	5	5	2	288.71		186.67	43.32	41.31	16.83	0.58
甘州区	6		3	2		1		89.25		72.91	7.80	5.87	2.67	
肃南县	5					3	2	9.63					9.05	0.58
民乐县	4		2	1		1		72.38		50.87	19.21		2.30	
临泽县	6		1	4	1			38.54			16.31	22.23		
高台县	5		1		4			37.75		24.54		13.21		
山丹县	2		1	1				41.16		38.35			2.81	
平凉市	29				4	15	10	28.30				12.94	11.66	3.70
崆峒区	4				1	3		8.81				5.46	3.35	
泾川县	4				1	2	1	5.23				3.64	1.37	0.22
灵台县	3					1	2	1.25					0.71	0.54
崇信县	1					1		1.34					1.34	
华亭县	4					3	1	2.52					2.07	0.45
庄浪县	3				1	2		2.86				1.93	0.93	
静宁县	10				1	3	6	6.29				1.91	1.89	2.49
酒泉市	22	1	4	5	4	6	2	245.67	68.69	89.72	67.28	11.65	7.82	0.50
肃州区	8		1	3	2	2		70.49	32.40		26.92	8.40	2.77	
金塔县	2		1	1				45.34	36.29	9.05				
瓜州县	3		1		1	1		48.38		28.30	16.17	3.25	0.66	
肃北县	2					1	1	1.22					1.08	0.13
阿克塞县	2					1	1	0.58					0.21	0.37
玉门市	3	1		1		1		55.92		29.75	24.19		1.98	
敦煌市	2		2		1		1	23.74		22.62			1.12	
庆阳市	22			1		11	10	28.67			5.90		14.29	8.48
西峰区	4			1			3	8.50			5.90			2.60
庆城县	1						1	1.05						1.05
环 县	3					3		4.32					4.32	
华池县	2					1	1	1.75					1.20	0.55
合水县	3					1	2	2.31					1.30	1.01
正宁县	1					1		1.24					1.24	
宁 县	5					2	3	4.75					1.48	3.27
镇原县	3					3		4.75					4.75	
定西市	25		1		1	12	11	40.62		15.55		5.18	13.59	6.30
安定区	3					2	1	3.61					2.26	1.35

1-12 续表

地区	灌区数量(处)							耕地灌溉面积(千公顷)						
	小计	50万亩以上	(30~50)万亩	(10~30)万亩	(5~10)万亩	(1~5)万亩	(0.2~1)万亩	小计	50万亩以上	(30~50)万亩	(10~30)万亩	(5~10)万亩	(1~5)万亩	(0.2~1)万亩
通渭县	6					1	5	3.63					0.25	3.38
陇西县	1				1			5.18				5.18		
渭源县	3					2	1	5.21					4.80	0.41
临洮县	3		1			2		17.54		15.55			1.99	
漳　县	3					2	1	1.66					0.95	0.71
岷　县	6					3	3	3.79					3.34	0.45
陇南市	**24**					**3**	**21**	**8.19**					**2.77**	**5.42**
武都区	12						12	3.97						3.97
成　县	1						1	0.13						0.13
文　县	1						1	0.18						0.18
宕昌县	2						2	0.42						0.42
康　县	2						2	0.15						0.15
西和县	4					1	3	1.24					0.67	0.57
礼　县	2					2		2.10					2.10	
徽　县														
两当县														
临夏回族自治州	**66**				**3**	**39**	**24**	**46.70**				**10.39**	**30.14**	**6.17**
临夏市	2				1	1		3.42				2.81	0.61	
临夏县	9				1	5	3	10.28				4.82	4.64	0.82
康乐县	7					4	3	4.37					2.98	1.39
永靖县	19					9	10	9.66					7.81	1.85
广河县	11					6	5	6.93					5.53	1.40
和政县	6					4	2	2.52					2.08	0.44
东乡县	7				1	6		6.30				2.76	3.54	
积石山县	5					4	1	3.22					2.95	0.27
甘南藏族自治州	**6**						**6**	**0.16**						**0.16**
合作市	3						3	0.16						0.16
临潭县														
卓尼县														
舟曲县														
迭部县	1						1							
玛曲县	1						1							
碌曲县	1						1							
夏河县														

1-13 2015年规模以上灌区（二）

单位：千米

地　区	渠道长度(按流量分)					衬砌防渗渠道长度(按流量分)				
	小　计	30米³/秒及以上	5~30米³/秒	1~5米³/秒	0.2~1米³/秒	小　计	30米³/秒及以上	5~30米³/秒	1~5米³/秒	0.2~1米³/秒
甘肃省	88134.40	3489.20	2463.73	12642.25	69539.22	41733.96	136.50	2002.86	9828.37	29766.23
兰州市	2201.10		8.80	760.20	1432.10	1501.90		5.70	545.64	950.56
城关区	7.50			7.50		3.60			3.60	
七里河区	44.10			10.40	33.70	44.10			10.40	33.70
西固区	49.50			3.50	46.00	26.40			3.50	22.90
安宁区										
红古区	128.70			75.10	53.60	50.90			28.80	22.10
永登县	1032.60			430.70	601.90	758.90			393.04	365.86
皋兰县	459.70			134.30	325.40	296.20			46.00	250.20
榆中县	479.00		8.80	98.70	371.50	321.80		5.70	60.30	255.80
嘉峪关市	519.50		40.70	127.70	351.10	394.00		40.70	127.70	225.60
嘉峪关市	519.50		40.70	127.70	351.10	394.00		40.70	127.70	225.60
金昌市	8667.00	1.10	224.20	1300.70	7141.00	3132.10	1.10	190.80	808.50	2131.70
金川区	1777.40		38.20	172.70	1566.50	1038.10		38.20	169.40	830.50
永昌县	6889.60	1.10	186.00	1128.00	5574.50	2094.00	1.10	152.60	639.10	1301.20
白银市	2453.48		188.00	797.43	1468.05	1773.22		141.00	584.23	1047.99
白银区	222.80			35.00	187.80	127.20			21.90	105.30
平川区	118.40			56.20	62.20	118.40			56.20	62.20
靖远县	1047.05			297.30	749.75	588.34			144.25	444.09
会宁县	676.50		76.90	131.30	468.30	587.20		29.90	120.90	436.40
景泰县	388.73		111.10	277.63		352.08		111.10	240.98	
天水市	992.98		8.50	309.75	674.73	770.48			291.15	479.33
秦州区	29.50				29.50	24.00				24.00
麦积区	448.03			56.03	392.00	355.73			45.13	310.60
清水县	30.25			9.12	21.13	24.75			9.12	15.63
秦安县	21.50				21.50	21.50				21.50
甘谷县	305.10		8.50	132.70	163.90	207.20			130.70	76.50
武山县	111.90			111.90		106.20			106.20	
张家川县	46.70				46.70	31.10				31.10
武威市	13671.18	20.10	182.70	1469.80	11998.58	9396.88	20.10	182.70	1360.60	7833.48
凉州区	7413.68	20.10	182.70	509.30	6701.58	6097.98	20.10	182.70	424.10	5471.08
民勤县	4759.10			711.20	4047.90	2162.80			701.50	1461.30
古浪县	724.40			224.30	500.10	692.10			211.00	481.10
天祝县	774.00			25.00	749.00	444.00			24.00	420.00

1-13 续表

单位：千米

地 区	渠道长度(按流量分)					衬砌防渗渠道长度(按流量分)				
	小 计	30米³/秒及以上	5~30米³/秒	1~5米³/秒	0.2~1米³/秒	小 计	30米³/秒及以上	5~30米³/秒	1~5米³/秒	0.2~1米³/秒
张掖市	31397.52	3369.60	725.80	3397.12	23905.00	9397.34	16.90	641.10	2511.26	6228.08
甘州区	9022.40	16.90	250.50	1052.00	7703.00	3220.69	16.90	213.90	858.20	2131.69
肃南县	133.50			19.10	114.40	96.10			19.10	77.00
民乐县	9947.12		280.00	598.92	9068.20	2088.86		252.50	447.56	1388.80
临泽县	3483.10		97.20	527.90	2858.00	1463.95		92.50	297.40	1074.05
高台县	6705.40	3352.70	98.10	623.00	2631.60	1425.44		82.20	468.00	875.24
山丹县	2106.00			576.20	1529.80	1102.30			421.00	681.30
平凉市	1040.88			438.30	602.58	724.18			327.70	396.48
崆峒区	329.00			124.00	205.00	217.00			102.00	115.00
泾川县	159.10			119.80	39.30	107.20			70.30	36.90
灵台县	33.60				33.60	33.60				33.60
崇信县	50.00			50.00		50.00			50.00	
华亭县	66.90				66.90	42.00				42.00
庄浪县	141.50			5.10	136.40	119.50			5.10	114.40
静宁县	260.78			139.40	121.38	154.88			100.30	54.58
酒泉市	22721.02	98.40	978.03	2898.19	18746.40	12052.07	98.40	740.00	2461.08	8752.59
肃州区	7224.00		386.70	1257.40	5579.90	3765.10		372.30	912.30	2480.50
金塔县	5445.80	7.20	243.50	524.10	4671.00	2283.00	7.20	243.50	489.30	1543.00
瓜州县	5259.12		223.63	372.79	4662.70	1441.82			345.28	1096.54
肃北县	140.80			35.10	105.70	94.30			33.10	61.20
阿克塞县	54.50				54.50	54.50				54.50
玉门市	1278.00	91.20	124.20	383.90	678.70	1094.55	91.20	124.20	356.20	522.95
敦煌市	3318.80			324.90	2993.90	3318.80			324.90	2993.90
庆阳市	428.30			281.80	146.50	342.50			239.00	103.50
西峰区	35.40				35.40					
庆城县										
环 县	47.50			47.50		55.50			55.50	
华池县	97.00			78.00	19.00	97.00			78.00	19.00
合水县	55.20			34.80	20.40	39.60			26.80	12.80
正宁县	46.80			46.80		21.80			21.80	
宁 县	71.70				71.70	71.70				71.70
镇原县	74.70			74.70		56.90			56.90	
定西市	1105.28		78.50	392.48	634.30	590.57		32.36	233.85	324.36
安定区	64.10			49.30	14.80	55.70			47.90	7.80

1-13 续表

单位：千米

地 区	渠道长度(按流量分)					衬砌防渗渠道长度(按流量分)				
	小 计	30米³/秒及以上	5~30米³/秒	1~5米³/秒	0.2~1米³/秒	小 计	30米³/秒及以上	5~30米³/秒	1~5米³/秒	0.2~1米³/秒
通渭县	41.90			25.40	16.50	41.70			25.40	16.30
陇西县	343.88			134.48	209.40	127.26			39.29	87.97
渭源县	150.30			73.80	76.50	164.30			70.60	93.70
临洮县	382.80		78.50	84.00	220.30	161.79		32.36	49.66	79.77
漳县	50.40			4.60	45.80	3.20			1.00	2.20
岷县	71.90			20.90	51.00	36.62				36.62
陇南市	144.40			83.00	61.40	90.40			48.30	42.10
武都区	23.00			23.00		7.00				7.00
成县										
文县	4.40				4.40					
宕昌县										
康县										
西和县	57.00				57.00	35.10				35.10
礼县	60.00				60.00	48.30				48.30
徽县										
两当县										
临夏回族自治州	2785.88		28.50	385.78	2371.60	1562.44		28.50	289.36	1244.58
临夏市	128.00			7.50	120.50	38.80			7.50	31.30
临夏县	379.70		28.50	71.90	279.30	248.00		28.50	62.30	157.20
康乐县	155.50			2.40	153.10	119.20			2.40	116.80
永靖县	250.80			47.90	202.90	144.65			38.90	105.75
广河县	128.50			93.70	34.80	89.10			60.40	28.70
和政县	233.76			90.14	143.62	138.57			45.62	92.95
东乡县	545.62			72.24	473.38	370.12			72.24	297.88
积石山县	964.00				964.00	414.00				414.00
甘南藏族自治州	5.88				5.88	5.88				5.88
合作市	5.88				5.88	5.88				5.88
临潭县										
卓尼县										
舟曲县										
迭部县										
玛曲县										
碌曲县										
夏河县										

1-14 2015年堤防

地区	堤防长度(千米)							本年新增堤防长度(千米)	达标堤防长度(千米)						本年新增达标堤防长度(千米)	堤防保护人口(万人)	堤防保护耕地面积(千公顷)
	合计	1级堤防	2级堤防	3级堤防	4级堤防	5级堤防	5级以下堤防		合计	1级堤防	2级堤防	3级堤防	4级堤防	5级堤防			
甘肃省	7039.49	100.36	250.31	79.45	823.59	4770.66	1015.12	602.14	5689.64	47.28	245.14	60.26	809.56	4527.41	598.28	876.44	421.86
兰州市	260.12	74.08	16.14	11.10	4.73	92.14	61.93	15.70	197.83	21.00	15.78		31.23	129.82	15.70	61.18	3.56
城关区	23.25	23.25							23.25					23.25		10.00	
七里河区	42.64	15.40		11.10	3.90	12.24			42.64				30.40	12.24		23.00	0.10
西固区	28.18	14.43				2.35	11.40		16.78					16.78			
安宁区	21.00	21.00							21.00	21.00						20.08	0.19
红古区	2.70					2.70			2.70					2.70			
永登县	82.39				0.83	52.12	29.44		52.95				0.83	52.12		4.00	2.12
皋兰县	26.79					15.70	11.09	15.70	15.70					15.70	15.70	1.90	0.67
榆中县	33.17		16.14			7.03	10.00		22.81		15.78			7.03		2.20	0.48
嘉峪关市	62.21		35.00	27.21				13.00	62.21		35.00	27.21			13.00	20.06	5.50
市辖区	62.21		35.00	27.21				13.00	62.21		35.00	27.21			13.00	20.06	5.50
金昌市	31.51	14.50	4.59	7.50	4.20	0.72		22.09	31.51	14.50	4.59	7.50	4.20	0.72	22.09	29.73	1.70
金川区	19.09	14.50	4.59					14.59	19.09	14.50	4.59				14.59	28.53	0.20
永昌县	12.42			7.50	4.20	0.72		7.50	12.42			7.50	4.20	0.72	7.50	1.20	1.50
白银市	268.27				28.81	213.24	26.22	18.24	213.35				28.81	184.54	18.24	37.49	15.69
白银区	36.69					19.24	17.45		18.87					18.87		0.50	1.00
平川区	45.23				12.40	32.83			31.85				12.40	19.45		0.80	1.11
靖远县	110.41					102.33	8.08	10.43	87.38					87.38	10.43	22.21	12.12
会宁县	25.69				16.41	8.59	0.69	7.81	25.00				16.41	8.59	7.81	12.36	0.16
景泰县	50.25					50.25			50.25					50.25		1.62	1.30
天水市	790.36		59.69		49.53	524.49	156.66	73.72	573.81		59.69		49.53	464.59	73.72	117.19	40.11
秦州区	164.66		31.03		8.69	102.48	22.46		135.97		31.03		8.69	96.25		28.98	6.70
麦积区	187.11		28.66			72.26	86.19	17.33	88.94		28.66			60.28	17.33	10.57	6.37
清水县	86.69				4.27	81.15	1.27	3.63	48.67				4.27	44.40	3.63	12.24	4.45
秦安县	99.40				36.57	62.83		20.00	98.10				36.57	61.53	20.00	15.32	4.82

1-14 续表

地区	堤防长度（千米）						本年新增堤防长度（千米）	达标堤防长度（千米）						本年新增达标堤防长度（千米）	堤防保护人口（万人）	堤防保护耕地面积（千公顷）
	合计	1级堤防	2级堤防	3级堤防	4级堤防	5级堤防	5级以下堤防		合计	1级堤防	2级堤防	3级堤防	4级堤防	5级堤防		
甘谷县	85.05					71.07	13.98	4.89	71.07					71.07	4.89	26.37	8.96
武山县	82.36					55.88	26.49	12.88	56.58					56.58	12.88	15.53	7.18
张家川县	85.09					78.82	6.27	15.00	74.48					74.48	15.00	8.18	1.63
武威市	368.19		0.83	0.14	149.30	210.18	7.75	48.69	332.62		0.83	0.07	121.86	209.85	48.69	88.73	46.46
凉州区	138.16		0.83		62.83	66.75	7.75		127.67		0.83		60.09	66.75		61.97	29.12
民勤县	0.66					0.66			0.66					0.66			
古浪县	106.47			0.14	53.24	53.10		15.60	81.72			0.07	28.55	53.10	15.60	17.70	11.12
天祝县	122.90				33.22	89.68		33.09	122.57				33.22	89.35	33.09	9.06	6.22
张掖市	667.28		18.20	11.00	75.23	365.27	197.58	62.97	371.03		16.68	2.97	75.23	276.15	62.97	49.29	39.85
甘州区	224.45		18.20	11.00		178.93	16.32	16.00	115.76		16.68	2.97		96.11	16.00	26.25	19.06
肃南县	78.62				11.20	61.13	6.29		66.03				11.20	54.83		0.67	0.70
民乐县	33.00					33.00			33.00					33.00		0.90	3.00
临泽县	147.54				24.63	40.71	82.20	23.55	65.34				24.63	40.71	23.55	3.78	5.52
高台县	125.14				22.37	21.10	81.67	16.47	43.47				22.37	21.10	16.47	3.86	6.57
山丹县	58.53				17.03	30.40	11.10	6.95	47.43				17.03	30.40	6.95	13.83	5.00
平凉市	802.92	2.64	61.91		116.91	621.45		23.98	802.92	2.64	61.91		116.91	621.45	23.98	68.77	25.46
崆峒区	140.87		61.91		42.60	36.36		6.93	140.87		61.91		42.60	36.36	6.93	7.19	3.13
泾川县	101.98					101.98			101.98					101.98		15.02	3.89
灵台县	67.48				10.98	56.50		10.00	67.48				10.98	56.50	10.00	7.05	1.61
崇信县	87.11	2.64			6.70	77.77			87.11	2.64			6.70	77.77		6.74	6.51
华亭县	92.35				33.31	59.04			92.35				33.31	59.04		12.60	3.66
庄浪县	193.52				3.97	189.55			193.52				3.97	189.55		6.38	3.49
静宁县	119.60				19.35	100.25		7.05	119.60				19.35	100.25	7.05	13.79	3.17
酒泉市	526.00	9.14	30.54	16.52	92.19	377.61		3.58	421.76	9.14	27.24	16.52	87.27	281.59	3.58	57.49	111.80
肃州区	128.87	5.80	20.96	8.30	29.04	64.77			121.77	5.80	20.96	8.30	29.04	57.67		15.25	22.56
金塔县	129.33				6.13	123.20			89.13				6.13	83.00		8.30	23.70

1-14 续表

地区	堤防长度(千米)							本年新增堤防长度(千米)	达标堤防长度(千米)						本年新增达标堤防长度(千米)	堤防保护人口(万人)	堤防保护耕地面积(千公顷)
	合计	1级堤防	2级堤防	3级堤防	4级堤防	5级堤防	5级以下堤防		合计	1级堤防	2级堤防	3级堤防	4级堤防	5级堤防			
瓜州县	73.80					73.80			36.69					36.69		6.02	18.71
肃北县	15.50			0.32	0.22	14.96			15.50			0.32	0.22	14.96		1.20	3.47
阿克塞县	36.07		5.77		12.00	18.30			35.97		5.67		12.00	18.30		0.90	0.41
玉门市	88.24		1.21		4.56	82.47		3.58	72.97		0.61		4.10	68.26	3.58	5.82	13.35
敦煌市	54.19	3.34	2.60	7.90	40.24	0.11			49.73	3.34		7.90	35.78	2.71		20.00	29.60
庆阳市	**188.51**			**0.95**	**56.79**	**123.31**	**7.46**	**8.69**	**177.27**			**0.95**	**56.79**	**119.53**	**8.69**	**48.99**	**22.07**
西峰区	8.25					8.25			8.25					8.25			8.25
庆城县	3.41				3.41				3.41				3.41			2.67	1.01
环　县	26.93				10.08	16.85		0.21	26.93				10.08	16.85	0.21	20.12	1.10
华池县	23.71			0.95		15.30	7.46	0.95	16.25			0.95		15.30	0.95	8.91	4.30
合水县	23.50					23.50			23.50					23.50		1.08	0.79
正宁县	23.90					23.90			23.90					23.90		0.78	0.86
宁　县	34.32				14.82	19.50			30.54				14.82	15.72		2.20	4.95
镇原县	44.49				28.48	16.01		7.53	44.49				28.48	16.01	7.53	4.98	0.81
定西市	**776.27**				**46.42**	**384.82**	**345.03**	**109.10**	**676.44**				**46.42**	**630.02**	**107.10**	**99.71**	**35.37**
安定区	86.90				12.89	19.04	54.97		32.43				12.89	19.54		27.20	5.84
通渭县	27.72					21.95	5.77	2.00	13.48					13.48		6.50	1.44
陇西县	87.36				33.53	53.83		6.70	87.36				33.53	53.83	6.70	15.84	9.29
渭源县	156.58					156.58		2.05	152.42					152.42	2.05	7.43	3.96
临洮县	92.18					67.67	24.51	7.00	67.67					67.67	7.00	9.34	5.72
漳　县	68.20					65.75	2.45	10.37	65.75					65.75	10.37	10.30	4.13
岷　县	257.33						257.33	80.98	257.33					257.33	80.98	23.10	4.99
陇南市	**1321.27**		**17.60**		**116.20**	**1123.08**	**64.39**	**125.06**	**1041.68**		**17.60**		**108.42**	**915.66**	**123.20**	**119.42**	**41.69**
武都区	112.21		17.60		2.45	92.16			112.21		17.60		2.45	92.16		25.05	7.07
成　县	67.53				36.08	27.61	3.84	12.70	63.44				36.08	27.36	12.70	22.81	4.89

1-14 续表

地区	堤防长度(千米) 合计	1级堤防	2级堤防	3级堤防	4级堤防	5级堤防	5级以下堤防	本年新增堤防长度(千米)	达标堤防长度(千米) 合计	1级堤防	2级堤防	3级堤防	4级堤防	5级堤防	本年新增达标堤防长度(千米)	堤防保护人口(万人)	堤防保护耕地面积(千公顷)
文 县	133.67				23.48	110.19		21.50	130.98				23.48	107.50	21.50	4.40	2.33
宕昌县	159.63				32.78	121.99	4.86	11.69	159.63				32.78	126.85	11.69	26.34	5.04
康 县	121.71					121.71		19.90	121.71					121.71	19.90	6.60	3.81
西和县	233.46				21.41	212.05		14.92	116.34				13.63	102.71	13.06	7.89	2.81
礼 县	317.72					262.03	55.69	30.02	162.45					162.45	30.02	16.74	8.50
徽 县	102.70					102.70		4.17	102.28					102.28	4.17	5.67	5.52
两当县	72.64					72.64		10.16	72.64					72.64	10.16	3.92	1.73
临夏回族自治州	462.01		5.81	5.04	54.63	374.25	22.28	15.69	412.43		5.81	5.04	54.23	347.35	15.69	56.69	25.71
临夏市	35.19		5.81		21.96	4.43	2.99	1.07	32.20		5.81		21.96	4.43	1.07	8.61	3.87
临夏县	55.44			5.04	20.75	25.45	4.20		51.24			5.04	20.75	25.45		4.22	2.12
康乐县	81.97					78.88	3.09	4.47	78.88					78.88	4.47	8.15	2.21
永靖县	11.70				11.70				11.30				11.30			5.53	1.21
广河县	75.39					75.39			68.30					68.30		15.51	8.06
和政县	114.35					114.35			93.46					93.46		5.80	2.60
东乡县	57.14				0.22	44.92	12.00	7.20	46.22				0.22	46.00	7.20	3.29	2.53
积石山县	30.83					30.83		2.95	30.83					30.83	2.95	5.58	3.11
甘南藏族自治州	514.57				28.65	360.10	125.82	61.63	374.78				28.65	346.13	61.63	21.69	6.89
合作市	75.27					75.27		15.21	61.30					61.30	15.21	2.74	0.87
临潭县	86.88				15.29	40.34	31.25	3.98	55.63				15.29	40.34	3.98	0.43	1.10
卓尼县	127.09					47.01	80.08	10.18	47.01					47.01	10.18	2.95	0.53
舟曲县	45.42				13.36	32.06			45.42				13.36	32.06		5.38	1.24
迭部县	65.11					65.11		2.44	65.11					65.11	2.44	3.72	0.19
玛曲县	31.02					31.02			31.02					31.02		0.55	
碌曲县	24.31					23.33	0.98	5.82	23.33					23.33	5.82	1.42	0.81
夏河县	59.47					45.96	13.51	24.00	45.96					45.96	24.00	4.50	2.15

1-15 2015年河道治理

单位:千米

地区	有防洪任务河段长度	已治理河段长度		当年实施治理的河段长度	
		小计	其中:治理达标河段长度	小计	其中:中小河流治理长度
甘肃省	18765.57	4566.60	3911.16	500.57	231.16
兰州市	669.40	147.38	137.20		
城关区	26.40	17.15	17.15		
七里河区	85.00	20.57	20.57		
西固区	44.30	23.58	23.58		
安宁区	23.00	23.00	23.00		
红古区	2.70	2.70	2.70		
永登县	157.00	21.21	21.21		
皋兰县	181.00	21.10	21.10		
榆中县	150.00	18.07	7.89		
嘉峪关市	39.95	39.95	39.95	6.30	6.30
嘉峪关市	39.95	39.95	39.95	6.30	6.30
金昌市	231.01	43.88	35.13	27.70	27.70
金川区	26.41	26.41	26.41	22.00	22.00
永昌县	204.60	17.47	8.72	5.70	5.70
白银市	938.83	169.51	98.92	69.71	7.81
白银区	127.01	13.20	13.20	12.18	
平川区	56.90	18.20	10.00		
靖远县	628.02	112.42	50.72	49.72	
会宁县	57.90	25.69	25.00	7.81	7.81
景泰县	69.00				
天水市	2042.66	442.29	354.26	33.00	28.00
秦州区	335.37	127.84	115.33		
麦积区	559.70	83.40	63.77	15.20	15.20
清水县	267.24	23.44	21.68	0.80	0.80
秦安县	243.52	47.42	47.42		
甘谷县	154.60	70.61	55.65	5.00	
武山县	233.00	38.33	13.61		
张家川县	249.23	51.25	36.80	12.00	12.00
武威市	1162.66	294.57	288.44	14.55	14.55
凉州区	300.89	95.60	95.60		
民勤县	349.20	88.53	88.53		
古浪县	301.82	61.60	55.47	7.80	7.80
天祝县	210.75	48.84	48.84	6.75	6.75

1-15 续表

单位：千米

地区	有防洪任务河段长度	已治理河段长度		当年实施治理的河段长度	
		小 计	其中:治理达标河段长度	小 计	其中:中小河流治理长度
张掖市	2192.11	395.45	328.85	37.10	37.10
甘州区	401.71	186.94	120.34		
肃南县	138.50	39.55	39.55		
民乐县	240.21	35.09	35.09		
临泽县	542.13	44.09	44.09	20.27	20.27
高台县	305.52	43.17	43.17	10.58	10.58
山丹县	564.04	46.61	46.61	6.25	6.25
平凉市	1340.80	486.34	486.34	15.36	8.31
崆峒区	228.83	69.08	69.08	3.31	3.31
泾川县	160.00	66.79	66.79		
灵台县	110.86	33.20	33.20	5.00	5.00
崇信县	73.00	49.44	49.44		
华亭县	195.26	81.41	81.41		
庄浪县	198.20	66.82	66.82	7.05	
静宁县	374.65	119.60	119.60		
酒泉市	1406.52	342.60	335.27	1.84	1.84
肃州区	119.40	65.79	61.60		
金塔县	117.30	72.00	69.70		
瓜州县	654.00	36.69	36.69		
肃北县	212.00	13.55	13.55		
阿克塞县	35.97	35.97	35.97		
玉门市	172.35	88.78	88.78	1.84	1.84
敦煌市	95.50	29.82	28.98		
庆阳市	1295.70	175.72	160.47	22.93	10.61
西峰区					
庆城县	387.40	15.36	15.36	9.66	9.66
环 县	27.29	27.29	27.29		
华池县	126.44	25.85	25.85	0.95	0.95
合水县	45.80	24.29	24.29		
正宁县	192.60	31.09	31.09		
宁 县	243.79	23.27	8.02	4.32	
镇原县	272.38	28.57	28.57	8.00	
定西市	2037.16	566.89	528.44	148.83	34.94
安定区	323.00	32.43	32.43	4.91	4.91
通渭县	386.00	13.72	9.22	1.40	

1-15 续表

单位：千米

地　区	有防洪任务河段长度	已治理河段长度		当年实施治理的河段长度	
		小　计	其中：治理达标河段长度	小　计	其中：中小河流治理长度
陇西县	274.53	33.69	33.69	6.70	6.70
渭源县	281.80	93.60	59.65	28.22	12.96
临洮县	232.00	58.17	58.17	16.25	
漳　县	280.30	77.95	77.95	10.37	10.37
岷　县	259.53	257.33	257.33	80.98	
陇南市	**2702.14**	**971.25**	**743.51**	**79.79**	**32.58**
武都区	452.59	137.93	93.59		
成　县	126.37	38.08	23.61		
文　县	313.95	118.05	118.05	18.22	11.85
宕昌县	206.11	114.78	114.78	7.50	
康　县	358.01	131.90	131.90	19.90	
西和县	211.67	102.68	39.30	8.20	6.40
礼　县	389.27	232.32	139.31	21.80	10.16
徽　县	375.10	44.51	31.97	4.17	4.17
两当县	269.07	51.00	51.00		
临夏回族自治州	**583.23**	**192.32**	**188.81**	**16.97**	**15.50**
临夏市	39.93	23.56	21.90		
临夏县	46.70	21.60	21.60	13.00	13.00
康乐县	43.50	26.60	26.60	2.50	2.50
永靖县	213.26	1.13	1.13		
广河县	42.65	41.40	39.55		
和政县	72.21	33.61	33.61		
东乡县	65.00	28.85	28.85		
积石山县	59.98	15.57	15.57	1.47	
甘南藏族自治州	**2123.40**	**298.45**	**185.57**	**26.49**	**5.92**
合作市	51.16	38.40	31.54	14.23	5.92
临潭县	98.00	50.20	20.70		
卓尼县	217.30	52.70	22.00		
舟曲县	512.00	45.42			
迭部县	175.27	65.11	65.11	2.44	
玛曲县	847.67	14.50	14.10		
碌曲县	42.00	15.98	15.98	5.82	
夏河县	180.00	16.14	16.14	4.00	

注：中小河流治理长度，指对流域面积在 200~3000 千米^{2}的河流，按照防洪规划已经完成治理的长度。

1-16 2015 年水闸

单位：座

地区	水闸数量	按规模分					按功能位置分		按类型分(过闸流量 5米^3/秒及以上)				
		大(1)型	大(2)型	中型	小(1)型	小(2)型	河湖引水闸数量	水库引水闸数量	分(泄)洪闸数量	节制闸座数	排(退)水闸数量	引(进)水闸数量	挡潮闸座数
甘肃省	6251		4	72	217	5958	3543	2542	436	470	278	115	28
兰州市	27				1	26	27						
城关区													
七里河区													
西固区													
安宁区													
红古区	5				1	4	5						
永登县	14					14	14						
皋兰县	2					2	2						
榆中县	6					6	6						
嘉峪关市	16			1	7	8	2						
嘉峪关市	16			1	7	8	2						
金昌市	117			1	11	105		117					
金川区	22					22		22					
永昌县	95			1	11	83		95					
白银市	60				3	57	40	20	30	13	5	10	
白银区													
平川区	11					11		11					
靖远县	29					29	29		19	5		4	
会宁县	10				1	9	1	9	1	2	3	4	
景泰县	10				2	8	10		10	6	2	2	
天水市	48					48	46	2	2	1	24	14	
秦州区	7					7	7						
麦积区	18					18	18				18		
清水县	7					7	7			1	4	2	
秦安县													

1-16 续表

单位:座

地区	水闸数量	按规模分					按功能位置分		按类型分(过闸流量5米³/秒及以上)				
		大(1)型	大(2)型	中型	小(1)型	小(2)型	河湖引水闸数量	水库引水闸数量	分(泄)洪闸数量	节制闸座数	排(退)水闸数量	引(进)水闸数量	挡潮闸座数
甘谷县	14					14	12	2			2	12	
武山县	2					2	2		2				
张家川县													
武威市	213			2	37	174	131	8	2	2		3	
凉州区	123			1	16	106	119	4					
民勤县	78				20	58		4					
古浪县	7			1	1	5	7		2	2		3	
天祝县	5					5	5						
张掖市	4966		1	34	45	4886	2920	2046	377	144	216	22	28
甘州区	877		1	2	9	865	712	165	28	58		3	
肃南县	60			3	3	54	60		12	5	3		4
民乐县	1828			8	10	1810	332	1496	181	17	153		11
临泽县	754			13	13	728	754		89	41	34	4	10
高台县	733				2	731	733		42	9	19	13	1
山丹县	714			8	8	698	329	385	25	14	7	2	2
平凉市	138		1	7	11	119	138			24	4	1	
崆峒区	36			2	2	32	36			8	4	1	
泾川县	35			1	2	32	35			4			
灵台县	2			1	1		2			2			
崇信县	22			2	1	19	22			3			
华亭县													
庄浪县	6			1	2	3	6			3			
静宁县	37		1		3	33	37			4			
酒泉市	467		2	22	93	350	53	345	24	272	17	60	
肃州区	187			18	6	163	24	163	12	109		24	
金塔县	70		1	1	5	63	1			70			

1–16 续表

单位：座

地区	水闸数量	按规模分					按功能位置分		按类型分（过闸流量5米³/秒及以上）				
		大(1)型	大(2)型	中型	小(1)型	小(2)型	河湖引水闸数量	水库引水闸数量	分（泄）洪闸数量	节制闸座数	排（退）水闸数量	引（进）水闸数量	挡潮闸座数
瓜州县	27				5	22		27					
肃北县	24				5	19	24						
阿克塞县	1			1			1						
玉门市	76		1	2	50	23	3	73	7	28	11	30	
敦煌市	82				22	60		82	5	65	6	6	
庆阳市	**20**			**2**	**1**	**17**	**12**	**3**					
西峰区													
庆城县													
环县													
华池县													
合水县													
正宁县													
宁县	5			2	1	2	4	1					
镇原县	15					15	8	2					
定西市	**14**				**1**	**13**	**14**			**1**	**9**	**1**	
安定区													
通渭县													
陇西县	3					3	3						
渭源县													
临洮县	11				1	10	11			1	9	1	
漳县													
岷县													
陇南市													
武都区													
成县													
文县													

1-16 续表

单位:座

地区	水闸数量	按规模分					按功能位置分		按类型分(过闸流量5米³/秒及以上)				
		大(1)型	大(2)型	中型	小(1)型	小(2)型	河湖引水闸数量	水库引水闸数量	分(泄)洪闸数量	节制闸座数	排(退)水闸数量	引(进)水闸数量	挡潮闸座数
宕昌县													
康县													
西和县													
礼县													
徽县													
两当县													
临夏回族自治州	165			3	7	155	160	1	1	13	3	4	
临夏市	24				1	23	20		1	1	1	2	
临夏县	30					30	30			2	2	1	
康乐县	5					5	5						
永靖县	1					1	1						
广河县	21				2	19	21			2			
和政县	9			3	4	2	9			8			
东乡县	6					6	5	1					
积石山县	69					69	69					1	
甘南藏族自治州													
合作市													
临潭县													
卓尼县													
舟曲县													
迭部县													
玛曲县													
碌曲县													
夏河县													

注:过闸流量≥1米³/秒的水闸工程,包括建在河道渠道、湖泊、水库的水闸。

1-17 2015年泵站

单位：处

地 区	泵站数量	按规模分					按功能位置分	
		大(1)型	大(2)型	中型	小(1)型	小(2)型	河湖取水泵站数量	水库取水泵站数量
甘肃省	5644	11	118	1154	4361		5050	361
兰州市	982			60	472	450	982	
城关区	134			2	96	36	134	
七里河区	67			8	45	14	67	
西固区	118			6	79	33	118	
安宁区	45				28	17	45	
红古区	91			4	47	40	91	
永登县	134			4	28	102	134	
皋兰县	204			18	76	110	204	
榆中县	189			18	73	98	189	
嘉峪关市	5				4	1		1
嘉峪关市	5				4	1		1
金昌市	8				3	5		8
金川区								
永昌县	8				3	5		8
白银市	1248	11		18	282	937	1221	
白银区	246			18	66	162	237	
平川区	65				17	48	47	
靖远县	532				118	414	532	
会宁县	149				43	106	149	
景泰县	256	11			38	207	256	
天水市	418			2	45	371	325	56
秦州区	66					66	66	
麦积区	65				9	56	29	
清水县	8			2	3	3	7	
秦安县	58				12	46	58	
甘谷县	201				21	180	146	55
武山县	12					12	12	
张家川县	8					8	7	1
武威市	31			6	13	12	29	1
凉州区	2				1	1		1
民勤县								
古浪县	19			6	11	2	19	
天祝县	10				1	9	10	

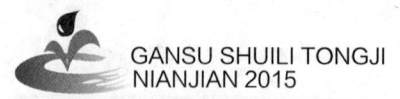

1-17 续表

单位：座

地 区	泵站数量	按规模分					按功能位置分	
		大(1)型	大(2)型	中型	小(1)型	小(2)型	河湖取水泵站数量	水库取水泵站数量
张掖市	101			2	15	84	95	6
甘州区	29				8	21	29	
肃南县	3				2	1		3
民乐县	5					5	2	3
临泽县	62			2	5	55	62	
高台县								
山丹县	2					2	2	
平凉市	21			4	8	9	10	9
崆峒区	9			4	4	1	2	7
泾川县	4				1	3	4	
灵台县	5				3	2	1	2
崇信县								
华亭县								
庄浪县	1					1	1	
静宁县	2					2	2	
酒泉市	9				2	7		7
肃州区								
金塔县								
瓜州县	3					3		1
肃北县								
阿克塞县	5				1	4		5
玉门市								
敦煌市	1				1			
庆阳市	692			15	9	668	582	9
西峰区	75			7	2	66	75	
庆城县	94				1	93	94	
环　县	93			8		85	90	3
华池县	89					89	89	
合水县	34				2	32	30	4
正宁县	43				4	39	41	2
宁　县	124					124	124	
镇原县	140					140	39	
定西市	336				55	281	264	13
安定区	3					3	3	

1-17 续表

单位:座

地 区	泵站数量	按规模分					按功能位置分	
		大(1)型	大(2)型	中型	小(1)型	小(2)型	河湖取水泵站数量	水库取水泵站数量
通渭县	19				2	17	17	2
陇西县	26					26	18	
渭源县	14				1	13	9	5
临洮县	267				51	216	213	3
漳 县	3					3	3	
岷 县	4				1	3	4	
陇南市	336				9	327	334	2
武都区	110					110	110	
成 县								
文 县	62				1	61	62	
宕昌县	18				3	15	18	
康 县								
西和县	88				3	85	86	2
礼 县								
徽 县	32				2	30	32	
两当县	26					26	26	
临夏回族自治州	1424			11	232	1181	1175	249
临夏市	28				5	23	28	
临夏县	146			4	24	118	73	73
康乐县	32					32	32	
永靖县	514			6	99	409	414	100
广河县	117				32	85	78	39
和政县	10				1	9	6	4
东乡县	415			1	46	368	382	33
积石山县	162				25	137	162	
甘南藏族自治州	33				5	28	33	
合作市						1	1	
临潭县								
卓尼县	15					15	15	
舟曲县	15				3	12	15	
迭部县	2					2	2	
玛曲县								
碌曲县								
夏河县								

注:包括建在河道、湖泊、渠道或水库岸边的所有泵站。

1-18 2015年机电井

单位：眼

地 区	机电井数量	规模以上机电井			规模以下机电井		
		小 计	浅层地下水机电井	深层承压水机电井	小 计	浅层地下水机电井	深层承压水机电井
甘肃省	214107	64832	64388	444	149275	149275	
兰州市	2734	1430	1430		1304	1304	
城关区	17	17	17				
七里河区	156	137	137		19	19	
西固区							
安宁区	47	47	47				
红古区	1096	6	6		1090	1090	
永登县	605	555	555		50	50	
皋兰县	91	65	65		26	26	
榆中县	722	603	603		119	119	
嘉峪关市	264	242	242		22	22	
嘉峪关市	264	242	242		22	22	
金昌市	4682	3305	3305		1377	1377	
金川区	1708	1708	1708				
永昌县	2974	1597	1597		1377	1377	
白银市	1147	651	651		496	496	
白银区	25	3	3		22	22	
平川区	245	245	245				
靖远县	118	118	118				
会宁县	518	49	49		469	469	
景泰县	241	236	236		5	5	
天水市	29175	13757	13757	6	15418	15418	
秦州区	2876	300	300		2576	2576	
麦积区	2904	817	816	1	2087	2087	
清水县	3052	159	155	4	2893	2893	
秦安县	2293	220	220		2073	2073	
甘谷县	11858	11858	11858				
武山县	2253	212	212		2041	2041	
张家川县	3939	191	190	1	3748	3748	
武威市	23459	15074	14814	260	8385	8385	
凉州区	13037	4883	4883		8154	8154	
民勤县	9119	9119	8859	260			
古浪县	1008	1008	1008				
天祝县	295	64	64		231	231	

1-18 续表

单位：眼

地　区	机电井数量	规模以上机电井			规模以下机电井		
		小　计	浅层地下水机电井	深层承压水机电井	小计	浅层地下水机电井	深层承压水机电井
张掖市	15090	11529	11529		3561	3561	
甘州区	3226	3205	3205		21	21	
肃南县	606	549	549		57	57	
民乐县	574	574	574				
临泽县	5191	1822	1822		3369	3369	
高台县	4652	4586	4586		66	66	
山丹县	841	793	793		48	48	
平凉市	15240	2144	2142	2	13096	13096	
崆峒区	1467	521	521		946	946	
泾川县	1595	501	499	2	1094	1094	
灵台县	481	59	59		422	422	
崇信县	609	116	116		493	493	
华亭县	793	147	147		646	646	
庄浪县	3218	75	75		3143	3143	
静宁县	7077	725	725		6352	6352	
酒泉市	13095	12891	12891		204	204	
肃州区	3039	2960	2960		79	79	
金塔县	3248	3154	3154		94	94	
瓜州县	1967	1967	1967				
肃北县	86	55	55		31	31	
阿克塞县	18	18	18				
玉门市	1627	1627	1627				
敦煌市	3110	3110	3110				
庆阳市	42319	1690	1549	141	40629	40629	
西峰区	470	252	252		218	218	
庆城县	9077	235	235		8842	8842	
环　县	1091	57	57		1034	1034	
华池县	7041	65	65		6976	6976	
合水县	3075	98	98		2977	2977	
正宁县	1067	94		94	973	973	
宁　县	1156	160	158	2	996	996	
镇原县	19342	729	684	45	18613	18613	
定西市	13544	731	728	3	12813	12813	
安定区	2664	169	169		2495	2495	
通渭县	1209	74	71	3	1135	1135	

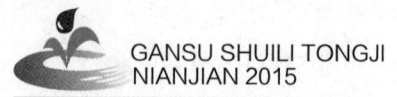

1-18 续表

单位:眼

地区	机电井数量	规模以上机电井			规模以下机电井		
		小计	浅层地下水机电井	深层承压水机电井	小计	浅层地下水机电井	深层承压水机电井
陇西县	242	242	242				
渭源县	6906	22	22		6884	6884	
临洮县	188	188	188				
漳　县	253	36	36		217	217	
岷　县	2082				2082	2082	
陇南市	**23096**	**1228**	**1223**	**5**	**21868**	**21868**	
武都区	671	176	176		495	495	
成　县	3076	215	215		2861	2861	
文　县	347	14	14		333	333	
宕昌县	2182	28	28		2154	2154	
康　县	10	10	10				
西和县	4886	287	282	5	4599	4599	
礼　县	8818	343	343		8475	8475	
徽　县	3061	126	126		2935	2935	
两当县	45	29	29		16	16	
临夏回族自治州	**9947**	**66**	**66**		**29881**	**29881**	
临夏市	6288	4	4		6284	6284	
临夏县	4212	19	19		4193	4193	
康乐县	7540	1	1		7539	7539	
永靖县	74	2	2		72	72	
广河县	6000	5	5		5995	5995	
和政县	835				835	835	
东乡县	3045	35	35		3010	3010	
积石山县	1953				1953	1953	
甘南藏族自治州	**315**	**94**	**67**	**67**	**221**	**221**	
合作市	62	24	24		38	38	
临潭县	10	7	7		3	3	
卓尼县	13	10	10		3	3	
舟曲县	144	12	12		132	132	
迭部县	5	5	5				
玛曲县	32	27		27	5	5	
碌曲县	5	2	2		3	3	
夏河县	44	7	7		37	37	

注:机电井指以电动机、柴油机等动力机械带动水泵抽取地下水的水井。规模以上机电井为日取水量≥ 20 米^{3}的供水机电井、井口井壁管内径≥ 200 毫米的灌溉机电井。

1-19 2015年入河湖排污口（一）

单位：个

地区	入河湖排污口数量	按排入水域分		按污水来源分					
		河流	水库	污水处理厂排放	工业企业直排	市政直排	生活直排	畜禽规模化养殖排放	其他
甘肃省	189	186	3	24	78	20	45	1	21
兰州市	33	33		2	11	2	5		13
城关区	9	9			1				8
七里河区	4	4					2		2
西固区	5	5			2		1		2
安宁区	1	1		1					
红古区	8	8			6	2			
永登县	3	3		1	1				1
皋兰县	1	1					1		
榆中县	2	2			1		1		
嘉峪关市									
嘉峪关市									
金昌市									
金川区									
永昌县									
白银市	15	15		1	10	2	2		
白银区	8	8		1	7				
平川区	1	1					1		
靖远县	3	3			2	1			
会宁县	1	1					1		
景泰县	2	2			1	1			
天水市	16	16		1	6	3	5		1
秦州区	1	1							1
麦积区	7	7			1	2	4		
清水县	5	5		1	3	1			
秦安县	2	2			2				
甘谷县	1	1					1		
武山县									
张家川县									
武威市	17	17		1	9	3	3	1	
凉州区	6	6			3		3		
民勤县									
古浪县	7	7		1	3	3			
天祝县	4	4			3			1	

1-19 续表

单位:个

地 区	入河湖排污口数量	按排入水域分		按污水来源分					
		河流	水库	污水处理厂排放	工业企业直排	市政直排	生活直排	畜禽规模化养殖排放	其他
张掖市	9	9		3	5	1			
甘州区	1	1		1					
肃南县									
民乐县	2	2		1	1				
临泽县	3	3			2	1			
高台县	1	1			1				
山丹县	2	2		1	1				
平凉市	26	26		2	9	6	5		4
崆峒区	6	6			5	1			
泾川县	3	3			1		2		
灵台县	1	1					1		
崇信县	1	1		1					
华亭县	6	6				1	1		4
庄浪县	3	3			2		1		
静宁县	6	6		1	1	4			
酒泉市	4	4		2	1		1		
肃州区	1	1		1					
金塔县									
瓜州县									
肃北县	1	1					1		
阿克塞县									
玉门市	1	1			1				
敦煌市	1	1		1					
庆阳市	13	12	1	2		2	9		
西峰区	1	1		1					
庆城县	3	3					3		
环 县	1	1		1					
华池县									
合水县	1	1					1		
正宁县	2	1	1				2		
宁 县	3	3					3		
镇原县	2	2				2			
定西市	21	21		1	14	1	5		
安定区	5	5			3		2		
通渭县	2	2			1	1			

1-19 续表

单位:个

地 区	入河湖排污口数量	按排入水域分		按污水来源分					
		河流	水库	污水处理厂排放	工业企业直排	市政直排	生活直排	畜禽规模化养殖排放	其他
陇西县	10	10		1	9				
渭源县	2	2		1	1				
临洮县	1	1					1		
漳县	1	1			1				
岷县									
陇南市	25	24	1	1	12		9		3
武都区	1	1							1
成县	9	9		1	8				
文县	4	3	1				2		2
宕昌县	1	1					1		
康县	1	1			1				
西和县									
礼县	1	1					1		
徽县	8	8			3		5		
两当县									
临夏回族自治州	5	4	1	5					
临夏市	1	1		1					
临夏县									
康乐县									
永靖县	3	2	1	3					
广河县	1	1		1					
和政县									
东乡县									
积石山县									
甘南藏族自治州	5	5		3	1		1		
合作市	3	3		1	1		1		
临潭县									
卓尼县									
舟曲县									
迭部县	1	1		1					
玛曲县									
碌曲县									
夏河县	1	1		1					

注:入河湖排污口统计范围为批准(或登记)的废污水年排放量≥300吨/天或≥10万吨/年的入河湖排污口。

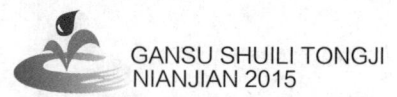

1-20 2015年入河湖排污口（二）

单位：万吨

地 区	入河湖排污口数量	按排入水域分		按污水来源分					许可排放的废污水量
		河流	水库	污水处理厂排放	工业企业直排	市政直排	生活直排	其他	
甘肃省	31803.47	31542.55	260.92	18536.07	4484.03	1273.97	4719.89	2789.50	17583.16
兰州市	17454.04	17454.04		13721.10	1327.00	555.19	937.75	913.00	8217.36
城关区	7643.85	7643.85		7643.85					48.00
七里河区	1384.95	1384.95					764.95	620.00	
西固区	1210.00	1210.00			923.00		54.00	233.00	1368.56
安宁区	5901.00	5901.00		5901.00					6265.00
红古区	855.99	855.99			300.80	555.19			395.60
永登县	259.25	259.25		176.25	23.00			60.00	60.00
皋兰县	98.00	98.00					98.00		
榆中县	101.00	101.00		80.20			20.80		80.20
嘉峪关市									
嘉峪关市									
金昌市									
金川区									
永昌县									
白银市	1713.90	1713.90		291.00	858.40	240.40	311.10	13.00	121.10
白银区	1091.00	1091.00		291.00	800.00				
平川区	121.10	121.10					121.10		121.10
靖远县	216.80	216.80			6.40	210.40			
会宁县	265.00	265.00			42.00	20.00	190.00	13.00	
景泰县	20.00	20.00			10.00	10.00			
天水市	2434.35	2434.35		186.26	282.79	43.30	583.00	1339.00	1210.00
秦州区	1210.00	1210.00						1210.00	1210.00
麦积区	790.00	790.00			78.00		583.00	129.00	
清水县	199.13	199.13		101.04	54.79	43.30			
秦安县	150.00	150.00			150.00				
甘谷县	85.22	85.22		85.22					
武山县									
张家川县									
武威市	1672.70	1672.70		77.45	273.29	6.40	1315.55		
凉州区	1420.00	1420.00			180.00		1240.00		
民勤县									
古浪县	91.35	91.35		77.45	7.50	6.40			
天祝县	161.35	161.35			85.79		75.55		

1-20 续表

单位:万吨

地　区	入河湖排污口数　量	按排入水域分		按污水来源分					许可排放的废污水量
		河流	水库	污水处理厂排放	工业企业直排	市政直排	生活直排	其他	
张掖市	2029.31	2029.31		1554.05	370.15	105.11			2035.10
甘州区	985.35	985.35		985.35					1137.10
肃南县									
民乐县	454.00	454.00		382.70	71.30				438.00
临泽县	241.22	241.22			136.11	105.11			54.00
高台县	153.74	153.74			153.74				
山丹县	195.00	195.00		186.00	9.00				
平凉市	1909.14	1909.14		44.20	996.00	172.10	536.11	160.73	2606.36
崆峒区	920.00	920.00			896.00	24.00			2560.00
泾川县	138.00	138.00			20.00		118.00		25.00
灵台县	70.00	70.00					70.00		
崇信县	34.20	34.20		34.20					
华亭县	478.64	478.64				63.10	254.81	160.73	21.36
庄浪县	153.30	153.30			60.00		93.30		
静宁县	115.00	115.00		10.00	20.00	85.00			
酒泉市	976.26	976.26		948.00			28.26		1235.00
肃州区	700.00	700.00		700.00					735.00
金塔县									
瓜州县									
肃北县	28.26	28.26					28.26		
阿克塞县									
玉门市									
敦煌市	248.00	248.00		248.00					500.00
庆阳市	854.13	854.13		453.60	36.15	151.47	212.91		156.15
西峰区	410.00	410.00		410.00					
庆城县	118.26	118.26					118.26		
环　县	43.60	43.60		43.60					
华池县									
合水县	38.80	38.80					38.80		
正宁县	37.00	37.00					37.00		120.00
宁　县	55.00	55.00			36.15		18.85		36.15
镇原县	151.47	151.47				151.47			
定西市	845.46	845.46		265.00	139.46		441.00		
安定区	425.00	425.00			102.00		323.00		

1-20 续表

单位:万吨

地 区	入河湖排污口数量	按排入水域分		按污水来源分					许可排放的废污水量
		河流	水库	污水处理厂排放	工业企业直排	市政直排	生活直排	其他	
通渭县	118.00	118.00					118.00		
陇西县	168.00	168.00		145.00	23.00				
渭源县	120.00	120.00		120.00					
临洮县	12.88	12.88			12.88				
漳　县	1.58	1.58			1.58				
岷　县									
陇南市	906.02	905.55	0.47	33.00	199.13		310.12	363.77	737.59
武都区	345.00	345.00						345.00	547.00
成　县	171.39	171.39		33.00	138.39				166.60
文　县	55.57	55.10	0.47				36.80	18.77	
宕昌县	155.52	155.52					155.52		
康　县	18.50	18.50			18.50				23.99
西和县									
礼　县	46.40	46.40					46.40		
徽　县	113.64	113.64			42.24		71.40		
两当县									
临夏回族自治州	755.81	495.36	260.45	755.81					1201.00
临夏市	316.50	316.50		316.50					547.00
临夏县									
康乐县									
永靖县	418.07	157.62	260.45	418.07					600.00
广河县	21.24	21.24		21.24					
和政县									
东乡县									
积石山县									
甘南藏族自治州	252.35	252.35		206.60	1.66		44.09		63.50
合作市	191.75	191.75		146.00	1.66		44.09		
临潭县									
卓尼县									
舟曲县									
迭部县	51.00	51.00		51.00					51.00
玛曲县									
碌曲县									
夏河县	9.60	9.60		9.60					12.50

1-21 2015 年城乡供水（一）

地区	城乡集中式供水工程(处)						农村分散式供水工程(处)	工程覆盖人口数量(万人)						农村分散式供水人口(万人)
	合计	城镇自来水厂	农村集中式供水工程					合计	城镇自来水厂	农村集中式供水工程				
			小计	城镇管网延伸工程	联村供水工程	单村供水工程				小计	城镇管网延伸工程	联村供水工程	单村供水工程	
甘肃省	12181	106	12075	253	1148	10674	748883	2304.83	514.66	1790.17	198.03	1055.91	536.22	253.26
兰州市	296	12	284	12	66	206	110868	168.40	71.87	96.53	10.40	61.97	24.16	34.19
城关区	5		5	1	1	3		1.74		1.74	0.70	0.20	0.84	
七里河区	78	1	77		7	70	3366	18.60	8.00	10.60		4.78	5.82	1.36
西固区	30	3	27		8	19		36.51	28.00	8.51	6.00	0.20	2.31	
安宁区	7	2	5	5				18.55	18.55					
红古区	8	2	6	2	2	2		14.39	9.69	4.70	2.26	1.94	0.50	
永登县	73	1	72	2	24	46	37264	34.88	4.59	30.29	1.15	21.12	8.02	16.08
皋兰县	26	1	25		10	15		18.44	3.04	15.40		13.60	1.80	
榆中县	69	2	67	2	14	51	70238	25.29		25.29	0.29	20.14	4.86	16.75
嘉峪关市	12	3	9		2	7		24.13	22.54	1.59		1.00	0.59	
嘉峪关市	12	3	9		2	7		24.13	22.54	1.59		1.00	0.59	
金昌市	139		139	10	27	102		24.88		24.88	2.39	13.27	9.22	
金川区	14		14	5	4	5		5.29		5.29	0.95	3.27	1.07	
永昌县	125		125	5	23	97		19.59		19.59	1.44	10.00	8.15	
白银市	168	7	161	26	62	73	18726	166.49	54.77	111.72	7.91	85.90	17.91	15.91
白银区	36	2	34	2	12	20		27.72	22.94	4.78	1.26	1.96	1.56	
平川区	33	2	31	3	10	18		20.37	10.00	10.37	1.00	1.16	8.21	
靖远县	38	1	37	17	8	12	52	42.39	7.80	34.59	2.37	27.98	4.24	4.59
会宁县	20	1	19		19		18606	49.60	3.03	46.57		46.57		8.73
景泰县	41	1	40	4	13	23	68	26.41	11.00	15.41	3.28	8.23	3.90	2.59
天水市	774	7	767	30	91	646	91292	330.15	53.57	276.58	22.92	211.19	42.47	25.65
秦州区	171	1	170	9	8	153	27794	48.66	12.55	36.11	1.71	25.22	9.18	16.46
麦积区	291	1	290	1	23	266		63.01	17.90	45.11	0.50	27.08	17.53	
清水县	157	2	155		11	144	7865	35.01	6.00	29.01		20.01	9.00	1.10
秦安县	32	1	31	3	13	15		50.21	5.06	45.15	3.63	39.41	2.11	

1-21 续表

地区	城乡集中式供水工程(处)						农村分散式供水工程(处)	工程覆盖人口数量(万人)						农村分散式供水人口(万人)
	合计	城镇自来水厂	农村集中式供水工程					合计	城镇自来水厂	农村集中式供水工程				
			小计	城镇管网延伸工程	联村供水工程	单村供水工程				小计	城镇管网延伸工程	联村供水工程	单村供水工程	
甘谷县	13	1	12	5	7		55569	59.42	9.21	50.21	3.37	46.84		2.79
武山县	60		60	4	27	29		46.18		46.18	13.21	28.53	4.44	
张家川县	50	1	49	8	2	39	64	27.66	2.85	24.81	0.50	24.10	0.21	5.30
武威市	1125	6	1119	11	80	1028	20496	172.39	43.75	128.64	10.07	99.88	18.69	16.70
凉州区	753	2	751	8	3	740	11808	84.15	31.75	52.40	9.13	41.02	2.25	12.99
民勤县	48	1	47		33	14		27.53	4.10	23.43		22.10	1.33	
古浪县	57	2	55	1	31	23	5050	39.19	3.70	35.49	0.64	32.50	2.35	2.29
天祝县	267	1	266	2	13	251	3638	21.52	4.20	17.32	0.30	4.26	12.76	1.42
张掖市	511	9	502	32	268	202	4427	137.39	40.16	97.23	4.22	67.56	25.45	1.73
甘州区	222	3	219	15	145	59		51.30	16.70	34.60	0.59	26.01	8.00	
肃南县	103	1	102		42	60	902	3.34	0.60	2.74		1.70	1.04	0.52
民乐县	63	2	61	1	23	10		29.42	7.49	21.93	0.89	13.16	7.88	
临泽县	34	1	33	10	13	10	3476	13.63	2.42	11.21	0.26	6.49	4.46	1.18
高台县	39	1	38	4	25	9	1	18.22	4.95	13.27	1.93	10.30	1.04	0.01
山丹县	50	1	49	2	20	27	48	21.48	8.00	13.48	0.55	9.90	3.03	0.02
平凉市	381	6	375	32	137	206	5807	203.61	17.58	186.03	24.04	142.61	19.38	3.09
崆峒区	153		153	8	20	125		30.77		30.77	10.00	10.87	9.90	
泾川县	10		10		10			31.21		31.21		31.21		
灵台县	118	1	117		58	59		23.57	1.53	22.04		17.78	4.26	
崇信县	10	2	8	4	2	2		9.11	1.95	7.16	2.00	3.38	1.78	
华亭县	7	2	5	2	2	1	3957	16.59	6.10	10.49	3.00	5.49	2.00	2.16
庄浪县	9		9		9			40.59		40.59		40.59		
静宁县	74	1	73	18	36	19	1850	51.77	8.00	43.77	9.04	33.29	1.44	0.93
酒泉市	433	12	421	27	64	330	347	115.35	47.21	68.14	10.17	32.63	25.34	0.46
肃州区	178	1	174	5	24	145		47.54	24.16	23.38	1.84	15.74	5.80	
金塔县	59	1	58	1	15	42		17.09	5.30	11.79	0.15	7.38	4.26	

1–21 续表

地区	城乡集中式供水工程(处)						农村分散式供水工程(处)	工程覆盖人口数量(万人)						农村分散式供水人口(万人)
	合计	城镇自来水厂	农村集中式供水工程					合 计	城镇自来水厂	农村集中式供水工程				
			小 计	城镇管网延伸工程	联村供水工程	单村供水工程				小 计	城镇管网延伸工程	联村供水工程	单村供水工程	
瓜州县	75	1	74	1	6	67		14.88	4.42	10.46	0.30	3.01	7.15	
肃北县	15	1	14	1	1	12	311	1.32	0.59	0.73	0.30	0.12	0.31	0.20
阿克塞县	4	1	3		1	2	31	0.70	0.62	0.08		0.02	0.06	0.20
玉门市	60	2	58	1	12	45	5	16.35	4.74	11.61	1.01	4.89	5.71	0.06
敦煌市	42	2	40	18	5	17		17.47	7.38	10.09	6.57	1.47	2.05	
庆阳市	**2034**	**11**	**2023**	**14**	**163**	**1846**	**227039**	**206.68**	**47.53**	**159.15**	**17.45**	**73.72**	**67.97**	**55.27**
西峰区	555	2	553	3	15	535	378	39.10	16.28	22.82	0.30	8.12	14.40	0.21
庆城县	204	2	202	4	4	194	7000	23.48	8.60	14.88	8.27	3.54	3.07	5.45
环 县	36	1	35	2	12	21	84187	14.25	6.50	7.75	3.53	2.63	1.58	27.43
华池县	37	2	35		15	20	97716	9.05	2.90	6.15		3.51	2.64	4.99
合水县	88	1	87	4	19	64	3040	15.06	1.92	13.14	3.43	4.20	5.52	2.18
正宁县	357	1	356	1	2	353	2177	19.73	2.67	17.06	1.92	1.03	14.11	1.95
宁 县	632	1	631		70	561	6964	46.39	4.30	42.09		18.79	23.30	4.20
镇原县	125	1	124		26	98	25577	39.61	4.36	35.25		31.90	3.35	8.86
定西市	**250**	**6**	**244**	**13**	**32**	**199**	**216472**	**217.48**	**31.09**	**186.38**	**16.41**	**121.87**	**48.10**	**59.40**
安定区	11		11	3	5	3	97160	21.71		21.71	6.00	10.00	5.71	15.29
通渭县	6	1	5	3	2		72507	38.99	4.20	34.79	0.70	34.08		0.89
陇西县	5	1	4	1	1	2	45710	24.89	11.00	13.89	0.89	10.00	3.00	28.80
渭源县	37	[illegible]	36		5	31		34.49	1.65	32.84		29.70	3.13	
临洮县	111	1	110	4		106	1075	40.26	4.78	35.48	5.69		29.79	14.06
漳 县	47	1	46	1	4	41		15.97	5.60	10.37	2.13	3.14	5.10	
岷 县	33	1	32	1	15	16	20	41.17	3.86	37.31	1.00	34.94	1.37	0.36
陇南市	**3821**	**13**	**3808**	**5**	**96**	**3707**	**40522**	**255.03**	**39.46**	**215.57**	**5.52**	**42.64**	**167.41**	**35.00**
武都区	664	1	663		5	658	5993	52.57	8.50	44.07		3.86	40.21	4.25
成 县	292	2	290		5	285		26.84	5.00	21.84		1.21	20.63	
文 县	877	3	874		5	869	380	26.26	4.62	21.64		1.00	20.64	4.47

1-21 续表

地区	城乡集中式供水工程(处)						农村分散式供水工程(处)	工程覆盖人口数量(万人)						农村分散式供水人口(万人)
	合计	城镇自来水厂	农村集中式供水工程					合计	城镇自来水厂	农村集中式供水工程				
			小计	城镇管网延伸工程	联村供水工程	单村供水工程				小计	城镇管网延伸工程	联村供水工程	单村供水工程	
宕昌县	337	1	336	1	7	328		32.32	4.42	27.90	2.68	23.22	2.00	
康　县	363	1	362		2	360	699	20.56	1.92	18.64		1.82	16.82	4.96
西和县	371	1	370	1	11	358	2987	36.15	5.00	31.15	2.15	3.93	25.07	4.72
礼　县	466	2	464		55	409	19502	41.23	5.20	36.03		4.82	31.21	8.83
徽　县	350	1	349	2	5	342	10961	13.57	3.80	9.77	0.57	2.11	7.09	7.77
两当县	101	1	100	1	1	98		5.53	1.00	4.53	0.12	0.67	3.74	
临夏回族自治州	218	6	212	40	45	127	12794	200.92	27.42	173.51	65.74	91.67	16.10	1.47
临夏市	6	1	5	4		1		28.10	18.43	9.67	9.56		0.11	
临夏县	82		82	6	14	62		35.61		35.61	9.00	24.62	1.99	
康乐县	35		35	6	10	19	117	23.73		23.73	10.00	11.85	1.88	0.07
永靖县	11	1	10	7	1	2		18.77	1.00	17.77	1.07	15.22	1.48	
广河县	4	1	3	3			12677	21.70	1.80	19.90	19.90			1.40
和政县	16	1	15	5	4	6		20.31	1.65	18.66	2.00	8.01	8.65	
东乡县	57	1	56	7	12	37		27.01	1.15	25.86	2.20	21.68	1.98	
积石山县	7	1	6	2	4			25.68	3.39	22.29	12.00	10.29		
甘南藏族自治州	2019	8	2011	1	15	1995	93	81.94	17.71	64.23	0.79	10.01	53.43	4.38
合作市	342	1	341			341		12.54	4.50	8.04			8.04	
临潭县	253	1	252	1	3	248		15.57	3.40	12.17	0.79	1.70	9.68	
卓尼县	325	1	324		1	323		9.72	0.78	8.94		0.21	8.73	
舟曲县	197	1	196		8	188		10.72	2.08	8.64		6.24	2.40	
迭部县	216	1	215			215		5.05	0.89	4.16			4.16	
玛曲县	103	1	102			102	93	7.19	1.80	5.39			5.39	4.38
碌曲县	100	1	99		2	97		8.65	0.76	7.89		1.50	6.39	
夏河县	483	1	482		1	481		12.50	3.50	9.00		0.36	8.64	

注：农村集中式供水工程统计供水规模在20人以上，并有输配水管网的农村供水工程。

1-22 2015 年城乡供水（二）

单位：万米³

地区	城乡供水工程供水量	按水源类型分			按工程类型分							按用途分					
		地表水	地下水	其他	城乡集中式供水工程						农村分散式供水工程	农业灌溉	工业生产	城镇生活	乡村生活	生态环境	其他
					小计	城镇自来水厂	农村集中式供水工程										
							小计	城镇管网延伸工程	联村供水工程	单村供水工程							
甘肃省	131981	90959	40354	668	119225	70615	48610	3587	29048	15976	12756	20703	33655	37489	36776	1306	2051
兰州市	40481	39196	1160	125	40052	38488	1564	127	915	522	428	5383	20049	13283	1378	388	
城关区	12170	12170			12170	12144	26	18	2	6			3800	8130		240	
七里河区	8867	8497	370		8832	8497	335		151	184	35	5361	3136	335	35		
西固区	14447	14447			14447	14390	57	45	5	7			12463	1874		110	
安宁区	2463	2463			2463	2463							446	2016			
红古区	350	350			350	178	172	28	103	41		22	46	153	91	38	
永登县	1089	446	643		854	350	504	24	339	141	235			350	739		
皋兰县	278	278			278	200	78		73	5			80	143	55		
榆中县	817	545	147	125	658	267	391	12	242	138	158		77	282	458		
嘉峪关市	4668		4668		4668	4615	53		30	23			2005	2280	53	330	
嘉峪关市	4668		4668		4668	4615	53		30	23			2005	2280	53	330	
金昌市	1672	1063	609		1672		1672	93	620	959					1672		
金川区	200	53	147		200		200	42	120	38					200		
永昌县	1472	1010	462		1472		1472	51	500	921					1472		
白银市	4924	3929	472	523	4180	2984	1195	123	784	288	745	96	79	2798	1477	40	435
白银区	2020	2020			2020	1903	117	20	47	50				1903	117		
平川区	682	610	72		682	480	202	20	62	120				472	210		
靖远县	686	663	23		619	114	505	35	408	62	67	38	20	115	387	17	109
会宁县	1033	398	112	523	400	249	151		151		633	58	47	118	482	23	305
景泰县	503	239	264		458	239	219	48	115	56	45		12	190	280		21
天水市	7110	3722	3388		6775	2753	4022	276	3230	516	335		670	2333	4074	21	12
秦州区	1423	265	1158		1293	899	394	48	332	13	130		6	896	521		
麦积区	1907	294	1614		1907	929	978	15	640	324			307	601	978	21	
清水县	605	74	531		499	172	327		235	92	106			172	433		
秦安县	957	957			957	187	770	68	660	42			35	140	770		12

1-22 续表

单位:万米³

地 区	城乡供水工程供水量	按水源类型分			按工程类型分							按用途分					
					城乡集中式供水工程						农村分散式供水工程	农业灌溉	工业生产	城镇生活	乡村生活	生态环境	其 他
							农村集中式供水工程										
		地表水	地下水	其他	小 计	城镇自来水厂	小 计	城镇管网延伸工程	联村供水工程	单村供水工程							
甘谷县	942	942			921	499	422	46	376		21		322	190	430		
武山县	760	760			760		760	29	689	42				260	500		
张家川县	515	430	85		438	67	371	70	298	3	77			74	442		
武威市	**5356**	**4417**	**939**		**5223**	**2190**	**3033**	**81**	**1859**	**1093**	**133**		**42**	**2139**	**3167**	**9**	
凉州区	3319	3007	312		3241	1790	1451	60	1071	320	78			1790	1529		
民勤县	215	215			215	96	119		112	7				96	119		
古浪县	927	636	291		914	182	732	12	550	170	13		13	169	745		
天祝县	895	774	122		853	122	731	9	126	596	43		29	84	774	9	
张掖市	**8478**	**1098**	**7380**		**8380**	**4786**	**3594**	**76**	**2732**	**786**	**97**		**2504**	**2047**	**3926**		
甘州区	4268		4268		4268	3290	978	17	735	226			1402	1138	1728		
肃南县	476	212	264		447	45	402		181	221	29			45	431		
民乐县	908	705	203		908	316	592	18	499	75			155	157	596		
临泽县	950		950		887	608	278	4	228	47	63		422	186	342		
高台县	1295		1295		1291	176	1115	28	944	143	5		519	176	600		
山丹县	581	181	400		580	351	229	10	145	74	1		6	345	230		
平凉市	**11979**	**8387**	**3572**	**20**	**7231**	**2552**	**4679**	**178**	**4391**	**110**	**4748**	**4893**	**2681**	**1001**	**2835**	**300**	**269**
崆峒区	370	2	367		370		370	92	256	21					370		
泾川县	496		496		496		496		496					208	289		
灵台县	421	221	200		421	64	357		296	61				64	357		
崇信县	184		184		184	144	40	8	29	3				144	40		
华亭县	4069	3823	226	20	4049	2179	1870	37	1831	2	20	875	2030	419	234	270	240
庄浪县	904	904			904		904		904						904		
静宁县	5535	3436	2098		807	165	642	41	578	23	4728	4018	651	165	642	30	29
酒泉市	**5358**	**555**	**4803**		**5342**	**3508**	**1835**	**264**	**1037**	**534**	**15**			**3620**	**1737**		
肃州区	1915	350	1565		1915	1410	505	50	370	85				1410	505		
金塔县	385		385		385	43	342	5	224	112				156	229		

1-22 续表

单位:万米³

地区	城乡供水工程供水量	按水源类型分			按工程类型分							按用途分					
		地表水	地下水	其他	城乡集中式供水工程						农村分散式供水工程	农业灌溉	工业生产	城镇生活	乡村生活	生态环境	其他
					小计	城镇自来水厂	农村集中式供水工程										
							小计	城镇管网延伸工程	联村供水工程	单村供水工程							
瓜州县	463		463		463	328	135	3	27	105				328	135		
肃北县	100		100		87	60	27	11	6	10	13			60	40		
阿克塞县	57	55	2		56	55	2			1	1			55	2		
玉门市	1166	150	1016		1165	559	606	54	375	177	1			559	607		
敦煌市	1272		1272		1272	1053	219	141	34	44				1053	219		
庆阳市	**11845**	**5986**	**5858**		**9837**	**1873**	**7963**	**1040**	**3351**	**3572**	**2008**	**4778**	**2390**	**1209**	**3267**	**5**	**196**
西峰区	770	430	340		578	298	280	1	87	192	192			425	280		65
庆城县	2152	826	1326		1339	128	1211	377	460	374	813	904	690	138	420		
环　县	715	667	48		506	170	336	68	181	87	209	159	26	155	325		50
华池县	1335	698	637		1220	120	1100		375	725	115	502	640	17	176		
合水县	1331	966	365		1233	99	1134	297	409	428	98	558	488	99	186		
正宁县	1462	893	569		1374	893	481	297	84	100	88	1104	55	48	170	4	81
宁　县	2870	1493	1377		2725	81	2644		1050	1593	145	1469	162	222	1017		
镇原县	1209	13	1196		861	84	778		705	73	348	82	329	105	692	1	
定西市	**11021**	**7476**	**3545**		**7821**	**2695**	**5126**	**513**	**3398**	**1216**	**3200**	**5431**	**236**	**1046**	**4194**	**84**	**30**
安定区	2930	1310	1620		135		135	5	120	10	2795	2650	60		220		
通渭县	1023	934	89		1022	144	878	15	863		1		10	130	879	4	
陇西县	1020	172	848		848	356	492	17	378	97	172			326	649	45	
渭源县	947	947			947	283	664		623	41				283	664		
临洮县	653	534	119		474	17	457	62		395	179		71	63	504	15	
漳　县	2561	2306	255		2561	1709	852	387	192	273		1508	95	58	850	20	30
岷　县	1887	1273	614		1834	186	1648	26	1222	400	53	1273		186	428		
陇南市	**7846**	**5550**	**2296**		**6939**	**1292**	**5647**	**39**	**1634**	**3974**	**907**		**74**	**3097**	**4675**		
武都区	2012	1053	959		1793	240	1553		80	1473	219			1793	219		
成　县	580	580			580	170	410		5	405				170	410		
文　县	834	626	208		772	123	649		18	631	62			123	712		

1-22 续表

单位：万米³

地区	城乡供水工程供水量	按水源类型分：地表水	按水源类型分：地下水	按水源类型分：其他	按工程类型分：城乡集中式供水工程：小计	城乡集中式供水工程：城镇自来水厂	农村集中式供水工程：小计	农村集中式供水工程：城镇管网延伸工程	农村集中式供水工程：联村供水工程	农村集中式供水工程：单村供水工程	农村分散式供水工程	按用途分：农业灌溉	按用途分：工业生产	按用途分：城镇生活	按用途分：乡村生活	按用途分：生态环境	按用途分：其他
宕昌县	698	698			698	83	615	18	596	1				83	615		
康　县	691	691			511	136	375		21	354	180		36	196	459		
西和县	548	429	119		449	88	361	3	29	329	99			88	460		
礼　县	1457	697	760		1337	161	1176		766	410	120		38	349	1070		
徽　县	865	692	173		638	243	396	17	112	268	227			243	623		
两当县	161	84	77		161	49	112	1	8	104				53	108		
临夏回族自治州	**7577**	**7407**	**170**		**7500**	**1632**	**5868**	**758**	**4835**	**275**	**76**		**2699**	**1623**	**2068**	**90**	**1096**
临夏市	1568	1568			1568	1338	230	228		3			194	936	81	40	317
临夏县	642	642			642		642	57	453	132			77	65	370	9	121
康乐县	533	533			492		492	10	431	50	42		153	74	250	7	49
永靖县	2360	2347	13		2360	59	2301	45	2248	8			1973	123	79	18	166
广河县	426	367	58		391	55	336	336			35		69	71	232	2	51
和政县	1044	1044			1044	59	985	5	900	80			150	245	296	13	342
东乡县	544	444	99		544	41	502	7	493	2			41	35	468		
积石山县	461	461			461	81	380	70	310				42	76	293	1	49
甘南藏族自治州	**3667**	**2173**	**1494**		**3605**	**1247**	**2358**	**20**	**231**	**2107**	**63**	**124**	**226**	**1013**	**2254**	**39**	**12**
合作市	813	373	440		813	373	440			440		80	105	230	382	16	
临潭县	455	264	191		455	176	279	20	32	227				176	279		
卓尼县	363	265	98		363	52	311		12	299				52	311		
舟曲县	507	214	293		507	293	214		171	43			54	236	214		3
迭部县	300	228	72		300	72	228			228			23	47	228	2	
玛曲县	432	214	219		370	84	286			286	63	38	13	84	286	11	
碌曲县	324	301	23		324	39	286		10	276		5	16	18	286		
夏河县	473	315	158		473	158	315		6	309			15	170	269	10	9

注:其他，包括集雨工程雨水、海水直接利用等其他水源类型。

1-23 2015年农村集中式供水工程

单位：处

地 区	农村集中式供水工程数量	按规模分		
		千吨万人以上	Ⅳ型	Ⅴ型
甘肃省	12075	288	958	10829
兰州市	284	20	63	201
城关区	5	1	1	3
七里河区	77	2	8	67
西固区	27		8	19
安宁区	5		5	
红古区	6	3	3	
永登县	72	3	22	47
皋兰县	25	4	6	15
榆中县	67	7	10	50
嘉峪关市	9		2	7
嘉峪关市	9		2	7
金昌市	139	7	36	96
金川区	14	2	12	
永昌县	125	5	24	96
白银市	161	15	74	72
白银区	34		20	14
平川区	31	3	10	18
靖远县	37	8	12	17
会宁县	19		19	
景泰县	40	4	13	23
天水市	767	56	65	646
秦州区	170	10	4	156
麦积区	290	6	23	261
清水县	155	8	3	144
秦安县	31	13	3	15
甘谷县	12	7	5	
武山县	60	6	25	29
张家川县	49	6	2	41
武威市	1119	15	42	1062
凉州区	751	8	3	740
民勤县	47		6	41
古浪县	55	7	18	30
天祝县	266		15	251
张掖市	502	38	232	232
甘州区	219	15	138	66

1-23 续表

单位：处

地 区	农村集中式供水工程数量	按规模分		
		千吨万人以上	Ⅳ 型	Ⅴ 型
肃南县	102		4	98
民乐县	61	5	32	24
临泽县	33	5	16	12
高台县	38	3	19	16
山丹县	49	10	23	16
平凉市	375	42	61	272
崆峒区	153	8	17	128
泾川县	10	3		7
灵台县	117	5	6	106
崇信县	8	4	2	2
华亭县	5	2	2	1
庄浪县	9	9		
静宁县	73	11	34	28
酒泉市	421	8	72	341
肃州区	174	3	30	141
金塔县	58	1	17	40
瓜州县	74			74
肃北县	14		2	12
阿克塞县	3		1	2
玉门市	58	2	13	43
敦煌市	40	2	9	29
庆阳市	2023	22	146	1855
西峰区	553	3	15	535
庆城县	202	3	4	195
环 县	35	2	12	21
华池县	35		14	21
合水县	87	3	13	71
正宁县	356		2	354
宁 县	631	5	40	586
镇原县	124	6	46	72
定西市	244	12	33	199
安定区	11	3	5	3
通渭县	5	2	3	
陇西县	4	1	1	2

1-23 续表

单位:处

地　区	农村集中式供水工程数量	按规模分		
		千吨万人以上	Ⅳ 型	Ⅴ 型
渭源县	36		5	31
临洮县	110	4		106
漳　县	46	1	4	41
岷　县	32	1	15	16
陇南市	**3808**	**5**	**86**	**3717**
武都区	663	2	3	658
成　县	290		5	285
文　县	874		5	869
宕昌县	336	1	7	328
康　县	362		2	360
西和县	370		12	358
礼　县	464		46	418
徽　县	349	1	5	343
两当县	100	1	1	98
临夏回族自治州	**212**	**47**	**29**	**136**
临夏市	5	4		1
临夏县	82	9	5	68
康乐县	35	6	9	20
永靖县	10	7	1	2
广河县	3	3		
和政县	15	5	4	6
东乡族县	56	7	10	39
积石山县	6	6		
甘南藏族自治州	**2011**	**1**	**17**	**1993**
合作市	341			341
临潭县	252	1	3	248
卓尼县	324		1	323
舟曲县	196		8	188
迭部县	215			215
玛曲县	102		2	100
碌曲县	99		2	97
夏河县	482		1	481

注:1. 千吨万人以上是指供水规模≥ 1000 米^3/天以上,通常供水人口在 10 000 人及以上。
2. Ⅳ型是指供水规模≥ 200 米^3/天,且 <1000 米^3/天,通常供水人口在 2000~10 000 人。(含 2000 人,不含 10 000 人)。
3. Ⅴ型是指供水规模 <200 米^3/天,通常供水人口在 2000 人以下,20 人以上。

1-24 2015 年水利工程实际供水能力

单位:万米³

地区	水利工程供水能力	蓄水工程	引水工程	取水泵站	配套机电井	其他供水工程	本年	
							新增	减少
甘肃省	1474541	426191	504196	191095	337799	14990	15329	20169
兰州市	150333	2422	80836	52842	13801	162	4776	13799
城关区	23787		13524	9789	469	5		
七里河区	10593			9617	976			1230
西固区	39141		34907	4111	120	3		
安宁区	6215			4860	1355			217
红古区	23745		18755	4990				
永登县	16424	253	11000	1080	3997	94		12352
皋兰县	12198	769		11245	184		4506	
榆中县	18230	1400	2650	7150	6700	60	270	
嘉峪关市	22751	6242	3826		12683		700	
嘉峪关市								
金昌市	81470	57453	2000		22017			209
金川区	21805	12005			9800			209
永昌县	59665	45448	2000		12217			
白银市	64182	3301	7277	46951	5261	1393	1229	441
白银区	10373	3000		7353	20			441
平川区	11344	100		8005	3031	208		
靖远县	30888	51	5834	24194	569	240	360	
会宁县	7683	20		7027	112	524	645	
景泰县	3895	130	1443	372	1529	421	224	
天水市	47230	2287	23309	6381	12987	2265	1582	4966
秦州区	8016	153	1755	1468	4009	632	352	
麦积区	7991	26	3202	1303	2944	516	231	2708
清水县	3003	256	1163	520	974	90	144	320
秦安县	3677	280	1008	910	1139	340	132	
甘谷县	13450	580	8702	1255	2711	202	433	
武山县	9389	20	7428	616	913	413	195	1938
张家川县	1704	973	51	310	298	72	95	
酒泉市	217264	72727	67869		76668		149	
玉门市	21032	5361	4233		11438		143	
肃州区	81534	3721	54413		23400			
敦煌市	38516	28656			9860		6	
金塔县	53846	29893	4593		19360			
肃北县	3443	50	2725		668			
阿克塞县	1908		1905		3			
瓜州县	16986	5047			11939			

1-24 续表

单位:万米³

地区	水利工程供水能力	蓄水工程	引水工程	取水泵站	配套机电井	其他供水工程	本年	
							新增	减少
张掖市	**283103**	**71442**	**139026**	**1693**	**70942**		**785**	
甘州区	95260	5196	61540	794	27730		526	
肃南县	13372	107	5359		7906			
民乐县	47028	32420	7400		7208		130	
临泽县	52489	14032	31007	899	6551		36	
高台县	53370	9307	30512		13551			
山丹县	21584	10380	3208		7996		93	
武威市	**232231**	**84410**	**51101**	**3529**	**93176**	**15**		**630**
凉州区	148057	59539	39583	135	48800			
民勤县	51559	16835			34724			
古浪县	15548	7316	320		7912			
天祝县	17067	720	11198	3394	1740	15	630	
定西市	**55200**	**3726**	**35371**	**6420**	**6185**	**3498**	**1978**	**660**
安定区	4073	589	980	250	1960	294	40	
通渭县	2423	883	380	485	675		810	
陇西县	6190		2750	370	1635	1435	471	
渭源县	4867	2140	1467	258	18	984	270	
临洮县	31786	72	25670	4455	1446	143		660
漳　县	2911	42	1813	270	451	335	387	
岷　县	2950		2311	332		307		
陇南市	**21273**	**1099**	**8873**	**2073**	**7292**	**1936**	**1727**	
武都区	4655	15	2321	238	2075	6	655	
宕昌县	1820		1289	362	110	59	20	
成　县	2581	233	138	589	1617	4	37	
康　县	809				130	679	32	
文　县	4444		3436	100	464	445	315	
西和县	2206	218	689	176	1123		90	
礼　县	2382	540	820		849	173	292	
两当县	441	40	180	10	211		61	
徽　县	1935	53		599	713	570	225	
平凉市	**36308**	**11044**	**12376**	**3516**	**8328**	**1044**	**289**	
崆峒区	14077	6240	3885	130	3822		106	
泾川县	5829		3425	590	1814		26	
灵台县	2196	195	151	284	811	756	47	
崇信县	1250		558	208	484			
华亭县	3429	1395	1654		380			
庄浪县	3267	1126	1831	21		289	67	
静宁县	6259	2088	871	2284	1016		43	

1-24 续表

单位：万米³

地 区	水利工程供水能力	蓄水工程	引水工程	取水泵站	配套机电井	其他供水工程	本年新增	本年减少
庆阳市	19755	4751	2844	5667	5432	1061	867	
西峰区	5133	2010	356	2170	296	301		
庆城县	2341	283	189	1001	844	24	27	
环　县	1765	811		417	199	338	178	
华池县	1335	142	165	196	788	44	145	
合水县	1380	440	310	260	370		252	
正宁县	963	310	91	60	502		69	
宁　县	3085	487	883	1198	517		64	
镇原县	3754	269	850	365	1916	354	132	
临夏回族自治州	42028	5610	20557	14419	547	895	84	94
临夏市	2102		1975	13	5	108	40	
临夏县	7434		5337	2019	35	43		
康乐县	3456	65	2339	975	42	34	15	
永靖县	7242		1995	5067	108	72		75
广河县	5189	16	2351	2225		597	1	
和政县	3463	1436	1581	245	200	1		
东乡县	9157	3914	2486	2559	158	40		19
积石山县	3987	179	2492	1316			28	
甘南藏族自治州	10892	124	5370	906	1769	2722	531	
合作市	1660		932	569	159		170	
临潭县	1457	67	548		182	660	98	
卓尼县	1489			173	352	964	38	
舟曲县	1409		973	108	323	5	9	
迭部县	1610	20	1458	56	76		24	
玛曲县	904	37			155	712	77	
碌曲县	430				49	381	41	
夏河县	1932		1459		473		75	
省直属	190522	99553	43561	46697	711			
省农垦监管局	3145	10	2013	711	711			
山丹马场	1475	375	800					
景电工程	45986			45986				
引大工程	40748		40748					
省水投公司								
疏勒河工程	99168	99168						
引洮工程								
省直属其他								

1-25 2015年水利工程供水量（按供水方向分）

单位：万米^3

地 区	水利工程供水量	按供水方向分				
		农业灌溉	工业生产	城镇生活	乡村生活	生态环境
甘肃省	**1179497**	**880247**	**107880**	**43796**	**46546**	**101029**
兰州市	**114182**	**56082**	**37835**	**16356**	**2888**	**1021**
城关区	15600	3030	4200	8130		240
七里河区	10596	1159	5500	3169	675	93
西固区	20520	1856	16400	1633	521	110
安宁区	4772	1083	1335	2082		273
红古区	12229	7800	3800	400	91	138
永登县	29245	24864	3400	350	571	60
皋兰县	9220	7600	1400	100	120	
榆中县	12000	8690	1800	492	911	108
嘉峪关市	**18087**	**5389**	**6300**	**2280**	**53**	**4065**
嘉峪关市	18087	5389	6300	2280	53	4065
金昌市	**70196**	**57937**	**6283**	**1556**	**1672**	**2748**
金川区	21805	13435	5121	1287	200	1762
永昌县	48391	44502	1162	269	1472	986
白银市	**91871**	**77553**	**8053**	**3016**	**2558**	**691**
白银区	10373	4305	3648	1903	117	400
平川区	11045	7663	2690	531	83	79
靖远县	30888	29117	919	149	625	79
会宁县	7683	6307	47	217	1089	23
景泰县	31882	30162	750	216	644	110
天水市	**34380**	**25594**	**2425**	**1790**	**4337**	**235**
秦州区	6207	4126	1265	137	663	16
麦积区	7312	4798	591	810	1092	21
清水县	2238	1530	55	172	433	48
秦安县	3677	2720	35	140	770	12
甘谷县	6465	5480	322	190	430	43
武山县	6398	5480	78	260	500	80
张家川县	2084	1460	79	81	449	15
武威市	**170972**	**129057**	**13803**	**2294**	**5802**	**20017**
凉州区	97843	73907	10702	1790	3376	8068
民勤县	32934	20779	559	200	907	10489
古浪县	28455	26066	511	182	745	951
天祝县	11740	8305	2031	122	774	509

1-25 续表

单位：万米³

地　区	水利工程供水量	按供水方向分				
		农业灌溉	工业生产	城镇生活	乡村生活	生态环境
张掖市	236833	212076	4212	2047	4081	14417
甘州区	81882	73147	1402	1138	1728	4467
肃南县	10181	7841	916	45	431	948
民乐县	40384	38405	484	157	751	587
临泽县	46453	39773	422	186	342	5730
高台县	42392	38734	519	176	600	2363
山丹县	15541	14176	469	345	229	322
平凉市	28044	16395	5579	2213	3141	717
崆峒区	9110	5480	1935	720	675	300
泾川县	3227	2353	286	190	289	110
灵台县	1930	1280	191	95	357	7
崇信县	1191	806	201	144	40	
华亭县	4068	1015	2030	519	234	270
庄浪县	2983	1443	284	352	904	
静宁县	5535	4018	651	194	642	30
酒泉市	281827	208291	12241	3621	1737	55937
肃州区	98274	64718	2588	1410	505	29053
金塔县	50100	44839	931	156	229	3945
瓜州县	45600	23910	1793	328	135	19434
肃北县	4661	3407	854	60	40	300
阿克塞县	2000	876	753	55	2	314
玉门市	47995	42036	4653	559	607	140
敦煌市	33197	28505	669	1053	219	2751
庆阳市	16983	8408	3484	1213	3780	97
西峰区	2707	1411	436	430	340	90
庆城县	2152	904	690	138	420	
环　县	1847	744	552	143	408	
华池县	1335	502	640	17	176	
合水县	1331	558	488	99	186	
正宁县	1462	1104	136	48	170	4
宁　县	2870	1481	162	222	1005	
镇原县	3279	1705	380	117	1075	3
定西市	46471	35962	3621	1440	4637	811
安定区	2930	2650	60		220	
通渭县	2423	1318	89	130	882	4
陇西县	6110	4350	520	310	710	220

1-25 续表

单位:万米³

地 区	水利工程供水量	按供水方向分				
		农业灌溉	工业生产	城镇生活	乡村生活	生态环境
渭源县	3547	582	1355	283	834	493
临洮县	26663	24265	1414	311	604	69
漳　县	2911	1524	183	220	959	25
岷　县	1887	1273		186	428	
陇南市	19490	10614	871	3221	4764	20
武都区	4655	2520	78	2048	3	6
成　县	2574	1796	198	160	420	
文　县	4444	3564	43	123	712	3
宕昌县	1318	591	23		698	6
康　县	809	118	36	196	459	
西和县	1007	156	120	160	566	5
礼　县	2352	895	38	239	1180	
徽　县	1935	764	306	243	623	
两当县	396	209	30	53	104	
临夏回族自治州	43056	33833	2880	1749	4435	159
临夏市	4476	2848	546	936	106	40
临夏县	9349	8669	205	153	312	9
康乐县	2050	1367	262	74	340	7
永靖县	10975	7502	1026	106	2255	86
广河县	4267	3830	127	71	237	2
和政县	4377	3153	543	245	424	13
东乡县	4743	4150	129	35	429	
积石山县	2820	2315	42	130	332	1
甘南藏族自治州	7104	3055	294	1001	2661	94
合作市	1228	377	105	260	456	30
临潭县	931	350	10	125	445	1
卓尼县	917	497	45	52	311	12
舟曲县	1255	748	54	239	214	
迭部县	984	685	23	47	228	2
玛曲县	536	40	17	90	374	15
碌曲县	427	5	16	18	364	24
夏河县	826	353	24	170	269	10

注:农业灌溉供水指水利工程为农田、林地、果园、牧草灌溉的实际毛供水量。
　　工业生产供水指水利工程为城市及县以下乡镇工业的供水。
　　城镇生活供水指水利工程对城镇居民生活供水,包括餐饮、服务以及市政环卫等公共服务供水;生活供水主要统计原水量。
　　乡村生活供水除乡村居民生活用水外,还包括牲畜用水。
　　生态环境供水指通过水利工程设施向城镇、乡村生态脆弱地区或恶化地区以及其他地区补水,以维持、控制、恢复、改善原有的生态环境状态。

1-26 2015年水利工程供水量（按工程类型分）

单位：万米³

地　区	水利工程供水量	按工程类型分					
		水库工程	塘坝和窖池工程	河湖引水闸工程	河湖取水泵站工程	机电井	其　他
甘肃省	1179497	354654	8669	339844	185902	267647	22781
兰州市	114182	760	881	35935	66468	9997	142
城关区	15600				15500	100	
七里河区	10596		35		9585	976	
西固区	20520				20520		
安宁区	4772				4118	654	
红古区	12229			7690	3389	1150	
永登县	29245	273	182	24435	518	3827	10
皋兰县	9220	134	140	2571	6317	58	
榆中县	12000	353	525	1239	6520	3232	132
嘉峪关市	18087	5844		3739		8504	
嘉峪关市	18087	5844		3739		8504	
金昌市	70196	45067				25129	
金川区	21805	12005				9800	
永昌县	48391	33062				15329	
白银市	91871	3264	643	7782	73912	5261	1009
白银区	10373	3000	10		7343	20	
平川区	11045	80	20		7914	3031	
靖远县	30888	34	51	5834	24194	569	206
会宁县	7683	20	524	505	6522	112	
景泰县	31882	130	38	1443	27939	1529	803
天水市	34380	1366	658	13735	4803	12056	1763
秦州区	6207	65	15	1014	1118	3490	505
麦积区	7312		12	2990	1185	2689	436
清水县	2238	105	105	737	246	947	97
秦安县	3677	40	240		1008	2049	340
甘谷县	6465		215	3861	698	1661	30
武山县	6398	20	62	5133	247	592	344
张家川县	2084	1136	9		302	627	10
武威市	170972	69911	77	32297	15655	53032	
凉州区	97843	41672		22683		33488	
民勤县	32934	21441				11493	
古浪县	28455	6598		293	15631	5933	
天祝县	11740	200	77	9321	24	2118	

1-26 续表

单位:万米^3

地　区	水利工程供水量	按工程类型分					
		水库工程	塘坝和窖池工程	河湖引水闸工程	河湖取水泵站工程	机电井	其　他
张掖市	**236833**	**67138**	**1008**	**112549**	**1032**	**55106**	
甘州区	81882	3500	754	55952	246	21430	
肃南县	10181	76	108	4340		5657	
民乐县	40384	29253	44	6638	45	4404	
临泽县	46453	19412		19431	741	6869	
高台县	42392	5885	59	24969		11479	
山丹县	15541	9012	43	1219		5267	
平凉市	**28044**	**9260**	**2884**	**7578**	**1539**	**6623**	**159**
崆峒区	9110	4680	20	2630	100	1680	
泾川县	3227		100	1653	239	1163	73
灵台县	1930	108	5	690	290	837	
崇信县	1191	327	200	214		450	
华亭县	4068	1985	1763			320	
庄浪县	2983	1126	206	1520	53	21	57
静宁县	5535	1034	590	871	858	2152	29
酒泉市	**281827**	**135857**	**264**	**76152**		**69280**	**274**
肃州区	98274	14026	197	63051		21000	
金塔县	50100	30975		4170		14955	
瓜州县	45600	34526	10			11064	
肃北县	4661		38	3707		643	274
阿克塞县	2000		10	1944		46	
玉门市	47995	30593		3280		14122	
敦煌市	33197	25737	10			7450	
庆阳市	**16983**	**3077**	**778**	**506**	**5200**	**6671**	**751**
西峰区	2707	1240	2		818	400	247
庆城县	2152	5	278		1001	844	24
环　县	1847	209	175		777	552	134
华池县	1335	18	98		485	734	
合水县	1331	427	24		515	365	
正宁县	1462	823	21	29	20	569	
宁　县	2870	257	1		1235	1377	
镇原县	3279	98	179	477	349	1830	346
定西市	**46471**	**1390**	**1096**	**24314**	**7266**	**7150**	**5255**
安定区	2930	160				1620	1150

1-26 续表

单位：万米³

地 区	水利工程供水量	按工程类型分					
		水库工程	塘坝和窖池工程	河湖引水闸工程	河湖取水泵站工程	机电井	其 他
通渭县	2423	243	640		380	485	675
陇西县	6110		90	2750	370	1635	1265
渭源县	3547	763	216		722	16	1830
临洮县	26663	35	140	21564	3894	1030	
漳　县	2911	32	10		270	2264	335
岷　县	1887	157			1630	100	
陇南市	19490	947	129		2542	6856	9016
武都区	4655		15		238	2045	2357
成　县	2574	110	17			1804	643
文　县	4444	110			100	464	3771
宕昌县	1318				1217	101	
康　县	809					130	679
西和县	1007	165	34		141	667	
礼　县	2352	532				832	988
徽　县	1935	30	23		599	713	570
两当县	396		40		248	99	9
临夏回族自治州	43056	10723	56	25257	6455	527	38
临夏市	4476			4173	195	107	
临夏县	9349	120		8862	338	29	
康乐县	2050	394	1	1358	269	28	
永靖县	10975	7356	13	2477	1076	43	9
广河县	4267	89	17	2816	1207	126	14
和政县	4377	2650	21	1401	280	9	15
东乡县	4743	114	2	2048	2433	146	
积石山县	2820		2	2121	658	38	
甘南藏族自治州	7104	49	194		1031	1456	4374
合作市	1228				10	510	708
临潭县	931		67			182	682
卓尼县	917		91		220	98	508
舟曲县	1255		33		748	293	181
迭部县	984		3		53	72	856
玛曲县	536	40				204	292
碌曲县	427					47	380
夏河县	826	9				50	767

1-27 2015年各类水利建设投资完成情况

单位：万元

地　区	各类水利建设投资完成	中央投资	省级投资	国内贷款	企业和私人投资	地县自筹	群众集资（投资投劳）
甘肃省	1657994	822328	237669	358624	90449	80879	67649
兰州市	253104	59324	13838	165000		13817	1125
城关区	921	330	551			40	
七里河区	3370	1762	72			1536	
西固区	2427	1750	100			577	
安宁区	487	9	263			215	
红古区	5213	2901	510			1152	650
永登县	7992	4912	1200			1406	475
皋兰县	6634	2707	349			3578	
榆中县	45524	14723	10793	15000		5008	
兰州市直	180536	30230		150000		306	
嘉峪关市	9081	5217	1600	399		1865	
嘉峪关市							
金昌市	30038	13073	4817		7437	4711	
金川区	11138	5034	1729		2023	2352	
永昌县	18900	8039	3088		5414	2359	
金昌市直							
白银市	134379	79745	23773	21277		1652	7932
白银区	5445	4437	1008				
平川区	2211	1611	600				
靖远县	28912	18803	3256			248	6605
会宁县	59998	21252	16841	19277		1301	1327
景泰县	9134	7964	1068			103	
白银市直							
天水市	100941	59921	16076	9714		8877	6354
秦州区	14017	8456	1891			1013	2657
麦积区	26802	17326	2956	3002		3398	120
清水县	6714	3538	1166	486		380	1144
秦安县	17653	10267	3370			4016	
甘谷县	11030	7716	2019				1295
武山县	17290	8757	1169	6226			1139
张家川县	7436	3861	3505			70	
天水市直							
酒泉市	140435	56142	11316	17989	41580	10277	3131
玉门市	29718	11581	2712	13989		648	787
肃州区	21997	11515	3152		2980	4350	
敦煌市	25750	18763	566		3914	1862	645
金塔县	12417	8014	2700		302		1401
肃北县	41113	1126	457	4000	34384	1083	64
阿克塞县	2002	730				1272	
瓜州县	7438	4413	1730			1061	234
酒泉市直							

1-27 续表

单位：万元

地 区	各类水利建设投资完成	中央投资	省级投资	国内贷款	企业和私人投资	地县自筹	群众集资(投资投劳)
张掖市	159982	60188	19381	52763	7347	11214	8488
甘州区	25386	17059	3817		437	1377	2696
肃南县	9350	6711	825		1160	185	469
民乐县	14872	8309	4274				2289
临泽县	48962	4635	2713	36000		4082	932
高台县	16677	9191	2200	3000		1047	1239
山丹县	34495	13135	5461	7763	5750	1523	863
张掖市直	10239	1148	91	6000		3000	
武威市	103312	77155	15953		500	2282	7423
凉州区	25994	20171	5062			761	
民勤县	21571	16333	3730			1508	
古浪县	16844	10435	5323			13	1073
天祝县	38902	30215	1838		500		6349
武威市直							
定西市	79187	41805	8035	26156	204	603	2587
安定区	7942	6563					1379
通渭县	8903	878	1443	5717			865
陇西县	9071	9010	62				
渭源县	10432	7391	2235	439		322	45
临洮县	7540	4906	2121			215	298
漳　县	1824	1600	158			66	
岷　县	13474	11458	2016		204		
定西市直	20000			20000			
陇南市	97437	63611	12162	4780	7367	3371	6147
武都区	26138	16807	3833		3695		1803
宕昌县	8742	5678	504				2560
成　县	7721	2183	1438	4100			
康　县	8625	6042	773			1810	
文　县	10993	5703	746		3634	850	60
西和县	8291	6981	789			100	421
礼　县	18222	15034	2316				872
徽　县	5162	3057	1063	630			412
两当县	3543	2125	700	50	38	611	19
陇南市直							
平凉市	76204	64928	3812		655	4647	2162
崆峒区	17822	14314	521		655	2089	243
泾川县	12642	12130	192			196	124
灵台县	7603	4468	920			1817	398
崇信县	12937	12175	253			286	222
华亭县	2779	1710	884			121	64
庄浪县	9027	8369	150			15	493
静宁县	13394	11762	892			122	617
平凉市直							

1-27 续表

单位:万元

地 区	各类水利建设投资完成	中央投资	省级投资	国内贷款	企业和私人投资	地县自筹	群众集资(投资投劳)
庆阳市	70026	23754	13788	16682		11743	4059
西峰区	10746	838	79	8379		1450	
庆城县	8010	5783	1265			908	54
环　县	25211	4573	6966	7218		3453	3001
华池县	5469	1775	1372	1085		838	399
合水县	3214	1147	1202			865	
正宁县	1508	881	23			472	132
宁　县	5780	3867	1488			288	137
镇原县	10088	4890	1393			3469	336
庆阳市直							
临夏回族自治州	90532	33995	20584	10250	5890	5821	13992
临夏市	2381	807	335			130	1109
临夏县	29867	8240	6285	3527		926	10889
康乐县	2268	1721	263		202		82
永靖县	10695	10215	147			333	
广河县	3728	2763	489				476
和政县	6920	2117	364		3054	1091	294
东乡县	14719	2764	2162	6723	2634	279	157
积石山县	19953	5368	10538			3062	985
临夏州直							
甘南藏族自治州	76405	47917	9454	4066	12790		2178
合作市	13658	11613	624	1103			318
临潭县	3961	2707	710	544			
卓尼县	8197	3649	3569	456			523
舟曲县	8239	7310	929				
迭部县	14449	4530	398		9521		
玛曲县	8453	7231	804				418
碌曲县	4470	1732	181	1963			594
夏河县	14977	9145	2239		3269		325
甘南州直							
省直属	236932	135553	63080	29548	6679		2072
省农垦	20887	10264	3750		6679		194
景电工程	22909	12062	10847				
引大工程	9150			9150			
省水投公司	111506	70808	22020	18678			
疏勒河工程	46371	39570	3203	1720			1878
引洮工程	24528	1268	23260				
省直属其他	1581	1581					

1-28 2015年主要社会经济指标

地　区	年末耕地面积(万亩)			年末常住人口(万人)	农村人口(万人)	地区生产总值(万元)
	小　计	水　田	旱　地			
甘肃省	5330.02	9.92	5320.09	2599.55	2075.19	6790.32
兰州市	307.90	0.10	307.79	369.31	125.65	20959920
兰州新区	32.85		32.85	14.06	14.05	
城关区	1.64		1.64	130.19	4.09	7751932
七里河区	15.14		15.14	56.82	9.03	4035952
西固区	5.45		5.45	36.69	7.44	2978095
安宁区	0.29		0.29	28.21		1551518
红古区	8.01		8.01	14	5.68	1097971
永登县	112.17		112.17	34.4	35.85	965626
皋兰县	29.32		29.32	10.64	11.53	452003
榆中县	103.03	0.10	102.92	44.3	38.00	881611
嘉峪关市	4.46		4.46	24.39	2.14	1900442
金昌市	106.30		106.30	47.05	23.97	2245161
金川区	21.30		21.30	23.36	4.84	1607042
永昌县	85.00		85.00	23.69	19.13	638121
白银市	462.20	4.92	457.29	170.99	134.85	4342749
白银区	13.34	0.04	13.31	29.97	7.08	1917940
平川区	26.93		26.93	19.5	10.05	722865
靖远县	117.25	4.56	112.69	45.42	45.93	633857
会宁县	226.06		226.06	53.75	52.89	570721
景泰县	78.62	0.32	78.30	22.35	18.90	503726
天水市	567.88		567.88	331.17	306.87	5537728
秦州区	91.38		91.38	65.6	45.85	1663734
麦积区	71.48		71.48	56.35	45.25	1621401
清水县	93.03		93.03	27.24	30.12	387686
秦安县	104.81		104.81	52.39	55.62	526009
甘谷县	87.46		87.46	56.68	56.16	588279
武山县	63.52		63.51	43.68	42.68	512145
张家川县	56.19		56.19	29.23	31.19	249793
武威市	381.11		381.11	181.64	147.36	4161873
凉州区	145.77		145.77	101.15	72.89	2611580
民勤县	89.31		89.31	24.12	23.12	695614
古浪县	112.93		112.93	38.78	35.24	408505
天祝县	33.10		33.10	17.59	16.10	446583
张掖市	408.76	0.05	408.72	121.98	100.12	3735251

1-28 续表

地 区	年末耕地面积(万亩)			年末常住人口(万人)	农村人口(万人)	地区生产总值(万元)
	小 计	水 田	旱 地			
军马场	46.06		46.06			
甘州区	93.84	0.03	93.82	51.36	35.00	1567485
肃南县	13.30		13.30	3.45	2.57	288053
民乐县	96.16		96.16	22.31	22.00	457991
临泽县	41.65	0.02	41.63	13.6	12.17	467126
高台县	54.19		54.19	14.53	13.05	524113
山丹县	63.57		63.57	16.73	15.33	430009
平凉市	555.55		555.55	209.8	194.69	3476994
崆峒区	94.35		94.35	52.2	32.87	1200136
泾川县	67.92		67.92	28.47	32.16	474368
灵台县	76.69		76.69	18.33	21.32	291379
崇信县	36.43		36.43	10.33	8.18	254257
华亭县	41.42		41.42	19.6	13.65	402890
庄浪县	91.65		91.65	38.37	41.60	360861
静宁县	147.09		147.09	42.5	44.90	451515
酒泉市	240.75		240.75	111.54	64.88	5447962
肃州区	61.45		61.45	43.83	22.48	1609850
金塔县	42.19		42.19	14.88	11.06	696349
瓜州县	58.10		58.10	14.89	10.66	679066
肃北县	1.19		1.19	1.52	0.62	202310
阿克塞县	0.44		0.44	1.05	0.30	148538
玉门市	53.14		53.14	16.48	9.79	1095639
敦煌市	24.24		24.24	18.89	9.97	1021740
庆阳市	681.63	0.46	681.17	223.05	229.67	6094314
西峰区	58.08		58.08	38.32	26.01	1547638
庆城县	81.57		81.57	26.45	23.81	882445
环县	139.53		139.53	30.68	32.98	770790
华池县	51.48	0.04	51.44	12.39	11.50	833399
合水县	35.50	0.42	35.08	14.82	15.41	533688
正宁县	42.94		42.94	18.21	21.43	258945
宁 县	96.28		96.28	40.3	51.01	634830
镇原县	176.25		176.25	41.88	47.52	635701
定西市	770.21		770.21	277.83	265.41	3049178
安定区	171.76		171.76	42.55	37.30	702111
通渭县	183.28		183.28	40.35	39.92	368308

1-28 续表

地　区	年末耕地面积(万亩)			年末常住人口(万人)	农村人口(万人)	地区生产总值(万元)
	小　计	水　田	旱　地			
陇西县	117.69		117.69	45.84	43.15	574385
渭源县	80.07		80.07	32.74	32.57	276219
临洮县	106.36		106.36	51.28	48.98	589067
漳　县	46.57		46.57	19.57	19.11	207979
岷　县	64.49		64.49	45.51	44.37	331109
陇南市	429.03	4.32	424.71	259.09	248.19	3151353
武都区	69.55	1.86	67.68	56.23	50.80	935523
成　县	40.65		40.65	24.35	21.94	511262
文　县	30.83	1.42	29.41	22.01	21.76	235775
宕昌县	42.87	0.79	42.08	27.62	28.48	211569
康　县	31.19	0.05	31.14	17.95	17.18	192207
西和县	59.71		59.71	39.75	39.40	304263
礼　县	103.23		103.23	46.67	46.40	309540
徽　县	38.98	0.20	38.78	20.13	18.54	420629
两当县	12.03		12.03	4.38	3.69	66060
临夏回族自治州	216.09		216.09	201.21	174.67	2114087
临夏市	3.45		3.45	28.18	9.12	614251
临夏县	37.17		37.17	33.66	34.88	326288
康乐县	32.73		32.73	24.1	24.95	187520
永靖县	35.58		35.58	18.38	16.18	356181
广河县	19.29		19.29	23.78	21.39	178721
和政县	23.54		23.54	19.13	15.97	149876
东乡县	36.78		36.78	29.72	28.52	162743
积石山县	27.55		27.55	24.27	23.66	133132
甘南藏族自治州	100.14	0.07	100.07	70.5	56.73	1265416
合作市	14.72		14.72	9.34	3.43	334245
临潭县	26.52		26.52	13.89	13.70	169235
卓尼县	16.45	0.07	16.38	10.38	9.07	141786
舟曲县	14.06		14.06	13.26	12.35	142611
迭部县	7.69		7.69	5.31	4.12	104699
玛曲县				5.7	4.20	134564
碌曲县	4.16		4.16	3.72	2.91	91138
夏河县	16.54		16.54	8.9	6.95	151397

1-29 2015 年主要农作物指标

地　区	农作物播种面积	粮　食		棉　花		油　料	
	（万亩）	播种面积（万亩）	产量（吨）	播种面积（万亩）	产量（吨）	播种面积（万亩）	产量（吨）
甘肃省	6346.32	4274.43	11711300	38.55	42548.89	480.28	715653.74
兰州市	354.81	184.19	459021.83			17.77	20264.79
新　区	32.26	16.29	45856.00			2.81	2421.00
城关区	3.03	0.22	717.00				
七里河区	16.41	2.78	11640.00			0.06	63.00
西固区	8.75	0.98	4434.29			0.07	108.10
安宁区	0.43						
红古区	12.76	2.34	14252.91			0.16	336.95
永登县	116.74	75.19	169622.00			7.70	7946.50
皋兰县	31.92	12.23	40901.00			2.13	3969.00
榆中县	132.52	74.17	171598.63			4.84	5420.24
嘉峪关市	6.68	1.92	12600.00			0.05	101.59
金昌市	117.85	78.70	392165.08			9.02	21048.50
金川区	23.75	10.58	60054.08			1.30	5197.50
永昌县	94.10	68.12	332111.00			7.72	15851.00
白银市	462.39	367.23	854358.10	0.08	68.00	25.04	22886.50
白银区	12.15	7.97	23649.00			0.72	1171.00
平川区	26.06	20.32	36123.10	0.08	68.00	1.75	2264.00
靖远县	122.71	78.03	191149.00			4.93	4608.00
会宁县	237.72	209.93	417239.00			11.94	4189.00
景泰县	63.75	50.99	186198.00			5.71	10654.50
天水市	691.17	468.98	1269685.05			74.87	84691.88
秦州区	110.09	74.13	213722.74			18.65	21898.99
麦积区	82.92	62.96	178463.89			7.71	9846.70
清水县	102.21	66.38	187266.89			12.69	19352.17
秦安县	115.17	83.95	221600.00			10.50	9504.50
甘谷县	108.74	72.09	200294.40			11.31	11435.99
武山县	109.59	62.41	143695.42			7.05	7470.87
张家川回族自治县	62.45	47.04	124641.71			6.97	5182.66
武威市	377.78	206.01	1070900.12	7.50	9000.12	40.39	107077.16
凉州区	167.21	108.63	679700.00			9.26	16884.55
民勤县	83.77	23.56	139619.93	7.50	9000.12	17.27	64761.12
古浪县	90.96	57.98	202772.56			11.53	22030.39
天祝藏族自治县	35.84	15.83	48807.63			2.33	3401.10
张掖市	421.97	282.36	1355004.08	0.87	1162.00	38.12	56243.00

1–29 续表

地区	农作物播种面积	粮食		棉花		油料	
	（万亩）	播种面积（万亩）	产量（吨）	播种面积（万亩）	产量（吨）	播种面积（万亩）	产量（吨）
军马场	46.06	24.11	72155.00			21.95	19756.00
甘州区	98.51	75.45	423668.00			1.03	3400.00
肃南县	13.30	6.88	25322.72			0.26	655.38
民乐县	96.99	64.47	287015.26			4.83	9940.62
临泽县	43.64	31.05	155538.70	0.17	247.00	0.14	467.00
高台县	57.35	36.10	189314.40	0.70	915.00	1.18	4010.00
山丹县	66.12	44.30	201990.00			8.72	18014.00
平凉市	**697.77**	**523.79**	**1132142.14**			**57.66**	**67870.40**
崆峒区	123.39	88.45	214837.77			9.15	11489.00
泾川县	95.09	70.41	165729.20			6.76	5172.00
灵台县	107.07	74.56	185900.00			15.01	21876.00
崇信县	46.76	29.77	61800.00			8.10	8456.20
华亭县	54.52	35.06	96105.17			1.37	1986.00
庄浪县	126.45	105.05	194602.00			7.10	6817.00
静宁县	144.48	120.49	213168.00			10.17	12074.20
酒泉市	**262.58**	**63.93**	**356226.38**	**19.52**	**20981.77**	**8.69**	**20542.24**
肃州区	71.18	27.92	160933.77			1.18	2581.05
金塔县	45.78	12.98	78212.30	0.43	606.00	1.24	2355.00
瓜州县	60.06	8.07	33190.94	10.27	9824.00	5.20	13442.19
肃北县	1.34	0.91	5485.80			0.20	370.00
阿克塞县	0.80	0.15	914.12				
玉门市	56.79	8.92	47071.00	0.68	591.00	0.88	1794.00
敦煌市	26.64	4.97	30418.45	8.15	9960.77		
庆阳市	**990.52**	**698.19**	**1631322.55**			**104.88**	**153583.97**
西峰区	84.20	48.77	128101.38			9.05	16100.93
庆城县	140.97	84.09	151491.63			13.73	16933.17
环　县	206.79	183.89	371614.47			14.05	12788.18
华池县	86.73	69.44	143226.55			5.67	5522.00
合水县	65.13	34.58	100516.70			9.55	12339.24
正宁县	54.65	27.12	90282.00			9.93	16398.00
宁　县	154.55	100.68	261958.48			23.06	38678.45
镇原县	197.50	149.64	384131.34			19.84	34824.00
定西市	**857.34**	**628.89**	**1621492.28**			**20.80**	**29141.29**
安定区	178.01	161.50	439801.98			1.51	1894.73
通渭县	189.55	163.61	460598.66			10.95	15015.91

1-29 续表

地　区	农作物播种面积（万亩）	粮食 播种面积（万亩）	粮食 产量（吨）	棉花 播种面积（万亩）	棉花 产量（吨）	油料 播种面积（万亩）	油料 产量（吨）
陇西县	170.50	119.50	222085.00			4.10	3803.00
渭源县	81.06	47.96	144285.14			0.30	477.00
临洮县	127.97	88.05	235143.86			2.05	3755.10
漳　县	45.77	23.13	55946.20			0.94	3176.25
岷　县	64.49	25.14	63631.44			0.95	1019.30
陇南市	**643.94**	**469.91**	**1148260.48**	**0.02**	**13.00**	**34.67**	**36789.23**
武都区	122.78	82.50	183809.40	0.02	13.00	2.63	2940.40
成　县	65.76	49.42	152478.29			6.43	7885.00
文　县	53.85	38.74	76838.38			3.10	3415.10
宕昌县	50.77	28.88	92895.81			2.25	2426.00
康　县	54.45	46.47	77321.50			0.77	835.00
西和县	85.81	67.57	192467.70			4.60	5193.12
礼　县	104.97	87.69	160879.00			7.30	6139.00
徽　县	79.92	54.67	171826.40			6.99	7301.00
两当县	25.62	13.96	39744.00			0.60	654.61
临夏回族自治州	**255.10**	**198.74**	**804648.90**			**22.70**	**56060.72**
临夏市	4.93	3.31	23010.00			0.03	55.00
临夏县	51.32	38.33	177207.35			2.85	6208.27
康乐县	34.36	26.36	117800.00			3.00	7807.00
永靖县	37.59	27.75	129503.74			1.96	4509.00
广河县	23.21	19.27	110311.66			0.61	1538.30
和政县	28.33	17.71	66006.10			8.22	19563.60
东乡县	38.46	37.46	77006.05			0.03	477.55
积石山县	36.91	28.54	103804.00			6.00	15902.00
甘南藏族自治州	**108.63**	**53.62**	**90632.43**			**17.57**	**20536.47**
合作市	12.47	7.48	10370.58			2.68	2529.94
临潭县	26.52	7.47	13853.80			5.96	6595.05
卓尼县	15.88	4.77	7888.00			2.10	2301.00
舟曲县	27.56	19.70	34932.62			2.65	4601.81
迭部县	8.40	6.08	10710.38			0.64	627.51
玛曲县							
碌曲县	4.04	2.32	3047.70			0.67	355.38
夏河县	13.76	5.79	9829.35			2.87	3525.78

2 水利综合指标(按流域分)

2-1 2015年灌溉面积

单位：千公顷

地 区	合计	灌溉面积				实际耕地灌溉面积
		耕地灌溉面积	林地灌溉面积	园地灌溉面积	牧草地灌溉面积	
甘肃省	1501.76	1306.72	146.83	31.51	16.70	1165.78
黄河流域	491.80	444.51	26.74	15.71	4.84	388.48
兰州市	105.16	89.72	14.63	0.81		82.49
城关区	6.78	1.42	5.16	0.20		1.34
七里河区	5.08	3.13	1.95			3.05
西固区	4.85	3.10	1.35	0.40		3.09
安宁区	1.72	0.19	1.32	0.21		0.19
红古区	7.14	7.14				6.63
永登县	33.72	32.99	0.73			32.99
皋兰县	19.83	16.90	2.93			16.83
榆中县	26.04	24.85	1.19			18.37
白银市	133.60	119.83	8.61	5.16		113.68
白银区	9.19	5.46	3.18	0.55		5.46
平川区	9.24	8.89	0.20	0.15		8.89
靖远县	48.69	46.56	2.02	0.11		46.56
会宁县	19.10	18.16	0.61	0.33		13.93
景泰县	47.38	40.76	2.60	4.02		38.84
天水市	47.25	43.97		3.28		35.53
秦州区	3.66	3.66				3.66
麦积区	9.95	7.47		2.48		5.16
清水县	3.75	2.95		0.80		2.69
秦安县	6.43	6.43				5.05
甘谷县	10.19	10.19				6.79
武山县	10.32	10.32				10.32
张家川县	2.95	2.95				1.86
武威市	9.51	8.16	0.40		0.95	6.68
天祝县	9.51	8.16	0.40		0.95	6.68
平凉市	42.24	36.66	0.73	4.85		26.92
崆峒区	11.60	10.92	0.09	0.59		8.02
泾川县	7.60	6.99	0.52	0.09		5.28
灵台县	6.03	2.69		3.34		1.87
崇信县	1.99	1.85		0.14		1.53
华亭县	2.69	2.62	0.07			1.53
庄浪县	2.91	2.86	0.05			2.62
静宁县	9.41	8.72		0.69		6.07
庆阳市	36.65	35.23	0.16	1.26		30.60
西峰区	8.88	8.21	0.16	0.51		8.21
庆城县	2.06	2.06				2.06

2-1 续表

单位：千公顷

地 区	合计	灌溉面积				实际耕地灌溉面积
		耕地灌溉面积	林地灌溉面积	园地灌溉面积	牧草地灌溉面积	
环　县	4.77	4.77				3.06
华池县	3.31	3.31				3.31
合水县	3.43	3.43				2.12
正宁县	1.88	1.88				1.46
宁　县	5.50	4.75		0.75		4.75
镇原县	6.82	6.82				5.63
定西市	54.60	54.36	0.11		0.13	47.76
安定区	5.65	5.65				5.65
通渭县	3.49	3.38	0.11			
陇西县	9.01	9.01				9.01
渭源县	6.35	6.35				3.13
临洮县	21.85	21.85				21.85
漳　县	3.80	3.80				3.80
岷　县	4.45	4.32			0.13	4.32
临夏回族自治州	55.71	53.26	2.10	0.35		42.39
临夏市	3.42	3.42				2.69
临夏县	12.52	12.34	0.18			10.73
康乐县	5.99	5.99				3.82
永靖县	10.85	10.55	0.30			8.94
广河县	7.91	7.02	0.89			5.90
和政县	2.60	2.60				2.50
东乡县	7.02	6.30	0.57	0.15		5.15
积石山县	5.40	5.04	0.16	0.20		2.66
甘南藏族自治州	7.09	3.33			3.76	2.45
合作市	0.97	0.33			0.64	0.33
临潭县	0.62	0.62				0.25
卓尼县	2.13	2.09			0.04	1.62
玛曲县	0.32				0.32	
碌曲县	0.37				0.37	
夏河县	2.68	0.29			2.39	0.25
长江流域	36.70	27.83	6.83	1.80	0.24	22.48
天水市	2.04	2.04				2.04
秦州区	2.04	2.04				2.04
麦积区						
陇南市	31.94	23.32	6.83	1.79		18.37
武都区	8.48	3.97	4.51			3.97

2-1 续表

单位：千公顷

地 区	合计	灌溉面积				实际耕地灌溉面积
		耕地灌溉面积	林地灌溉面积	园地灌溉面积	牧草地灌溉面积	
成　县	3.26	3.26				3.26
文　县	7.14	5.33	1.81			5.33
宕昌县	1.97	1.97				1.97
康　县	0.89	0.62	0.27			
西和县	1.84	1.84				0.49
礼　县	4.03	2.24		1.79		1.46
徽　县	2.54	2.36	0.18			1.89
两当县	1.79	1.73	0.06			
甘南藏族自治州	2.72	2.47		0.01	0.24	2.07
舟曲县	1.41	1.41				1.38
迭部县	1.31	1.06		0.01	0.24	0.69
西北诸河流域	973.26	834.38	113.26	14.00	11.62	754.82
嘉峪关市	10.30	7.23	1.78	1.29		7.23
市辖区	10.30	7.23	1.78	1.29		7.23
金昌市	100.97	93.29	3.64	1.57	2.47	61.86
金川区	19.85	17.02	0.18	0.83	1.82	17.02
永昌县	81.12	76.27	3.46	0.74	0.65	44.84
武威市	221.30	197.83	20.83	1.36	1.28	175.66
凉州区	116.86	104.45	12.41			91.96
民勤县	48.88	42.49	4.47	0.64	1.28	42.49
古浪县	54.02	49.35	3.95	0.72		39.93
天祝县	1.54	1.54				1.28
张掖市	357.66	290.36	62.50	1.60	3.20	264.40
甘州区	105.46	89.25	16.21			65.55
肃南县	12.99	11.28	1.23	0.04	0.44	11.28
民乐县	77.42	72.38	3.48	1.56		72.38
临泽县	73.78	38.54	32.48	2.76		38.54
高台县	43.79	37.75	6.04			37.75
山丹县	44.22	41.16	3.06			38.90
酒泉市	283.03	245.67	24.51	8.18	4.67	245.67
肃州区	78.19	70.49	5.34	2.36		70.49
金塔县	53.65	45.34	8.31			45.34
瓜州县	53.29	48.38	2.94	1.97		48.38
肃北县	3.47	1.22	1.59		0.66	1.22
阿克塞县	1.18	0.58	0.24		0.36	0.58
玉门市	63.65	55.92	3.69	1.05	2.99	55.92
敦煌市	29.60	23.74	2.40	2.80	0.66	23.74

注：耕地灌溉面积=有效灌溉面积。

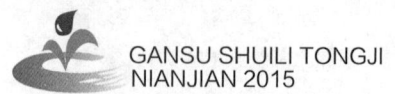

2-2 2015年有效灌溉面积减少情况

单位：千公顷

地 区	本年灌溉面积		本年灌溉面积减少				
	新 增	减 少	建设占地	水源不足	工程损毁	退 耕	其 他
甘肃省	10.07	0.23	0.07		0.06		0.10
黄河流域	5.21	0.23	0.07		0.06		0.10
兰州市	0.36	0.11	0.02				0.09
城关区		0.01					0.01
七里河区	0.01	0.04					0.04
西固区	0.02	0.04					0.04
安宁区							
红古区	0.04						
永登县	0.13	0.02	0.02				
皋兰县	0.03						
榆中县	0.13						
白银市	1.33	0.06			0.05		0.01
白银区							
平川区	0.20						
靖远县	0.53						
会宁县	0.20	0.06			0.05		0.01
景泰县	0.40						
天水市	0.86						
秦州区	0.20						
麦积区							
清水县	0.28						
秦安县	0.38						
甘谷县							
武山县							
张家川县							
武威市	0.03						
天祝县	0.03						
平凉市	0.28						
崆峒区							
泾川县							
灵台县	0.13						
崇信县	0.01						
华亭县	0.03						
庄浪县	0.03						
静宁县	0.07						
庆阳市	1.44						
西峰区	0.03						
庆城县	0.17						

2-2 续表

单位:千公顷

地 区	本年灌溉面积		本年灌溉面积减少				
	新 增	减 少	建设占地	水源不足	工程损毁	退 耕	其 他
环 县	0.02						
华池县	0.23						
合水县	0.66						
正宁县	0.23						
宁 县							
镇原县	0.10						
定西市	0.55						
安定区							
通渭县							
陇西县	0.07						
渭源县	0.18						
临洮县							
漳 县	0.30						
岷 县							
临夏回族自治州	0.30	0.06	0.05		0.01		
临夏市							
临夏县	0.04	0.04	0.04				
康乐县							
永靖县	0.09	0.01			0.01		
广河县	0.01	0.01	0.01				
和政县							
东乡县							
积石山县	0.16						
甘南藏族自治州	0.07						
合作市							
临潭县							
卓尼县	0.07						
玛曲县							
碌曲县							
夏河县							
长江流域	1.12						
天水市							
秦州区							
麦积区							
陇南市	1.00						
武都区							
成 县							

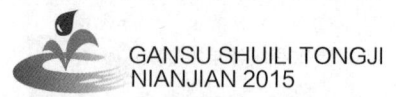

2-2 续表

单位:千公顷

地 区	本年灌溉面积		本年灌溉面积减少				
	新 增	减 少	建设占地	水源不足	工程损毁	退 耕	其 他
文 县							
宕昌县							
康 县							
西和县							
礼 县							
徽 县	0.54						
两当县	0.46						
甘南藏族自治州	0.12						
舟曲县	0.03						
迭部县	0.09						
西北诸河流域	3.74						
嘉峪关市							
市辖区							
金昌市							
金川区							
永昌县							
武威市	3.07						
凉州区							
民勤县							
古浪县	3.07						
天祝县							
张掖市	0.67						
甘州区							
肃南县							
民乐县							
临泽县							
高台县							
山丹县	0.67						
酒泉市							
肃州区							
金塔县							
瓜州县							
肃北县							
阿克塞县							
玉门市							
敦煌市							

2-3 2015年节水灌溉面积

单位:千公顷

地　区	节水灌溉面积						本　年	
	小　计	喷　灌	微　灌	低压管灌	渠道防渗	其他工程	新　增	减　少
甘肃省	920.67	24.09	176.50	160.63	516.60	42.85	120.48	34.55
黄河流域	351.23	18.63	35.12	44.97	226.91	25.60	26.12	7.90
兰州市	67.07	6.69	4.31	9.58	46.49		6.87	1.81
城关区	6.78	2.68		3.52	0.58			0.01
七里河区	2.52			0.26	2.26			
西固区	0.02				0.02			
安宁区	0.96	0.77			0.19			
红古区	2.98	0.64	1.30	0.72	0.32		1.83	
永登县	25.95	0.48	2.11	2.25	21.11		1.53	0.34
皋兰县	7.47			0.53	6.94			
榆中县	20.39	2.12	0.90	2.30	15.07		3.51	1.46
白银市	111.26	1.13	14.73	7.65	77.79	9.96	7.79	5.63
白银区	7.69		3.90	0.46	3.33		0.92	
平川区	7.38	0.93	2.06	1.07	3.32		1.34	1.33
靖远县	32.73	0.20	3.05	1.41	19.00	9.07	1.33	0.93
会宁县	17.86		1.59	3.82	11.75	0.70	3.53	3.24
景泰县	45.60		4.13	0.89	40.39	0.19	0.67	0.13
天水市	25.88	1.65	4.25	7.68	6.08	6.22	2.70	0.40
秦州区	2.30	0.10	0.97	0.40		0.83	0.20	
麦积区	1.55	0.01	0.91	0.63			0.04	0.40
清水县	2.95	0.28	1.10	0.45		1.12	0.28	
秦安县	4.87		0.35	2.29	0.31	1.92	0.38	
甘谷县	4.97		0.06	0.74	4.18		0.33	
武山县	7.78	1.26	0.86	2.18	1.53	1.94	1.47	
张家川县	1.46			0.99	0.06	0.41		
武威市	0.36	0.14	0.07	0.08	0.02	0.05	0.14	
天祝县	0.36	0.14	0.07	0.08	0.02	0.05	0.14	
平凉市	32.24	0.31	2.83	5.79	17.93	5.38	2.60	
崆峒区	9.28	0.14	0.18	1.10	6.79	1.07	0.37	
泾川县	5.15	0.03	0.07	0.63	3.86	0.56	0.23	
灵台县	4.96		2.51	2.45			1.48	
崇信县	1.81	0.01		0.27	1.22	0.31	0.01	
华亭县	1.79	0.05		0.10	1.39	0.25	0.10	
庄浪县	0.54	0.03	0.07	0.14	0.30		0.21	
静宁县	8.71	0.05		1.10	4.37	3.19	0.20	
庆阳市	29.20	2.71	4.39	9.41	9.17	3.52	2.32	
西峰区	5.95	1.43	0.65	1.46	1.95	0.46	0.03	

2-3 续表

单位：千公顷

地 区	节水灌溉面积						本 年	
	小 计	喷 灌	微 灌	低压管灌	渠道防渗	其他工程	新 增	减 少
庆城县	2.97	0.14	0.76	0.54	1.16	0.37	0.17	
环 县	2.42	0.15	0.13	0.29	1.55	0.30	0.02	
华池县	4.18	0.27	0.04	1.56	1.48	0.83	0.23	
合水县	3.43	0.15	1.10	0.74	0.63	0.81	0.99	
正宁县	1.98	0.05	0.49	1.44			0.30	
宁 县	3.96	0.16	1.20	1.90	0.65	0.05	0.58	
镇原县	4.31	0.36	0.02	1.48	1.75	0.70		
定西市	37.82	1.46	4.26	4.41	27.69		2.57	
安定区	4.34	0.66	1.49	1.53	0.66			
通渭县	3.02	0.01	0.03	1.83	1.15		1.13	
陇西县	7.05		0.67	0.65	5.73		0.46	
渭源县	4.51	0.20	0.11	0.02	4.18		0.18	
临洮县	15.17	0.04	0.02	0.27	14.84		0.80	
漳 县	1.48	0.24		0.11	1.13			
岷 县	2.25	0.31	1.94					
临夏回族自治州	42.37	0.75	0.28	0.12	41.23		0.13	0.06
临夏市	2.25	0.03			2.22			
临夏县	11.69	0.07	0.04		11.59		0.05	0.06
康乐县	3.56	0.05	0.04	0.11	3.36		0.01	
永靖县	8.78	0.60		0.01	8.17			
广河县	5.29				5.29			
和政县	2.56				2.56			
东乡县	3.22				3.22			
积石山县	5.02		0.20		4.82		0.07	
甘南藏族自治州	5.03	3.79		0.26	0.51	0.47	1.00	
合作市	0.97	0.55		0.26	0.07	0.09	0.30	
临潭县	0.11	0.11						
卓尼县	0.64				0.44	0.20		
玛曲县	0.32	0.32						
碌曲县	0.37	0.37						
夏河县	2.62	2.44				0.18	0.70	
长江流域	33.08	2.38	5.06	4.74	13.28	7.62	5.57	
天水市	0.28	0.02	0.01	0.15	0.10			
秦州区	0.28	0.02	0.01	0.15	0.10			
麦积区								
陇南市	31.58	2.16	5.05	4.51	12.61	7.25	5.57	
武都区	8.92	0.59	3.31	1.59	2.26	1.17	3.36	

2-3 续表
单位：千公顷

地 区	节水灌溉面积						本 年	
	小 计	喷 灌	微 灌	低压管灌	渠道防渗	其他工程	新 增	减 少
宕昌县	2.62		0.22		1.99	0.41		
成县	1.20	0.24	0.05	0.11	0.47	0.33		
康县	2.87	0.47	0.06	0.25	0.93	1.16	0.27	
文县	4.74	0.12	0.01	0.98	2.14	1.49	0.94	
西和县	2.81	0.11	0.22		1.07	1.41		
礼县	4.30	0.02	0.47	0.43	2.55	0.83		
两当县	2.25	0.15	0.53	0.92	0.32	0.33	0.46	
徽县	1.87	0.46	0.18	0.23	0.88	0.12	0.54	
甘南藏族自治州	1.22	0.20		0.08	0.57	0.37		
舟曲县	0.86				0.57	0.29		
迭部县	0.36	0.20		0.08		0.08		
西北诸河流域	536.36	3.08	136.32	110.92	276.41	9.63	88.79	26.65
嘉峪关市	5.80		3.98	1.82			3.31	0.88
嘉峪关市								
金昌市	51.17	0.05	7.56	10.97	26.26	6.33	6.56	
金川区	10.88		4.14	5.60	1.11	0.03	1.34	
永昌县	40.29	0.05	3.42	5.37	25.15	6.30	5.22	
武威市	170.10	0.46	53.03	26.41	86.94	3.26	24.16	19.53
凉州区	96.20		23.81	13.06	59.33		9.54	6.62
民勤县	45.72		20.71	5.70	19.31		4.04	4.04
古浪县	25.10		7.31	6.47	8.06	3.26	8.78	8.87
天祝县	3.08	0.46	1.20	1.18	0.24		1.80	
张掖市	155.70	2.47	35.48	51.52	66.19	0.04	31.64	6.13
甘州区	61.20	0.14	10.39	19.67	31.00		7.17	
肃南县	6.76		3.00	3.76			3.75	4.53
民乐县	21.15	0.85	2.36	7.08	10.86		6.71	
临泽县	26.01	0.07	4.93	6.65	14.36		2.07	
高台县	21.28	0.07	7.23	8.80	5.14	0.04	4.60	1.60
山丹县	19.30	1.34	7.57	5.56	4.83		7.34	
酒泉市	153.59	0.10	36.27	20.20	97.02		23.12	0.11
玉门市	34.36		8.10	5.02	21.24		8.64	
肃州区	29.65		7.90	1.25	20.50		5.00	
敦煌市	21.81		10.69	6.44	4.68		2.90	
金塔县	24.35	0.08	4.67	3.60	16.00		4.54	
肃北县	0.68	0.02		0.06	0.60		0.25	
阿克塞县	0.34		0.11	0.23			0.14	0.11
瓜州县	42.40		4.80	3.60	34.00		1.65	

2-4 2015年集雨补灌

地 区	集雨水窖(眼)				补灌面积(万亩)			
	上年达到	本年新增	本年减少	年末达到	上年达到	本年新增	本年减少	年末达到
甘肃省	1758889	4301	17429	1745761	449.1194	0.68	6.41	443.3894
黄河流域	1602214	4301	11543	1594972	368.0994	0.68	2.81	365.9694
兰州市	84177			84177	16.1694			16.1694
城关区	4700			4700	0.65			0.65
七里河区	3000			3000	0.45			0.45
西固区	2437			2437	0.57			0.57
安宁区								
红古区	1009			1009	0.25			0.25
永登县	27800			27800	10.2			10.2
皋兰县	19654			19654	3.83			3.83
榆中县	25577			25577	0.2194			0.2194
白银市	160974			160974	33.31			33.31
白银区	3104			3104	0.8			0.8
平川区	10688			10688	2.13			2.13
靖远县	43188			43188	8.64			8.64
会宁县	92521			92521	18.26			18.26
景泰县	11473			11473	3.48			3.48
天水市	222856			222856	62.3			62.3
秦州区	12565			12565	3			3
麦积区	13697			13697	3.78			3.78
清水县	26888			26888	7.47			7.47
秦安县	71545			71545	19.47			19.47
甘谷县	48748			48748	15.29			15.29
武山县	26583			26583	7			7
张家川县	22830			22830	6.29			6.29
武威市	8193			8193	1.72			1.72
天祝县	8193			8193	1.72			1.72
平凉市	272863			272863	60.43			60.43
崆峒区	49600			49600	11.15			11.15
泾川县	39863			39863	9.04			9.04
灵台县	15026			15026	7.78			7.78
崇信县	28322			28322	6.07			6.07
华亭县	18873			18873	4.19			4.19
庄浪县	25553			25553	2.64			2.64
静宁县	95626			95626	19.56			19.56
庆阳市	338279	4301	4000	338580	68.24	0.68	1.6	67.32
西峰区	45314		4000	41314	6.5		1.6	4.9
庆城县	30423			30423	8.92			8.92

2-4 续表

地 区	集雨水窖(眼)				补灌面积(万亩)			
	上年达到	本年新增	本年减少	年末达到	上年达到	本年新增	本年减少	年末达到
环　县	86856			86856	17.52			17.52
华池县	95265			95265	21.94			21.94
合水县	3660	3567		7227	3.16	0.68		3.84
正宁县	39749			39749	7.11			7.11
宁　县								
镇原县	37012	734		37746	3.09			3.09
定西市	325927			325927	92.37			92.37
安定区	97000			97000	24.46			24.46
通渭县	70900			70900	20.98			20.98
陇西县	57949			57949	17.08			17.08
渭源县	39029			39029	10.02			10.02
临洮县	33750			33750	12.1			12.1
漳　县	14756			14756	4.05			4.05
岷　县	12543			12543	3.68			3.68
临夏回族自治州	168983		7543	161440	29.45		1.21	28.24
临夏市								
临夏县	19289		1538	17751	2.47		0.8	1.67
康乐县	15880			15880	3.1			3.1
永靖县	63698		401	63297	9.13		0.04	9.09
广河县	8059		1059	7000	1.75			1.75
和政县	19880		240	19640	3.53			3.53
东乡县	18834		316	18518	4.58		0.08	4.5
积石山县	23343		3989	19354	4.89		0.29	4.6
甘南藏族自治州	19962			19962	4.11			4.11
合作市								
临潭县	14527			14527	3.39			3.39
卓尼县	5435			5435	0.72			0.72
玛曲县								
碌曲县								
夏河县								
长江流域	134157			134157	74.58			74.58
天水市								
秦州区								
麦积区								
陇南市	116406			116406	71.36			71.36
武都区	11821			11821	13.12			13.12

2-4 续表

地 区	集雨水窖(眼)				补灌面积(万亩)			
	上年达到	本年新增	本年减少	年末达到	上年达到	本年新增	本年减少	年末达到
宕昌县	27437			27437	7.48			7.48
成 县	3164			3164	4.6			4.6
康 县	1452			1452	7.21			7.21
文 县	764			764	9.09			9.09
西和县	12795			12795	8.97			8.97
礼 县	57361			57361	14.16			14.16
两当县	464			464	2.22			2.22
徽 县	1148			1148	4.51			4.51
甘南藏族自治州	17751			17751	3.22			3.22
舟曲县	16252			16252	2.99			2.99
迭部县	1499			1499	0.23			0.23
西北诸河流域	22518		5886	16632	6.44		3.6	2.84
嘉峪关市								
嘉峪关市								
金昌市								
金川区								
永昌县								
武威市	22518		5886	16632	6.44		3.6	2.84
凉州区	2876			2876	0.78			0.78
民勤县								
古浪县	16123		5886	10237	4.98		3.6	1.38
天祝县	3519			3519	0.68			0.68
张掖市								
甘州区								
肃南县								
民乐县								
临泽县								
高台县								
山丹县								
酒泉市								
玉门市								
肃州区								
敦煌市								
金塔县								
肃北县								
阿克塞县								
瓜州县								

2-5 2015年农村饮水安全

单位：万人

地 区	农村饮水安全达标人口	上年农村饮水安全达标人口	本年饮水安全新增人口
甘肃省	2086.02	1941.78	147.75
黄河流域	1478.52	1364.34	114.17
兰州市	131.98	120.54	11.44
城关区	4.26	4.26	
七里河区	10.49	10.49	
西固区	6.32	6.32	
安宁区	3.94	3.94	
红古区	5.94	5.94	
永登县	46.14	44.67	1.47
皋兰县	15.39	14.50	0.89
榆中县	39.49	30.42	9.07
白银市	134.34	116.24	18.10
白银区	7.44	6.59	0.85
平川区	10.37	10.37	
靖远县	42.39	38.13	4.27
会宁县	55.88	44.54	11.34
景泰县	18.26	16.62	1.64
天水市	276.17	237.25	38.92
秦州区	17.76	11.84	5.92
麦积区	44.18	36.05	8.13
清水县	28.94	27.93	1.01
秦安县	52.71	48.65	4.06
甘谷县	53.44	44.34	9.10
武山县	46.18	38.94	7.24
张家川县	32.96	29.50	3.46
武威市	9.59	9.59	
天祝县	9.59	9.59	
平凉市	189.85	186.15	3.69
崆峒区	30.77	29.93	0.84
泾川县	31.20	31.20	
灵台县	22.04	21.09	0.94
崇信县	8.20	8.20	
华亭县	12.65	12.65	
庄浪县	40.59	40.59	
静宁县	44.40	42.49	1.91
庆阳市	231.35	221.89	9.46
西峰区	23.68	23.47	0.21
庆城县	24.95	23.99	0.96

2-5 续表

单位：万人

地 区	农村饮水安全达标人口	上年农村饮水安全达标人口	本年饮水安全新增人口
环　县	35.48	30.93	4.55
华池县	12.44	10.49	1.95
合水县	15.31	15.07	0.24
正宁县	21.67	21.42	0.25
宁　县	50.59	50.29	0.30
镇原县	47.22	46.22	1.00
定西市	264.36	248.09	16.27
安定区	38.71	38.71	
通渭县	42.82	42.82	
陇西县	40.40	40.40	
渭源县	33.78	33.78	
临洮县	48.60	47.12	1.48
漳　县	17.76	17.76	
岷　县	42.29	27.50	14.79
临夏回族自治州	173.51	172.52	0.98
临夏市	9.67	8.69	0.98
临夏县	35.61	35.61	
康乐县	23.73	23.73	
永靖县	17.77	17.77	
广河县	19.90	19.90	
和政县	18.66	18.66	
东乡县	25.86	25.86	
积石山县	22.29	22.29	
甘南藏族自治州	67.38	52.06	15.32
合作市	8.26	6.62	1.64
临潭县	15.23	13.78	1.45
卓尼县	13.09	10.51	2.58
玛曲县	11.58	8.07	3.51
碌曲县	6.68	5.26	1.42
夏河县	12.54	7.82	4.72
长江流域	285.20	262.50	22.70
天水市	26.88	26.31	0.57
秦州区	25.95	25.95	
麦积区	0.93	0.36	0.57
陇南市	241.26	219.14	22.12
武都区	47.73	40.18	7.55

2-5 续表

单位:万人

地 区	农村饮水安全达标人口	上年农村饮水安全达标人口	本年饮水安全新增人口
宕昌县	27.90	26.58	1.32
成 县	21.84	20.15	1.69
康 县	18.64	18.64	
文 县	21.64	20.70	0.94
西和县	36.15	31.50	4.65
礼 县	44.86	39.51	5.35
两当县	4.53	4.53	
徽 县	17.97	17.36	0.61
甘南藏族自治州	17.06	17.05	0.01
舟曲县	11.87	11.87	
迭部县	5.19	5.18	0.01
西北诸河流域	322.31	314.94	10.88
嘉峪关市	2.16	2.16	
嘉峪关市			
金昌市	24.88	24.88	
金川区	5.29	5.29	
永昌县	19.59	19.59	
武威市	122.19	123.40	2.29
凉州区	52.40	51.29	1.11
民勤县	23.43	26.94	
古浪县	37.79	36.61	1.18
天祝县	8.57	8.57	
张掖市	105.28	97.79	7.49
甘州区	34.60	29.09	5.51
肃南县	2.70	2.70	
民乐县	21.93	19.98	1.95
临泽县	12.56	12.53	0.03
高台县	13.42	13.42	
山丹县	20.07	20.07	
酒泉市	67.79	66.70	1.09
玉门市	9.79	9.64	0.15
肃州区	23.38	23.38	
敦煌市	10.09	10.09	
金塔县	11.79	11.79	
肃北县	1.00	1.00	
阿克塞县	0.60	0.60	
瓜州县	11.14	10.20	0.94

2-6 2015 年水电站

单位：座

地 区	水库数量					
	小计	大(1)型	大(2)型	中型	小(1)型	小(2)型
甘肃省	709	1	5	35	81	587
黄河流域	215	1	3	11	37	163
兰州市	24			6	4	14
城关区						
七里河区						
西固区	3			3		
安宁区						8
红古区	9				1	
永登县	11			2	3	6
皋兰县	1			1		
榆中县						
白银市	2			1	1	
白银区	1			1		
平川区						
靖远县	1			1		
会宁县						
景泰县						
天水市	9					9
秦州区						
麦积区						
清水县	6					6
秦安县						
甘谷县						
武山县	3					3
张家川县						
武威市	6				6	
天祝县	6				6	
平凉市	1					1
崆峒区	1					1
泾川县						
灵台县						
崇信县						
华亭县						
庄浪县						
静宁县						
庆阳市	7					7
西峰区	2					2
庆城县	1					1

2-6 续表

单位:座

地 区	水库数量					
	小计	大(1)型	大(2)型	中型	小(1)型	小(2)型
环　县						
华池县						
合水县						
正宁县						
宁　县	3					3
镇原县	1					1
定西市	39			1	13	25
安定区						
通渭县						
陇西县						
渭源县	4				1	3
临洮县	20			1	5	14
漳　县	4					4
岷　县	11				7	4
临夏回族自治州	66	1	1	2	5	57
临夏市	3					3
临夏县	21					21
康乐县	10					10
永靖县	7	1	1	1	2	2
广河县	6				2	4
和政县	13					13
东乡县	5					5
积石山县	1					1
甘南藏族自治州	61		1	1	9	50
合作市	5				2	3
临潭县	7				3	4
卓尼县	17		1	1	4	11
玛曲县	8					8
碌曲县	5					5
夏河县	19					19
长江流域	281		2	14	25	240
天水市	2					2
秦州区						
麦积区	2					2
陇南市	183		2	5	11	165
武都区	25				5	20
成　县	1					1

2-6 续表

单位:座

地 区	水库数量					
	小计	大(1)型	大(2)型	中型	小(1)型	小(2)型
文　县	69		2	4	6	57
宕昌县	31				1	30
康　县	16					16
西和县	2					2
礼　县	31					31
徽　县	2					2
两当县	6					6
甘南藏族自治州	96			9	14	73
舟曲县	70			4	9	57
迭部县	26			5	5	16
西北诸河流域	213			10	19	184
嘉峪关市	1					1
市辖区	1					1
金昌市	18					18
金川区						
永昌县	18					18
武威市	40				1	39
凉州区	40				1	39
民勤县						
古浪县						
天祝县						
张掖市	85			9	8	68
甘州区	14			1	1	12
肃南县	44			8	6	30
民乐县	10					10
临泽县	10					10
高台县						
山丹县	7				1	6
酒泉市	69			1	10	58
肃州区	4					4
金塔县	2					2
瓜州县	5					5
肃北县	11				5	16
阿克塞县						
玉门市	27				5	22
敦煌市	9					9

注:除潮汐电站以外,所有符合定义规定的水电站。

2-7 2015 年水土保持（一）

单位：千公顷

地　区	水土流失综合治理面积		新增水土流失综合治理面积									新增小流域综合治理面积	封禁治理保有面积
	小　计	其中：小流域综合治理面积	小　计	基本农田			水土保持林	经济林	种　草	封禁治理	其　他		
				小　计	梯　田	其　他							
甘肃省	**7702.23**	**2024.55**	**205.73**	**85.25**	**84.84**	**0.41**	**50.35**	**13.04**	**9.23**	**45.40**	**2.46**	**75.83**	**1404.27**
黄河流域	**5559.23**	**1811.56**	**176.22**	**75.42**	**75.01**	**0.41**	**47.26**	**11.28**	**6.79**	**35.47**		**69.61**	**648.88**
兰州市	**404.82**	**123.89**	**5.00**	**1.30**	**1.30**		**0.52**		**0.83**	**2.35**		**0.51**	**54.99**
城关区	10.95	4.64											0.28
七里河区	23.65	8.18	0.40				0.07			0.33			4.41
西固区	14.82	2.11											2.34
安宁区	4.55	1.66											
红古区	21.02	4.79	0.40				0.10		0.29	0.01			3.71
永登县	153.24	36.69	1.20	0.67	0.67		0.05		0.05	0.43			22.88
皋兰县	43.12	31.36	1.20	0.05	0.05		0.16		0.43	0.56		0.28	13.62
榆中县	133.47	34.46	1.80	0.58	0.58		0.14		0.06	1.02		0.23	7.75
白银市	**635.52**	**161.88**	**14.10**	**8.01**	**7.60**	**0.41**	**2.84**	**0.76**	**0.23**	**2.26**		**4.47**	**44.18**
白银区	21.44	8.03	1.00	0.13	0.13		0.46	0.19		0.22		0.29	5.68
平川区	29.99	3.93	1.00	0.47	0.47		0.41		0.10	0.02		0.17	2.26
靖远县	162.84	14.75	2.59	1.00	1.00		0.89	0.53		0.17		0.29	14.21
会宁县	360.58	122.45	8.51	6.00	6.00		0.77		0.13	1.61		3.43	12.88
景泰县	60.67	12.72	1.00	0.41		0.41	0.31	0.04		0.24		0.29	9.15
天水市	**561.62**	**139.58**	**26.98**	**8.99**	**8.99**		**5.87**	**7.56**	**1.19**	**3.37**		**3.06**	**31.42**
秦州区	47.81	18.54	2.34	0.06	0.06		0.70	1.40		0.18		0.23	4.31
麦积区	100.98	16.83	5.02	1.35	1.35		1.47	2.20				0.02	
清水县	121.93	23.11	4.08	1.88	1.88		0.46	1.18	0.04	0.52		0.13	8.11
秦安县	80.02	13.85	3.61	1.17	1.17		0.18	1.75		0.51		0.95	1.84
甘谷县	88.50	41.09	4.16	1.44	1.44		0.86	1.03	0.15	0.68		0.95	4.55
武山县	69.28	14.84	4.10	1.64	1.64		1.50			0.96		0.33	11.31
张家川县	53.10	11.32	3.67	1.45	1.45		0.70		1.00	0.52		0.45	1.30
武威市	**371.38**	**7.51**	**1.16**	**0.59**	**0.59**		**0.43**		**0.08**	**0.06**		**0.28**	**26.84**
天祝县	371.38	7.51	1.16	0.59	0.59		0.43		0.08	0.06		0.28	26.84

2-7 续表

单位：千公顷

地　区	水土流失综合治理面积		新增水土流失综合治理面积									新增小流域综合治理面积	封禁治理保有面积
	小　计	其中：小流域综合治理面积	小　计	基本农田			水土保持林	经济林	种　草	封禁治理	其　他		
				小　计	梯　田	其　他							
平凉市	631.03	176.34	33.69	13.83	13.83		14.35	0.97	0.25	4.29		8.98	31.49
崆峒区	99.15	32.08	5.32	2.89	2.89		1.91	0.04		0.48		2.44	1.53
泾川县	96.53	25.11	4.62	1.59	1.59		2.65			0.38			4.96
灵台县	115.63	29.40	4.61	1.45	1.45		2.58			0.58		1.99	12.29
崇信县	57.53	13.41	4.37	2.12	2.12		0.99	0.02	0.02	1.22			3.84
华亭县	44.67	7.07	3.47	0.50	0.50		2.51	0.02		0.44		0.77	5.11
庄浪县	85.56	28.23	6.18	2.17	2.17		1.80	0.89	0.23	1.09		2.99	2.66
静宁县	131.96	41.04	5.12	3.11	3.11		1.91			0.10		0.79	1.10
庆阳市	1067.43	414.95	38.03	22.36	22.36		7.34	0.41	2.13	5.79		12.85	39.40
西峰区	52.92	34.35	1.00	0.47	0.47		0.30	0.02		0.21		0.29	0.78
庆城县	142.83	43.38	3.98	2.79	2.79		0.47	0.03		0.69		1.24	2.85
环　县	241.73	63.97	9.48	7.07	7.07		1.50		0.91			0.52	11.54
华池县	151.90	26.11	4.98	3.20	3.20		0.68	0.01	0.39	0.70		1.24	7.60
合水县	105.41	26.24	3.77	0.99	0.99		1.25	0.23		1.30		2.35	4.36
正宁县	67.29	38.90	3.16	1.18	1.18		1.34	0.06	0.06	0.52		2.16	5.56
宁　县	119.86	63.11	4.23	1.90	1.90		0.83	0.05	0.02	1.43		2.40	2.87
镇原县	185.49	118.89	7.43	4.76	4.76		0.97	0.01	0.75	0.94		2.65	3.84
定西市	1020.87	605.73	35.36	15.24	15.24		10.51	0.03	1.35	8.23		19.32	86.40
安定区	283.13	219.79	6.31	4.08	4.08		0.84			1.39		2.58	10.43
通渭县	156.68	107.67	6.01	2.69	2.69		1.37		0.38	1.57		4.52	9.52
陇西县	132.75	94.96	6.02	2.40	2.40		1.90	0.02	0.09	1.61		4.57	11.57
渭源县	107.50	56.17	5.52	1.93	1.93		2.88		0.05	0.66		1.55	11.32
临洮县	186.87	85.44	5.50	2.84	2.84		0.92	0.01		1.73		4.28	17.04
漳　县	89.54	31.55	3.00	0.97	0.97		0.89		0.48	0.66		1.53	21.31
岷　县	64.40	10.15	3.00	0.33	0.33		1.71		0.35	0.61		0.29	5.21
临夏回族自治州	321.78	175.88	20.97	5.10	5.10		4.72	1.55	0.63	8.97		19.21	44.52
临夏市	4.81	1.28	0.29	0.02	0.02		0.04	0.04		0.19		0.29	0.69
临夏县	54.18	30.62	6.17	1.23	1.23		1.77	0.61	0.27	2.29		5.95	8.56

2-7 续表

单位：千公顷

地　区	水土流失综合治理面积		新增水土流失综合治理面积									新增小流域综合治理面积	封禁治理保有面积
	小　计	其中：小流域综合治理面积	小　计	基本农田			水土保持林	经济林	种　草	封禁治理	其　他		
				小　计	梯　田	其　他							
康乐县	42.39	13.91	1.37	0.37	0.37		0.22		0.02	0.76		1.24	3.56
永靖县	54.62	34.20	3.63	0.41	0.41		1.37	0.13	0.07	1.65		3.48	11.59
广河县	22.68	9.71	1.30	0.98	0.98		0.13	0.01		0.18		0.91	0.37
和政县	28.89	9.92	1.25	0.42	0.42		0.10	0.14	0.02	0.57		0.95	2.97
东乡县	74.04	49.49	3.49	1.23	1.23		0.95	0.08	0.13	1.10		3.05	9.86
积石山县	40.17	26.75	3.47	0.44	0.44		0.14	0.54	0.12	2.23		3.34	6.92
甘南藏族自治州	**544.78**	**5.80**	**0.93**				**0.68**		**0.10**	**0.15**		**0.93**	**289.64**
合作市	28.39	0.81	0.12				0.12					0.12	20.52
临潭县	50.15	1.04	0.07				0.07					0.07	30.47
卓尼县	156.06	2.86	0.74				0.49		0.10	0.15		0.74	29.51
玛曲县	273.33												176.66
碌曲县	31.24												30.85
夏河县	5.61	1.09											1.63
长江流域	**1038.54**	**182.07**	**24.02**	**9.11**	**9.11**		**1.83**	**1.30**	**2.09**	**7.23**	**2.46**	**5.26**	**269.27**
天水市	**69.43**	**13.73**	**2.83**	**1.49**	**1.49**		**0.20**	**0.56**		**0.18**	**0.40**	**0.33**	**9.93**
秦州区	61.78	7.99	2.83	1.49	1.49		0.20	0.56		0.18	0.40	0.33	9.93
麦积区	7.65	5.74											
陇南市	**897.60**	**134.05**	**19.00**	**7.28**	**7.28**		**0.49**	**0.68**	**2.09**	**6.40**	**2.06**	**2.74**	**219.54**
武都区	149.79	36.70	2.20	0.73	0.73		0.15	0.10	0.27	0.80	0.15	0.80	44.43
成　县	59.40	5.66	1.80	1.07	1.07				0.22	0.39	0.12	0.28	18.13
文　县	109.22	7.60	1.00	0.19	0.19		0.08	0.07	0.14	0.44	0.08	0.29	22.52
宕昌县	160.43	13.68	1.20	0.11	0.11			0.05	0.18	0.59	0.27	0.28	51.06
康　县	65.06	12.13	1.70	0.60	0.60		0.05	0.05	0.21	0.57	0.22	0.29	11.80
西和县	95.38	13.65	3.00	1.49	1.49		0.07		0.35	0.73	0.36		2.05
礼　县	191.03	27.14	4.00	2.18	2.18		0.08	0.31	0.14	1.12	0.17	0.23	43.56
徽　县	46.76	10.13	2.50	0.39	0.39		0.03	0.09	0.43	1.11	0.45	0.29	19.91
两当县	20.53	7.36	1.60	0.52	0.52		0.03	0.01	0.15	0.65	0.24	0.28	6.08
甘南藏族自治州	**71.51**	**34.29**	**2.19**	**0.34**	**0.34**		**1.14**	**0.06**		**0.65**		**2.19**	**39.80**
舟曲县	35.64	28.92	1.15	0.31	0.31		0.60	0.06		0.18		1.15	24.71

2-7 续表

单位：千公顷

地区	水土流失综合治理面积		新增水土流失综合治理面积									新增小流域综合治理面积	封禁治理保有面积
	小计	其中：小流域综合治理面积	小计	基本农田			水土保持林	经济林	种草	封禁治理	其他		
				小计	梯田	其他							
迭部县	35.87	5.37	1.04	0.03	0.03		0.54			0.47		1.04	15.09
西北诸河流域	1104.46	30.92	5.49	0.72	0.72		1.26	0.46	0.35	2.70		0.96	486.12
嘉峪关市	25.12	2.82	0.10				0.05		0.05				2.93
市辖区	25.12	2.82	0.10				0.05		0.05				2.93
金昌市	159.48	1.51	0.30				0.14			0.16		0.30	40.23
金川区	73.65												6.39
永昌县	85.83	1.51	0.30				0.14			0.16		0.30	33.84
武威市	363.60	16.37	1.49	0.72	0.72		0.04		0.29	0.44		0.28	81.68
凉州区	68.42	3.81	0.30				0.04			0.26			13.74
民勤县	195.45	0.99											28.90
古浪县	99.73	11.57	1.19	0.72	0.72				0.29	0.18		0.28	39.04
天祝县													
张掖市	423.37	6.05	3.00				0.59	0.40		2.01		0.29	231.78
甘州区	40.24		0.55				0.20	0.35					16.77
肃南县	127.23	2.97	0.69							0.69		0.29	110.95
民乐县	20.03	1.51	0.65					0.05		0.60			12.58
临泽县	74.19	1.07	0.26							0.26			14.64
高台县	7.74		0.33							0.33			0.66
山丹县	153.94	0.50	0.52				0.39			0.13			76.18
酒泉市	132.89	4.17	0.60				0.44	0.06	0.01	0.09		0.09	129.50
肃州区	18.34	0.30	0.08				0.05	0.02	0.01			0.01	18.11
金塔县	66.48	1.28	0.04				0.04						66.01
瓜州县	3.49	1.00	0.11				0.11						3.01
肃北县	29.88		0.07				0.06	0.01					29.56
阿克塞县	0.81		0.11				0.02			0.09			0.69
玉门市	7.12	0.81	0.08				0.05	0.03				0.08	6.18
敦煌市	6.77	0.78	0.11				0.11						5.94

2-8 2015年水土保持（二）

单位：座

地 区	已治理沟道条数（条）		已建成黄土高原淤地坝（座）			当年新建淤地坝（座）			已实施小流域综合治理条数(条)	
	小计	其中:当年治理沟道条数	小计	其中:骨干坝	中型坝	小计	其中:骨干坝	中型坝	小计	其中:当年竣工条数
甘肃省	14668	244	1582	552	444	5		5	1705	128
黄河流域	13775	204	1570	552	442	5		5	1450	110
兰州市	125	2	123	34	17				131	2
城关区	6								6	
七里河区	29			4	1				14	
西固区	5								5	
安宁区	3								2	
红古区	7								7	
永登县	28		15						25	
皋兰县	30	1	26	8	5				30	1
榆中县	17	1	78	25	12				42	1
白银市	189	5	1	1					160	4
白银区	15	1							8	
平川区	7								14	1
靖远县	32	1	1	1					30	1
会宁县	100	2							88	1
景泰县	35	1							20	1
天水市	1766	39	79	20	17	1		1	189	30
秦州区	480		25	7	4				29	
麦积区	517	1	16	3	1				28	1
清水县	207	2							35	2
秦安县	164	8	1	1					24	8
甘谷县	282	5	20	2	4	1		1	35	6
武山县	72	6	17	7	8				22	5
张家川县	44	8							16	8
武威市	19								7	1
天祝县	19								7	1
平凉市	332	16	127	39	43	2		2	171	8
崆峒区	29	1	16		1				23	
泾川县	39	2	35	9	13				21	1
灵台县	53	5	5	2	3				17	
崇信县	31		7	3	4				15	2
华亭县	25								18	
庄浪县	99	5	63	24	22	2		2	36	4
静宁县	56	3	1	1					41	1
庆阳市	9581	30	847	305	258	1		1	231	14
西峰区	507	1	38	20	13				18	1
庆城县	468	13	125	60	14				29	2

2-8 续表

单位:座

地 区	已治理沟道条数（条）		已建成黄土高原淤地坝（座）			当年新建淤地坝（座）			已实施小流域综合治理条数（条）	
	小计	其中:当年治理沟道条数	小计	其中:骨干坝	中型坝	小计	其中:骨干坝	中型坝	小计	其中:当年竣工条数
环　县	4418	2	314	94	109	1		1	40	3
华池县	1846	2	89	41	36				22	2
合水县	353	3	65	20	32				20	1
正宁县	1379	3	39	11	15				17	1
宁　县	362	3	48	16	22				28	1
镇原县	248	3	129	43	17				57	3
定西市	1185	76	372	150	94	1		1	404	35
安定区	530	10	155	81	37				177	5
通渭县	156	12	56	6	1	1		1	53	6
陇西县	183	18	62	19	23				66	9
渭源县	75	9	61	22	20				34	3
临洮县	99	16	30	18	9				35	8
漳　县	97	9	8	4	4				24	3
岷　县	45	2			3				15	1
临夏回族自治州	573	36	21	3	13				142	15
临夏市	4								2	1
临夏县	108	8	8		8				25	2
康乐县	76	3	3	1	1				20	2
永靖县	113	7	7	2	2				22	2
广河县	23	4							12	2
和政县	37								12	1
东乡县	124	11	2		1				29	3
积石山县	88	3	1		1				20	2
甘南藏族自治州	5								15	1
合作市	1								3	
临潭县	1								2	
卓尼县	1								5	1
玛曲县										
碌曲县										
夏河县	2								5	
长江流域	843	37	12		2				223	14
天水市	268	1	12		2				23	1
秦州区	241	1	12		2				15	1
麦积区	27								8	
陇南市	573	35							144	10
武都区	74	10							18	3
成　县	35	4							7	1

2-8 续表

单位:座

地 区	已治理沟道条数（条）		已建成黄土高原淤地坝（座）			当年新建淤地坝（座）			已实施小流域综合治理条数（条）	
	小计	其中:当年治理沟道条数	小计	其中:骨干坝	中型坝	小计	其中:骨干坝	中型坝	小计	其中:当年竣工条数
文 县	37	4							7	1
宕昌县	47	3							10	1
康 县	69	4							18	1
西和县	82								14	
礼 县	137	3							33	1
徽 县	55	4							20	1
两当县	37	3							17	1
甘南藏族自治州	2	1							56	3
舟曲县									42	1
迭部县	2	1							14	2
西北诸河流域	50	3							32	4
嘉峪关市	1								1	
市辖区	1								1	
金昌市	2								2	
金川区										
永昌县	2								2	
武威市	29								12	1
凉州区	6								3	
民勤县	2								1	
古浪县	21								8	1
天祝县										
张掖市	9	1							8	1
甘州区										
肃南县	4	1							3	1
民乐县	2								2	
临泽县	1								1	
高台县										
山丹县	2								2	
酒泉市	9	2							9	2
肃州区	2	1							2	1
金塔县	2								2	
瓜州县	2								2	
肃北县										
阿克塞县										
玉门市	2	1							2	1
敦煌市	1								1	

2-9 2015 年水库、塘坝、窖池

地区	水库数量(座)						水库库容(万米³)						塘坝数量(座)	窖池数量(座)
	小计	大(1)型	大(2)型	中型	小(1)型	小(2)型	小计	大(1)型	大(2)型	中型	小(1)型	小(2)型		
甘肃省	381	1	8	42	172	158	961133	570000	227600	105228	50698	7608	2384	1346025
黄河流域	167	1	3	16	85	62	795069	570000	167300	28093	27126	2550	2147	1277297
兰州市	24			5	7	12							1324	163966
城关区														4013
七里河区													6	11134
西固区	3			3									1	1342
安宁区														
红古区														
永登县	14				5	9							1237	51683
皋兰县	5			1	1	3							57	598
榆中县	2			1	1								23	95196
白银市	17			2	9	6	5920			2368	3087	465	74	237898
白银区	6			1	1	4								3104
平川区	1					1	85					85	1	9931
靖远县	1			1			2368			2368			26	43188
会宁县	8				7	1	3157				3087	70	43	170202
景泰县	1				1		310					310	4	11473
天水市	8				4	4	2324				2190	134	15	235510
秦州区	1				1		273				273			12565
麦积区														17926
清水县	3					3	111					111		26888
秦安县	1				1		820				820		5	73708
甘谷县													10	48748
武山县	1					1	24					24		26583
张家川县	2				2		1097				1097			29092
武威市	4				1	3							12	1692
天祝县	4				1	3							12	1692
平凉市	35			2	22	11	18717			11570	6564	584	10	158948

2-9 续表

地区	水库数量(座)						水库库容(万米³)						塘坝数量(座)	窖池数量(座)
	小计	大(1)型	大(2)型	中型	小(1)型	小(2)型	小计	大(1)型	大(2)型	中型	小(1)型	小(2)型		
崆峒区	5			1	3	1	3774			2970	776	28		21281
泾川县	1				1		186				186			7503
灵台县	6				1	5	363				106	257	2	15026
崇信县	1				1		380				380		1	2329
华亭县	5				3	2	972				929	44		749
庄浪县	4				3	1	1179				1087	92		25553
静宁县	13			1	10	2	11864			8600	3100	163	7	86507
庆阳市	28		1	2	21	4	64949		51000	5281	8520	148	605	298041
西峰区	5		1	1	3		53705		51000	2092	613		70	91
庆城县	5			1	3	1	4832			3189	1616	27	2	31336
环　县	5				4	1	2110				2093	17		84176
华池县					3	1	1174				1123	51	10	97716
合水县					3	1	625				572	53		7227
正宁县	2				2		961				961			39749
宁　县	1				1		782				782		13	
镇原县	2				2		760				760		510	37746
定西市	21			3	11	7	7329			2160	4795	374	84	139888
安定区	7				4	3	1661				1460	201		
通渭县	4			1	2	1	1590			1200	324	67	1	58879
陇西县														4571
渭源县	2				2		1270				1270			14250
临洮县	3			1	1	1	2775			960	1741	74	72	47432
漳　县	2				2		33					33	11	14756
岷　县	3			1	2									
临夏回族自治州	16	1	1	2	6	6	600133	570000	22000	6714	1272	147	23	21392
临夏市														
临夏县	1				1		591				591			
康乐县	5				1	4	266				190	76	7	1004

2-9 续表

地区	水库数量(座)						水库库容(万米^3)						塘坝数量	窖池数量
	小计	大(1)型	大(2)型	中型	小(1)型	小(2)型	小计	大(1)型	大(2)型	中型	小(1)型	小(2)型	(座)	(座)
永靖县	3	1	1	1			596794	570000	22000	4794				6952
广河县	2					2	71					71	2	1500
和政县	4			1	3		2303			1920	383			5112
东乡县	1				1		108				108		13	2837
积石山县													1	3987
甘南藏族自治州	14		1		4	9	95697		94300		699	698		19962
合作市	3				3		526				526			
临潭县	1					1	20					20		14527
卓尼县	6		1			5	94784		94300			484		5435
玛曲县	1				1		173				173			
碌曲县	2					2	144					144		
夏河县	1					1	50					50		
长江流域	30		2	5	9	14	24236		10420	8948	4247	622	64	49138
天水市	1					1	60					60		
秦州区	1					1	60					60		
麦积区														
陇南市	19		2	4	4	9	19567		10420	7208	1649	291	64	31387
武都区														11821
成　县	4				2	2	429				300	129	10	3164
文　县	4		2	2			14455		10420	4035				
宕昌县														
康　县														
西和县	7			1	1	5	1603			1035	436	132		12795
礼　县	2			1	1									
徽　县	2					2	3050					30	46	3143
两当县													8	464
甘南藏族自治州	10			1	5	4	4609			1740	2598	271		17751
舟曲县	4				2	2	743				623	120		16252
迭部县	6			1	3	2	3866			1740	1975	151		1499

2-9 续表

地区	水库数量(座)						水库库容(万米^3)						塘坝数量(座)	窖池数量(座)
	小计	大(1)型	大(2)型	中型	小(1)型	小(2)型	小计	大(1)型	大(2)型	中型	小(1)型	小(2)型		
西北诸河流域	184		3	21	78	82	141828		49880	68187	19326	4436	173	19590
嘉峪关市	12		1	3	8		7230			6400	592	238		
市辖区	12		1	3	8		7230			6400	592	238		
金昌市	3			1	2									
金川区														
永昌县	3			1	2									
武威市	18			5	6	7	13837			11220	2498	119	59	18107
凉州区	9			3	2	4	10362			9994	282	86		7240
民勤县	1			1										
古浪县	7			1	4	2	3475			1226	2216	33	57	10273
天祝县	1					1							2	594
张掖市	70			11	32	27	47577			38144	8483	950	79	1396
甘州区	2			1	1		1720			1320	400		20	
肃南县	14			3	6	5	21750			19120	2404	227	18	1396
民乐县	8			3	1	4	7101			6200	735	166	8	
临泽县	18				10	6	2187				1995	192		
高台县	13			1	9	3	3363			1048	2205	110	7	
山丹县	15			3	5	7	11456			10456	745	255	26	
酒泉市	81		3	3	35	40	73185		49880	12423	7753	3129	35	87
肃州区	41				9	32	2667				1577	1090	9	
金塔县	14		1	1	10	2	18562		10480	3905	4037	140		
瓜州县	12		1		7	4	21689		20000		1451	238	14	
肃北县													5	61
阿克塞县													6	26
玉门市	6		1	1	4		24908		19400	3878		1630		
敦煌市	8			1	5	2	535			4640	688	31	1	

注：水库统计范围为水库总库容≥10 万米^3。
塘坝统计范围为 50 米^3≤蓄水容积< 10 万米^3。
窖池统计范围为 10 米^3≤蓄水容积< 500 米^3。

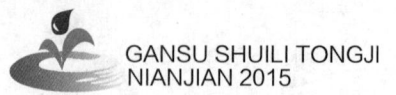

2-10 2015 年规模以上灌区（一）

地区	灌区数量(处)							耕地灌溉面积(千公顷)						
	小计	50 万亩以上	(30~50)万亩	(10~30)万亩	(5~10)万亩	(1~5)万亩	(0.2~1)万亩	小计	50 万亩以上	(30~50)万亩	(10~30)万亩	(5~10)万亩	(1~5)万亩	(0.2~1)万亩
甘肃省	424	4	19	21	34	161	185	1245.69	201.72	417.90	273.24	121.46	170.04	61.32
黄河流域	323	2	3	3	22	136	157	421.11	95.52	47.95	45.13	53.26	124.84	54.42
兰州市	75			2	4	16	52	104.16	44.09		24.24	8.12	14.89	12.82
城关区	16					1	15	4.83					0.72	4.11
七里河区	3					3		4.41					4.41	
西固区	8					3	5	3.46					1.90	1.56
安宁区	2						2	0.91						0.91
红古区	3				2		1	6.42				6.19		0.23
永登县	21	1				3	17	50.50	44.09				3.10	3.31
皋兰县	7			1	1	1	4	13.32			12.05		0.68	0.59
榆中县	15			1	1	5	8	20.31			12.19	1.93	4.08	2.11
白银市	55	1	2		6	20	26	137.98	51.43	32.40	14.99	14.16	15.77	9.23
白银区	5				1	4		5.46					1.31	4.15
平川区	8				1	1	6	3.98				0.55	2.00	1.43
靖远县	23		1		3	9	10	42.29		19.71		12.11	8.29	2.18
会宁县	6		1			4	1	30.85		12.69	14.99		3.05	0.12
景泰县	13	1			1	2	9	55.40	51.43			1.50	1.12	1.35
天水市	43				3	21	19	26.55				2.47	18.14	595
秦州区	2					1	1	1.19					0.86	0.33
麦积区	8					7	1	5.89					3.87	2.02
清水县	5					1	4	2.67					1.47	1.20
秦安县	5					2	3	2.27					1.56	0.71
甘谷县	15				2	3	10	6.21					4.52	1.69
武山县	6				1	5		6.81				2.47	4.35	
张家川县	2					2		1.51					1.51	
武威市	3				1	2		7.97					6.36	1.61
天祝县	3				1	2		7.97					6.36	1.61
平凉市	29				4	15	10	28.30				12.94	11.66	3.70
崆峒区	4				1	3		8.81				5.46	3.35	
泾川县	4				1	2	1	5.23				3.64	1.37	0.22
灵台县	3					1	2	1.25					0.71	0.54
崇信县	1					1		1.34					1.34	
华亭县	4					3	1	2.52					2.07	0.45
庄浪县	3				1	2		2.86				1.93	0.93	
静宁县	10				1	3	6	6.29				1.91	1.89	2.49
庆阳市	22			1		11	10	28.67			5.90		14.29	8.48
西峰区	4			1			3	8.50			5.90			2.60
庆城县	1						1	1.05						1.05

2–10 续表

地区	灌区数量(处)							耕地灌溉面积(千公顷)						
	小计	50万亩以上	(30~50)万亩	(10~30)万亩	(5~10)万亩	(1~5)万亩	(0.2~1)万亩	小计	50万亩以上	(30~50)万亩	(10~30)万亩	(5~10)万亩	(1~5)万亩	(0.2~1)万亩
环　县	3					3		4.32					4.32	
华池县	2					1	1	1.75					1.20	0.55
合水县	3					1	2	2.31					1.30	1.01
正宁县	1					1		1.24					1.24	
宁　县	5					2	3	4.75					1.48	3.27
镇原县	3					3		4.75					4.75	
定西市	**25**		**1**		**1**	**12**	**11**	**40.62**		**15.55**		**5.18**	**13.59**	**6.30**
安定区	3					2	1	3.61					2.26	1.35
通渭县	6					1	5	3.63					0.25	3.38
陇西县	1				1			5.18				5.18		
渭源县	3					2	1	5.21					4.80	0.41
临洮县	3		1			2		17.5		15.55			1.99	
漳　县	3					2	1	1.66					0.95	0.71
岷　县	6					3	3	3.79					3.34	0.45
临夏回族自治州	**66**				**3**	**39**	**24**	**46.70**				**10.39**	**30.14**	**6.17**
临夏市	2				1	1		3.42				2.81	0.61	
临夏县	9				1	5	3	10.28				4.82	4.64	0.82
康乐县	7					4	3	4.37					2.98	1.39
永靖县	19					9	10	9.66					7.81	1.85
广河县	11					6	5	6.93					5.53	1.40
和政县	6					4	2	2.52					2.08	0.44
东乡县	7				1	6		6.30				2.76	3.54	
积石山县	5					4	1	3.22					2.95	0.27
甘南藏族自治州	**5**						**5**	**0.16**						**0.16**
合作市	3						3	0.16						0.16
临潭县														
卓尼县														
玛曲县	1						1							
碌曲县	1						1							
夏河县														
长江流域	**26**					**3**	**23**	**8.59**					**2.77**	**5.82**
天水市	**1**						**1**	**0.40**						**0.40**
秦州区	1						1	0.40						0.40
麦积区														
陇南市	**24**					**3**	**21**	**8.19**					**2.77**	**5.42**
武都区	12						12	3.97						3.97
成　县	1						1	0.13						0.13

2-10 续表

地 区	灌区数量(处)							耕地灌溉面积(千公顷)					
	小计	50万亩以上	(30~50)万亩	(10~30)万亩	(5~10)万亩	(1~5)万亩	(0.2~1)万亩	小计	50万亩以上	(30~50)万亩	(10~30)万亩	(5~10)万亩	(1~5)万亩	(0.2~1)万亩
文 县	1					1		0.18						0.18
宕昌县	2					2		0.42						0.42
康 县	2					2		0.15						0.15
西和县	4					1	3	1.24					0.67	0.57
礼 县	2					2		2.10					2.10	
徽 县														
两当县														
甘南藏族自治州	1					1								
舟曲县														
迭部县	1					1								
西北诸河流域	75	2	16	18	12	22	5	815.98	106.20	369.95	228.11	68.21	42.43	1.08
嘉峪关市	4					4		7.23					7.23	
市辖区	4					4		7.23					7.23	
金昌市	5		2	1	2			80.11		48.37	17.95	13.79		
金川区														
永昌县	5		2	1	2			80.11		48.37	17.95	13.79		
武威市	16	1	2	4	1	7	1	194.27	37.51	45.19	99.56	1.46	10.55	
凉州区	6		2	2		1	1	104.45		45.19	58.57		0.69	
民勤县	3	1				2		42.49	37.51				4.98	
古浪县	6			2	1	3		45.79			40.99	1.46	3.34	
天祝县	1					1		1.54					1.54	
张掖市	28		8	8	5	5	2	288.71		186.67	43.32	41.31	16.83	0.58
甘州区	6		3	2		1		89.25		72.91	7.80	5.87	2.67	
肃南县	5				3	2		9.63					9.05	0.58
民乐县	4		2	1		1		72.38		50.87	19.21		2.30	
临泽县	6		1	4	1			38.54			16.31	22.23		
高台县	5		1		4			37.75		24.54		13.21		
山丹县	2		1	1				41.16		38.35			2.81	
酒泉市	22	1	4	5	4	6	2	245.67	68.69	89.72	67.28	11.65	7.82	0.50
肃州区	8		1	3	2	2		70.49		32.40	26.92	8.40	2.77	
金塔县	2		1	1				45.34	36.29		9.05			
瓜州县	3		1		1	1		48.38		28.30	16.17	3.25	0.66	
肃北县	2				1	1		1.22					1.08	0.13
阿克塞县	2				1	1		0.58					0.21	0.37
玉门市	3	1		1		1		55.92		29.75	24.19	1.98		
敦煌市	2		1		1			23.74		22.62		1.12		

2-11 2015年规模以上灌区（二）

单位：千米

地　区	渠道长度(按流量分)					衬砌防渗渠道长度(按流量分)				
	小　计	30米³/秒及以上	5~30米³/秒	1~5米³/秒	0.2~1米³/秒	小　计	30米³/秒及以上	5~30米³/秒	1~5米³/秒	0.2~1米³/秒
甘肃省	88134.40	3489.20	2463.73	12642.25	69539.22	41733.96	136.50	2002.86	9828.37	29766.23
黄河流域	11729.28		312.30	3390.74	8026.24	7692.17		207.56	2534.93	4949.68
兰州市	2201.10		8.80	760.20	1432.10	1501.90		5.70	545.64	950.56
城关区	7.50				7.50	3.60				3.60
七里河区	44.10			10.40	33.70	44.10			10.40	33.70
西固区	49.50			3.50	46.00	26.40			3.50	22.90
安宁区										
红古区	128.70			75.10	53.60	50.90			28.80	22.10
永登县	1032.60			430.70	601.90	758.90			393.04	365.86
皋兰县	459.70			134.30	325.40	296.20			46.00	250.20
榆中县	479.00		8.80	98.70	371.50	321.80		5.70	60.30	255.80
白银市	2453.48		188.00	797.43	1468.05	1773.22		141.00	584.23	1047.99
白银区	222.80			35.00	187.80	127.20			21.90	105.30
平川区	118.40			56.20	62.20	118.40			56.20	62.20
靖远县	1047.05			297.30	749.75	588.34			144.25	444.09
会宁县	676.50		76.90	131.30	468.30	587.20		29.90	120.90	436.40
景泰县	388.73		111.10	277.63		352.08		111.10	240.98	
天水市	987.48		8.50	309.75	669.23	768.48			291.15	477.33
秦州区	24.00				24.00	22.00				22.00
麦积区	448.03			56.03	392.00	355.73			45.13	310.60
清水县	30.25			9.12	21.13	24.75			9.12	15.63
秦安县	21.50				21.50	21.50				21.50
甘谷县	305.10		8.50	132.70	163.90	207.20			130.70	76.50
武山县	111.90			111.90		106.20			106.20	
张家川县	46.70				46.70	31.10				31.10
武威市	721.00			25.00	696.00	423.00			24.00	399.00
天祝县	721.00			25.00	696.00	423.00			24.00	399.00
平凉市	1040.88			438.30	602.58	724.18			327.70	396.48
崆峒区	329.00			124.00	205.00	217.00			102.00	115.00
泾川县	159.10			119.80	39.30	107.20			70.30	36.90
灵台县	33.60				33.60	33.60				33.60
崇信县	50.00			50.00		50.00			50.00	
华亭县	66.90				66.90	42.00				42.00
庄浪县	141.50			5.10	136.40	119.50			5.10	114.40
静宁县	260.78			139.40	121.38	154.88			100.30	54.58
庆阳市	428.30			281.80	146.50	342.50			239.00	103.50
西峰区	35.40				35.40					
庆城县										

2-11 续表

单位：千米

地 区	渠道长度(按流量分)					衬砌防渗渠道长度(按流量分)				
	小 计	30米³/秒及以上	5~30米³/秒	1~5米³/秒	0.2~1米³/秒	小 计	30米³/秒及以上	5~30米³/秒	1~5米³/秒	0.2~1米³/秒
环县	47.50			47.50		55.50			55.50	
华池县	97.00			78.00	19.00	97.00			78.00	19.00
合水县	55.20			34.80	20.40	39.60			26.80	12.80
正宁县	46.80			46.80		21.80			21.80	
宁县	71.70				71.70	71.70				71.70
镇原县	74.70			74.70		56.90			56.90	
定西市	1105.28		78.50	392.48	634.30	590.57		32.36	233.85	324.36
安定区	64.10			49.30	14.80	55.70			47.90	7.80
通渭县	41.90			25.40	16.50	41.70			25.40	16.30
陇西县	343.88			134.48	209.40	127.26			39.29	87.97
渭源县	150.30			73.80	76.50	164.30			70.60	93.70
临洮县	382.80		78.50	84.00	220.30	161.79		32.36	49.66	79.77
漳县	50.40			4.60	45.80	3.20			1.00	2.20
岷县	71.90			20.90	51.00	36.62				36.62
临夏回族自治州	2785.88		28.50	385.78	2371.60	1562.44		28.50	289.36	1244.58
临夏市	128.00			7.50	120.50	38.80			7.50	31.30
临夏县	379.70		28.50	71.90	279.30	248.00		28.50	62.30	157.20
康乐县	155.50			2.40	153.10	119.20			2.40	116.80
永靖县	250.80			47.90	202.90	144.65			38.90	105.75
广河县	128.50			93.70	34.80	89.10			60.40	28.70
和政县	233.76			90.14	143.62	138.57			45.62	92.95
东乡县	545.62			72.24	473.38	370.12			72.24	297.88
积石山县	964.00				964.00	414.00				414.00
甘南藏族自治州	5.88				5.88	5.88				5.88
合作市	5.88				5.88	5.88				5.88
临潭县										
卓尼县										
玛曲县										
碌曲县										
夏河县										
长江流域	149.90			83.00	66.90	92.40			48.30	44.10
天水市	5.50				5.50	2.00				2.00
秦州区	5.50				5.50	2.00				2.00
麦积区										
陇南市	144.40			83.00	61.40	90.40			48.30	42.10
武都区	23.00			23.00		7.00			7.00	
成县										

2-11 续表

单位：千米

地 区	渠道长度(按流量分)					衬砌防渗渠道长度(按流量分)				
	小 计	30米^3/秒及以上	5~30米^3/秒	1~5米^3/秒	0.2~1米^3/秒	小 计	30米^3/秒及以上	5~30米^3/秒	1~5米^3/秒	0.2~1米^3/秒
文 县	4.40				4.40					
宕昌县										
康 县										
西和县	57.00				57.00	35.10				35.10
礼 县	60.00			60.00		48.30			48.30	
徽 县										
两当县										
甘南藏族自治州										
舟曲县										
迭部县										
西北诸河流域	**76255.22**	**3489.20**	**2151.43**	**9168.51**	**61446.08**	**33949.39**	**136.50**	**1795.30**	**7245.14**	**24772.45**
嘉峪关市	**519.50**		**40.70**	**127.70**	**351.10**	**394.00**		**40.70**	**127.70**	**225.60**
市辖区	519.50		40.70	127.70	351.10	394.00		40.70	127.70	225.60
金昌市	**8667.00**	**1.10**	**224.20**	**1300.70**	**7141.00**	**3132.10**	**1.10**	**190.80**	**808.50**	**2131.70**
金川区	1777.40		38.20	172.70	1566.50	1038.10		38.20	169.40	830.50
永昌县	6889.60	1.10	186.00	1128.00	5574.50	2094.00	1.10	152.60	639.10	1301.20
武威市	**12950.18**	**20.10**	**182.70**	**1444.80**	**11302.58**	**8973.88**	**20.10**	**182.70**	**1336.60**	**7434.48**
凉州区	7413.68	20.10	182.70	509.30	6701.58	6097.98	20.10	182.70	424.10	5471.08
民勤县	4759.10			711.20	4047.90	2162.80			701.50	1461.30
古浪县	724.40			224.30	500.10	692.10			211.00	481.10
天祝县	53.00				53.00	21.00				21.00
张掖市	**31397.52**	**3369.60**	**725.80**	**3397.12**	**23905.00**	**9397.34**	**16.90**	**641.10**	**2511.26**	**6228.08**
甘州区	9022.40	16.90	250.50	1052.00	7703.00	3220.69	16.90	213.90	858.20	2131.69
肃南县	133.50			19.10	114.40	96.10			19.10	77.00
民乐县	9947.12		280.00	598.92	9068.20	2088.86		252.50	447.56	1388.80
临泽县	3483.10		97.20	527.90	2858.00	1463.95		92.50	297.40	1074.05
高台县	6705.40	3352.70	98.10	623.00	2631.60	1425.44		82.20	468.00	875.24
山丹县	2106.00			576.20	1529.80	1102.30			421.00	681.30
酒泉市	**22721.02**	**98.40**	**978.03**	**2898.19**	**18746.40**	**12052.07**	**98.40**	**740.00**	**2461.08**	**8752.59**
肃州区	7224.00		386.70	1257.40	5579.90	3765.10		372.30	912.30	2480.50
金塔县	5445.80	7.20	243.50	524.10	4671.00	2283.00	7.20	243.50	489.30	1543.00
瓜州县	5259.12		223.63	372.79	4662.70	1441.82			345.28	1096.54
肃北县	140.80			35.10	105.70	94.30			33.10	61.20
阿克塞县	54.50				54.50	54.50				54.50
玉门市	1278.00	91.20	124.20	383.90	678.70	1094.55	91.20	124.20	356.20	522.95
敦煌市	3318.80			324.90	2993.90	3318.80			324.90	2993.90

2-12 2015年堤防

地 区	堤防长度（千米）						本年新增堤防长度（千米）	达标堤防长度（千米）						本年新增达标堤防长度（千米）	堤防保护人口（万人）	堤防保护耕地面积（千公顷）
	合计	1级堤防	2级堤防	3级堤防	4级堤防	5级堤防	5级以下堤防		合计	1级堤防	2级堤防	3级堤防	4级堤防	5级堤防		
甘肃省	7039.49	100.36	250.31	79.45	823.59	4770.66	1015.12	602.14	5689.64	47.28	245.14	60.26	809.56	4527.41	598.28	876.44	421.86
黄河流域	3980.31	76.72	143.55	17.09	397.65	2599.90	745.40	347.62	3346.78	23.64	143.19	5.99	423.75	2750.21	345.62	498.39	175.62
兰州市	260.12	74.08	16.14	11.10	4.73	92.14	61.93	15.70	197.83	21.00	15.78		31.23	129.82	15.70	61.18	3.56
城关区	23.25	23.25							23.25					23.25		10.00	
七里河区	42.64	15.40		11.10	3.90	12.24			42.64				30.40	12.24		23.00	0.10
西固区	28.18	14.43				2.35	11.40		16.78					16.78			
安宁区	21.00	21.00							21.00	21.00						20.08	0.19
红古区	2.70					2.70			2.70					2.70			
永登县	82.39				0.83	52.12	29.44		52.95				0.83	52.12		4.00	2.12
皋兰县	26.79					15.70	11.09	15.70	15.70					15.70	15.70	1.90	0.67
榆中县	33.17		16.14			7.03	10.00		22.81		15.78			7.03		2.20	0.48
白银市	268.27				28.81	213.24	26.22	18.24	213.35				28.81	184.54	18.24	37.49	15.69
白银区	36.69					19.24	17.45		18.87					18.87		0.50	1.00
平川区	45.23				12.40	32.83			31.85				12.40	19.45		0.80	1.11
靖远县	110.41					102.33	8.08	10.43	87.38					87.38	10.43	22.21	12.12
会宁县	25.69				16.41	8.59	0.69	7.81	25.00				16.41	8.59	7.81	12.36	0.16
景泰县	50.25					50.25			50.25					50.25		1.62	1.30
天水市	726.43		59.69		40.84	469.25	156.66	73.72	510.88		59.69		40.84	410.35	73.72	104.73	36.75
秦州区	101.91		31.03			48.42	22.46		74.22		31.03			43.19		16.60	3.34
麦积区	185.93		28.66			71.08	86.19	17.33	87.76		28.66			59.10	17.33	10.49	6.37
清水县	86.69				4.27	81.15	1.27	3.63	48.67				4.27	44.40	3.63	12.24	4.45
秦安县	99.40				36.57	62.83		20.00	98.10				36.57	61.53	20.00	15.32	4.82
甘谷县	85.05					71.07	13.98	4.89	71.07					71.07	4.89	26.37	8.96
武山县	82.36					55.88	26.49	12.88	56.58					56.58	12.88	15.53	7.18
张家川县	85.09					78.82	6.27	15.00	74.48					74.48	15.00	8.18	1.63
武威市	91.75				33.22	58.52		23.31	91.42				33.22	58.19	23.31	8.24	5.54
天祝县	91.75				33.22	58.52		23.31	91.42				33.22	58.19	23.31	8.24	5.54

2-12 续表

地区	堤防长度(千米)							本年新增堤防长度(千米)	达标堤防长度(千米)						本年新增达标堤防长度(千米)	堤防保护人口(万人)	堤防保护耕地面积(千公顷)
	合计	1级堤防	2级堤防	3级堤防	4级堤防	5级堤防	5级以下堤防		合计	1级堤防	2级堤防	3级堤防	4级堤防	5级堤防			
平凉市	802.92	2.64	61.91		116.91	621.45		23.98	802.92	2.64	61.91		116.91	621.45	23.98	68.77	25.46
崆峒区	140.87		61.91		42.60	36.36		6.93	140.87		61.91		42.60	36.36	6.93	7.19	3.13
泾川县	101.98					101.98			101.98					101.98		15.02	3.89
灵台县	67.48				10.98	56.50		10.00	67.48				10.98	56.50	10.00	7.05	1.61
崇信县	87.11	2.64			6.70	77.77			87.11	2.64			6.70	77.77		6.74	6.51
华亭县	92.35				33.31	59.04			92.35				33.31	59.04		12.60	3.66
庄浪县	193.52				3.97	189.55			193.52				3.97	189.55		6.38	3.49
静宁县	119.60				19.35	100.25		7.05	119.60				19.35	100.25	7.05	13.79	3.17
庆阳市	188.51			0.95	56.79	123.31	7.46	8.69	177.27			0.95	56.79	119.53	8.69	48.99	22.07
西峰区	8.25					8.25			8.25					8.25		8.25	8.25
庆城县	3.41				3.41				3.41				3.41			2.67	1.01
环　县	26.93				10.08	16.85		0.21	26.93				10.08	16.85	0.21	20.12	1.10
华池县	23.71			0.95		15.30	7.46	0.95	16.25			0.95		15.30	0.95	8.91	4.30
合水县	23.50					23.50			23.50					23.50		1.08	0.79
正宁县	23.90					23.90			23.90					23.90		0.78	0.86
宁　县	34.32				14.82	19.50			30.54				14.82	15.72		2.20	4.95
镇原县	44.49				28.48	16.01		7.53	44.49				28.48	16.01	7.53	4.98	0.81
定西市	776.27				46.42	384.82	345.03	109.10	676.44				46.42	630.02	107.10	99.71	35.37
安定区	86.90				12.89	19.04	54.97		32.43				12.89	19.54		27.20	5.84
通渭县	27.72					21.95	5.77	2.00	13.48					13.48		6.50	1.44
陇西县	87.36				33.53	53.83		6.70	87.36				33.53	53.83	6.70	15.84	9.29
渭源县	156.58					156.58		2.05	152.42					152.42	2.05	7.43	3.96
临洮县	92.18					67.67	24.51	7.00	67.67					67.67	7.00	9.34	5.72
漳　县	68.20					65.75	2.45	10.37	65.75					65.75	10.37	10.30	4.13
岷　县	257.33						257.33	80.98	257.33					257.33	80.98	23.10	4.99
临夏回族自治州	462.01		5.81	5.04	54.63	374.25	22.28	15.69	412.43		5.81	5.04	54.23	347.35	15.69	56.69	25.71
临夏市	35.19		5.81		21.96	4.43	2.99	1.07	32.20		5.81		21.96	4.43	1.07	8.61	3.87

2-12 续表

地区	堤防长度（千米）							本年新增堤防长度（千米）	达标堤防长度（千米）						本年新增达标堤防长度（千米）	堤防保护人口（万人）	堤防保护耕地面积（千公顷）
	合计	1级堤防	2级堤防	3级堤防	4级堤防	5级堤防	5级以下堤防		合计	1级堤防	2级堤防	3级堤防	4级堤防	5级堤防			
临夏县	55.44			5.04	20.75	25.45	4.20		51.24			5.04	20.75	25.45		4.22	2.12
康乐县	81.97					78.88	3.09	4.47	78.88					78.88	4.47	8.15	2.21
永靖县	11.70				11.70				11.30				11.30			5.53	1.21
广河县	75.39					75.39			68.30					68.30		15.51	8.06
和政县	114.35					114.35			93.46					93.46		5.80	2.60
东乡县	57.14				0.22	44.92	12.00	7.20	46.22				0.22	46.00	7.20	3.29	2.53
积石山县	30.83					30.83		2.95	30.83					30.83	2.95	5.58	3.11
甘南藏族自治州	**404.04**				**15.29**	**262.93**	**125.82**	**59.19**	**264.25**				**15.29**	**248.96**	**59.19**	**12.59**	**5.46**
合作市	75.27					75.27		15.21	61.30					61.30	15.21	2.74	0.87
临潭县	86.88				15.29	40.34	31.25	3.98	55.63				15.29	40.34	3.98	0.43	1.10
卓尼县	127.09					47.01	80.08	10.18	47.01					47.01	10.18	2.95	0.53
玛曲县	31.02					31.02			31.02					31.02		0.55	
碌曲县	24.31					23.33	0.98	5.82	23.33					23.33	5.82	1.42	0.81
夏河县	59.47					45.96	13.51	24.00	45.96					45.96	24.00	4.50	2.15
长江流域	**1495.73**		**17.60**		**138.25**	**1275.49**	**64.39**	**127.50**	**1215.14**		**17.60**		**130.47**	**1067.07**	**125.64**	**140.98**	**46.48**
天水市	**63.93**				**8.69**	**55.24**			**62.93**				**8.69**	**55.24**		**12.46**	**3.36**
秦州区	62.75				8.69	54.06			61.75				8.69	53.06		12.38	3.36
麦积区	1.18					1.18			1.18					1.18		0.08	
陇南市	**1321.27**		**17.60**		**116.20**	**1123.08**	**64.39**	**125.06**	**1041.68**		**17.60**		**108.42**	**915.66**	**123.20**	**119.42**	**41.69**
武都区	112.21		17.60		2.45	92.16			112.21				2.45	92.16		25.05	7.07
成　县	67.53				36.08	27.61	3.84	12.70	63.44				36.08	27.36	12.70	22.81	4.89
文　县	133.67				23.48	110.19		21.50	130.98				23.48	107.50	21.50	4.40	2.33
宕昌县	159.63				32.78	121.99	4.86	11.69	159.63				32.78	126.85	11.69	26.34	5.04
康　县	121.71					121.71		19.90	121.71					121.71	19.90	6.60	3.81
西和县	233.46				21.41	212.05		14.92	116.34				13.63	102.71	13.06	7.89	2.81
礼　县	317.72					262.03	55.69	30.02	162.45					162.45	30.02	16.74	8.50
徽　县	102.70					102.70		4.17	102.28					102.28	4.17	5.67	5.52
两当县	72.64					72.64		10.16	72.64					72.64	10.16	3.92	1.73

2-12 续表

地区	堤防长度(千米)							本年新增堤防长度(千米)	达标堤防长度(千米)						本年新增达标堤防长度(千米)	堤防保护人口(万人)	堤防保护耕地面积(千公顷)
	合 计	1级堤防	2级堤防	3级堤防	4级堤防	5级堤防	5级以下堤防		合 计	1级堤防	2级堤防	3级堤防	4级堤防	5级堤防			
甘南藏族自治州	110.53				13.36	97.17		2.44	110.53				13.36	97.17	2.44	9.10	1.43
舟曲县	45.42				13.36	32.06			45.42				13.36	32.06		5.38	1.24
迭部县	65.11					65.11		2.44	65.11					65.11	2.44	3.72	0.19
西北诸河流域	1563.45	23.64	89.16	62.36	287.69	895.26	205.33	127.02	1127.72	23.64	84.34	54.27	255.34	710.13	127.02	237.07	199.76
嘉峪关市	62.21		35.00	27.21				13.00	62.21		35.00	27.21			13.00	20.06	5.50
市辖区	62.21		35.00	27.21				13.00	62.21		35.00	27.21			13.00	20.06	5.50
金昌市	31.51	14.50	4.59	7.50	4.20	0.72		22.09	31.51	14.50	4.59	7.50	4.20	0.72	22.09	29.73	1.70
金川区	19.09	14.50	4.59					14.59	19.09	14.50	4.59				14.59	28.53	0.20
永昌县	12.42			7.50	4.20	0.72		7.50	12.42			7.50	4.20	0.72	7.50	1.20	1.50
武威市	276.45		0.83	0.14	116.07	151.66	7.75	25.38	241.20		0.83	0.07	88.64	151.66	25.38	80.49	40.91
凉州区	138.16		0.83		62.83	66.75	7.75		127.67		0.83		60.09	66.75		61.97	29.12
民勤县	0.66				0.66				0.66				0.66				
古浪县	106.47			0.14	53.24	53.10		15.60	81.72			0.07	28.55	53.10	15.60	17.70	11.12
天祝县	31.16					31.16		9.78	31.16				31.16	9.78		0.82	0.67
张掖市	667.28		18.20	11.00	75.23	365.27	197.58	62.97	371.03		16.68	2.97	75.23	276.15	62.97	49.29	39.85
甘州区	224.45		18.20	11.00		178.93	16.32	16.00	115.76		16.68	2.97		96.11	16.00	26.25	19.06
肃南县	78.62				11.20	61.13	6.29		66.03				11.20	54.83		0.67	0.70
民乐县	33.00					33.00			33.00					33.00		0.90	3.00
临泽县	147.54				24.63	40.71	82.20	23.55	65.34				24.63	40.71	23.55	3.78	5.52
高台县	125.14				22.37	21.10	81.67	16.47	43.47				22.37	21.10	16.47	3.86	6.57
山丹县	58.53				17.03	30.40	11.10	6.95	47.43				17.03	30.40	6.95	13.83	5.00
酒泉市	526.00	9.14	30.54	16.52	92.19	377.61		3.58	421.76	9.14	27.24	16.52	87.27	281.59	3.58	57.49	111.80
肃州区	128.87	5.80	20.96	8.30	29.04	64.77			121.77	5.80	20.96	8.30	29.04	57.67		15.25	22.56
金塔县	129.33				6.13	123.20			89.13				6.13	83.00		8.30	23.70
瓜州县	73.80					73.80			36.69					36.69		6.02	18.71
肃北县	15.50			0.32	0.22	14.96			15.50			0.32	0.22	14.96		1.20	3.47
阿克塞县	36.07		5.77		12.00	18.30			35.97		5.67		12.00	18.30		0.90	0.41
玉门市	88.24		1.21		4.56	82.47		3.58	72.97		0.61		4.10	68.26	3.58	5.82	13.35
敦煌市	54.19	3.34	2.60	7.90	40.24	0.11			49.73	3.34		7.90	35.78	2.71		20.00	29.60

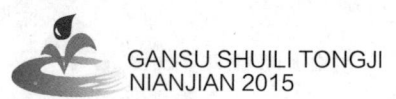

2-13 2015 年河道治理

单位：千米

地 区	有防洪任务河段长度	已治理河段长度		当年实施治理的河段长度	
		小　计	其中:治理达标河段长度	小　计	其中:中小河流治理长度
甘肃省	18765.57	4566.60	3911.16	500.57	231.16
黄河流域	10133.54	2351.58	2065.50	330.85	111.09
兰州市	669.40	147.38	137.20		
城关区	26.40	17.15	17.15		
七里河区	85.00	20.57	20.57		
西固区	44.30	23.58	23.58		
安宁区	23.00	23.00	23.00		
红古区	2.70	2.70	2.70		
永登县	157.00	21.21	21.21		
皋兰县	181.00	21.10	21.10		
榆中县	150.00	18.07	7.89		
白银市	938.83	169.51	98.92	69.71	7.81
白银区	127.01	13.20	13.20	12.18	
平川区	56.90	18.20	10.00		
靖远县	628.02	112.42	50.72	49.72	
会宁县	57.90	25.69	25.00	7.81	7.81
景泰县	69.00				
天水市	1628.29	383.41	302.77	33.00	28.00
秦州区	137.00	69.70	64.58		
麦积区	343.70	82.66	63.03	15.20	15.20
清水县	267.24	23.44	21.68	0.80	0.80
秦安县	243.52	47.42	47.42		
甘谷县	154.60	70.61	55.65	5.00	
武山县	233.00	38.33	13.61		
张家川县	249.23	51.25	36.80	12.00	12.00
武威市	204.00	42.09	42.09		
天祝县	204.00	42.09	42.09		
平凉市	1340.80	486.34	486.34	15.36	8.31
崆峒区	228.83	69.08	69.08	3.31	3.31
泾川县	160.00	66.79	66.79		
灵台县	110.86	33.20	33.20	5.00	5.00
崇信县	73.00	49.44	49.44		
华亭县	195.26	81.41	81.41		
庄浪县	198.20	66.82	66.82		
静宁县	374.65	119.60	119.60	7.05	
庆阳市	1295.70	175.72	160.47	22.93	10.61
西峰区					
庆城县	387.40	15.36	15.36	9.66	9.66

2-13 续表

单位：千米

地 区	有防洪任务河段长度	已治理河段长度		当年实施治理的河段长度	
		小 计	其中:治理达标河段长度	小 计	其中:中小河流治理长度
环县	27.29	27.29	27.29		
华池县	126.44	25.85	25.85	0.95	0.95
合水县	45.80	24.29	24.29		
正宁县	192.60	31.09	31.09		
宁县	243.79	23.27	8.02	4.32	
镇原县	272.38	28.57	28.57	8.00	
定西市	2037.16	566.89	528.44	148.83	34.94
安定区	323.00	32.43	32.43	4.91	4.91
通渭县	386.00	13.72	9.22	1.40	
陇西县	274.53	33.69	33.69	6.70	6.70
渭源县	281.80	93.60	59.65	28.22	12.96
临洮县	232.00	58.17	58.17	16.25	
漳县	280.30	77.95	77.95	10.37	10.37
岷县	259.53	257.33	257.33	80.98	
临夏回族自治州	583.23	192.32	188.81	16.97	15.50
临夏市	39.93	23.56	21.90		
临夏县	46.70	21.60	21.60	13.00	13.00
康乐县	43.50	26.60	26.60	2.50	2.50
永靖县	213.26	1.13	1.13		
广河县	42.65	41.40	39.55		
和政县	72.21	33.61	33.61		
东乡县	65.00	28.85	28.85		
积石山县	59.98	15.57	15.57	1.47	
甘南藏族自治州	1436.13	187.92	120.46	24.05	5.92
合作市	51.16	38.40	31.54	14.23	5.92
临潭县	98.00	50.20	20.70		
卓尼县	217.30	52.70	22.00		
玛曲县	847.67	14.50	14.10		
碌曲县	42.00	15.98	15.98	5.82	
夏河县	180.00	16.14	16.14	4.00	
长江流域	3803.78	1140.66	860.11	82.23	32.58
天水市	414.37	58.88	51.49		
秦州区	198.37	58.14	50.75		
麦积区	216.00	0.74	0.74		
陇南市	2702.14	971.25	743.51	79.79	32.58
武都区	452.59	137.93	93.59		
成县	126.37	38.08	23.61		
文县	313.95	118.05	118.05	18.22	11.85

2-13 续表

单位：千米

地 区	有防洪任务河段长度	已治理河段长度		当年实施治理的河段长度	
		小　计	其中:治理达标河段长度	小　计	其中:中小河流治理长度
宕昌县	206.11	114.78	114.78	7.50	
康　县	358.01	131.90	131.90	19.90	
西和县	211.67	102.68	39.30	8.20	6.40
礼　县	389.27	232.32	139.31	21.80	10.16
徽　县	375.10	44.51	31.97	4.17	4.17
两当县	269.07	51.00	51.00		
甘南藏族自治州	687.27	110.53	65.11	2.44	
舟曲县	512.00	45.42			
迭部县	175.27	65.11	65.11	2.44	
西北诸河流域	4828.25	1074.36	985.55	87.49	87.49
嘉峪关市	39.95	39.95	39.95	6.30	6.30
市辖区	39.95	39.95	39.95	6.30	6.30
金昌市	231.01	43.88	35.13	27.70	27.70
金川区	26.41	26.41	26.41	22.00	22.00
永昌县	204.60	17.47	8.72	5.70	5.70
武威市	958.66	252.48	246.35	14.55	14.55
凉州区	300.89	95.60	95.60		
民勤县	349.20	88.53	88.53		
古浪县	301.82	61.60	55.47	7.80	7.80
天祝县	6.75	6.75	6.75	6.75	6.75
张掖市	2192.11	395.45	328.85	37.10	37.10
甘州区	401.71	186.94	120.34		
肃南县	138.50	39.55	39.55		
民乐县	240.21	35.09	35.09		
临泽县	542.13	44.09	44.09	20.27	20.27
高台县	305.52	43.17	43.17	10.58	10.58
山丹县	564.04	46.61	46.61	6.25	6.25
酒泉市	1406.52	342.60	335.27	1.84	1.84
肃州区	119.40	65.79	61.60		
金塔县	117.30	72.00	69.70		
瓜州县	654.00	36.69	36.69		
肃北县	212.00	13.55	13.55		
阿克塞县	35.97	35.97	35.97		
玉门市	172.35	88.78	88.78	1.84	1.84
敦煌市	95.50	29.82	28.98		

2-14 2015年水闸

单位:座

地区	水闸数量	按规模分					按功能位置分		按类型分(过闸流量5米³/秒及以上)				
		大(1)型	大(2)型	中型	小(1)型	小(2)型	河湖引水闸数量	水库引水闸数量	分(泄)洪闸数量	节制闸座数	排(退)水闸数量	引(进)水闸数量	挡潮闸座数
甘肃省	6251		4	72	217	5958	3543	2542	436	470	278	115	28
黄河流域	477		1	12	24	440	442	26	33	52	45	30	
兰州市	27				1	26	27						
城关区													
七里河区													
西固区													
安宁区													
红古区	5				1	4	5						
永登县	14					14	14						
皋兰县	2					2	2						
榆中县	6					6	6						
白银市	60				3	57	40	20	30	13	5	10	
白银区													
平川区	11					11		11					
靖远县	29					29	29		19	5		4	
会宁县	10				1	9	1	9	1	2	3	4	
景泰县	10				2	8	10		10	6	2	2	
天水市	48					48	46	2	2	1	24	14	
秦州区	7					7	7						
麦积区	18					18	18				18		
清水县	7					7	7			1	4	2	
秦安县													
甘谷县	14					14	12	2			2	12	
武山县	2					2	2		2				
张家川县													
武威市	5					5	5						
天祝县	5					5	5						

2-14 续表

单位:座

地区	水闸数量	按规模分					按功能位置分		按类型分(过闸流量5米³/秒及以上)				
		大(1)型	大(2)型	中型	小(1)型	小(2)型	河湖引水闸数量	水库引水闸数量	分(泄)洪闸数量	节制闸座数	排(退)水闸数量	引(进)水闸数量	挡潮闸座数
平凉市	138		1	7	11	119	138			24	4	1	
崆峒区	36			2	2	32	36			8	4	1	
泾川县	35			1	2	32	35			4			
灵台县	2			1	1					2			
崇信县	22			2	1	19	22			3			
华亭县													
庄浪县	6			1	2	3	6			3			
静宁县	37		1		3	33	37			4			
庆阳市	20			2	1	17	12	3					
西峰区													
庆城县													
环县													
华池县													
合水县													
正宁县	5			2	1	2	4	1					
宁县													
镇原县	15					15	8	2					
定西市	14				1	13	14			1	9	1	
安定区													
通渭县						3	3						
陇西县	3												
渭源县													
临洮县	11				1	10	11			1	9	1	
漳县													
岷县													
临夏回族自治州	165			3	7	155	160	1	1	13	3	4	
临夏市	24				1	23	20		1	1	1	2	
临夏县	30					30	30			2	2	1	

2-14 续表

单位：座

地　区	水闸数量	按规模分					按功能位置分		按类型分（过闸流量5米³/秒及以上）				
		大(1)型	大(2)型	中　型	小(1)型	小(2)型	河湖引水闸数量	水库引水闸数量	分(泄)洪闸数量	节制闸座　数	排(退)水闸数量	引(进)水闸数量	挡潮闸座　数
康乐县	5					5	5						
永靖县	1					1	1						
广河县	21				2	19	21			2			
和政县	9			3	4	2	9			8			
东乡县	6					6	5	1					
积石山县	69					69	69					1	
甘南藏族自治州													
合作市													
临潭县													
卓尼县													
玛曲县													
碌曲县													
夏河县													
长江流域													
天水市													
秦州区													
麦积区													
陇南市													
武都区													
成　县													
文　县													
宕昌县													
康　县													
西和县													
礼　县													
徽　县													
两当县													
甘南藏族自治州													
舟曲县													

2–14 续表

单位:座

地区	水闸数量	按规模分					按功能位置分		按类型分(过闸流量5米³/秒及以上)				
		大(1)型	大(2)型	中型	小(1)型	小(2)型	河湖引水闸数量	水库引水闸数量	分(泄)洪闸数量	节制闸座数	排(退)水闸数量	引(进)水闸数量	挡潮闸座数
迭部县													
西北诸河流域	5774		3	60	193	5518	3101	2516	403	418	233	85	28
嘉峪关市	16			1	7	8	2						
市辖区	16			1	7	8	2						
金昌市	117			1	11	105		117					
金川区	22					22		22					
永昌县	95			1	11	83		95					
武威市	208			2	37	169	126	8	2	2		3	
凉州区	123			1	16	106	119	4					
民勤县	78				20	58		4					
古浪县	7			1	1	5	7		2	2		3	
天祝县													
张掖市	4966		1	34	45	4886	2920	2046	377	144	216	22	28
甘州区	877		1	2	9	865	712	165	28	58		3	
肃南县	60			3	3	54	60		12	5	3		4
民乐县	1828			8	10	1810	322	1496	181	17	153		11
临泽县	754			13	13	728	754		89	41	34	4	10
高台县	733				2	731	733		42	9	19	13	1
山丹县	714			8	8	698	329	385	25	14	7	2	2
酒泉市	467		2	22	93	350	53	345	24	272	17	60	
肃州区	187			18	6	163	24	163	12	109		24	
金塔县	70		1	1	5	63	1			70			
瓜州县	27				5	22		27					
肃北县	24				5	19	24						
阿克塞县	1			1			1						
玉门市	76		1	2	50	23	3	73	7	28	11	30	
敦煌市	82				22	60		82	5	65	6	6	

注:过闸流量≥1m³/s 的水闸工程,包括建在河道、渠道、湖泊、水库的水闸。

2-15 2015年泵站

单位:处

地 区	水闸数量	按规模分					按功能位置分	
		大(1)型	大(2)型	中 型	小(1)型	小(2)型	河湖取水泵站数量	水库取水泵站数量
甘肃省	5644	11	118	1154	4361		5050	361
黄河流域	5115	11	110	1104	3890		4553	336
兰州市	982			60	472	450	982	
城关区	134			2	96	36	134	
七里河区	67			8	45	14	67	
西固区	118			6	79	33	118	
安宁区	45				28	17	45	
红古区	91			4	47	40	91	
永登县	134			4	28	102	134	
皋兰县	204			18	76	110	204	
榆中县	189			18	73	98	189	
白银市	1248	11	18	282	937		1221	
白银区	246		18	66	162		237	
平川区	65			17	48		47	
靖远县	532			118	414		532	
会宁县	149			43	106		149	
景泰县	256	11		38	207		256	
天水市	386		2	45	339		293	56
秦州区	34				34		34	
麦积区	65			9	56		29	
清水县	8		2	3	3		7	
秦安县	58			12	46		58	
甘谷县	201			21	180		146	55
武山县	12				12		12	
张家川县	8				8		7	1
武威市	10				1	9	10	
天祝县	10				1	9	10	
平凉市	21		4	8	9		10	9
崆峒区	9		4	4	1		2	7
泾川县	4			1	3		4	
灵台县	5			3	2		1	2
崇信县								
华亭县								
庄浪县	1				1		1	
静宁县	2				2		2	
庆阳市	692		15	9	668		582	9
西峰区	75		7	2	66		75	

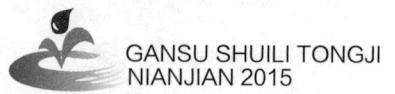

2-15 续表

单位:处

地 区	水闸数量	按规模分					按功能位置分	
		大(1)型	大(2)型	中 型	小(1)型	小(2)型	河湖引水闸数量	水库引水闸数量
庆城县	94				1	93	94	
环 县	93			8		85	90	3
华池县	89					89	89	
合水县	34			2		32	30	4
正宁县	43			4		39	41	2
宁 县	124					124	124	
镇原县	140					140	39	
定西市	336				55	281	264	13
安定区	3					3	3	
通渭县	19			2		17	17	2
陇西县	26					26	18	
渭源县	14			1		13	9	5
临洮县	267			51		216	213	3
漳 县	3					3	3	
岷 县	4			1		3	4	
临夏回族自治州	1424			11	232	1181	1175	249
临夏市	28				5	23	28	
临夏县	146			4	24	118	73	73
康乐县	32					32	32	
永靖县	514			6	99	409	414	100
广河县	117				32	85	78	39
和政县	10				1	9	6	4
东乡县	415			1	46	368	382	33
积石山县	162				25	137	162	
甘南藏族自治州	16					16	16	
合作市	1					1	1	
临潭县								
卓尼县	15					15	15	
玛曲县								
碌曲县								
夏河县								
长江流域	385				14	371	383	2
天水市	32					32	32	
秦州区	32					32	32	
麦积区								
陇南市	336				9	327	334	2
武都区	110					110	110	

2-15 续表

单位：处

地 区	水闸数量	按规模分					按功能位置分	
		大(1)型	大(2)型	中 型	小(1)型	小(2)型	河湖引水闸数量	水库引水闸数量
成 县								
文 县	62				1	61	62	
宕昌县	18				3	15	18	
康 县								
西和县	88				3	85	86	2
礼 县								
徽 县	32				2	30	32	
两当县	26					26	26	
甘南藏族自治州	17				5	12	17	
舟曲县	15				3	12	15	
迭部县	2				2		2	
西北诸河流域	144			8	36	100	114	23
嘉峪关市	5				4	1		1
市辖区	5				4	1		1
金昌市	8				3	5		8
金川区								
永昌县	8				3	5		8
武威市	21			6	12	3	19	1
凉州区	2				1	1	1	
民勤县								
古浪县	19			6	11	2	19	
天祝县								
张掖市	101			2	15	84	95	6
甘州区	29				8	21	29	
肃南县	3				2	1		3
民乐县	5					5	2	3
临泽县	62			2	5	55	62	
高台县								
山丹县	2					2	2	
酒泉市	9				2	7		7
肃州区								
金塔县								
瓜州县	3					3		1
肃北县								
阿克塞县	5				1	4		5
玉门市								
敦煌市	1				1			1

注：包括建在河道、湖泊、渠道或水库岸边的所有泵站。

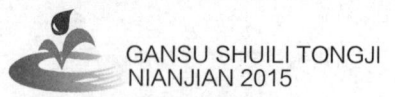

2-16 2015 年机电井

单位：眼

地 区	机电井数量	规模以上机电井			规模以下机电井		
		小 计	浅层地下水机电井	深层承压水机电井	小计	浅层地下水机电井	深层承压水机电井
甘肃省	214107	64832	64388	444	149275	149275	
黄河流域	133678	20546	20367	179	113132	113132	
兰州市	2734	1430	1430		1304	1304	
城关区	17	17	17				
七里河区	156	137	137		19	19	
西固区							
安宁区	47	47	47				
红古区	1096	6	6		1090	1090	
永登县	605	555	555		50	50	
皋兰县	91	65	65		26	26	
榆中县	722	603	603		119	119	
白银市	1147	651	651		496	496	
白银区	25	3	3		22	22	
平川区	245	245	245				
靖远县	118	118	118				
会宁县	518	49	49		469	469	
景泰县	241	236	236		5	5	
天水市	28479	13697	13691	6	14782	14782	
秦州区	2184	244	244		1940	1940	
麦积区	2900	813	812	1	2087	2087	
清水县	3052	159	155	4	2893	2893	
秦安县	2293	220	220		2073	2073	
甘谷县	11858	11858	11858				
武山县	2253	212	212		2041	2041	
张家川县	3939	191	190	1	3748	3748	
武威市	102	60	60		42	42	
天祝县	102	60	60		42	42	
平凉市	15240	2144	2142	2	13096	13096	
崆峒区	1467	521	521		946	946	
泾川县	1595	501	499	2	1094	1094	
灵台县	481	59	59		422	422	
崇信县	609	116	116		493	493	
华亭县	793	147	147		646	646	
庄浪县	3218	75	75		3143	3143	
静宁县	7077	725	725		6352	6352	
庆阳市	42319	1690	1549	141	40629	40629	
西峰区	470	252	252		218	218	

2-16 续表

单位:眼

地 区	机电井数量	规模以上机电井			规模以下机电井		
		小 计	浅层地下水机电井	深层承压水机电井	小计	浅层地下水机电井	深层承压水机电井
庆城县	9077	235	235		8842	8842	
环 县	1091	57	57		1034	1034	
华池县	7041	65	65		6976	6976	
合水县	3075	98	98		2977	2977	
正宁县	1067	94		94	973	973	
宁 县	1156	160	158	2	996	996	
镇原县	19342	729	684	45	18613	18613	
定西市	13544	731	728	3	12813	12813	
安定区	2664	169	169		2495	2495	
通渭县	1209	74	71	3	1135	1135	
陇西县	242	242	242				
渭源县	6906	22	22		6884	6884	
临洮县	188	188	188				
漳 县	253	36	36		217	217	
岷 县	2082				2082	2082	
临夏回族自治州	29947	66	66		29881	29881	
临夏市	6288	4	4		6284	6284	
临夏县	4212	19	19		4193	4193	
康乐县	7540	1	1		7539	7539	
永靖县	74	2	2		72	72	
广河县	6000	5	5		5995	5995	
和政县	835				835	835	
东乡县	3045	35	35		3010	3010	
积石山县	1953				1953	1953	
甘南藏族自治州	166	77	50	27	89	89	
合作市	62	24	24		38	38	
临潭县	10	7	7		3	3	
卓尼县	13	10	10		3	3	
玛曲县	32	27		27	5	5	
碌曲县	5	2	2		3	3	
夏河县	44	7	7		37	37	
长江流域	23941	1305	1300	5	22636	22636	
天水市	696	60	60		636	636	
秦州区	692	56	56		636	636	
麦积区	4	4	4				
陇南市	23096	1228	1223	5	21868	21868	
武都区	671	176	176		495	495	
成 县	3076	215	215		2861	2861	

2-16 续表

单位：眼

地 区	机电井数量	规模以上机电井			规模以下机电井		
		小 计	浅层地下水机电井	深层承压水机电井	小计	浅层地下水机电井	深层承压水机电井
文　县	347	14	14		333	333	
宕昌县	2182	28	28		2154	2154	
康　县	10	10	10				
西和县	4886	287	282	5	4599	4599	
礼　县	8881	343	343		8475	8475	
徽　县	3061	126	126		2935	2935	
两当县	45	29	29		16	16	
甘南藏族自治州	149	17	17		132	132	
舟曲县	144	12	12		132	132	
迭部县	5	5	5				
西北诸河流域	56488	42981	42721	260	13507	13507	
嘉峪关市	264	242	242		22	22	
市辖区	264	242	242		22	22	
金昌市	4682	3305	3305		1377	1377	
金川区	1708	1708	1708				
永昌县	2974	1597	1597		1377	1377	
武威市	23357	15014	14754	260	8343	8343	
凉州区	13037	4883	4883		8154	8154	
民勤县	9119	9119	8859	260			
古浪县	1008	1008	1008				
天祝县	193	4	4		189	189	
张掖市	15090	11529	11529		3561	3561	
甘州区	3226	3205	3205		21	21	
肃南县	606	549	549		57	57	
民乐县	574	574	574				
临泽县	5191	1822	1822		3369	3369	
高台县	4652	4586	4586		66	66	
山丹县	841	793	793		48	48	
酒泉市	13095	12891	12891		204	204	
肃州区	3039	2960	2960		79	79	
金塔县	3248	3154	3154		94	94	
瓜州县	1967	1967	1967				
肃北县	86	55	55		31	31	
阿克塞县	18	18	18				
玉门市	1627	1627	1627				
敦煌市	3110	3110	3110				

注：机电井指以电动机、柴油机等动力机械带动水泵抽取地下水的水井。规模以上机电井为日取水量≥20 米^3 的供水机电井、井口井壁管内径≥200 毫米的灌溉机电井。

2-17 2015年入河湖排污口（一）

单位：个

地 区	入河湖排污口数量	按排入水域分		按污水来源分					
		河流	水库	污水处理厂排放	工业企业直排	市政直排	生活直排	畜禽规模化养殖排放	其他
甘肃省	189	186	3	24	78	20	45	1	21
黄河流域	137	135	2	16	54	16	32	1	18
兰州市	33	33		2	11	2	5		13
城关区	9	9			1				8
七里河区	4	4					2		2
西固区	5	5			2		1		2
安宁区	1	1		1					
红古区	8	8			6	2			
永登县	3	3		1	1				1
皋兰县	1	1					1		
榆中县	2	2			1		1		
白银市	15	15		1	10	2	2		
白银区	8	8		1	7				
平川区	1	1					1		
靖远县	3	3			2	1			
会宁县	1	1					1		
景泰县	2	2			1	1			
天水市	16	16		1	6	3	5		1
秦州区	1	1							1
麦积区	7	7			1	2	4		
清水县	5	5		1	3	1			
秦安县	2	2			2				
甘谷县	1	1					1		
武山县									
张家川县									
武威市	4	4			3				1
天祝县	4	4			3				1
平凉市	26	26		2	9	6	5		4
崆峒区	6	6			5	1			
泾川县	3	3			1		2		
灵台县	1	1					1		
崇信县	1	1		1					
华亭县	6	6				1	1		4
庄浪县	3	3			2		1		
静宁县	6	6		1	1	4			
庆阳市	13	12	1	2		2	9		
西峰区	1	1		1					
庆城县	3	3					3		

2-17 续表

单位:个

地 区	入河湖排污口数量	按排入水域分		按污水来源分					
		河流	水库	污水处理厂排放	工业企业直排	市政直排	生活直排	畜禽规模化养殖排放	其他
环　县	1	1		1					
华池县									
合水县	1	1					1		
正宁县	2	1	1				2		
宁　县	3	3					3		
镇原县	2	2				2			
定西市	21	21		1	14	1	5		
安定区	5	5			3		2		
通渭县	2	2					2		
陇西县	10	10		1	9				
渭源县	2	2			1	1			
临洮县	1	1					1		
漳　县	1	1			1				
岷　县									
临夏回族自治州	5	4	1	5					
临夏市	1	1		1					
临夏县									
康乐县									
永靖县	3	2	1	3					
广河县	1	1		1					
和政县									
东乡县									
积石山县									
甘南藏族自治州	4	4		2	1		1		
合作市	3	3		1	1		1		
临潭县									
卓尼县									
玛曲县									
碌曲县									
夏河县	1	1		1					
长江流域	26	25	1	2	12		9		3
天水市									
秦州区									
麦积区									
陇南市	25	24	1	1	12		9		3
武都区	1	1							1
成　县	9	9			1		8		
文　县	4	3	1				2		2

2-17 续表

单位：个

地 区	入河湖排污口数量	按排入水域分		按污水来源分					
		河流	水库	污水处理厂排放	工业企业直排	市政直排	生活直排	畜禽规模化养殖排放	其他
宕昌县	1	1					1		
康 县	1	1			1				
西和县									
礼 县	1	1					1		
徽 县	8	8			3		5		
两当县									
甘南藏族自治州	1	1		1					
舟曲县									
迭部县	1	1		1					
西北诸河流域	26	26		6	12	4	4		
嘉峪关市									
市辖区									
金昌市									
金川区									
永昌县									
武威市	13	13		1	6	3	3		
凉州区	6	6			3		3		
民勤县									
古浪县	7	7		1	3	3			
天祝县									
张掖市	9	9		3	5	1			
甘州区	1	1		1					
肃南县									
民乐县	2	2		1	1				
临泽县	3	3			2	1			
高台县	1	1			1				
山丹县	2	2		1	1				
酒泉市	4	4		2	1		1		
肃州区	1	1		1					
金塔县									
瓜州县									
肃北县	1	1					1		
阿克塞县									
玉门市	1	1			1				
敦煌市	1	1		1					

注：入河湖排污口统计范围为批准（或登记）的废污水年排放量≥300吨/天或≥10万吨/年的入河湖排污口。

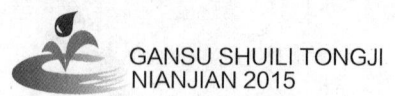

2-18 2015年入河湖排污口（二）

单位：万吨

地 区	入河湖排污口数量	按排入水域分		按污水来源分					许可排放的废污水量
		河流	水库	污水处理厂排放	工业企业直排	市政直排	生活直排	其 他	
甘肃省	31803.47	31542.55	260.92	18536.07	4484.03	1273.97	4719.89	2789.50	17583.16
黄河流域	26329.53	26069.08	260.45	15872.57	3727.25	1162.46	3141.51	2425.73	13524.47
兰州市	17454.04	17454.04		13721.10	1327.00	555.19	937.75	913.00	8217.36
城关区	7643.85	7643.85		7643.85					48.00
七里河区	1384.95	1384.95					764.95	620.00	
西固区	1210.00	1210.00			923.00		54.00	233.00	1368.56
安宁区	5901.00	5901.00		5901.00					6265.00
红古区	855.99	855.99			300.80	555.19			395.60
永登县	259.25	259.25		176.25	23.00			60.00	60.00
皋兰县	98.00	98.00					98.00		
榆中县	101.00	101.00			80.20		20.80		80.20
白银市	1713.90	1713.90		291.00	858.40	240.40	311.10	13.00	121.10
白银区	1091.00	1091.00		291.00	800.00				
平川区	121.10	121.10					121.10		121.10
靖远县	216.80	216.80			6.40	210.40			
会宁县	265.00	265.00			42.00	20.00	190.00	13.00	
景泰县	20.00	20.00			10.00	10.00			
天水市	2434.35	2434.35		186.26	282.79	43.30	583.00	1339.00	1210.00
秦州区	1210.00	1210.00						1210.00	1210.00
麦积区	790.00	790.00			78.00		583.00	129.00	
清水县	199.13	199.13		101.04	54.79	43.30			
秦安县	150.00	150.00			150.00				
甘谷县	85.22	85.22		85.22					
武山县									
张家川县									
武威市	161.35	161.35			85.79		75.55		
天祝县	161.35	161.35			85.79		75.55		
平凉市	1909.14	1909.14		44.20	996.00	172.10	536.11	160.73	2606.36
崆峒区	920.00	920.00			896.00	24.00			2560.00
泾川县	138.00	138.00			20.00		118.00		25.00
灵台县	70.00	70.00					70.00		
崇信县	34.20	34.20		34.20					
华亭县	478.64	478.64				63.10	254.81	160.73	21.36
庄浪县	153.30	153.30			60.00		93.30		
静宁县	115.00	115.00		10.00	20.00	85.00			
庆阳市	854.13	854.13		453.60	36.15	151.47	212.91		156.15
西峰区	410.00	410.00		410.00					
庆城县	118.26	118.26					118.26		

2-18 续表

单位:万吨

地 区	入河湖排污口数量	按排入水域分		按污水来源分					许可排放的废污水量
		河流	水库	污水处理厂排放	工业企业直排	市政直排	生活直排	其他	
环 县	43.60	43.60		43.60					
华池县									
合水县	38.80	38.80					38.80		
正宁县	37.00	37.00					37.00		120.00
宁 县	55.00	55.00			36.15		18.85		36.15
镇原县	151.47	151.47			151.47				
定西市	845.46	845.46		265.00	139.46		441.00		
安定区	425.00	425.00			102.00		323.00		
通渭县	118.00	118.00					118.00		
陇西县	168.00	168.00		145.00	23.00				
渭源县	120.00	120.00		120.00					
临洮县	12.88	12.88			12.88				
漳 县	1.58	1.58			1.58				
岷 县									
临夏回族自治州	755.81	495.36	260.45	755.81					1201.00
临夏市	316.50	316.50		316.50					547.00
临夏县									
康乐县									
永靖县	418.07	157.62	260.45	418.07					600.00
广河县	21.24	21.24		21.24					
和政县									
东乡县									
积石山县									
甘南藏族自治州	252.35	252.35		206.60	1.66		44.09		63.50
合作市	191.75	191.75		146.00	1.66		44.09		
临潭县									
卓尼县									
舟曲县									
迭部县	51.00	51.00		51.00					51.00
玛曲县									
碌曲县									
夏河县	9.60	9.60		9.60					12.50
长江流域	957.02	956.55	0.47	84.00	199.13		310.12	363.77	788.59
天水市									
秦州区									
麦积区									
陇南市	906.02	905.55	0.47	33.00	199.13		310.12	363.77	737.59
武都区	345.00	345.00						345.00	547.00

2-18 续表

单位:万吨

地区	入河湖排污口数量	按排入水域分		按污水来源分					许可排放的废污水量
		河流	水库	污水处理厂排放	工业企业直排	市政直排	生活直排	其他	
成县	171.39	171.39		33.00	138.39				166.60
文县	55.57	55.10	0.47				36.80	18.77	
宕昌县	155.52	155.52					155.52		
康县	18.50	18.50		18.50					23.99
西和县									
礼县	46.40	46.40					46.40		
徽县	113.64	113.64			42.24		71.40		
两当县									
甘南藏族自治州	51.00	51.00		51.00					51.00
舟曲县									
迭部县	51.00	51.00		51.00					51.00
西北诸河流域	4516.92	4516.92		2579.50	557.65	111.51	1268.26		3270.10
嘉峪关市									
市辖区									
金昌市									
金川区									
永昌县									
武威市	1511.35	1511.35		77.45	187.50	6.40	1240.00		
凉州区	1420.00	1420.00			180.00		1240.00		
民勤县									
古浪县	91.35	91.35		77.45	7.50	6.40			
天祝县									
张掖市	2029.31	2029.31		1554.05	370.15	105.11			2035.10
甘州区	985.35	985.35		985.35					1137.10
肃南县									
民乐县	454.00	454.00		382.70	71.30				438.00
临泽县	241.22	241.22			136.11	105.11			54.00
高台县	153.74	153.74			153.74				
山丹县	195.00	195.00		186.00	9.00				406.00
酒泉市	976.26	976.26		948.00			28.26		1235.00
肃州区	700.00	700.00		700.00					735.00
金塔县	28.26	28.26					28.26		
瓜州县									
肃北县									
阿克塞县									
玉门市									
敦煌市	248.00	248.00		248.00					500.00

2-19 2015年城乡供水（一）

地 区	城乡集中式供水工程(处)						农村分散式供水工程(处)	工程覆盖人口数量(万人)						农村分散式供水人口(万人)
	合计	城镇自来水厂	农村集中式供水工程					合 计	城镇自来水厂	农村集中式供水工程				
			小 计	城镇管网延伸工程	联村供水工程	单村供水工程				小 计	城镇管网延伸工程	联村供水工程	单村供水工程	
甘肃省	12181	106	12075	253	1148	10674	748883	2304.83	514.66	1790.17	198.03	1055.91	536.22	253.26
黄河流域	5778	62	5716	166	607	4943	664047	1559.22	322.77	1236.45	165.62	786.00	284.82	188.73
兰州市	296	12	284	12	66	206	110868	168.40	71.87	96.53	10.40	61.97	24.16	34.19
城关区	5		5	1	1	3		1.74		1.74	0.70	0.20	0.84	
七里河区	78	1	77		7	70	3366	18.60	8.00	10.60		4.78	5.82	1.36
西固区	30	3	27		8	19		36.51	28.00	8.51	6.00	0.20	2.31	
安宁区	7	2	5	5				18.55	18.55					
红古区	8	2	6	2	2	2		14.39	9.69	4.70	2.26	1.94	0.50	
永登县	73	1	72	2	24	46	37264	34.88	4.59	30.29	1.15	21.12	8.02	16.08
皋兰县	26	1	25		10	15		18.44	3.04	15.40		13.60	1.80	
榆中县	69	2	67	2	14	51	70238	25.29		25.29	0.29	20.14	4.86	16.75
白银市	168	7	161	26	62	73	18726	166.49	54.77	111.72	7.91	85.90	17.91	15.91
白银区	36	2	34	2	12	20		27.72	22.94	4.78	1.26	1.96	1.56	
平川区	33	2	31	3	10	18		20.37	10.00	10.37	1.00	1.16	8.21	
靖远县	38	1	37	17	8	12	52	42.39	7.80	34.59	2.37	27.98	4.24	4.59
会宁县	20	1	19		19		18606	49.60	3.03	46.57		46.57		8.73
景泰县	41	1	40	4	13	23	68	26.41	11.00	15.41	3.28	8.23	3.90	2.59
天水市	685	7	678	26	89	563	70480	315.77	53.57	262.20	22.58	202.43	37.19	14.33
秦州区	96	1	95	5	6	84	6982	35.21	12.55	22.66	1.37	16.46	4.83	5.14
麦积区	277	1	276	1	23	252		62.08	17.90	44.18	0.50	27.08	16.60	
清水县	157	2	155		11	144	7865	35.01	6.00	29.01	20.01	9.00	1.10	
秦安县	32	1	31	3	13	15		50.21	5.06	45.15	3.63	39.41	2.11	
甘谷县	13	12	5	7			55569	59.42	9.21	50.21	3.37	46.84	2.79	
武山县	60		60	4	27	29		46.18		46.18	13.21	28.53	4.44	
张家川县	50	1	49	8	2	39	64	27.66	2.85	24.81	0.50	24.10	0.21	5.30
武威市	140	1	139	2	6	131	1768	13.71	4.20	9.51	0.30	2.07	7.14	0.68
天祝县	140	1	139	2	6	131	1768	13.71	4.20	9.51	0.30	2.07	7.14	0.68

2-19 续表

地区	城乡集中式供水工程(处)						农村分散式供水工程(处)	工程覆盖人口数量(万人)						农村分散式供水人口(万人)
	合计	城镇自来水厂	农村集中式供水工程					合计	城镇自来水厂	农村集中式供水工程				
			小计	城镇管网延伸工程	联村供水工程	单村供水工程				小计	城镇管网延伸工程	联村供水工程	单村供水工程	
平凉市	381	6	375	32	137	206	5807	203.61	17.58	186.03	24.04	142.61	19.38	3.09
崆峒区	153		153	8	20	125		30.77		30.77	10.00	10.87	9.90	
泾川县	10		10		10			31.21		31.21		31.21		
灵台县	118	1	117		58	59		23.57	1.53	22.04		17.78	4.26	
崇信县	10	2	8	4	2	2		9.11	1.95	7.16	2.00	3.38	1.78	
华亭县	7	2	5	2	2	1	3957	16.59	6.10	10.49	3.00	5.49	2.00	2.16
庄浪县	9		9		9			40.59		40.59		40.59		
静宁县	74	1	73	18	36	19	1850	51.77	8.00	43.77	9.04	33.29	1.44	0.93
庆阳市	2034	11	2023	14	163	1846	227039	206.68	47.53	159.15	17.45	73.72	67.97	55.27
西峰区	555	2	553	3	15	535	378	39.10	16.28	22.82	0.30	8.12	14.40	0.21
庆城县	204	2	202	4	4	194	7000	23.48	8.60	14.88	8.27	3.54	3.07	5.45
环　县	36	1	35	2	12	21	84187	14.25	6.50	7.75	3.53	2.63	1.58	27.43
华池县	37	2	35		15	20	97716	9.05	2.90	6.15		3.51	2.64	4.99
合水县	88	1	87	4	19	64	3040	15.06	1.92	13.14	3.43	4.20	5.52	2.18
正宁县	357	1	356	1	2	353	2177	19.73	2.67	17.06	1.92	1.03	14.11	1.95
宁　县	632	1	631		70	561	6964	46.39	4.30	42.09		18.79	23.30	4.20
镇原县	125	1	124		26	98	25577	39.61	4.36	35.25		31.90	3.35	8.86
定西市	250	6	244	13	32	199	216472	217.48	31.09	186.38	16.41	121.87	48.10	59.40
安定区	11		11	3	5	3	97160	21.71		21.71	6.00	10.00	5.71	15.29
通渭县	6	1	5	3	2		72507	38.99	4.20	34.79	0.70	34.08		0.89
陇西县	5	1	4	1	1	2	45710	24.89	11.00	13.89	0.89	10.00	3.00	28.80
渭源县	37	[illegible]	36		5	31		34.49	1.65	32.84		29.70	3.13	
临洮县	111	1	110	4		106	1075	40.26	4.78	35.48	5.69		29.79	14.06
漳　县	47	1	46	1	4	41		15.97	5.60	10.37	2.13	3.14	5.10	
岷　县	33	1	32	1	15	16	20	41.17	3.86	37.31	1.00	34.94	1.37	0.36
临夏回族自治州	218	6	212	40	45	127	12794	200.92	27.42	173.51	65.74	91.67	16.10	1.47
临夏市	6	1	5	4		1		28.10	18.43	9.67	9.56		0.11	
临夏县	82		82	6	14	62		35.61		35.61	9.00	24.62	1.99	
康乐县	35		35	6	10	19	117	23.73		23.73	10.00	11.85	1.88	0.07

2-19 续表

地 区	城乡集中式供水工程(处)						农村分散式供水工程(处)	工程覆盖人口数量(万人)						农村分散式供水人口(万人)
	合计	城镇自来水厂	农村集中式供水工程					合计	城镇自来水厂	农村集中式供水工程				
			小计	城镇管网延伸工程	联村供水工程	单村供水工程				小计	城镇管网延伸工程	联村供水工程	单村供水工程	
永靖县	11	1	10	7	1	2		18.77	1.00	17.77	1.07	15.22	1.48	
广河县	4	1	3	3			12677	21.70	1.80	19.90	19.90			1.40
和政县	16	1	15	5	4	6		20.31	1.65	18.66	2.00	8.01	8.65	
东乡县	57	1	56	7	12	37		27.01	1.15	25.86	2.20	21.68	1.98	
积石山县	7	1	6	2	4			25.68	3.39	22.29	12.00	10.29		
甘南藏族自治州	1606	6	1600	1	7	1592	93	66.17	14.74	51.43	0.79	3.77	46.87	4.38
合作市	342	1	341			341		12.54	4.50	8.04			8.04	
临潭县	253	1	252	1	3	248		15.57	3.40	12.17	0.79	1.70	9.68	
卓尼县	325	1	324		1	323		9.72	0.78	8.94		0.21	8.73	
舟曲县	197	1	196		8	188		10.72	2.08	8.64		6.24	2.40	
迭部县	216	1	215			215		5.05	0.89	4.16			4.16	
玛曲县	103	1	102			102	93	7.19	1.80	5.39			5.39	4.38
碌曲县	100	1	99		2	97		8.65	0.76	7.89		1.50	6.39	
夏河县	483	1	482		1	481		12.50	3.50	9.00		0.36	8.64	
长江流域	4323	15	4308	9	106	4193	61334	285.18	42.43	242.75	5.86	57.64	179.25	46.32
天水市	89		89	4	2	83	20812	14.38		14.38	0.34	8.76	5.28	11.32
秦州区	75		75	4	2	69	20812	13.45		13.45	0.34	8.76	4.35	11.32
麦积区	14		14			14		0.93		0.93			0.93	
陇南市	3821	13	3808	5	96	3707	40522	255.03	39.46	215.57	5.52	42.64	167.41	35.00
武都区	664	1	663		5	658	5993	52.57	8.50	44.07		3.86	40.21	4.25
成县	292	2	290		5	285		26.84	5.00	21.84		1.21	20.63	
文县	877	3	874		5	869	380	26.26	4.62	21.64		1.00	20.64	4.47
宕昌县	337	1	336	1	7	328		32.32	4.42	27.90	2.68	23.22	2.00	
康县	363	1	362		2	360	699	20.56	1.92	18.64		1.82	16.82	4.96
西和县	371	1	370	1	11	358	2987	36.15	5.00	31.15	2.15	3.93	25.07	4.72
礼县	466	2	464		55	409	19502	41.23	5.20	36.03		4.82	31.21	8.83
徽县	350	1	349	2	5	342	10961	13.57	3.80	9.77	0.57	2.11	7.09	7.77
两当县	101	1	100	1	1	98		5.53	1.00	4.53	0.12	0.67	3.74	
甘南藏族自治州	413	2	411		8	403		15.77	2.97	12.80		6.24	6.56	
舟曲县	197	1	196		8	188		10.72	2.08	8.64		6.24	2.40	

2-19 续表

地区	城乡集中式供水工程(处)						农村分散式供水工程(处)	工程覆盖人口数量(万人)						农村分散式供水人口(万人)
	合计	城镇自来水厂	农村集中式供水工程					合计	城镇自来水厂	农村集中式供水工程				
			小计	城镇管网延伸工程	联村供水工程	单村供水工程				小计	城镇管网延伸工程	联村供水工程	单村供水工程	
迭部县	216	1	215			215		5.05	0.89	4.16			4.16	
西北诸河流域	2080	29	2051	78	435	1538	23502	460.43	149.46	310.97	26.55	212.27	72.15	18.21
嘉峪关市	12	3	9		2	7		24.13	22.54	1.59		1.00	0.59	
市辖区	12	3	9		2	7		24.13	22.54	1.59		1.00	0.59	
金昌市	139		139	10	27	102		24.88		24.88	2.39	13.27	9.22	
金川区	14		14	5	4	5		5.29		5.29	0.95	3.27	1.07	
永昌县	125		125	5	23	97		19.59		19.59	1.44	10.00	8.15	
武威市	985	5	980	9	74	897	18728	158.68	39.55	119.13	9.77	97.81	11.55	16.02
凉州区	753	2	751	8	3	740	11808	84.15	31.75	52.40	9.13	41.02	2.25	12.99
民勤县	48	1	47		33	14		27.53	4.10	23.43		22.10	1.33	
古浪县	57	2	55	1	31	23	5050	39.19	3.70	35.49	0.64	32.50	2.35	2.29
天祝县	127		127		7	120	1870	7.81		7.81		2.19	5.62	0.74
张掖市	511	9	502	32	268	202	4427	137.39	40.16	97.23	4.22	67.56	25.45	1.73
甘州区	222	3	219	15	145	59		51.30	16.70	34.60	0.59	26.01	8.00	
肃南县	103	1	102		42	60	902	3.34	0.60	2.74		1.70	1.04	0.52
民乐县	63	2	61	1	23	10		29.42	7.49	21.93	0.89	13.16	7.88	
临泽县	34	1	33	10	13	10	3476	13.63	2.42	11.21	0.26	6.49	4.46	1.18
高台县	39	1	38	4	25	9	1	18.22	4.95	13.27	1.93	10.30	1.04	0.01
山丹县	50	1	49	2	20	27	48	21.48	8.00	13.48	0.55	9.90	3.03	0.02
酒泉市	433	12	421	27	64	330	347	115.35	47.21	68.14	10.17	32.63	25.34	0.46
肃州区	178	1	174	5	24	145		47.54	24.16	23.38	1.84	15.74	5.80	
金塔县	59	1	58	1	15	42		17.09	5.30	11.79	0.15	7.38	4.26	
瓜州县	75	1	74	1	6	67		14.88	4.42	10.46	0.30	3.01	7.15	
肃北县	15	1	14	1	1	12	311	1.32	0.59	0.73	0.30	0.12	0.31	0.20
阿克塞县	4	1	3		1	2	31	0.70	0.62	0.08		0.02	0.06	0.20
玉门市	60	2	58	1	12	45	5	16.35	4.74	11.61	1.01	4.89	5.71	0.06
敦煌市	42	2	40	18	5	17		17.47	7.38	10.09	6.57	1.47	2.05	

注:农村集中式供水工程统计供水规模在 20 人以上,并有输配水管网的农村供水工程。

2-20 2015年城乡供水(二)

单位:万米^3

地区	城乡供水工程供水量	按水源类型分			按工程类型分							按用途分					
		地表水	地下水	其他	城乡集中式供水工程						农村分散式供水工程	农业灌溉	工业生产	城镇生活	乡村生活	生态环境	其他
					小计	城镇自来水厂	农村集中式供水工程										
							小计	城镇管网延伸工程	联村供水工程	单村供水工程							
甘肃省	131981	90959	40354	668	119225	70615	48610	3587	29048	15976	12756	20703	33655	37489	36776	1306	2051
黄河流域	98009	78070	19270	668	86473	53981	32492	3025	20812	8655	11536	20703	28981	24107	21196	974	2047
兰州市	40481	39196	1160	125	40052	38488	1564	127	915	522	428	5383	20049	13283	1378	388	
城关区	12170	12170			12170	12144	26	18	2	6			3800	8130		240	
七里河区	8867	8497	370		8832	8497	335		151	184	35	5361	3136	335	35		
西固区	14447	14447			14447	14390	57	45	5	7			12463	1874		110	
安宁区	2463	2463			2463	2463							446	2016			
红古区	350	350			350	178	172	28	103	41		22	46	153	91	38	
永登县	1089	446	643		854	350	504	24	339	141	235			350	739		
皋兰县	278	278			278	200	78		73	5			80	143	55		
榆中县	817	545	147	125	658	267	391	12	242	138	158		77	282	458		
白银市	4924	3929	472	523	4180	2984	1195	123	784	288	745	96	79	2798	1477	40	435
白银区	2020	2020			2020	1903	117	20	47	50				1903	117		
平川区	682	610	72		682	480	202	20	62	120				472	210		
靖远县	686	663	23		619	114	505	35	408	62	67	38	20	115	387	17	109
会宁县	1033	398	112	523	400	249	151		151		633	58	47	118	482	23	305
景泰县	503	239	264		458	239	219	48	115	56	45		12	190	280		21
天水市	6762	3519	3243		6514	2753	3761	257	3016	488	247		670	2333	3726	21	12
秦州区	1099	67	1032		1056	899	157	30	118	9	42		6	896	197		
麦积区	1883	289	1594		1883	929	954	15	640	300			307	601	954	21	
清水县	605	74	531		499	172	327		235	92	106			172	433		
秦安县	957	957			957	187	770	68	660	42			35	140	770		12
甘谷县	942	942			921	499	422	46	376		21		322	190	430		
武山县	760	760			760		760	29	689	42				260	500		
张家川县	515	430	85		438	67	371	70	298	3	77			74	442		
武威市	560	439	122		540	122	418	9	62	347	21		29	84	439	9	
天祝县	560	439	122		540	122	418	9	62	347	21		29	84	439	9	

2-20 续表

单位:万米³

地区	城乡供水工程供水量	按水源类型分			按工程类型分							按用途分					
					城乡集中式供水工程												
							农村集中式供水工程										
		地表水	地下水	其他	小计	城镇自来水厂	小计	城镇管网延伸工程	联村供水工程	单村供水工程	农村分散式供水工程	农业灌溉	工业生产	城镇生活	乡村生活	生态环境	其他
平凉市	11979	8387	3572	20	7231	2552	4679	178	4391	110	4748	4893	2681	1001	2835	300	269
崆峒区	370	2	367		370		370	92	256	21					370		
泾川县	496		496		496		496		496					208	289		
灵台县	421	221	200		421	64	357		296	61				64	357		
崇信县	184		184		184	144	40	8	29	3				144	40		
华亭县	4069	3823	226	20	4049	2179	1870	37	1831	2	20	875	2030	419	234	270	240
庄浪县	904	904			904		904		904						904		
静宁县	5535	3436	2098		807	165	642	41	578	23	4728	4018	651	165	642	30	29
庆阳市	11845	5986	5858		9837	1873	7963	1040	3351	3572	2008	4778	2390	1209	3267	5	196
西峰区	770	430	340		578	298	280	1	87	192	192			425	280		65
庆城县	2152	826	1326		1339	128	1211	377	460	374	813	904	690	138	420		
环　县	715	667	48		506	170	336	68	181	87	209	159	26	155	325		50
华池县	1335	698	637		1220	120	1100		375	725	115	502	640	17	176		
合水县	1331	966	365		1233	99	1134	297	409	428	98	558	488	99	186		
正宁县	1462	893	569		1374	893	481	297	84	100	88	1104	55	48	170	4	81
宁　县	2870	1493	1377		2725	81	2644		1050	1593	145	1469	162	222	1017		
镇原县	1209	13	1196		861	84	778		705	73	348	82	329	105	692	1	
定西市	11021	7476	3545		7821	2695	5126	513	3398	1216	3200	5431	236	1046	4194	84	30
安定区	2930	1310	1620		135		135	5	120	10	2795	2650	60		220		
通渭县	1023	934	89		1022	144	878	15	863		1		10	130	879	4	
陇西县	1020	172	848		848	356	492	17	378	97	172			326	649	45	
渭源县	947	947			947	283	664		623	41				283	664		
临洮县	653	534	119		474	17	457	62		395	179		71	63	504	15	
漳　县	2561	2306	255		2561	1709	852	387	192	273		1508	95	58	850	20	30
岷　县	1887	1273	614		1834	186	1648	26	1222	400	53	1273		186	428		
临夏回族自治州	7577	7407	170		7500	1632	5868	758	4835	275	76		2699	1623	2068	90	1096
临夏市	1568	1568			1568	1338	230	228		3			194	936	81	40	317

2-20 续表

单位：万米³

地区	城乡供水工程供水量	按水源类型分			按工程类型分							按用途分					
					城乡集中式供水工程						农村分散式供水工程						
							农村集中式供水工程										
		地表水	地下水	其他	小计	城镇自来水厂	小计	城镇管网延伸工程	联村供水工程	单村供水工程		农业灌溉	工业生产	城镇生活	乡村生活	生态环境	其他
临夏县	642	642			642		642	57	453	132			77	65	370	9	121
康乐县	533	533			492		492	10	431	50	42		153	74	250	7	49
永靖县	2360	2347	13		2360	59	2301	45	2248	8			1973	123	79	18	166
广河县	426	367	58		391	55	336	336			35		69	71	232	2	51
和政县	1044	1044			1044	59	985	5	900	80			150	245	296	13	342
东乡县	544	444	99		544	41	502	7	493	2			41	35	468		
积石山县	461	461			461	81	380	70	310				42	76	293	1	49
甘南藏族自治州	**2861**	**1732**	**1129**		**2798**	**882**	**1916**	**20**	**60**	**1836**	**63**	**124**	**149**	**730**	**1812**	**37**	**9**
合作市	813	373	440		813	373	440			440		80	105	230	382	16	
临潭县	455	264	191		455	176	279	20	32	227				176	279		
卓尼县	363	265	98		363	52	311		12	299				52	311		
玛曲县	432	214	219		370	84	286			286	63	38	13	84	286	11	
碌曲县	324	301	23		324	39	286		10	276		5	16	18	286		
夏河县	473	315	158		473	158	315		6	309			15	170	269	10	9
长江流域	**9001**	**6195**	**2806**		**8007**	**1657**	**6349**	**58**	**2019**	**4272**	**995**		**151**	**3380**	**5465**	**2**	**3**
天水市	**348**	**203**	**145**		**260**		**260**	**19**	**214**	**27**	**88**				**348**		
秦州区	324	198	126		237		237	19	214	4	88				324		
麦积区	24	5	19		24		24			24					24		
陇南市	**7846**	**5550**	**2296**		**6939**	**1292**	**5647**	**39**	**1634**	**3974**	**907**		**74**	**3097**	**4675**		
武都区	2012	1053	959		1793	240	1553		80	1473	219			1793	219		
成　县	580	580			580	170	410		5	405				170	410		
文　县	834	626	208		772	123	649		18	631	62			123	712		
宕昌县	698	698			698	83	615	18	596	1				83	615		
康　县	691	691			511	136	375		21	354	180		36	196	459		
西和县	548	429	119		449	88	361	3	29	329	99			88	460		
礼　县	1457	697	760		1337	161	1176		766	410	120		38	349	1070		
徽　县	865	692	173		638	243	396	17	112	268	227			243	623		
两当县	161	84	77		161	49	112	1	8	104				53	108		

单位：万米³

地区	城乡供水工程供水量	按水源类型分			按工程类型分							按用途分					
		地表水	地下水	其他	城乡集中式供水工程						农村分散式供水工程	农业灌溉	工业生产	城镇生活	乡村生活	生态环境	其他
					小计	城镇自来水厂	农村集中式供水工程										
							小计	城镇管网延伸工程	联村供水工程	单村供水工程							
甘南藏族自治州	**807**	**442**	**365**		**807**	**365**	**442**		**171**	**271**			**77**	**283**	**442**	**2**	**3**
舟曲县	507	214	293		507	293	214		171	43			54	236	214		3
迭部县	300	228	72		300	72	228			228			23	47	228	2	
西北诸河流域	**24971**	**6693**	**18277**		**24746**	**14977**	**9769**	**505**	**6216**	**3048**	**225**		**4522**	**10002**	**10116**	**330**	
嘉峪关市	**4668**		**4668**		**4668**	**4615**	**53**		**30**	**23**			**2005**	**2280**	**53**	**330**	
市辖区	4668		4668		4668	4615	53		30	23			2005	2280	53	330	
金昌市	**1672**	**1063**	**609**		**1672**		**1672**	**93**	**620**	**959**					**1672**		
金川区	200	53	147		200		200	42	120	38					200		
永昌县	1472	1010	462		1472		1472	51	500	921					1472		
武威市	**4796**	**3978**	**818**		**4683**	**2068**	**2615**	**72**	**1797**	**746**	**113**		**13**	**2055**	**2728**		
凉州区	3319	3007	312		3241	1790	1451	60	1071	320	78			1790	1529		
民勤县	215		215		215	96	119		112	7				96	119		
古浪县	927	636	291		914	182	732	12	550	170	13		13	169	745		
天祝县	335	335			313		313		64	249	22				335		
张掖市	**8478**	**1098**	**7380**		**8380**	**4786**	**3594**	**76**	**2732**	**786**	**97**		**2504**	**2047**	**3926**		
甘州区	4268		4268		4268	3290	978	17	735	226			1402	1138	1728		
肃南县	476	212	264		447	45	402		181	221	29			45	431		
民乐县	908	705	203		908	316	592	18	499	75			155	157	596		
临泽县	950		950		887	608	278	4	228	47	63		422	186	342		
高台县	1295		1295		1291	176	1115	28	944	143	5		519	176	600		
山丹县	581	181	400		580	351	229	10	145	74	1		6	345	230		
酒泉市	**5358**	**555**	**4803**		**5342**	**3508**	**1835**	**264**	**1037**	**534**	**15**			**3620**	**1737**		
肃州区	1915	350	1565		1915	1410	505	50	370	85				1410	505		
金塔县	385		385		385	43	342	5	224	112				156	229		
瓜州县	463		463		463	328	135	3	27	105				328	135		
肃北县	100		100		87	60	27	11	6	10	13			60	40		
阿克塞县	57	55	2		56	55	2			1	1			55	2		
玉门市	1166	150	1016		1165	559	606	54	375	177	1			559	607		
敦煌市	1272		1272		1272	1053	219	141	34	44				1053	219		

2-21 2015年农村集中式供水工程

单位:处

地 区	农村集中式供水工程数量	按 规 模 分		
		千吨万人以上	Ⅳ型	Ⅴ型
甘肃省	12075	288	958	10829
黄河流域	5716	212	485	5019
兰州市	284	20	63	201
城关区	5	1	1	3
七里河区	77	2	8	67
西固区	27		8	19
安宁区	5		5	
红古区	6	3	3	
永登县	72	3	22	47
皋兰县	25	4	6	15
榆中县	67	7	10	50
白银市	161	15	74	72
白银区	34		20	14
平川区	31	3	10	18
靖远县	37	8	12	17
会宁县	19		19	
景泰县	40	4	13	23
天水市	678	53	62	563
秦州区	95	7	2	86
麦积区	276	6	22	248
清水县	155	8	3	144
秦安县	31	13	3	15
甘谷县	12	7	5	
武山县	60	6	25	29
张家川县	49	6	2	41
武威市	139		8	131
天祝县	139		8	131
平凉市	375	42	61	272
崆峒区	153	8	17	128
泾川县	10	3		7
灵台县	117	5	6	106
崇信县	8	4	2	2
华亭县	5	2	2	1
庄浪县	9	9		
静宁县	73	11	34	28
庆阳市	2023	22	146	1855
西峰区	553	3	15	535
庆城县	202	3	4	195

2-21 续表

单位:处

地 区	农村集中式供水工程数量	按 规 模 分		
		千吨万人以上	Ⅳ型	Ⅴ型
环　县	35	2	12	21
华池县	35		14	21
合水县	87	3	13	71
正宁县	356		2	354
宁　县	631	5	40	586
镇原县	124	6	46	72
定西市	244	12	33	199
安定区	11	3	5	3
通渭县	5	2	3	
陇西县	4	1	1	2
渭源县	36		5	31
临洮县	110	4		106
漳　县	46	1	4	41
岷　县	32	1	15	16
临夏回族自治州	212	47	29	136
临夏市	5	4		1
临夏县	82	9	5	68
康乐县	35	6	9	20
永靖县	10	7	1	2
广河县	3	3		
和政县	15	5	4	6
东乡县	56	7	10	39
积石山县	6	6		
甘南藏族自治州	1600	1	9	1590
合作市	341			341
临潭县	252	1	3	248
卓尼县	324		1	323
玛曲县	102		2	100
碌曲县	99		2	97
夏河县	482		1	481
长江流域	4308	8	97	4203
天水市	89	3	3	83
秦州区	75	3	2	70
麦积区	14		1	13
陇南市	3808	5	86	3717
武都区	663	2	3	658
成　县	290		5	285
文　县	874		5	869

2-21 续表

单位:处

地 区	农村集中式供水工程数量	按 规 模 分		
		千吨万人以上	Ⅳ型	Ⅴ型
宕昌县	336	1	7	328
康县	362		2	360
西和县	370		12	358
礼县	464		46	418
徽县	349	1	5	343
两当县	100	1	1	98
甘南藏族自治州	411		8	403
舟曲县	196		8	188
迭部县	215			215
西北诸河流域	2051	68	376	1607
嘉峪关市	9		2	7
市辖区	9		2	7
金昌市	139	7	36	96
金川区	14	2	12	
永昌县	125	5	24	96
武威市	980	15	34	931
凉州区	751	8	3	740
民勤县	47		6	41
古浪县	55	7	18	30
天祝县	127		7	120
张掖市	502	38	232	232
甘州区	219	15	138	66
肃南县	102		4	98
民乐县	61	5	32	24
临泽县	33	5	16	12
高台县	38	3	19	16
山丹县	49	10	23	16
酒泉市	421	8	72	341
肃州区	174	3	30	141
金塔县	58	1	17	40
瓜州县	74			74
肃北县	14		2	12
阿克塞县	3		1	2
玉门市	58	2	13	43
敦煌市	40	2	9	29

注:1.千吨万人以上是指供水规模≥1000米³/日以上,通常供水人口在10 000人及以上。

2.Ⅳ型是指供水规模≥200米³/日,且<1000米³/日,通常供水人口在2000~10 000人。(含2000人,不含10 000人)。

3.Ⅴ型是指供水规模<200米³/日,通常供水人口在2000人以下,20人以上。

2-22 2015年水利工程实际供水能力

单位:万米^3

地区	水利工程供水能力	蓄水工程	引水工程	取水泵站	配套机电井	其他供水工程	本年	
							新增	减少
甘肃省	**1474541**	**426191**	**504196**	**191095**	**337799**	**14990**	**15329**	**20169**
黄河流域	**522681**	**33949**	**234779**	**185892**	**54858**	**12933**	**11706**	**19959**
兰州市	**150333**	**2422**	**80836**	**52842**	**13801**	**162**	**4776**	**13799**
城关区	23787		13524	9789	469	5		
七里河区	10593			9617	976			1230
西固区	39141		34907	4111	120	3		
安宁区	6215			4860	1355			217
红古区	23745		18755	4990				
永登县	16424	253	11000	1080	3997	94		12352
皋兰县	12198	769		11245	184		4506	
榆中县	18230	1400	2650	7150	6700	60	270	
白银市	**64182**	**3301**	**7277**	**46951**	**5261**	**1393**	**1229**	**441**
白银区	10373	3000		7353	20			441
平川区	11344	100		8005	3031	208		
靖远县	30888	51	5834	24194	569	240	360	
会宁县	7683	20		7027	112	524	645	
景泰县	3895	130	1443	372	1529	421	224	
天水市	**44910**	**2271**	**22326**	**5954**	**12210**	**2149**	**1524**	**4965**
秦州区	5715	137	780	1041	3241	517	310	
麦积区	7973	26	3194	1303	2934	515	215	2707
清水县	3003	256	1163	520	974	90	144	320
秦安县	3677	280	1008	910	1139	340	132	
甘谷县	13450	580	8702	1255	2711	202	433	
武山县	9389	20	7428	616	913	413	195	1938
张家川县	1704	973	51	310	298	72	95	
武威市	**15359**	**720**	**9505**	**3394**	**1724**	**15**	**460**	
天祝县	15359	720	9505	3394	1724	15	460	
平凉市	**36308**	**11044**	**12376**	**3516**	**8328**	**1044**	**289**	
崆峒区	14077	6240	3885	130	3822		106	
泾川县	5829		3425	590	1814		26	
灵台县	2196	195	151	284	811	756	47	
崇信县	1250		558	208	484			
华亭县	3429	1395	1654		380			
庄浪县	3267	1126	1831	21		289	67	
静宁县	6259	2088	871	2284	1016		43	
庆阳市	**19755**	**4751**	**2844**	**5667**	**5432**	**1061**	**867**	
西峰区	5133	2010	356	2170	296	301		
庆城县	2341	283	189	1001	844	24	27	

2-22 续表

单位:万米³

地 区	水利工程供水能力	蓄水工程	引水工程	取水泵站	配套机电井	其他供水工程	本 年	
							新 增	减 少
环　县	1765	811		417	199	338	178	
华池县	1335	142	165	196	788	44	145	
合水县	1380	440	310	260	370		252	
正宁县	963	310	91	60	502		69	
宁　县	3085	487	883	1198	517		64	
镇原县	3754	269	850	365	1916	354	132	
定西市	55200	3726	35371	6420	6185	3498	1978	660
安定区	4073	589	980	250	1960	294	40	
通渭县	2423	883	380	485	675		810	
陇西县	6190		2750	370	1635	1435	471	
渭源县	4867	2140	1467	258	18	984	270	
临洮县	31786	72	25670	4455	1446	143		660
漳　县	2911	42	1813	270	451	335	387	
岷　县	2950		2311	332		307		
临夏回族自治州	42028	5610	20557	14419	547	895	84	94
临夏市	2102		1975	13	5	108	40	
临夏县	7434		5337	2019	35	43		
康乐县	3456	65	2339	975	42	34	15	
永靖县	7242		1995	5067	108	72		75
广河县	5189	16	2351	2225		597	1	
和政县	3463	1436	1581	245	200	1		
东乡县	9157	3914	2486	2559	158	40		19
积石山县	3987	179	2492	1316			28	
甘南藏族自治州	7872	104	2939	742	1370	2717	498	
合作市	1660		932	569	159		170	
临潭县	1457	67	548		182	660	98	
卓尼县	1489			173	352	964	38	
玛曲县	904	37			155	712	77	
碌曲县	430				49	381	41	
夏河县	1932		1459		473		75	
长江流域	26612	1135	12287	2664	8468	2057	1818	1
天水市	2320	16	983	427	777	116	58	1
秦州区	2301	16	975	427	768	115	42	
麦积区	19		8		9	1	16	1
陇南市	21273	1099	8873	2073	7292	1936	1727	
武都区	4655	15	2321	238	2075	6	655	
宕昌县	1820		1289	362	110	59	20	

2-22 续表

单位:万米³

地　区	水利工程供水能力	蓄水工程	引水工程	取水泵站	配套机电井	其他供水工程	本年	
							新增	减少
成县	2581	233	138	589	1617	4	37	
康县	809				130	679	32	
文县	4444		3436	100	464	445	315	
西和县	2206	218	689	176	1123		90	
礼县	2382	540	820		849	173	292	
两当县	441	40	180	10	211		61	
徽县	1935	53		599	713	570	225	
甘南藏族自治州	**3020**	**20**	**2431**	**164**	**399**	**5**	**33**	
舟曲县	1409		973	108	323	5	9	
迭部县	1610	20	1458	56	76		24	
西北诸河流域	**92524**	**391107**	**257129**	**2539**	**274473**		**1805**	**209**
嘉峪关市	**22751**	**6242**	**3826**		**12683**		**700**	
嘉峪关市								
金昌市	**81470**	**57453**	**2000**		**22017**			**209**
金川区	21805	12005			9800			209
永昌县	59665	45448	2000		12217			
武威市	**216872**	**83690**	**41595**	**135**	**91452**		**171**	
凉州区	148057	59539	39583	135	48800			
民勤县	51559	16835			34724			
古浪县	15548	7316	320		7912			
天祝县	1708		1692		16		171	
张掖市	**283103**	**71442**	**139026**	**1693**	**70942**		**785**	
甘州区	95260	5196	61540	794	27730		526	
肃南县	13372	107	5359		7906			
民乐县	47028	32420	7400		7208		130	
临泽县	52489	14032	31007	899	6551		36	
高台县	53370	9307	30512		13551			
山丹县	21584	10380	3208		7996		93	
酒泉市	**217264**	**72727**	**67869**		**76668**		**149**	
玉门市	21032	5361	4233		11438		143	
肃州区	81534	3721	54413		23400			
敦煌市	38516	28656			9860		6	
金塔县	53846	29893	4593		19360			
肃北县	3443	50	2725		668			
阿克塞县	1908		1905		3			
瓜州县	16986	5047			11939			

2-23 2015年水利工程供水量（按供水方向分）

单位：万米³

地　区	水利工程供水量	按供水方向分				
		农业灌溉	工业生产	城镇生活	乡村生活	生态环境
甘肃省	1179497	880247	107880	43796	46546	101029
黄河流域	389394	262613	65905	28555	28003	4319
兰州市	114182	56082	37835	16356	2888	1021
城关区	15600	3030	4200	8130		240
七里河区	10596	1159	5500	3169	675	93
西固区	20520	1856	16400	1633	521	110
安宁区	4772	1083	1335	2082		273
红古区	12229	7800	3800	400	91	138
永登县	29245	24864	3400	350	571	60
皋兰县	9220	7600	1400	100	120	
榆中县	12000	8690	1800	492	911	108
白银市	91871	77553	8053	3016	2558	691
白银区	10373	4305	3648	1903	117	400
平川区	11045	7663	2690	531	83	79
靖远县	30888	29117	919	149	625	79
会宁县	7683	6307	47	217	1089	23
景泰县	31882	30162	750	216	644	110
天水市	32987	24873	2245	1733	3905	231
秦州区	4827	3405	1085	80	245	12
麦积区	7299	4798	591	810	1079	21
清水县	2238	1530	55	172	433	48
秦安县	3677	2720	35	140	770	12
甘谷县	6465	5480	322	190	430	43
武山县	6398	5480	78	260	500	80
张家川县	2084	1460	79	81	449	15
武威市	10935	7884	1991	122	439	500
天祝县	10935	7884	1991	122	439	500
平凉市	28044	16395	5579	2213	3141	717
崆峒区	9110	5480	1935	720	675	300
泾川县	3227	2353	286	190	289	110
灵台县	1930	1280	191	95	357	7
崇信县	1191	806	201	144	40	
华亭县	4068	1015	2030	519	234	270
庄浪县	2983	1443	284	352	904	
静宁县	5535	4018	651	194	642	30
庆阳市	16983	8408	3484	1213	3780	97
西峰区	2707	1411	436	430	340	90
庆城县	2152	904	690	138	420	

2-23 续表

单位：万米³

地 区	水利工程供水量	按供水方向分				
		农业灌溉	工业生产	城镇生活	乡村生活	生态环境
环　县	1847	744	552	143	408	
华池县	1335	502	640	17	176	
合水县	1331	558	488	99	186	
正宁县	1462	1104	136	48	170	4
宁　县	2870	1481	162	222	1005	
镇原县	3279	1705	380	117	1075	3
定西市	46471	35962	3621	1440	4637	811
安定区	2930	2650	60		220	
通渭县	2423	1318	89	130	882	4
陇西县	6110	4350	520	310	710	220
渭源县	3547	582	1355	283	834	493
临洮县	26663	24265	1414	311	604	69
漳　县	2911	1524	183	220	959	25
岷　县	1887	1273		186	428	
临夏回族自治州	43056	33833	2880	1749	4435	159
临夏市	4476	2848	546	936	106	40
临夏县	9349	8669	205	153	312	9
康乐县	2050	1367	262	74	340	7
永靖县	10975	7502	1026	106	2255	86
广河县	4267	3830	127	71	237	2
和政县	4377	3153	543	245	424	13
东乡县	4743	4150	129	35	429	
积石山县	2820	2315	42	130	332	1
甘南藏族自治州	4865	1622	217	715	2219	92
合作市	1228	377	105	260	456	30
临潭县	931	350	10	125	445	1
卓尼县	917	497	45	52	311	12
玛曲县	536	40	17	90	374	15
碌曲县	427	5	16	18	364	24
夏河县	826	353	24	170	269	10
长江流域	23123	12768	1128	3564	5637	26
天水市	1394	721	180	57	432	4
秦州区	1380	721	180	57	418	4
麦积区	13				13	
陇南市	19490	10614	871	3221	4764	20
武都区	4655	2520	78	2048	3	6
成　县	2574	1796	198	160	420	
文　县	4444	3564	43	123	712	3
宕昌县	1318	591	23		698	6

2-23 续表

单位:万米^3

地区	水利工程供水量	按供水方向分				
		农业灌溉	工业生产	城镇生活	乡村生活	生态环境
康　县	809	118	36	196	459	
西和县	1007	156	120	160	566	5
礼　县	2352	895	38	239	1180	
徽　县	1935	764	306	243	623	
两当县	396	209	30	53	104	
甘南藏族自治州	**2239**	**1433**	**77**	**286**	**442**	**2**
舟曲县	1255	748	54	239	214	
迭部县	984	685	23	47	228	2
西北诸河流域	**766980**	**604866**	**40847**	**11676**	**12906**	**96684**
嘉峪关市	**18087**	**5389**	**6300**	**2280**	**53**	**4065**
嘉峪关市	18087	5389	6300	2280	53	4065
金昌市	**70196**	**57937**	**6283**	**1556**	**1672**	**2748**
金川区	21805	13435	5121	1287	200	1762
永昌县	48391	44502	1162	269	1472	986
武威市	**160037**	**121173**	**11812**	**2172**	**5363**	**19517**
凉州区	97843	73907	10702	1790	3376	8068
民勤县	32934	20779	559	200	907	10489
古浪县	28455	26066	511	182	745	951
天祝县	805	421	40		335	9
张掖市	**236833**	**212076**	**4212**	**2047**	**4081**	**14417**
甘州区	81882	73147	1402	1138	1728	4467
肃南县	10181	7841	916	45	431	948
民乐县	40384	38405	484	157	751	587
临泽县	46453	39773	422	186	342	5730
高台县	42392	38734	519	176	600	2363
山丹县	15541	14176	469	345	229	322
酒泉市	**281827**	**208291**	**12241**	**3621**	**1737**	**55937**
肃州区	98274	64718	2588	1410	505	29053
金塔县	50100	44839	931	156	229	3945
瓜州县	45600	23910	1793	328	135	19434
肃北县	4661	3407	854	60	40	300
阿克塞县	2000	876	753	55	2	314
玉门市	47995	42036	4653	559	607	140
敦煌市	33197	28505	669	1053	219	2751

注:农业灌溉供水指水利工程为农田、林地、果园、牧草灌溉的实际毛供水量。

工业生产供水指水利工程为城市及县以下乡镇工业的供水。

城镇生活供水指水利工程对城镇居民生活供水,包括餐饮、服务以及市政环卫等公共服务供水;生活供水主要统计原水量。

乡村生活供水除乡村居民生活用水外,还包括牲畜用水。

生态环境供水指通过水利工程设施向城镇、乡村生态脆弱地区或恶化地区以及其他地区补水,以维持、控制、恢复、改善原有的生态环境状态。

2-24 2015年水利工程供水量（按工程类型分）

单位：万米³

地　区	水利工程供水量	按工程类型分					
		水库工程	塘坝和窖池工程	河湖引水闸工程	河湖取水泵站工程	机电井	其　他
甘肃省	1179497	354654	8669	339844	185902	267647	22781
黄河流域	389394	30074	7223	123671	165591	50467	12367
兰州市	114182	760	881	35935	66468	9997	142
城关区	15600				15500	100	
七里河区	10596		35		9585	976	
西固区	20520				20520		
安宁区	4772				4118	654	
红古区	12229			7690	3389	1150	
永登县	29245	273	182	24435	518	3827	10
皋兰县	9220	134	140	2571	6317	58	
榆中县	12000	353	525	1239	6520	3232	132
白银市	91871	3264	643	7782	73912	5261	1009
白银区	10373	3000	10		7343	20	
平川区	11045	80	20		7914	3031	
靖远县	30888	34	51	5834	24194	569	206
会宁县	7683	20	524	505	6522	112	
景泰县	31882	130	38	1443	27939	1529	803
天水市	32987	1351	658	13735	4498	11068	1676
秦州区	4827	50	15	1014	813	2510	425
麦积区	7299		12	2990	1185	2682	430
清水县	2238	105	105	737	246	947	97
秦安县	3677	40	240		1008	2049	340
甘谷县	6465		215	3861	698	1661	30
武山县	6398	20	62	5133	247	592	344
张家川县	2084	1136	9		302	627	10
武威市	10935	200	69	8564	24	2078	
天祝县	10935	200	69	8564	24	2078	
平凉市	28044	10935	200	69	8564	24	2078
崆峒区	9110	4680	20	2630	100	1680	
泾川县	3227		100	1653	239	1163	73
灵台县	1930	108	5	690	290	837	
崇信县	1191	327	200	214		450	
华亭县	4068	1985	1763			320	
庄浪县	2983	1126	206	1520	53	21	57
静宁县	5535	1034	590	871	858	2152	29
庆阳市	16983	3077	778	506	5200	6671	751
西峰区	2707	1240	2		818	400	247
庆城县	2152	5	278		1001	844	24

2-24 续表

单位：万米^3

地区	水利工程供水量	水库工程	塘坝和窖池工程	河湖引水闸工程	河湖取水泵站工程	机电井	其他
环县	1847	209	175		777	552	134
华池县	1335	18	98		485	734	
合水县	1331	427	24		515	365	
正宁县	1462	823	21	29	20	569	
宁县	2870	257	1		1235	1377	
镇原县	3279	98	179	477	349	1830	346
定西市	**46471**	**1390**	**1096**	**24314**	**7266**	**7150**	**5255**
安定区	2930	160				1620	1150
通渭县	2423	243	640		380	485	675
陇西县	6110		90	2750	370	1635	1265
渭源县	3547	763	216		722	16	1830
临洮县	26663	35	140	21564	3894	1030	
漳县	2911	32	10		270	2264	335
岷县	1887	157			1630	100	
临夏回族自治州	**43056**	**10723**	**56**	**25257**	**6455**	**527**	**38**
临夏市	4476			4173	195	107	
临夏县	9349	120		8862	338	29	
康乐县	2050	394	1	1358	269	28	
永靖县	10975	7356	13	2477	1076	43	9
广河县	4267	89	17	2816	1207	126	14
和政县	4377	2650	21	1401	280	9	15
东乡县	4743	114	2	2048	2433	146	
积石山县	2820		2	2121	658	38	
甘南藏族自治州	**4865**	**49**	**158**		**230**	**1091**	**3337**
合作市	1228				10	510	708
临潭县	931		67			182	682
卓尼县	917		91		220	98	508
玛曲县	536	40				204	292
碌曲县	427					47	380
夏河县	826	9				50	767
长江流域	**23123**	**962**	**165**		**3648**	**8208**	**10140**
天水市	**1394**	**15**			**305**	**987**	**86**
秦州区	1380	15			305	980	80
麦积区	13					7	6
陇南市	**19490**	**947**	**129**		**2542**	**6856**	**9016**
武都区	4655		15		238	2045	2357
成县	2574	110	17			1804	643

2–24 续表

单位:万米^3

地区	水利工程供水量	水库工程	塘坝和窖池工程	河湖引水闸工程	河湖取水泵站工程	机电井	其他
文县	4444	110			100	464	3771
宕昌县	1318				1217	101	
康县	809					130	679
西和县	1007	165	34		141	667	
礼县	2352	532				832	988
徽县	1935	30	23		599	713	570
两当县	396		40		248	99	9
甘南藏族自治州	**2239**		**36**		**801**	**365**	**1037**
舟曲县	1255		33		748	293	181
迭部县	984		3		53	72	856
西北诸河流域	**766980**	**323617**	**1280**	**216173**	**16663**	**208972**	**274**
嘉峪关市	**18087**	**5844**		**3739**		**8504**	
市辖区	18087	5844		3739		8504	
金昌市	**70196**	**45067**				**25129**	
金川区	21805	12005				9800	
永昌县	48391	33062				15329	
武威市	**160037**	**69711**	**8**	**23733**	**15631**	**50954**	
凉州区	97843	41672		22683		33488	
民勤县	32934	21441				11493	
古浪县	28455	6598		293	15631	5933	
天祝县	805		8	757		40	
张掖市	**236833**	**67138**	**1008**	**112549**	**1032**	**55106**	
甘州区	81882	3500	754	55952	246	21430	
肃南县	10181	76	108	4340		5657	
民乐县	40384	29253	44	6638	45	4404	
临泽县	46453	19412		19431	741	6869	
高台县	42392	5885	59	24969		11479	
山丹县	15541	9012	43	1219		5267	
酒泉市	**281827**	**135857**	**264**	**76152**		**69280**	**274**
肃州区	98274	14026	197	63051		21000	
金塔县	50100	30975		4170		14955	
瓜州县	45600	34526	10			11064	
肃北县	4661		38	3707		643	274
阿克塞县	2000		10	1944		46	
玉门市	47995	30593		3280		14122	
敦煌市	33197	25737	10			7450	

2-25 2015年各类水利建设投资完成情况

单位：万元

地 区	各类水利建设投资完成	中央投资	省级投资	国内贷款	企业和私人投资	地县自筹	群众集资(投资投劳)
甘肃省	1657994	822328	237669	358624	90449	80879	67649
黄河流域	1044876	501379	162597	279472	10518	45130	45983
兰州市	253104	59324	13838	165000		13817	1125
城关区	921	330	551			40	
七里河区	3370	1762	72			1536	
西固区	2427	1750	100			577	
安宁区	487	9	263			215	
红古区	5213	2901	510			1152	650
永登县	7992	4912	1200			1406	475
皋兰县	6634	2707	349			3578	
榆中县	45524	14723	10793	15000		5008	
白银市	134379	79745	23773	21277		1652	7932
白银区	5445	4437	1008				
平川区	2211	1611	600				
靖远县	28912	18803	3256			248	6605
会宁县	59998	21252	16841	19277		1301	1327
景泰县	9134	7964	1068			103	
天水市	83926	49414	13288	8213		6847	6164
秦州区	10403	6612	581			683	2527
麦积区	13401	8663	1478	1501		1699	60
清水县	6714	3538	1166	486		380	1144
秦安县	17653	10267	3370			4016	
甘谷县	11030	7716	2019				1295
武山县	17290	8757	1169	6226			1139
张家川县	7436	3861	3505			70	
武威市	34128	26618	1226		500		5784
天祝县	34128	26618	1226		500		5784
平凉市	76204	64928	3812		655	4647	2162
崆峒区	17822	14314	521		655	2089	243
泾川县	12642	12130	192			196	124
灵台县	7603	4468	920			1817	398
崇信县	12937	12175	253			286	222
华亭县	2779	1710	884			121	64
庄浪县	9027	8369	150			15	493
静宁县	13394	11762	892			122	617
庆阳市	70026	23754	13788	16682		11743	4059
西峰区	10746	838	79	8379		1450	
庆城县	8010	5783	1265			908	54

2-25 续表

单位：万元

地 区	各类水利建设投资完成	中央投资	省级投资	国内贷款	企业和私人投资	地县自筹	群众集资(投资投劳)
环 县	25211	4573	6966	7218		3453	3001
华池县	5469	1775	1372	1085		838	399
合水县	3214	1147	1202			865	
正宁县	1508	881	23			472	132
宁 县	5780	3867	1488			288	137
镇原县	10088	4890	1393			3469	336
定西市	79187	41805	8035	26156	204	603	2587
安定区	7942	6563					1379
通渭县	8903	878	1443	5717			865
陇西县	9071	9010	62				
渭源县	10432	7391	2235	439		322	45
临洮县	7540	4906	2121			215	298
漳 县	1824	1600	158			66	
岷 县	13474	11458	2016		204		
临夏回族自治州	90532	33995	20584	10250	5890	5821	13992
临夏市	2381	807	335			130	1109
临夏县	29867	8240	6285	3527		926	10889
康乐县	2268	1721	263		202		82
永靖县	10695	10215	147			333	
广河县	3728	2763	489				476
和政县	6920	2117	364		3054	1091	294
东乡县	14719	2764	2162	6723	2634	279	157
积石山县	19953	5368	10538			3062	985
甘南藏族自治州	53717	36077	8127	4066	3269		2178
合作市	13658	11613	624	1103			318
临潭县	3961	2707	710	544			
卓尼县	8197	3649	3569	456			523
玛曲县	8453	7231	804				418
碌曲县	4470	1732	181	1963			594
夏河县	14977	9145	2239		3269		325
长江流域	137141	85958	16277	6281	16888	5400	6337
天水市	17016	10507	2788	1501		2030	190
秦州区	3615	1844	1310			331	130
麦积区	13401	8663	1478	1501		1699	60
陇南市	97437	63611	12162	4780	7367	3371	6147
武都区	26138	16807	3833		3695		1803
宕昌县	8742	5678	504				2560

2-25 续表

单位:万元

地 区	各类水利建设投资完成	中央投资	省级投资	国内贷款	企业和私人投资	地县自筹	群众集资(投资投劳)
成 县	7721	2183	1438	4100			
康 县	8625	6042	773			1810	
文 县	10993	5703	746		3634	850	60
西和县	8291	6981	789			100	421
礼 县	18222	15034	2316				872
徽 县	5162	3057	1063	630			412
两当县	3543	2125	700	50	38	611	19
甘南藏族自治州	22688	11840	1327		9521		
舟曲县	8239	7310	929				
迭部县	14449	4530	398		9521		
西北诸河流域	475978	234991	58795	72871	63043	30349	15329
嘉峪关市	9081	5217	1600	399		1865	
嘉峪关市							
金昌市	30038	13073	4817		7437	4711	
金川区	11138	5034	1729		2023	2352	
永昌县	18900	8039	3088		5414	2359	
武威市	69184	50536	14727			2282	1638
凉州区	25994	20171	5062			761	
民勤县	21571	16333	3730			1508	
古浪县	16844	10435	5323			13	1073
天祝县	4774	3597	612				565
张掖市	159982	60188	19381	52763	7347	11214	8488
甘州区	25386	17059	3817		437	1377	2696
肃南县	9350	6711	825		1160	185	469
民乐县	14872	8309	4274				2289
临泽县	48962	4635	2713	36000		4082	932
高台县	16677	9191	2200	3000		1047	1239
山丹县	34495	13135	5461	7763	5750	1523	863
酒泉市	140435	56142	11316	17989	41580	10277	3131
玉门市	29718	11581	2712	13989		648	787
肃州区	21997	11515	3152		2980	4350	
敦煌市	25750	18763	566		3914	1862	645
金塔县	12417	8014	2700		302		1401
肃北县	41113	1126	457	4000	34384	1083	64
阿克塞县	2002	730				1272	
瓜州县	7438	4413	1730			1061	234

3 水利基本建设投资情况

3-1 2015 年水利建设项目计划总投资

单位：万元

项　　目	计划总投资	中央政府投资	地方政府投资	企业和私人投资	银行贷款	其他投资
甘肃省	5218405	2060257	1133945	140066	951799	932339
防洪项目	669637	519577	117206		4000	28854
堤防工程	7778	3282	4496			
卓尼县车巴河流域防洪治理项目	3000		3000			
迭部县卡坝乡尼吉巴防洪工程	2002	1602	400			
疏勒河干流昌马渠首段河道治理	2776	1680	1096			
江河湖泊治理工程	573096	444348	102046			26702
大江大湖治理	308055	264536	43519			
兰州市黄河干流防洪工程	167900	167900				
黄河干流白银市防洪治理工程	95513	65000	30513			
黄河干流临夏段防洪治理工程	40641	27636	13005			
黄河甘肃段甘南州防洪治理工程	4000	4000				
重要支流治理	154709	92299	43306			19104
讨赖河嘉峪关安远沟村至嘉酒河道治理	2532	1582	950			
金川河金昌市河西堡至宁远堡段防洪	1667	1000	667			
金川河金川区王家大砂沟至南环路桥防洪	3000	1800	1200			
祖历河会宁县城区段防洪工程	1860	1116	744			
祖历河靖远县 2014 庄口至罗家湾防洪	3875	2325				1550
祖历河靖远县苏家湾至黑城子段堤防	2899	1739	1160			
麦积区渭河城区段南堤防治理	2160	1580	190			390
葫芦河麦积区四合村至入渭河口段治理	3104	1862				1242
渭河麦积区琥珀至新阳段治理工程	2682	1760	922			
葫芦河秦安县叶堡桥头至安坪村段治理	2955	1773				1182
葫芦河秦安县李河至刘沟村防洪治理	2024	1215	809			
葫芦河秦安县安伏至叶堡大桥段治理	2376	1425	951			
武山县山丹河口至西关渭河大桥段治理	2887	1732				1155
武山县车家川至山丹河口段治理	2966	1780				1186
石羊河凉州区松涛寺至红水河入河口防洪	2133	1280	853			
石羊河民勤县野马泉下案段河道治理	1380	920	460			
黑河张掖市高台县六坝至双丰段河道	3034	1819	1215			
黑河高台县西腰墩水库至刘家深湖防洪	1233	740	493			
临泽县梨园河仙山口至西总干渠河道	2040	1224	816			
黑河临泽县鸭暖小鸭至暖泉河道治理	2846	1708	1138			
黑河甘州区兰新铁路桥至支家崖河道	2978	1787	1191			
黑河甘州区国道 312 至兰新铁路河道	2092	1256	836			
泾河平凉市吴老沟至平镇桥段河堤治理	2264	1358	906			
泾河崆峒区马莲沟至南阳涧河段防洪	2770	1662	1108			
葫芦河静宁县狗娃河口至胡家河段河堤	2841	1705	1136			
黑河金塔县五爱至友好段河道治理	2775	1665	1110			
黑河金塔县常丰至中丰村段防洪治理	1230	738	492			
马莲河干流合水县陈家坪至前坪段防洪	2251	1351	900			
蒲河宁县庄里至叶王川段防洪治理工程	2496	1590	906			
镇原县蒲河干流三岔桥至石咀村段防洪	2073	1244	829			
洮河岷县齐家庄至石头咀段防洪	2004	1203				801

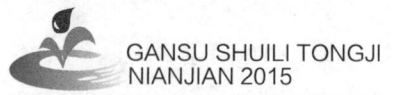

3–1 续表

单位：万元

项　　目	计划总投资	中央政府投资	地方政府投资	企业和私人投资	银行贷款	其他投资
陇西县三十里铺至四十里铺治理	2321	1392	929			
陇西王家营至河浦段堤防工程	1851	1110	741			
陇西县首阳镇双泉公路桥至水月坪段治理	1850	1110	740			
临洮县三甲电站至姬家河大桥防洪治理	1464	878	586			
西汉水成县毛坝至魏家坝段堤防工程	2778	1667	1111			
白龙江文县石坊乡东峪口至大渡坝河道	2168	1053	702			413
文县尚德镇水家坝至周家坝河道治理	2900	1740	1160			
西汉水康县平洛河口至咀头上段提防	2900	1740	1160			
西汉水康县腰amm坝至高楼子段提防工程	2493	1497	996			
西汉水西和县赵家沟至郭家坝段防洪	2470	1482	988			
西汉水礼县罗家堡至盐官镇段防洪	1799	1078				721
洮河干流临洮县新添段堤防工程	4496	2698	1798			
白龙江干流陇南市月阳坝至宗家堡堤防	2440	1127				1313
白龙江干流陇南市段河坝下坝段堤防	2733	1174				1559
宕昌县白龙江干流沙湾镇段堤防工程	2280	1368				912
泾河泾川县罗汉洞至洪河口段河堤治理	2717	1630	1087			
大夏河干流临夏市单子庄至新大桥段	2898	1739				1159
临夏县大夏河干流双城至马九川段治理	2320	1678				642
广河县洮河干流新民滩至卧托段堤防	4891	2935	1345			611
大夏河干流临夏县祁牟至刘家峡水库防洪	918	548	366			4
大夏河东乡县折桥至刘家峡水库堤防	1937	1162	388			387
大夏河干流临夏市祁牟段堤防工程	823	494	329			
永靖县湟水干流白川至二房段河堤工程	2628	1726				902
洮河合作市段防洪工程	3393	2037	1356			
洮河干流临潭县洮滨防洪堤工程	2001	1200	801			
卓尼县洮河干流城区段堤防工程	2384	1430	954			
洮河卓尼县麻路 1 段至牙当段	2019	1211	808			
白龙江干流迭部县城段治理工程	1948	1203	745			
碌曲洮河干流巴吾至博拉段防洪治理	874	874				
夏河县尕寺沟至克芒切沟治理	2927	1756	882			289
夏河县垂子合大桥至阿一山大桥段治理	1741	1059	682			
大夏河夏河县王格尔塘至曲奥段治理	5250	2564				2686
疏勒河干流瓜州县城区段河道治理	670		670			
中小河流治理	**110332**	**87512**	**15221**			**7598**
镇原县蒲河太平柳咀段防洪工程	611		611			
庄浪县红土坡至刘家湾段河堤工程	2490	1500	990			
白银区东大沟民勤村至城区段治理工程	777	777				
甘谷县清溪河礼辛乡寨子至慰坪堤防工程	2510	2510				
清水县后川河杜川至王店段堤防工程	2500	2000	400			100
秦安县南小河王尹马河至兴国凤山段堤防	1466	1466				
甘谷县上南河至杨赵村段治理工程	1413	848				565
古浪县古浪河朱家庄–龙泉寺治理	1200	1200				
山丹县马营河大马营段河道治理工程	2764	2764				
临泽县小东沟河新柳至西街农田防护	1798	800				998

3-1 续表

单位：万元

项　　目	计划总投资	中央政府投资	地方政府投资	企业和私人投资	银行贷款	其他投资
灵台县黑河东门至景家庄段河堤治理	2432	2432				
灵台县达溪河县城至百里段河堤治理	2613	2613				
灵台县达溪河县城至安家庄段河堤治理	2719	2719				
泾川县黑河荒场至西家沟河堤治理工程	1730	1730				
泾川县洪河河堤治理工程	1350	1350				
泾川县汭河十里沟至枣林段河堤治理工程	2962	2962				
崇信县黑河河堤治理工程	2451	1961	490			
崇信县汭河(九功渠首至野雀沟)河堤	2972	2378	594			
庄浪县北洛河良邑郭魏至石家窑段河堤	2302	2302				
酒泉市肃州区清水河堤防及河道治理	1232	700	532			
酒泉市肃州区丰乐河堤防及河道治理	2553	600	1953			
庆阳市中小河流水毁工程修复和治理	1500	1500				
西峰区砚瓦川贺家塬沟护岸工程	1050	840	210			
正宁县四郎河房河治理工程	2270	1816	454			
宁县新宁镇高山堡村护岸工程	360		360			
正宁县四郎河樊湾子治理工程	2650	2120	530			
安定区关川河大碱沟治理工程	1100	880	220			
漳县龙川河草川坪至魏下段堤防工程	3076	1200				1876
陇南市中小河流水毁工程修复和治理	2500	2500				
陇南市武都区北峪河治理工程	2474	1979				495
成县严河堤防工程	2400	1440	480			480
文县白马峪河治理工程	2318	1854				464
文县中路河中寨至白水江口段治理	2847	700				2147
宕昌县恭河韩院段河堤工程	1245	996	199			50
康县阳坝河阳坝镇段治理工程	2774	2219	555			
西和县太石河治理工程	2876	2300	576			
西和县漾水河治理工程	2854	2283	571			
礼县清水江张堡至教面堤防工程	1200	1200				
两当县红崖河权坪河段综合治理工程	300	300				
两当县红崖河蚂蚱河段综合治理工程	900	900				
东乡县巴谢河五家至赵家段堤防	2714	2171	434			109
临夏县老鸦关河双城至上阴洼段防洪	2487	1990	497			
和政县牛津河罗家集至马家堡段防洪	2997	2398	479			120
和政县大南岔河吊滩段防洪工程	2013	1610	322			81
康乐县苏家集河附城镇段堤防工程	901	901				
东乡县巴谢河赵家至那勒寺段堤防	2814	2251	450			113
积石山吹麻滩河治理(赵家峡口至何家桥)	500		500			
合作市格河多合儿防洪工程	1115	892	223			
合作市德吾录河卡加防洪工程	960	768	192			
临潭县斜藏沟治理工程	2717	2173	544			
临潭县羊沙河下河段治理工程	1347	1347				
卓尼县羊沙河恰盖防洪工程	1480	1480				
卓尼县石窖沟藏巴哇防洪工程	850	850				
舟曲县拱坝河堤防工程	2959	2959				

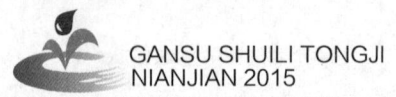

3-1 续表

单位:万元

项　目	计划总投资	中央政府投资	地方政府投资	企业和私人投资	银行贷款	其他投资
迭部县阿夏流域治理工程	2105	1684	421			
甘肃疏勒河灌区三道沟河道治理	2834	1400	1434			
水库除险加固	25114	17800	1162		4000	2152
大中型病险水库除险加固	19003	12562	1141		4000	1300
高台县小海子水库除险加固工程	3300				2000	1300
甘肃双塔水库除险加固	15703	12562	1141		2000	
小型病险水库除险加固	6111	5238	21			852
永昌县老人头水库除险加固	280	260	20			
会宁县米峡水库除险加固工程	380	380				
张掖市酥油口水库除险加固	600	600				
高台县天城湖水库除险加固2014	400	400				
瓜州县榆林河水库除险加固工程	401	400	1			
敦煌市野麻湾水库除险加固工程	466	400				66
玉门市青山水库除险加固工程	589	580				9
渭源县峡口水库除险加固	260	260				
安定区七一水库除险加固	260	260				
礼县苗河水库除险加固	300	300				
成县卢沟水库除险加固	1577	800				777
灵台县北庄水库除险加固工程	246	246				
华亭县车厂沟水库除险加固工程	352	352				
大中型病险水闸除险加固	2375	1900	475			
永昌县金川河工农渠首泄洪闸除险加固	1250	1000	250			
肃州区红山河马鬃门排砂闸除险加固	1125	900	225			
其他防洪项目	61274	52247	9027			
甘肃省2014年度山洪灾害防治项目(长)	2760	2760				
甘肃省2014年度山洪灾害防治项目(黄)	10195	10195				
甘肃省2014年度山洪灾害防治项目(内)	2930	2930				
甘肃省山洪灾害防治补助2013(内陆)	3232	2573	659			
甘肃省山洪灾害防治补助2013(长江)	3686	2778	908			
甘肃省山洪灾害防治补助2013(黄河)	17466	13949	3517			
甘肃省山洪灾害防治补助2015(内陆)	2617	2151	466			
甘肃省山洪灾害防治补助2015(黄河)	14386	11801	2585			
甘肃省山洪灾害防治补助2015(长江)	4002	3110	892			
灌溉除涝项目	1227954	726123	205133	9948	105087	181662
灌区建设工程	142089	99633	36652			5804
皋兰县西岔中型灌区农业综合开发2015	1500	1000	500			
兴电灌区齐家大岘隧洞除险加固	9616		9616			
白银区工农渠灌区农业综合开发	350	350				
古浪县大靖河灌区农业综合开发	350	350				
甘州区上三灌区农业综合开发项目	1500	1000	400			100
民乐县童子坝灌区农业综合开发项目	1500	1000	400			100
静宁县东峡灌区农业综合开发	1400	1000	400			
敦煌水资源规划项目(酒泉市)2014	17916	12482				5434
敦煌水资源规划项目(河道归束)2015	4747	2848	1899			

3-1 续表

单位：万元

项 目	计划总投资	中央政府投资	地方政府投资	企业和私人投资	银行贷款	其他投资
敦煌水资源规划项目(党河灌区)2015	8678	6943	1735			
环县甜水堡灌区节水改造项目	300		300			
合水县固城川灌区续建配套与节水改造	493		493			
临洮县溥济渠灌区农业综合开发	1500	1000	500			
渭源县石门灌区农业综合开发项目	2050	1550	500			
临夏县北塬灌区农业综合开发项目	1490	1000	400			90
景泰川电力提灌二期灌区调蓄水池项目	900		900			
敦煌水资源利用与生态保护(疏勒河)2012	16162	12686	3476			
敦煌水资源利用与生态保护(疏勒河)2013	22568	17697	4871			
敦煌水资源利用与生态保护(疏勒河)2014	22408	17518	4890			
敦煌水资源利用与生态保护(疏勒河)2015	25261	20209	5052			
玉门市花海灌区农业综合开发	1400	1000	320			80
节水灌溉工程	97419	69832	9175			18412
2015年永登县牧区节水灌溉示范项目	375	300	75			
石羊河流域重点治理2014(金昌市)	17701	15931	1770			
永昌县牧区节水灌溉示范项目	375	300	75			
凉州区规模化节水灌溉增效示范2014	1625	1300	325			
凉州区规模化节水增效示范(2013-2016)	5007	4006	1001			
民勤县牧区节水灌溉示范项目2015	375	300	75			
天祝县牧区节水灌溉示范项目2014	500	400	100			
石羊河流域重点治理2014(张掖市)	300	270				30
肃州区规模化节水灌溉增效示范项目	1625	1300	325			
肃州区规模化节水增效示范(2013-2016)	5872	4693	1179			
瓜州县牧区节水灌溉示范项目2014	501	400	101			
肃北县牧区节水灌溉示范项目2014	510	400	110			
阿克塞县牧区节水灌溉示范项目2014	500	400				100
敦煌市规模化节水灌溉增效示范项目	1375	1100				275
敦煌市规模化节水增效(2013-2016)	1516	1212	304			
环县牧区节水灌溉示范项目2015	375	300				75
安定区规模化节水综合灌溉示范2015	3771	3017	754			
漳县牧区节水灌溉示范项目2015	375	300	75			
甘州区规模化节水灌溉示范(2013-2016)	9507	7606				1901
合作市牧区节水灌溉示范项目2014	400	400				
迭部县牧区节水灌溉示范项目2015	375	300	75			
夏河县2015牧区节水灌溉项目	375	300				75
石羊河流域重点治理(省景电)2012	13746	12372				1374
石羊河流域重点治理(省景电)2013	19835	8766	2830			8239
石羊河流域重点治理(省景电)2014	10502	4159				6343
小型农田水利建设	368401	245308	85754	9948		27390
镇原县2015抗旱引调提水项目(3)	1147	1012	135			
镇原县小型农田水利2015维修养护	252	251	1			
榆中县中央财政高效节水2014(五)	2689	1400	800			489
榆中县中央统筹(土地出让)2014	1000	1000				
榆中县抗旱引调提水项目2014	925	925				

3-1 续表

单位:万元

项　　目	计划总投资	中央政府投资	地方政府投资	企业和私人投资	银行贷款	其他投资
红古区中央统筹(土地出让)2014	1268	1000				268
榆中县中央财政小型农田水利(5)	2834	1400	800			634
榆中县小型农田水利2015维修养护	100	100				
榆中县2015抗旱引调提水项目(3)	995	995				
西固区小型农田水利2015维修养护	100	100				
红古区中央财政高效节水2014(五)	1330	700	400			230
红古区小型农田水利建设(五)	1452	700	310			442
红古区小型农田水利2015维修养护	100	100				
永登县高效节水项目2014(五)	2703	1400	800			503
永登县2015年高效节水灌溉示范项目	2490	1400	880			210
永登县2015年抗旱引调提水项目	1295	1295				
永登县2015年水利工程维修养护项目	100	100				
皋兰2015年农田水利设施维修养护项目	100	100				
嘉峪关市中央财政高效节水2015(五)	2327	1400	927			
嘉峪关市高效节水灌溉项目2015(六)	1792	1000	792			
嘉峪关市小型农田水利维修养护2015年	300	300				
嘉峪关中央财政高效节水2013(五)	2871	1400	1471			
嘉峪关中央财政高效节水2014(五)	2609	1400	1209			
嘉峪关中央财政高效节水2014(六)	1771	1000	500			271
永昌县中央财政高效节水2014(五)	2409	1200	1209			
金川区中央财政高效节水2014(六)	668	300	368			
永昌县中央财政高效节水2014(六)	2006	1000	1006			
金川区高效节水灌溉项目(六)	637	300	337			
金川区中央财政小型农田水利工程2015	1697	1000	697			
金川区小型农田水利2015维修养护项目	200	200				
永昌县小型农田水利建设(五)	2636	1400	1236			
永昌县高效节水灌溉项目(六)	783	300	483			
永昌县中央财政小型农田水利工程2015	1774	1000	774			
永昌县小型农田水利2015维修养护	127	100	27			
靖远县中央财政高效节水灌溉项目2013	2878	1400	600			878
靖远县2013水利工程维修养护(土地出让)	853	400				453
白银区中央财政高效节水灌溉项目2013	1050	700	350			
景泰县中央财政高效节水灌溉项目2013	1420	1000	420			
景泰县中央财政景电农场节水灌溉2013	1887	700	300			887
景泰县中央财政节水灌溉(土地出让)	300	300				
靖远县高效节水灌溉(土地出让)2014	1300	1300				
靖远县中央财政高效节水2014(五)	2000	1400	600			
白银区农业水价改革(土地出让)2014	1100	1000	100			
白银区中央财政高效节水2014(五)	1000	700	300			
白银区五小水利工程(土地出让)2014	1000	1000				
会宁2014年抗旱引调提水项目	1762	1762				
会宁县中央财政高效节水2014(五)	2000	1400	600			
会宁县高效节水灌溉(土地出让)2014	1000	1000				
景泰县中央财政小农水重点县2014	2300	1500	800			

3-1 续表

单位：万元

项　　目	计划总投资	中央政府投资	地方政府投资	企业和私人投资	银行贷款	其他投资
景泰县中央财政高效节水 2014(五)	2000	1400	600			
景泰县抗旱规划引调提水项目(2014)	857	857				
平川区中央财政高效节水 2014(五)	2000	1400	600			
靖远县 2014 年抗旱引调提水项目	889	837				52
景泰水利工程维修养护(土地出让)2014	200	200				
会宁县 2015 年抗旱引调提水项目	1355	1355				
平川区小型农田建设 2015(五)	2000	1400	600			
会宁县中央财政高效节水 2015(五)	2000	1400	600			
会宁县 2015 年维修养护项目	200	200				
平川区小型农田水利 2015 维修养护资金	100	100				
白银区小型农田水利建设(五)2015	1000	700	300			
白银区 2015 小型农水利维修养护资金	600	600				
景泰县中央财政小型农田水利建设 2015	2000	1400	600			
景泰县 2015 年抗旱引调提水项目	1485	1485				
景泰县小型农田水利 2015 年维修养护	200	200				
靖远县 2015 年高效节水灌溉示范项目	2720	1400	600			720
靖远县 2015 年抗旱引调提水项目	1370	1262				108
靖远县 2015 年小型农田水利维修养护资金	100	100				
甘谷县 2015 抗旱引调提水工程	299	299				
甘谷县中央财政小型水利五小水利 2015	1560	1000	500			60
秦州区中央财政统筹(土地出让)2014	610	600				10
秦州区 1 万~5 万亩灌区(土地出让)	614	600				14
秦州区 2015 年抗旱引调提水工程	1041	1041				
秦州区小型农田水利 2015 维修养护	200	200				
麦积区小型农田水利 2015 年维修养护	202	200				2
清水县五小水利工程(土地出让)	867	800				67
清水县水利工程维修项目(土地出让)	200	200				
清水县 2014 年抗旱引调提水项目	1101	884				217
清水县 2015 抗旱引调提水项目	499	499				
清水县小型农田水利 2015 维修养护	100	100				
秦安县中央财政统筹(土地出让)2014	1100	1100				
秦安县 2015 抗旱引调水提水项目	436	436				
甘谷县 2014 年抗旱引调提水项目	520	416				104
武山县 2014 年度小型农田水利重点县	2896	1500	800			596
武山县高效节水灌溉项目(土地出让)	400		400			
武山县 1 万~5 万亩灌区改造（土地出让）	705	600				105
武山县 2015 抗旱引调提水工程	407	407				
武山县小型农田水利 2015 维修养护项目	200	200				
张家川县小型农田水利 2015 维修养护	100	100				
凉州区中央财政高效节水 2014(五)	4000	2800	1200			
凉州区中央财政高效节水 2014(六)	3000	2000	1000			
凉州区 2014 抗旱规划引调提水项目	1481	1481				
凉州区中央财政小型农田水利建设(五)	4000	2800	1200			
凉州区高效节水灌溉项目(六)	3000	2000	1000			

3-1 续表

单位:万元

项　目	计划总投资	中央政府投资	地方政府投资	企业和私人投资	银行贷款	其他投资
凉州区2015年抗旱引调提水工程	412	412				
凉州区农业水价综合改革(土地出让)	100	100				
凉州区小型农田水利2015维修养护	300	300				
民勤县2015年抗旱引调提水项目	800	800				
民勤县农业水价综合改革(土地出让)	100		100			
民勤县中央财政小型农田水利建设(5)	3000	1400	1600			
民勤县中央财政小农水重点县2015(五)	500	500				
民勤县高效节水灌溉项目(六)	1500	1000	500			
民勤县中央财政小型农田水利工程2015	1500	1000	500			
民勤县小型农田水利2015维修养护	500	500				
古浪县中央财政高效节水灌溉2013	2482	1400	600			482
古浪县中央财政小农水重点县2014	2779	1500	800			479
古浪县中央财政统筹(土地出让)2014	207	200				7
古浪县中央财政高效节水2014(六)	1812	1000	500			312
古浪县中央财政高效节水2014(五)	2809	1400	600			809
古浪县抗旱规划引调提水项目	1763	1412				351
古浪县小型农田水利建设(五)	2000	1400	600			
古浪县高效节水灌溉项目(六)	1500	1000	500			
古浪县2015抗旱引调提水项目	697	697				
古浪县中央财政小型农田水利工程2015	1500	1000	500			
古浪县小型农田水利2015维修养护	100	100				
天祝县中央财政高效节水2014(六)	1112	700	412			
天祝县高效节水灌溉项目(六)	1000	700	300			
天祝县小型农田水利2015维修养护	100	100				
高台县中央财政高效节水2014(六)	1863	1000	700			163
山丹县抗旱规划引调提水项目2014	1355	746				609
山丹县中央财政高效节水2014(六)	3218	1700	900			618
肃南县前滩1万~5万亩灌区(土地出让)2014	620	600	10			10
甘州区中央财政高效节水2014(六)	2038	1000	800			238
民乐县中央财政高效节水2014(六)	1866	1000	600			266
民乐县农业水价改革(土地出让)2014	1172	1000	172			
高台县中央财政统筹(土地出让)2014	322	200				122
山丹县中央财政统筹(土地出让)2014	100	100				
临泽县中央财政统筹(土地出让)2014	180	100	20			60
肃南县中央财政统筹(土地出让)2014	1264	1000	100			164
山丹马场中央财政高效节水2014(五)	1232	700		532		
山丹县小型农田水利建设2015(五)	2760	1400	600			760
高台县农业水价改革(土地出让)2015	1100	1000	100			
高台县小型农田水利2015维修养护	500	500				
高台县小型农田水利建设2015(五)	2567	1400	900			267
高台县高效节水灌溉项目2015(六)	1967	1000	700			267
高台县中央财政小型农田水利2015(七)	1801	1000	580			221
山丹县高效节水灌溉项目2015(六)	2892	1700	900			292
临泽县小型农田水利2015维修养护	100	100				

3-1 续表

单位：万元

项 目	计划总投资	中央政府投资	地方政府投资	企业和私人投资	银行贷款	其他投资
临泽县小型农田水利建设2015(五)	2609	1400	900			309
山丹县中央财政小农水2015(七)	2095	1000	800			295
甘州区高效节水灌溉项目2015(六)	1822	1000	630			192
甘州区中央财政小型农田水利2015(五)	2352	1400	800			152
甘州区小型农田水利2015维修养护	300	300				
山丹县2015抗旱引调水项目	1487	1055				432
肃南县小型农田水利建设2015(五)	2315	1400	620			295
肃南县小型农田水利2015维修养护	200	200				
民乐县2015抗旱引调提水项目	621	479				142
民乐县高效节水灌溉项目2015(六)	1814	1000	600			214
民乐县小型农田水利建设2015(五)	2550	1400	700			450
民乐县中央财政小型农田水利2015(七)	1030	600	300			130
民乐县水利工程维修养护2014–2015	400	400				
山丹马场2014年高效节水(六)	1247	400	300	547		
山丹马场小型农田水利建设2015(五)	1266	700		566		
山丹马场高效节水灌溉项目2015(六)	1209	400	300	509		
崆峒区中央财政统筹(土地出让)2014	1015	1000				15
静宁县小型农田水利2015维修养护	200	200				
静宁县2015年抗旱水源引调提水工程	1017	1017				
崆峒区抗旱规划引调提水项目	1043	1043				
崆峒区小型农田水利2015年维修养护	200	200				
泾川县中央财政统筹(土地出让)2014	1000	1000				
泾川县2014年抗旱引调提水项目	453	453				
灵台县中央财政小农水重点县2014(四)	2725	1500	1200			25
灵台县许家沟提灌工程(土地出让2014)	2496	1000	1496			
灵台县中央财政小型农田水利工程2015	1500	1000	500			
崇信县水利工程维修项目(土地出让)	200	200				
崇信县小型农田水利2015年维修养护	100	100				
华亭西华河1万~5万亩灌区（土地出让）2014	721	600	121			
庄浪县中央财政统筹(土地出让)2014	1000	1000				
庄浪县2015年抗旱引调提水项目	688	688				
庄浪县小型农田水利2015年维修养护	100	100				
静宁县中央财政统筹(土地出让)2014	1083	1000				83
静宁县抗旱规划引调提水项目	999	999				
肃州区中央财政统筹(土地出让)2014	100	100				
瓜州县中央财政统筹(土地出让)2014	343	300	43			
酒泉市中央财政统筹(土地出让)2014	600	600				
肃州区中央财政高效节水2014(五)	2821	1400	1421			
肃州区中央财政高效节水2014(六)	1904	1000	500			404
肃州区小型农田水利建设(五)	2661	1400	600			661
肃州区高效节水灌溉项目(六)	2051	1000	500			551
肃州区小型农田水利2015维修养护资金	100	100				
金塔县中央财政高效节水2014(五)	2327	1400	600			327
金塔县中央财政高效节水2014(六)	1910	1000	500			410

3-1 续表

单位：万元

项目	计划总投资	中央政府投资	地方政府投资	企业和私人投资	银行贷款	其他投资
金塔县中央财政统筹(土地出让)2014	202	200				2
金塔县高效节水灌溉项目(六)	1876	1000	500			376
金塔县中央财政小型农田水利工程2015	1844	1000	500			344
金塔县区小型农田水利建设(五)	2289	1400	600			289
瓜州县中央财政高效节水2014(五)	2387	1400	987			
瓜州县桥子1万~5万亩灌区（土地出让）2014	460		460			
瓜州县小型农田水利建设(五)	2643	1400	1243			
瓜州县小型农田水利2015维修养护资金	101	100	1			
阿克塞小型农田水利2015维修养护	100	100				
玉门市中央财政高效节水2014(五)	2484	1400	1000			84
玉门市中央财政高效节水2014(六)	2059	1200	700			159
玉门市小型农田水利建设(五)	2484	1400	1000			84
玉门市高效节水灌溉项目(六)	2449	1500	700			249
玉门市中央财政小型农田水利工程2015	1113	600	295			218
酒泉市敦煌抗旱规划引调提水项目	1112	893				219
敦煌市2015抗旱引调提水项目	1669	1343	326			
敦煌市小型农田水利2015维修养护	300	300				
镇原吴家沟1万~5万亩灌区（土地出让）2014	702	600	60			42
合水县中央财政小农水重点县2014	2786	1500	1286			
正宁县四郎河1万~5万亩灌区（土地出让）	721	600	121			
西峰区中央财政统筹(土地出让)2014	200	200				
宁县中央财政统筹(土地出让)2014	204	200	4			
合水县中央财政统筹(土地出让)2014	200	200				
环县中央财政统筹(土地出让)2014	100	100				
镇原县抗旱规划引调提水项目	1196	1196				
华池县抗旱规划引调提水项目	901	901				
环县抗旱规划引调提水项目	2021	2021				
西峰区小型农田水利2015维修养护	200	200				
庆城县2015抗旱引调提水项目(2)	893	698	195			
庆城县小型农田水利2015维修养护	100	100				
环县小型农田水利2015维修养护	100	100				
环县2015抗旱引调提水项目(3)	1780	1256				524
华池县2015抗旱引调提水项目(2)	727	670	57			
合水县小型农田水利2015维修养护	200	200				
渭源县中央财政五小水利项目2013	1800	1000	800			
安定区抗旱应急调蓄工程	1386	986	400			
通渭县中央财政小农水重点县2014	2088	800	1288			
通渭县中央财政统筹(土地出让)2014	100	100				
临洮县红旗1万~5万亩灌区（土地出让）2014	628	600	28			
陇西县抗旱引调提水项目	1714	1372				342
渭源县中央财政五小水利2014(五)	1568	1000	568			
临洮县小型农田水利2015维修养护	100	100				
临洮县中央财政五小水利(2014)	1649	1000	649			
临洮县中央财政小农水五小水利2015	1650	1000	650			

3-1 续表

单位:万元

项目	计划总投资	中央政府投资	地方政府投资	企业和私人投资	银行贷款	其他投资
临洮县抗旱引调提水项目2015	1567	1567				
渭源县中央财政五小水利2015	1500	1000	500			
安定区2015年抗旱引调水工程	2200	2025	175			
通渭县2015年抗旱引调提水项目	535	519				16
漳县小型农田水利2015维修养护	100	100				
康县中央财政统筹(土地出让)2014	1000	1000				
武都区中央财政统筹(土地出让)2014	300	300				
文县中央财政统筹(土地出让)2014	100	100				
徽县中央财政统筹(土地出让)2014	100	100				
西和县抗旱规划引调提水项目	1220	1220				
礼县抗旱规划引调提水项目	1460	1460				
武都区中央财政区域节水2014(五)	1769	1000	300			469
武都区中央财政区域节水2014(六)	2619	1400	600			619
武都区高效节水灌溉项目(六)	2154	1400	600			154
武都区小型农田水利2015维修养护	300	300				
武都区水价改革及产权改革试点	100		100			
武都区中央财政小农水(区域节水)	1846	1000	300			546
成县小型农田水利2015维修养护	100	100				
文县中央财政六小水利2014(六)	780	300	200			280
文县高效节水灌溉项目(六)	770	300	200			270
文县小型农田水利2015维修养护	100	100				
康县小型农田水利2015维修养护	200	200				
西和县2015抗旱引调提水项目(2)	615	615				
礼县2015抗旱引调提水项目(3)	1724	1724				
礼县小型农田水利2015维修养护	100	100				
徽县中央财政六小水利2014(六)	538	300	200	38		
徽县小型农田水利2015维修养护	200	200				
徽县高效节水灌溉项目(六)	550	300	200	50		
民勤县中央财政小农水重点县2014(5)	2000	1400	600			
民勤县2014年农业水价改革项目	1000	1000				
民勤县2014年高效节水灌溉项目	1500	1000	500			
民勤县2014抗旱规划引调提水工程项目	1365	1365				
两当县中央财政六小水利2014(六)	694	300	200			194
两当县高效节水灌溉项目(六)	667	300	200			167
两当县小型农田水利2015维修养护	100	100				
东乡县中央财政五小水利项目2013	1652	1000	500			152
东乡县水利工程维修养护(土地出让)	214	200				14
永靖县五小水利工程(土地出让)	1090	800				290
临夏市小型农田水利2015维修养护	100	100				
临夏县中央财政小农水重点县2014	2077	800	800			477
临夏县2014年抗旱引调提水项目	896	896				
临夏县2015年抗旱引调提水项目	253	253				
康乐县中央财政统筹(土地出让)2014	313	300				13
康乐县小型农田水利2015维修养护资金	200	200				

3-1 续表

单位：万元

项　　目	计划总投资	中央政府投资	地方政府投资	企业和私人投资	银行贷款	其他投资
永靖县中央财政统筹(土地出让)2014	1053	1000				53
永靖县2014抗旱引调提水项目	430	394				36
永靖县2015年抗旱引调水提水工程	376	328				48
永靖县小型农田水利2015年维修养护	206	200				6
广河县2014年抗旱引调水提水工程	722	697				25
广河县2015年中央财政小型农田水利	1501	1000	500			1
广河县2015三甲集抗旱应急水源配套	505	425				80
广河县2015齐家镇抗旱应急水源配套	512	416				96
和政县中央财政统筹(土地出让)2014	1154	1000				154
和政县2014年抗旱引调提水项目	859	859				
和政县小型农田水利2015维修养护	414	400				14
和政县2015抗旱引调提水项目	485	485				
东乡县中央财政五小水利2014(五)	1675	1000	500			175
东乡县2014年抗旱引调提水项目	861	835				26
东乡县2015年抗旱引调提水项目	920	892				28
东乡县中央财政五小水利项目2015	1674	1000	500			174
积石山县中央财政五小水利2014(五)	1576	1000	500			76
积石山县2014年抗旱引调提水项目	1327	1247				80
积石山县中央财政五小水利2015	1576	1000	500			76
积石山县2015抗旱应急水源配套工程	1409	1250				159
玛曲县水利工程维修项目(土地出让)	100	100				
卓尼县水利工程维修项目(土地出让)	100	100				
临潭县农田水利2015维修养护	100	100				
卓尼县小型农田水利2015维修养护	100	100				
舟曲县五小水利工程项目(土地出让)	1000	1000				
舟曲县小型农田水利2015维修养护	200	200				
迭部县小型农田水利2015维修养护	100	100				
玛曲县小型农田水利2015维修养护	100	100				
夏河县中央财政小农水重点县2014	2006	800	1200			6
夏河县小型农田水利2015维修养护	100	100				
省农垦中央财政条山农场高效节水2013	822	500	200	122		
省农垦黑土洼农场高效节水(土地出让)	1115	700	300	115		
省农垦黄羊河农场高效节水(土地出让)	1213	700		513		
省农垦八一农场中央财政节水2014(六)	2755	1400	600	755		
省农垦生地湾农场中央财政节水2014(六)	1161	500	200	461		
省农垦饮马农场中央财政节水2014(六)	1216	500	200	516		
省农垦黄花农场中央财政节水2014(六)	1216	500	200	516		
省农垦张掖农场小型农田水利建设(五)	1283	500	200	583		
省农垦黑土洼农场高效节水灌溉(六)	1447	700	300	447		
省农垦黄花农场高效节水灌溉项目(六)	1056	500	200	356		
省农垦饮马农场高效节水灌溉项目(六)	695	200	200	295		
省农垦饮马农场中央财政小农水2015	772	400	205	167		
敦煌农场小型农田水利建设(五)	1145	400	100	645		
省农垦生地湾农场高效节水灌溉(六)	1110	500	200	410		

3-1 续表

单位:万元

项　目	计划总投资	中央政府投资	地方政府投资	企业和私人投资	银行贷款	其他投资
八一农场小型农田水利建设(五)	2701	1400	600	701		
省农垦小型农田水利2015维修养护	300	300				
省农垦黄羊河农场高效节水灌溉(六)	1962	1400	562			
省农垦黄羊河农场小型农田水利(五)	1246	500	200	546		
省农垦山丹农场高效节水灌溉项目(六)	1279	500	200	579		
省景电中央财政统筹(土地出让)2014	300	300				
省景电小型农田水利2015维修养护	400	400				
水库工程	304336	56180	38729		105087	104340
富川水库(抗旱规划内)	12541		10033		2508	
武威市杂木河毛藏寺水库工程	80927		3000			77927
天祝县二道墩水库	8666	6927	1739			
民乐县石灰窑水库	7916	7916				
临泽县红山湾水库工程	55230		5836		40000	9394
山丹县白石崖水库(抗旱规划内)	13765	5685				8080
山丹县大口子河水库工程	3198		1500			1698
山丹县西沟水库	2469				2469	
山丹县东沟水库	2175				2175	
崆峒区北杨涧水库(抗旱规划内)	9881	5685			4196	
泾川县朱家涧水库(抗旱规划内)	12095	8226				3869
崇信县关河水库(抗旱规划内)	7668	6591	1077			
庄浪县花崖河水库(抗旱规划内)	9057	5685				3372
阿克塞县工业园区水库	3404		404		3000	
酒泉循环经济产业园水源(大红泉水库)	17845				17845	
庆城县纸坊沟水库(抗旱规划内)	6825	5685	1140			
通渭县段家峡水库	3780	3780				
兰州新区2号3号石门沟水库	46894		14000		32894	
泵站工程	291295	233035	34324			23936
兰州市榆中三电泵站更新改造工程	25562	20450	5112			
兰州市皋兰县西电泵站更新改造工程	22245	17794	4451			
兰州市工农坪泵站更新改造工程	3750	3000	750			
兰州市大砂沟泵站更新改造工程	4750	3800	950			
七里河区西津泵站更新改造工程	4687	3750	937			
白银市靖会泵站更新改造工程	43247	34598	8649			
景泰县中泉泵站更新改造工程	9796	7837	1959			
白银市刘川泵站更新改造工程	11455	9164	2291			
白银市兴电泵站更新改造工程	34291	27433	6858			
白银市旱平川泵站更新改造工程	6152	4922	1230			
靖远县2014年中堡泵站更新改造工程	1625	1300				325
靖远县2015年中堡泵站更新改造工程	1250	1000				250
平凉市白庙泵站更新改造工程	5681	4545	1136			
甘肃省景电泵站更新改造	116803	93442				23361
其他灌溉除涝项目	24415	22135	500			1780
景泰县草窝滩镇排水工程	500		500			
临夏市大夏河风情线综合治理工程	1780					1780

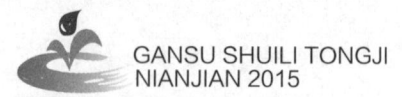

3-1 续表

单位:万元

项　目	计划总投资	中央政府投资	地方政府投资	企业和私人投资	银行贷款	其他投资
永靖县刘盐八地质灾害灌区节水改造	22135	22135				
供水项目	2999250	670324	790947	21984	816561	699435
引水(调水)工程	2716798	560539	727898	21984	739394	666983
甘肃省引洮供水一期工程	501600	258200	243400			
靖远县双永供水工程	42000	21000	21000			
兰州市水源地建设工程	596712		180000		416712	
引洮供水一期榆中县配套工程	82678		7800		74878	
白银靖会甘沟干渠扩建及会宁城区供水	13267		13267			
引洮一期工程会宁北部供水工程	87556	52000	35556			
秦州区2014年抗旱引调提水项目	1173	939				234
天祝县南阳山片下山入川供水工程	41450	20000	21450			
天祝县石门河调蓄引水工程	25050	15000	10050			
静宁县甘渭河庙堡调水工程	500		500			
肃北县马鬃山镇供水工程	97004		1020	21984	70000	4000
盐环定扬黄续建工程调概算	7100		2500		4600	
华池县葫芦河水源工程	1000		1000			
引洮供水一期定西配套项目农村供水	113701	50000	34601		29100	
盐环定扬黄甘肃专用工程一期改造	2986		2000			986
积石山引水工程	43000	19300	15000		5000	3700
临夏州引黄济临供水工程	71454	24000	20000		20000	7454
引洮(博)济合供水工程	63970	22700	32316		8954	
甘南州引洮入潭工程	18358	7400	10958			
兰州新区供水项目引大渠道除险加固	27480		5480		22000	
甘肃引洮供水二期工程	730609	70000	10000			650609
天水市城区引洮供水工程	148150		60000		88150	
人饮解困及饮水安全工程	217675	101185	56771		49067	10652
镇原县农村安全饮水项目	2545	1579	966			
镇原县1236扶贫攻坚农村饮水安全2015	1395		1100			295
榆中县农村饮水安全项目2015	8360	5125	3235			
皋兰县农村饮水安全项目2015	809	519	290			
兰州市农村饮水安全水质检测能力	670	670				
永登县2015年农村饮水安全工程	1417	584	833			
嘉峪关市农村饮水安全水质检测项目	134	84	50			
金昌市农村饮水安全水质检测中心	173	168	5			
会宁县农村饮水安全项目2015	10943	6849	4094			
白银市农村饮水安全水质监测能力	419	419				
白银区农村饮水安全项目2015	819	529	290			
景泰县农村饮水安全项目2015	1590	1116	474			
靖远县2015年农村饮水安全项目	2891	2087	556			248
甘谷县农村饮水安全项目	7418	5379	1456			583
天水市农村饮水安全水质检测能力	587	587				
秦州区农村饮水安全项目2015	3723	2494	1229			
麦积区2015年农村饮水安全项目	8388	6494	1894			
清水县农村饮水安全项目	965	211	754			

3-1 续表

单位:万元

项　目	计划总投资	中央政府投资	地方政府投资	企业和私人投资	银行贷款	其他投资
秦安县农村饮水安全项目	2970	2181	789			
武山县农村饮水安全项目示点(规划外)	5401				4532	869
武山县农村饮水安全(试点县规划外)	3601		665		2750	186
张家川县农村饮水安全项目(2015)	638	356	282			
武威市农村饮水安全水质监测能力	335	335				
凉州区农村饮水安全项目	716	490	226			
古浪县农村饮水安全项目	897	599	298			
天祝县藏区规划外农村饮水安全项目	5420	4048	1372			
山丹县农村饮水安全(试点县规划外)	11543		574		10429	540
张掖市农村饮水安全水质检测能力	594	503	91			
甘州区农村饮水安全项目	5315	2998	1964			353
民乐县农村饮水安全项目	1892	1172	594			126
平凉市农村饮水安全水质检测能力	586	586				
静宁县农村饮水安全项目2015	1455	989	344			122
崆峒区农村饮水安全项目2015	813	353	406			54
灵台县农村饮水安全项目2015	903	501	402			
酒泉市农村饮水安全工程水质监测能力	586	586				
瓜州县农村饮水安全项目	622	413	209			
玉门市农村饮水安全项目	121	48	33			40
宁县农村饮水安全项目	2641	1600	1041			
宁县1236扶贫攻坚农村饮水安全2015	407		407			
正宁县1236扶贫攻坚农村饮水安全2015	407		407			
庆阳市农村饮水安全水质监测能力	826	670	156			
西峰区1236扶贫攻坚农村饮水安全2015	284		220			64
庆城县2015年规划外农村饮水安全	98		98			
庆城县1236扶贫攻坚农村饮水安全2015	934		880			54
环县农村饮水安全项目	2073	649	814			610
环县2015年规划外农村饮水安全工程	13899		5700		7970	229
环县1236扶贫攻坚农村饮水安全2015	4732		1980			2752
华池县1236扶贫攻坚农村饮水安全2015	839		440			399
华池县农村饮水安全项目	607	69	538			
合水县1236扶贫攻坚农村饮水安全2015	276		276			
通渭县农村饮水安全(试点县规划外)	6825		643		5717	465
临洮县农村饮水安全项目2015	1427	605	822			
岷县农村饮水安全项目	9175	7455	1720			
定西市农村饮水安全水质监测能力	586	586				
陇南市农村饮水安全水质检测能力	754	754				
两当县农村饮水安全(试点县规划外)	1067		1025		42	
武都区农村饮水安全项目	6491	4812	1196			483
成县农村饮水安全项目	1503	1076	319			108
文县农村饮水安全项目	906	619	227			60
宕昌县农村饮水安全项目	1216	868	348			
西和县农村饮水安全项目	3698	2756	942			
礼县农村饮水安全项目	5157	3458	1699			
徽县农村饮水安全项目	193	121	66			6

3-1 续表

单位:万元

项　目	计划总投资	中央政府投资	地方政府投资	企业和私人投资	银行贷款	其他投资
临夏州农村饮水安全水质监测能力	670	670				
临夏县2015年度城郊农业村饮水安全工程	614	124	239			251
临夏县2015年农村饮水安全(计划外)	4218		691		3527	
东乡县2015农村饮水安全(规划外)	7409		686		6723	
甘南州农村饮水安全水质检测能力	670	670				
合作市农村饮水安全项目2014	2639	975	561		1103	
合作市农村饮水安全项目2015	1458	874	584			
合作市藏区规划外农村饮水安全	178	138	40			
临潭县农村饮水安全项目试点	2885		610		2275	
临潭县藏区规划外农村饮水	329	271	58			
卓尼县农村安全饮水项目2014	2749	1468	302		456	523
卓尼县农村饮水安全项目2015	2497	1595	902			
卓尼县藏区规划外农村饮水安全项目	1831	1438	393			
舟曲县藏区规划外农村饮水安全	4326	3397	929			
迭部县农村饮水安全项目2014	508	268	68		84	88
迭部县藏区规划外农村饮水安全	1538	1218	320			
玛曲县农村饮水安全项目2014	3287	1098	275		1496	418
玛曲县农村饮水安全项目2015	1177	968	209			
玛曲县藏区规划外农村饮水安全	2758	2163	595			
碌曲县农村饮水安全项目2014	4468	1529	382		1963	594
碌曲县农村饮水安全项目2015	872	707	165			
碌曲县藏区规划外农村饮水安全	167	151	16			
夏河县农村饮水安全项目2015	2205	1489	716			
夏河县藏区规划外农村饮水安全	3547	2824	723			
其他供水工程	64777	8600	6278		28100	21799
镇原县北石窟旅游景区供水工程	463		463			
镇原县中盛产业配水工程	590		590			
山丹县城区供水管网工程	2000				2000	
金塔县北河湾循环产业区供水工程	4200		1000		3200	
临洮县安家咀加水工程	1479		800			679
陇西县引洮一期城区供水扩建工程	21100	7400			13700	
积石山县县城区供水水源改扩建工程	7082	1200			4500	1382
武威市城乡融合黄羊土门组团供水(陆港)	26438		2000		4700	19738
靖远寺儿坪供水项目	1425		1425			
水务项目	26632	11474	2476		11996	686
城镇供水管线建设	1709	350	1359			
清水县城区自来水管网扩建工程	1709	350	1359			
污水处理工程	23504	11124	1117		10577	686
临洮县污水处理厂配套管网工程	927	510	417			
山丹县城区生活污水处理工程	6000	4614	700			686
民勤红沙岗污水处理厂及中水回用贮水池	16577	6000			10577	
其他水务项目	1419				1419	
天水市城区供水高桥头引水枢纽工程	1419				1419	
水电开发利用	172817	40231	7498	108133	14155	2801
水力发电工程	97670	11063		84507	2100	
永昌县西大河二级水电站	6100	1100		5000		

3-1 续表

单位：万元

项　　目	计划总投资	中央政府投资	地方政府投资	企业和私人投资	银行贷款	其他投资
永昌县西大河总干渠 1 号水电站	619	300		319		
临泽县南台子一级水电站	1973	150		1823		
甘州区石庙一级水电站	677	240		437		
岷县天宝水电站	1251	115		1136		
岷县秦许水电站	798	190		608		
两当县左家水电站	1700	765		935		
东乡县达板水电站新增 2010	16324	100		16224		
康乐县杜家咀水电站	1023	410		613		
临夏县卧龙沟水电站(4)	608	130		378	100	
康乐县纳沟水电站(4)	753	100		653		
合作市地乌尔水电站	2792	250		2542		
舟曲县天干沟水电站	1248	260		988		
迭部县沟洁寺水电站	26780	2950		23830		
迭部县阿夏水电站	2150	400		1750		
迭部县阿夏那盖水电站	7471	1163		6308		
夏河县安顺水电站	20000	1440		18560		
夏河县和平桥水电站	5403	1000		2403	2000	
水电增效扩容	**33829**	**11760**	**6457**	**13116**		**2496**
永昌县金川峡水库电站	793	260	78	455		
永昌县皇城水库电站	1431	624	187	620		
永昌县头坝三号电站	725	273	82	370		
武威市凉州区南营水电站	1194	351	843			
武威市凉州区黄羊水电站	1770	527	1243			
武威市凉州区西营总干电站	1992	585	1407			
山丹马场总场电力局 1 号水电站	2045	524		1521		
庆城县杨渠水电站	658	237	421			
武都区白鹤桥水电站	4106	1430	429	2247		
武都区黄鹿坝水电站	7082	2470	741	3871		
文县白水江林业局水电站	801	241				560
文县慧达水电站	1512	585				927
宕昌县何家堡水电站	1496	487				1009
礼县苗河水库坝后电站	271	130	141			
东乡县老虎嘴电站	1651	743		908		
和政县炉子滩水电站	595	167		428		
和政县达浪水电站	190	56		134		
和政县康家坪水电站	763	152		611		
和政县新营尕庄水电站	256	75		181		
康乐县虎关水电站	248	75		173		
合作市峡村电站	2677	1170	585	922		
夏河县白土坡水电站	1572	598	299	675		
小水电代燃料	41319	17408	1041	10510	12055	305
嘉峪关市南干渠小水电代燃料项目	1224	551	123		550	
永昌县金川东小水电代燃料项目	5690	2125		3565		
肃南县西营河一级小水电代燃料项目	8160	3664		796	3700	
肃南县白银四级小水电代燃料项目	1914	861		153	900	
肃南县白银三级小水电代燃料项目	2288	1030		158	1100	

3-1 续表

单位：万元

项　　目	计划总投资	中央政府投资	地方政府投资	企业和私人投资	银行贷款	其他投资
肃南县白泉门一级小水电代燃料项目	7761	3492		1659	2610	
文县李子坝小水电代燃料项目	2009	904			800	305
合作市卡加曼小水电代燃料项目	2024	875		1149		
临潭县青石山小水电以电代燃料项目	4459	1896	918			1645
迭部县知子水电代燃料项目	2290	1030		1260		
夏河县甫黄二级小水电代燃料项目	3500	980		1770	750	
水保及生态	89590	67374	3315			18901
水土流失治理	89590	67374	3315			18901
甘肃省坡耕地水土流失治理2014(黄河)	12500	10000				2500
甘肃省坡耕地水土流失治理2014(长江)	5000	4000				1000
甘肃省水土流失重点治理2014(黄河)	6075	4860				1215
甘肃省水土流失重点治理2014(长江)	1600	1280				320
甘肃省水土流失重点治理2014(内陆)	500	400				100
甘肃省淤地坝新建及维修加固(2014)	575	460	115			
甘肃省国家水土保持重点工程(2014)	11968	8378				3590
甘肃省农业综合开发水土保持(2014)	5960	4000	1600			360
甘肃省国家水土保持重点工程(2015)	15770	11038				4732
甘肃省农业综合开发水土保持(2015)	5944	4000	1600			344
甘肃省淤地坝新建及维修加固(2015)	255	204				51
甘肃省坡耕地水土流失治理2015(黄河)	15000	12000				3000
甘肃省坡耕地水土流失治理2015(长江)	5000	4000				1000
甘肃省水土流失重点治理2015(黄河)	2568	2054				514
甘肃省水土流失重点治理2015(长江)	625	500				125
甘肃省水土流失重点治理2015(内陆)	250	200				50
机构能力建设专项	32525	25154	7371			
水文设施及能力建设	32525	25154	7371			
甘肃中小河流水文监测系统建设	31696	24531	7165			
甘肃水文水资源工程2013	629	423	206			
其他水利发展项目	200	200				
金昌市城市水资源实时监控与管理	200	200				
甘　肃	5218405	2060257	1133945	140066	951799	932339
兰州市	968377	237607	214403		513590	2776
嘉峪关市	15560	8717	6022		550	271
金昌市	52941	32141	10471	10329		
白银市	425997	273799	146727			5471
天水市	90504	49774	22074		9790	8867
酒泉市	218453	62344	25778	21984	94045	14302
张掖市	219040	81589	30080	8701	67383	31287
武威市	230906	92985	57554			80366
定西市	205084	100158	50487	1744	48517	4179
陇南市	111594	69392	18731	7141	842	15488
平凉市	101791	76161	13894		4196	7541
庆阳市	82443	33255	30456		12570	6162
临夏回族自治州	279774	139653	58931	20303	39850	21037
甘南藏族自治州	254911	102142	65207	62158	20726	4679
省直属	1961029	700540	383129	7706	139740	729914

3-2 2015 年水利建设项目累计安排投资

单位：万元

项目	累计安排投资	中央政府投资					地方政府投资										企业和私人投资	国内贷款	其他投资
		小计	预算内拨款	预算内专项资金	中央财政水利专项资金	土地出让收益	小计	预算内拨款	预算内专项资金	地方财政水利专项资金	水利建设基金	重大水利工程建设基金	土地出让收益	水资源费	部门自筹资金	其他资金			
甘肃省	3433313	1637662	1105625	14000	466833	51204	839275	168654	15940	262852	66425	78060	9487	30593	13842	193422	132849	628577	194950
防洪项目	359112	267129	146455		120674		60372		190	10697	7246	1260		2680	4147	34152	2147	4000	25465
堤防工程	6776	1680	1680				5096				5096								
卓尼县车巴河流域防洪治理项目	3000						3000				3000								
迭部县卡坝乡尼吉巴防洪工程	1000						1000				1000								
疏勒河干流昌马渠首段河道治理	2776	1680	1680				1096				1096								
江河湖泊治理工程	278576	206282	142875		63407		44692		190	1670	1470	1260		2455	4147	33500	2147		25456
大江大湖治理	50000	50000	50000																
兰州市黄河干流防洪工程	28000	28000	28000																
黄河干流白银市防洪治理工程	12000	12000	12000																
黄河干流临夏段防洪治理工程	6000	6000	6000																
黄河甘肃段甘南州防洪治理工程	4000	4000	4000																
重要支流治理	148200	91445	90527		918		38169		190	1177	670	980		2455	4147	28550			18586
讨赖河嘉峪关安远沟村至嘉酒河道治理	2532	1582	1582				950									950			
金川河金昌市河西堡至宁远堡段防洪	1667	1000	1000				667								667				
金川河金川区王家大砂沟至南环路桥防洪	3000	1800	1800				1200								1200				
祖厉河会宁县城区段防洪工程	1860	1116	1116				744									744			
祖历河靖远县 2014 庄口至罗家湾防洪	3875	2325	2325																1550
祖历河靖远县苏家湾至黑城子段堤防	2899	1739	1739																1160
麦积区渭河城区段南堤防治理	2160	1580	1580				190		190										390
葫芦河麦积区四合村至入渭河口段治理	3104	1862	1862				1242									1242			
渭河麦积区琥珀至新阳段治理工程	2682	1760	1760				922									922			
葫芦河秦安县叶堡桥头至安坪村段治理	2955	1773	1773																1182
葫芦河秦安县李河至刘沟村防洪治理	2024	1215	1215				809								809				
葫芦河秦安县安伏至叶堡大桥段治理	2376	1425	1425				951								951				
武山县山丹河口至西关渭河大桥段治理	2887	1732	1732																1155

3-2 续表

单位：万元

项目	累计安排投资	中央政府投资					地方政府投资										企业和私人投资	国内贷款	其他投资
		小计	预算内拨款	预算内专项资金	中央财政水利专项资金	土地出让收益	小计	预算内拨款	预算内专项资金	地方财政水利专项资金	水利建设基金	重大水利工程建设基金	土地出让收益	水资源费	部门自筹资金	其他资金			
武山县车家川至山丹河口段治理	2966	1780	1780																1186
石羊河凉州区松涛寺至红水河入河口防洪	2133	1280	1280				853							853					
石羊河民勤县野马泉下案段河道治理	1380	920	920				460								460				
黑河张掖市高台县六坝至双丰段河道	3034	1819	1819				1215									1215			
黑河高台县西腰墩水库至刘家深湖防洪	1233	740	740				493									493			
临泽县梨园河仙山口至西总干渠河道	2040	1224	1224				816									816			
黑河临泽县鸭暖小鸭至暖泉河道治理	2846	1708	1708				1138									1138			
黑河甘州区兰新铁路桥至支家崖河道	2978	1787	1787				1191									1191			
黑河甘州区国道312至兰新铁路河道	2092	1256	1256				836									836			
泾河平凉市吴老沟至平镇桥段河堤治理	836	504	504																332
泾河崆峒区马莲沟至南阳涧河段防洪	2770	1662	1662																1108
葫芦河静宁县狗娃河口至胡家河段河堤	2841	1705	1705																1136
黑河金塔县五爱至友好段河道治理	2775	1665	1665				1110							1110					
黑河金塔县常丰至中丰村段防洪治理	1230	738	738				492							492					
马莲河干流合水县陈家坪至前坪段防洪	2251	1351	1351				900									900			
蒲河宁县庄里至叶王川段防洪治理工程	2496	1590	1590				906									906			
镇原县蒲河干流三岔桥至石咀村段防洪	2073	1244	1244				829			376						453			
洮河岷县齐家庄至石头咀段防洪	2004	1203	1203				801									801			
陇西县三十里铺至四十里铺治理	2321	1392	1392				929									929			
陇西王家营至河浦段堤防工程	1851	1110	1110				741									741			
陇西县首阳镇双泉公路桥至水月坪段治理	1850	1110	1110				740									740			
临洮县三甲电站至姬家河大桥防洪治理	1464	878	878				586									586			
西汉水成县毛坝至魏家坝段堤防工程	2778	1667	1667				1111									1111			
白龙江文县石坊乡东峪口至大渡坝河道	1755	1053	1053				702									702			
文县尚德镇水家坝至周家坝河道治理	2900	1740	1740																1160
西汉水康县平洛河口至咀头上段堤防	2900	1740	1740				1160									1160			
西汉水康县腰膛坝至高楼子段堤防工程	2493	1497	1497				996									996			
西汉水西和县赵家沟至郭家坝段防洪	2470	1482	1482				988									988			

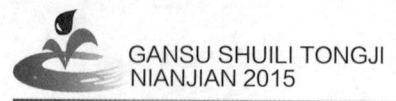

3-2 续表

单位:万元

项目	累计安排投资	中央政府投资					地方政府投资										企业和私人投资	国内贷款	其他投资
		小计	预算内拨款	预算内专项资金	中央财政水利专项资金	土地出让收益	小计	预算内拨款	预算内专项资金	地方财政水利专项资金	水利建设基金	重大水利工程建设基金	土地出让收益	水资源费	部门自筹资金	其他资金			
西汉水礼县罗家堡至盐官镇段防洪	1799	1078	1078				721									721			
洮河干流临洮县新添段堤防工程	4496	2698	2698				770					450				320			1028
白龙江干流陇南市月阳坝至宗家堡堤防	1127	1127	1127																
白龙江干流陇南市段河坝下坝段堤防	1174	1174	1174																
宕昌县白龙江干流沙湾镇段堤防工程	2280	1368	1368				912									912			
泾河泾川县罗汉洞至洪河口段河堤治理	1963	1630	1630				333									333			
大夏河干流临夏市单子庄至新大桥段	2898	1739	1739																1159
临夏县大夏河干流双城至马九川段治理	2320	1678	1678																642
广河县洮河干流新民滩至卧托段堤防	4891	2935	2017		918		1345									1345			611
大夏河干流临夏县祁牟至刘家峡水库防洪	918	548	548				366									366			4
大夏河东乡县折桥至刘家峡水库堤防	1549	1162	1162																387
大夏河干流临夏市祁牟段堤防工程	823	494	494				329									329			
永靖县湟水干流白川至二房段河堤工程	2628	1726	1726																902
洮河合作市段防洪工程	3393	2037	2037				1356									1356			
洮河干流临潭县洮滨防洪堤工程	2001	1200	1200				801			801									
卓尼县洮河干流城区段堤防工程	1730	1430	1430				300					240			60				
洮河卓尼县麻路1段至牙当段	2019	1211	1211																808
白龙江干流迭部县城段治理工程	1948	1203	1203				745									745			
碌曲洮河干流巴吾至博拉段防洪治理	874	874	874																
夏河县杂寺沟至克芒切沟治理	2927	1756	1756				1171					290				881			
夏河县垂子合大桥至阿一山大桥段治理	1741	1059	1059				682									682			
大夏河夏河县王格尔塘至曲奥段治理	5250	2564	2564																2686
疏勒河干流瓜州县城区段河道治理	670						670				670								
中小河流治理	80377	64837	2348		62489		6523			493	800	280				4950	2147		6870
镇原县蒲河太平柳咀段防洪工程	611						611									611			
庄浪县红土坡至刘家湾段河堤工程	2490	1500	1500				990					280				710			
白银区东大沟民勤村至城区段治理工程	777	777			777														
甘谷县清溪河礼辛乡寨子至慰坪堤防工程	2510	2510			2510														

3-2 续表

单位：万元

项目	累计安排投资	中央政府投资					地方政府投资										企业和私人投资	国内贷款	其他投资
		小计	预算内拨款	预算内专项资金	中央财政水利专项资金	土地出让收益	小计	预算内拨款	预算内专项资金	地方财政水利专项资金	水利建设基金	重大水利工程建设基金	土地出让收益	水资源费	部门自筹资金	其他资金			
清水县后川河杜川至王店段堤防工程	2175	2075			2075														100
秦安县南小河王尹马河至兴国凤山段堤防	1466	1193			1193														273
甘谷县上南河至杨赵村段治理工程	1413	848	848																565
古浪县古浪河朱家庄-龙泉寺治理	1200	1200			1200														
山丹县马营河大马营段河道治理工程	1300	1300			1300														
临泽县小东沟河新柳至西街农田防护	800	800			800														
灵台县黑河东门至景家庄段河堤治理	1500	1500			1500														
灵台县达溪河县城至百里段河堤治理	2168	2168			2168														
灵台县达溪河县城至安家庄段河堤治理	1000	1000			1000														
泾川县黑河荒场至茜家沟河堤治理工程	1000	1000			1000														
泾川县洪河河堤治理工程	800	800			800														
泾川县汭河十里沟至枣林段河堤治理工程	1800	1800			1800														
崇信县黑河河堤治理工程	1400	1400			1400														
崇信县汭河(九功渠首至野雀沟)河堤	1800	1800			1800														
庄浪县北洛河良邑郭魏至石家窑段河堤	1300	1300			1300														
酒泉市肃州区清水河堤防及河道治理	1232	700			700		532									532			
酒泉市肃州区丰乐河堤防及河道治理	2553	1400			1400		1153									1153			
庆阳市中小河流水毁工程修复和治理	1500	1500			1500														
西峰区砚瓦川贺家塬沟护岸工程	1050	600			600		450									450			
正宁县四郎河房河治理工程	2270	977			977														1293
宁县新宁镇高山堡村护岸工程	360						360				300					60			
正宁县四郎河樊湾子治理工程	2650	1200			1200														1450
安定区关川河大碱沟治理工程	300	300			300														
漳县龙川河草川坪至魏下段堤防工程	3076	1200			1200														1876
陇南市中小河流水毁工程修复和治理	2500	2500			2500														
陇南市武都区北峪河治理工程	1495	1000			1000														495
成县严河堤防工程	400	400			400														
文县白马峪河治理工程	2318	1854			1854		69				69								395

3–2 续表

单位：万元

项　目	累计安排投资	中央政府投资					地方政府投资										企业和私人投资	国内贷款	其他投资
		小计	预算内拨款	预算内专项资金	中央财政水利专项资金	土地出让收益	小计	预算内拨款	预算内专项资金	地方财政水利专项资金	水利建设基金	重大水利工程建设基金	土地出让收益	水资源费	部门自筹资金	其他资金			
文县中路河中寨至白水江口段治理	2847	700			700												2147		
宕昌县恭河韩院段河堤工程	700	700			700														
康县阳坝河阳坝镇段治理工程	1700	1700			1700														
西和县太石河治理工程	700	700			700														
西和县漾水河治理工程	700	700			700														
礼县清水江张堡至教面堤防工程	1200	1200			1200														
两当县红崖河杈坪河段综合治理工程	300	300			300														
两当县红崖河蚂蚱河段综合治理工程	900	900			900														
东乡县巴谢河五家至赵家段堤防	2362	2171			2171		82			82									109
临夏县老鸦关河双城至上阴洼段防洪	2064	1990			1990		74			74									
和政县牛津河罗家集至马家堡段防洪	2608	2398			2398		90			90									120
和政县大南岔河吊滩段防洪工程	1751	1610			1610		60			60									81
康乐县苏家集河附城镇段堤防工程	901	901			901														
东乡县巴谢河赵家至那勒寺段堤防	1213	1100			1100														113
积石山吹麻滩河治理(赵家峡口至何家桥)	500						500				500								
合作市格河多合儿防洪工程	929	892			892		37			37									
合作市德吾录河卡加防洪工程	500	500			500														
临潭县斜藏沟治理工程	2254	2173			2173		81			81									
临潭县羊沙河下河段治理工程	500	500			500														
卓尼县羊沙河恰盖防洪工程	600	600			600														
卓尼县石窖沟藏巴哇防洪工程	200	200			200														
舟曲县拱坝河堤防工程	1600	1600			1600														
迭部县阿夏流域治理工程	1300	1300			1300														
甘肃疏勒河灌区三道沟河道治理	2834	1400			1400		1434										1434		
水库除险加固	**10111**	**5020**			**5020**		**1082**				**680**						**402**	**4000**	**9**
大中型病险水库除险加固	**4000**																	**4000**	
高台县小海子水库除险加固工程	2000																	2000	
甘肃双塔水库除险加固	2000																	2000	

3-2 续表

单位：万元

项目	累计安排投资	中央政府投资					地方政府投资										企业和私人投资	国内贷款	其他投资
		小计	预算内拨款	预算内专项资金	中央财政水利专项资金	土地出让收益	小计	预算内拨款	预算内专项资金	地方财政水利专项资金	水利建设基金	重大水利工程建设基金	土地出让收益	水资源费	部门自筹资金	其他资金			
小型病险水库除险加固	6111	5020			5020		1082				680					402			9
永昌县老人头水库除险加固	280	260			260		20									20			
会宁县米峡水库除险加固工程	380	380			380														
张掖市酥油口水库除险加固	600	600			600														
高台县天城湖水库除险加固 2014	400	400			400														
瓜州县榆林河水库除险加固工程	401	400			400		1									1			
敦煌市野麻湾水库除险加固工程	466	400			400		66									66			
玉门市青山水库除险加固工程	589	580			580														9
渭源县峡口水库除险加固	260	260			260														
安定区七一水库除险加固	260	260			260														
礼县苗河水库除险加固	300	300			300														
成县卢沟水库除险加固	1577	800			800		777				462					315			
灵台县北庄水库除险加固工程	246	176			176		70				70								
华亭县车厂沟水库除险加固工程	352	204			204		148				148								
大中型病险水闸除险加固	2375	1900	1900				475							225		250			
永昌县金川河工农渠首泄洪闸除险加固	1250	1000	1000				250									250			
肃州区红山河马鬃门排砂闸除险加固	1125	900	900				225							225					
其他防洪项目	61274	52247			52247		9027			9027									
甘肃省 2014 年度山洪灾害防治项目(长)	2760	2760			2760														
甘肃省 2014 年度山洪灾害防治项目(黄)	10195	10195			10195														
甘肃省 2014 年度山洪灾害防治项目(内)	2930	2930			2930														
甘肃省山洪灾害防治补助 2013(内陆)	3232	2573			2573		659			659									
甘肃省山洪灾害防治补助 2013(长江)	3686	2778			2778		908			908									
甘肃省山洪灾害防治补助 2013(黄河)	17466	13949			13949		3517			3517									
甘肃省山洪灾害防治补助 2015(内陆)	2617	2151			2151		466			466									
甘肃省山洪灾害防治补助 2015(黄河)	14386	11801			11801		2585			2585									
甘肃省山洪灾害防治补助 2015(长江)	4002	3110			3110		892			892									
灌溉除涝项目	1003124	612455	255468		306722	50265	191886	12083	550	76091	17479	8600	1987	5593	6847	62656	10858	77279	110646

3-2 续表

单位：万元

项目	累计安排投资	中央政府投资					地方政府投资										企业和私人投资	国内贷款	其他投资
		小计	预算内拨款	预算内专项资金	中央财政水利专项资金	土地出让收益	小计	预算内拨款	预算内专项资金	地方财政水利专项资金	水利建设基金	重大水利工程建设基金	土地出让收益	水资源费	部门自筹资金	其他资金			
灌区建设工程	136596	97783	90383		7400		30989	4253		2102	2800	4000		1188		16646		2000	5824
皋兰县西岔中型灌区农业综合开发2015	400	400			400														
兴电灌区齐家大岘隧洞除险加固	7000						5000				1000	4000						2000	
白银区工农渠灌区农业综合开发	350	350			350														
古浪县大靖河灌区农业综合开发	350	350			350														
甘州区上三灌区农业综合开发项目	1500	1000			1000		400			162						238			100
民乐县童子坝灌区农业综合开发项目	1500	1000			1000		400			180						220			100
静宁县东峡灌区农业综合开发	560	400			400		160			160									
敦煌水资源规划项目(酒泉市)2014	17916	12482	12482																5434
敦煌水资源规划项目(河道归束)2015	4747	2848	2848				1899									1899			
敦煌水资源规划项目(党河灌区)2015	7388	6943	6943				445	412								33			
环县甜水堡灌区节水改造项目	300						300				300								
合水县固城川灌区续建配套与节水改造	493						493			400						93			
临洮县溥济渠灌区农业综合开发	1500	1000			1000		400			400									100
渭源县石门灌区农业综合开发项目	2050	1550			1550		500			400						100			
临夏县北塬灌区农业综合开发项目	1490	1000			1000		400			400									90
景泰川电力提灌二期灌区调蓄水池项目	900						900				900								
敦煌水资源利用与生态保护(疏勒河)2012	16162	12686	12686				3476	1626								1850			
敦煌水资源利用与生态保护(疏勒河)2013	23971	17697	17697				6274	2215								4059			
敦煌水资源利用与生态保护(疏勒河)2014	22408	17518	17518				4890				600					4290			
敦煌水资源利用与生态保护(疏勒河)2015	25261	20209	20209				5052							1188		3864			
玉门市花海灌区农业综合开发	350	350			350														
节水灌溉工程	97419	69832	49298		20534		25406	7830						2478	2030	13068			2181
2015年永登县牧区节水灌溉示范项目	375	300	300				75									75			
石羊河流域重点治理2014(金昌市)	17701	15931	15931				1770								1770				
永昌县牧区节水灌溉示范项目	375	300	300				75								75				
凉州区规模化节水灌溉增效示范2014	1625	1300	1300				325									325			
凉州区规模化节水增效示范(2013-2016)	5007	4006			4006		1001							1001					

3-2 续表

单位：万元

项目	累计安排投资	中央政府投资					地方政府投资										企业和私人投资	国内贷款	其他投资
		小计	预算内拨款	预算内专项资金	中央财政水利专项资金	土地出让收益	小计	预算内拨款	预算内专项资金	地方财政水利专项资金	水利建设基金	重大水利工程建设基金	土地出让收益	水资源费	部门自筹资金	其他资金			
民勤县牧区节水灌溉示范项目2015	375	300	300				75								75				
天祝县牧区节水灌溉示范项目2014	500	400	400				100									100			
石羊河流域重点治理2014(张掖市)	300	270	270																30
肃州区规模化节水灌溉增效示范项目	1625	1300	1300				325									325			
肃州区规模化节水增效示范(2013-2016)	5872	4693			4693		1179							1173		6			
瓜州县牧区节水灌溉示范项目2014	501	400	400				101									101			
肃北县牧区节水灌溉示范项目2014	510	400	400				110								110				
阿克塞县牧区节水灌溉示范项目2014	500	400	400																100
敦煌市规模化节水灌溉增效示范项目	1375	1100	1100				275									275			
敦煌市规模化节水增效(2013-2016)	1516	1212			1212		304							304					
环县牧区节水灌溉示范项目2015	375	300	300				75									75			
安定区规模化节水综合灌溉示范2015	3771	3017			3017		754									754			
漳县牧区节水灌溉示范项目2015	375	300	300				75									75			
甘州区规模化节水灌溉示范(2013-2016)	9507	7606			7606														1901
合作市牧区节水灌溉示范项目2014	400	400	400																
迭部县牧区节水灌溉示范项目2015	375	300	300																75
夏河县2015牧区节水灌溉项目	375	300	300																75
石羊河流域重点治理(省景电)2012	13746	12372	12372				1374									1374			
石羊河流域重点治理(省景电)2013	19835	8766	8766				11069	2830								8239			
石羊河流域重点治理(省景电)2014	10502	4159	4159				6343	5000								1343			
小型农田水利建设	363199	245054			194789	50265	87449			68490	675		1987	787	4567	10943	10858	715	19124
镇原县2015抗旱引调提水项目(3)	1147	1012			1012		135							135					
镇原县小型农田水利2015维修养护	252	251			251		1									1			
榆中县中央财政高效节水2014(五)	2689	1400			1400		800			600			200						489
榆中县中央统筹(土地出让)2014	1000	1000				1000													
榆中县抗旱引调提水项目2014	925	925				925													
红古区中央统筹(土地出让)2014	1268	1000				1000													268
榆中县中央财政小型农田水利(5)	2834	1400			1400		800			600						200			634

3-2 续表

单位:万元

项目	累计安排投资	中央政府投资					地方政府投资										企业和私人投资	国内贷款	其他投资
		小计	预算内拨款	预算内专项资金	中央财政水利专项资金	土地出让收益	小计	预算内拨款	预算内专项资金	地方财政水利专项资金	水利建设基金	重大水利工程建设基金	土地出让收益	水资源费	部门自筹资金	其他资金			
榆中县小型农田水利2015维修养护	100	100			100														
榆中县2015抗旱引调提水项目(3)	995	995			995														
西固区小型农田水利2015维修养护	100	100			100														
红古区中央财政高效节水2014(五)	1330	700			700		400			400									230
红古区小型农田水利建设(五)	1452	700			700		310			300						10			442
红古区小型农田水利2015维修养护	100	100			100														
永登县高效节水项目2014(五)	2703	1400			1400		800			600						200			503
永登县2015年高效节水灌溉示范项目	2490	1400			1400		880			600						280			210
永登县2015年抗旱引调提水项目	1295	1295			1295														
永登县2015年水利工程维修养护项目	100	100			100														
皋兰2015年农田水利设施维修养护项目	100	100			100														
嘉峪关市中央财政高效节水2015(五)	2100	1400			1400		700			600			100						
嘉峪关市高效节水灌溉项目2015(六)	1600	1000			1000		600			500			100						
嘉峪关市小型农田水利维修养护2015年	300	300			300														
嘉峪关中央财政高效节水2013(五)	2287	1400			1400		887			600			287						
嘉峪关中央财政高效节水2014(五)	2550	1400			1400		1150			600			550						
嘉峪关中央财政高效节水2014(六)	1750	1000			1000		750			500			250						
永昌县中央财政高效节水2014(五)	2409	1200			1200		1209			800					409				
金川区中央财政高效节水2014(六)	668	300			300		368			200						168			
永昌县中央财政高效节水2014(六)	2006	1000			1000		1006			500						506			
金川区高效节水灌溉项目(六)	637	300			300		337			200					137				
金川区中央财政小型农田水利工程2015	1697	1000			1000		697			500					197				
金川区小型农田水利2015维修养护项目	200	200			200														
永昌县小型农田水利建设(五)	2636	1400			1400		1236			600					636				
永昌县高效节水灌溉项目(六)	783	300			300		483			200					283				
永昌县中央财政小型农田水利工程2015	1774	1000			1000		774			500					274				
永昌县小型农田水利2015维修养护	127	100			100		27								27				
靖远县中央财政高效节水灌溉项目2013	2000	1400			1400		600			600									

3–2 续表

单位:万元

项目	累计安排投资	中央政府投资					地方政府投资										企业和私人投资	国内贷款	其他投资
		小计	预算内拨款	预算内专项资金	中央财政水利专项资金	土地出让收益	小计	预算内拨款	预算内专项资金	地方财政水利专项资金	水利建设基金	重大水利工程建设基金	土地出让收益	水资源费	部门自筹资金	其他资金			
靖远县2013水利工程维修养护(土地出让)	853	400				400													453
白银区中央财政高效节水灌溉项目2013	1050	700			700		350			350									
景泰县中央财政高效节水灌溉项目2013	1420	1000			1000		420			420									
景泰县中央财政景电农场节水灌溉2013	1300	700			700		600						300			300			
景泰县中央财政节水灌溉(土地出让)	300	300				300													
靖远县高效节水灌溉(土地出让)2014	1300	1300				1300													
靖远县中央财政高效节水2014(五)	2000	1400			1400		600			600									
白银区农业水价改革(土地出让)2014	1100	1000				1000	100			100									
白银区中央财政高效节水2014(五)	1000	700			700		300			300									
白银区五小水利工程(土地出让)2014	1000	1000				1000													
会宁2014年抗旱引调提水项目	1762	1762				1762													
会宁县中央财政高效节水2014(五)	2000	1400			1400		600			600									
会宁县高效节水灌溉(土地出让)2014	1000	1000				1000													
景泰县中央财政小农水重点县2014	2300	1500			1500		800			800									
景泰县中央财政高效节水2014(五)	2000	1400			1400		600			600									
景泰县抗旱规划引调提水项目(2014)	857	857				857													
平川区中央财政高效节水2014(五)	2000	1400			1400		600			600									
靖远县2014年抗旱引调提水项目	837	837			837														
景泰水利工程维修养护(土地出让)2014	200	200				200													
会宁县2015年抗旱引调提水项目	1355	1355			1355														
平川区小型农田建设2015(五)	2000	1400			1400		600			600									
会宁县中央财政高效节水2015(五)	2000	1400			1400		600			600									
会宁县2015年维修养护项目	200	200			200														
平川区小型农田水利2015维修养护资金	100	100			100														
白银区小型农田水利建设(五)2015	1000	700			700		300			300									
白银区2015小型农水利维修养护资金	600	600			600														
景泰县中央财政小型农田水利建设2015	2000	1400			1400		600			600									
景泰县2015年抗旱引调提水项目	1485	1485			1485														

3-2 续表

单位：万元

项目	累计安排投资	中央政府投资					地方政府投资										企业和私人投资	国内贷款	其他投资
		小计	预算内拨款	预算内专项资金	中央财政水利专项资金	土地出让收益	小计	预算内拨款	预算内专项资金	地方财政水利专项资金	水利建设基金	重大水利工程建设基金	土地出让收益	水资源费	部门自筹资金	其他资金			
景泰县小型农田水利2015年维修养护	200	200			200														
靖远县2015年高效节水灌溉示范项目	2720	1400			1400		600			600									720
靖远县2015年抗旱引调提水项目	1262	1262			1262														
靖远县2015年小型农田水利维修养护资金	100	100			100														
甘谷县2015抗旱引调提水工程	299	299			299														
甘谷县中央财政小型水利五小水利2015	1560	1000			1000		500			500									60
秦州区中央财政统筹(土地出让)2014	610	600				600													10
秦州区1万~5万亩灌区（土地出让）	614	600				600													14
秦州区2015年抗旱引调提水工程	1041	1041			1041														
秦州区小型农田水利2015维修养护	200	200			200														
麦积区小型农田水利2015年维修养护	202	200			200														2
清水县五小水利工程(土地出让)	806	800				800													6
清水县水利工程维修项目(土地出让)	200	200				200													
清水县2014年抗旱引调提水项目	884	884				884													
清水县2015抗旱引调提水项目	499	499			499														
清水县小型农田水利2015维修养护	100	100			100														
秦安县中央财政统筹(土地出让)2014	1100	1100				1100													
秦安县2015抗旱引调水提水项目	436	436			436														
甘谷县2014年抗旱引调提水项目	520	416				416													104
武山县2014年度小型农田水利重点县	2896	1500			1500		800			800									596
武山县高效节水灌溉项目(土地出让)	400						400			400									
武山县1万~5万亩灌区改造（土地出让）	705	600				600													105
武山县2015抗旱引调提水工程	407	407			407														
武山县小型农田水利2015维修养护项目	200	200			200														
张家川县小型农田水利2015维修养护	100	100			100														
凉州区中央财政高效节水2014(五)	4000	2800			2800		1200			1200									
凉州区中央财政高效节水2014(六)	3000	2000			2000		1000			1000									
凉州区2014抗旱规划引调提水项目	1481	1481				1481													

3-2 续表

单位：万元

项目	累计安排投资	中央政府投资					地方政府投资										企业和私人投资	国内贷款	其他投资
		小计	预算内拨款	预算内专项资金	中央财政水利专项资金	土地出让收益	小计	预算内拨款	预算内专项资金	地方财政水利专项资金	水利建设基金	重大水利工程建设基金	土地出让收益	水资源费	部门自筹资金	其他资金			
凉州区中央财政小型农田水利建设(五)	4000	2800			2800		1200			1200									
凉州区高效节水灌溉项目(六)	3000	2000			2000		1000			1000									
凉州区2015年抗旱引调提水工程	412	412			412														
凉州区农业水价综合改革(土地出让)	100						100			100									
凉州区小型农田水利2015维修养护	300	300			300														
民勤县2015年抗旱引调提水项目	800	800			800														
民勤县农业水价综合改革(土地出让)	100						100			100									
民勤县中央财政小型农田水利建设(5)	3000	1400			1400		1600			1600									
民勤县中央财政小农水重点县2015(五)	500	500			500														
民勤县高效节水灌溉项目(六)	1500	1000			1000		500			500									
民勤县中央财政小型农田水利工程2015	1500	1000			1000		500			500									
民勤县小型农田水利2015维修养护	500	500			500														
古浪县中央财政高效节水灌溉2013	2482	1400			1400		600			600									482
古浪县中央财政小农水重点县2014	2779	1500			1500		800			800									479
古浪县中央财政统筹(土地出让)2014	207	200				200													7
古浪县中央财政高效节水2014(六)	1652	1000			1000		500			500									152
古浪县中央财政高效节水2014(五)	2000	1400			1400		600			600									
古浪县抗旱规划引调提水项目	1412	1412			1412														
古浪县小型农田水利建设(五)	2000	1400			1400		600			600									
古浪县高效节水灌溉项目(六)	1500	1000			1000		500			500									
古浪县2015抗旱引调提水项目	697	697			697														
古浪县中央财政小型农田水利工程2015	1500	1000			1000		500			500									
古浪县小型农田水利2015维修养护	100	100			100														
天祝县中央财政高效节水2014(六)	1112	700			700		412			300						112			
天祝县高效节水灌溉项目(六)	1000	700			700		300			300									
天祝县小型农田水利2015维修养护	100	100			100														
高台县中央财政高效节水2014(六)	1863	1000			1000		700			500					200				163
山丹县抗旱规划引调提水项目2014	1355	746			746												609		

3-2 续表

单位：万元

项目	累计安排投资	中央政府投资					地方政府投资										企业和私人投资	国内贷款	其他投资
		小计	预算内拨款	预算内专项资金	中央财政水利专项资金	土地出让收益	小计	预算内拨款	预算内专项资金	地方财政水利专项资金	水利建设基金	重大水利工程建设基金	土地出让收益	水资源费	部门自筹资金	其他资金			
山丹县中央财政高效节水 2014(六)	3218	1700			1700		1300			900					400				218
肃南县前滩 1万~5万亩灌区（土地出让）2014	620	600				600									10				10
甘州区中央财政高效节水 2014(六)	2038	1000			1000		800			500					300				238
民乐县中央财政高效节水 2014(六)	1866	1000			1000		600			500					100				266
民乐县农业水价改革(土地出让)2014	1172	1000				1000	172						100		72				
高台县中央财政统筹(土地出让)2014	322	200			200														122
山丹县中央财政统筹(土地出让)2014	100	100				100													
临泽县中央财政统筹(土地出让)2014	180	100			100		20								20				60
肃南县中央财政统筹(土地出让)2014	1264	1000			1000		100							100					164
山丹马场中央财政高效节水 2014(五)	1232	700			700												532		
山丹县小型农田水利建设 2015(五)	2760	1400			1400		1100			600					500				260
高台县农业水价改革(土地出让)2015	1100	1000			1000		100						100						
高台县小型农田水利 2015 维修养护	500	500			500														
高台县小型农田水利建设 2015(五)	2567	1400			1400		900			600					300				267
高台县高效节水灌溉项目 2015(六)	1967	1000			1000		700			500					200				267
高台县中央财政小型农田水利2015(七)	1801	1000			1000		580			500					80				221
山丹县高效节水灌溉项目 2015(六)	2892	1700			1700		1100			900					200				92
临泽县小型农田水利 2015 维修养护	100	100			100														
临泽县小型农田水利建设 2015(五)	2609	1400			1400		900			600					300				309
山丹县中央财政小农水 2015(七)	2095	1000			1000		800			500					300				295
甘州区高效节水灌溉项目 2015(六)	1822	1000			1000		630			500					130				192
甘州区中央财政小型农田水利2015(五)	2352	1400			1400		800			600					200				152
甘州区小型农田水利 2015 维修养护	300	300			300														
山丹县 2015 抗旱引调水项目	1487	1055			1055												432		
肃南县小型农田水利建设 2015(五)	2315	1400			1400		620			420					200				295
肃南县小型农田水利 2015 维修养护	200	200			200														
民乐县 2015 抗旱引调提水项目	621	479			479														142
民乐县高效节水灌溉项目 2015(六)	1814	1000			1000		600			500					100				214

3-2 续表

单位：万元

项目	累计安排投资	中央政府投资					地方政府投资										企业和私人投资	国内贷款	其他投资
		小计	预算内拨款	预算内专项资金	中央财政水利专项资金	土地出让收益	小计	预算内拨款	预算内专项资金	地方财政水利专项资金	水利建设基金	重大水利工程建设基金	土地出让收益	水资源费	部门自筹资金	其他资金			
民乐县小型农田水利建设 2015(五)	2550	1400			1400		700			600						100			450
民乐县中央财政小型农田水利2015(七)	1030	600			600		300			300									130
民乐县水利工程维修养护 2014-2015	400	400			400														
山丹马场 2014 年高效节水(六)	1247	400			400		300			300							547		
山丹马场小型农田水利建设 2015(五)	1266	700			700												566		
山丹马场高效节水灌溉项目 2015(六)	1209	400			400		300			300							509		
崆峒区中央财政统筹(土地出让)2014	1000	1000				1000													
静宁县小型农田水利 2015 维修养护	200	200			200														
静宁县 2015 年抗旱水源引调提水工程	1017	1017			1017														
崆峒区抗旱规划引调提水项目	1043	1043				1043													
崆峒区小型农田水利 2015 年维修养护	200	200			200														
泾川县中央财政统筹(土地出让)2014	1000	1000				1000													
泾川县 2014 年抗旱引调提水项目	453	453				453													
灵台县中央财政小农水重点县 2014(四)	2725	1500			1500		1200			800						400			25
灵台县许家沟提灌工程(土地出让 2014)	1788	1000			1000		788				500					288			
灵台县中央财政小型农田水利工程 2015	1500	1000			1000		500			500									
崇信县水利工程维修项目(土地出让)	200	200				200													
崇信县小型农田水利 2015 年维修养护	100	100			100														
华亭西华河 1万~5万亩灌区(土地出让)2014	721	600				600	121									121			
庄浪县中央财政统筹(土地出让)2014	1000	1000				1000													
庄浪县 2015 年抗旱引调提水项目	688	688			688														
庄浪县小型农田水利 2015 年维修养护	100	100			100														
静宁县中央财政统筹(土地出让)2014	1000	1000				1000													
静宁县抗旱规划引调提水项目	999	999				999													
肃州区中央财政统筹(土地出让)2014	100	100				100													
瓜州县中央财政统筹(土地出让)2014	343	300				300	43								43				
酒泉市中央财政统筹(土地出让)2014	600	600				600													
肃州区中央财政高效节水 2014(五)	2821	1400			1400		1421			600						821			

3-2 续表

单位:万元

项目	累计安排投资	中央政府投资					地方政府投资										企业和私人投资	国内贷款	其他投资
		小计	预算内拨款	预算内专项资金	中央财政水利专项资金	土地出让收益	小计	预算内拨款	预算内专项资金	地方财政水利专项资金	水利建设基金	重大水利工程建设基金	土地出让收益	水资源费	部门自筹资金	其他资金			
肃州区中央财政高效节水 2014(六)	1904	1000			1000		904			500						404			
肃州区小型农田水利建设(五)	2661	1400			1400		1261			600						661			
肃州区高效节水灌溉项目(六)	2051	1000			1000		1051			500						551			
肃州区小型农田水利2015 维修养护资金	100	100			100														
金塔县中央财政高效节水 2014(五)	2327	1400			1400		600			600									327
金塔县中央财政高效节水 2014(六)	1910	1000			1000		500			500									410
金塔县中央财政统筹(土地出让)2014	202	200				200											2		
金塔县高效节水灌溉项目(六)	1876	1000			1000		500			500								376	
金塔县中央财政小型农田水利工程 2015	1844	1000			1000		500			500									344
金塔县区小型农田水利建设(五)	2289	1400			1400		600			600								289	
瓜州县中央财政高效节水 2014(五)	2387	1400			1400		987			600					387				
瓜州县桥子1万~5万亩灌区(土地出让)2014	460						460			400					60				
瓜州县小型农田水利建设(五)	2643	1400			1400		1243			600					643				
瓜州县小型农田水利2015 维修养护资金	101	100			100		1								1				
阿克塞小型农田水利 2015 维修养护	100	100			100														
玉门市中央财政高效节水 2014(五)	2484	1400			1400		1000			600					400				84
玉门市中央财政高效节水 2014(六)	2059	1200			1200		700			700									159
玉门市小型农田水利建设(五)	2484	1400			1400		1000			600				400					84
玉门市高效节水灌溉项目(六)	2449	1500			1500		700			700									249
玉门市中央财政小型农田水利工程 2015	1113	600			600		295			295									218
酒泉市敦煌抗旱规划引调提水项目	1112	893				893	219									219			
敦煌市 2015 抗旱引调提水项目	1669	1343			1343		326									326			
敦煌市小型农田水利 2015 维修养护	300	300			300														
镇原吴家沟1万~5万亩灌区(土地出让)2014	702	600				600	60								60				42
合水县中央财政小农水重点县 2014	2786	1500			1500		1286			800						486			
正宁县四郎河1万~5万亩灌区(土地出让)	721	600				600	121									121			
西峰区中央财政统筹(土地出让)2014	200	200				200													
宁县中央财政统筹(土地出让)2014	204	200				200	4									4			

3-2 续表

单位：万元

项目	累计安排投资	中央政府投资					地方政府投资										企业和私人投资	国内贷款	其他投资
		小计	预算内拨款	预算内专项资金	中央财政水利专项资金	土地出让收益	小计	预算内拨款	预算内专项资金	地方财政水利专项资金	水利建设基金	重大水利工程建设基金	土地出让收益	水资源费	部门自筹资金	其他资金			
合水县中央财政统筹(土地出让)2014	200	200				200													
环县中央财政统筹(土地出让)2014	100	100				100													
镇原县抗旱规划引调提水项目	1196	1196				1196													
华池县抗旱规划引调提水项目	901	901				901													
环县抗旱规划引调提水项目	2021	2021				2021													
西峰区小型农田水利 2015 维修养护	200	200			200														
庆城县 2015 抗旱引调提水项目(2)	893	698			698		195							195					
庆城县小型农田水利 2015 维修养护	100	100			100														
环县小型农田水利 2015 维修养护	100	100			100														
环县 2015 抗旱引调提水项目(3)	1780	1256			1256														524
华池县 2015 抗旱引调提水项目(2)	727	670			670		57							57					
合水县小型农田水利 2015 维修养护	200	200			200														
渭源县中央财政五小水利项目 2013	1800	1000			1000		500			500									300
安定区抗旱应急调蓄工程	1386	986			986		400									400			
通渭县中央财政小农水重点县 2014	2088	800			800		1200			800						400			88
通渭县中央财政统筹(土地出让)2014	100	100				100													
临洮县红旗 1万-5万亩灌区(土地出让)2014	628	600				600													28
陇西县抗旱引调提水项目	1714	1372			1372		342									342			
渭源县中央财政五小水利 2014(五)	1568	1000			1000		500			500									68
临洮县小型农田水利 2015 维修养护	100	100			100														
临洮县中央财政五小水利(2014)	1649	1000			1000		649			500						149			
临洮县中央财政小农水五小水利 2015	1650	1000			1000		500			500									150
临洮县抗旱引调提水项目 2015	1567	1567			1567														
渭源县中央财政五小水利 2015	1500	1000			1000		500			500									
安定区 2015 年抗旱引调水工程	2200	2025			2025		175				175								
通渭县 2015 年抗旱引调提水项目	535	519			519		16									16			
漳县小型农田水利 2015 维修养护	100	100			100														
康县中央财政统筹(土地出让)2014	1000	1000				1000													

3-2 续表

单位：万元

项目	累计安排投资	中央政府投资					地方政府投资										企业和私人投资	国内贷款	其他投资
		小计	预算内拨款	预算内专项资金	中央财政水利专项资金	土地出让收益	小计	预算内拨款	预算内专项资金	地方财政水利专项资金	水利建设基金	重大水利工程建设基金	土地出让收益	水资源费	部门自筹资金	其他资金			
武都区中央财政统筹(土地出让)2014	300	300				300													
文县中央财政统筹(土地出让)2014	100	100				100													
徽县中央财政统筹(土地出让)2014	100	100				100													
西和县抗旱规划引调提水项目	1220	1220			1220														
礼县抗旱规划引调提水项目	1460	1206				1206	254									254			
武都区中央财政区域节水 2014(五)	1769	1000			1000		300			300									469
武都区中央财政区域节水 2014(六)	2619	1400			1400		600			600									619
武都区高效节水灌溉项目(六)	2154	1400			1400		600			600									154
武都区小型农田水利 2015 维修养护	300	300			300														
武都区水价改革及产权改革试点	100						100			100									
武都区中央财政小农水(区域节水)	1846	1000			1000		300			300									546
成县小型农田水利 2015 维修养护	100	100			100														
文县中央财政六小水利 2014(六)	780	300			300		200			200									280
文县高效节水灌溉项目(六)	770	300			300		200			200									270
文县小型农田水利 2015 维修养护	100	100			100														
康县小型农田水利 2015 维修养护	200	200			200														
西和县 2015 抗旱引调提水项目(2)	615	615			615														
礼县 2015 抗旱引调提水项目(3)	1724	1724			1724														
礼县小型农田水利 2015 维修养护	100	100			100														
徽县中央财政六小水利 2014(六)	538	300			300		200			200							38		
徽县小型农田水利 2015 维修养护	200	200			200														
徽县高效节水灌溉项目(六)	550	300			300		200			200								50	
民勤县中央财政小农水重点县 2014(5)	2000	1400			1400		600			600									
民勤县 2014 年农业水价改革项目	1000	1000			1000														
民勤县 2014 年高效节水灌溉项目	1500	1000			1000		500			500									
民勤县 2014 抗旱规划引调提水工程项目	1365	1365			1365														
两当县中央财政六小水利 2014(六)	694	300			300		200			200									194
两当县高效节水灌溉项目(六)	667	300			300		200			200									167

3-2 续表

单位：万元

项目	累计安排投资	中央政府投资 小计	预算内拨款	预算内专项资金	中央财政水利专项资金	土地出让收益	地方政府投资 小计	预算内拨款	预算内专项资金	地方财政水利专项资金	水利建设基金	重大水利工程建设基金	土地出让收益	水资源费	部门自筹资金	其他资金	企业和私人投资	国内贷款	其他投资
两当县小型农田水利2015维修养护	100	100			100														
东乡县中央财政五小水利项目2013	1652	1000			1000		500			500									152
东乡县水利工程维修养护(土地出让)	214	200				200													14
永靖县五小水利工程(土地出让)	1090	800				800													290
临夏市小型农田水利2015维修养护	100	100			100														
临夏县中央财政小农水重点县2014	2077	800			800		800			800									477
临夏县2014年抗旱引调提水项目	896	896				896													
临夏县2015年抗旱引调提水项目	253	253			253														
康乐县中央财政统筹(土地出让)2014	313	300				300													13
康乐县小型农田水利2015维修养护资金	200	200			200														
永靖县中央财政统筹(土地出让)2014	1053	1000				1000													53
永靖县2014抗旱引调水提水工程	430	394				394													36
永靖县2015年小型农田水利2015维修养护	376	328			328														48
永靖县2015年抗旱引调水提水工程	206	200			200														6
广河县2014抗旱引调提水项目	722	697				697													25
广河县2015年中央财政小型农田水利	1500	1000			1000		500			500									
广河县2015三甲集镇应急水源配套	505	425			425														80
广河县2015齐家镇抗旱应急水源配套	512	416			416														96
和政县中央财政统筹(土地出让)2014	1154	1000				1000													154
和政县2014年抗旱引调提水项目	859	859				859													
和政县2015年抗旱引调提水项目	400	400			400														
和政县2015年抗旱引调提水项目	485	485			485														
东乡县中央财政五小水利2014(五)	1675	1000			1000		500			500									175
东乡县2014年抗旱引调提水项目	835	835				835													
东乡县2015年抗旱引调提水项目	892	892			892														
东乡县中央财政五小水利项目2015	1674	1000			1000		500			500									174
积石山县中央财政五小水利2014(五)	1576	1000			1000		500			500									76
积石山县2014年抗旱引调提水项目	1327	1327				1327													

3-2 续表

单位:万元

项目	累计安排投资	中央政府投资					地方政府投资										企业和私人投资	国内贷款	其他投资
		小计	预算内拨款	预算内专项资金	中央财政水利专项资金	土地出让收益	小计	预算内拨款	预算内专项资金	地方财政水利专项资金	水利建设基金	重大水利工程建设基金	土地出让收益	水资源费	部门自筹资金	其他资金			
积石山县中央财政五小水利2015	1576	1000			1000		500			500									76
积石山县2015抗旱应急水源配套工程	1409	1250			1250														159
玛曲县水利工程维修项目(土地出让)	100	100				100													
卓尼县水利工程维修项目(土地出让)	100	100				100													
临潭县农田水利2015维修养护	100	100			100														
卓尼县小型农田水利2015维修养护	100	100			100														
舟曲县五小水利工程项目(土地出让)	1000	1000				1000													
舟曲县小型农田水利2015维修养护	200	200			200														
迭部县小型农田水利2015维修养护	100	100			100														
玛曲县小型农田水利2015维修养护	100	100			100														
夏河县中央财政小农水重点县2014	2006	800			800		1200			800						400			6
夏河县小型农田水利2015维修养护	100	100			100														
省农垦中央财政条山农场高效节水2013	822	500			500		200			200							122		
省农垦黑土洼农场高效节水(土地出让)	1115	700				700	300			300							115		
省农垦黄羊河农场高效节水(土地出让)	1213	700				700											513		
省农垦八一农场中央财政节水2014(六)	2755	1400			1400		600			600							755		
省农垦生地湾农场中央财政节水2014(六)	1161	500			500		200			200							461		
省农垦饮马农场中央财政节水2014(六)	1216	500			500		200			200							516		
省农垦黄花农场中央财政节水2014(六)	1216	500			500		200			200							516		
省农垦张掖农场小型农田水利建设(五)	1283	500			500		200			200									583
省农垦黑土洼农场高效节水灌溉(六)	1447	700			700		300			300							447		
省农垦黄花农场高效节水灌溉项目(六)	1056	500			500		200			200							356		
省农垦饮马农场高效节水灌溉项目(六)	695	200			200		200			200							295		
省农垦饮马农场中央财政小农水2015	772	400			400		205			205							167		
敦煌农场小型农田水利建设(五)	1145	400			400		100			100							645		
省农垦生地湾农场高效节水灌溉(六)	1110	500			500		200			200							410		
八一农场小型农田水利建设(五)	2701	1400			1400		600			600							701		
省农垦小型农田水利2015维修养护	300	300			300														

3-2 续表

单位:万元

项目	累计安排投资	中央政府投资					地方政府投资										企业和私人投资	国内贷款	其他投资
		小计	预算内拨款	预算内专项资金	中央财政水利专项资金	土地出让收益	小计	预算内拨款	预算内专项资金	地方财政水利专项资金	水利建设基金	重大水利工程建设基金	土地出让收益	水资源费	部门自筹资金	其他资金			
省农垦黄羊河农场高效节水灌溉(六)	1942	1400			1400												542		
省农垦黄羊河农场小型农田水利(五)	1246	500			500		200			200							546		
省农垦山丹农场高效节水灌溉项目(六)	1279	500			500		200			200							516		63
省景电中央财政统筹(土地出让)2014	300	300				300													
省景电小型农田水利2015维修养护	400	400			400														
水库工程	237739	61864			61864		23383			4000	14004	2500		1140		1739		74565	77927
富川水库(抗旱规划内)	10284	5684			5684		4600			4600									
武威市杂木河毛藏寺水库工程	80927						3000				3000								77927
天祝县二道墩水库	8666	6927			6927		1739									1739			
民乐县石灰窑水库	7916	7916			7916														
临泽县红山湾水库工程	38000						2000				2000							36000	
山丹县白石崖水库(抗旱规划内)	5685	5685			5685														
山丹县大口子河水库工程	1500						1500				1500								
山丹县西沟水库	1980																	1980	
山丹县东沟水库	1740																	1740	
崆峒区北杨涧水库(抗旱规划内)	9685	5685			5685													4000	
泾川县朱家涧水库(抗旱规划内)	8226	8226			8226														
崇信县关河水库(抗旱规划内)	6591	6591			6591														
庄浪县花崖河水库(抗旱规划内)	5685	5685			5685														
阿克塞县工业园区水库	3404						404				404							3000	
酒泉循环经济产业园水源(大红泉水库)	17845																	17845	
庆城县纸坊沟水库(抗旱规划内)	6825	5685			5685		1140							1140					
通渭县段家峡水库	3780	3780			3780														
兰州新区2号3号石门沟水库	19000						9000			4000	2500	2500						10000	
泵站工程	144737	115787	115787				24160		550	1499		1600			250	20261			4790
兰州市榆中三电泵站更新改造工程	19939	15950	15950				3010		275	250						2485			979
兰州市皋兰县西电泵站更新改造工程	22245	17794	17794				1215		275							940			3236
兰州市工农坪泵站更新改造工程	3750	3000	3000				750			375						375			

3–2 续表

单位：万元

项目	累计安排投资	中央政府投资					地方政府投资										企业和私人投资	国内贷款	其他投资
		小计	预算内拨款	预算内专项资金	中央财政水利专项资金	土地出让收益	小计	预算内拨款	预算内专项资金	地方财政水利专项资金	水利建设基金	重大水利工程建设基金	土地出让收益	水资源费	部门自筹资金	其他资金			
兰州市大砂沟泵站更新改造工程	4750	3800	3800			950			437							513			
七里河区西津泵站更新改造工程	4687	3750	3750			937			437							500			
白银市靖会泵站更新改造工程	13750	11000	11000			2750										2750			
景泰县中泉泵站更新改造工程	6875	5500	5500			1375										1375			
白银市刘川泵站更新改造工程	9375	7500	7500			1875										1875			
白银市兴电泵站更新改造工程	13750	11000	11000			2750										2750			
白银市旱平川泵站更新改造工程	6152	4922	4922			1230										1230			
靖远县2014年中堡泵站更新改造工程	1625	1300	1300																325
靖远县2015年中堡泵站更新改造工程	1250	1000	1000																250
平凉市白庙泵站更新改造工程	1250	1000	1000				250									250			
甘肃省景电泵站更新改造	35339	28271	28271				7068					1600			250	5218			
其他灌溉除涝项目	23435	22135			22135		500					500							800
景泰县草窝滩镇排水工程	500						500					500							
临夏市大夏河风情线综合治理工程	800																		800
永靖县刘盐八地质灾害灌区节水改造	22135	22135			22135														
供水项目	1768205	620624	605685	14000		939	569717	155171	15200	171109	41650	68200	7500	20916	1831	88140	13000	527021	37843
引水(调水)工程	1499619	510839	495900	14000		939	506146	152732	15200	127738	38762	68200	7500	19100		76914	13000	441854	27780
甘肃省引洮供水一期工程	502102	258200	244200	14000			243902	97902		120000			7500	13100		5400			
靖远县双永供水工程	41914	21000	21000				20914			1238	5762	7000				6914			
兰州市水源地建设工程	340350						39350	39350										301000	
引洮供水一期榆中县配套工程	50800						7800				1800	2000				4000		43000	
白银靖会甘沟干渠扩建及会宁城区供水	11100						11100				3700	3700				3700			
引洮一期工程会宁北部供水工程	78500	40000	40000				38500			6500	5500	2500				24000			
秦州区2014年抗旱引调提水项目	1173	939				939													234
天祝县南阳山片下山入川供水工程	40950	16000	16000				24950				1500	5000				18450			
天祝县石门河调蓄引水工程	24950	10000	10000				14950				1000					13950			
静宁县甘渭河庙堡调水工程	500						500				500								
肃北县马鬃山镇供水工程	17000																13000	4000	

3-2 续表

单位：万元

项目	累计安排投资	中央政府投资					地方政府投资										企业和私人投资	国内贷款	其他投资
		小计	预算内拨款	预算内专项资金	中央财政水利专项资金	土地出让收益	小计	预算内拨款	预算内专项资金	地方财政水利专项资金	水利建设基金	重大水利工程建设基金	土地出让收益	水资源费	部门自筹资金	其他资金			
盐环定扬黄续建工程调概算	7100						2500					2000				500		4600	
华池县葫芦河水源工程	1000						1000					1000							
引洮供水一期定西配套项目农村供水	107646	50000	50000				19200		15200			4000						29100	9346
盐环定扬黄甘肃专用工程一期改造	1000						1000					1000							
积石山引水工程	42500	19300	19300				14500				7000	7500						5000	3700
临夏州引黄济临供水工程	25000						5000					5000							20000
引洮(博)济合供水工程	49800	18000	18000				10500				1500	9000						6800	14500
甘南州引洮入潭工程	16400	7400	7400				9000				2500	6500							
兰州新区供水项目引大渠道除险加固	23834						5480	5480										18354	
甘肃引洮供水二期工程	80000	70000	70000				10000	10000											
天水市城区引洮供水工程	36000						26000				8000	12000		6000				10000	
人饮解困及饮水安全工程	**217653**	**101185**	**101185**				**58018**	**1439**		**43371**	**88**			**1816**	**1831**	**9473**		**49067**	**9383**
镇原县农村安全饮水项目	2545	1579	1579				966			797				169					
镇原县1236扶贫攻坚农村饮水安全2015	1395						1100									1100			295
榆中县农村饮水安全项目2015	8360	5125	5125				3235			3235									
皋兰县农村饮水安全项目2015	809	519	519				290			233						57			
兰州市农村饮水安全水质检测能力	670	670	670																
永登县2015年农村饮水安全工程	1417	584	584				833			739						94			
嘉峪关市农村饮水安全水质检测项目	112	84	84				28							28					
金昌市农村饮水安全水质检测中心	173	168	168				5								5				
会宁县农村饮水安全项目2015	10943	6849	6849				4094			3367						727			
白银市农村饮水安全水质监测能力	419	419	419																
白银区农村饮水安全项目2015	819	529	529				290			236						54			
景泰县农村饮水安全项目2015	1590	1116	1116				474			368						106			
靖远县2015年农村饮水安全项目	2891	2087	2087				804			556						248			
甘谷县农村饮水安全项目	7418	5379	5379				2039			1456					583				
天水市农村饮水安全水质检测能力	587	587	587																
秦州区农村饮水安全项目2015	3723	2494	2494				1229			982					247				

3–2 续表

单位：万元

项目	累计安排投资	中央政府投资					地方政府投资										企业和私人投资	国内贷款	其他投资
		小计	预算内拨款	预算内专项资金	中央财政水利专项资金	土地出让收益	小计	预算内拨款	预算内专项资金	地方财政水利专项资金	水利建设基金	重大水利工程建设基金	土地出让收益	水资源费	部门自筹资金	其他资金			
麦积区 2015 年农村饮水安全项目	8388	6494	6494				1894			1337					557				
清水县农村饮水安全项目	965	211	211				754			690					64				
秦安县农村饮水安全项目	2970	2181	2181				789			529					260				
武山县农村饮水安全项目示点(规划外)	5401																	4532	869
武山县农村饮水安全(试点县规划外)	3601						665			665								2750	186
张家川县农村饮水安全项目(2015)	638	356	356				282			282									
武威市农村饮水安全水质监测能力	335	335	335																
凉州区农村饮水安全项目	716	490	490				226			154				72					
古浪县农村饮水安全项目	897	599	599				298			235				63					
天祝县藏区规划外农村饮水安全项目	5420	4048	4048				1372			838						534			
山丹县农村饮水安全(试点县规划外)	11543						574			459					115			10429	540
张掖市农村饮水安全水质检测能力	594	503	503				91									91			
甘州区农村饮水安全项目	5315	2998	2998				1964			1964									353
民乐县农村饮水安全项目	1892	1172	1172				594			594									126
平凉市农村饮水安全水质检测能力	586	586	586																
静宁县农村饮水安全项目 2015	1455	989	989				466			344						122			
崆峒区农村饮水安全项目 2015	813	353	353				460			460						54			
灵台县农村饮水安全项目 2015	903	501	501				402			342						60			
酒泉市农村饮水安全工程水质监测能力	586	586	586																
瓜州县农村饮水安全项目	622	413	413				209			130				60		19			
玉门市农村饮水安全项目	121	48	48				33			30				3					40
宁县农村饮水安全项目	2641	1600	1600				1041			866						175			
宁县 1236 扶贫攻坚农村饮水安全2015	407						330									330			77
正宁县 1236 扶贫攻坚农村饮水安全 2015	407						275									275			132
庆阳市农村饮水安全水质监测能力	826	670	670				156									156			
西峰区 1236 扶贫攻坚农村饮水安全2015	284						220									220			64
庆城县 2015 年规划外农村饮水安全	98						98			88						10			
庆城县 1236 扶贫攻坚农村饮水安全 2015	934						880									880			54

3–2 续表

单位：万元

项目	累计安排投资	中央政府投资					地方政府投资										企业和私人投资	国内贷款	其他投资
		小计	预算内拨款	预算内专项资金	中央财政水利专项资金	土地出让收益	小计	预算内拨款	预算内专项资金	地方财政水利专项资金	水利建设基金	重大水利工程建设基金	土地出让收益	水资源费	部门自筹资金	其他资金			
环县农村饮水安全项目	2073	649	649				814			32						782			610
环县 2015 年规划外农村饮水安全工程	13899						5700			5700								7970	229
环县 1236 扶贫攻坚农村饮水安全 2015	4732						1980									1980			2752
华池县 1236 扶贫攻坚农村饮水安全 2015	839						440									440			399
华池县农村饮水安全项目	607	69	69				538			498				40					
合水县 1236 扶贫攻坚农村饮水安全 2015	276						276									276			
通渭县农村饮水安全(试点县规划外)	6825						643			643								5717	465
临洮县农村饮水安全项目 2015	1427	605	605				822			727						95			
岷县农村饮水安全项目	9175	7455	7455				1720			1720									
定西市农村饮水安全水质监测能力	586	586	586																
陇南市农村饮水安全水质检测能力	754	754	754																
两当县农村饮水安全(试点县规划外)	1067						1025			437						588		42	
武都区农村饮水安全项目	6491	4812	4812				1679			1196				483					
成县农村饮水安全项目	1503	1076	1076				427			319				108					
文县农村饮水安全项目	906	619	619				287			227				60					
宕昌县农村饮水安全项目	1216	868	868				348			264				84					
西和县农村饮水安全项目	3698	2756	2756				942			644				298					
礼县农村饮水安全项目	5157	3458	3458				1699			1357				342					
徽县农村饮水安全项目	193	121	121				72			66				6					
临夏州农村饮水安全水质监测能力	670	670	670																
临夏市 2015 年度城郊农村饮水安全工程	614	124	124				239			239									251
临夏县 2015 年农村饮水安全(计划外)	4218						691			691								3527	
东乡县 2015 农村饮水安全(规划外)	7409						686			686								6723	
甘南州农村饮水安全水质检测能力	670	670	670																
合作市农村饮水安全项目 2014	2639	975	975				243			243								1103	318
合作市农村饮水安全项目 2015	1458	874	874				584			584									

3-2 续表

单位：万元

项　　目	累计安排投资	中央政府投资					地方政府投资										企业和私人投资	国内贷款	其他投资
		小　计	预算内拨款	预算内专项资金	中央财政水利专项资金	土地出让收益	小　计	预算内拨款	预算内专项资金	地方财政水利专项资金	水利建设基金	重大水利工程建设基金	土地出让收益	水资源费	部门自筹资金	其他资金			
合作市藏区规划外农村饮水安全	178	138	138				40			40									
临潭县农村饮水安全项目试点	2885						610			610								2275	
临潭县藏区规划外农村饮水	329	271	271				58			58									
卓尼县农村安全饮水项目 2014	2749	1468	1468				302			302								456	523
卓尼县农村饮水安全项目 2015	2497	1595	1595				902			902									
卓尼县藏区规划外农村饮水安全项目	1831	1438	1438				393			393									
舟曲县藏区规划外农村饮水安全	4326	3397	3397				929			929									
迭部县农村饮水安全项目 2014	508	268	268				68			68								84	88
迭部县藏区规划外农村饮水安全	1538	1218	1218				320			320									
玛曲县农村饮水安全项目 2014	3287	1098	1098				275			275								1496	418
玛曲县农村饮水安全项目 2015	1177	968	968				209			209									
玛曲县藏区规划外农村饮水安全	2758	2163	2163				595			595									
碌曲县农村饮水安全项目 2014	4468	1529	1529				382			382								1963	594
碌曲县农村饮水安全项目 2015	872	707	707				165			165									
碌曲县藏区规划外农村饮水安全	167	151	151				16			16									
夏河县农村饮水安全项目 2015	2205	1489	1489				716	716											
夏河县藏区规划外农村饮水安全	3547	2824	2824				723	723											
其他供水工程	**50932**	**8600**	**8600**				**5553**	**1000**			**2800**					**1753**		**36100**	**679**
镇原县北石窟旅游景区供水工程	463						463									463			
镇原县中盛产业配水工程	590						590									590			
山丹县城区供水管网工程	2000																	2000	
金塔县北河湾循环产业区供水工程	4200						1000	1000										3200	
临洮县安家咀加水工程	1479						800				800								679
陇西县引洮一期城区供水扩建工程	21100	7400	7400															13700	
积石山县县城区供水水源改扩建工程	5700	1200	1200															4500	
武威市城乡融合黄羊土门组团供水(陆港)	14700						2000				2000							12700	

3-2 续表

单位:万元

项目	累计安排投资	中央政府投资					地方政府投资										企业和私人投资	国内贷款	其他投资
		小计	预算内拨款	预算内专项资金	中央财政水利专项资金	土地出让收益	小计	预算内拨款	预算内专项资金	地方财政水利专项资金	水利建设基金	重大水利工程建设基金	土地出让收益	水资源费	部门自筹资金	其他资金			
靖远寺儿坪供水项目	700						700									700			
水务项目	19062	6224	5214		1010		2376	400							1017	959		9712	750
城镇供水管线建设	1709	350	350				1359	400								959			
清水县城区自来水管网扩建工程	1709	350	350				1359	400								959			
污水处理工程	16941	5874	5874		1010		1017								1017			9300	750
临洮县污水处理厂配套管网工程	827	510	510				317								317				
山丹县城区生活污水处理工程	5314	4614	4614		260		700								700				
民勤红沙岗污水处理厂及中水回用贮水池	10800	750			750													9300	750
其他水务项目	412																	412	
天水市城区供水高桥头引水枢纽工程	412																	412	
水电开发利用	161695	38702	27691		11011		4353			1755	50					2548	106844	10564	1232
水力发电工程	92806	9928	9928				530				50					480	82248	100	
永昌县西大河二级水电站	6100	1100	1100														5000		
永昌县西大河总干渠1号水电站	619	300	300														319		
临泽县南台子一级水电站	1973	150	150														1823		
甘州区石庙一级水电站	677	240	240														437		
岷县天宝水电站	1251	115	115														1136		
岷县秦许水电站	798	190	190														608		
两当县左家水电站	1301	350	350														951		
东乡县达板水电站新增2010	16324	100	100														16224		
康乐县杜家咀水电站	360	50	50														310		
临夏县卧龙沟水电站(4)	380	130	130														150	100	
康乐县纳沟水电站(4)	400	100	100														300		
合作市地乌尔水电站	2909	430	430				480									480	1999		
舟曲县天干沟水电站	1248	260	260														988		
迭部县沟洁寺水电站	26780	2950	2950														23830		

3–2 续表

单位：万元

项目	累计安排投资	中央政府投资					地方政府投资										企业和私人投资	国内贷款	其他投资
		小计	预算内拨款	预算内专项资金	中央财政水利专项资金	土地出让收益	小计	预算内拨款	预算内专项资金	地方财政水利专项资金	水利建设基金	重大水利工程建设基金	土地出让收益	水资源费	部门自筹资金	其他资金			
迭部县阿夏水电站	2150	400	400														1750		
迭部县阿夏那盖水电站	5085	1163	1163														3922		
夏河县安顺水电站	19049	1440	1440														17609		
夏河县和平桥水电站	5403	460	460				50				50						4893		
水电增效扩容	**28730**	**11535**	**524**		**11011**		**2905**			**1755**						**1150**	**13363**		**927**
永昌县金川峡水库电站	689	234			234												455		
永昌县皇城水库电站	1182	562			562												620		
永昌县头坝三号电站	616	246			246												370		
武威市凉州区南营水电站	351	351			351														
武威市凉州区黄羊水电站	527	527			527														
武威市凉州区西营总干电站	585	585			585														
山丹马场总场电力局 1 号水电站	2045	524	524														1521		
庆城县杨渠水电站	187	187			187														
武都区白鹤桥水电站	4106	1430			1430		429			429							2247		
武都区黄鹿坝水电站	7082	2470			2470		741			741							3871		
文县白水江林业局水电站	801	241			241												560		
文县慧达水电站	1512	585			585														927
宕昌县何家堡水电站	1496	487			487		1009									1009			
礼县苗河水库坝后电站	271	130			130		141									141			
东乡县老虎嘴电站	1651	743			743												908		
和政县炉子滩水电站	595	167			167												428		
和政县达浪水电站	190	56			56												134		
和政县康家坪水电站	763	152			152												611		
和政县新营尕庄水电站	256	75			75												181		
康乐县虎关水电站	248	75			75												173		
合作市峡村电站	2677	1170			1170		585			585							922		

3-2 续表

单位:万元

项目	累计安排投资	中央政府投资					地方政府投资										企业和私人投资	国内贷款	其他投资
		小计	预算内拨款	预算内专项资金	中央财政水利专项资金	土地出让收益	小计	预算内拨款	预算内专项资金	地方财政水利专项资金	水利建设基金	重大水利工程建设基金	土地出让收益	水资源费	部门自筹资金	其他资金			
夏河县白土坡水电站	900	538			538												362		
小水电代燃料	40159	17239	17239				918									918	11233	10464	305
嘉峪关市南干渠小水电代燃料项目	950	551	551															399	
永昌县金川东小水电代燃料项目	5016	2125	2125														2891		
肃南县西营河一级小水电代燃料项目	8160	3664	3664														796	3700	
肃南县白银四级小水电代燃料项目	1914	861	861														153	900	
肃南县白银三级小水电代燃料项目	2288	1030	1030														158	1100	
肃南县白泉门一级小水电代燃料项目	7761	3492	3492														1659	2610	
文县李子坝小水电代燃料项目	2009	904	904															800	305
合作市卡加曼小水电代燃料项目	1986	706	706														1020	260	
临潭县青石山小水电以电代燃料项目	4459	1896	1896				918									918	1645		
迭部县知子水电代燃料项目	2290	1030	1030														1260		
夏河县甫黄二级小水电代燃料项目	3326	980	980														1651	695	
水保及生态	89589	67374	39958		27416		3200			3200									19015
水土流失治理	89589	67374	39958		27416		3200			3200									19015
甘肃省坡耕地水土流失治理2014(黄河)	12500	10000	10000																2500
甘肃省坡耕地水土流失治理 2014(长江)	5000	4000	4000																1000
甘肃省水土流失重点治理 2014(黄河)	6075	4860	4860																1215
甘肃省水土流失重点治理 2014(长江)	1600	1280	1280																320
甘肃省水土流失重点治理 2014(内陆)	500	400	400																100
甘肃省淤地坝新建及维修加固(2014)	575	460	460																115
甘肃省国家水土保持重点工程(2014)	11968	8378			8378														3590
甘肃省农业综合开发水土保持(2014)	5960	4000			4000		1600			1600									360
甘肃省国家水土保持重点工程(2015)	15769	11038			11038														4731
甘肃省农业综合开发水土保持(2015)	5944	4000			4000		1600			1600									344
甘肃省淤地坝新建及维修加固(2015)	255	204	204																51

3-2 续表

单位：万元

项目	累计安排投资	中央政府投资					地方政府投资										企业和私人投资	国内贷款	其他投资
		小计	预算内拨款	预算内专项资金	中央财政水利专项资金	土地出让收益	小计	预算内拨款	预算内专项资金	地方财政水利专项资金	水利建设基金	重大水利工程建设基金	土地出让收益	水资源费	部门自筹资金	其他资金			
甘肃省坡耕地水土流失治理2015（黄河）	15000	12000	12000																3000
甘肃省坡耕地水土流失治理2015（长江）	5000	4000	4000																1000
甘肃省水土流失重点治理2015（黄河）	2568	2054	2054																514
甘肃省水土流失重点治理2015（长江）	625	500	500																125
甘肃省水土流失重点治理2015（内陆）	250	250	250																50
机构能力建设专项	32525	25154	25154				7371	1000						1404		4967			
水文设施及能力建设	32325	24954	24954				7371	1000						1404		4967			
甘肃中小河流水文监测系统建设	31696	24531	24531				7165	1000						1404		4761			
甘肃水文水资源工程2013	629	423	423				206									206			
其他水利发展项目	200	200	200																
金昌市城市水资源实时监控与管理	200	200	200																
甘　肃	3433313	1637662	1105625	14000	466833	51204	839275	168654	15940	262852	66425	78060	9487	30593	13842	193422	132849	628577	194950
兰州市	529867	92607	79492		10190	2925	67915	44830	550	8806	1800	2000	200			9729		362354	6991
嘉峪关市	14181	8717	2217		6500		5065			2800			1287	28		950		399	
金昌市	51805	32026	23924		8102		10124			3500					5680	944	9655		
白银市	271895	164767	131402		25546	7819	100670			19935	15962	17700	300			46773		2000	4458
天水市	87645	55260	31677		17444	6139	18066		190	7641	4600				3471	2164		7282	7037
酒泉市	137159	63144	30223		30828	2093	24846	1412		9555	1074			3767	1644	7394	13002	28709	7457
张掖市	187346	80125	23438		54987	1700	27344			13479	3500		200		1125	9040	9742	62459	7676
武威市	225493	83985	35672		46632	1681	62461			14227	5500	5000		1989	535	35210			79047
定西市	198229	99578	75042		23836	700	34263		15200	7190	975	4450				6448	1744	48517	14128
陇南市	98982	62706	29644		30356	2706	19589			8849	462			1381		8897	9814	892	5981
平凉市	76254	63265	10430		44540	8295	6388			2552	1218	280				2338		4000	2601
庆阳市	79986	31206	9052		16136	6018	28289			9469	688	4000		1736	60	12336		12570	7921
临夏回族自治州	191089	92506	37038		47240	8228	28162			6122	7500	12500				2040	19419	39850	11152
甘南藏族自治州	227373	90863	78690		10973	1200	39436	1439		8395	8050	16030			60	5462	61851	15132	20091
省直属	1056010	616907	507684	14000	93523	1700	366657	120973		140332	15096	16100	7500	21692	1267	43697	7622	44412	20411

3-3 2015 年水利建设项目累计到位资金

单位：万元

项目	累计到位投资	中央政府投资					地方政府投资										企业和私人投资	国内贷款	其他投资
		小计	预算内拨款	预算内专项资金	中央财政水利专项资金	土地出让收益	小计	预算内拨款	预算内专项资金	地方财政水利专项资金	水利建设基金	重大水利工程建设基金	土地出让收益	水资源费	自筹资金	其他资金			
甘肃省	3204801	1634730	1104706	14000	464820	51204	750212	165601	15940	259696	65344	78060	8900	28947	13381	114343	122593	539306	157961
防洪项目	319686	267129	146455		120674		38606		190	10096	6640	1260		1182	4147	15091			13952
堤防工程	6170	1680	1680				4490				4490								
卓尼县车巴河流域防洪治理项目	3000						3000				3000								
迭部县卡坝乡尼吉巴防洪工程	1000						1000				1000								
疏勒河干流昌马渠首段河道治理	2170	1680	1680				490				490								
江河湖泊治理工程	243768	206282	142875		63407		23609		190	1069	1470	1260		968	4147	14505			13877
大江大湖治理	50000	50000	50000																
兰州市黄河干流防洪工程	28000	28000	28000																
黄河干流白银市防洪治理工程	12000	12000	12000																
黄河干流临夏段防洪治理工程	6000	6000	6000																
黄河甘肃段甘南州防洪治理工程	4000	4000	4000																
重要支流治理	119854	91445	90527		918		19526		190	576	670	980		968	4147	11995			8883
讨赖河嘉峪关安远沟村至嘉酒河道治理	1582	1582	1582																
金川河金昌市河西堡至宁远堡段防洪	1667	1000	1000				667								667				
金川河金川区王家大砂沟至南环路桥防洪	3000	1800	1800				1200								1200				
祖厉河会宁县城区段防洪工程	1860	1116	1116				744									744			
祖历河靖远县 2014 庄口至罗家湾防洪	2325	2325	2325																
祖历河靖远县苏家湾至黑城子段堤防	1739	1739	1739																
麦积区渭河城区段南堤防治理	1770	1580	1580				190		190										
葫芦河麦积区四合村至入渭河口段治理	3104	1862	1862																1242
渭河麦积区琥珀至新阳段治理工程	2682	1760	1760				922									922			
葫芦河秦安县叶堡桥头至安坪村段治理	2955	1773	1773																1182
葫芦河秦安县李河至刘沟村防洪治理	2024	1215	1215				809								809				
葫芦河秦安县安伏至叶堡大桥段治理	2376	1425	1425				951								951				
武山县山丹河口至西关渭河大桥段治理	2887	1732	1732																1155

3–3 续表

单位：万元

项目	累计到位投资	中央政府投资					地方政府投资										企业和私人投资	国内贷款	其他投资
		小计	预算内拨款	预算内专项资金	中央财政水利专项资金	土地出让收益	小计	预算内拨款	预算内专项资金	地方财政水利专项资金	水利建设基金	重大水利工程建设基金	土地出让收益	水资源费	自筹资金	其他资金			
武山县车家川至山丹河口段治理	2966	1780	1780																1186
石羊河凉州区松涛寺至红水河入河口防洪	2133	1280	1280				853							853					
石羊河民勤县野马泉下案段河道治理	1380	920	920				460								460				
黑河张掖市高台县六坝至双丰段河道	1819	1819	1819																
黑河高台县西腰墩水库至刘家深湖防洪	740	740	740																
临泽县梨园河仙山口至西总干渠河道	1224	1224	1224																
黑河临泽县鸭暖小鸭至暖泉河道治理	1708	1708	1708																
黑河甘州区兰新铁路桥至支家崖河道	1787	1787	1787																
黑河甘州区国道 312 至兰新铁路河道	1256	1256	1256																
泾河平凉市吴老沟至平镇桥段河堤治理	836	504	504																332
泾河崆峒区马莲沟至南阳涧河段防洪	1662	1662	1662																
葫芦河静宁县狗娃河口至胡家河段河堤	1705	1705	1705																
黑河金塔县五爱至友好段河道治理	1742	1665	1665				77							77					
黑河金塔县常丰至中丰村段防洪治理	775	738	738				37							37					
马莲河干流合水县陈家坪至前坪段防洪	1500	1351	1351				149									149			
蒲河宁县庄里至叶王川段防洪治理工程	1590	1590	1590																
镇原县蒲河干流三岔桥至石咀村段防洪	2073	1244	1244				829			376						453			
洮河岷县齐家庄至石头咀段防洪	2004	1203	1203				801									801			
陇西县三十里铺至四十里铺治理	2321	1392	1392				929									929			
陇西王家营至河浦段堤防工程	1110	1110	1110																
陇西县首阳镇双泉公路桥至水月坪段治理	1110	1110	1110																
临洮县三甲电站至姬家河大桥防洪治理	878	878	878																
西汉水成县毛坝至魏家坝段堤防工程	1727	1667	1667				60									60			
白龙江文县石坊乡东峪口至大渡坝河道	1755	1053	1053				702									702			
文县尚德镇水家坝至周家坝河道治理	2900	1740	1740																1160
西汉水康县平洛河口至咀头上段提防	2900	1740	1740				1160									1160			
西汉水康县腰膻坝至高楼子段提防工程	2493	1497	1497				996									996			

3-3 续表

单位:万元

项目	累计到位投资	中央政府投资					地方政府投资										企业和私人投资	国内贷款	其他投资
		小计	预算内拨款	预算内专项资金	中央财政水利专项资金	土地出让收益	小计	预算内拨款	预算内专项资金	地方财政水利专项资金	水利建设基金	重大水利工程建设基金	土地出让收益	水资源费	自筹资金	其他资金			
西汉水西和县赵家沟至郭家坝段防洪	2470	1482	1482				988									988			
西汉水礼县罗家堡至盐官镇段防洪	1799	1078	1078				721									721			
洮河干流临洮县新添段堤防工程	3885	2698	2698				770					450				320			417
白龙江干流陇南市月阳坝至宗家堡堤防	1127	1127	1127																
白龙江干流陇南市段河坝下坝段堤防	1174	1174	1174																
宕昌县白龙江干流沙湾镇段堤防工程	2280	1368	1368				912									912			
泾河泾川县罗汉洞至洪河口段河堤治理	1963	1630	1630				333									333			
大夏河干流临夏市单子庄至新大桥段	1789	1739	1739																50
临夏县大夏河干流双城至马九川段治理	2320	1678	1678																642
广河县洮河干流新民滩至卧托段堤防	4891	2935	2017		918		1345									1345			611
大夏河干流临夏县祁牟至刘家峡水库防洪	918	548	548				366									366			4
大夏河东乡县折桥至刘家峡水库堤防	1162	1162	1162																
大夏河干流临夏市祁牟段堤防工程	588	494	494				94									94			
永靖县湟水干流白川至二房段河堤工程	2628	1726	1726																902
洮河合作市段防洪工程	2037	2037	2037																
洮河干流临潭县洮滨防洪堤工程	1400	1200	1200				200			200									
卓尼县洮河干流城区段堤防工程	1730	1430	1430				300					240			60				
洮河卓尼县麻路1段至牙当段	1211	1211	1211																
白龙江干流迭部县城段治理工程	1203	1203	1203																
碌曲洮河干流巴吾至博拉段防洪治理	874	874	874																
夏河县尕寺沟至克芒切沟治理	2046	1756	1756				290					290							
夏河县垂子合大桥至阿一山大桥段治理	1059	1059	1059																
大夏河夏河县王格尔塘至曲奥段治理	2564	2564	2564																
疏勒河干流瓜州县城区段河道治理	670						670				670								
中小河流治理	**73914**	**64837**	**2348**		**62489**		**4083**			**493**	**800**	**280**				**2510**			**4994**
镇原县蒲河太平柳咀段防洪工程	5						5									5			
庄浪县红土坡至刘家湾段河堤工程	2490	1500	1500				990					280				710			

3-3 续表

单位:万元

项目	累计到位投资	中央政府投资					地方政府投资										企业和私人投资	国内贷款	其他投资
		小计	预算内拨款	预算内专项资金	中央财政水利专项资金	土地出让收益	小计	预算内拨款	预算内专项资金	地方财政水利专项资金	水利建设基金	重大水利工程建设基金	土地出让收益	水资源费	自筹资金	其他资金			
白银区东大沟民勤村至城区段治理工程	777	777			777														
甘谷县清溪河礼辛乡寨子至慰坪堤防工程	2510	2510			2510														
清水县后川河杜川至王店段堤防工程	2175	2075			2075														100
秦安县南小河王尹马河至兴国凤山段堤防	1466	1193			1193														273
甘谷县上南河至杨赵村段治理工程	1413	848	848																565
古浪县古浪河朱家庄-龙泉寺治理	1200	1200			1200														
山丹县马营河大马营段河道治理工程	1300	1300			1300														
临泽县小东沟河新柳至西街农田防护	800	800			800														
灵台县黑河东门至景家庄段河堤治理	1500	1500			1500														
灵台县达溪河县城至百里段河堤治理	2168	2168			2168														
灵台县达溪河县城至安家庄段河堤治理	1000	1000			1000														
泾川县黑河荒场至西家沟河堤治理工程	1000	1000			1000														
泾川县洪河河堤治理工程	800	800			800														
泾川县汭河十里沟至枣林段河堤治理工程	1800	1800			1800														
崇信县黑河河堤治理工程	1400	1400			1400														
崇信县汭河(九功渠首至野雀沟)河堤	1800	1800			1800														
庄浪县北洛河良邑郭魏至石家窑段河堤	1300	1300			1300														
酒泉市肃州区清水河堤防及河道治理	1232	700			700		532									532			
酒泉市肃州区丰乐河堤防及河道治理	2553	1400			1400		1153									1153			
庆阳市中小河流水毁工程修复和治理	1500	1500			1500														
西峰区砚瓦川贺家塬沟护岸工程	650	600			600		50									50			
正宁县四郎河房河治理工程	2270	977			977														1293
宁县新宁镇高山堡村护岸工程	360						360				300					60			
正宁县四郎河樊湾子治理工程	2650	1200			1200														1450
安定区关川河大碱沟治理工程	300	300			300														
漳县龙川河草川坪至魏下段堤防工程	1200	1200			1200														
陇南市中小河流水毁工程修复和治理	2500	2500			2500														

3–3 续表

单位：万元

项目	累计到位投资	中央政府投资					地方政府投资										企业和私人投资	国内贷款	其他投资
		小计	预算内拨款	预算内专项资金	中央财政水利专项资金	土地出让收益	小计	预算内拨款	预算内专项资金	地方财政水利专项资金	水利建设基金	重大水利工程建设基金	土地出让收益	水资源费	自筹资金	其他资金			
陇南市武都区北峪河治理工程	1495	1000			1000														495
成县严河堤防工程	400	400			400														
文县白马峪河治理工程	2318	1854			1854		69			69									395
文县中路河中寨至白水江口段治理	700	700			700														
宕昌县恭河韩院段河堤工程	700	700			700														
康县阳坝河阳坝镇段治理工程	1700	1700			1700														
西和县太石河治理工程	700	700			700														
西和县漾水河治理工程	700	700			700														
礼县清水江张堡至教面堤防工程	1200	1200			1200														
两当县红崖河权坪河段综合治理工程	300	300			300														
两当县红崖河蚂蚱河段综合治理工程	900	900			900														
东乡县巴谢河五家至赵家段堤防	2362	2171			2171		82			82									109
临夏县老鸦关河双城至上阴洼段防洪	2064	1990			1990		74			74									
和政县牛津河罗家集至马家堡段防洪	2608	2398			2398		90			90									120
和政县大南岔河吊滩段防洪工程	1751	1610			1610		60			60									81
康乐县苏家集河附城镇段堤防工程	901	901			901														
东乡县巴谢河赵家至那勒寺段堤防	1213	1100			1100														113
积石山吹麻滩河治理(赵家峡口至何家桥)	500						500				500								
合作市格河多合儿防洪工程	929	892			892		37			37									
合作市德吾录河卡加防洪工程	500	500			500														
临潭县斜藏沟治理工程	2254	2173			2173		81			81									
临潭县羊沙河下河段治理工程	500	500			500														
卓尼县羊沙河恰盖防洪工程	600	600			600														
卓尼县石窖沟藏巴哇防洪工程	200	200			200														
舟曲县拱坝河堤防工程	1600	1600			1600														
迭部县阿夏流域治理工程	1300	1300			1300														
甘肃疏勒河灌区三道沟河道治理	1400	1400			1400														

3-3 续表

单位:万元

项目	累计到位投资	中央政府投资					地方政府投资										企业和私人投资	国内贷款	其他投资
		小计	预算内拨款	预算内专项资金	中央财政水利专项资金	土地出让收益	小计	预算内拨款	预算内专项资金	地方财政水利专项资金	水利建设基金	重大水利工程建设基金	土地出让收益	水资源费	自筹资金	其他资金			
水库除险加固	6111	5020			5020		1016				680					336			75
大中型病险水库除险加固																			
高台县小海子水库除险加固工程																			
甘肃双塔水库除险加固																			
小型病险水库除险加固	6111	5020			5020		1016				680					336			75
永昌县老人头水库除险加固	280	260			260		20									20			
会宁县米峡水库除险加固工程	380	380			380														
张掖市酥油口水库除险加固	600	600			600														
高台县天城湖水库除险加固 2014	400	400			400														
瓜州县榆林河水库除险加固工程	401	400			400		1									1			
敦煌市野麻湾水库除险加固工程	466	400			400														66
玉门市青山水库除险加固工程	589	580			580														9
渭源县峡口水库除险加固	260	260			260														
安定区七一水库除险加固	260	260			260														
礼县苗河水库除险加固	300	300			300														
成县卢沟水库除险加固	1577	800			800		777				462					315			
灵台县北庄水库除险加固工程	246	176			176		70				70								
华亭县车厂沟水库除险加固工程	352	204			204		148				148								
大中型病险水闸除险加固	2364	1900	1900				464							214		250			
永昌县金川河工农渠首泄洪闸除险加固	1250	1000	1000				250									250			
肃州区红山河马鬃门排砂闸除险加固	1114	900	900				214							214					
其他防洪项目	61274	52247			52247		9027			9027									
甘肃省 2014 年度山洪灾害防治项目(长)	2760	2760			2760														
甘肃省 2014 年度山洪灾害防治项目(黄)	10195	10195			10195														
甘肃省 2014 年度山洪灾害防治项目(内)	2930	2930			2930														
甘肃省山洪灾害防治补助 2013(内陆)	3232	2573			2573		659			659									
甘肃省山洪灾害防治补助 2013(长江)	3686	2778			2778		908			908									

3-3 续表

单位：万元

项目	累计到位投资	中央政府投资					地方政府投资										企业和私人投资	国内贷款	其他投资
		小计	预算内拨款	预算内专项资金	中央财政水利专项资金	土地出让收益	小计	预算内拨款	预算内专项资金	地方财政水利专项资金	水利建设基金	重大水利工程建设基金	土地出让收益	水资源费	自筹资金	其他资金			
甘肃省山洪灾害防治补助2013(黄河)	17466	13949			13949		3517			3517									
甘肃省山洪灾害防治补助2015(内陆)	2617	2151			2151		466			466									
甘肃省山洪灾害防治补助2015(黄河)	14386	11801			11801		2585			2585									
甘肃省山洪灾害防治补助2015(长江)	4002	3110			3110		892			892									
灌溉除涝项目	948572	610390	254903		305222	50265	154280	9030	550	75291	17004	8600	1400	5445	6703	30257	10136	68365	105401
灌区建设工程	121545	97218	89818		7400		16603	4030		2102	2800	4000		1188		2483		2000	5724
皋兰县西岔中型灌区农业综合开发2015	400	400			400														
兴电灌区齐家大岘隧洞除险加固	7000						5000				1000	4000						2000	
白银区工农渠灌区农业综合开发	350	350			350														
古浪县大靖河灌区农业综合开发	350	350			350														
甘州区上三灌区农业综合开发项目	1500	1000			1000		400			162						238			100
民乐县童子坝灌区农业综合开发项目	1500	1000			1000		400			180						220			100
静宁县东峡灌区农业综合开发	560	400			400		160			160									
敦煌水资源规划项目(酒泉市)2014	17916	12482	12482																5434
敦煌水资源规划项目(河道归束)2015	4747	2848	2848				1899									1899			
敦煌水资源规划项目(党河灌区)2015	7388	6943	6943				445	412								33			
环县甜水堡灌区节水改造项目	300						300				300								
合水县固城川灌区续建配套与节水改造	493						493			400						93			
临洮县溥济渠灌区农业综合开发	1400	1000			1000		400			400									
渭源县石门灌区农业综合开发项目	1950	1550			1550		400			400									
临夏县北塬灌区农业综合开发项目	1490	1000			1000		400			400									90
景泰川电力提灌二期灌区调蓄水池项目	900						900				900								
敦煌水资源利用与生态保护(疏勒河)2012	13725	12322	12322				1403	1403											
敦煌水资源利用与生态保护(疏勒河)2013	19711	17496	17496				2215	2215											
敦煌水资源利用与生态保护(疏勒河)2014	18118	17518	17518				600				600								
敦煌水资源利用与生态保护(疏勒河)2015	21397	20209	20209				1188							1188					
玉门市花海灌区农业综合开发	350	350			350														

3-3 续表

单位：万元

项目	累计到位投资	中央政府投资					地方政府投资										企业和私人投资	国内贷款	其他投资
		小计	预算内拨款	预算内专项资金	中央财政水利专项资金	土地出让收益	小计	预算内拨款	预算内专项资金	地方财政水利专项资金	水利建设基金	重大水利工程建设基金	土地出让收益	水资源费	自筹资金	其他资金			
节水灌溉工程	90595	69832	49298		20534		18582	5000						2370	2030	9182			2181
2015年永登县牧区节水灌溉示范项目	375	300	300				75									75			
石羊河流域重点治理2014(金昌市)	17701	15931	15931				1770								1770				
永昌县牧区节水灌溉示范项目	375	300	300				75								75				
凉州区规模化节水灌溉增效示范2014	1625	1300	1300				325									325			
凉州区规模化节水增效示范(2013-2016)	5007	4006			4006		1001							1001					
民勤县牧区节水灌溉示范项目2015	375	300	300				75								75				
天祝县牧区节水灌溉示范项目2014	500	400	400				100									100			
石羊河流域重点治理2014(张掖市)	300	270	270																30
肃州区规模化节水灌溉增效示范项目	1625	1300	1300				325									325			
肃州区规模化节水增效示范(2013-2016)	5758	4693			4693		1065							1065					
瓜州县牧区节水灌溉示范项目2014	501	400	400				101									101			
肃北县牧区节水灌溉示范项目2014	510	400	400				110								110				
阿克塞县牧区节水灌溉示范项目2014	500	400	400																100
敦煌市规模化节水灌溉增效示范项目	1375	1100	1100				275									275			
敦煌市规模化节水增效(2013-2016)	1516	1212			1212		304							304					
环县牧区节水灌溉示范项目2015	375	300	300				75									75			
安定区规模化节水综合灌溉示范2015	3017	3017			3017														
漳县牧区节水灌溉示范项目2015	375	300	300				75									75			
甘州区规模化节水灌溉示范(2013-2016)	9507	7606			7606														1901
合作市牧区节水灌溉示范项目2014	400	400	400																
迭部县牧区节水灌溉示范项目2015	375	300	300																75
夏河县2015牧区节水灌溉项目	375	300	300																75
石羊河流域重点治理(省景电)2012	13746	12372	12372				1374									1374			
石羊河流域重点治理(省景电)2013	13879	8766	8766				5113									5113			
石羊河流域重点治理(省景电)2014	10502	4159	4159				6343	5000								1343			
小型农田水利建设	356166	243554			193289	50265	84925			67690	500		1400	787	4423	10124	10136	715	16837

3–3 续表

单位：万元

项目	累计到位投资	中央政府投资					地方政府投资										企业和私人投资	国内贷款	其他投资
		小计	预算内拨款	预算内专项资金	中央财政水利专项资金	土地出让收益	小计	预算内拨款	预算内专项资金	地方财政水利专项资金	水利建设基金	重大水利工程建设基金	土地出让收益	水资源费	自筹资金	其他资金			
镇原县2015抗旱引调提水项目(3)	1147	1012			1012		135							135					
镇原县小型农田水利2015维修养护	252	251			251		1									1			
榆中县中央财政高效节水2014(五)	2689	1400			1400		800			600			200						489
榆中县中央统筹(土地出让)2014	1000	1000				1000													
榆中县抗旱引调提水项目2014	925	925				925													
红古区中央统筹(土地出让)2014	1268	1000				1000													268
榆中县中央财政小型农田水利(5)	2834	1400			1400		800			600						200			634
榆中县小型农田水利2015维修养护	100	100			100														
榆中县2015抗旱引调提水项目(3)	995	995			995														
西固区小型农田水利2015维修养护	100	100			100														
红古区中央财政高效节水2014(五)	1100	700			700		400			400									
红古区小型农田水利建设(五)	1452	700			700		310			300						10			442
红古区小型农田水利2015维修养护	100	100			100														
永登县高效节水项目2014(五)	2703	1400			1400		800			600						200			503
永登县2015年高效节水灌溉示范项目	2490	1400			1400		880			600						280			210
永登县2015年抗旱引调提水项目	1295	1295			1295														
永登县2015年水利工程维修养护项目	100	100			100														
皋兰2015年农田水利设施维修养护项目	100	100			100														
嘉峪关市中央财政高效节水2015(五)	2100	1400			1400		700			600			100						
嘉峪关市高效节水灌溉项目2015(六)	1600	1000			1000		600			500			100						
嘉峪关市小型农田水利维修养护2015年	300	300			300														
嘉峪关中央财政高效节水2013(五)	2200	1400			1400		800			600			200						
嘉峪关中央财政高效节水2014(五)	2200	1400			1400		800			600			200						
嘉峪关中央财政高效节水2014(六)	1600	1000			1000		600			500			100						
永昌县中央财政高效节水2014(五)	2409	1200			1200		1209			800					409				
金川区中央财政高效节水2014(六)	668	300			300		368			200						168			
永昌县中央财政高效节水2014(六)	2006	1000			1000		1006			500						506			

3-3 续表

单位：万元

项 目	累计到位投资	中央政府投资 小计	预算内投款	预算内专项资金	中央财政水利专项资金	土地出让收益	地方政府投资 小计	预算内投款	预算内专项资金	地方财政水利专项资金	重大水利工程建设基金	土地出让收益	水资源费	自筹资金	其他	企业和私人投资	国内贷款	其他投资
节水灌溉工程	90595	69832	49298		20534		18582	5000		2370	2030			9182		2181		
2015年永登县牧区节水灌溉示范项目	375	300	300				75							75				
石羊河流域重点治理 2014（金昌市）	17701	15931	15931				1770			1770								
永昌县牧区节水灌溉示范项目	375	300	300				75							75				
凉州区规模化节水灌溉增效示范项目2013—2016	1625	1300	1300				325							325				
民勤县规模化节水灌溉增效示范项目2013—2016	5007	4006	4006				1001			1001								
天祝县牧区节水灌溉示范项目 2014	375	300	300				75							75				
石羊河流域重点治理 2014（张掖市）	500	400	400				100			100								
肃州区规模化节水灌溉增效示范项目2013—2016	300	270	270				30											
甘州区规模化节水灌溉增效示范项目	1625	1300	1300				325							325				
肃州区规模化节水灌溉增效示范项目(2013—2016)	5758	4693	4693				1065							1065				
瓜州县规模化节水灌溉增效示范项目 2014	501	400	400				101							101				
肃北县规模化节水灌溉示范项目 2014	510	400	400				110							110				
阿克塞县规模化节水灌溉示范项目 2014	500	400	400				100							100				
敦煌市规模化节水灌溉增效示范项目(2013—2016)	1375	1100	1100				275							275				
环县牧区规模化节水灌溉示范项目(2013—2016)	1516	1212	1212				304			304								
安定区规模化节水灌溉综合灌溉示范 2015	3017	3017	3017															
南北区规模化节水灌溉示范项目 2015	375	300	300				75							75				
合作市规模化节水灌溉示范项目 2015	375	300	300				75							75				
夏河县 2015 规模化牧区节水灌溉示范项目	9507	7606	7606													1901		
渭县牧区节水灌溉示范项目 2015	375	300	300				75							75				
迭部县牧区节水灌溉示范 2013	400	400	400															
甘南州牧区节水灌溉示范项目 2014	400	300	300				100			100								
石羊河流域重点治理(省景电)2012	13746	12372	12372				1374							1374				
石羊河流域重点治理(省景电)2013	13879	8766	8766				5113							5113				
石羊河流域重点治理(省景电)2014	10502	4159	4159				6343						1400	4423	787			
小型农田水利建设	356166	243554	193289		50265		84925				500			67690	10124	10136	715	16837

3-3 续表

单位：万元

项目	累计到位投资	中央政府投资					地方政府投资										企业和私人投资	国内贷款	其他投资
		小计	预算内拨款	预算内专项资金	中央财政水利专项资金	土地出让收益	小计	预算内拨款	预算内专项资金	地方财政水利专项资金	水利建设基金	重大水利工程建设基金	土地出让收益	水资源费	自筹资金	其他资金			
镇原县2015抗旱引调提水项目(3)	1147	1012			1012		135							135					
镇原县小型农田水利2015维修养护	252	251			251		1									1			
榆中县中央财政高效节水2014(五)	2689	1400			1400		800			600			200						489
榆中县中央统筹(土地出让)2014	1000	1000				1000													
榆中县抗旱引调提水项目2014	925	925				925													
红古区中央统筹(土地出让)2014	1268	1000				1000													268
榆中县中央财政小型农田水利(5)	2834	1400			1400		800			600						200			634
榆中县小型农田水利2015维修养护	100	100			100														
榆中县2015抗旱引调提水项目(3)	995	995			995														
西固区小型农田水利2015维修养护	100	100			100														
红古区中央财政高效节水2014(五)	1100	700			700		400			400									
红古区小型农田水利建设(五)	1452	700			700		310			300						10			442
红古区小型农田水利2015维修养护	100	100			100														
永登县高效节水项目2014(五)	2703	1400			1400		800			600						200			503
永登县2015年高效节水灌溉示范项目	2490	1400			1400		880			600						280			210
永登县2015年抗旱引调提水项目	1295	1295			1295														
永登县2015年水利工程维修养护项目	100	100			100														
皋兰2015年农田水利设施维修养护项目	100	100			100														
嘉峪关市中央财政高效节水2015(五)	2100	1400			1400		700			600			100						
嘉峪关市高效节水灌溉项目2015(六)	1600	1000			1000		600			500			100						
嘉峪关市小型农田水利维修养护2015年	300	300			300														
嘉峪关中央财政高效节水2013(五)	2200	1400			1400		800			600			200						
嘉峪关中央财政高效节水2014(五)	2200	1400			1400		800			600			200						
嘉峪关中央财政高效节水2014(六)	1600	1000			1000		600			500			100						
永昌县中央财政高效节水2014(五)	2409	1200			1200		1209			800					409				
金川区中央财政高效节水2014(六)	668	300			300		368			200						168			
永昌县中央财政高效节水2014(六)	2006	1000			1000		1006			500						506			

3-3 续表

单位:万元

项目	累计到位投资	中央政府投资					地方政府投资										企业和私人投资	国内贷款	其他投资
		小计	预算内拨款	预算内专项资金	中央财政水利专项资金	土地出让收益	小计	预算内拨款	预算内专项资金	地方财政水利专项资金	水利建设基金	重大水利工程建设基金	土地出让收益	水资源费	自筹资金	其他资金			
金川区高效节水灌溉项目(六)	637	300			300		337			200					137				
金川区中央财政小型农田水利工程 2015	1697	1000			1000		697			500					197				
金川区小型农田水利2015维修养护项目	200	200			200														
永昌县小型农田水利建设(五)	2636	1400			1400		1236			600					636				
永昌县高效节水灌溉项目(六)	783	300			300		483			200					283				
永昌县中央财政小型农田水利工程2015	1774	1000			1000		774			500					274				
永昌县小型农田水利 2015 维修养护	127	100			100		27								27				
靖远县中央财政高效节水灌溉项目2013	2000	1400			1400		600			600									
靖远县 2013 水利工程维修养护(土地出让)	400	400				400													
白银区中央财政高效节水灌溉项目 2013	1050	700			700		350			350									
景泰县中央财政高效节水灌溉项目 2013	1420	1000			1000		420			420									
景泰县中央财政景电农场节水灌溉 2013	1300	700			700		600						300			300			
景泰县中央财政节水灌溉(土地出让)	300	300				300													
靖远县高效节水灌溉(土地出让)2014	1300	1300				1300													
靖远县中央财政高效节水 2014(五)	2000	1400			1400		600			600									
白银区农业水价改革(土地出让)2014	1100	1000				1000	100			100									
白银区中央财政高效节水 2014(五)	1000	700			700		300			300									
白银区五小水利工程(土地出让)2014	1000	1000				1000													
会宁 2014 年抗旱引调提水项目	1762	1762				1762													
会宁县中央财政高效节水 2014(五)	2000	1400			1400		600			600									
会宁县高效节水灌溉(土地出让)2014	1000	1000				1000													
景泰县中央财政小农水重点县 2014	2300	1500			1500		800			800									
景泰县中央财政高效节水 2014(五)	2000	1400			1400		600			600									
景泰县抗旱规划引调提水项目(2014)	857	857				857													
平川区中央财政高效节水 2014(五)	2000	1400			1400		600			600									
靖远县 2014 年抗旱引调提水项目	837	837			837														
景泰水利工程维修养护(土地出让)2014	200	200				200													

3–3 续表

单位：万元

项目	累计到位投资	中央政府投资					地方政府投资										企业和私人投资	国内贷款	其他投资
		小计	预算内拨款	预算内专项资金	中央财政水利专项资金	土地出让收益	小计	预算内拨款	预算内专项资金	地方财政水利专项资金	水利建设基金	重大水利工程建设基金	土地出让收益	水资源费	自筹资金	其他资金			
会宁县2015年抗旱引调提水项目	1355	1355			1355														
平川区小型农田建设2015(五)	2000	1400			1400		600			600									
会宁县中央财政高效节水2015(五)	2000	1400			1400		600			600									
会宁县2015年维修养护项目	200	200			200														
平川区小型农田水利2015维修养护资金	100	100			100														
白银区小型农田水利建设(五)2015	1000	700			700		300			300									
白银区2015小型农水利维修养护资金	600	600			600														
景泰县中央财政小型农田水利建设2015	2000	1400			1400		600			600									
景泰县2015年抗旱引调提水项目	1485	1485			1485														
景泰县小型农田水利2015年维修养护	200	200			200														
靖远县2015年高效节水灌溉示范项目	2000	1400			1400		600			600									
靖远县2015年抗旱引调提水项目	1262	1262			1262														
靖远县2015年小型农田水利维修养护资金	100	100			100														
甘谷县2015抗旱引调提水工程	299	299			299														
甘谷县中央财政小型水利五小水利2015	1560	1000			1000		500			500									60
秦州区中央财政统筹(土地出让)2014	610	600				600													10
秦州区1万~5万亩灌区(土地出让)	614	600				600													14
秦州区2015年抗旱引调提水工程	1041	1041			1041														
秦州区小型农田水利2015维修养护	200	200			200														
麦积区小型农田水利2015年维修养护	202	200			200														2
清水县五小水利工程(土地出让)	806	800				800													6
清水县水利工程维修项目(土地出让)	200	200				200													
清水县2014年抗旱引调提水项目	884	884				884													
清水县2015抗旱引调提水项目	499	499			499														
清水县小型农田水利2015维修养护	100	100			100														
秦安县中央财政统筹(土地出让)2014	1100	1100				1100													
秦安县2015抗旱引调水提水项目	436	436			436														

3-3 续表

单位：万元

项目	累计到位投资	中央政府投资					地方政府投资										企业和私人投资	国内贷款	其他投资
		小计	预算内拨款	预算内专项资金	中央财政水利专项资金	土地出让收益	小计	预算内拨款	预算内专项资金	地方财政水利专项资金	水利建设基金	重大水利工程建设基金	土地出让收益	水资源费	自筹资金	其他资金			
甘谷县2014年抗旱引调提水项目	520	416				416													104
武山县2014年度小型农田水利重点县	2896	1500			1500		800			800									596
武山县高效节水灌溉项目(土地出让)	400						400			400									
武山县1万~5万亩灌区改造(土地出让)	705	600				600													105
武山县2015抗旱引调提水工程	407	407			407														
武山县小型农田水利2015维修养护项目	200	200			200														
张家川县小型农田水利2015维修养护	100	100			100														
凉州区中央财政高效节水2014(五)	4000	2800			2800		1200			1200									
凉州区中央财政高效节水2014(六)	3000	2000			2000		1000			1000									
凉州区2014抗旱规划引调提水项目	1481	1481				1481													
凉州区中央财政小型农田水利建设(五)	4000	2800			2800		1200			1200									
凉州区高效节水灌溉项目(六)	3000	2000			2000		1000			1000									
凉州区2015年抗旱引调提水工程	412	412			412														
凉州区农业水价综合改革(土地出让)	100						100			100									
凉州区小型农田水利2015维修养护	300	300			300														
民勤县2015年抗旱引调提水项目	800	800			800														
民勤县农业水价综合改革(土地出让)	100						100			100									
民勤县中央财政小型农田水利建设(5)	3000	1400			1400		1600			1600									
民勤县中央财政小农水重点县2015(五)	500	500			500														
民勤县高效节水灌溉项目(六)	1500	1000			1000		500			500									
民勤县中央财政小型农田水利工程2015	1500	1000			1000		500			500									
民勤县小型农田水利2015维修养护	500	500			500														
古浪县中央财政高效节水灌溉2013	2482	1400			1400		600			600									482
古浪县中央财政小农水重点县2014	2779	1500			1500		800			800									479
古浪县中央财政统筹(土地出让)2014	207	200				200													7
古浪县中央财政高效节水2014(六)	1652	1000			1000		500			500									152
古浪县中央财政高效节水2014(五)	2000	1400			1400		600			600									

3-3 续表

单位:万元

项目	累计到位投资	中央政府投资					地方政府投资										企业和私人投资	国内贷款	其他投资
		小计	预算内拨款	预算内专项资金	中央财政水利专项资金	土地出让收益	小计	预算内拨款	预算内专项资金	地方财政水利专项资金	水利建设基金	重大水利工程建设基金	土地出让收益	水资源费	自筹资金	其他资金			
古浪县抗旱规划引调提水项目	1412	1412			1412														
古浪县小型农田水利建设(五)	2000	1400			1400		600			600									
古浪县高效节水灌溉项目(六)	1500	1000			1000		500			500									
古浪县2015抗旱引调提水项目	697	697			697														
古浪县中央财政小型农田水利工程2015	1500	1000			1000		500			500									
古浪县小型农田水利2015维修养护	100	100			100														
天祝县中央财政高效节水2014(六)	1112	700			700		412			300						112			
天祝县高效节水灌溉项目(六)	1000	700			700		300			300									
天祝县小型农田水利2015维修养护	100	100			100														
高台县中央财政高效节水2014(六)	1863	1000			1000		700			500					200				163
山丹县抗旱规划引调提水项目2014	1355	746			746												609		
山丹县中央财政高效节水2014(六)	3218	1700			1700		1300			900					400				218
肃南县前滩1万~5万亩灌区(土地出让)2014	620	600				600	10								10				10
甘州区中央财政高效节水2014(六)	2038	1000			1000		800			500					300				238
民乐县中央财政高效节水2014(六)	1866	1000			1000		600			500						100			266
民乐县农业水价改革(土地出让)2014	1172	1000				1000	172						100			72			
高台县中央财政统筹(土地出让)2014	322	200			200														122
山丹县中央财政统筹(土地出让)2014	100	100				100													
临泽县中央财政统筹(土地出让)2014	180	100			100		20									20			60
肃南县中央财政统筹(土地出让)2014	1264	1000			1000		100								100				164
山丹马场中央财政高效节水2014(五)	1232	700			700												532		
山丹县小型农田水利建设2015(五)	2760	1400			1400		1100			600						500			260
高台县农业水价改革(土地出让)2015	1100	1000			1000		100						100						
高台县小型农田水利2015维修养护	500	500			500														
高台县小型农田水利建设2015(五)	2567	1400			1400		900			600						300			267
高台县高效节水灌溉项目2015(六)	1967	1000			1000		700			500						200			267
高台县中央财政小型农田水利2015(七)	1801	1000			1000		580			500						80			221

3-3 续表

单位：万元

项目	累计到位投资	中央政府投资					地方政府投资										企业和私人投资	国内贷款	其他投资
		小计	预算内拨款	预算内专项资金	中央财政水利专项资金	土地出让收益	小计	预算内拨款	预算内专项资金	地方财政水利专项资金	水利建设基金	重大水利工程建设基金	土地出让收益	水资源费	自筹资金	其他资金			
山丹县高效节水灌溉项目2015(六)	2892	1700			1700		1100			900						200			92
临泽县小型农田水利2015维修养护	100	100			100														
临泽县小型农田水利建设2015(五)	2609	1400			1400		900			600						300			309
山丹县中央财政小农水2015(七)	2095	1000			1000		800			500						300			295
甘州区高效节水灌溉项目2015(六)	1822	1000			1000		630			500						130			192
甘州区中央财政小型农田水利2015(五)	2352	1400			1400		800			600						200			152
甘州区小型农田水利2015维修养护	300	300			300														
山丹县2015抗旱引调水项目	1487	1055			1055												432		
肃南县小型农田水利建设2015(五)	2315	1400			1400		620			420						200			295
肃南县小型农田水利2015维修养护	200	200			200														
民乐县2015抗旱引调提水项目	621	479			479														142
民乐县高效节水灌溉项目2015(六)	1814	1000			1000		600			500						100			214
民乐县小型农田水利建设2015(五)	2550	1400			1400		700			600						100			450
民乐县中央财政小型农田水利2015(七)	1030	600			600		300			300									130
民乐县水利工程维修养护2014-2015	400	400			400														
山丹马场2014年高效节水(六)	1247	400			400		300			300							547		
山丹马场小型农田水利建设2015(五)	1266	700			700												566		
山丹马场高效节水灌溉项目2015(六)	1209	400			400		300			300							509		
崆峒区中央财政统筹(土地出让)2014	1000	1000				1000													
静宁县小型农田水利2015维修养护	200	200			200														
静宁县2015年抗旱水源引调提水工程	1017	1017			1017														
崆峒区抗旱规划引调提水项目	1043	1043				1043													
崆峒区小型农田水利2015年维修养护	200	200			200														
泾川县中央财政统筹(土地出让)2014	1000	1000				1000													
泾川县2014年抗旱引调提水项目	453	453				453													
灵台县中央财政小农水重点县2014(四)	2725	1500			1500		1200			800						400			25
灵台县许家沟提灌工程(土地出让2014)	1788	1000			1000		788				500					288			

3-3 续表

单位：万元

项目	累计到位投资	中央政府投资					地方政府投资										企业和私人投资	国内贷款	其他投资
		小计	预算内拨款	预算内专项资金	中央财政水利专项资金	土地出让收益	小计	预算内拨款	预算内专项资金	地方财政水利专项资金	水利建设基金	重大水利工程建设基金	土地出让收益	水资源费	自筹资金	其他资金			
灵台县中央财政小型农田水利工程2015	1500	1000			1000		500			500									
崇信县水利工程维修项目(土地出让)	200	200				200													
崇信县小型农田水利 2015 年维修养护	100	100			100														
华亭西华河1万~5万亩灌区（土地出让）2014	721	600				600	121									121			
庄浪县中央财政统筹(土地出让)2014	1000	1000				1000													
庄浪县 2015 年抗旱引调提水项目	688	688			688														
庄浪县小型农田水利 2015 年维修养护	100	100			100														
静宁县中央财政统筹(土地出让)2014	1000	1000				1000													
静宁县抗旱规划引调提水项目	999	999				999													
肃州区中央财政统筹(土地出让)2014	100	100				100													
瓜州县中央财政统筹(土地出让)2014	343	300				300	43								43				
酒泉市中央财政统筹(土地出让)2014	600	600				600													
肃州区中央财政高效节水 2014(五)	2821	1400			1400		1421			600						821			
肃州区中央财政高效节水 2014(六)	1904	1000			1000		904			500						404			
肃州区小型农田水利建设(五)	2628	1400			1400		1228			600						628			
肃州区高效节水灌溉项目(六)	2024	1000			1000		1024			500									
肃州区小型农田水利2015维修养护资金	100	100			100														
金塔县中央财政高效节水 2014(五)	2327	1400			1400		600			600									327
金塔县中央财政高效节水 2014(六)	1910	1000			1000		500			500									410
金塔县中央财政统筹(土地出让)2014	202	200				200											2		
金塔县高效节水灌溉项目(六)	1876	1000			1000		500			500								376	
金塔县中央财政小型农田水利工程2015	1844	1000			1000		500			500									344
金塔县区小型农田水利建设(五)	2289	1400			1400		600			600								289	
瓜州县中央财政高效节水 2014(五)	2387	1400			1400		987			600					387				
瓜州县桥子1万~5万亩灌区（土地出让）2014	460						460			400					60				
瓜州县小型农田水利建设(五)	2500	1400			1400		1100			600					500				
瓜州县小型农田水利2015维修养护资金	101	100			100		1								1				

3-3 续表

单位：万元

项目	累计到位投资	中央政府投资					地方政府投资										企业和私人投资	国内贷款	其他投资
		小计	预算内拨款	预算内专项资金	中央财政水利专项资金	土地出让收益	小计	预算内拨款	预算内专项资金	地方财政水利专项资金	水利建设基金	重大水利工程建设基金	土地出让收益	水资源费	自筹资金	其他资金			
阿克塞小型农田水利 2015 维修养护	100	100			100														
玉门市中央财政高效节水 2014(五)	2484	1400			1400		1000			600					400				84
玉门市中央财政高效节水 2014(六)	2059	1200			1200		700			700									159
玉门市小型农田水利建设(五)	2484	1400			1400		1000			600				400					84
玉门市高效节水灌溉项目(六)	2449	1500			1500		700			700									249
玉门市中央财政小型农田水利工程 2015	1113	600			600		295			295									218
酒泉市敦煌抗旱规划引调提水项目	1112	893				893	219									219			
敦煌市 2015 抗旱引调提水项目	1669	1343			1343		326									326			
敦煌市小型农田水利 2015 维修养护	300	300			300														
镇原吴家沟 1 万 ~5 万亩灌区（土地出让）2014	702	600				600	60								60				42
合水县中央财政小农水重点县 2014	486						486									486			
正宁县四郎河 1 万 ~5 万亩灌区（土地出让）2014	721	600				600	121									121			
西峰区中央财政统筹(土地出让)2014	200	200				200													
宁县中央财政统筹(土地出让)2014	204	200				200	4									4			
合水县中央财政统筹(土地出让)2014	200	200				200													
环县中央财政统筹(土地出让)2014	100	100				100													
镇原县抗旱规划引调提水项目	1196	1196				1196													
华池县抗旱规划引调提水项目	901	901				901													
环县抗旱规划引调提水项目	2021	2021				2021													
西峰区小型农田水利 2015 维修养护	200	200			200														
庆城县 2015 抗旱引调提水项目(2)	893	698			698		195							195					
庆城县小型农田水利 2015 维修养护	100	100			100														
环县小型农田水利 2015 维修养护	100	100			100														
环县 2015 抗旱引调提水项目(3)	1780	1256			1256														524
华池县 2015 抗旱引调提水项目(2)	727	670			670		57							57					
合水县小型农田水利 2015 维修养护	200	200			200														
渭源县中央财政五小水利项目 2013	1800	1000			1000		500			500									300

3-3 续表

单位：万元

项　　目	累计到位投资	中央政府投资					地方政府投资										企业和私人投资	国内贷款	其他投资
		小　计	预算内拨款	预算内专项资金	中央财政水利专项资金	土地出让收益	小　计	预算内拨款	预算内专项资金	地方财政水利专项资金	水利建设基金	重大水利工程建设基金	土地出让收益	水资源费	自筹资金	其他资金			
安定区抗旱应急调蓄工程	1386	986			986		400									400			
通渭县中央财政小农水重点县 2014	2088	800			800		1200			800						400			88
通渭县中央财政统筹(土地出让)2014	100	100				100													
临洮县红旗 1 万 ~5 万亩灌区（土地出让）2014	628	600				600													28
陇西县抗旱引调提水项目	1372	1372			1372														
渭源县中央财政五小水利 2014(五)	1500	1000			1000		500			500									
临洮县小型农田水利 2015 维修养护	100	100			100														
临洮县中央财政五小水利(2014)	1649	1000			1000		649			500						149			
临洮县中央财政小农水五小水利 2015	1650	1000			1000		500			500									150
临洮县抗旱引调提水项目 2015	1567	1567			1567														
渭源县中央财政五小水利 2015	1500	1000			1000		500			500									
安定区 2015 年抗旱引调水工程	2025	2025			2025														
通渭县 2015 年抗旱引调提水项目	519	519			519														
漳县小型农田水利 2015 维修养护	100	100			100														
康县中央财政统筹(土地出让)2014	1000	1000				1000													
武都区中央财政统筹(土地出让)2014	300	300				300													
文县中央财政统筹(土地出让)2014	100	100				100													
徽县中央财政统筹(土地出让)2014	100	100				100													
西和县抗旱规划引调提水项目	1220	1220			1220														
礼县抗旱规划引调提水项目	1460	1206				1206	254									254			
武都区中央财政区域节水 2014(五)	1769	1000			1000		300			300									469
武都区中央财政区域节水 2014(六)	2619	1400			1400		600			600									619
武都区高效节水灌溉项目(六)	2154	1400			1400		600			600									154
武都区小型农田水利 2015 维修养护	300	300			300														
武都区水价改革及产权改革试点	100						100			100									
武都区中央财政小农水(区域节水)	1846	1000			1000		300			300									546
成县小型农田水利 2015 维修养护	100	100			100														

3–3 续表

单位：万元

项　目	累计到位投资	中央政府投资					地方政府投资										企业和私人投资	国内贷款	其他投资
		小　计	预算内拨款	预算内专项资金	中央财政水利专项资金	土地出让收益	小　计	预算内拨款	预算内专项资金	地方财政水利专项资金	水利建设基金	重大水利工程建设基金	土地出让收益	水资源费	自筹资金	其他资金			
文县中央财政六小水利 2014(六)	780	300			300		200			200									280
文县高效节水灌溉项目(六)	770	300			300		200			200									270
文县小型农田水利 2015 维修养护	100	100			100														
康县小型农田水利 2015 维修养护	200	200			200														
西和县 2015 抗旱引调提水项目(2)	615	615			615														
礼县 2015 抗旱引调提水项目(3)	1724	1724			1724														
礼县小型农田水利 2015 维修养护	100	100			100														
徽县中央财政六小水利 2014(六)	538	300			300		200			200									38
徽县小型农田水利 2015 维修养护	200	200			200														
徽县高效节水灌溉项目(六)	550	300			300		200			200								50	
民勤县中央财政小农水重点县 2014(5)	2000	1400			1400		600			600									
民勤县 2014 年农业水价改革项目	1000	1000			1000														
民勤县 2014 年高效节水灌溉项目	1500	1000			1000		500			500									
民勤县 2014 抗旱规划引调提水工程项目	1365	1365			1365														
两当县中央财政六小水利 2014(六)	694	300			300		200			200									194
两当县高效节水灌溉项目(六)	667	300			300		200			200									167
两当县小型农田水利 2015 维修养护	100	100			100														
东乡县中央财政五小水利项目 2013	1652	1000			1000		500			500									152
东乡县水利工程维修养护(土地出让)	214	200				200													14
永靖县五小水利工程(土地出让)	1090	800				800													290
临夏市小型农田水利 2015 维修养护	100	100			100														
临夏县中央财政小农水重点县 2014	2077	800			800		800			800									477
临夏县 2014 年抗旱引调提水项目	896	896				896													
临夏县 2015 年抗旱引调提水项目	253	253			253														
康乐县中央财政统筹(土地出让)2014	313	300				300													13
康乐县小型农田水利2015维修养护资金	200	200			200														
永靖县中央财政统筹(土地出让)2014	1053	1000				1000													53

3-3 续表

单位:万元

项目	累计到位投资	中央政府投资					地方政府投资										企业和私人投资	国内贷款	其他投资
		小计	预算内拨款	预算内专项资金	中央财政水利专项资金	土地出让收益	小计	预算内拨款	预算内专项资金	地方财政水利专项资金	水利建设基金	重大水利工程建设基金	土地出让收益	水资源费	自筹资金	其他资金			
永靖县2014抗旱引调提水项目	430	394				394													36
永靖县2015年抗旱引调水提水工程	328	328			328														
永靖县小型农田水利2015年维修养护	206	200			200														6
广河县2014年抗旱引调提水项目	722	697				697													25
广河县2015年中央财政小型农田水利	1500	1000			1000		500			500									
广河县2015三甲集抗旱应急水源配套	505	425			425														80
广河县2015齐家镇抗旱应急水源配套	512	416			416														96
和政县中央财政统筹(土地出让)2014	1154	1000				1000													154
和政县2014年抗旱引调提水项目	859	859				859													
和政县小型农田水利2015维修养护	400	400			400														
和政县2015抗旱引调提水项目	485	485			485														
东乡县中央财政五小水利2014(五)	1675	1000			1000		500			500									175
东乡县2014年抗旱引调提水项目	835	835				835													
东乡县2015年抗旱引调提水项目	892	892			892														
东乡县中央财政五小水利项目2015	1500	1000			1000		500			500									
积石山县中央财政五小水利2014(五)	1576	1000			1000		500			500									76
积石山县2014年抗旱引调提水项目	1247	1247				1247													
积石山县中央财政五小水利2015	1576	1000			1000		500			500									76
积石山县2015抗旱应急水源配套工程	1250	1250			1250														
玛曲县水利工程维修项目(土地出让)	100	100				100													
卓尼县水利工程维修项目(土地出让)	100	100				100													
临潭县农田水利2015维修养护	100	100			100														
卓尼县小型农田水利2015维修养护	100	100			100														
舟曲县五小水利工程项目(土地出让)	1000	1000				1000													
舟曲县小型农田水利2015维修养护	200	200			200														
迭部县小型农田水利2015维修养护	100	100			100														
玛曲县小型农田水利2015维修养护	100	100			100														

3-3 续表

单位：万元

项目	累计到位投资	中央政府投资					地方政府投资										企业和私人投资	国内贷款	其他投资
		小计	预算内拨款	预算内专项资金	中央财政水利专项资金	土地出让收益	小计	预算内拨款	预算内专项资金	地方财政水利专项资金	水利建设基金	重大水利工程建设基金	土地出让收益	水资源费	自筹资金	其他资金			
夏河县中央财政小农水重点县2014	1600	800			800		800			800									
夏河县小型农田水利2015维修养护	100	100			100														
省农垦中央财政条山农场高效节水2013	822	500			500		200			200							122		
省农垦黑土洼农场高效节水(土地出让)	1115	700				700	300			300							115		
省农垦黄羊河农场高效节水(土地出让)	1213	700				700											513		
省农垦八一农场中央财政节水2014(六)	2755	1400			1400		600			600							755		
省农垦生地湾农场中央财政节水2014(六)	1161	500			500		200			200							461		
省农垦饮马农场中央财政节水2014(六)	1216	500			500		200			200							516		
省农垦黄花农场中央财政节水2014(六)	1216	500			500		200			200							516		
省农垦张掖农场小型农田水利建设(五)	895	500			500		200			200									195
省农垦黑土洼农场高效节水灌溉(六)	1447	700			700		300			300							447		
省农垦黄花农场高效节水灌溉项目(六)	900	500			500		200			200							200		
省农垦饮马农场高效节水灌溉项目(六)	695	200			200		200			200							295		
省农垦饮马农场中央财政小农水2015	772	400			400		205			205							167		
敦煌农场小型农田水利建设(五)	1145	400			400		100			100							645		
省农垦生地湾农场高效节水灌溉(六)	1020	500			500		200			200							320		
八一农场小型农田水利建设(五)	2701	1400			1400		600			600							701		
省农垦小型农田水利2015维修养护	300	300			300														
省农垦黄羊河农场高效节水灌溉(六)	1942	1400			1400												542		
省农垦黄羊河农场小型农田水利(五)	1126	500			500		200			200							426		
省农垦山丹农场高效节水灌溉项目(六)	962	500			500		200			200							199		63
省景电中央财政统筹(土地出让)2014	300	300				300													
省景电小型农田水利2015维修养护	400	400			400														
水库工程	226745	61864			61864		21304			4000	13704	2500		1100				65650	77927
富川水库(抗旱规划内)	10284	5684			5684		4600				4600								
武威市杂木河毛藏寺水库工程	80927						3000				3000								77927
天祝县二道墩水库	6927	6927			6927														

3-3 续表

单位：万元

项目	累计到位投资	中央政府投资					地方政府投资										企业和私人投资	国内贷款	其他投资
		小计	预算内拨款	预算内专项资金	中央财政水利专项资金	土地出让收益	小计	预算内拨款	预算内专项资金	地方财政水利专项资金	水利建设基金	重大水利工程建设基金	土地出让收益	水资源费	自筹资金	其他资金			
民乐县石灰窑水库	7916	7916			7916														
临泽县红山湾水库工程	38000						2000				2000							36000	
山丹县白石崖水库(抗旱规划内)	5685	5685			5685														
山丹县大口子河水库工程	1500						1500				1500								
山丹县西沟水库																			
山丹县东沟水库																			
崆峒区北杨涧水库(抗旱规划内)	5685	5685			5685														
泾川县朱家涧水库(抗旱规划内)	8226	8226			8226														
崇信县关河水库(抗旱规划内)	6591	6591			6591														
庄浪县花崖河水库(抗旱规划内)	5685	5685			5685														
阿克塞县工业园区水库	3104						104				104							3000	
酒泉循环经济产业园水源(大红泉水库)	16650																	16650	
庆城县纸坊沟水库(抗旱规划内)	6785	6785			6785		1100							1100					
通渭县段家峡水库	3780	3780			3780														
兰州新区2号3号石门沟水库	19000						9000			4000	2500	2500						10000	
泵站工程	130586	115787	115787				12367		550	1499		1600			250	8468			2432
兰州市榆中三电泵站更新改造工程	19436	15950	15950				3010		275	250						2485			476
兰州市皋兰县西电泵站更新改造工程	20465	17794	17794				1215		275							940			1456
兰州市工农坪泵站更新改造工程	3750	3000	3000				750			375						375			
兰州市大砂沟泵站更新改造工程	4750	3800	3800				950			437						513			
七里河区西津泵站更新改造工程	4687	3750	3750				437			437									500
白银市靖会泵站更新改造工程	11000	11000	11000																
景泰县中泉泵站更新改造工程	5500	5500	5500																
白银市刘川泵站更新改造工程	7580	7500	7500				80									80			
白银市兴电泵站更新改造工程	11000	11000	11000																
白银市旱平川泵站更新改造工程	4922	4922	4922																
靖远县2014年中堡泵站更新改造工程	1300	1300	1300																

3–3 续表

单位:万元

项目	累计到位投资	中央政府投资					地方政府投资										企业和私人投资	国内贷款	其他投资
		小计	预算内拨款	预算内专项资金	中央财政水利专项资金	土地出让收益	小计	预算内拨款	预算内专项资金	地方财政水利专项资金	水利建设基金	重大水利工程建设基金	土地出让收益	水资源费	自筹资金	其他资金			
靖远县 2015 年中堡泵站更新改造工程	1000	1000	1000																
平凉市白庙泵站更新改造工程	1000	1000	1000																
甘肃省景电泵站更新改造	34196	28271	28271				5925					1600			250	4075			
其他灌溉除涝项目	22935	22135			22135		500					500							300
景泰县草窝滩镇排水工程	500						500					500							
临夏市大夏河风情线综合治理工程	300																		300
永靖县刘盐八地质灾害灌区节水改造	22135	22135			22135														
供水项目	1662482	620624	605685	14000		939	548504	155171	15200	171109	41650	68200	7500	20916	1831	66927	13000	461467	18887
引水(调水)工程	1413565	510839	495900	14000		939	486146	152732	15200	127738	38762	68200	7500	19100		56914	13000	394000	9580
甘肃省引洮供水一期工程	502102	258200	244200	14000			243902	97902		120000			7500	13100		5400			
靖远县双永供水工程	37914	21000	21000				16914			1238	5762	7000				2914			
兰州市水源地建设工程	340350						39350	39350										301000	
引洮供水一期榆中县配套工程	50800						7800				1800	2000				4000		43000	
白银靖会甘沟干渠扩建及会宁城区供水	11100						11100				3700	3700				3700			
引洮一期工程会宁北部供水工程	63000	40000	40000				23000			6500	5500	2500				8500			
秦州区 2014 年抗旱引调提水项目	1173	939				939													234
天祝县南阳山片下山入川供水工程	40950	16000	16000				24950				1500	5000				18450			
天祝县石门河调蓄引水工程	24950	10000	10000				14950				1000					13950			
静宁县甘渭河庙堡调水工程	500						500				500								
肃北县马鬃山镇供水工程	17000																13000	4000	
盐环定扬黄续建工程调概算	2000						2000					2000							
华池县葫芦河水源工程	1000						1000					1000							
引洮供水一期定西配套项目农村供水	98546	50000	50000				19200		15200			4000						20000	9346
盐环定扬黄甘肃专用工程一期改造	1000						1000					1000							
积石山引水工程	33800	19300	19300				14500				7000	7500							
临夏州引黄济临供水工程	5000						5000					5000							
引洮(博)济合供水工程	28500	18000	18000				10500				1500	9000							

3-3 续表

单位：万元

项目	累计到位投资	中央政府投资					地方政府投资										企业和私人投资	国内贷款	其他投资
		小计	预算内拨款	预算内专项资金	中央财政水利专项资金	土地出让收益	小计	预算内拨款	预算内专项资金	地方财政水利专项资金	水利建设基金	重大水利工程建设基金	土地出让收益	水资源费	自筹资金	其他资金			
甘南州引洮入潭工程	16400	7400	7400				9000				2500	6500							
兰州新区供水项目引大渠道除险加固	21480						5480	5480										16000	
甘肃引洮供水二期工程	80000	70000	70000				10000	10000											
天水市城区引洮供水工程	36000						26000				8000	12000		6000				10000	
人饮解困及饮水安全工程	**217156**	**101185**	**101185**				**57598**	**1439**		**43371**	**88**			**1816**	**1831**	**9053**		**49067**	**9306**
镇原县农村安全饮水项目	2545	1579	1579				966			797				169					
镇原县1236扶贫攻坚农村饮水安全2015	1395						1100									1100			295
榆中县农村饮水安全项目2015	8360	5125	5125				3235			3235									
皋兰县农村饮水安全项目2015	809	519	519				290			233						57			
兰州市农村饮水安全水质检测能力	670	670	670																
永登县2015年农村饮水安全工程	1417	584	584				833			739						94			
嘉峪关市农村饮水安全水质检测项目	112	84	84				28							28					
金昌市农村饮水安全水质检测中心	173	168	168				5								5				
会宁县农村饮水安全项目2015	10943	6849	6849				4094			3367						727			
白银市农村饮水安全水质监测能力	419	419	419																
白银区农村饮水安全项目2015	819	529	529				290			236						54			
景泰县农村饮水安全项目2015	1590	1116	1116				474			368						106			
靖远县2015年农村饮水安全项目	2891	2087	2087				804			556						248			
甘谷县农村饮水安全项目	7418	5379	5379				2039			1456					583				
天水市农村饮水安全水质检测能力	587	587	587																
秦州区农村饮水安全项目2015	3723	2494	2494				1229			982					247				
麦积区2015年农村饮水安全项目	8388	6494	6494				1894			1337					557				
清水县农村饮水安全项目	965	211	211				754			690					64				
秦安县农村饮水安全项目	2970	2181	2181				789			529					260				
武山县农村饮水安全项目示点(规划外)	5401																	4532	869
武山县农村饮水安全(试点县规划外)	3601						665			665								2750	186
张家川县农村饮水安全项目(2015)	638	356	356				282			282									

3-3 续表

单位：万元

项目	累计到位投资	中央政府投资					地方政府投资										企业和私人投资	国内贷款	其他投资
		小计	预算内拨款	预算内专项资金	中央财政水利专项资金	土地出让收益	小计	预算内拨款	预算内专项资金	地方财政水利专项资金	水利建设基金	重大水利工程建设基金	土地出让收益	水资源费	自筹资金	其他资金			
武威市农村饮水安全水质监测能力	335	335	335																
凉州区农村饮水安全项目	716	490	490				226			154				72					
古浪县农村饮水安全项目	897	599	599				298			235				63					
天祝县藏区规划外农村饮水安全项目	5420	4048	4048				1372			838						534			
山丹县农村饮水安全(试点县规划外)	11543						574			459					115			10429	540
张掖市农村饮水安全水质检测能力	594	503	503				91									91			
甘州区农村饮水安全项目	5315	2998	2998				1964			1964									353
民乐县农村饮水安全项目	1892	1172	1172				594			594									126
平凉市农村饮水安全水质检测能力	586	586	586																
静宁县农村饮水安全项目 2015	1455	989	989				466			344						122			
崆峒区农村饮水安全项目 2015	813	353	353				460			406						54			
灵台县农村饮水安全项目 2015	903	501	501				402			342						60			
酒泉市农村饮水安全工程水质监测能力	586	586	586																
瓜州县农村饮水安全项目	622	413	413				209			130				60		19			
玉门市农村饮水安全项目	121	48	48				33			30				3					40
宁县农村饮水安全项目	2641	1600	1600				1041			866						175			
宁县 1236 扶贫攻坚农村饮水安全 2015	270						270									270			
正宁县 1236扶贫攻坚农村饮水安全2015	407						275									275			132
庆阳市农村饮水安全水质监测能力	826	670	670				156									156			
西峰区 1236 扶贫攻坚农村饮水安全 2015	284						220									220			64
庆城县 2015 年规划外农村饮水安全	98						98				88					10			
庆城县 1236 扶贫攻坚农村饮水安全 2015	934						880									880			54
环县农村饮水安全项目	2073	649	649				814			32						782			610
环县 2015 年规划外农村饮水安全工程	13899						5700			5700								7970	229
环县 1236 扶贫攻坚农村饮水安全2015	4372						1620									1620			2752
华池县1236扶贫攻坚农村饮水安全 2015	839						440									440			399

3-3 续表

单位：万元

项目	累计到位投资	中央政府投资					地方政府投资										企业和私人投资	国内贷款	其他投资
		小计	预算内拨款	预算内专项资金	中央财政水利专项资金	土地出让收益	小计	预算内拨款	预算内专项资金	地方财政水利专项资金	水利建设基金	重大水利工程建设基金	土地出让收益	水资源费	自筹资金	其他资金			
华池县农村饮水安全项目	607	69	69				538			498				40					
合水县1236扶贫攻坚农村饮水安全2015	276						276									276			
通渭县农村饮水安全(试点县规划外)	6825						643			643								5717	465
临洮县农村饮水安全项目2015	1427	605	605				822			727						95			
岷县农村饮水安全项目	9175	7455	7455				1720			1720									
定西市农村饮水安全水质监测能力	586	586	586																
陇南市农村饮水安全水质检测能力	754	754	754																
两当县农村饮水安全(试点县规划外)	1067						1025			437						588		42	
武都区农村饮水安全项目	6491	4812	4812				1679			1679				483					
成县农村饮水安全项目	1503	1076	1076				427			319				108					
文县农村饮水安全项目	906	619	619				287			227				60					
宕昌县农村饮水安全项目	1216	868	868				348			264				84					
西和县农村饮水安全项目	3698	2756	2756				942			644				298					
礼县农村饮水安全项目	5157	3458	3458				1699			1357				342					
徽县农村饮水安全项目	193	121	121				72			66				6					
临夏州农村饮水安全水质监测能力	670	670	670																
临夏市2015年度城郊农村饮水安全工程	614	124	124				239			239									251
临夏县2015年农村饮水安全(计划外)	4218						691			691								3527	
东乡县2015农村饮水安全(规划外)	7409						686			686								6723	
甘南州农村饮水安全水质检测能力	670	670	670																
合作市农村饮水安全项目2014	2639	975	975				243			243								1103	318
合作市农村饮水安全项目2015	1458	874	874				584			584									
合作市藏区规划外农村饮水安全	178	138	138				40			40									
临潭县农村饮水安全项目试点	2885						610			610								2275	
临潭县藏区规划外农村饮水	329	271	271				58			58									
卓尼县农村安全饮水项目2014	2749	1468	1468				302			302								456	523

3–3 续表

单位：万元

项目	累计到位投资	中央政府投资					地方政府投资										企业和私人投资	国内贷款	其他投资
		小计	预算内拨款	预算内专项资金	中央财政水利专项资金	土地出让收益	小计	预算内拨款	预算内专项资金	地方财政水利专项资金	水利建设基金	重大水利工程建设基金	土地出让收益	水资源费	自筹资金	其他资金			
卓尼县农村饮水安全项目 2015	2497	1595	1595				902			902									
卓尼县藏区规划外农村饮水安全项目	1831	1438	1438				393			393									
舟曲县藏区规划外农村饮水安全	4326	3397	3397				929			929									
迭部县农村饮水安全项目 2014	508	268	268				68			68								84	88
迭部县藏区规划外农村饮水安全	1538	1218	1218				320			320									
玛曲县农村饮水安全项目 2014	3287	1098	1098				275			275								1496	418
玛曲县农村饮水安全项目 2015	1177	968	968				209			209									
玛曲县藏区规划外农村饮水安全	2758	2163	2163				595			595									
碌曲县农村饮水安全项目 2014	4468	1529	1529				382			382								1963	594
碌曲县农村饮水安全项目 2015	872	707	707				165			165									
碌曲县藏区规划外农村饮水安全	167	151	151				16			16									
夏河县农村饮水安全项目 2015	2205	1489	1489				716	716											
夏河县藏区规划外农村饮水安全	3547	2824	2824				723	723											
其他供水工程	**31760**	**8600**	**8600**				**4760**	**1000**			**2800**					**960**		**18400**	
镇原县北石窟旅游景区供水工程	130						130									130			
镇原县中盛产业配水工程	130						130									130			
山丹县城区供水管网工程																			
金塔县北河湾循环产业区供水工程	4200						1000	1000										3200	
临洮县安家咀加水工程	800						800				800								
陇西县引洮一期城区供水扩建工程	17900	7400	7400															10500	
积石山县县城区供水水源改扩建工程	1200	1200	1200																
武威市城乡融合黄羊土门组团供水(陆港)	6700						2000				2000								
靖远寺儿坪供水项目	700						700									700			
水务项目	**9470**	**5870**	**4860**		**1010**		**1100**	**400**							**700**			**2500**	
城镇供水管线建设	**750**	**350**	**350**				**400**	**400**											
清水县城区自来水管网扩建工程	750	750	750				400	400											

3-3 续表

单位：万元

项目	累计到位投资	中央政府投资					地方政府投资										企业和私人投资	国内贷款	其他投资
		小计	预算内拨款	预算内专项资金	中央财政水利专项资金	土地出让收益	小计	预算内拨款	预算内专项资金	地方财政水利专项资金	水利建设基金	重大水利工程建设基金	土地出让收益	水资源费	自筹资金	其他资金			
污水处理工程	8720	5520	4510		1010		700								700			2500	
临洮县污水处理厂配套管网工程	510	510	510																
山丹县城区生活污水处理工程	4960	4260	4000		260		700								700				
民勤红沙岗污水处理厂及中水回用贮水池	3250	750			750													2500	
其他水务项目																			
天水市城区供水高桥头引水枢纽工程																			
水电开发利用	147969	38189	27691		10498		2118				50					2068	99456	6974	1232
水力发电工程	90504	9928	9928				50				50						80426	100	
永昌县西大河二级水电站	6100	1100	1100														5000		
永昌县西大河总干渠1号水电站	619	300	300														319		
临泽县南台子一级水电站	150	150	150																
甘州区石庙一级水电站	677	240	240														437		
岷县天宝水电站	1251	115	115														1136		
岷县秦许水电站	798	190	190														608		
两当县左家水电站	1301	350	350														951		
东乡县达板水电站新增2010	16324	100	100														16224		
康乐县杜家咀水电站	360	50	50														310		
临夏县卧龙沟水电站(4)	380	130	130														150	100	
康乐县纳沟水电站(4)	400	100	100														300		
合作市地乌尔水电站	2429	430	430														1999		
舟曲县天干沟水电站	1248	260	260														988		
迭部县沟洁寺水电站	26780	2950	2950														23830		
迭部县阿夏水电站	2150	400	400														1750		
迭部县阿夏那盖水电站	5085	1163	1163														3922		
夏河县安顺水电站	19049	1440	1440														17609		
夏河县和平桥水电站	5403	460	460				50				50						4893		

3-3 续表

单位：万元

项目	累计到位投资	中央政府投资					地方政府投资										企业和私人投资	国内贷款	其他投资
		小计	预算内拨款	预算内专项资金	中央财政水利专项资金	土地出让收益	小计	预算内拨款	预算内专项资金	地方财政水利专项资金	水利建设基金	重大水利工程建设基金	土地出让收益	水资源费	自筹资金	其他资金			
水电增效扩容	23117	11022	524		10498		1150									1150	10018		927
永昌县金川峡水库电站	689	234			234												455		
永昌县皇城水库电站	1182	562			562												620		
永昌县头坝三号电站	616	246			246												370		
武威市凉州区南营水电站	351	351			351														
武威市凉州区黄羊水电站	527	527			527														
武威市凉州区西营总干电站	585	585			585														
山丹马场总场电力局1号水电站	2045	524	524														1521		
庆城县杨渠水电站	187	187			187														
武都区白鹤桥水电站	1287	1287			1287														
武都区黄鹿坝水电站	5795	2100			2100												3695		
文县白水江林业局水电站	801	241			241												560		
文县慧达水电站	1512	585			585														927
宕昌县何家堡水电站	1496	487			487		1009									1009			
礼县苗河水库坝后电站	271	130			130		141									141			
东乡县老虎嘴电站	1651	743			743												908		
和政县炉子滩水电站	595	167			167												428		
和政县达浪水电站	190	56			56												134		
和政县康家坪水电站	763	152			152												611		
和政县新营尕庄水电站	256	75			75												181		
康乐县虎关水电站	248	75			75												173		
合作市峡村电站	1170	1170			1170														
夏河县白土坡水电站	900	538			538												362		
小水电代燃料	34349	17239	17239				918									918	9013	6874	305
嘉峪关市南干渠小水电代燃料项目	950	551	551															399	
永昌县金川东小水电代燃料项目	5016	2125	2125														2891		

3-3 续表

单位：万元

项目	累计到位投资	中央政府投资					地方政府投资										企业和私人投资	国内贷款	其他投资
		小计	预算内拨款	预算内专项资金	中央财政水利专项资金	土地出让收益	小计	预算内拨款	预算内专项资金	地方财政水利专项资金	水利建设基金	重大水利工程建设基金	土地出让收益	水资源费	自筹资金	其他资金			
肃南县西营河一级小水电代燃料项目	7910	3664	3664														546	3700	
肃南县白银四级小水电代燃料项目	861	861	861																
肃南县白银三级小水电代燃料项目	1030	1030	1030																
肃南县白泉门一级小水电代燃料项目	4512	3492	3492															1020	
文县李子坝小水电代燃料项目	2009	904	904															800	305
合作市卡加曼小水电代燃料项目	1986	706	706														1020	260	
临潭县青石山小水电以电代燃料项目	4459	1896	1896				918									918	1645		
迭部县知子水电代燃料项目	2290	1030	1030														1260		
夏河县甫黄二级小水电代燃料项目	3326	980	980														1651	695	
水保及生态	89064	67374	39958		27416		3200			3200									18490
水土流失治理	89064	67374	39958		27416		3200			3200									18490
甘肃省坡耕地水土流失治理2014(黄河)	12500	10000	10000																2500
甘肃省坡耕地水土流失治理2014(长江)	5000	4000	4000																1000
甘肃省水土流失重点治理2014(黄河)	6075	4860	4860																1215
甘肃省水土流失重点治理2014(长江)	1600	1280	1280																320
甘肃省水土流失重点治理2014(内陆)	500	400	400																100
甘肃省淤地坝新建及维修加固(2014)	575	460	460																115
甘肃省国家水土保持重点工程(2014)	11968	8378			8378														3590
甘肃省农业综合开发水土保持(2014)	5960	4000			4000		1600			1600									360
甘肃省国家水土保持重点工程(2015)	15769	11038			11038														4731
甘肃省农业综合开发水土保持(2015)	5944	4000			4000		1600			1600									344
甘肃省淤地坝新建及维修加固(2015)	255	204	204																51
甘肃省坡耕地水土流失治理2015(黄河)	14729	12000	12000																2729
甘肃省坡耕地水土流失治理2015(长江)	4886	4000	4000																886
甘肃省水土流失重点治理2015(黄河)	2458	2054	2054																404
甘肃省水土流失重点治理2015(长江)	604	500	500																104

3-3 续表

单位：万元

项目	累计到位投资	中央政府投资					地方政府投资										企业和私人投资	国内贷款	其他投资
		小计	预算内拨款	预算内专项资金	中央财政水利专项资金	土地出让收益	小计	预算内拨款	预算内专项资金	地方财政水利专项资金	水利建设基金	重大水利工程建设基金	土地出让收益	水资源费	自筹资金	其他资金			
甘肃省水土流失重点治理2015(内陆)	241	200	200																41
机构能力建设专项	27558	25154	25154				2404	1000						1404					
水文设施及能力建设	27358	24954	24954				2404	1000						1404					
甘肃中小河流水文监测系统建设	26935	24531	24531				2404	1000						1404					
甘肃水文水资源工程2013	423	423	423																
其他水利发展项目	200	200	200																
金昌市城市水资源实时监控与管理	200	200	200																
甘　肃	3204801	1634730	1104706	14000	464820	51204	750212	165601	15940	259696	65344	78060	8900	28947	13381	114343	122593	539306	157961
兰州市	525000	92607	79492		10190	2925	67415	44830	550	8806	1800	2000	200			9229		360000	4978
嘉峪关市	12644	8717	2217		6500		3528			2800			700	28				399	
金昌市	51805	32026	23924		8102		10124			3500					5680	944	9655		
白银市	238037	164767	131402		25546	7819	71270			19935	15962	17700	300			17373		2000	
天水市	87255	55260	31677		17444	6139	16824		190	7641	4600				3471	922		7282	7889
酒泉市	133848	63144	30223		30828	2093	22663	1412		9555	774			2161	1500	7261	13002	27515	7523
张掖市	166304	80125	23438		54987	1700	21655			13479	3500		200		1125	3351	5699	51149	7676
武威市	223753	83985	35672		46632	1681	60722			14227	5500	5000		1989	535	33471			79047
定西市	179141	99578	75042		23836	700	30809		15200	7190	800	4450				3169	1744	36217	10794
陇南市	91678	62193	29644		29843	2706	17368			7679	462			1381		7846	5206	892	6019
平凉市	69760	63265	10430		44540	8295	6138			2552	1218	280				2088			357
庆阳市	68593	29706	9052		14636	6018	23073			8669	688	4000		1696	60	7960		7970	7844
临夏回族自治州	155197	92506	37038		47240	8228	27927			6122	7500	12500				1805	19419	10350	4995
甘南藏族自治州	195921	90863	78690		10973	1200	33706	1439		7209	8050	16030			60	918	60929	8332	2091
省直属	1005865	615988	506765	14000	93523	1700	336989	117920		140332	14490	16100	7500	21692	950	18005	6939	27200	18749

3-4 2015 年水利建设项目累计完成投资

单位:万元

项目	累计完成投资	中央政府投资					地方政府投资										企业和私人投资	国内贷款	其他投资
		小计	预算内拨款	预算内专项资金	中央财政水利专项资金	土地出让收益	小计	预算内拨款	预算内专项资金	地方财政水利专项资金	水利建设基金	重大水利工程建设基金	土地出让收益	水资源费	自筹资金	其他资金			
甘肃省	2917911	1578867	1087647	14000	426016	51204	661956	118542	15836	256973	55468	61285	1987	25154	13281	113430	126670	347242	203176
防洪项目	314278	258743	138389		120354		38807		86	9646	6364	1260		963	4147	16341	2147	1720	12861
堤防工程	5894	1680	1680				4214				4214								
卓尼县车巴河流域防洪治理项目	2234						2234				2234								
迭部县卡坝乡尼吉巴防洪工程	1000						1000				1000								
疏勒河干流昌马渠首段河道治理	2660	1680	1680				980				980								
江河湖泊治理工程	237326	198295	134888		63407		24032		86	619	1470	1260		761	4147	15689	2147		12852
大江大湖治理	49530	49530	49530																
兰州市黄河干流防洪工程	28000	28000	28000																
黄河干流白银市防洪治理工程	12000	12000	12000																
黄河干流临夏段防洪治理工程	5530	5530	5530																
黄河甘肃段甘南州防洪治理工程	4000	4000	4000																
重要支流治理	107034	83928	83010		918		18862		86	200	670	980		761	4147	12018			4244
讨赖河嘉峪关安远沟村至嘉酒河道治理	2532	1582	1582				950									950			
金川河金昌市河西堡至宁远堡段防洪	1667	1000	1000				667								667				
金川河金川区王家大砂沟至南环路桥防洪	3000	1800	1800				1200								1200				
祖厉河会宁县城区段防洪工程																			
祖厉河靖远县 2014 庄口至罗家湾防洪	2325	2325	2325																
祖厉河靖远县苏家湾至黑城子段堤防	1739	1739	1739																
麦积区渭河城区段南堤防治理	870	784	784				86		86										
葫芦河麦积区四合村至入渭河口段治理	3104	1862	1862				1242									1242			
渭河麦积区琥珀至新阳段治理工程	2682	1760	1760				922									922			
葫芦河秦安县叶堡桥头至安坪村段治理	2955	1773	1773																1182
葫芦河秦安县李河至刘沟村防洪治理	2024	1215	1215				809								809				
葫芦河秦安县安伏至叶堡大桥段治理	2376	1425	1425				951								951				
武山县山丹河口至西关渭河大桥段治理	2887	1732	1732																1155

3-4 续表

单位：万元

项目	累计完成投资	中央政府投资 小计	中央政府投资 预算内拨款	中央政府投资 预算内专项资金	中央政府投资 中央财政水利专项资金	中央政府投资 土地出让收益	地方政府投资 小计	地方政府投资 预算内拨款	地方政府投资 预算内专项资金	地方政府投资 地方财政水利专项资金	地方政府投资 水利建设基金	地方政府投资 重大水利工程建设基金	地方政府投资 土地出让收益	地方政府投资 水资源费	地方政府投资 自筹资金	地方政府投资 其他资金	企业和私人投资	国内贷款	其他投资
武山县车家川至山丹河口段治理	2046	1780	1780																266
石羊河凉州区松涛寺至红水河入河口防洪	1749	988	988				761							761					
石羊河民勤县野马泉下案段河道治理	1380	920	920				460								460				
黑河张掖市高台县六坝至双丰段河道	1819	1819	1819																
黑河高台县西腰墩水库至刘家深湖防洪	1007	740	740				267									267			
临泽县梨园河仙山口至西总干渠河道	2040	1224	1224				816									816			
黑河临泽县鸭暖小鸭至暖泉河道治理	2846	1708	1708				1138									1138			
黑河甘州区兰新铁路桥至支家崖河道	1787	1787	1787																
黑河甘州区国道 312 至兰新铁路河道	1256	1256	1256																
泾河平凉市吴老沟至平镇桥段河堤治理	504	504	504																
泾河崆峒区马莲沟至南阳涧河段防洪	1662	1662	1662																
葫芦河静宁县狗娃河口至胡家河段河堤	1705	1705	1705																
黑河金塔县五爱至友好段河道治理	1540	1540	1540																
黑河金塔县常丰至中丰村段防洪治理	738	738	738																
马莲河干流合水县陈家坪至前坪段防洪	1500	1351	1351				149									149			
蒲河宁县庄里至叶王川段防洪治理工程	1590	1590	1590																
镇原县蒲河干流三岔桥至石咀村段防洪	1354	1244	1244				110									110			
洮河岷县齐家庄至石头咀段防洪	1500	1203	1203				297									297			
陇西县三十里铺至四十里铺治理	1200	1200	1200																
陇西王家营至河浦段堤防工程	1110	1110	1110																
陇西县首阳镇双泉公路桥至水月坪段治理	1110	1110	1110																
临洮县三甲电站至姬家河大桥防洪治理	878	878	878																
西汉水成县毛坝至魏家坝段堤防工程	1727	1667	1667				60									60			
白龙江文县石坊乡东峪口至大渡坝河道	1053	1053	1053																
文县尚德镇水家坝至周家坝河道治理	1740	1740	1740																
西汉水康县平洛河口至咀头上段提防	2900	1740	1740				1160									1160			
西汉水康县腰膛坝至高楼子段提防工程	2493	1497	1497				996									996			

单位：万元

项目	累计完成投资	中央政府投资					地方政府投资										企业和私人投资	国内贷款	其他投资
		小计	预算内拨款	预算内专项资金	中央财政水利专项资金	土地出让收益	小计	预算内拨款	预算内专项资金	地方财政水利专项资金	水利建设基金	重大水利工程建设基金	土地出让收益	水资源费	自筹资金	其他资金			
西汉水西和县赵家沟至郭家坝段防洪																			
西汉水礼县罗家堡至盐官镇段防洪	1799	1078	1078				721									721			
洮河干流临洮县新添段堤防工程	4270	2698	2698				770					450				320			802
白龙江干流陇南市月阳坝至宗家堡堤防	635	635	635																
白龙江干流陇南市段河坝下坝段堤防	1148	1148	1148																
宕昌县白龙江干流沙湾镇段堤防工程	2280	1368	1368				912									912			
泾河泾川县罗汉洞至洪河口段河堤治理	1963	1630	1630				333									333			
大夏河干流临夏市单子庄至新大桥段	1789	1739	1739																50
临夏县大夏河干流双城至马九川段治理	1856	1678	1678																178
广河县洮河干流新民滩至卧托段堤防	4891	2935	2017		918		1345									1345			611
大夏河干流临夏县祁牟至刘家峡水库防洪	734	548	548				186									186			
大夏河东乡县折桥至刘家峡水库堤防	1162	1162	1162																
大夏河干流临夏市祁牟段堤防工程	588	494	494				94									94			
永靖县湟水干流白川至二房段河堤工程	1726	1726	1726																
洮河合作市段防洪工程	2037	2037	2037																
洮河干流临潭县洮滨防洪堤工程	1400	1200	1200				200			200									
卓尼县洮河干流城区段堤防工程	1730	1430	1430				300					240			60				
洮河卓尼县麻路1段至牙当段																			
白龙江干流迭部县城段治理工程	1203	1203	1203																
碌曲洮河干流巴吾至博拉段防洪治理	874	874	874																
夏河县尕寺沟至克芒切沟治理	2046	1756	1756				290					290							
夏河县垂子合大桥至阿一山大桥段治理	1059	1059	1059																
大夏河夏河县王格尔塘至曲奥段治理	780	780	780																
疏勒河干流瓜州县城区段河道治理	670						670				670								
中小河流治理	80762	64837	2348		62489		5170			419	800	280				3671	2147		8608
镇原县蒲河太平柳咀段防洪工程	611						611									611			
庄浪县红土坡至刘家湾段河堤工程	1780	1500	1500				280					280							

3–4 续表

单位:万元

项目	累计完成投资	中央政府投资					地方政府投资										企业和私人投资	国内贷款	其他投资
		小计	预算内拨款	预算内专项资金	中央财政水利专项资金	土地出让收益	小计	预算内拨款	预算内专项资金	地方财政水利专项资金	水利建设基金	重大水利工程建设基金	土地出让收益	水资源费	自筹资金	其他资金			
白银区东大沟民勤村至城区段治理工程	777	777			777														100
甘谷县清溪河礼辛乡寨子至慰坪堤防工程	2510	2510			2510														273
清水县后川河杜川至王店段堤防工程	2175	2175			2175														565
秦安县南小河王尹马河至兴国凤山段堤防	1466	1193			1193														
甘谷县上南河至杨赵村段治理工程	1413	848	848																
古浪县古浪河朱家庄–龙泉寺治理	1200	1200			1200														
山丹县马营河大马营段河道治理工程	1300	1300			1300														
临泽县小东沟河新柳至西街农田防护	800	800			800														
灵台县黑河东门至景家庄段河堤治理	1500	1500			1500														
灵台县达溪河县城至百里段河堤治理	2168	2168			2168														
灵台县达溪河县城至安家庄段河堤治理	1000	1000			1000														
泾川县黑河荒场至茜家沟河堤治理工程	1000	1000			1000														
泾川县洪河河堤治理工程	800	800			800														
泾川县汭河十里沟至枣林段河堤治理工程	1800	1800			1800														
崇信县黑河河堤治理工程	1400	1400			1400														
崇信县汭河(九功渠首至野雀沟)河堤	1800	1800			1800														
庄浪县北洛河良邑郭魏至石家窑段河堤	1300	1300			1300														
酒泉市肃州区清水河堤防及河道治理	1232	700			700		532									532			
酒泉市肃州区丰乐河堤防及河道治理	2553	1400			1400		1153									1153			
庆阳市中小河流水毁工程修复和治理	1500	1500			1500														
西峰区砚瓦川贺家塬沟护岸工程	1050	600			600		450									450			
正宁县四郎河房河治理工程	2270	977			977														1293
宁县新宁镇高山堡村护岸工程	300	300			300														
正宁县四郎河樊湾子治理工程	2650	1200			1200														1450
安定区关川河大碱沟治理工程	300	300			300														
漳县龙川河草川坪至魏下段堤防工程	3076	1200			1200														1876
陇南市中小河流水毁工程修复和治理	2500	2500			2500														

3-4 续表

单位：万元

项目	累计完成投资	中央政府投资					地方政府投资										企业和私人投资	国内贷款	其他投资
		小计	预算内拨款	预算内专项资金	中央财政水利专项资金	土地出让收益	小计	预算内拨款	预算内专项资金	地方财政水利专项资金	水利建设基金	重大水利工程建设基金	土地出让收益	水资源费	自筹资金	其他资金			
陇南市武都区北峪河治理工程	1495	1000				1000													495
成县严河堤防工程	400	400				400													
文县白马峪河治理工程	2318	1854				1854		69			69								395
文县中路河中寨至白水江口段治理	2847	700				700											2147		
宕昌县恭河韩院段河堤工程	700	700				700													
康县阳坝河阳坝镇段治理工程	1700	1700				1700													
西和县太石河治理工程	700	700				700													
西和县漾水河治理工程	700	700				700													
礼县清水江张堡至教面堤防工程	1200	1200				1200													
两当县红崖河权坪河段综合治理工程	300	300				300													
两当县红崖河蚂蚱河段综合治理工程	900	900				900													
东乡县巴谢河五家至赵家段堤防	2362	2171				2171		82			82								109
临夏县老鸦关河双城至上阴洼段防洪	1990	1990				1990													
和政县牛津河罗家集至马家堡段防洪	2997	2398				2398		90			90								509
和政县大南岔河吊滩段防洪工程	2013	1610				1610		60			60								343
康乐县苏家集河附城镇段堤防工程	901	901				901													
东乡县巴谢河赵家至那勒寺段堤防	2300	1100				1100													1200
积石山吹麻滩河治理(赵家峡口至何家桥)	500							500				500							
合作市格河多合儿防洪工程	929	892				892		37			37								
合作市德吾录河卡加防洪工程	500	500				500													
临潭县斜藏沟治理工程	2254	2173				2173		81			81								
临潭县羊沙河下河段治理工程	500	500				500													
卓尼县羊沙河恰盖防洪工程	600	600				600													
卓尼县石窖沟藏巴哇防洪工程	200	200				200													
舟曲县拱坝河堤防工程	1600	1600				1600													
迭部县阿夏流域治理工程	1300	1300				1300													
甘肃疏勒河灌区三道沟河道治理	2325	1400				1400		925								925			

3-4 续表

单位：万元

项目	累计完成投资	中央政府投资				地方政府投资								企业和私人投资	国内贷款	其他投资
		小计	预算内投款	预算内专项资金	中央财政水利专项资金	小计	预算内投款	预算内专项资金	地方财政水利专项资金	重大水利工程建设基金	水利建设基金	土地出让收益	水资源费	自筹资金	其他资金		
水库除险加固	7511	4700			4700	1082				680					402	1720	9
大中型病险水库除险加固	1720															1720	
高台县小海子水库除险加固工程	1720															1720	
小型病险水库除险加固	5791	4700			4700	1082				680					402		9
甘肃双塔水库除险加固	280	260			260	20									20		
永昌县老人头水库除险加固工程	380	380			380												
会宁县米峡水库除险加固工程	600	600			600												
张掖市酥油口水库除险加固	400	400			400												
高台县天城湖水库除险加固 2014	401	400			400	1									1		
瓜州县榆林河水库除险加固工程	466	400			400	66									66		
敦煌市野麻湾水库除险加固工程	589	580			580												9
玉门市青山水库除险加固工程	200	200			200												
渭源县峡口水库除险加固	300	300			300												
安定区七一水库除险加固	1577	800			800	777				462					315		
礼县苗河水库除险加固	246	176			176	70				70							
成县户沟水库除险加固工程	352	204			204	148				148							
灵台县北庄水库除险加固工程	2273	1821	1821			452							202		250		
华亭县车厂沟水库除险加固工程	1250	1000	1000			250									250		
大中型病险水闸除险加固	1023	821	821			202							202				
永昌县金川河工农渠首泄洪闸除险加固																	
肃州区红山山河马鬃门排砂闸除险加固																	
其他防洪项目	61274	52247			52247	9027			9027								
甘肃省 2014 年度山洪灾害防治项目（长）	2760	2760			2760												
甘肃省 2014 年度山洪灾害防治项目（黄）	10195	10195			10195												
甘肃省 2014 年度山洪灾害防治项目（内）	2930	2930			2930												
甘肃省山洪灾害防治补助 2013（内陆）	3232	2573			2573	659			659								
甘肃省山洪灾害防治补助 2013（长江）	3686	2778			2778	908			908								

3–4 续表

单位：万元

项目	累计完成投资	中央政府投资					地方政府投资										企业和私人投资	国内贷款	其他投资
		小计	预算内拨款	预算内专项资金	中央财政水利专项资金	土地出让收益	小计	预算内拨款	预算内专项资金	地方财政水利专项资金	水利建设基金	重大水利工程建设基金	土地出让收益	水资源费	自筹资金	其他资金			
甘肃省山洪灾害防治补助2013(黄河)	17466	13949			13949		3517			3517									
甘肃省山洪灾害防治补助2015(内陆)	2617	2151			2151		466			466									
甘肃省山洪灾害防治补助2015(黄河)	14386	11801			11801		2585			2585									
甘肃省山洪灾害防治补助2015(长江)	4002	3110			3110		892			892									
灌溉除涝项目	912558	567229	249253		267711	50265	149699	8946	550	73593	16004	8100	1987	5249	6603	28666	10859	72085	112687
灌区建设工程	119888	94862	89262		5600		15514	3946		1480	2800	4000		1188		2100		2000	7512
皋兰县西岔中型灌区农业综合开发2015	40	40			40														
兴电灌区齐家大岘隧洞除险加固	7000						5000				1000	4000						2000	
白银区工农渠灌区农业综合开发																			
古浪县大靖河灌区农业综合开发	210	210			210														
甘州区上三灌区农业综合开发项目	1500	1000			1000		400			162						238			100
民乐县童子坝灌区农业综合开发项目	1500	1000			1000		400			180						220			100
静宁县东峡灌区农业综合开发																			
敦煌水资源规划项目(酒泉市)2014	17916	12482	12482																5434
敦煌水资源规划项目(河道归束)2015	4364	2848	2848				1516									1516			
敦煌水资源规划项目(党河灌区)2015	6832	6387	6387				445	412								33			
环县甜水堡灌区节水改造项目	300						300				300								
合水县固城川灌区续建配套与节水改造	493						493			400						93			
临洮县溥济渠灌区农业综合开发	1286	1000			1000		286			286									
渭源县石门灌区农业综合开发项目	1230	1000			1000		230			230									
临夏县北塬灌区农业综合开发项目	1222	1000			1000		222			222									
景泰川电力提灌二期灌区调蓄水池项目	900						900				900								
敦煌水资源利用与生态保护(疏勒河)2012	13841	12322	12322				1519	1519											
敦煌水资源利用与生态保护(疏勒河)2013	19511	17496	17496				2015	2015											
敦煌水资源利用与生态保护(疏勒河)2014	18516	17518	17518				600				600								398
敦煌水资源利用与生态保护(疏勒河)2015	22737	20209	20209				1188							1188					1340
玉门市花海灌区农业综合开发	490	350			350														140

3-4 续表

单位：万元

项目	累计完成投资	中央政府投资					地方政府投资										企业和私人投资	国内贷款	其他投资
		小计	预算内拨款	预算内专项资金	中央财政水利专项资金	土地出让收益	小计	预算内拨款	预算内专项资金	地方财政水利专项资金	水利建设基金	重大水利工程建设基金	土地出让收益	水资源费	自筹资金	其他资金			
节水灌溉工程	90878	69450	49244		20206		19260	5000						2294	2030	9936			2168
2015年永登县牧区节水灌溉示范项目	375	300	300				75									75			
石羊河流域重点治理2014(金昌市)	17701	15931	15931				1770								1770				
永昌县牧区节水灌溉示范项目	375	300	300				75								75				
凉州区规模化节水灌溉增效示范2014	1625	1300	1300				325									325			
凉州区规模化节水增效示范(2013-2016)	5007	4006			4006		1001							1001					
民勤县牧区节水灌溉示范项目2015	375	300	300				75								75				
天祝县牧区节水灌溉示范项目2014	500	400	400				100									100			
石羊河流域重点治理2014(张掖市)	300	270	270																30
肃州区规模化节水灌溉增效示范项目	1625	1300	1300				325									325			
肃州区规模化节水增效示范(2013-2016)	5430	4365			4365		1065							1065					
瓜州县牧区节水灌溉示范项目2014	501	400	400				101									101			
肃北县牧区节水灌溉示范项目2014	510	400	400				110								110				
阿克塞县牧区节水灌溉示范项目2014	500	400	400																100
敦煌市规模化节水灌溉增效示范项目	1375	1100	1100				275									275			
敦煌市规模化节水增效(2013-2016)	1440	1212			1212		228							228					
环县牧区节水灌溉示范项目2015	375	300	300				75									75			
安定区规模化节水综合灌溉示范2015	3771	3017			3017		754									754			
漳县牧区节水灌溉示范项目2015	375	300	300				75									75			
甘州区规模化节水灌溉示范(2013-2016)	9507	7606			7606														1901
合作市牧区节水灌溉示范项目2014	400	400	400																
迭部县牧区节水灌溉示范项目2015	375	300	300																75
夏河县2015牧区节水灌溉项目	308	246	246																62
石羊河流域重点治理(省景电)2012	13746	12372	12372				1374									1374			
石羊河流域重点治理(省景电)2013	13879	8766	8766				5113									5113			
石羊河流域重点治理(省景电)2014	10502	4159	4159				6343	5000								1343			
小型农田水利建设	355885	244236			193971	50265	84263			67267	500		1987	787	4323	9398	9801	715	16870

3–4 续表

单位：万元

项目	累计完成投资	中央政府投资					地方政府投资										企业和私人投资	国内贷款	其他投资
		小计	预算内拨款	预算内专项资金	中央财政水利专项资金	土地出让收益	小计	预算内拨款	预算内专项资金	地方财政水利专项资金	水利建设基金	重大水利工程建设基金	土地出让收益	水资源费	自筹资金	其他资金			
镇原县2015抗旱引调提水项目(3)	1147	1012			1012		135							135					
镇原县小型农田水利2015维修养护	252	251			251		1									1			
榆中县中央财政高效节水2014(五)	2689	1400			1400		800			600			200						489
榆中县中央统筹(土地出让)2014	1000	1000				1000													
榆中县抗旱引调提水项目2014	925	925				925													
红古区中央统筹(土地出让)2014	1268	1000				1000													268
榆中县中央财政小型农田水利(5)	2834	1400			1400		800			600						200			634
榆中县小型农田水利2015维修养护	100	100			100														
榆中县2015抗旱引调提水项目(3)	995	995			995														
西固区小型农田水利2015维修养护	100	100			100														
红古区中央财政高效节水2014(五)	1330	700			700		400			400									230
红古区小型农田水利建设(五)	1452	700			700		310			300						10			442
红古区小型农田水利2015维修养护	100	100			100														
永登县高效节水项目2014(五)	2703	1400			1400		800			600						200			503
永登县2015年高效节水灌溉示范项目	2490	1400			1400		880			600						280			210
永登县2015年抗旱引调提水项目	1295	1295			1295														
永登县2015年水利工程维修养护项目	100	100			100														
皋兰2015年农田水利设施维修养护项目	100	100			100														
嘉峪关市中央财政高效节水2015(五)	2100	1400			1400		700			600			100						
嘉峪关市高效节水灌溉项目2015(六)	1600	1000			1000		600			500			100						
嘉峪关市小型农田水利维修养护2015年	300	300			300														
嘉峪关中央财政高效节水2013(五)	2287	1400			1400		887			600			287						
嘉峪关中央财政高效节水2014(五)	2550	1400			1400		1150			600			550						
嘉峪关中央财政高效节水2014(六)	1750	1000			1000		750			500			250						
永昌县中央财政高效节水2014(五)	2409	1200			1200		1209			800					409				
金川区中央财政高效节水2014(六)	668	300			300		368			200						168			
永昌县中央财政高效节水2014(六)	2006	1000			1000		1006			500						506			

3–4 续表

单位：万元

项目	累计完成投资	中央政府投资					地方政府投资										企业和私人投资	国内贷款	其他投资
		小计	预算内拨款	预算内专项资金	中央财政水利专项资金	土地出让收益	小计	预算内拨款	预算内专项资金	地方财政水利专项资金	水利建设基金	重大水利工程建设基金	土地出让收益	水资源费	自筹资金	其他资金			
金川区高效节水灌溉项目(六)	637	300			300		337			200					137				
金川区中央财政小型农田水利工程2015	1697	1000			1000		697			500					197				
金川区小型农田水利2015维修养护项目	200	200				200													
永昌县小型农田水利建设(五)	2636	1400			1400		1236			600					636				
永昌县高效节水灌溉项目(六)	783	300			300		483			200					283				
永昌县中央财政小型农田水利工程2015	1774	1000			1000		774			500					274				
永昌县小型农田水利 2015 维修养护	127	100			100		27								27				
靖远县中央财政高效节水灌溉项目 2013	2000	1400			1400		600			600									
靖远县 2013 水利工程维修养护(土地出让)	400	400				400													
白银区中央财政高效节水灌溉项目 2013	1050	700			700		350			350									
景泰县中央财政高效节水灌溉项目 2013	1420	1000			1000		420			420									
景泰县中央财政景电农场节水灌溉 2013	1300	700			700		600						300			300			
景泰县中央财政节水灌溉(土地出让)	300	300				300													
靖远县高效节水灌溉(土地出让)2014	1300	1300				1300													
靖远县中央财政高效节水 2014(五)	2000	1400			1400		600			600									
白银区农业水价改革(土地出让)2014	1100	1000				1000	100			100									
白银区中央财政高效节水 2014(五)	1000	700			700		300			300									
白银区五小水利工程(土地出让)2014	1000	1000				1000													
会宁 2014 年抗旱引调提水项目	1762	1762				1762													
会宁县中央财政高效节水 2014(五)	2000	1400			1400		600			600									
会宁县高效节水灌溉(土地出让)2014	1000	1000				1000													
景泰县中央财政小农水重点县 2014	2300	1500			1500		800			800									
景泰县中央财政高效节水 2014(五)	2000	1400			1400		600			600									
景泰县抗旱规划引调提水项目(2014)	857	857				857													
平川区中央财政高效节水 2014(五)	2000	1400			1400		600			600									
靖远县 2014 年抗旱引调提水项目	837	837			837														
景泰水利工程维修养护(土地出让)2014	200	200				200													

3-4 续表

单位：万元

项目	累计完成投资	中央政府投资					地方政府投资										企业和私人投资	国内贷款	其他投资
		小计	预算内拨款	预算内专项资金	中央财政水利专项资金	土地出让收益	小计	预算内拨款	预算内专项资金	地方财政水利专项资金	水利建设基金	重大水利工程建设基金	土地出让收益	水资源费	自筹资金	其他资金			
会宁县2015年抗旱引调提水项目	1355	1355			1355														
平川区小型农田建设2015(五)	2000	1400			1400		600			600									
会宁县中央财政高效节水2015(五)	2000	1400			1400		600			600									
会宁县2015年维修养护项目	200	200			200														
平川区小型农田水利2015维修养护资金	100	100			100														
白银区小型农田水利建设(五)2015	1000	700			700		300			300									
白银区2015小型农水利维修养护资金	600	600			600														
景泰县中央财政小型农田水利建设2015	2000	1400			1400		600			600									
景泰县2015年抗旱引调提水项目	1485	1485			1485														
景泰县小型农田水利2015年维修养护	200	200			200														
靖远县2015年高效节水灌溉示范项目	2000	1400			1400		600			600									
靖远县2015年抗旱引调提水项目	1262	1262			1262														
靖远县2015年小型农田水利维修养护资金	100	100			100														
甘谷县2015抗旱引调提水工程	299	299			299														
甘谷县中央财政小型水利五小水利2015	1560	1000			1000		500			500									60
秦州区中央财政统筹(土地出让)2014	610	600				600													10
秦州区1万~5万亩灌区(土地出让)	614	600				600													14
秦州区2015年抗旱引调提水工程	1041	1041			1041														
秦州区小型农田水利2015维修养护	200	200			200														
麦积区小型农田水利2015年维修养护	202	200			200														2
清水县五小水利工程(土地出让)	806	800				800													6
清水县水利工程维修项目(土地出让)	200	200				200													
清水县2014年抗旱引调提水项目	884	884				884													
清水县2015抗旱引调提水项目	499	499			499														
清水县小型农田水利2015维修养护	100	100			100														
秦安县中央财政统筹(土地出让)2014	1100	1100				1100													
秦安县2015抗旱引调水提水项目	436	436			436														

3-4 续表

单位：万元

项　　目	累计完成投资	中央政府投资					地方政府投资										企业和私人投资	国内贷款	其他投资
		小　计	预算内拨款	预算内专项资金	中央财政水利专项资金	土地出让收益	小　计	预算内拨款	预算内专项资金	地方财政水利专项资金	水利建设基金	重大水利工程建设基金	土地出让收益	水资源费	自筹资金	其他资金			
甘谷县 2014 年抗旱引调提水项目	520	416				416													104
武山县 2014 年度小型农田水利重点县	2896	1500			1500		800			800									596
武山县高效节水灌溉项目(土地出让)	400						400			400									
武山县 1 万~5 万亩灌区改造（土地出让）	705	600				600													105
武山县 2015 抗旱引调提水工程	407	407			407														
武山县小型农田水利 2015 维修养护项目	200	200			200														
张家川县小型农田水利 2015 维修养护	100	100			100														
凉州区中央财政高效节水 2014(五)	4000	2800			2800		1200			1200									
凉州区中央财政高效节水 2014(六)	3000	2000			2000		1000			1000									
凉州区 2014 抗旱规划引调提水项目	1481	1481				1481													
凉州区中央财政小型农田水利建设(五)	4000	2800			2800		1200			1200									
凉州区高效节水灌溉项目(六)	3000	2000			2000		1000			1000									
凉州区 2015 年抗旱引调提水工程	412	412			412														
凉州区农业水价综合改革(土地出让)	100						100			100									
凉州区小型农田水利 2015 维修养护	300	300			300														
民勤县 2015 年抗旱引调提水项目	800	800			800														
民勤县农业水价综合改革(土地出让)	100						100			100									
民勤县中央财政小型农田水利建设(5)	3000	1400			1400		1600			1600									
民勤县中央财政小农水重点县 2015(五)	500	500			500														
民勤县高效节水灌溉项目(六)	1500	1000			1000		500			500									
民勤县中央财政小型农田水利工程 2015	1500	1000			1000		500			500									
民勤县小型农田水利 2015 维修养护	500	500			500														
古浪县中央财政高效节水灌溉 2013	2482	1400			1400		600			600									482
古浪县中央财政小农水重点县 2014	2779	1500			1500		800			800									479
古浪县中央财政统筹(土地出让)2014	207	200				200													7
古浪县中央财政高效节水 2014(六)	1652	1000			1000		500			500									152
古浪县中央财政高效节水 2014(五)	2000	1400			1400		600			600									

3-4 续表

单位：万元

项目	累计完成投资	中央政府投资					地方政府投资										企业和私人投资	国内贷款	其他投资
		小计	预算内拨款	预算内专项资金	中央财政水利专项资金	土地出让收益	小计	预算内拨款	预算内专项资金	地方财政水利专项资金	水利建设基金	重大水利工程建设基金	土地出让收益	水资源费	自筹资金	其他资金			
古浪县抗旱规划引调提水项目	1412	1412			1412														
古浪县小型农田水利建设(五)	2000	1400			1400		600			600									
古浪县高效节水灌溉项目(六)	1500	1000			1000		500			500									
古浪县2015抗旱引调提水项目	697	697			697														
古浪县中央财政小型农田水利工程2015	1425	1000			1000		425			425									
古浪县小型农田水利2015维修养护	100	100			100														
天祝县中央财政高效节水2014(六)	1112	700			700		412			300						112			
天祝县高效节水灌溉项目(六)	1000	700			700		300			300									
天祝县小型农田水利2015维修养护	100	100			100														
高台县中央财政高效节水2014(六)	1863	1000			1000		700			500					200				163
山丹县抗旱规划引调提水项目2014	1355	746			746												609		
山丹县中央财政高效节水2014(六)	3218	1700			1700		1300			900					400				218
肃南县前滩1万~5万亩灌区（土地出让）2014	620	600				600	10								10				10
甘州区中央财政高效节水2014(六)	2038	1000			1000		800			500					300				238
民乐县中央财政高效节水2014(六)	1866	1000			1000		600			500						100			266
民乐县农业水价改革(土地出让)2014	1172	1000				1000	172						100			72			
高台县中央财政统筹(土地出让)2014	322	200			200														122
山丹县中央财政统筹(土地出让)2014	100	100				100													
临泽县中央财政统筹(土地出让)2014	180	100			100		20									20			60
肃南县中央财政统筹(土地出让)2014	1264	1000			1000		100								100				164
山丹马场中央财政高效节水2014(五)	1232	700			700												532		
山丹县小型农田水利建设2015(五)	2760	1400			1400		1100			600						500			260
高台县农业水价改革(土地出让)2015	1100	1000			1000		100						100						
高台县小型农田水利2015维修养护	500	500			500														
高台县小型农田水利建设2015(五)	2567	1400			1400		900			600						300			267
高台县高效节水灌溉项目2015(六)	1967	1000			1000		700			500						200			267
高台县中央财政小型农田水利2015(七)	1801	1000			1000		580			500						80			221

3-4 续表

单位：万元

项目	累计完成投资	中央政府投资					地方政府投资										企业和私人投资	国内贷款	其他投资
		小计	预算内拨款	预算内专项资金	中央财政水利专项资金	土地出让收益	小计	预算内拨款	预算内专项资金	地方财政水利专项资金	水利建设基金	重大水利工程建设基金	土地出让收益	水资源费	自筹资金	其他资金			
山丹县高效节水灌溉项目 2015(六)	2892	1700			1700		1100			900						200			92
临泽县小型农田水利 2015 维修养护	100	100			100														
临泽县小型农田水利建设 2015(五)	2609	1400			1400		900			600						300			309
山丹县中央财政小农水 2015(七)	2095	1000			1000		800			500						300			295
甘州区高效节水灌溉项目 2015(六)	1822	1000			1000		630			500						130			192
甘州区中央财政小型农田水利 2015(五)	2352	1400			1400		800			600						200			152
甘州区小型农田水利 2015 维修养护	300	300			300												432		
山丹县 2015 抗旱引调水项目	1487	1055			1055														
肃南县小型农田水利建设 2015(五)	2315	1400			1400		620			420						200			295
肃南县小型农田水利 2015 维修养护	200	200			200														
民乐县 2015 抗旱引调提水项目	621	479			479														142
民乐县高效节水灌溉项目 2015(六)	1814	1000			1000		600			500						100			214
民乐县小型农田水利建设 2015(五)	2550	1400			1400		700			600						100			450
民乐县中央财政小型农田水利 2015(七)	1030	600			600		300			300									130
民乐县水利工程维修养护 2014-2015	400	400			400														
山丹马场 2014 年高效节水(六)	1128	400			400		300			300							428		
山丹马场小型农田水利建设 2015(五)	1133	700			700												433		
山丹马场高效节水灌溉项目 2015(六)	1088	400			400		300			300							388		
崆峒区中央财政统筹(土地出让)2014	1000	1000				1000													
静宁县小型农田水利 2015 维修养护	200	200			200														
静宁县 2015 年抗旱水源引调提水工程	1017	1017			1017														
崆峒区抗旱规划引调提水项目	1043	1043				1043													
崆峒区小型农田水利 2015 年维修养护	200	200			200														
泾川县中央财政统筹(土地出让)2014	1000	1000				1000													
泾川县 2014 年抗旱引调提水项目	453	453				453													
灵台县中央财政小农水重点县 2014(四)	2325	1500			1500		800			800									25
灵台县许家沟提灌工程(土地出让 2014)	1788	1000				1000	788				500					288			

3–4 续表

单位：万元

项目	累计完成投资	中央政府投资					地方政府投资										企业和私人投资	国内贷款	其他投资
		小计	预算内拨款	预算内专项资金	中央财政水利专项资金	土地出让收益	小计	预算内拨款	预算内专项资金	地方财政水利专项资金	水利建设基金	重大水利工程建设基金	土地出让收益	水资源费	自筹资金	其他资金			
灵台县中央财政小型农田水利工程2015	1350	1000			1000		350			350									
崇信县水利工程维修项目(土地出让)	200	200				200													
崇信县小型农田水利 2015 年维修养护	100	100			100														
华亭西华河 1 万 ~5 万亩灌区（土地出让）2014	721	600				600	121									121			
庄浪县中央财政统筹(土地出让)2014	1000	1000				1000													
庄浪县 2015 年抗旱引调提水项目	688	688			688														
庄浪县小型农田水利 2015 年维修养护	100	100			100														
静宁县中央财政统筹(土地出让)2014	1000	1000				1000													
静宁县抗旱规划引调提水项目	999	999				999													
肃州区中央财政统筹(土地出让)2014	100	100				100													
瓜州县中央财政统筹(土地出让)2014	343	300				300	43								43				
酒泉市中央财政统筹(土地出让)2014	600	600				600													
肃州区中央财政高效节水 2014(五)	2821	1400			1400		1421			600						821			
肃州区中央财政高效节水 2014(六)	1904	1000			1000		904			500						404			
肃州区小型农田水利建设(五)	2578	1400			1400		1178			550						628			
肃州区高效节水灌溉项目(六)	1945	1000			1000		945			421						524			
肃州区小型农田水利2015维修养护资金	100	100			100														
金塔县中央财政高效节水 2014(五)	2327	1400			1400		600			600									327
金塔县中央财政高效节水 2014(六)	1910	1000			1000		500			500									410
金塔县中央财政统筹(土地出让)2014	202	200				200											2		
金塔县高效节水灌溉项目(六)	1876	1000			1000		500			500								376	
金塔县中央财政小型农田水利工程2015	1844	1000			1000		500			500									344
金塔县区小型农田水利建设(五)	2289	1400			1400		600			600								289	
瓜州县中央财政高效节水 2014(五)	2387	1400			1400		987			600					387				
瓜州县桥子 1 万 ~5 万亩灌区（土地出让）2014	460						460			400					60				
瓜州县小型农田水利建设(五)	2400	1400			1400		1000			600					400				
瓜州县小型农田水利2015维修养护资金	101	100			100		1								1				

3-4 续表

单位：万元

项　　目	累计完成投资	中央政府投资					地方政府投资										企业和私人投资	国内贷款	其他投资
		小　计	预算内拨款	预算内专项资金	中央财政水利专项资金	土地出让收益	小　计	预算内拨款	预算内专项资金	地方财政水利专项资金	水利建设基金	重大水利工程建设基金	土地出让收益	水资源费	自筹资金	其他资金			
阿克塞小型农田水利 2015 维修养护	100	100			100														
玉门市中央财政高效节水 2014(五)	2484	1400			1400		1000			600					400				84
玉门市中央财政高效节水 2014(六)	2059	1200			1200		700			700									159
玉门市小型农田水利建设(五)	2484	1400			1400		1000			600				400					84
玉门市高效节水灌溉项目(六)	2449	1500			1500		700			700									249
玉门市中央财政小型农田水利工程2015	1113	600			600		295			295									218
酒泉市敦煌抗旱规划引调提水项目	1112	893				893				219						219			
敦煌市 2015 抗旱引调提水项目	1343	1343			1343														
敦煌市小型农田水利 2015 维修养护	270	270			270														
镇原吴家沟 1 万 ~5 万亩灌区（土地出让）2014	702	600				600	60								60				42
合水县中央财政小农水重点县 2014	2786	1500			1500		1286			800						486			
正宁县四郎河 1 万 ~5 万亩灌区（土地出让）	721	600				600	121									121			
西峰区中央财政统筹(土地出让)2014	200	200				200													
宁县中央财政统筹(土地出让)2014	204	200				200	4									4			
合水县中央财政统筹(土地出让)2014	200	200				200													
环县中央财政统筹(土地出让)2014	100	100				100													
镇原县抗旱规划引调提水项目	1196	1196				1196													
华池县抗旱规划引调提水项目	901	901				901													
环县抗旱规划引调提水项目	2021	2021				2021													
西峰区小型农田水利 2015 维修养护	200	200			200														
庆城县 2015 抗旱引调提水项目(2)	893	698			698		195							195					
庆城县小型农田水利 2015 维修养护	100	100			100														
环县小型农田水利 2015 维修养护	100	100			100														
环县 2015 抗旱引调提水项目(3)	1780	1256			1256														524
华池县 2015 抗旱引调提水项目(2)	727	670			670		57							57					
合水县小型农田水利 2015 维修养护	200	200			200														
渭源县中央财政五小水利项目 2013	1650	1000			1000		200				200								450

3–4 续表

单位：万元

项目	累计完成投资	中央政府投资					地方政府投资										企业和私人投资	国内贷款	其他投资
		小计	预算内拨款	预算内专项资金	中央财政水利专项资金	土地出让收益	小计	预算内拨款	预算内专项资金	地方财政水利专项资金	水利建设基金	重大水利工程建设基金	土地出让收益	水资源费	自筹资金	其他资金			
安定区抗旱应急调蓄工程	1386	986			986		400									400			
通渭县中央财政小农水重点县 2014	2088	800			800		1200			800						400			88
通渭县中央财政统筹(土地出让)2014	100	100				100													
临洮县红旗1万~5万亩灌区（土地出让）2014	628	600				600													28
陇西县抗旱引调提水项目	1372	1372			1372														
渭源县中央财政五小水利 2014(五)	1411	1000			1000		411			411									
临洮县小型农田水利 2015 维修养护	100	100			100														
临洮县中央财政五小水利(2014)	1649	1000			1000		649			500						149			
临洮县中央财政小农水五小水利 2015	1650	1000			1000		500			500									150
临洮县抗旱引调提水项目 2015	1567	1567			1567														
渭源县中央财政五小水利 2015	1350	1000			1000		350			350									
安定区 2015 年抗旱引调水工程	1660	1660			1660														
通渭县 2015 年抗旱引调提水项目	535	519			519														16
漳县小型农田水利 2015 维修养护	100	100			100														
康县中央财政统筹(土地出让)2014	1000	1000				1000													
武都区中央财政统筹(土地出让)2014	300	300				300													
文县中央财政统筹(土地出让)2014	100	100				100													
徽县中央财政统筹(土地出让)2014	100	100				100													
西和县抗旱规划引调提水项目	1220	1220			1220														
礼县抗旱规划引调提水项目	1460	1206				1206	254									254			
武都区中央财政区域节水 2014(五)	1769	1000			1000		300			300									469
武都区中央财政区域节水 2014(六)	2619	1400			1400		600			600									619
武都区高效节水灌溉项目(六)	2154	1400			1400		600			600									154
武都区小型农田水利 2015 维修养护	300	300			300														
武都区水价改革及产权改革试点	100						100			100									
武都区中央财政小农水(区域节水)	1846	1000			1000		300			300									546
成县小型农田水利 2015 维修养护	100	100			100														

3–4 续表

单位：万元

项目	累计完成投资	中央政府投资					地方政府投资										企业和私人投资	国内贷款	其他投资
		小计	预算内拨款	预算内专项资金	中央财政水利专项资金	土地出让收益	小计	预算内拨款	预算内专项资金	地方财政水利专项资金	水利建设基金	重大水利工程建设基金	土地出让收益	水资源费	自筹资金	其他资金			
文县中央财政六小水利 2014(六)	780	300			300		200			200									280
文县高效节水灌溉项目(六)	770	300			300		200			200									270
文县小型农田水利 2015 维修养护	100	100			100														
康县小型农田水利 2015 维修养护	200	200			200														
西和县 2015 抗旱引调提水项目(2)	615	615			615														
礼县 2015 抗旱引调提水项目(3)	1724	1724			1724														
礼县小型农田水利 2015 维修养护	100	100			100														
徽县中央财政六小水利 2014(六)	538	300			300		200			200							38		
徽县小型农田水利 2015 维修养护	200	200			200														
徽县高效节水灌溉项目(六)	550	300			300		200			200								50	
民勤县中央财政小农水重点县 2014(5)	2000	1400			1400		600			600									
民勤县 2014 年农业水价改革项目	1000	1000			1000														
民勤县 2014 年高效节水灌溉项目	1500	1000			1000		500			500									
民勤县 2014 抗旱规划引调提水工程项目	1365	1365			1365														
两当县中央财政六小水利 2014(六)	694	300			300		200			200									194
两当县高效节水灌溉项目(六)	667	300			300		200			200									167
两当县小型农田水利 2015 维修养护	100	100			100														
东乡县中央财政五小水利项目 2013	1652	1000			1000		500			500									152
东乡县水利工程维修养护(土地出让)	200	200				200													
永靖县五小水利工程(土地出让)	1090	800				800													290
临夏市小型农田水利 2015 维修养护	100	100			100														
临夏县中央财政小农水重点县 2014	2077	800			800		800			800									477
临夏县 2014 年抗旱引调提水项目	896	896				896													
临夏县 2015 年抗旱引调提水项目	217	217			217														
康乐县中央财政统筹(土地出让)2014	313	300				300													13
康乐县小型农田水利2015维修养护资金	162	162			162														
永靖县中央财政统筹(土地出让)2014	1053	1000				1000													53

3-4 续表

单位:万元

项目	累计完成投资	中央政府投资					地方政府投资										企业和私人投资	国内贷款	其他投资
		小计	预算内拨款	预算内专项资金	中央财政水利专项资金	土地出让收益	小计	预算内拨款	预算内专项资金	地方财政水利专项资金	水利建设基金	重大水利工程建设基金	土地出让收益	水资源费	自筹资金	其他资金			
永靖县 2014 抗旱引调提水项目	430	394				394													36
永靖县 2015 年抗旱引调水提水工程	208	208			208														
永靖县小型农田水利 2015 年维修养护	206	200			200														6
广河县 2014 年抗旱引调提水项目	722	697				697													25
广河县 2015 年中央财政小型农田水利	1370	1000			1000		370			370									
广河县 2015 三甲集抗旱应急水源配套	400	400			400														
广河县 2015 齐家镇抗旱应急水源配套	400	400			400														
和政县中央财政统筹(土地出让)2014	1154	1000				1000													154
和政县 2014 年抗旱引调提水项目	859	859				859													
和政县小型农田水利 2015 维修养护	400	400			400														
和政县 2015 抗旱引调提水项目	485	485			485														
东乡县中央财政五小水利 2014(五)	1675	1000			1000		500			500									175
东乡县 2014 年抗旱引调提水项目	835	835				835													
东乡县 2015 年抗旱引调提水项目	784	784			784														
东乡县中央财政五小水利项目 2015	1300	1000			1000		300			300									
积石山县中央财政五小水利 2014(五)	1576	1000			1000		500			500									76
积石山县 2014 年抗旱引调提水项目	1247	1247				1247													
积石山县中央财政五小水利 2015	1500	1000			1000		500			500									
积石山县 2015 抗旱应急水源配套工程	1185	1185			1185														
玛曲县水利工程维修项目(土地出让)	100	100				100													
卓尼县水利工程维修项目(土地出让)	100	100				100													
临潭县农田水利 2015 维修养护	100	100			100														
卓尼县小型农田水利 2015 维修养护	85	85			85														
舟曲县五小水利工程项目(土地出让)	1000	1000				1000													
舟曲县小型农田水利 2015 维修养护	200	200			200														
迭部县小型农田水利 2015 维修养护	100	100			100														
玛曲县小型农田水利 2015 维修养护	100	100			100														

3–4 续表

单位：万元

项目	累计完成投资	中央政府投资					地方政府投资										企业和私人投资	国内贷款	其他投资
		小计	预算内拨款	预算内专项资金	中央财政水利专项资金	土地出让收益	小计	预算内拨款	预算内专项资金	地方财政水利专项资金	水利建设基金	重大水利工程建设基金	土地出让收益	水资源费	自筹资金	其他资金			
夏河县中央财政小农水重点县 2014	1606	800			800		800			800									6
夏河县小型农田水利 2015 维修养护	100	100			100														
省农垦中央财政条山农场高效节水2013	822	500			500		200			200							122		
省农垦黑土洼农场高效节水(土地出让)	1115	700				700	300			300							115		
省农垦黄羊河农场高效节水(土地出让)	1213	700				700											513		
省农垦八一农场中央财政节水 2014(六)	2755	1400			1400		600			600							755		
省农垦生地湾农场中央财政节水 2014(六)	1161	500			500		200			200							461		
省农垦饮马农场中央财政节水 2014(六)	1216	500			500		200			200							516		
省农垦黄花农场中央财政节水 2014(六)	1216	500			500		200			200							516		
省农垦张掖农场小型农田水利建设(五)	831	500			500		200			200									131
省农垦黑土洼农场高效节水灌溉(六)	1447	700			700		300			300							447		
省农垦黄花农场高效节水灌溉项目(六)	900	500			500		200			200							200		
省农垦饮马农场高效节水灌溉项目(六)	695	200			200		200			200							295		
省农垦饮马农场中央财政小农水 2015	772	400			400		205			205							167		
敦煌农场小型农田水利建设(五)	1145	400			400		100			100							645		
省农垦生地湾农场高效节水灌溉(六)	1020	500			500		200			200							320		
八一农场小型农田水利建设(五)	2701	1400			1400		600			600							701		
省农垦小型农田水利 2015 维修养护	300	300			300														
省农垦黄羊河农场高效节水灌溉(六)	1942	1400			1400												542		
省农垦黄羊河农场小型农田水利(五)	1126	500			500		200			200							426		
省农垦山丹农场高效节水灌溉项目(六)	962	500			500		200			200							199		63
省景电中央财政统筹(土地出让)2014	300	300				300													
省景电小型农田水利 2015 维修养护	400	400			400														
水库工程	211758	41219			41219		20184			4000	12704	2500		980			1058	69370	79927
富川水库(抗旱规划内)	5986	2386			2386		3600				3600								
武威市杂木河毛藏寺水库工程	80927						3000				3000								77927
天祝县二道墩水库	6350	6350			6350														

3–4 续表

单位：万元

项目	累计完成投资	中央政府投资					地方政府投资										企业和私人投资	国内贷款	其他投资
		小计	预算内拨款	预算内专项资金	中央财政水利专项资金	土地出让收益	小计	预算内拨款	预算内专项资金	地方财政水利专项资金	水利建设基金	重大水利工程建设基金	土地出让收益	水资源费	自筹资金	其他资金			
民乐县石灰窑水库	824	824			824														
临泽县红山湾水库工程	40000						2000				2000							36000	2000
山丹县白石崖水库(抗旱规划内)	1432	1432			1432														
山丹县大口子河水库工程	2558						1500				1500						1058		
山丹县西沟水库	1980																	1980	
山丹县东沟水库	1740																	1740	
崆峒区北杨涧水库(抗旱规划内)	5685	5685			5685														
泾川县朱家涧水库(抗旱规划内)	8226	8226			8226														
崇信县关河水库(抗旱规划内)	6591	6591			6591														
庄浪县花崖河水库(抗旱规划内)	4835	4835			4835														
阿克塞县工业园区水库	3104						104				104							3000	
酒泉循环经济产业园水源(大红泉水库)	16650																	16650	
庆城县纸坊沟水库(抗旱规划内)	5870	4890			4890		980							980					
通渭县段家峡水库																			
兰州新区2号3号石门沟水库	19000						9000			4000	2500	2500						10000	
泵站工程	**126635**	**110747**	**110747**				**10478**		**550**	**846**		**1600**			**250**	**7232**			**5410**
兰州市榆中三电泵站更新改造工程	16906	13450	13450				2186		275	180						1731			1270
秦州区1万~5万亩灌区（土地出让）	21327	16954	16954				733		275							458			3640
兰州市工农坪泵站更新改造工程	3625	3000	3000				625			250						375			
兰州市大砂沟泵站更新改造工程	4429	3610	3610				819			306						513			
七里河区西津泵站更新改造工程	4360	3750	3750				110			110									500
白银市靖会泵站更新改造工程	11000	11000	11000																
景泰县中泉泵站更新改造工程	4900	4900	4900																
白银市刘川泵站更新改造工程	7280	7200	7200				80									80			
白银市兴电泵站更新改造工程	10390	10390	10390																
白银市旱平川泵站更新改造工程	4922	4922	4922																
靖远县2014年中堡泵站更新改造工程	1300	1300	1300																
靖远县2015年中堡泵站更新改造工程	1000	1000	1000																

3-4 续表

单位：万元

项目	累计完成投资	中央政府投资					地方政府投资										企业和私人投资	国内贷款	其他投资
		小计	预算内拨款	预算内专项资金	中央财政水利专项资金	土地出让收益	小计	预算内拨款	预算内专项资金	地方财政水利专项资金	水利建设基金	重大水利工程建设基金	土地出让收益	水资源费	自筹资金	其他资金			
平凉市白庙泵站更新改造工程	1000	1000	1000																
甘肃省景电泵站更新改造	34196	28271	28271				5925					1600			250	4075			
其他灌溉除涝项目	**7515**	**6715**			**6715**														**800**
景泰县草窝滩镇排水工程																			
临夏市大夏河风情线综合治理工程	800																		800
永靖县刘盐八地质灾害灌区节水改造	6715	6715			6715														
供水项目	**1420004**	**619708**	**604769**	**14000**		**939**	**466688**	**108276**	**15200**	**171109**	**33050**	**51925**		**18942**	**1831**	**66355**	**13000**	**261650**	**58958**
引水(调水)工程	**1168457**	**509923**	**494984**	**14000**		**939**	**403577**	**105837**	**15200**	**127738**	**30162**	**51925**		**17126**		**55589**	**13000**	**199027**	**42930**
甘肃省引洮供水一期工程	488686	258200	244200	14000			230486	91986		120000				13100		5400			
靖远县双永供水工程	37914	21000	21000				16914			1238	5762	7000				2914			
兰州市水源地建设工程	150000						13006	13006										136994	
引洮供水一期榆中县配套工程	18500						6000					2000				4000		12500	
白银靖会甘沟干渠扩建及会宁城区供水	8000						8000				2700	2425				2875			
引洮一期工程会宁北部供水工程	60500	40000	40000				20500			6500	4000	2500				7500			
秦州区2014年抗旱引调提水项目	1173	939				939													234
天祝县南阳山片下山入川供水工程	40950	16000	16000				24950				1500	5000				18450			
天祝县石门河调蓄引水工程	24950	10000	10000				14950				1000					13950			
静宁县甘渭河庙堡调水工程	500						500				500								
肃北县马鬃山镇供水工程	17000																13000	4000	
盐环定扬黄续建工程调概算	6867						2500					2000				500		4367	
华池县葫芦河水源工程	1000						1000					1000							
引洮供水一期定西配套项目农村供水	121195	50000	50000				19200		15200			4000						20000	31995
盐环定扬黄甘肃专用工程一期改造	1000						1000					1000							
积石山引水工程	31000	19300	19300				11700				4200	7500							
临夏州引黄济临供水工程	15701						5000					5000							10701
引洮(博)济合供水工程	17416	17416	17416																
甘南州引洮入潭工程	16400	7400	7400				9000				2500	6500							
兰州新区供水项目引大渠道除险加固	15995						845	845										15150	
甘肃引洮供水二期工程	69668	69668	69668																

3-4 续表

单位：万元

项目	累计完成投资	中央政府投资					地方政府投资										企业和私人投资	国内贷款	其他投资
		小计	预算内拨款	预算内专项资金	中央财政水利专项资金	土地出让收益	小计	预算内拨款	预算内专项资金	地方财政水利专项资金	水利建设基金	重大水利工程建设基金	土地出让收益	水资源费	自筹资金	其他资金			
天水市城区引洮供水工程	24042						18026				8000	6000		4026				6016	
人饮解困及饮水安全工程	217280	101185	101185				58018	1439		43371	88			1816	1831	9473		48923	9154
镇原县农村安全饮水项目	2545	1579	1579				966			797				169					
镇原县1236扶贫攻坚农村饮水安全2015	1395						1100									1100			295
榆中县农村饮水安全项目2015	8360	5125	5125				3235			3235									
皋兰县农村饮水安全项目2015	809	519	519				290			233						57			
兰州市农村饮水安全水质检测能力	670	670	670																
永登县2015年农村饮水安全工程	1417	584	584				833			739						94			
嘉峪关市农村饮水安全水质检测项目	112	84	84				28							28					
金昌市农村饮水安全水质检测中心	173	168	168				5								5				
会宁县农村饮水安全项目2015	10943	6849	6849				4094			3367						727			
白银市农村饮水安全水质监测能力	419	419	419																
白银区农村饮水安全项目2015	819	529	529				290			236						54			
景泰县农村饮水安全项目2015	1590	1116	1116				474			368						106			
靖远县2015年农村饮水安全项目	2891	2087	2087				804			556						248			
甘谷县农村饮水安全项目	7418	5379	5379				2039			1456					583				
天水市农村饮水安全水质检测能力	587	587	587																
秦州区农村饮水安全项目2015	3723	2494	2494				1229			982					247				
麦积区2015年农村饮水安全项目	8388	6494	6494				1894			1337					557				
清水县农村饮水安全项目	965	211	211				754			690					64				
秦安县农村饮水安全项目	2970	2181	2181				789			529					260				
武山县农村饮水安全项目示点(规划外)	5401																	4532	869
武山县农村饮水安全(试点县规划外)	3601						665			665								2750	186
张家川县农村饮水安全项目(2015)	638	356	356				282			282									
武威市农村饮水安全水质监测能力	335	335	335																
凉州区农村饮水安全项目	716	490	490				226			154				72					
古浪县农村饮水安全项目	897	599	599				298			235				63					
天祝县藏区规划外农村饮水安全项目	5420	4048	4048				1372			838						534			
山丹县农村饮水安全(试点县规划外)	11543						574			459					115			10429	540

3-4 续表

单位：万元

项目	累计完成投资	中央政府投资					地方政府投资										企业和私人投资	国内贷款	其他投资
		小计	预算内拨款	预算内专项资金	中央财政水利专项资金	土地出让收益	小计	预算内拨款	预算内专项资金	地方财政水利专项资金	水利建设基金	重大水利工程建设基金	土地出让收益	水资源费	自筹资金	其他资金			
张掖市农村饮水安全水质检测能力	594	503	503				91									91			
甘州区农村饮水安全项目	5315	2998	2998				1964			1964									353
民乐县农村饮水安全项目	1892	1172	1172				594			594									126
平凉市农村饮水安全水质检测能力	586	586	586																
静宁县农村饮水安全项目2015	1455	989	989				466			344						122			
崆峒区农村饮水安全项目2015	813	353	353				460			460						54			
灵台县农村饮水安全项目2015	903	501	501				402			342						60			
酒泉市农村饮水安全工程水质监测能力	586	586	586																
瓜州县农村饮水安全项目	622	413	413				209			130				60		19			
玉门市农村饮水安全项目	121	48	48				33			30				3					40
宁县农村饮水安全项目	2641	1600	1600				1041			866						175			
宁县1236扶贫攻坚农村饮水安全2015	407						330									330			77
正宁县1236扶贫攻坚农村饮水安全2015	407						275									275			132
庆阳市农村饮水安全水质监测能力	826	670	670				156									156			
西峰区1236扶贫攻坚农村饮水安全2015	284						220									220			64
庆城县2015年规划外农村饮水安全	98						98				88					10			
庆城县1236扶贫攻坚农村饮水安全2015	934						880									880			54
环县农村饮水安全项目	2073	649	649				814			32						782			610
环县2015年规划外农村饮水安全工程	13526						5700			5700								7826	
环县1236扶贫攻坚农村饮水安全2015	4732						1980									1980			2752
华池县1236扶贫攻坚农村饮水安全2015	839						440									440			399
华池县农村饮水安全项目	607	69	69				538			498				40					
合水县1236扶贫攻坚农村饮水安全2015	276						276									276			
通渭县农村饮水安全(试点县规划外)	6825						643			643								5717	465
临洮县农村饮水安全项目2015	1427	605	605				822			727						95			
岷县农村饮水安全项目	9175	7455	7455				1720			1720									
定西市农村饮水安全水质监测能力	586	586	586																
陇南市农村饮水安全水质检测能力	754	754	754																
两当县农村饮水安全(试点县规划外)	1067						1025			437						588		42	

3–4 续表

单位：万元

项目	累计完成投资	中央政府投资					地方政府投资										企业和私人投资	国内贷款	其他投资
		小计	预算内拨款	预算内专项资金	中央财政水利专项资金	土地出让收益	小计	预算内拨款	预算内专项资金	地方财政水利专项资金	水利建设基金	重大水利工程建设基金	土地出让收益	水资源费	自筹资金	其他资金			
武都区农村饮水安全项目	6491	4812	4812				1679			1196				483					
成县农村饮水安全项目	1503	1076	1076				427			319				108					
文县农村饮水安全项目	906	619	619				287			227				60					
宕昌县农村饮水安全项目	1216	868	868				348			264				84					
西和县农村饮水安全项目	3698	2756	2756				942			644				298					
礼县农村饮水安全项目	5157	3458	3458				1699			1357				342					
徽县农村饮水安全项目	193	121	121				72			66				6					
临夏州农村饮水安全水质监测能力	670	670	670																
临夏市2015年度城郊农村饮水安全工程	614	124	124				239			239									251
临夏县2015年农村饮水安全(计划外)	4218						691			691								3527	
东乡县2015农村饮水安全(规划外)	7409						686			686								6723	
甘南州农村饮水安全水质检测能力	670	670	670																
合作市农村饮水安全项目2014	2639	975	975				243			243								1103	318
合作市农村饮水安全项目2015	1458	874	874				584			584									
合作市藏区规划外农村饮水安全	178	138	138				40			40									
临潭县农村饮水安全项目试点	2885						610			610								2275	
临潭县藏区规划外农村饮水	329	271	271				58			58									
卓尼县农村安全饮水项目2014	2749	1468	1468				302			302								456	523
卓尼县农村饮水安全项目2015	2497	1595	1595				902			902									
卓尼县藏区规划外农村饮水安全项目	1831	1438	1438				393			393									
舟曲县藏区规划外农村饮水安全	4326	3397	3397				929			929									
迭部县农村饮水安全项目2014	508	268	268				68			68								84	88
迭部县藏区规划外农村饮水安全	1538	1218	1218				320			320									
玛曲县农村饮水安全项目2014	3287	1098	1098				275			275								1496	418
玛曲县农村饮水安全项目2015	1177	968	968				209			209									
玛曲县藏区规划外农村饮水安全	2758	2163	2163				595			595									
碌曲县农村饮水安全项目2014	4468	1529	1529				382			382								1963	594
碌曲县农村饮水安全项目2015	872	707	707				165			165									
碌曲县藏区规划外农村饮水安全	167	151	151				16			16									

3–4 续表

单位：万元

项目	累计完成投资	中央政府投资					地方政府投资										企业和私人投资	国内贷款	其他投资
		小计	预算内拨款	预算内专项资金	中央财政水利专项资金	土地出让收益	小计	预算内拨款	预算内专项资金	地方财政水利专项资金	水利建设基金	重大水利工程建设基金	土地出让收益	水资源费	自筹资金	其他资金			
夏河县农村饮水安全项目 2015	2205	1489	1489				716	716											
夏河县藏区规划外农村饮水安全	3547	2824	2824				723	723											
其他供水工程	34266	8600	8600				5093	1000			2800					1293		13700	6873
镇原县北石窟旅游景区供水工程	463						463									463			
镇原县中盛产业配水工程	130						130									130			
山丹县城区供水管网工程																			
金塔县北河湾循环产业区供水工程	4200						1000	1000										3200	
临洮县安家咀加水工程	826						800				800								26
陇西县引洮一期城区供水扩建工程	21347	7400	7400															10500	3447
积石山县县城区供水水源改扩建工程	4600	1200	1200																3400
武威市城乡融合黄羊土门组团供水(陆港)	2000						2000				2000								
靖远寺儿坪供水项目	700						700									700			
水务项目	9380	5690	4680		1010		1020	320							700			2662	8
城镇供水管线建设	600	280	280				320	320											
清水县城区自来水管网扩建工程	600	280	280				320	320											
污水处理工程	8368	5410	4400		1010		700								700			2250	8
临洮县污水处理厂配套管网工程	400	400	400																
山丹县城区生活污水处理工程	4968	4260	4000		260		700								700				8
民勤红沙岗污水处理厂及中水回用贮水池	3000	750			750													2250	
其他水务项目	412																	412	
天水市城区供水高桥头引水枢纽工程	412																	412	
水电开发利用	151127	37989	27491		10498		2118				50					2068	100663	9125	1232
水力发电工程	90026	9728	9728				50				50						80218	30	
永昌县西大河二级水电站	6100	1100	1100														5000		
永昌县西大河总干渠 1 号水电站	619	300	300														319		
临泽县南台子一级水电站	1973	150	150														1823		
甘州区石庙一级水电站	677	240	240														437		
岷县天宝水电站	850	115	115														735		
岷县秦许水电站	430	30	30														400		

3-4 续表

单位：万元

项目	累计完成投资	中央政府投资					地方政府投资										企业和私人投资	国内贷款	其他投资
		小计	预算内拨款	预算内专项资金	中央财政水利专项资金	土地出让收益	小计	预算内拨款	预算内专项资金	地方财政水利专项资金	水利建设基金	重大水利工程建设基金	土地出让收益	水资源费	自筹资金	其他资金			
两当县左家水电站	1301	350	350														951		
东乡县达板水电站新增2010	16324	100	100														16224		
康乐县杜家咀水电站	30	10	10														20		
临夏县卧龙沟水电站(4)	200	130	130														40	30	
康乐县纳沟水电站(4)	380	100	100														280		
合作市地乌尔水电站	1427	430	430														997		
舟曲县天干沟水电站	1248	260	260														988		
迭部县沟洁寺水电站	26780	2950	2950														23830		
迭部县阿夏水电站	2150	400	400														1750		
迭部县阿夏那盖水电站	5085	1163	1163														3922		
夏河县安顺水电站	19049	1440	1440														17609		
夏河县和平桥水电站	5403	460	460				50				50						4893		
水电增效扩容	22312	11022	524		10498		1150									1150	9213		927
永昌县金川峡水库电站	689	234			234												455		
永昌县皇城水库电站	1182	562			562												620		
永昌县头坝三号电站	616	246			246												370		
武威市凉州区南营水电站	351	351			351														
武威市凉州区黄羊水电站	527	527			527														
武威市凉州区西营总干电站	585	585			585														
山丹马场总场电力局1号水电站	2045	524	524														1521		
庆城县杨渠水电站	187	187			187														
武都区白鹤桥水电站	1287	1287			1287														
武都区黄鹿坝水电站	5795	2100			2100												3695		
文县白水江林业局水电站	801	241			241												560		
文县慧达水电站	1512	585			585														927
宕昌县何家堡水电站	1496	487			487		1009									1009			
礼县苗河水库坝后电站	271	130			130		141									141			
东乡县老虎嘴电站	853	743			743												110		
和政县炉子滩水电站	595	167			167												428		

3-4 续表

单位:万元

项目	累计完成投资	中央政府投资					地方政府投资										企业和私人投资	国内贷款	其他投资
		小计	预算内拨款	预算内专项资金	中央财政水利专项资金	土地出让收益	小计	预算内拨款	预算内专项资金	地方财政水利专项资金	水利建设基金	重大水利工程建设基金	土地出让收益	水资源费	自筹资金	其他资金			
和政县达浪水电站	190	56			56												134		
和政县康家坪水电站	763	152			152												611		
和政县新营尕庄水电站	256	75			75												181		
康乐县虎关水电站	241	75			75												166		
合作市峡村电站	1170	1170			1170														
夏河县白土坡水电站	900	538			538												362		
小水电代燃料	**38790**	**17239**	**17239**				**918**									**918**	**11233**	**9095**	**305**
嘉峪关市南干渠小水电代燃料项目	950	551	551															399	
永昌县金川东小水电代燃料项目	5016	2125	2125														2891		
肃南县西营河一级小水电代燃料项目	8160	3664	3664														796	3700	
肃南县白银四级小水电代燃料项目	1914	861	861														153	900	
肃南县白银三级小水电代燃料项目	2288	1030	1030														158	1100	
肃南县白泉门一级小水电代燃料项目	6527	3492	3492														1659	1376	
文县李子坝小水电代燃料项目	2009	904	904															800	305
合作市卡加曼小水电代燃料项目	1851	706	706														1020	125	
临潭县青石山小水电以电代燃料项目	4459	1896	1896				918									918	1645		
迭部县知子水电代燃料项目	2290	1030	1030														1260		
夏河县甫黄二级小水电代燃料项目	3326	980	980														1651	695	
水保及生态	**84409**	**64354**	**37911**		**26443**		**2625**			**2625**									**17430**
水土流失治理	**84409**	**64354**	**37911**		**26443**		**2625**			**2625**									**17430**
甘肃省坡耕地水土流失治理2014(黄河)	12500	10000	10000																2500
甘肃省坡耕地水土流失治理2014(长江)	5000	4000	4000																1000
甘肃省水土流失重点治理 2014(黄河)	6075	4860	4860																1215
甘肃省水土流失重点治理 2014(长江)	1600	1280	1280																320
甘肃省水土流失重点治理 2014(内陆)	500	400	400																100
甘肃省淤地坝新建及维修加固(2014)	575	460	460																115
甘肃省国家水土保持重点工程(2014)	11968	8378			8378														3590
甘肃省农业综合开发水土保持(2014)	5960	4000			4000		1600			1600									360
甘肃省国家水土保持重点工程(2015)	14060	10318			10318														3742

3-4 续表

单位:万元

项目	累计完成投资	中央政府投资					地方政府投资										企业和私人投资	国内贷款	其他投资
		小计	预算内拨款	预算内专项资金	中央财政水利专项资金	土地出让收益	小计	预算内拨款	预算内专项资金	地方财政水利专项资金	水利建设基金	重大水利工程建设基金	土地出让收益	水资源费	自筹资金	其他资金			
甘肃省农业综合开发水土保持(2015)	5045	3747			3747		1025			1025									273
甘肃省淤地坝新建及维修加固(2015)	255	204	204																51
甘肃省坡耕地水土流失治理2015(黄河)	13669	10940	10940																2729
甘肃省坡耕地水土流失治理2015(长江)	4455	3569	3569																886
甘肃省水土流失重点治理2015(黄河)	2019	1615	1615																404
甘肃省水土流失重点治理2015(长江)	525	421	421																104
甘肃省水土流失重点治理2015(内陆)	203	162	162																41
机构能力建设专项	26154	25154	25154				1000	1000											
水文设施及能力建设	25954	24954	24954				1000	1000											
甘肃中小河流水文监测系统建设	25531	25531	25531				1000	1000											
甘肃水文水资源工程2013	423	423	423																
其他水利发展项目	200	200	200																
金昌市城市水资源实时监控与管理	200	200	200																
甘肃	2917911	1578867	1087647	14000	426016	51204	661956	118542	15836	256973	55468	61285	1987	25154	13281	113430	126670	347242	203176
兰州市	294294	88717	75962		9830	2925	32747	13851	550	8153		2000	200			7993		164644	8186
嘉峪关市	14181	8717	2217		6500		5065			2800			1287	28		950		399	
金昌市	51805	32026	23924		8102		10124			3500					5680	944	9655		
白银市	228217	161791	128776		25196	7819	64426			19935	13462	15925	300			14804		2000	
天水市	81137	51166	30881		14146	6139	16962		86	7641	3600				3471	2164		7282	5727
酒泉市	131589	62026	29463		30470	2093	21589	1412		9426	774			1958	1400	6619	13002	27515	7457
张掖市	169984	68780	23438		43642	1700	23876			13479	3500		200		1125	5572	10426	57225	9676
武威市	222577	82976	35380		45915	1681	60555			14152	5500	5000		1897	535	33471			79047
定西市	200213	94211	74690		18821	700	29307		15200	6367	800	4450				2490	1135	36217	39343
陇南市	88974	60192	27643		29843	2706	15678			7679	462			1381		6156	7391	892	4821
平凉市	66758	62015	10430		43290	8295	4718			2242	1218	280				978			25
庆阳市	75529	30411	9052		15341	6018	25233			9093	688	4000		1576	60	9816		12193	7692
临夏回族自治州	148615	76168	36528		31412	8228	24365			5540	4700	12500				1625	18194	10280	19608
甘南藏族自治州	179863	87215	75057		10958	1200	22440	1439		7209	5784	7030			60	918	59927	8197	2084
省直属	964175	612456	504206	14000	92550	1700	304871	101840		139757	14980	10100		18314	950	18930	6939	20398	19510

3-5 2015年水利建设项目计划投资

单位：万元

项目	本年计划投资	中央政府投资			地方政府投资									企业和私人投资	国内贷款	其他投资
		小计	预算内拨款	中央财政水利专项资金	小计	预算内拨款	地方财政水利专项资金	水利建设基金	重大水利工程建设基金	土地出让收益	水资源费	自筹资金	其他资金			
甘肃省	1345095	570129	338715	231414	252723	18983	83623	30710	25000	8587	10089	8369	67362	39594	432108	50542
防洪项目	136519	107472	70540	36932	21759		3943	3718			2680	4087	7331	2147	4000	1141
堤防工程	3500				3500			3500								
卓尼县车巴河流域防洪治理项目	3000				3000			3000								
迭部县卡坝乡尼吉巴防洪工程	500				500			500								
疏勒河干流昌马渠首段河道治理																
江河湖泊治理工程	105105	88510	68640	19870	13307						2455	4087	6765	2147		1141
大江大湖治理	50000	50000	50000													
兰州市黄河干流防洪工程	28000	28000	28000													
黄河干流白银市防洪治理工程	12000	12000	12000													
黄河干流临夏段防洪治理工程	6000	6000	6000													
黄河甘肃段甘南州防洪治理工程	4000	4000	4000													
重要支流治理	30868	18640	18640		12228						2455	4087	5686			
讨赖河嘉峪关安远沟村至嘉酒河道治理	2532	1582	1582		950								950			
金川河金昌市河西堡至宁远堡段防洪	1667	1000	1000		667							667				
金川河金川区王家大砂沟至南环路桥防洪	3000	1800	1800		1200							1200				
祖厉河会宁县城区段防洪工程																
祖厉河靖远县2014庄口至罗家湾防洪																
祖厉河靖远县苏家湾至黑城子段堤防																
麦积区渭河城区段南堤防治理																
葫芦河麦积区四合村至入渭河口段治理																
渭河麦积区琥珀至新阳段治理工程																
葫芦河秦安县叶堡桥头至安坪村段治理																
葫芦河秦安县李河至刘沟村防洪治理	2024	1215	1215		809							809				
葫芦河秦安县安伏至叶堡大桥段治理	2376	1425	1425		951							951				
武山县山丹河口至西关渭河大桥段治理																
武山县车家川至山丹河口段治理																
石羊河凉州区松涛寺至红水河入河口防洪	2133	1280	1280		853						853					

3-5 续表

单位:万元

项目	本年计划投资	中央政府投资			地方政府投资									企业和私人投资	国内贷款	其他投资
		小计	预算内拨款	中央财政水利专项资金	小计	预算内拨款	地方财政水利专项资金	水利建设基金	重大水利工程建设基金	土地出让收益	水资源费	自筹资金	其他资金			
石羊河民勤县野马泉下案段河道治理	1380	920	920		460							460				
黑河张掖市高台县六坝至双丰段河道	502	300	300		202								202			
黑河高台县西腰墩水库至刘家深湖防洪	1233	740	740		493								493			
临泽县梨园河仙山口至西总干渠河道	2040	1224	1224		816								816			
黑河临泽县鸭暖小鸭至暖泉河道治理	2846	1708	1708		1138								1138			
黑河甘州区兰新铁路桥至支家崖河道	2978	1787	1787		1191								1191			
黑河甘州区国道312至兰新铁路河道	2092	1256	1256		836								836			
泾河平凉市吴老沟至平镇桥段河堤治理																
泾河崆峒区马莲沟至南阳涧河段防洪																
葫芦河静宁县狗娃河口至胡家河段河堤																
黑河金塔县五爱至友好段河道治理	2775	1665	1665		1110						1110					
黑河金塔县常丰至中丰村段防洪治理	1230	738	738		492						492					
马莲河干流合水县陈家坪至前坪段防洪																
蒲河宁县庄里至叶王川段防洪治理工程																
镇原县蒲河干流三岔桥至石咀村段防洪																
洮河岷县齐家庄至石头咀段防洪																
陇西县三十里铺至四十里铺治理																
陇西王家营至河浦段堤防工程																
陇西县首阳镇双泉公路桥至水月坪段治理																
临洮县三甲电站至姬家河大桥防洪治理																
西汉水成县毛坝至魏家坝段堤防工程	60					60							60			
白龙江文县石坊乡东峪口至大渡坝河道																
文县尚德镇水家坝至周家坝河道治理																
西汉水康县平洛河口至咀头上段提防																
西汉水康县腰膛坝至高楼子段提防工程																
西汉水西和县赵家沟至郭家坝段防洪																
西汉水礼县罗家堡至盐官镇段防洪																
洮河干流临洮县新添段堤防工程																

3-5 续表

单位：万元

项目	本年计划投资	中央政府投资			地方政府投资									企业和私人投资	国内贷款	其他投资
		小计	预算内拨款	中央财政水利专项资金	小计	预算内拨款	地方财政水利专项资金	水利建设基金	重大水利工程建设基金	土地出让收益	水资源费	自筹资金	其他资金			
白龙江干流陇南市月阳坝至宗家堡堤防																
白龙江干流陇南市段河坝下坝段堤防																
宕昌县白龙江干流沙湾镇段堤防工程																
泾河泾川县罗汉洞至洪河口段河堤治理																
大夏河干流临夏市单子庄至新大桥段																
临夏县大夏河干流双城至马九川段治理																
广河县洮河干流新民滩至卧托段堤防																
大夏河干流临夏县祁牟至刘家峡水库防洪																
大夏河东乡县折桥至刘家峡水库堤防																
大夏河干流临夏市祁牟段堤防工程																
永靖县湟水干流白川至二房段河堤工程																
洮河合作市段防洪工程																
洮河干流临潭县洮滨防洪堤工程																
卓尼县洮河干流城区段堤防工程																
洮河卓尼县麻路1段至牙当段																
白龙江干流迭部县城段治理工程																
碌曲洮河干流巴吾至博拉段防洪治理																
夏河县尕寺沟至克芒切沟治理																
夏河县垂子合大桥至阿一山大桥段治理																
大夏河夏河县王格尔塘至曲奥段治理																
疏勒河干流瓜州县城区段河道治理																
中小河流治理	24237	19870		19870	1079								1079	2147		1141
镇原县蒲河太平柳咀段防洪工程	611				611								611			
庄浪县红土坡至刘家湾段河堤工程	777	777			777											
白银区东大沟民勤村至城区段治理工程	700	700			700											
甘谷县清溪河礼辛乡寨子至慰坪堤防工程																
清水县后川河杜川至王店段堤防工程																
秦安县南小河王尹马河至兴国凤山段堤防	500	500			500											

3–5 续表

单位：万元

项目	本年计划投资	中央政府投资			地方政府投资									企业和私人投资	国内贷款	其他投资
		小计	预算内拨款	中央财政水利专项资金	小计	预算内拨款	地方财政水利专项资金	水利建设基金	重大水利工程建设基金	土地出让收益	水资源费	自筹资金	其他资金			
甘谷县上南河至杨赵村段治理工程	565															565
古浪县古浪河朱家庄–龙泉寺治理	1200	1200		1200												
山丹县马营河大马营段河道治理工程	600	600		600												
临泽县小东沟河新柳至西街农田防护	400	400		400												
灵台县黑河东门至景家庄段河堤治理	700	700		700												
灵台县达溪河县城至百里段河堤治理																
灵台县达溪河县城至安家庄段河堤治理	400	400		400												
泾川县黑河荒场至茜家沟河堤治理工程	600	600		600												
泾川县洪河河堤治理工程	400	400		400												
泾川县汭河十里沟至枣林段河堤治理工程	900	900		900												
崇信县黑河河堤治理工程	600	600		600												
崇信县汭河(九功渠首至野雀沟)河堤	900	900		900												
庄浪县北洛河良邑郭魏至石家窑段河堤	800	800		800												
酒泉市肃州区清水河堤防及河道治理	400	400		400												
酒泉市肃州区丰乐河堤防及河道治理	800	800		800												
庆阳市中小河流水毁工程修复和治理																
西峰区砚瓦川贺家塬沟护岸工程	808	400		400		408							408			
正宁县四郎河房河治理工程	400	400		400												
宁县新宁镇高山堡村护岸工程	60					60							60			
正宁县四郎河樊湾子治理工程	500	500		500												
安定区关川河大碱沟治理工程																
漳县龙川河草川坪至魏下段堤防工程	300	300		300												
陇南市中小河流水毁工程修复和治理																
陇南市武都区北峪河治理工程	895	400		400												495
成县严河堤防工程																
文县白马峪河治理工程																
文县中路河中寨至白水江口段治理	2147													2147		
宕昌县恭河韩院段河堤工程	400	400		400												

3-5 续表

单位：万元

项目	本年计划投资	中央政府投资			地方政府投资									企业和私人投资	国内贷款	其他投资
		小计	预算内拨款	中央财政水利专项资金	小计	预算内拨款	地方财政水利专项资金	水利建设基金	重大水利工程建设基金	土地出让收益	水资源费	自筹资金	其他资金			
康县阳坝河阳坝镇段治理工程	800	800		800												
西和县太石河治理工程																
西和县漾水河治理工程																
礼县清水江张堡至教面堤防工程	1200	1200		1200												
两当县红崖河权坪河段综合治理工程																
两当县红崖河蚂蚱河段综合治理工程	500	500		500												
东乡县巴谢河五家至赵家段堤防																
临夏县老鸦关河双城至上阴洼段防洪																
和政县牛津河罗家集至马家堡段防洪																
和政县大南岔河吊滩段防洪工程	81															81
康乐县苏家集河附城镇段堤防工程	901	901		901												
东乡县巴谢河赵家至那勒寺段堤防	400	400		400												
积石山吹麻滩河治理(赵家峡口至何家桥)																
合作市格河多合儿防洪工程	492	492		492												
合作市德吾录河卡加防洪工程	300	300		300												
临潭县斜藏沟治理工程																
临潭县羊沙河下河段治理工程	200	200		200												
卓尼县羊沙河恰盖防洪工程	200	200		200												
卓尼县石窨沟藏巴哇防洪工程																
舟曲县拱坝河堤防工程	700	700		700												
迭部县阿夏流域治理工程	600	600		600												
甘肃疏勒河灌区三道沟河道治理	500	500		500												
水库除险加固	4534				534			218					316		4000	
大中型病险水库除险加固	4000														4000	
高台县小海子水库除险加固工程	2000														2000	
甘肃双塔水库除险加固	2000														2000	
小型病险水库除险加固	534				534			218					316			
永昌县老人头水库除险加固																

3-5 续表

单位:万元

项目	本年计划投资	中央政府投资			地方政府投资									企业和私人投资	国内贷款	其他投资
		小计	预算内拨款	中央财政水利专项资金	小计	预算内拨款	地方财政水利专项资金	水利建设基金	重大水利工程建设基金	土地出让收益	水资源费	自筹资金	其他资金			
会宁县米峡水库除险加固工程																
张掖市酥油口水库除险加固																
高台县天城湖水库除险加固 2014																
瓜州县榆林河水库除险加固工程	1				1								1			
敦煌市野麻湾水库除险加固工程																
玉门市青山水库除险加固工程																
渭源县峡口水库除险加固																
安定区七一水库除险加固																
礼县苗河水库除险加固																
成县卢沟水库除险加固	315				315								315			
灵台县北庄水库除险加固工程	70				70			70								
华亭县车厂沟水库除险加固工程	148				148			148								
大中型病险水闸除险加固	2375	1900	1900		475						225		250			
永昌县金川河工农渠首泄洪闸除险加固	1250	1000	1000		250								250			
肃州区红山河马鬃门排砂闸除险加固	1125	900	900		225						225					
其他防洪项目	21005	17062		17062	3943		3943									
甘肃省 2014 年度山洪灾害防治项目(长)																
甘肃省 2014 年度山洪灾害防治项目(黄)																
甘肃省 2014 年度山洪灾害防治项目(内)																
甘肃省山洪灾害防治补助 2013(内陆)																
甘肃省山洪灾害防治补助 2013(长江)																
甘肃省山洪灾害防治补助 2013(黄河)																
甘肃省山洪灾害防治补助 2015(内陆)	2617	2151		2151	466		466									
甘肃省山洪灾害防治补助 2015(黄河)	14386	11801		11801	2585		2585									
甘肃省山洪灾害防治补助 2015(长江)	4002	3110		3110	892		892									
灌溉除涝项目	404697	228094	49400	178694	72081	412	35979	8104	3000	1087	5593	2451	15455	5858	73279	25385
灌区建设工程	45583	34050	30000	4050	9433	412	560	1000			1188		6273		2000	100
皋兰县西岔中型灌区农业综合开发 2015	400	400		400												

3–5 续表

单位：万元

项目	本年计划投资	中央政府投资			地方政府投资									企业和私人投资	国内贷款	其他投资
		小计	预算内拨款	中央财政水利专项资金	小计	预算内拨款	地方财政水利专项资金	水利建设基金	重大水利工程建设基金	土地出让收益	水资源费	自筹资金	其他资金			
兴电灌区齐家大岘隧洞除险加固	3000				3000			3000							2000	
白银区工农渠灌区农业综合开发	350	350		350												
古浪县大靖河灌区农业综合开发	350	350		350												
甘州区上三灌区农业综合开发项目	814	550		550	164								164			100
民乐县童子坝灌区农业综合开发项目	770	550		550	220								220			
静宁县东峡灌区农业综合开发	560	400		400	160		160									
敦煌水资源规划项目(酒泉市)2014																
敦煌水资源规划项目(河道归束)2015	4747	2848	2848		1899								1899			
敦煌水资源规划项目(党河灌区)2015	7388	6943	6943		445	412							33			
环县甜水堡灌区节水改造项目																
合水县固城川灌区续建配套与节水改造	493				493		400						93			
临洮县溥济渠灌区农业综合开发																
渭源县石门灌区农业综合开发项目	550	550		550												
临夏县北塬灌区农业综合开发项目	550	550		550												
景泰川电力提灌二期灌区调蓄水池项目																
敦煌水资源利用与生态保护(疏勒河)2012																
敦煌水资源利用与生态保护(疏勒河)2013																
敦煌水资源利用与生态保护(疏勒河)2014																
敦煌水资源利用与生态保护(疏勒河)2015	25261	20209	20209		5052						1188		3864			
玉门市花海灌区农业综合开发	350	350		350												
节水灌溉工程	24549	19634	2100	17534	3614						2478	150	986			1301
2015 年永登县牧区节水灌溉示范项目	375	300	300		75								75			
石羊河流域重点治理 2014(金昌市)																
永昌县牧区节水灌溉示范项目	375	300	300		75							75				
凉州区规模化节水灌溉增效示范 2014																
凉州区规模化节水增效示范(2013–2016)	5007	4006		4006	1001						1001					
民勤县牧区节水灌溉示范项目 2015	375	300	300		75							75				
天祝县牧区节水灌溉示范项目 2014																

3-5 续表

单位：万元

项目	本年计划投资	中央政府投资			地方政府投资									企业和私人投资	国内贷款	其他投资
		小计	预算内拨款	中央财政水利专项资金	小计	预算内拨款	地方财政水利专项资金	水利建设基金	重大水利工程建设基金	土地出让收益	水资源费	自筹资金	其他资金			
石羊河流域重点治理 2014(张掖市)																
肃州区规模化节水灌溉增效示范项目																
肃州区规模化节水增效示范(2013-2016)	5872	4693		4693	1179						1173		6			
瓜州县牧区节水灌溉示范项目 2014	1				1								1			
肃北县牧区节水灌溉示范项目 2014																
阿克塞县牧区节水灌溉示范项目 2014																
敦煌市规模化节水灌溉增效示范项目																
敦煌市规模化节水增效(2013-2016)	1516	1212		1212	304						304					
环县牧区节水灌溉示范项目 2015	375	300		300	75								75			
安定区规模化节水综合灌溉示范 2015	3771	3017		3017	754								754			
漳县牧区节水灌溉示范项目 2015	375	300		300	75								75			
甘州区规模化节水灌溉示范(2013-2016)	5757	4606		4606												1151
合作市牧区节水灌溉示范项目 2014																
迭部县牧区节水灌溉示范项目 2015	375	300	300													75
夏河县 2015 牧区节水灌溉项目	375	300	300													75
石羊河流域重点治理(省景电)2012																
石羊河流域重点治理(省景电)2013																
石羊河流域重点治理(省景电)2014																
小型农田水利建设	175920	114551		114551	43716		33920			1087	787	2301	5621	5858	715	11081
镇原县 2015 抗旱引调提水项目(3)	1147	1012		1012	135						135					
镇原县小型农田水利 2015 维修养护	252	251		251	1								1			
榆中县中央财政高效节水 2014(五)																
榆中县中央统筹(土地出让)2014																
榆中县抗旱引调提水项目 2014																
红古区中央统筹(土地出让)2014																
榆中县中央财政小型农田水利(5)	2834	1400		1400	800		600						200			634
榆中县小型农田水利 2015 维修养护	100	100		100												
榆中县 2015 抗旱引调提水项目(3)	995	995		995												

3–5 续表

单位：万元

项目	本年计划投资	中央政府投资			地方政府投资									企业和私人投资	国内贷款	其他投资
		小计	预算内拨款	中央财政水利专项资金	小计	预算内拨款	地方财政水利专项资金	水利建设基金	重大水利工程建设基金	土地出让收益	水资源费	自筹资金	其他资金			
西固区小型农田水利 2015 维修养护	100	100		100												
红古区中央财政高效节水 2014(五)																
红古区小型农田水利建设(五)	1452	700		700	310		300						10			442
红古区小型农田水利 2015 维修养护	100	100		100												
永登县高效节水项目 2014(五)																
永登县 2015 年高效节水灌溉示范项目	2490	1400		1400	880		600						280			210
永登县 2015 年抗旱引调提水项目	1295	1295		1295												
永登县 2015 年水利工程维修养护项目	100	100		100												
皋兰 2015 年农田水利设施维修养护项目	100	100		100												
嘉峪关市中央财政高效节水 2015(五)	2100	1400		1400	700		600			100						
嘉峪关市高效节水灌溉项目 2015(六)	1600	1000		1000	600		500			100						
嘉峪关市小型农田水利维修养护 2015 年	300	300		300												
嘉峪关中央财政高效节水 2013(五)	87				87					87						
嘉峪关中央财政高效节水 2014(五)	350				350					350						
嘉峪关中央财政高效节水 2014(六)	250				250					250						
永昌县中央财政高效节水 2014(五)																
金川区中央财政高效节水 2014(六)																
永昌县中央财政高效节水 2014(六)																
金川区高效节水灌溉项目(六)	637	300		300	337		200			137						
金川区中央财政小型农田水利工程 2015	1697	1000		1000	697		500			197						
金川区小型农田水利 2015 维修养护项目	200	200		200												
永昌县小型农田水利建设(五)	2636	1400		1400	1236		600			636						
永昌县高效节水灌溉项目(六)	783	300		300	483		200			283						
永昌县中央财政小型农田水利工程 2015	1774	1000		1000	774		500			274						
永昌县小型农田水利 2015 维修养护	127	100		100	27					27						
靖远县中央财政高效节水灌溉项目 2013																
靖远县 2013 水利工程维修养护(土地出让)																
白银区中央财政高效节水灌溉项目 2013																

3–5 续表

单位：万元

项目	本年计划投资	中央政府投资			地方政府投资									企业和私人投资	国内贷款	其他投资
		小计	预算内拨款	中央财政水利专项资金	小计	预算内拨款	地方财政水利专项资金	水利建设基金	重大水利工程建设基金	土地出让收益	水资源费	自筹资金	其他资金			
景泰县中央财政高效节水灌溉项目2013																
景泰县中央财政景电农场节水灌溉2013																
景泰县中央财政节水灌溉(土地出让)																
靖远县高效节水灌溉(土地出让)2014																
靖远县中央财政高效节水2014(五)																
白银区农业水价改革(土地出让)2014	100				100		100									
白银区中央财政高效节水2014(五)																
白银区五小水利工程(土地出让)2014																
会宁2014年抗旱引调提水项目																
会宁县中央财政高效节水2014(五)																
会宁县高效节水灌溉(土地出让)2014																
景泰县中央财政小农水重点县2014																
景泰县中央财政高效节水2014(五)																
景泰县抗旱规划引调提水项目(2014)																
平川区中央财政高效节水2014(五)																
靖远县2014年抗旱引调提水项目																
景泰水利工程维修养护(土地出让)2014																
会宁县2015年抗旱引调提水项目	1355	1355		1355												
平川区小型农田建设2015(五)	2000	1400		1400	600		600									
会宁县中央财政高效节水2015(五)	2000	1400		1400	600		600									
会宁县2015年维修养护项目	200	200		200												
平川区小型农田水利2015维修养护资金	100	100		100												
白银区小型农田水利建设(五)2015	1000	700		700	300		300									
白银区2015小型农水利维修养护资金	600	600		600												
景泰县中央财政小型农田水利建设2015	2000	1400		1400	600		600									
景泰县2015年抗旱引调提水项目	1485	1485		1485												
景泰县小型农田水利2015年维修养护	200	200		200												
靖远县2015年高效节水灌溉示范项目	2720	1400		1400	600		600									720

3–5 续表

单位：万元

项目	本年计划投资	中央政府投资			地方政府投资									企业和私人投资	国内贷款	其他投资
		小计	预算内拨款	中央财政水利专项资金	小计	预算内拨款	地方财政水利专项资金	水利建设基金	重大水利工程建设基金	土地出让收益	水资源费	自筹资金	其他资金			
靖远县 2015 年抗旱引调提水项目	1262	1262		1262												
靖远县 2015 年小型农田水利维修养护资金	100	100		100												
甘谷县 2015 抗旱引调提水工程	299	299		299												
甘谷县中央财政小型水利五小水利 2015	1560	1000		1000	500		500									60
秦州区中央财政统筹(土地出让)2014	10															10
秦州区 1 万~5 万亩灌区（土地出让）	14															14
秦州区 2015 年抗旱引调提水工程	1041	1041		1041												
秦州区小型农田水利 2015 维修养护	200	200		200												
麦积区小型农田水利 2015 年维修养护	202	200		200												2
清水县五小水利工程(土地出让)	6															6
清水县水利工程维修项目(土地出让)																
清水县 2014 年抗旱引调提水项目																
清水县 2015 抗旱引调提水项目	499	499		499												
清水县小型农田水利 2015 维修养护	100	100		100												
秦安县中央财政统筹(土地出让)2014																
秦安县 2015 抗旱引调水提水项目	436	436		436												
甘谷县 2014 年抗旱引调提水项目	104															104
武山县 2014 年度小型农田水利重点县																
武山县高效节水灌溉项目(土地出让)																
武山县 1 万~5 万亩灌区改造（土地出让）	67															67
武山县 2015 抗旱引调提水工程	407	407		407												
武山县小型农田水利 2015 维修养护项目	200	200		200												
张家川县小型农田水利 2015 维修养护	100	100		100												
凉州区中央财政高效节水 2014(五)																
凉州区中央财政高效节水 2014(六)																
凉州区 2014 抗旱规划引调提水项目																
凉州区中央财政小型农田水利建设(五)	4000	2800		2800	1200		1200									
凉州区高效节水灌溉项目(六)	3000	2000		2000	1000		1000									

3-5 续表

单位：万元

项目	本年计划投资	中央政府投资			地方政府投资									企业和私人投资	国内贷款	其他投资
		小计	预算内拨款	中央财政水利专项资金	小计	预算内拨款	地方财政水利专项资金	水利建设基金	重大水利工程建设基金	土地出让收益	水资源费	自筹资金	其他资金			
凉州区2015年抗旱引调提水工程	412	412		412												
凉州区农业水价综合改革(土地出让)	100				100		100									
凉州区小型农田水利2015维修养护	300	300		300												
民勤县2015年抗旱引调提水项目	800	800		800												
民勤县农业水价综合改革(土地出让)	100				100		100									
民勤县中央财政小型农田水利建设(5)	3000	1400		1400	1600		1600									
民勤县中央财政小农水重点县2015(五)	500	500		500												
民勤县高效节水灌溉项目(六)	1500	1000		1000	500		500									
民勤县中央财政小型农田水利工程2015	1500	1000		1000	500		500									
民勤县小型农田水利2015维修养护	500	500		500												
古浪县中央财政高效节水灌溉2013	482															482
古浪县中央财政小农水重点县2014	479															479
古浪县中央财政统筹(土地出让)2014	7															7
古浪县中央财政高效节水2014(六)	152															152
古浪县中央财政高效节水2014(五)																
古浪县抗旱规划引调提水项目																
古浪县小型农田水利建设(五)	2000	1400		1400	600		600									
古浪县高效节水灌溉项目(六)	1500	1000		1000	500		500									
古浪县2015抗旱引调提水项目	697	697		697												
古浪县中央财政小型农田水利工程2015	1500	1000		1000	500		500									
古浪县小型农田水利2015维修养护	100	100		100												
天祝县中央财政高效节水2014(六)																
天祝县高效节水灌溉项目(六)	1000	700		700	300		300									
天祝县小型农田水利2015维修养护	100	100		100												
高台县中央财政高效节水2014(六)																
山丹县抗旱规划引调提水项目2014																
山丹县中央财政高效节水2014(六)																
肃南县前滩1万~5万亩灌区（土地出让）2014																

3–5 续表

单位:万元

项目	本年计划投资	中央政府投资			地方政府投资									企业和私人投资	国内贷款	其他投资
		小计	预算内拨款	中央财政水利专项资金	小计	预算内拨款	地方财政水利专项资金	水利建设基金	重大水利工程建设基金	土地出让收益	水资源费	自筹资金	其他资金			
甘州区中央财政高效节水 2014(六)																
民乐县中央财政高效节水 2014(六)																
民乐县农业水价改革(土地出让)2014	100				100					100						
高台县中央财政统筹(土地出让)2014																
山丹县中央财政统筹(土地出让)2014																
临泽县中央财政统筹(土地出让)2014																
肃南县中央财政统筹(土地出让)2014																
山丹马场中央财政高效节水 2014(五)																
山丹县小型农田水利建设 2015(五)	2760	1400		1400	1100		600						500			260
高台县农业水价改革(土地出让)2015	100				100					100						
高台县小型农田水利 2015 维修养护	500	500		500												
高台县小型农田水利建设 2015(五)	2567	1400		1400	900		600						300			267
高台县高效节水灌溉项目 2015(六)	1967	1000		1000	700		500						200			267
高台县中央财政小型农田水利 2015(七)	1801	1000		1000	580		500						80			221
山丹县高效节水灌溉项目 2015(六)	2892	1700		1700	1100		900						200			92
临泽县小型农田水利 2015 维修养护	100	100		100												
临泽县小型农田水利建设 2015(五)	2609	1400		1400	900		600						300			309
山丹县中央财政小农水 2015(七)	2095	1000		1000	800		500						300			295
甘州区高效节水灌溉项目 2015(六)	1822	1000		1000	630		500						130			192
甘州区中央财政小型农田水利 2015(五)	2352	1400		1400	800		600						200			152
甘州区小型农田水利 2015 维修养护	300	300		300												
山丹县 2015 抗旱引调水项目	1487	1055		1055										432		
肃南县小型农田水利建设 2015(五)	2315	1400		1400	620		420						200			295
肃南县小型农田水利 2015 维修养护	200	200		200												
民乐县 2015 抗旱引调提水项目	621	479		479												142
民乐县高效节水灌溉项目 2015(六)	1814	1000		1000	600		500						100			214
民乐县小型农田水利建设 2015(五)	2550	1400		1400	700		600						100			450
民乐县中央财政小型农田水利 2015(七)	1030	600		600	300		300									130

3-5 续表

单位:万元

项目	本年计划投资	中央政府投资			地方政府投资									企业和私人投资	国内贷款	其他投资
		小计	预算内拨款	中央财政水利专项资金	小计	预算内拨款	地方财政水利专项资金	水利建设基金	重大水利工程建设基金	土地出让收益	水资源费	自筹资金	其他资金			
民乐县水利工程维修养护 2014-2015	200	200		200												
山丹马场 2014 年高效节水(六)																
山丹马场小型农田水利建设 2015(五)	1266	700		700										566		
山丹马场高效节水灌溉项目 2015(六)	1209	400		400	300		300							509		
崆峒区中央财政统筹(土地出让)2014																
静宁县小型农田水利 2015 维修养护	200	200		200												
静宁县 2015 年抗旱水源引调提水工程	1017	1017		1017												
崆峒区抗旱规划引调提水项目																
崆峒区小型农田水利 2015 年维修养护	200	200		200												
泾川县中央财政统筹(土地出让)2014																
泾川县 2014 年抗旱引调提水项目																
灵台县中央财政小农水重点县 2014(四)	25															25
灵台县许家沟提灌工程(土地出让 2014)																
灵台县中央财政小型农田水利工程 2015	1500	1000		1000	500		500									
崇信县水利工程维修项目(土地出让)																
崇信县小型农田水利 2015 年维修养护	100	100		100												
华亭西华河 1 万 ~5 万亩灌区(土地出让)2014	121				121								121			
庄浪县中央财政统筹(土地出让)2014																
庄浪县 2015 年抗旱引调提水项目	688	688		688												
庄浪县小型农田水利 2015 年维修养护	100	100		100												
静宁县中央财政统筹(土地出让)2014																
静宁县抗旱规划引调提水项目																
肃州区中央财政统筹(土地出让)2014																
瓜州县中央财政统筹(土地出让)2014	43				43							43				
酒泉市中央财政统筹(土地出让)2014																
肃州区中央财政高效节水 2014(五)																
肃州区中央财政高效节水 2014(六)																
肃州区小型农田水利建设(五)	2661	1400		1400	1261		600						661			

3-5 续表

单位：万元

项目	本年计划投资	中央政府投资			地方政府投资									企业和私人投资	国内贷款	其他投资
		小计	预算内拨款	中央财政水利专项资金	小计	预算内拨款	地方财政水利专项资金	水利建设基金	重大水利工程建设基金	土地出让收益	水资源费	自筹资金	其他资金			
肃州区高效节水灌溉项目(六)	2051	1000		1000	1051		500						551			
肃州区小型农田水利2015维修养护资金	100	100		100												
金塔县中央财政高效节水2014(五)																
金塔县中央财政高效节水2014(六)																
金塔县中央财政统筹(土地出让)2014																
金塔县高效节水灌溉项目(六)	1876	1000		1000	500		500								376	
金塔县中央财政小型农田水利工程2015	1844	1000		1000	500		500									344
金塔县区小型农田水利建设(五)	2289	1400		1400	600		600								289	
瓜州县中央财政高效节水2014(五)																
瓜州县桥子1万~5万亩灌区（土地出让）2014	60				60							60				
瓜州县小型农田水利建设(五)	2643	1400		1400	1243		600					643				
瓜州县小型农田水利2015维修养护资金	101	100		100	1							1				
阿克塞小型农田水利2015维修养护	100	100		100												
玉门市中央财政高效节水2014(五)																
玉门市中央财政高效节水2014(六)	159															159
玉门市小型农田水利建设(五)	2484	1400		1400	1000		600				400					84
玉门市高效节水灌溉项目(六)	2449	1500		1500	700		700									249
玉门市中央财政小型农田水利工程2015	1113	600		600	295		295									218
酒泉市敦煌抗旱规划引调提水项目																
敦煌市2015抗旱引调提水项目	1669	1343		1343	326								326			
敦煌市小型农田水利2015维修养护	300	300		300												
镇原吴家沟1万~5万亩灌区（土地出让）2014																
合水县中央财政小农水重点县2014	486				486								486			
正宁县四郎河1万~5万亩灌区（土地出让）2014	121				121								121			
西峰区中央财政统筹(土地出让)2014																
宁县中央财政统筹(土地出让)2014																
合水县中央财政统筹(土地出让)2014																
环县中央财政统筹(土地出让)2014																

3–5 续表

单位：万元

项目	本年计划投资	中央政府投资			地方政府投资									企业和私人投资	国内贷款	其他投资
		小计	预算内拨款	中央财政水利专项资金	小计	预算内拨款	地方财政水利专项资金	水利建设基金	重大水利工程建设基金	土地出让收益	水资源费	自筹资金	其他资金			
镇原县抗旱规划引调提水项目																
华池县抗旱规划引调提水项目																
环县抗旱规划引调提水项目																
西峰区小型农田水利 2015 维修养护	200	200		200												
庆城县 2015 抗旱引调提水项目(2)	893	698		698	195						195					
庆城县小型农田水利 2015 维修养护	100	100		100												
环县小型农田水利 2015 维修养护	100	100		100												
环县 2015 抗旱引调提水项目(3)	1780	1256		1256												524
华池县 2015 抗旱引调提水项目(2)	727	670		670	57						57					
合水县小型农田水利 2015 维修养护	200	200		200												
渭源县中央财政五小水利项目 2013																
安定区抗旱应急调蓄工程																
通渭县中央财政小农水重点县 2014																
通渭县中央财政统筹(土地出让)2014																
临洮县红旗 1 万 ~5 万亩灌区（土地出让）2014																
陇西县抗旱引调提水项目																
渭源县中央财政五小水利 2014(五)																
临洮县小型农田水利 2015 维修养护	100	100		100												
临洮县中央财政五小水利(2014)																
临洮县中央财政小农水五小水利 2015	1500	1000		1000	500		500									
临洮县抗旱引调提水项目 2015	1567	1567		1567												
渭源县中央财政五小水利 2015	1500	1000		1000	500		500									
安定区 2015 年抗旱引调水工程	2025	2025		2025												
通渭县 2015 年抗旱引调提水项目	519	519		519												
漳县小型农田水利 2015 维修养护	100	100		100												
康县中央财政统筹(土地出让)2014																
武都区中央财政统筹(土地出让)2014																
文县中央财政统筹(土地出让)2014																

3–5 续表

单位:万元

项　　目	本年计划投资	中央政府投资			地方政府投资									企业和私人投资	国内贷款	其他投资
		小　计	预算内拨款	中央财政水利专项资金	小　计	预算内拨款	地方财政水利专项资金	水利建设基金	重大水利工程建设基金	土地出让收益	水资源费	自筹资金	其他资金			
徽县中央财政统筹(土地出让)2014																
西和县抗旱规划引调提水项目																
礼县抗旱规划引调提水项目	254				254								254			
武都区中央财政区域节水 2014(五)																
武都区中央财政区域节水 2014(六)																
武都区高效节水灌溉项目(六)	2154	1400		1400	600		600									154
武都区小型农田水利 2015 维修养护	300	300		300												
武都区水价改革及产权改革试点	100				100		100									
武都区中央财政小农水(区域节水)	1846	1000		1000	300		300									546
成县小型农田水利 2015 维修养护	100	100		100												
文县中央财政六小水利 2014(六)	280															280
文县高效节水灌溉项目(六)	770	300		300	200		200									270
文县小型农田水利 2015 维修养护	100	100		100												
康县小型农田水利 2015 维修养护	200	200		200												
西和县 2015 抗旱引调提水项目(2)	615	615		615												
礼县 2015 抗旱引调提水项目(3)	1724	1724		1724												
礼县小型农田水利 2015 维修养护	100	100		100												
徽县中央财政六小水利 2014(六)																
徽县小型农田水利 2015 维修养护	200	200		200												
徽县高效节水灌溉项目(六)	550	300		300	200		200								50	
民勤县中央财政小农水重点县 2014(5)																
民勤县 2014 年农业水价改革项目																
民勤县 2014 年高效节水灌溉项目																
民勤县 2014 抗旱规划引调提水工程项目																
两当县中央财政六小水利 2014(六)	194															194
两当县高效节水灌溉项目(六)	467	300		300												167
两当县小型农田水利 2015 维修养护	100	100		100												
东乡县中央财政五小水利项目 2013																

3–5 续表

单位：万元

项目	本年计划投资	中央政府投资			地方政府投资									企业和私人投资	国内贷款	其他投资
		小计	预算内拨款	中央财政水利专项资金	小计	预算内拨款	地方财政水利专项资金	水利建设基金	重大水利工程建设基金	土地出让收益	水资源费	自筹资金	其他资金			
东乡县水利工程维修养护(土地出让)																
永靖县五小水利工程(土地出让)																
临夏市小型农田水利2015维修养护	100	100		100												
临夏县中央财政小农水重点县2014																
临夏县2014年抗旱引调提水项目																
临夏县2015年抗旱引调提水项目	253	253		253												
康乐县中央财政统筹(土地出让)2014	13															13
康乐县小型农田水利2015维修养护资金	200	200		200												
永靖县中央财政统筹(土地出让)2014	53															53
永靖县2014抗旱引调提水项目	36															36
永靖县2015年抗旱引调水提水工程	376	328		328												48
永靖县小型农田水利2015年维修养护	206	200		200												6
广河县2014年抗旱引调提水项目	25															25
广河县2015年中央财政小型农田水利	1500	1000		1000	500		500									
广河县2015三甲集抗旱应急水源配套	505	425		425												80
广河县2015齐家镇抗旱应急水源配套	512	416		416												96
和政县中央财政统筹(土地出让)2014	154															154
和政县2014年抗旱引调提水项目																
和政县小型农田水利2015维修养护	400	400		400												
和政县2015抗旱引调提水项目	485	485		485												
东乡县中央财政五小水利2014(五)																
东乡县2014年抗旱引调提水项目																
东乡县2015年抗旱引调提水项目	892	892		892												
东乡县中央财政五小水利项目2015	1674	1000		1000	500		500									174
积石山县中央财政五小水利2014(五)																
积石山县2014年抗旱引调提水项目	80															80
积石山县中央财政五小水利2015	1576	1000		1000	500		500									76
积石山县2015抗旱应急水源配套工程	1409	1250		1250												159

3–5 续表

单位：万元

项　　目	本年计划投资	中央政府投资			地方政府投资									企业和私人投资	国内贷款	其他投资
		小　计	预算内拨款	中央财政水利专项资金	小　计	预算内拨款	地方财政水利专项资金	水利建设基金	重大水利工程建设基金	土地出让收益	水资源费	自筹资金	其他资金			
玛曲县水利工程维修项目(土地出让)																
卓尼县水利工程维修项目(土地出让)																
临潭县农田水利2015维修养护	100	100		100												
卓尼县小型农田水利2015维修养护	100	100		100												
舟曲县五小水利工程项目(土地出让)																
舟曲县小型农田水利2015维修养护	200	200		200												
迭部县小型农田水利2015维修养护	100	100		100												
玛曲县小型农田水利2015维修养护	100	100		100												
夏河县中央财政小农水重点县2014																
夏河县小型农田水利2015维修养护	100	100		100												
省农垦中央财政条山农场高效节水2013																
省农垦黑土洼农场高效节水(土地出让)																
省农垦黄羊河农场高效节水(土地出让)																
省农垦八一农场中央财政节水2014(六)																
省农垦生地湾农场中央财政节水2014(六)																
省农垦饮马农场中央财政节水2014(六)																
省农垦黄花农场中央财政节水2014(六)																
省农垦张掖农场小型农田水利建设(五)	831	500		500	200		200									131
省农垦黑土洼农场高效节水灌溉(六)	1447	700		700	300		300							447		
省农垦黄花农场高效节水灌溉项目(六)	1056	500		500	200		200							356		
省农垦饮马农场高效节水灌溉项目(六)	695	200		200	200		200							295		
省农垦饮马农场中央财政小农水2015	772	400		400	205		205							167		
敦煌农场小型农田水利建设(五)	991	400		400	100		100							491		
省农垦生地湾农场高效节水灌溉(六)	1110	500		500	200		200							410		
八一农场小型农田水利建设(五)	2701	1400		1400	600		600							701		
省农垦小型农田水利2015维修养护	300	300		300												
省农垦黄羊河农场高效节水灌溉(六)	1942	1400		1400										542		
省农垦黄羊河农场小型农田水利(五)	1126	500		500	200		200							426		

3-5 续表

单位：万元

项目	本年计划投资	中央政府投资			地方政府投资									企业和私人投资	国内贷款	其他投资
		小计	预算内拨款	中央财政水利专项资金	小计	预算内拨款	地方财政水利专项资金	水利建设基金	重大水利工程建设基金	土地出让收益	水资源费	自筹资金	其他资金			
省农垦山丹农场高效节水灌溉项目(六)	1279	500		500	200		200							516		63
省景电中央财政统筹(土地出让)2014																
省景电小型农田水利2015维修养护	400	400		400												
水库工程	121586	28424		28424	10744			7104	2500		1140				70565	11853
富川水库(抗旱规划内)	6684	5684		5684	1000			1000								
武威市杂木河毛藏寺水库工程	11853															11853
天祝县二道墩水库																
民乐县石灰窑水库																
临泽县红山湾水库工程	38000				2000			2000							36000	
山丹县白石崖水库(抗旱规划内)	5685	5685		5685												
山丹县大口子河水库工程	1500				1500			1500								
山丹县西沟水库	1980														1980	
山丹县东沟水库	1740														1740	
崆峒区北杨涧水库(抗旱规划内)	5685	5685		5685												
泾川县朱家涧水库(抗旱规划内)																
崇信县关河水库(抗旱规划内)																
庄浪县花崖河水库(抗旱规划内)	5685	5685		5685												
阿克塞县工业园区水库	3104				104			104							3000	
酒泉循环经济产业园水源(大红泉水库)	17845														17845	
庆城县纸坊沟水库(抗旱规划内)	6825	5685		5685	1140						1140					
通渭县段家峡水库																
兰州新区2号3号石门沟水库	15000				5000			2500	2500						10000	
泵站工程	21624	17300	17300		4074		1499						2575			250
兰州市榆中三电泵站更新改造工程	1250	1000	1000		250		250									
兰州市皋兰县西电泵站更新改造工程	1875	1500	1500		375		375									
兰州市工农坪泵站更新改造工程																
兰州市大砂沟泵站更新改造工程	2187	1750	1750		437		437									

3-5 续表

单位：万元

项目	本年计划投资	中央政府投资			地方政府投资									企业和私人投资	国内贷款	其他投资
		小计	预算内拨款	中央财政水利专项资金	小计	预算内拨款	地方财政水利专项资金	水利建设基金	重大水利工程建设基金	土地出让收益	水资源费	自筹资金	其他资金			
七里河区西津泵站更新改造工程	2187	1750	1750		437		437									
白银市靖会泵站更新改造工程	2500	2000	2000		500								500			
景泰县中泉泵站更新改造工程	1250	1000	1000		250								250			
白银市刘川泵站更新改造工程	2500	2000	2000		500								500			
白银市兴电泵站更新改造工程	2500	2000	2000		500								500			
白银市旱平川泵站更新改造工程																
靖远县 2014 年中堡泵站更新改造工程																
靖远县 2015 年中堡泵站更新改造工程	1250	1000	1000													250
平凉市白庙泵站更新改造工程	1250	1000	1000		250								250			
甘肃省景电泵站更新改造	2875	2300	2300		575								575			
其他灌溉除涝项目	**15435**	**14135**		**14135**	**500**				**500**							**800**
景泰县草窝滩镇排水工程	500				500				500							
临夏市大夏河风情线综合治理工程	800															800
永靖县刘盐八地质灾害灌区节水改造	14135	14135		14135												
供水项目	**721698**	**192847**	**192847**		**157283**	**18571**	**42101**	**18888**	**22000**	**7500**	**1816**	**1831**	**44576**	**13000**	**345116**	**13451**
引水(调水)工程	**490482**	**97000**	**97000**		**95782**	**16132**	**16800**	**22000**	**7500**				**33350**	**13000**	**277700**	**7000**
甘肃省引洮供水一期工程	12632				12632	5132			7500							
靖远县双永供水工程																
兰州市水源地建设工程	150000														150000	
引洮供水一期榆中县配套工程	50800				7800			1800	2000				4000		43000	
白银靖会甘沟干渠扩建及会宁城区供水	4700				4700			1000					3700			
引洮一期工程会宁北部供水工程	8500	5000	5000		3500			1500					2000			
秦州区 2014 年抗旱引调提水项目																
天祝县南阳山片下山入川供水工程	36450	16000	16000		20450				2000				18450			
天祝县石门河调蓄引水工程	4700				4700								4700			
静宁县甘渭河庙堡调水工程	500				500			500								
肃北县马鬃山镇供水工程	17000													13000	4000	

3-5 续表

单位：万元

项　目	本年计划投资	中央政府投资			地方政府投资									企业和私人投资	国内贷款	其他投资
		小　计	预算内拨款	中央财政水利专项资金	小　计	预算内拨款	地方财政水利专项资金	水利建设基金	重大水利工程建设基金	土地出让收益	水资源费	自筹资金	其他资金			
盐环定扬黄续建工程调概算	7100				2500				2000				500		4600	
华池县葫芦河水源工程	1000				1000				1000							
引洮供水一期定西配套项目农村供水	29100														29100	
盐环定扬黄甘肃专用工程一期改造																
积石山引水工程	9000				4000			4000							5000	
临夏州引黄济临供水工程	25000				5000				5000						20000	
引洮(博)济合供水工程	17000	6000	6000		2000				2000						2000	7000
甘南州引洮入潭工程	2000				2000				2000							
兰州新区供水项目引大渠道除险加固	11000				1000	1000									10000	
甘肃引洮供水二期工程	80000	70000	70000		10000	10000										
天水市城区引洮供水工程	24000				14000			8000	6000						10000	
人饮解困及饮水安全工程	190362	95847	95847		56748	1439	42101	88			1816	1831	9473		31316	6451
镇原县农村安全饮水项目	2545	1579	1579		966		797				169					
镇原县1236扶贫攻坚农村饮水安全2015	1395				1100								1100			295
榆中县农村饮水安全项目2015	8360	5125	5125		3235		3235									
皋兰县农村饮水安全项目2015	809	519	519		290		233						57			
兰州市农村饮水安全水质检测能力	670	670	670													
永登县2015年农村饮水安全工程	1417	584	584		833		739						94			
嘉峪关市农村饮水安全水质检测项目	112	84	84		28						28					
金昌市农村饮水安全水质检测中心	173	168	168		5							5				
会宁县农村饮水安全项目2015	10943	6849	6849		4094		3367						727			
白银市农村饮水安全水质监测能力	419	419	419													
白银区农村饮水安全项目2015	819	529	529		290		236						54			
景泰县农村饮水安全项目2015	1590	1116	1116		474		368						106			
靖远县2015年农村饮水安全项目	2891	2087	2087		804		556						248			
甘谷县农村饮水安全项目	7418	5379	5379		2039		1456					583				
天水市农村饮水安全水质检测能力	587	587	587													

3-5 续表

单位：万元

项目	本年计划投资	中央政府投资			地方政府投资									企业和私人投资	国内贷款	其他投资
		小计	预算内拨款	中央财政水利专项资金	小计	预算内拨款	地方财政水利专项资金	水利建设基金	重大水利工程建设基金	土地出让收益	水资源费	自筹资金	其他资金			
秦州区农村饮水安全项目 2015	3723	2494	2494		1229		982					247				
麦积区 2015 年农村饮水安全项目	8388	6494	6494		1894		1337					557				
清水县农村饮水安全项目	965	211	211		754		690					64				
秦安县农村饮水安全项目	2970	2181	2181		789		529					260				
武山县农村饮水安全项目示点（规划外）																
武山县农村饮水安全（试点县规划外）	3601				665		665								2750	186
张家川县农村饮水安全项目(2015)	638	356	356		282		282									
武威市农村饮水安全水质监测能力	335	335	335													
凉州区农村饮水安全项目	716	490	490		226		154				72					
古浪县农村饮水安全项目	897	599	599		298		235				63					
天祝县藏区规划外农村饮水安全项目	5420	4048	4048		1372		838						534			
山丹县农村饮水安全(试点县规划外）	4617				574		459					115			4043	
张掖市农村饮水安全水质检测能力	594	503	503		91								91			
甘州区农村饮水安全项目	5315	2998	2998		1964		1964									353
民乐县农村饮水安全项目	1892	1172	1172		594		594									126
平凉市农村饮水安全水质检测能力	586	586	586													
静宁县农村饮水安全项目 2015	1455	989	989		466		344						122			
崆峒区农村饮水安全项目 2015	813	353	353		460		406						54			
灵台县农村饮水安全项目 2015	903	501	501		402		342						60			
酒泉市农村饮水安全工程水质监测能力	586	586	586													
瓜州县农村饮水安全项目	622	413	413		209		130				60		19			
玉门市农村饮水安全项目	121	48	48		33		30				3					40
宁县农村饮水安全项目	2641	1600	1600		1041		866						175			
宁县 1236 扶贫攻坚农村饮水安全 2015	407				330								330			77
正宁县 1236 扶贫攻坚农村饮水安全 2015	407				275								275			132
庆阳市农村饮水安全水质监测能力	826	670	670		156								156			
西峰区 1236 扶贫攻坚农村饮水安全 2015	284				220								220			64

3–5 续表

单位：万元

项　　目	本年计划投资	中央政府投资			地方政府投资									企业和私人投资	国内贷款	其他投资
		小　计	预算内拨款	中央财政水利专项资金	小　计	预算内拨款	地方财政水利专项资金	水利建设基金	重大水利工程建设基金	土地出让收益	水资源费	自筹资金	其他资金			
庆城县2015年规划外农村饮水安全	98				98			88					10			
庆城县1236扶贫攻坚农村饮水安全2015	934				880								880			54
环县农村饮水安全项目	2073	649	649		814		32						782			610
环县2015年规划外农村饮水安全工程	13899				5700		5700								7970	229
环县1236扶贫攻坚农村饮水安全2015	4732				1980								1980			2752
华池县1236扶贫攻坚农村饮水安全2015	839				440								440			399
华池县农村饮水安全项目	607	69	69		538		498				40					
合水县1236扶贫攻坚农村饮水安全2015	276				276								276			
通渭县农村饮水安全(试点县规划外)	6825				643		643								5717	465
临洮县农村饮水安全项目2015	1427	605	605		822		727						95			
岷县农村饮水安全项目	9175	7455	7455		1720		1720									
定西市农村饮水安全水质监测能力	586	586	586													
陇南市农村饮水安全水质检测能力	754	754	754													
两当县农村饮水安全(试点县规划外)	1067				1025		437						588		42	
武都区农村饮水安全项目	6491	4812	4812		1679		1196				483					
成县农村饮水安全项目	1503	1076	1076		427		319				108					
文县农村饮水安全项目	906	619	619		287		227				60					
宕昌县农村饮水安全项目	1216	868	868		348		264				84					
西和县农村饮水安全项目	3698	2756	2756		942		644				298					
礼县农村饮水安全项目	5157	3458	3458		1699		1357				342					
徽县农村饮水安全项目	193	121	121		72		66				6					
临夏州农村饮水安全水质监测能力	670	670	670													
临夏市2015年度城郊农村饮水安全工程	614	124	124		239		239									251
临夏县2015年农村饮水安全(计划外)	4218				691		691								3527	
东乡县2015农村饮水安全(规划外)	7409				686		686								6723	
甘南州农村饮水安全水质检测能力	670	670	670													
合作市农村饮水安全项目2014																

3–5 续表

单位:万元

项目	本年计划投资	中央政府投资			地方政府投资									企业和私人投资	国内贷款	其他投资
		小计	预算内拨款	中央财政水利专项资金	小计	预算内拨款	地方财政水利专项资金	水利建设基金	重大水利工程建设基金	土地出让收益	水资源费	自筹资金	其他资金			
合作市农村饮水安全项目2015	1458	874	874		584		584									
合作市藏区规划外农村饮水安全	178	138	138		40		40									
临潭县农村饮水安全项目试点	1154				610		610								544	
临潭县藏区规划外农村饮水	329	271	271		58		58									
卓尼县农村安全饮水项目2014																
卓尼县农村饮水安全项目2015	2497	1595	1595		902		902									
卓尼县藏区规划外农村饮水安全项目	1831	1438	1438		393		393									
舟曲县藏区规划外农村饮水安全	4326	3397	3397		929		929									
迭部县农村饮水安全项目2014																
迭部县藏区规划外农村饮水安全	1538	1218	1218		320		320									
玛曲县农村饮水安全项目2014	418															418
玛曲县农村饮水安全项目2015	1177	968	968		209		209									
玛曲县藏区规划外农村饮水安全	2758	2163	2163		595		595									
碌曲县农村饮水安全项目2014																
碌曲县农村饮水安全项目2015	872	707	707		165		165									
碌曲县藏区规划外农村饮水安全	167	151	151		16		16									
夏河县农村饮水安全项目2015	2205	1489	1489		716	716										
夏河县藏区规划外农村饮水安全	3547	2824	2824		723	723										
其他供水工程	40853				4753	1000		2000					1753		36100	
镇原县北石窟旅游景区供水工程	463				463								463			
镇原县中盛产业配水工程	590				590								590			
山丹县城区供水管网工程	2000														2000	
金塔县北河湾循环产业区供水工程	4200				1000	1000									3200	
临洮县安家咀加水工程																
陇西县引洮一期城区供水扩建工程	13700														13700	
积石山县县城区供水水源改扩建工程	4500														4500	
武威市城乡融合黄羊土门组团供水(陆港)	14700				2000			2000							12700	
靖远寺儿坪供水项目	700				700700								700			

3–5 续表

单位:万元

项目	本年计划投资	中央政府投资			地方政府投资									企业和私人投资	国内贷款	其他投资
		小计	预算内拨款	中央财政水利专项资金	小计	预算内拨款	地方财政水利专项资金	水利建设基金	重大水利工程建设基金	土地出让收益	水资源费	自筹资金	其他资金			
水务项目	11212	750		750											9712	750
城镇供水管线建设																
清水县城区自来水管网扩建工程																
污水处理工程	10800	750		750											9300	750
临洮县污水处理厂配套管网工程																
山丹县城区生活污水处理工程																
民勤红沙岗污水处理厂及中水回用贮水池	10800	750		750											9300	750
其他水务项目	412														412	
天水市城区供水高桥头引水枢纽工程	412														412	
水电开发利用	25559	6970	6970											18589		
水力发电工程	20780	3700	3700											17080		
永昌县西大河二级水电站	61006100	1100	1100											5000		
永昌县西大河总干渠1号水电站	619	300	300											319		
临泽县南台子一级水电站																
甘州区石庙一级水电站	677	240	240											437		
岷县天宝水电站																
岷县秦许水电站																
两当县左家水电站																
东乡县达板水电站新增2010																
康乐县杜家咀水电站																
临夏县卧龙沟水电站(4)																
康乐县纳沟水电站(4)																
合作市地乌尔水电站																
舟曲县天干沟水电站	260	260	260													
迭部县沟洁寺水电站迭部县沟洁寺水电站	8759	1100	1100											7659		
迭部县阿夏水电站																

3–5 续表

单位：万元

项目	本年计划投资	中央政府投资			地方政府投资									企业和私人投资	国内贷款	其他投资
		小计	预算内拨款	中央财政水利专项资金	小计	预算内拨款	地方财政水利专项资金	水利建设基金	重大水利工程建设基金	土地出让收益	水资源费	自筹资金	其他资金			
迭部县阿夏那盖水电站	1122	700	700											422		
夏河县安顺水电站																
夏河县和平桥水电站	3243													3243		
水电增效扩容																
永昌县金川峡水库电站																
永昌县皇城水库电站																
永昌县头坝三号电站																
武威市凉州区南营水电站																
武威市凉州区黄羊水电站																
武威市凉州区西营总干电站																
山丹马场总场电力局 1 号水电站																
庆城县杨渠水电站																
武都区白鹤桥水电站																
武都区黄鹿坝水电站																
文县白水江林业局水电站																
文县慧达水电站																
宕昌县何家堡水电站																
礼县苗河水库坝后电站																
东乡县老虎嘴电站																
和政县炉子滩水电站																
和政县达浪水电站																
和政县康家坪水电站																
和政县新营尕庄水电站																
康乐县虎关水电站																
合作市峡村电站																
夏河县白土坡水电站																

3–5 续表

单位：万元

项　目	本年计划投资	中央政府投资			地方政府投资									企业和私人投资	国内贷款	其他投资
		小计	预算内拨款	中央财政水利专项资金	小计	预算内拨款	地方财政水利专项资金	水利建设基金	重大水利工程建设基金	土地出让收益	水资源费	自筹资金	其他资金			
小水电代燃料	4779	3270	3270											1509		
嘉峪关市南干渠小水电代燃料项目																
永昌县金川东小水电代燃料项目	130	130	130													
肃南县西营河一级小水电代燃料项目	1180	930	930											250		
肃南县白银四级小水电代燃料项目																
肃南县白银三级小水电代燃料项目	300	300	300													
肃南县白泉门一级小水电代燃料项目	2663	1430	1430											1233		
文县李子坝小水电代燃料项目																
合作市卡加曼小水电代燃料项目																
临潭县青石山小水电以电代燃料项目																
迭部县知子水电代燃料项目																
夏河县甫黄二级小水电代燃料项目	506	480	480											26		
水保及生态	45411	33996	18958	15038	1600		1600									9815
水土流失治理	45411	33996	18958	15038	1600		1600									9815
甘肃省坡耕地水土流失治理2014(黄河)																
甘肃省坡耕地水土流失治理2014(长江)																
甘肃省水土流失重点治理2014(黄河)																
甘肃省水土流失重点治理2014(长江)																
甘肃省水土流失重点治理2014(内陆)																
甘肃省淤地坝新建及维修加固(2014)																
甘肃省国家水土保持重点工程(2014)																
甘肃省农业综合开发水土保持(2014)																
甘肃省国家水土保持重点工程(2015)	15769	11038		11038												4731
甘肃省农业综合开发水土保持(2015)	5944	4000		4000	1600		1600									344
甘肃省淤地坝新建及维修加固(2015)	255	204	204													51
甘肃省坡耕地水土流失治理2015(黄河)	15000	12000	12000													3000

3-5 续表

单位：万元

项目	本年计划投资	中央政府投资			地方政府投资									企业和私人投资	国内贷款	其他投资
		小计	预算内拨款	中央财政水利专项资金	小计	预算内拨款	地方财政水利专项资金	水利建设基金	重大水利工程建设基金	土地出让收益	水资源费	自筹资金	其他资金			
甘肃省坡耕地水土流失治理 2015(长江)	5000	4000	4000													1000
甘肃省水土流失重点治理 2015(黄河)	2568	2054	2054													514
甘肃省水土流失重点治理 2015(长江)	625	500	500													125
甘肃省水土流失重点治理 2015(内陆)	250	200	200													50
机构能力建设专项																
水文设施及能力建设																
甘肃中小河流水文监测系统建设																
甘肃水文水资源工程 2013																
其他水利发展项目																
金昌市城市水资源实时监控与管理																
甘　肃	1345095	570129	338715	231414	252723	18983	83623	30710	25000	8587	10089	8369	67362	39594	432108	50542
兰州市	268896	47888	41198	6690	16722	1000	7206	1800	2000				4716		203000	1286
嘉峪关市	7331	4366	1666	2700	2965		1100			887	28		950			
金昌市	21168	10098	5798	4300	5751		2000					3501	250	5319		
白银市	71611	48729	36000	12729	19912		7327	3500	500				8585		2000	970
天水市	46384	31708	20342	11366	10912		6441	1000				3471			2750	1014
酒泉市	91275	33889	14141	19748	14583	1412	5055	104			3767	747	3497	13000	28709	1093
张掖市	124831	46613	14588	32025	22013		10437	3500		200		115	7761	3427	47763	5015
武威市	94545	45237	23972	21265	36335		8127		2000		1989	535	23684			12973
定西市	73120	19124	8946	10178	5014		4090						924		48517	465
陇南市	37356	24503	14464	10039	8508		5910				1381		1217	2147	92	2106
平凉市	26906	23804	3429	20375	3077		1752	718					607			25
庆阳市	57193	16339	4867	11472	23148		8293	88	3000		1736		10031		12570	5136
临夏回族自治州	84727	30729	6794	23935	12116		3116	4000	5000						39750	2132
甘南藏族自治州	69457	34235	31043	3192	13760	1439	4821	3500	4000					11350	2544	7568
省直属	270296	152867	111467	41400	57907	15132	7948	12500	8500	7500	1188		5139	4351	44412	10759

3-6 2015年水利建设项目到位资金

单位：万元

项目	本年到位资金	中央政府投资				地方政府投资									企业和私人投资	国内贷款	其他投资
		小计	预算内拨款	中央财政水利专项资金	土地出让收益	小计	预算内拨款	地方财政水利专项资金	水利建设基金	重大水利工程建设基金	土地出让收益	水资源费	自筹资金	其他资金			
甘肃省	1428174	569066	333192	234274	1600	258042	49683	85023	31310	23000	500	17347	9544	41635	41372	507936	51758
防洪项目	124795	109552	72220	37332		14043		3943	3718			1182	4087	1113			1200
堤防工程	5180	1680	1680			3500		3500									
卓尼县车巴河流域防洪治理项目	3000					3000		3000									
迭部县卡坝乡尼吉巴防洪工程	500					500		500									
疏勒河干流昌马渠首段河道治理	1680	1680	1680														
江河湖泊治理工程	95303	88510	68640	19870		5602						968	4087	547			1191
大江大湖治理	50000	50000	50000														
兰州市黄河干流防洪工程	28000	28000	28000														
黄河干流白银市防洪治理工程	12000	12000	12000														
黄河干流临夏段防洪治理工程	6000	6000	6000														
黄河甘肃段甘南州防洪治理工程	4000	4000	4000														
重要支流治理	24219	18640	18640			5529						968	4087	474			50
讨赖河嘉峪关安远沟村至嘉酒河道治理	1582	1582	1582														
金川河金昌市河西堡至宁远堡段防洪	1667	1000	1000			667							667				
金川河金川区王家大砂沟至南环路桥防洪	3000	1800	1800			1200							1200				
祖历河会宁县城区段防洪工程																	
祖历河靖远县2014庄口至罗家湾防洪																	
祖历河靖远县苏家湾至黑城子段堤防																	
麦积区渭河城区段南堤防治理																	
葫芦河麦积区四合村至入渭河口段治理																	
渭河麦积区琥珀至新阳段治理工程																	
葫芦河秦安县叶堡桥头至安坪村段治理																	
葫芦河秦安县李河至刘沟村防洪治理	2024	1215	1215			809							809				
葫芦河秦安县安伏至叶堡大桥段治理	2376	1425	1425			951							951				
武山县山丹河口至西关渭河大桥段治理																	
武山县车家川至山丹河口段治理																	
石羊河凉州区松涛寺至红水河入河口防洪	2133	1280	1280			853						853					

3-6 续表

单位：万元

项目	本年到位资金	中央政府投资				地方政府投资									企业和私人投资	国内贷款	其他投资
		小计	预算内拨款	中央财政水利专项资金	土地出让收益	小计	预算内拨款	地方财政水利专项资金	水利建设基金	重大水利工程建设基金	土地出让收益	水资源费	自筹资金	其他资金			
石羊河民勤县野马泉下案段河道治理	1380	920	920			460							460				
黑河张掖市高台县六坝至双丰段河道	300	300	300														
黑河高台县西腰墩水库至刘家深湖防洪	740	740	740														
临泽县梨园河仙山口至西总干渠河道	1224	1224	1224														
黑河临泽县鸭暖小鸭至暖泉河道治理	1708	1708	1708														
黑河甘州区兰新铁路桥至支家崖河道	1787	1787	1787														
黑河甘州区国道312至兰新铁路河道	1256	1256	1256														
泾河平凉市吴老沟至平镇桥段河堤治理																	
泾河崆峒区马莲沟至南阳涧河段防洪																	
葫芦河静宁县狗娃河口至胡家河段河堤																	
黑河金塔县五爱至友好段河道治理	1742	1665	1665			77						77					
黑河金塔县常丰至中丰村段防洪治理	775	738	738			37						37					
马莲河干流合水县陈家坪至前坪段防洪																	
蒲河宁县庄里至叶王川段防洪治理工程																	
镇原县蒲河干流三岔桥至石咀村段防洪																	
洮河岷县齐家庄至石头咀段防洪																	
陇西县三十里铺至四十里铺治理																	
陇西王家营至河浦段堤防工程																	
陇西县首阳镇双泉公路桥至水月坪段治理																	
临洮县三甲电站至姬家河大桥防洪治理																	
西汉水成县毛坝至魏家坝段堤防工程	60					60								60			
白龙江文县石坊乡东峪口至大渡坝河道																	
文县尚德镇水家坝至周家坝河道治理																	
西汉水康县平洛河口至咀头上段提防																	
西汉水康县腰膛坝至高楼子段提防工程																	
西汉水西和县赵家沟至郭家坝段防洪																	
西汉水礼县罗家堡至盐官镇段防洪																	
洮河干流临洮县新添段堤防工程	320					320								320			

3–6 续表

单位：万元

项目	本年到位资金	中央政府投资				地方政府投资									企业和私人投资	国内贷款	其他投资
		小计	预算内拨款	中央财政水利专项资金	土地出让收益	小计	预算内拨款	地方财政水利专项资金	水利建设基金	重大水利工程建设基金	土地出让收益	水资源费	自筹资金	其他资金			
白龙江干流陇南市月阳坝至宗家堡堤防																	
白龙江干流陇南市段河坝下坝段堤防																	
宕昌县白龙江干流沙湾镇段堤防工程																	
泾河泾川县罗汉洞至洪河口段河堤治理																	
大夏河干流临夏市单子庄至新大桥段	50																50
临夏县大夏河干流双城至马九川段治理																	
广河县洮河干流新民滩至卧托段堤防																	
大夏河干流临夏县祁牟至刘家峡水库防洪																	
大夏河东乡县折桥至刘家峡水库堤防																	
大夏河干流临夏市祁牟段堤防工程	94					94								94			
永靖县湟水干流白川至二房段河堤工程																	
洮河合作市段防洪工程																	
洮河干流临潭县洮滨防洪堤工程																	
卓尼县洮河干流城区段堤防工程																	
洮河卓尼县麻路1段至牙当段																	
白龙江干流迭部县城段治理工程																	
碌曲洮河干流巴吾至博拉段防洪治理																	
夏河县尕寺沟至克芒切沟治理																	
夏河县垂子合大桥至阿一山大桥段治理																	
大夏河夏河县王格尔塘至曲奥段治理																	
疏勒河干流瓜州县城区段河道治理																	
中小河流治理	21084	19870		19870		73								73			1141
镇原县蒲河太平柳咀段防洪工程	5					5								5			
庄浪县红土坡至刘家湾段河堤工程																	
白银区东大沟民勤村至城区段治理工程	777	777		777													
甘谷县清溪河礼辛乡寨子至慰坪堤防工程	700	700		700													
清水县后川河杜川至王店段堤防工程																	
秦安县南小河王尹马河至兴国凤山段堤防	500	500		500													

3-6 续表

单位：万元

项目	本年到位资金	中央政府投资				地方政府投资									企业和私人投资	国内贷款	其他投资
		小计	预算内拨款	中央财政水利专项资金	土地出让收益	小计	预算内拨款	地方财政水利专项资金	水利建设基金	重大水利工程建设基金	土地出让收益	水资源费	自筹资金	其他资金			
甘谷县上南河至杨赵村段治理工程	565																565
古浪县古浪河朱家庄–龙泉寺治理	1200	1200		1200													
山丹县马营河大马营段河道治理工程	600	600		600													
临泽县小东沟河新柳至西街农田防护	400	400		400													
灵台县黑河东门至景家庄段河堤治理	700	700		700													
灵台县达溪河县城至百里段河堤治理																	
灵台县达溪河县城至安家庄段河堤治理	400	400		400													
泾川县黑河荒场至茜家沟河堤治理工程	600	600		600													
泾川县洪河河堤治理工程	400	400		400													
泾川县汭河十里沟至枣林段河堤治理工程	900	900		900													
崇信县黑河河堤治理工程	600	600		600													
崇信县汭河(九功渠首至野雀沟)河堤	900	900		900													
庄浪县北洛河良邑郭魏至石家窑段河堤	800	800		800													
酒泉市肃州区清水河堤防及河道治理	400	400		400													
酒泉市肃州区丰乐河堤防及河道治理	800	800		800													
庆阳市中小河流水毁工程修复和治理																	
西峰区砚瓦川贺家塬沟护岸工程	408	400		400		8								8			
正宁县四郎河房河治理工程	400	400		400										60			
宁县新宁镇高山堡村护岸工程	6060					60											
正宁县四郎河樊湾子治理工程	500	500		500													
安定区关川河大碱沟治理工程																	
漳县龙川河草川坪至魏下段堤防工程	300	300		300													
陇南市中小河流水毁工程修复和治理																	
陇南市武都区北峪河治理工程	895	400		400													495
成县严河堤防工程																	
文县白马峪河治理工程																	
文县中路河中寨至白水江口段治理																	
宕昌县恭河韩院段河堤工程	400	400		400													

3-6 续表

单位:万元

项目	本年到位资金	中央政府投资				地方政府投资									企业和私人投资	国内贷款	其他投资
		小计	预算内拨款	中央财政水利专项资金	土地出让收益	小计	预算内拨款	地方财政水利专项资金	水利建设基金	重大水利工程建设基金	土地出让收益	水资源费	自筹资金	其他资金			
康县阳坝河阳坝镇段治理工程	800	800		800													
西和县太石河治理工程																	
西和县漾水河治理工程																	
礼县清水江张堡至教面堤防工程	1200	1200		1200													
两当县红崖河杈坪河段综合治理工程																	
两当县红崖河蚂蚱河段综合治理工程	500	500		500													
东乡县巴谢河五家至赵家段堤防																	
临夏县老鸦关河双城至上阴洼段防洪																	
和政县牛津河罗家集至马家堡段防洪																	
和政县大南岔河吊滩段防洪工程	81																81
康乐县苏家集河附城镇段堤防工程	901	901		901													
东乡县巴谢河赵家至那勒寺段堤防	400	400		400													
积石山吹麻滩河治理(赵家峡口至何家桥)																	
合作市格河多合儿防洪工程	492	492		492													
合作市德吾录河卡加防洪工程	300	300		300													
临潭县斜藏沟治理工程																	
临潭县羊沙河下河段治理工程	200	200		200													
卓尼县羊沙河恰盖防洪工程	200	200		200													
卓尼县石窖沟藏巴哇防洪工程																	
舟曲县拱坝河堤防工程	700	700		700													
迭部县阿夏流域治理工程	600	600		600													
甘肃疏勒河灌区三道沟河道治理	500	500		500													
水库除险加固	943	400		400		534			218					316			9
大中型病险水库除险加固																	
高台县小海子水库除险加固工程																	
甘肃双塔水库除险加固																	
小型病险水库除险加固	943	400		400		534			218					316			9
永昌县老人头水库除险加固																	

3-6 续表

单位：万元

项目	本年到位资金	中央政府投资				地方政府投资									企业和私人投资	国内贷款	其他投资
		小计	预算内拨款	中央财政水利专项资金	土地出让收益	小计	预算内拨款	地方财政水利专项资金	水利建设基金	重大水利工程建设基金	土地出让收益	水资源费	自筹资金	其他资金			
会宁县米峡水库除险加固工程																	
张掖市酥油口水库除险加固																	
高台县天城湖水库除险加固 2014	400	400		400													
瓜州县榆林河水库除险加固工程	1					1								1			
敦煌市野麻湾水库除险加固工程																	
玉门市青山水库除险加固工程	9																9
渭源县峡口水库除险加固																	
安定区七一水库除险加固																	
礼县苗河水库除险加固																	
成县卢沟水库除险加固	315					315								315			
灵台县北庄水库除险加固工程	70					70			70								
华亭县车厂沟水库除险加固工程	148					148			148								
大中型病险水闸除险加固	2364	1900	1900			464						214		250			
永昌县金川河工农渠首泄洪闸除险加固	1250	1000	1000			250								250			
肃州区红山河马鬃门排砂闸除险加固	1114	900	900			214						214					
其他防洪项目	21005	17062		17062		3943		3943									
甘肃省 2014 年度山洪灾害防治项目(长)																	
甘肃省 2014 年度山洪灾害防治项目(黄)																	
甘肃省 2014 年度山洪灾害防治项目(内)																	
甘肃省山洪灾害防治补助 2013(内陆)																	
甘肃省山洪灾害防治补助 2013(长江)																	
甘肃省山洪灾害防治补助 2013(黄河)																	
甘肃省山洪灾害防治补助 2015(内陆)	2617	2151		2151		466		466									
甘肃省山洪灾害防治补助 2015(黄河)	14386	11801		11801		2585		2585									
甘肃省山洪灾害防治补助 2015(长江)	4002	3110		3110		892		892									
灌溉除涝项目	418099	240140	57446	181094	1600	76025	412	37379	8704	3000	500	5445	3626	16959	6262	68365	27307
灌区建设工程	50365	42096	38046	4050		6169	412	560	1600			1188		2409		2000	100
皋兰县西岔中型灌区农业综合开发 2015	400	400		400													

3-6 续表

单位：万元

项目	本年到位资金	中央政府投资				地方政府投资									企业和私人投资	国内贷款	其他投资
		小计	预算内拨款	中央财政水利专项资金	土地出让收益	小计	预算内拨款	地方财政水利专项资金	水利建设基金	重大水利工程建设基金	土地出让收益	水资源费	自筹资金	其他资金			
兴电灌区齐家大岘隧洞除险加固	3000					1000			1000							2000	
白银区工农渠灌区农业综合开发	350	350		350													
古浪县大靖河灌区农业综合开发	350	350		350													
甘州区上三灌区农业综合开发项目	814	550		550		164								164			100
民乐县童子坝灌区农业综合开发项目	770	550		550		220								220			
静宁县东峡灌区农业综合开发	560	400		400		160		160									
敦煌水资源规划项目(酒泉市)2014																	
敦煌水资源规划项目(河道归束)2015	4747	2848	2848			1899								1899			
敦煌水资源规划项目(党河灌区)2015	7388	6943	6943			445	412							33			
环县甜水堡灌区节水改造项目																	
合水县固城川灌区续建配套与节水改造	493					493		400						93			
临洮县溥济渠灌区农业综合开发																	
渭源县石门灌区农业综合开发项目	550	550		550													
临夏县北塬灌区农业综合开发项目	550	550		550													
景泰川电力提灌二期灌区调蓄水池项目																	
敦煌水资源利用与生态保护(疏勒河)2012																	
敦煌水资源利用与生态保护(疏勒河)2013	989	989	989														
敦煌水资源利用与生态保护(疏勒河)2014	7657	7057	7057			600			600								
敦煌水资源利用与生态保护(疏勒河)2015	21397	20209	20209			1188						1188					
玉门市花海灌区农业综合开发	350	350		350													
节水灌溉工程	29362	19634	2100	17534		8072						2370	150	5552			1656
2015年永登县牧区节水灌溉示范项目	375	300	300			75								75			
石羊河流域重点治理2014(金昌市)																	
永昌县牧区节水灌溉示范项目	375	300	300			75								75			
凉州区规模化节水灌溉增效示范2014																	
凉州区规模化节水增效示范(2013–2016)	5007	4006		4006		1001						1001					
民勤县牧区节水灌溉示范项目2015	375	300	300			75							75				
天祝县牧区节水灌溉示范项目2014																	

3-6 续表

单位：万元

项目	本年到位资金	中央政府投资				地方政府投资									企业和私人投资	国内贷款	其他投资
		小计	预算内拨款	中央财政水利专项资金	土地出让收益	小计	预算内拨款	地方财政水利专项资金	水利建设基金	重大水利工程建设基金	土地出让收益	水资源费	自筹资金	其他资金			
石羊河流域重点治理2014(张掖市)	30																30
肃州区规模化节水灌溉增效示范项目	325					325								325			
肃州区规模化节水增效示范(2013-2016)	5758	4693		4693		1065						1065					
瓜州县牧区节水灌溉示范项目2014	1					1								1			
肃北县牧区节水灌溉示范项目2014																	
阿克塞县牧区节水灌溉示范项目2014																	
敦煌市规模化节水灌溉增效示范项目																	
敦煌市规模化节水增效(2013-2016)	1516	1212		1212		304						304					
环县牧区节水灌溉示范项目2015	375	300	300			75								75			
安定区规模化节水综合灌溉示范2015	3017	3017		3017													
漳县牧区节水灌溉示范项目2015	375	300	300			75								75			
甘州区规模化节水灌溉示范(2013-2016)	6082	4606		4606													1476
合作市牧区节水灌溉示范项目2014																	
迭部县牧区节水灌溉示范项目2015	375	300	300														75
夏河县2015牧区节水灌溉项目	375	300	300														75
石羊河流域重点治理(省景电)2012																	
石羊河流域重点治理(省景电)2013	3657					3657								3657			
石羊河流域重点治理(省景电)2014	1343					1343								1343			
小型农田水利建设	185950	118551		116951	1600	47650		35320			500	787	3476	7566	6262	715	12773
镇原县2015抗旱引调提水项目(3)	1147	1012		1012		135						135					
镇原县小型农田水利2015维修养护	252	251		251		1								1			
榆中县中央财政高效节水2014(五)	489																489
榆中县中央统筹(土地出让)2014	1000	1000		1000													
榆中县抗旱引调提水项目2014																	
红古区中央统筹(土地出让)2014	268																268
榆中县中央财政小型农田水利(5)	2834	1400		1400		800		600						200			634
榆中县小型农田水利2015维修养护	100	100		100													
榆中县2015抗旱引调提水项目(3)	995	995		995													

3–6 续表

单位：万元

项　　目	本年到位资金	中央政府投资				地方政府投资									企业和私人投资	国内贷款	其他投资
		小　计	预算内拨款	中央财政水利专项资金	土地出让收益	小　计	预算内拨款	地方财政水利专项资金	水利建设基金	重大水利工程建设基金	土地出让收益	水资源费	自筹资金	其他资金			
西固区小型农田水利 2015 维修养护	100	100		100													
红古区中央财政高效节水 2014(五)	100					100		100									
红古区小型农田水利建设(五)	1452	700		700		310		300						10			442
红古区小型农田水利 2015 维修养护	100	100		100													503
永登县高效节水项目 2014(五)	503																
永登县 2015 年高效节水灌溉示范项目	2490	1400		1400		880		600						280			210
永登县 2015 年抗旱引调提水项目	1295	1295		1295													
永登县 2015 年水利工程维修养护项目	100	100		100													
皋兰 2015 年农田水利设施维修养护项目	100	100		100													
嘉峪关市中央财政高效节水 2015(五)	2100	1400		1400		700		600			100						
嘉峪关市高效节水灌溉项目 2015(六)	1600	1000		1000		600		500			100						
嘉峪关市小型农田水利维修养护 2015 年	300	300		300													
嘉峪关中央财政高效节水 2013(五)																	
嘉峪关中央财政高效节水 2014(五)																	
嘉峪关中央财政高效节水 2014(六)	100					100		100									
永昌县中央财政高效节水 2014(五)																	
金川区中央财政高效节水 2014(六)																	
永昌县中央财政高效节水 2014(六)																	
金川区高效节水灌溉项目(六)	637	300		300		337		200					137				
金川区中央财政小型农田水利工程 2015	1697	1000		1000		697		500					197				
金川区小型农田水利 2015 维修养护项目	200	200		200													
永昌县小型农田水利建设(五)	2636	1400		1400		1236		600					636				
永昌县高效节水灌溉项目(六)	783	300		300		483		200					283				
永昌县中央财政小型农田水利工程 2015	1774	1000		1000		774		500					274				
永昌县小型农田水利 2015 维修养护	127	100		100		27							27				
靖远县中央财政高效节水灌溉项目 2013																	
靖远县 2013 水利工程维修养护(土地出让)	400	400		400													
白银区中央财政高效节水灌溉项目 2013																	

3-6 续表

单位:万元

项目	本年到位资金	中央政府投资				地方政府投资									企业和私人投资	国内贷款	其他投资
		小计	预算内拨款	中央财政水利专项资金	土地出让收益	小计	预算内拨款	地方财政水利专项资金	水利建设基金	重大水利工程建设基金	土地出让收益	水资源费	自筹资金	其他资金			
景泰县中央财政高效节水灌溉项目 2013																	
景泰县中央财政景电农场节水灌溉 2013																	
景泰县中央财政节水灌溉(土地出让)																	
靖远县高效节水灌溉(土地出让)2014																	
靖远县中央财政高效节水 2014(五)																	
白银区农业水价改革(土地出让)2014	100				100		100										
白银区中央财政高效节水 2014(五)																	
白银区五小水利工程(土地出让)2014																	
会宁 2014 年抗旱引调提水项目																	
会宁县中央财政高效节水 2014(五)																	
会宁县高效节水灌溉(土地出让)2014																	
景泰县中央财政小农水重点县 2014																	
景泰县中央财政高效节水 2014(五)																	
景泰县抗旱规划引调提水项目(2014)																	
平川区中央财政高效节水 2014(五)																	
靖远县 2014 年抗旱引调提水项目																	
景泰水利工程维修养护(土地出让)2014																	
会宁县 2015 年抗旱引调提水项目	1355	1355		1355													
平川区小型农田建设 2015(五)	2000	1400		1400		600		600									
会宁县中央财政高效节水 2015(五)	2000	1400		1400		600		600									
会宁县 2015 年维修养护项目	200	200		200													
平川区小型农田水利 2015 维修养护资金	100	100		100													
白银区小型农田水利建设(五)2015	1000	700		700		300		300									
白银区 2015 小型农水利维修养护资金	600	600		600													
景泰县中央财政小型农田水利建设 2015	2000	1400		1400		600		600									
景泰县 2015 年抗旱引调提水项目	1485	1485		1485													
景泰县小型农田水利 2015 年维修养护	200	200		200													
靖远县 2015 年高效节水灌溉示范项目	2000	1400		1400		600		600									

3–6 续表

单位：万元

项目	本年到位资金	中央政府投资				地方政府投资									企业和私人投资	国内贷款	其他投资
		小计	预算内拨款	中央财政水利专项资金	土地出让收益	小计	预算内拨款	地方财政水利专项资金	水利建设基金	重大水利工程建设基金	土地出让收益	水资源费	自筹资金	其他资金			
靖远县 2015 年抗旱引调提水项目	1262	1262		1262													
靖远县 2015 年小型农田水利维修养护资金	100	100		100													
甘谷县 2015 抗旱引调提水工程	299	299		299													
甘谷县中央财政小型水利五小水利 2015	1560	1000		1000		500		500									60
秦州区中央财政统筹(土地出让)2014	10																10
秦州区1万~5万亩灌区（土地出让）	14																14
秦州区 2015 年抗旱引调提水工程	1041	1041		1041													
秦州区小型农田水利 2015 维修养护	200	200		200													
麦积区小型农田水利 2015 年维修养护	202	200		200													2
清水县五小水利工程(土地出让)	6																6
清水县水利工程维修项目(土地出让)																	
清水县 2014 年抗旱引调提水项目																	
清水县 2015 抗旱引调提水项目	499	499		499													
清水县小型农田水利 2015 维修养护	100	100		100													
秦安县中央财政统筹(土地出让)2014																	
秦安县 2015 抗旱引调水提水项目	436	436		436													
甘谷县 2014 年抗旱引调提水项目	104																104
武山县 2014 年度小型农田水利重点县																	
武山县高效节水灌溉项目(土地出让)																	
武山县1万~5万亩灌区改造（土地出让）	67																67
武山县 2015 抗旱引调提水工程	407	407		407													
武山县小型农田水利 2015 维修养护项目	200	200		200													
张家川县小型农田水利 2015 维修养护	100	100		100													
凉州区中央财政高效节水 2014(五)																	
凉州区中央财政高效节水 2014(六)																	
凉州区 2014 抗旱规划引调提水项目																	
凉州区中央财政小型农田水利建设(五)	4000	2800		2800		1200		1200									
凉州区高效节水灌溉项目(六)	3000	2000		2000		1000		1000									

3–6 续表

单位：万元

项目	本年到位资金	中央政府投资				地方政府投资									企业和私人投资	国内贷款	其他投资
		小计	预算内拨款	中央财政水利专项资金	土地出让收益	小计	预算内拨款	地方财政水利专项资金	水利建设基金	重大水利工程建设基金	土地出让收益	水资源费	自筹资金	其他资金			
凉州区 2015 年抗旱引调提水工程	412	412		412													
凉州区农业水价综合改革(土地出让)	100					100		100									
凉州区小型农田水利 2015 维修养护	300	300		300													
民勤县 2015 年抗旱引调提水项目	800	800		800													
民勤县农业水价综合改革(土地出让)	100					100		100									
民勤县中央财政小型农田水利建设(5)	3000	1400		1400		1600		1600									
民勤县中央财政小农水重点县 2015(五)	500	500		500													
民勤县高效节水灌溉项目(六)	1500	1000		1000		500		500									
民勤县中央财政小型农田水利工程 2015	1500	1000		1000		500		500									
民勤县小型农田水利 2015 维修养护	500	500		500													
古浪县中央财政高效节水灌溉 2013	482																482
古浪县中央财政小农水重点县 2014	479																479
古浪县中央财政统筹(土地出让)2014	7																7
古浪县中央财政高效节水 2014(六)	152																152
古浪县中央财政高效节水 2014(五)																	
古浪县抗旱规划引调提水项目																	
古浪县小型农田水利建设(五)	2000	1400		1400		600		600									
古浪县高效节水灌溉项目(六)	1500	1000		1000		500		500									
古浪县 2015 抗旱引调提水项目	697	697		697													
古浪县中央财政小型农田水利工程 2015	1500	1000		1000		500		500									
古浪县小型农田水利 2015 维修养护	100	100		100													
天祝县中央财政高效节水 2014(六)	112					112								112			
天祝县高效节水灌溉项目(六)	1000	700		700		300		300									
天祝县小型农田水利 2015 维修养护	100	100		100													
高台县中央财政高效节水 2014(六)	363					200							200				163
山丹县抗旱规划引调提水项目 2014	609														609		
山丹县中央财政高效节水 2014(六)	618					400							400				218
肃南县前滩1万~5万亩灌区（土地出让）2014	20					10							10				10

3-6 续表

单位：万元

项目	本年到位资金	中央政府投资				地方政府投资									企业和私人投资	国内贷款	其他投资
		小计	预算内拨款	中央财政水利专项资金	土地出让收益	小计	预算内拨款	地方财政水利专项资金	水利建设基金	重大水利工程建设基金	土地出让收益	水资源费	自筹资金	其他资金			
甘州区中央财政高效节水2014(六)	538					300							300				238
民乐县中央财政高效节水2014(六)	366					100								100			266
民乐县农业水价改革(土地出让)2014	100					100					100						
高台县中央财政统筹(土地出让)2014	122																122
山丹县中央财政统筹(土地出让)2014																	
秦州区1万~5万亩灌区（土地出让）14	80					20								20			60
肃南县中央财政统筹(土地出让)2014	264					100							100				164
山丹马场中央财政高效节水2014(五)																	
山丹县小型农田水利建设2015(五)	2760	1400		1400		1100		600						500			260
高台县农业水价改革(土地出让)2015	100					100					100						
高台县小型农田水利2015维修养护	500	500		500													
高台县小型农田水利建设2015(五)	2567	1400		1400		900		600						300			267
高台县高效节水灌溉项目2015(六)	1967	1000		1000		700		500						200			267
高台县中央财政小型农田水利2015(七)	1801	1000		1000		580		500						80			221
山丹县高效节水灌溉项目2015(六)	2892	1700		1700		1100		900						200			92
临泽县小型农田水利2015维修养护	100	100		100													
临泽县小型农田水利建设2015(五)	2609	1400		1400		900		600						300			309
山丹县中央财政小农水2015(七)	2095	1000		1000		800		500						300			295
甘州区高效节水灌溉项目2015(六)	1822	1000		1000		630		500						130			192
甘州区中央财政小型农田水利2015(五)	2352	1400		1400		800		600						200			152
甘州区小型农田水利2015维修养护	300	300		300													
山丹县2015抗旱引调水项目	1487	1055		1055											432		
肃南县小型农田水利建设2015(五)	2315	1400		1400		620		420						200			295
肃南县小型农田水利2015维修养护	200	200		200													
民乐县2015抗旱引调提水项目	621	479		479													142
民乐县高效节水灌溉项目2015(六)	1814	1000		1000		600		500						100			214
民乐县小型农田水利建设2015(五)	2550	1400		1400		700		600						100			450
民乐县中央财政小型农田水利2015(七)	1030	600		600		300		300									130

3-6 续表

单位:万元

项目	本年到位资金	中央政府投资				地方政府投资									企业和私人投资	国内贷款	其他投资
		小计	预算内拨款	中央财政水利专项资金	土地出让收益	小计	预算内拨款	地方财政水利专项资金	水利建设基金	重大水利工程建设基金	土地出让收益	水资源费	自筹资金	其他资金			
民乐县水利工程维修养护 2014–2015	200	200		200													
山丹马场 2014 年高效节水(六)	1247	400		400		300		300							547		
山丹马场小型农田水利建设 2015(五)	1266	700		700											566		
山丹马场高效节水灌溉项目 2015(六)	1209	400		400		300		300							509		
崆峒区中央财政统筹(土地出让)2014																	
静宁县小型农田水利 2015 维修养护	200	200		200													
静宁县 2015 年抗旱水源引调提水工程	1017	1017		1017													
崆峒区抗旱规划引调提水项目																	
崆峒区小型农田水利 2015 年维修养护	200	200		200													
泾川县中央财政统筹(土地出让)2014																	
泾川县 2014 年抗旱引调提水项目																	
灵台县中央财政小农水重点县 2014(四)	25																25
灵台县许家沟提灌工程(土地出让 2014)																	
灵台县中央财政小型农田水利工程 2015	1500	1000		1000		500		500									
崇信县水利工程维修项目(土地出让)																	
崇信县小型农田水利 2015 年维修养护	100	100		100													
华亭西华河1万~5万亩灌区(土地出让)2014	121					121								121			
庄浪县中央财政统筹(土地出让)2014																	
庄浪县 2015 年抗旱引调提水项目	688	688		688													
庄浪县小型农田水利 2015 年维修养护	100	100		100													
静宁县中央财政统筹(土地出让)2014																	
静宁县抗旱规划引调提水项目																	
肃州区中央财政统筹(土地出让)2014																	
瓜州县中央财政统筹(土地出让)2014	43					43							43				
酒泉市中央财政统筹(土地出让)2014																	
肃州区中央财政高效节水 2014(五)	821					821								821			
肃州区中央财政高效节水 2014(六)																	
肃州区小型农田水利建设(五)	2628	1400		1400		1228		600						628			

3-6 续表

单位：万元

项目	本年到位资金	中央政府投资				地方政府投资									企业和私人投资	国内贷款	其他投资
		小计	预算内拨款	中央财政水利专项资金	土地出让收益	小计	预算内拨款	地方财政水利专项资金	水利建设基金	重大水利工程建设基金	土地出让收益	水资源费	自筹资金	其他资金			
肃州区高效节水灌溉项目(六)	2024	1000		1000		1024		500						524			
肃州区小型农田水利2015维修养护资金	100	100		100													
金塔县中央财政高效节水2014(五)																	
金塔县中央财政高效节水2014(六)																	
金塔县中央财政统筹(土地出让)2014																	
金塔县高效节水灌溉项目(六)	1876	1000		1000		500		500								376	
金塔县中央财政小型农田水利工程2015	1844	1000		1000		500		500									344
金塔县区小型农田水利建设(五)	2289	1400		1400		600		600								289	
瓜州县中央财政高效节水2014(五)																	
瓜州县桥子1万~5万亩灌区（土地出让）2014	60					60							60				
瓜州县小型农田水利建设(五)	2500	1400		1400		1100		600					500				
瓜州县小型农田水利2015维修养护资金	101	100		100		1							1				
阿克塞小型农田水利2015维修养护	100	100		100													
玉门市中央财政高效节水2014(五)	248					248							248				
玉门市中央财政高效节水2014(六)	159																159
玉门市小型农田水利建设(五)	2484	1400		1400		1000		600				400					84
玉门市高效节水灌溉项目(六)	2449	1500		1500		700		700									249
玉门市中央财政小型农田水利工程2015	1113	600		600		295		295									218
酒泉市敦煌抗旱规划引调提水项目																	
敦煌市2015抗旱引调提水项目	1669	1343		1343		326								326			
敦煌市小型农田水利2015维修养护	300	300		300													
镇原吴家沟1万~5万亩灌区（土地出让）2014	102					60							60				42
合水县中央财政小农水重点县2014	486					486								486			
正宁县四郎河1万~5万亩灌区（土地出让）	121					121								121			
西峰区中央财政统筹(土地出让)2014																	
宁县中央财政统筹(土地出让)2014	204	200			200	4								4			
合水县中央财政统筹(土地出让)2014																	
环县中央财政统筹(土地出让)2014																	
镇原县抗旱规划引调提水项目																	

3-6 续表

单位：万元

项目	本年到位资金	中央政府投资				地方政府投资									企业和私人投资	国内贷款	其他投资
		小计	预算内拨款	中央财政水利专项资金	土地出让收益	小计	预算内拨款	地方财政水利专项资金	水利建设基金	重大水利工程建设基金	土地出让收益	水资源费	自筹资金	其他资金			
华池县抗旱规划引调提水项目																	
环县抗旱规划引调提水项目																	
西峰区小型农田水利 2015 维修养护	200	200		200													
庆城县 2015 抗旱引调提水项目(2)	893	698		698		195						195					
庆城县小型农田水利 2015 维修养护	100	100		100													
环县小型农田水利 2015 维修养护	100	100		100													
环县 2015 抗旱引调提水项目(3)	1780	1256		1256													524
华池县 2015 抗旱引调提水项目(2)	727	670		670		57						57					
合水县小型农田水利 2015 维修养护	200	200		200													
渭源县中央财政五小水利项目 2013																	
安定区抗旱应急调蓄工程	400					400								400			
通渭县中央财政小农水重点县 2014	488					400								400			88
通渭县中央财政统筹(土地出让)2014																	
临洮县红旗1万~5万亩灌区（土地出让）2014	28																28
陇西县抗旱引调提水项目																	
渭源县中央财政五小水利 2014(五)																	
临洮县小型农田水利 2015 维修养护	100	100		100													
临洮县中央财政五小水利(2014)	1649	1000		1000		649		500						149			
临洮县中央财政小农水五小水利 2015	1650	1000		1000		500		500									150
临洮县抗旱引调提水项目 2015	1567	1567		1567													
渭源县中央财政五小水利 2015	1500	1000		1000		500		500									
安定区 2015 年抗旱引调水工程	2025	2025		2025													
通渭县 2015 年抗旱引调提水项目	519	519		519													
漳县小型农田水利 2015 维修养护	100	100		100													
康县中央财政统筹(土地出让)2014																	
武都区中央财政统筹(土地出让)2014																	
文县中央财政统筹(土地出让)2014																	
徽县中央财政统筹(土地出让)2014																	
西和县抗旱规划引调提水项目																	

3-6 续表

单位：万元

项目	本年到位资金	中央政府投资				地方政府投资									企业和私人投资	国内贷款	其他投资
		小计	预算内拨款	中央财政水利专项资金	土地出让收益	小计	预算内拨款	地方财政水利专项资金	水利建设基金	重大水利工程建设基金	土地出让收益	水资源费	自筹资金	其他资金			
礼县抗旱规划引调提水项目	254					254								254			
武都区中央财政区域节水2014(五)																	
武都区中央财政区域节水2014(六)																	
武都区高效节水灌溉项目(六)	2154	1400		1400		600		600									154
武都区小型农田水利2015维修养护	300	300		300													
武都区水价改革及产权改革试点	100					100		100									
武都区中央财政小农水(区域节水)	1846	1000		1000		300		300									546
成县小型农田水利2015维修养护	100	100		100													
文县中央财政六小水利2014(六)	280																280
文县高效节水灌溉项目(六)	770	300		300		200		200									270
文县小型农田水利2015维修养护	100	100		100													
康县小型农田水利2015维修养护	200	200		200													
西和县2015抗旱引调提水项目(2)	615	615		615													
礼县2015抗旱引调提水项目(3)	1724	1724		1724													
礼县小型农田水利2015维修养护	100	100		100													
徽县中央财政六小水利2014(六)																	
徽县小型农田水利2015维修养护	200	200		200													
徽县高效节水灌溉项目(六)	550	300		300		200		200								50	
民勤县中央财政小农水重点县2014(5)																	
民勤县2014年农业水价改革项目	1000	1000		1000													
民勤县2014年高效节水灌溉项目																	
民勤县2014抗旱规划引调提水工程项目																	
两当县中央财政六小水利2014(六)	194																194
两当县高效节水灌溉项目(六)	667	300		300		200		200									167
两当县小型农田水利2015维修养护	100	100		100													
东乡县中央财政五小水利项目2013																	
东乡县水利工程维修养护(土地出让)																	
永靖县五小水利工程(土地出让)																	
临夏市小型农田水利2015维修养护	100	100		100													

3-6 续表

单位:万元

项目	本年到位资金	中央政府投资				地方政府投资									企业和私人投资	国内贷款	其他投资
		小计	预算内拨款	中央财政水利专项资金	土地出让收益	小计	预算内拨款	地方财政水利专项资金	水利建设基金	重大水利工程建设基金	土地出让收益	水资源费	自筹资金	其他资金			
临夏县中央财政小农水重点县 2014																	
临夏县 2014 年抗旱引调提水项目																	
临夏县 2015 年抗旱引调提水项目	253	253		253													
康乐县中央财政统筹(土地出让)2014	13																13
康乐县小型农田水利 2015 维修养护资金	200	200		200													
永靖县中央财政统筹(土地出让)2014	53																53
永靖县 2014 抗旱引调提水项目	36																36
永靖县 2015 年抗旱引调水提水工程	328	328		328													
永靖县小型农田水利 2015 年维修养护	206	200		200													6
广河县 2014 年抗旱引调提水项目	25																25
广河县 2015 年中央财政小型农田水利	1500	1000		1000		500		500									
广河县 2015 三甲集抗旱应急水源配套	505	425		425													80
广河县 2015 齐家镇抗旱应急水源配套	512	416		416													96
和政县中央财政统筹(土地出让)2014	154																154
和政县 2014 年抗旱引调提水项目																	
和政县小型农田水利 2015 维修养护	400	400		400													
和政县 2015 抗旱引调提水项目	485	485		485													
东乡县中央财政五小水利 2014(五)																	
东乡县 2014 年抗旱引调提水项目																	
东乡县 2015 年抗旱引调提水项目	892	892		892													
东乡县中央财政五小水利项目 2015	1500	1000		1000		500		500									
积石山县中央财政五小水利 2014(五)																	
积石山县 2014 年抗旱引调提水项目																	
积石山县中央财政五小水利 2015	1576	1000		1000		500		500									76
积石山县 2015 抗旱应急水源配套工程	1250	1250		1250													
玛曲县水利工程维修项目(土地出让)																	
卓尼县水利工程维修项目(土地出让)																	
临潭县农田水利 2015 维修养护	100	100		100													
卓尼县小型农田水利 2015 维修养护	100	100		100													

3–6 续表

单位：万元

项　目	本年到位资金	中央政府投资				地方政府投资									企业和私人投资	国内贷款	其他投资
		小计	预算内拨款	中央财政水利专项资金	土地出让收益	小计	预算内拨款	地方财政水利专项资金	水利建设基金	重大水利工程建设基金	土地出让收益	水资源费	自筹资金	其他资金			
舟曲县五小水利工程项目(土地出让)																	
舟曲县小型农田水利 2015 维修养护	200	200		200													
迭部县小型农田水利 2015 维修养护	100	100		100													
玛曲县小型农田水利 2015 维修养护	100	100		100													
夏河县中央财政小农水重点县 2014																	
夏河县小型农田水利 2015 维修养护	100	100		100													
省农垦中央财政条山农场高效节水 2013																	
省农垦黑土洼农场高效节水(土地出让)	300					300		300									
省农垦黄羊河农场高效节水(土地出让)																	
省农垦八一农场中央财政节水 2014(六)																	
省农垦生地湾农场中央财政节水 2014(六)																	
省农垦饮马农场中央财政节水 2014(六)																	
省农垦黄花农场中央财政节水 2014(六)																	
省农垦张掖农场小型农田水利建设(五)	895	500		500		200		200									195
省农垦黑土洼农场高效节水灌溉(六)	1447	700		700		300		300							447		
省农垦黄花农场高效节水灌溉项目(六)	900	500		500		200		200							200		
省农垦饮马农场高效节水灌溉项目(六)	695	200		200		200		200							295		
省农垦饮马农场中央财政小农水 2015	772	400		400		205		205							167		
敦煌农场小型农田水利建设(五)	803	400		400		100		100							303		
省农垦生地湾农场高效节水灌溉(六)	1020	500		500		200		200							320		
八一农场小型农田水利建设(五)	2701	1400		1400		600		600							701		
省农垦小型农田水利 2015 维修养护	300	300		300													
省农垦黄羊河农场高效节水灌溉(六)	1942	1400		1400											542		
省农垦黄羊河农场小型农田水利(五)	1126	500		500		200		200							426		
省农垦山丹农场高效节水灌溉项目(六)	962	500		500		200		200							199		63
省景电中央财政统筹(土地出让)2014																	
省景电小型农田水利 2015 维修养护	400	400		400													
水库工程	116631	28424		28424		10704		7104	2500		1100					65650	11853
富川水库(抗旱规划内)	6684	5684		5684		1000		1000									

3–6 续表

单位:万元

项目	本年到位资金	中央政府投资				地方政府投资									企业和私人投资	国内贷款	其他投资
		小计	预算内拨款	中央财政水利专项资金	土地出让收益	小计	预算内拨款	地方财政水利专项资金	水利建设基金	重大水利工程建设基金	土地出让收益	水资源费	自筹资金	其他资金			
武威市杂木河毛藏寺水库工程	11853																11853
天祝县二道墩水库																	
民乐县石灰窑水库																	
临泽县红山湾水库工程	38000					2000			2000							36000	
山丹县白石崖水库(抗旱规划内)	5685	5685		5685													
山丹县大口子河水库工程	1500					1500			1500								
山丹县西沟水库																	
山丹县东沟水库																	
崆峒区北杨涧水库(抗旱规划内)	5685	5685		5685													
泾川县朱家涧水库(抗旱规划内)																	
崇信县关河水库(抗旱规划内)																	
庄浪县花崖河水库(抗旱规划内)	5685	5685		5685													
阿克塞县工业园区水库	3104					104			104							3000	
酒泉循环经济产业园水源(大红泉水库)	16650															16650	
庆城县纸坊沟水库(抗旱规划内)	6785	5685		5685		1100						1100					
通渭县段家峡水库																	
兰州新区2号3号石门沟水库	15000					5000			2500	2500						10000	
泵站工程	**20856**	**17300**	**17300**			**2931**		**1499**						**1432**			**625**
兰州市榆中三电泵站更新改造工程	1375	1000	1000			250		250									125
兰州市皋兰县西电泵站更新改造工程	482					482								482			
兰州市工农坪泵站更新改造工程	2250	1500	1500			750		375						375			
兰州市大砂沟泵站更新改造工程	2187	1750	1750			437		437									
七里河区西津泵站更新改造工程	2687	1750	1750			437		437									500
白银市靖会泵站更新改造工程	2000	2000	2000														
景泰县中泉泵站更新改造工程	1000	1000	1000														
白银市刘川泵站更新改造工程	2000	2000	2000														
白银市兴电泵站更新改造工程	2000	2000	2000														
白银市旱平川泵站更新改造工程																	
靖远县2014年中堡泵站更新改造工程																	

3-6 续表

单位：万元

项目	本年到位资金	中央政府投资				地方政府投资									企业和私人投资	国内贷款	其他投资
		小计	预算内拨款	中央财政水利专项资金	土地出让收益	小计	预算内拨款	地方财政水利专项资金	水利建设基金	重大水利工程建设基金	土地出让收益	水资源费	自筹资金	其他资金			
靖远县2015年中堡泵站更新改造工程	1000	1000	1000														
平凉市白庙泵站更新改造工程	1000	1000	1000														
甘肃省景电泵站更新改造	2875	2300	2300			575								575			
其他灌溉除涝项目	14935	14135		14135		500				500							300
景泰县草窝滩镇排水工程	500									500							
临夏市大夏河风情线综合治理工程	300																300
永靖县刘盐八地质灾害灌区节水改造	14135	14135		14135													
供水项目	798149	176847	176847			163820	49271	42101	18888	20000		9316	1831	22413	13000	436672	7809
引水(调水)工程	580532	81000	81000			103532	46832		16800	20000		7500		12400	13000	383000	
甘肃省引洮供水一期工程	12632					12632	5132					7500					
靖远县双永供水工程																	
兰州市水源地建设工程	326700					30700	30700									296000	
引洮供水一期榆中县配套工程	50800					7800			1800	2000				4000		43000	
白银靖会甘沟干渠扩建及会宁城区供水	4700					4700			1000					3700			
引洮一期工程会宁北部供水工程	6500	5000	5000			1500			1500								
秦州区2014年抗旱引调提水项目																	
天祝县南阳山片下山入川供水工程																	
天祝县石门河调蓄引水工程	4700					4700								4700			
静宁县甘渭河庙堡调水工程	500					500			500								
肃北县马鬃山镇供水工程	17000														13000	4000	
盐环定扬黄续建工程调概算	2000					2000				2000							
华池县葫芦河水源工程	1000					1000				1000							
引洮供水一期定西配套项目农村供水	20000															20000	
盐环定扬黄甘肃专用工程一期改造																	
积石山引水工程	4000					4000			4000								
临夏州引黄济临供水工程	5000					5000				5000							
引洮(博)济合供水工程	8000	6000	6000			2000				2000							
甘南州引洮入潭工程	2000					2000				2000							
兰州新区供水项目引大渠道除险加固	11000					1000	1000									10000	

3-6 续表

单位：万元

项目	本年到位资金	中央政府投资				地方政府投资									企业和私人投资	国内贷款	其他投资
		小计	预算内拨款	中央财政水利专项资金	土地出让收益	小计	预算内拨款	地方财政水利专项资金	水利建设基金	重大水利工程建设基金	土地出让收益	水资源费	自筹资金	其他资金			
甘肃引洮供水二期工程	80000	70000	70000			10000	10000										
天水市城区引洮供水工程	24000					14000			8000	6000						10000	
人饮解困及饮水安全工程	**195257**	**95847**	**95847**			**56328**	**1439**	**42101**	**88**			**1816**	**1831**	**9053**		**35272**	**7809**
镇原县农村安全饮水项目	2545	1579	1579			966		797				169					
镇原县1236扶贫攻坚农村饮水安全2015	1395					1100								1100			295
榆中县农村饮水安全项目2015	8360	5125	5125			3235		3235									
皋兰县农村饮水安全项目2015	809	519	519			290		233						57			
兰州市农村饮水安全水质检测能力	670	670	670														
永登县2015年农村饮水安全工程	1417	584	584			833		739						94			
嘉峪关市农村饮水安全水质检测项目	112	84	84			28						28					
金昌市农村饮水安全水质检测中心	173	168	168			5							5				
会宁县农村饮水安全项目2015	10943	6849	6849			4094		3367						727			
白银市农村饮水安全水质监测能力	419	419	419														
白银区农村饮水安全项目2015	819	529	529			290		236						54			
景泰县农村饮水安全项目2015	1590	1116	1116			474		368						106			
靖远县2015年农村饮水安全项目	2891	2087	2087			804		556						248			
甘谷县农村饮水安全项目	7418	5379	5379			2039		1456					583				
天水市农村饮水安全水质检测能力	587	587	587														
秦州区农村饮水安全项目2015	3723	2494	2494			1229		982					247				
麦积区2015年农村饮水安全项目	8388	6494	6494			1894		1337					557				
清水县农村饮水安全项目	965	211	211			754		690					64				
秦安县农村饮水安全项目	2970	2181	2181			789		529					260				
武山县农村饮水安全项目示点(规划外)																	
武山县农村饮水安全(试点县规划外)	3601					665		665									
张家川县农村饮水安全项目(2015)	638	356	356			282		282								2750	186
武威市农村饮水安全水质监测能力	335	335	335														
凉州区农村饮水安全项目	716	490	490			226		154				72					
古浪县农村饮水安全项目	897	599	599			298		235				63					
天祝县藏区规划外农村饮水安全项目	5420	4048	4048			1372		838						534			

3-6 续表

单位:万元

项目	本年到位资金	中央政府投资				地方政府投资									企业和私人投资	国内贷款	其他投资
		小计	预算内拨款	中央财政水利专项资金	土地出让收益	小计	预算内拨款	地方财政水利专项资金	水利建设基金	重大水利工程建设基金	土地出让收益	水资源费	自筹资金	其他资金			
山丹县农村饮水安全(试点县规划外)	4617					574		459					115			4043	
张掖市农村饮水安全水质检测能力	594	503	503			91								91			
甘州区农村饮水安全项目	5315	2998	2998			1964		1964									353
民乐县农村饮水安全项目	1892	1172	1172			594		594									126
平凉市农村饮水安全水质检测能力	586	586	586														
静宁县农村饮水安全项目2015	1455	989	989			466		344						122			
崆峒区农村饮水安全项目2015	813	353	353			460		406						54			
灵台县农村饮水安全项目2015	903	501	501			402		342						60			
酒泉市农村饮水安全工程水质监测能力	586	586	586														
瓜州县农村饮水安全项目	622	413	413			209		130				60		19			
玉门市农村饮水安全项目	121	48	48			33		30				3					40
宁县农村饮水安全项目	2641	1600	1600			1041		866						175			
宁县1236扶贫攻坚农村饮水安全2015	270					270								270			
正宁县1236扶贫攻坚农村饮水安全2015	407					275								275			132
庆阳市农村饮水安全水质监测能力	826	670	670			156								156			
西峰区1236扶贫攻坚农村饮水安全2015	284					220								220			64
庆城县2015年规划外农村饮水安全	98					98			88					10			
庆城县1236扶贫攻坚农村饮水安全2015	934					880								880			54
环县农村饮水安全项目	2073	649	649			814		32						782			610
环县2015年规划外农村饮水安全工程	13899					5700		5700								7970	229
环县1236扶贫攻坚农村饮水安全2015	4372					1620								1620			2752
华池县1236扶贫攻坚农村饮水安全2015	839					440								440			399
华池县农村饮水安全项目	607	69	69			538		498				40					
合水县1236扶贫攻坚农村饮水安全2015	276					276								276			
通渭县农村饮水安全(试点县规划外)	6825					643		643								5717	465
临洮县农村饮水安全项目2015	1427	605	605			822		727						95			
岷县农村饮水安全项目	9175	7455	7455			1720		1720									
定西市农村饮水安全水质监测能力	586	586	586														
陇南市农村饮水安全水质检测能力	754	754	754														

3-6 续表

单位：万元

项目	本年到位资金	中央政府投资				地方政府投资									企业和私人投资	国内贷款	其他投资
		小计	预算内拨款	中央财政水利专项资金	土地出让收益	小计	预算内拨款	地方财政水利专项资金	水利建设基金	重大水利工程建设基金	土地出让收益	水资源费	自筹资金	其他资金			
两当县农村饮水安全(试点县规划外)	1067					1025		437						588		42	
武都区农村饮水安全项目	6491	4812	4812			1679		1196				483					
成县农村饮水安全项目	1503	1076	1076			427		319				108					
文县农村饮水安全项目	906	619	619			287		227				60					
宕昌县农村饮水安全项目	1216	868	868			348		264				84					
西和县农村饮水安全项目	3698	2756	2756			942		644				298					
礼县农村饮水安全项目	5157	3458	3458			1699		1357				342					
徽县农村饮水安全项目	193	121	121			72		66				6					
临夏州农村饮水安全水质监测能力	670	670	670														
临夏市2015年度城郊农村饮水安全工程	614	124	124			239		239									251
临夏县2015年农村饮水安全(计划外)	4218					691		691								3527	
东乡县2015农村饮水安全(规划外)	7409					686		686								6723	
甘南州农村饮水安全水质检测能力	670	670	670													1103	318
合作市农村饮水安全项目2014	1421																
合作市农村饮水安全项目2015	1458	874	874			584		584									
合作市藏区规划外农村饮水安全	178	138	138			40		40									
临潭县农村饮水安全项目试点	1588					610		610								978	
临潭县藏区规划外农村饮水	329	271	271			58		58									
卓尼县农村安全饮水项目2014	979															456	523
卓尼县农村饮水安全项目2015	2497	1595	1595			902		902									
卓尼县藏区规划外农村饮水安全项目	1831	1438	1438			393		393									
舟曲县藏区规划外农村饮水安全	4326	3397	3397			929		929									
迭部县农村饮水安全项目2014																	
迭部县藏区规划外农村饮水安全	1538	1218	1218			320		320									
玛曲县农村饮水安全项目2014	418																418
玛曲县农村饮水安全项目2015	1177	968	968			209		209									
玛曲县藏区规划外农村饮水安全	2758	2163	2163			595		595									
碌曲县农村饮水安全项目2014	2557															1963	594
碌曲县农村饮水安全项目2015	872	707	707			165		165									

3-6 续表

单位：万元

项目	本年到位资金	中央政府投资				地方政府投资									企业和私人投资	国内贷款	其他投资
		小计	预算内拨款	中央财政水利专项资金	土地出让收益	小计	预算内拨款	地方财政水利专项资金	水利建设基金	重大水利工程建设基金	土地出让收益	水资源费	自筹资金	其他资金			
碌曲县藏区规划外农村饮水安全	167	151	151			16		16									
夏河县农村饮水安全项目2015	2205	1489	1489			716	716										
夏河县藏区规划外农村饮水安全	3547	2824	2824			723	723										
其他供水工程	22360					3960	1000		2000					960		18400	
镇原县北石窟旅游景区供水工程	130					130								130			
镇原县中盛产业配水工程	130					130								130			
山丹县城区供水管网工程																	
金塔县北河湾循环产业区供水工程	4200					1000	1000									3200	
临洮县安家咀加水工程																	
陇西县引洮一期城区供水扩建工程	10500															10500	
积石山县县城区供水水源改扩建工程																	
武威市城乡融合黄羊土门组团供水(陆港)	6700					2000			2000							4700	
靖远寺儿坪供水项目	700					700								700			
水务项目	3310	810		810												2500	
城镇供水管线建设																	
清水县城区自来水管网扩建工程																	
污水处理工程	3310	810		810												2500	
临洮县污水处理厂配套管网工程																	
山丹县城区生活污水处理工程	60	60		60													
民勤红沙岗污水处理厂及中水回用贮水池	3250	750		750													
其他水务项目																	
天水市城区供水高桥头引水枢纽工程																	
水电开发利用	32307	7721	7721			1150								1150	22110	399	927
水力发电工程	23254	3900	3900												19354		
永昌县西大河二级水电站	6100	1100	1100												5000		
永昌县西大河总干渠1号水电站	619	300	300												319		
临泽县南台子一级水电站																	
甘州区石庙一级水电站	677	240	240												437		
岷县天宝水电站																	

3-6 续表

单位：万元

项目	本年到位资金	中央政府投资				地方政府投资									企业和私人投资	国内贷款	其他投资
		小计	预算内拨款	中央财政水利专项资金	土地出让收益	小计	预算内拨款	地方财政水利专项资金	水利建设基金	重大水利工程建设基金	土地出让收益	水资源费	自筹资金	其他资金			
岷县秦许水电站																	
两当县左家水电站																	
东乡县达板水电站新增 2010	1524														1524		
康乐县杜家咀水电站																	
临夏县卧龙沟水电站(4)																	
康乐县纳沟水电站(4)																	
合作市地乌尔水电站																	
舟曲县天干沟水电站	260	260	260														
迭部县沟洁寺水电站	8759	1100	1100												7659		
迭部县阿夏水电站	950	200	200												750		
迭部县阿夏那盖水电站	1122	700	700												422		
夏河县安顺水电站																	
夏河县和平桥水电站	3243														3243		
水电增效扩容	**4117**					**1150**								**1150**	**2040**		**927**
永昌县金川峡水库电站																	
永昌县皇城水库电站																	
永昌县头坝三号电站																	
武威市凉州区南营水电站																	
武威市凉州区黄羊水电站																	
武威市凉州区西营总干电站																	
山丹马场总场电力局 1 号水电站																	
庆城县杨渠水电站																	
武都区白鹤桥水电站																	
武都区黄鹿坝水电站	1480														1480		
文县白水江林业局水电站	560														560		
文县慧达水电站	927																927
宕昌县何家堡水电站	1009					1009								1009			
礼县苗河水库坝后电站	141					141								141			
东乡县老虎嘴电站																	

3-6 续表

单位：万元

项目	本年到位资金	中央政府投资				地方政府投资									企业和私人投资	国内贷款	其他投资
		小计	预算内拨款	中央财政水利专项资金	土地出让收益	小计	预算内拨款	地方财政水利专项资金	水利建设基金	重大水利工程建设基金	土地出让收益	水资源费	自筹资金	其他资金			
和政县炉子滩水电站																	
和政县达浪水电站																	
和政县康家坪水电站																	
和政县新营尕庄水电站																	
康乐县虎关水电站																	
合作市峡村电站																	
夏河县白土坡水电站																	
小水电代燃料	4936	3821	3821												716	399	
嘉峪关市南干渠小水电代燃料项目	950	551	551													399	
永昌县金川东小水电代燃料项目	130	130	130														
肃南县西营河一级小水电代燃料项目	930	930	930														
肃南县白银四级小水电代燃料项目																	
肃南县白银三级小水电代燃料项目	300	300	300														
肃南县白泉门一级小水电代燃料项目	1430	1430	1430														
文县李子坝小水电代燃料项目																	
合作市卡加曼小水电代燃料项目																	
临潭县青石山小水电以电代燃料项目																	
迭部县知子水电代燃料项目	690														690		
夏河县甫黄二级小水电代燃料项目	506	480	480												26		
水保及生态	50111	33996	18958	15038		1600		1600									14515
水土流失治理	50111	33996	18958	15038		1600		1600									14515
甘肃省坡耕地水土流失治理2014(黄河)																	
甘肃省坡耕地水土流失治理2014(长江)																	
甘肃省水土流失重点治理2014(黄河)	1215																1215
甘肃省水土流失重点治理2014(长江)	320																320
甘肃省水土流失重点治理2014(内陆)	100																100
甘肃省淤地坝新建及维修加固(2014)																	
甘肃省国家水土保持重点工程(2014)	3590																3590
甘肃省农业综合开发水土保持(2014)																	

3-6 续表

单位：万元

项目	本年到位资金	中央政府投资				地方政府投资									企业和私人投资	国内贷款	其他投资
		小计	预算内拨款	中央财政水利专项资金	土地出让收益	小计	预算内拨款	地方财政水利专项资金	水利建设基金	重大水利工程建设基金	土地出让收益	水资源费	自筹资金	其他资金			
甘肃省国家水土保持重点工程(2015)	15769	11038		11038													4731
甘肃省农业综合开发水土保持(2015)	5944	4000		4000		1600		1600									344
甘肃省淤地坝新建及维修加固(2015)	255	204	204														51
甘肃省坡耕地水土流失治理2015(黄河)	14729	12000	12000														2729
甘肃省坡耕地水土流失治理2015(长江)	4886	4000	4000														886
甘肃省水土流失重点治理2015(黄河)	2458	2054	2054														404
甘肃省水土流失重点治理2015(长江)	604	500	500														104
甘肃省水土流失重点治理2015(内陆)	241	200	200														41
机构能力建设专项	1404					1404						1404					
水文设施及能力建设	1404					1404						1404					
甘肃中小河流水文监测系统建设	1404					1404						1404					
甘肃水文水资源工程2013																	
其他水利发展项目																	
金昌市城市水资源实时监控与管理																	
甘肃	1428174	569066	333192	234274	1600	258042	49683	85023	31310	23000	500	17347	9544	41635	41372	507936	51758
兰州市	449438	48888	41198	6690	1000	48379	31700	7306	1800	2000				5573		349000	3171
嘉峪关市	6744	4917	2217	2700		1428		1100			300	28				399	
金昌市	21168	10098	5798	4300		5751		2000					3501	250	5319		
白银市	67291	49129	36000	12729	400	16162		7327	3500	500				4835		2000	
天水市	46384	31708	20342	11366		10912		6441	1000				3471			2750	1014
酒泉市	89668	33889	14141	19748		14162	1412	5055	104			2161	852	4578	13000	27515	1102
张掖市	115935	47413	14588	32825		18767		10737	3500		200		1125	3205	3100	40043	6611
武威市	59206	30237	7972	22265		15997		8127				1989	535	5346			12973
定西市	63101	20124	8946	11178		6029		4590						1439		36217	731
陇南市	39526	24503	14464	10039		9858		6110				1381		2367	2040	92	3033
平凉市	26656	23804	3429	20375		2827		1752	718					357			25
庆阳市	50063	16539	4867	11472	200	20453		8293	88	3000		1696	60	7316		7970	5101
临夏回族自治州	55933	30729	6794	23935		12210		3116	4000	5000				94	1524	10250	1220
甘南藏族自治州	67488	34435	31243	3192		13760	1439	4821	3500	4000					12790	4500	2003
省直属	269573	162653	121193	41460		61347	15132	8248	13100	8500		10092		6275	3599	27200	14774

3–7 2015 年水利建设项目完成投资

单位：万元

项目	本年完成投资	中央政府投资			地方政府投资									企业和私人投资	国内贷款	其他投资
		小计	预算内拨款	中央财政水利专项资金	小计	预算内拨款	地方财政水利专项资金	水利建设基金	重大水利工程建设基金	土地出让收益	水资源费	自筹资金	其他资金			
甘肃省	1587890	816065	461669	313341	302621	17637	140279	32366	30025	1587	9528	10922	60276	55617	324834	88754
防洪项目	210465	171748	107292	64457	29376		5868	5874	740		963	4087	11844	2147	1720	5474
堤防工程	5404	1680	1680		3724			3724								
卓尼县车巴河流域防洪治理项目	2234				2234			2234								
迭部县卡坝乡尼吉巴防洪工程	1000				1000			1000								
疏勒河干流昌马渠首段河道治理	2170	1680	1680		490			490								
江河湖泊治理工程	153164	127282	103791	23491	18270		21	1470	740		761	4087	11192	2147		5465
大江大湖治理	49530	49530	49530													
兰州市黄河干流防洪工程	28000	28000	28000													
黄河干流白银市防洪治理工程	12000	12000	12000													
黄河干流临夏段防洪治理工程	5530	5530	5530													
黄河甘肃段甘南州防洪治理工程	4000	4000	4000													
重要支流治理	73520	54261	54261		15914			670	740		761	4087	9656			3346
讨赖河嘉峪关安远沟村至嘉酒河道治理	2532	1582	1582		950								950			
金川河金昌市河西堡至宁远堡段防洪	1667	1000	1000		667							667				
金川河金川区王家大砂沟至南环路桥防洪	3000	1800	1800		1200							1200				
祖厉河会宁县城区段防洪工程																
祖厉河靖远县 2014 庄口至罗家湾防洪	2325	2325	2325													
祖厉河靖远县苏家湾至黑城子段堤防	1584	1584	1584													
麦积区渭河城区段南堤防治理																
葫芦河麦积区四合村至入渭河口段治理	1744	515	515		1229								1229			
渭河麦积区琥珀至新阳段治理工程	1582	660	660		922								922			
葫芦河秦安县叶堡桥头至安坪村段治理	2955	1773	1773													1182
葫芦河秦安县李河至刘沟村防洪治理	2024	1215	1215		809							809				
葫芦河秦安县安伏至叶堡大桥段治理	2376	1425	1425		951							951				
武山县山丹河口至西关渭河大桥段治理	1097	520	520													578
武山县车家川至山丹河口段治理	2046	1780	1780													266
石羊河凉州区松涛寺至红水河入河口防洪	1749	988	988		761						761					

3-7 续表

单位：万元

项目	本年完成投资	中央政府投资			地方政府投资									企业和私人投资	国内贷款	其他投资
		小计	预算内拨款	中央财政水利专项资金	小计	预算内拨款	地方财政水利专项资金	水利建设基金	重大水利工程建设基金	土地出让收益	水资源费	自筹资金	其他资金			
石羊河民勤县野马泉下案段河道治理	1380	920	920		460							460				
黑河张掖市高台县六坝至双丰段河道	1819	1819	1819													
黑河高台县西腰墩水库至刘家深湖防洪	1007	740	740		267								267			
临泽县梨园河仙山口至西总干渠河道	2040	1224	1224		816								816			
黑河临泽县鸭暖小鸭至暖泉河道治理	2846	1708	1708		1138								1138			
黑河甘州区兰新铁路桥至支家崖河道	1787	1787	1787													
黑河甘州区国道312至兰新铁路河道	1256	1256	1256													
泾河平凉市吴老沟至平镇桥段河堤治理																
泾河崆峒区马莲沟至南阳涧河段防洪	1662	1662	1662													
葫芦河静宁县狗娃河口至胡家河段河堤	1705	1705	1705													
黑河金塔县五爱至友好段河道治理	1540	1540	1540													
黑河金塔县常丰至中丰村段防洪治理	738	738	738													
马莲河干流合水县陈家坪至前坪段防洪																
蒲河宁县庄里至叶王川段防洪治理工程	1590	1590	1590													
镇原县蒲河干流三岔桥至石咀村段防洪	1354	1244	1244		110								110			
洮河岷县齐家庄至石头咀段防洪	1500	1203	1203		297								297			
陇西县三十里铺至四十里铺治理																
陇西王家营至河浦段堤防工程																
陇西县首阳镇双泉公路桥至水月坪段治理																
临洮县三甲电站至姬家河大桥防洪治理	878	878	878													
西汉水成县毛坝至魏家坝段堤防工程	627	567	567		60								60			
白龙江文县石坊乡东峪口至大渡坝河道	1053	1053	1053													
文县尚德镇水家坝至周家坝河道治理	1740	1740	1740													
西汉水康县平洛河口至咀头上段提防	2320	1392	1392		928								928			
西汉水康县腰膛坝至高楼子段提防工程	1995	1198	1198		797								797			
西汉水西和县赵家沟至郭家坝段防洪																
西汉水礼县罗家堡至盐官镇段防洪	1799	1078	1078		721								721			
洮河干流临洮县新添段堤防工程	1870	298	298		770				450				320			802

3–7 续表

单位：万元

项目	本年完成投资	中央政府投资			地方政府投资									企业和私人投资	国内贷款	其他投资
		小计	预算内拨款	中央财政水利专项资金	小计	预算内拨款	地方财政水利专项资金	水利建设基金	重大水利工程建设基金	土地出让收益	水资源费	自筹资金	其他资金			
白龙江干流陇南市月阳坝至宗家堡堤防	635	635	635													
白龙江干流陇南市段河坝下坝段堤防	1148	1148	1148													
宕昌县白龙江干流沙湾镇段堤防工程	2052	1231	1231		821								821			
泾河泾川县罗汉洞至洪河口段河堤治理																
大夏河干流临夏市单子庄至新大桥段	50															50
临夏县大夏河干流双城至马九川段治理	23															23
广河县洮河干流新民滩至卧托段堤防	445															445
大夏河干流临夏县祁牟至刘家峡水库防洪	295	109	109		186								186			
大夏河东乡县折桥至刘家峡水库堤防																
大夏河干流临夏市祁牟段堤防工程	94				94								94			
永靖县湟水干流白川至二房段河堤工程	1726	1726	1726													
洮河合作市段防洪工程	2037	2037	2037													
洮河干流临潭县洮滨防洪堤工程																
卓尼县洮河干流城区段堤防工程																
洮河卓尼县麻路1段至牙当段																
白龙江干流迭部县城段治理工程																
碌曲洮河干流巴吾至博拉段防洪治理	874	874	874													
夏河县尕寺沟至克芒切沟治理	446	156	156		290				290							
夏河县垂子合大桥至阿一山大桥段治理	1059	1059	1059													
大夏河夏河县王格尔塘至曲奥段治理	780	780	780													
疏勒河干流瓜州县城区段河道治理	670				670			670								
中小河流治理	30114	23491		23491	2356		21	800					1536	2147		2120
镇原县蒲河太平柳咀段防洪工程	611				611								611			
庄浪县红土坡至刘家湾段河堤工程																
白银区东大沟民勤村至城区段治理工程	777	777		777												
甘谷县清溪河礼辛乡寨子至慰坪堤防工程																
清水县后川河杜川至王店段堤防工程	465	365		365												100
秦安县南小河王尹马河至兴国凤山段堤防																

3–7 续表

单位：万元

项目	本年完成投资	中央政府投资			地方政府投资									企业和私人投资	国内贷款	其他投资
		小计	预算内拨款	中央财政水利专项资金	小计	预算内拨款	地方财政水利专项资金	水利建设基金	重大水利工程建设基金	土地出让收益	水资源费	自筹资金	其他资金			
甘谷县上南河至杨赵村段治理工程	565															565
古浪县古浪河朱家庄–龙泉寺治理	1200	1200		1200												
山丹县马营河大马营段河道治理工程	600	600		600												
临泽县小东沟河新柳至西街农田防护	400	400		400												
灵台县黑河东门至景家庄段河堤治理	700	700		700												
灵台县达溪河县城至百里段河堤治理																
灵台县达溪河县城至安家庄段河堤治理	400	400		400												
泾川县黑河荒场至茜家沟河堤治理工程	600	600		600												
泾川县洪河河堤治理工程	400	400		400												
泾川县汭河十里沟至枣林段河堤治理工程	900	900		900												
崇信县黑河河堤治理工程	600	600		600												
崇信县汭河(九功渠首至野雀沟)河堤	900	900		900												
庄浪县北洛河良邑郭魏至石家窑段河堤	800	800		800												
酒泉市肃州区清水河堤防及河道治理	400	400		400												
酒泉市肃州区丰乐河堤防及河道治理	800	800		800												
庆阳市中小河流水毁工程修复和治理	1500	1500		1500												
西峰区砚瓦川贺家塬沟护岸工程																
正宁县四郎河房河治理工程																
宁县新宁镇高山堡村护岸工程	300				300			300								
正宁县四郎河樊湾子治理工程																
安定区关川河大碱沟治理工程																
漳县龙川河草川坪至魏下段堤防工程	300	300		300												
陇南市中小河流水毁工程修复和治理	2500	2500		2500												
陇南市武都区北峪河治理工程	895	400		400												495
成县严河堤防工程																
文县白马峪河治理工程	695	556		556	21		21									119
文县中路河中寨至白水江口段治理	2147													2147		
宕昌县恭河韩院段河堤工程	400	400		400												

3–7 续表

单位：万元

项目	本年完成投资	中央政府投资			地方政府投资									企业和私人投资	国内贷款	其他投资
		小计	预算内拨款	中央财政水利专项资金	小计	预算内拨款	地方财政水利专项资金	水利建设基金	重大水利工程建设基金	土地出让收益	水资源费	自筹资金	其他资金			
康县阳坝河阳坝镇段治理工程	800	800		800												
西和县太石河治理工程	700	700		700												
西和县漾水河治理工程	700	700		700												
礼县清水江张堡至教面堤防工程	1200	1200		1200												
两当县红崖河权坪河段综合治理工程																
两当县红崖河蚂蚱河段综合治理工程	500	500		500												
东乡县巴谢河五家至赵家段堤防	109															109
临夏县老鸦关河双城至上阴洼段防洪																
和政县牛津河罗家集至马家堡段防洪	389															389
和政县大南岔河吊滩段防洪工程	343															343
康乐县苏家集河附城镇段堤防工程	901	901		901												
东乡县巴谢河赵家至那勒寺段堤防																
积石山吹麻滩河治理(赵家峡口至何家桥)	500				500			500								
合作市格河多合儿防洪工程	492	492		492												
合作市德吾录河卡加防洪工程	300	300		300												
临潭县斜藏沟治理工程																
临潭县羊沙河下河段治理工程	200	200		200												
卓尼县羊沙河恰盖防洪工程	200	200		200												
卓尼县石窑沟藏巴哇防洪工程	200	200		200												
舟曲县拱坝河堤防工程	700	700		700												
迭部县阿夏流域治理工程	600	600		600												
甘肃疏勒河灌区三道沟河道治理	1425	500		500	925								925			
水库除险加固	5682	2871		2871	1082			680					402		1720	9
大中型病险水库除险加固	1720														1720	
高台县小海子水库除险加固工程																
甘肃双塔水库除险加固	1720														1720	
小型病险水库除险加固	3962	2871		2871	1082			680					402			9
永昌县老人头水库除险加固	280	260		260	20								20			

3-7 续表

单位：万元

项目	本年完成投资	中央政府投资			地方政府投资									企业和私人投资	国内贷款	其他投资
		小计	预算内拨款	中央财政水利专项资金	小计	预算内拨款	地方财政水利专项资金	水利建设基金	重大水利工程建设基金	土地出让收益	水资源费	自筹资金	其他资金			
会宁县米峡水库除险加固工程	260	260		260												
张掖市酥油口水库除险加固	300	300		300												
高台县天城湖水库除险加固 2014	400	400		400												
瓜州县榆林河水库除险加固工程	401	400		400	1								1			
敦煌市野麻湾水库除险加固工程	437	371		371	66								66			
玉门市青山水库除险加固工程	589	580		580												9
渭源县峡口水库除险加固																
安定区七一水库除险加固																
礼县苗河水库除险加固	300	300		300												
成县卢沟水库除险加固	777				777			462					315			
灵台县北庄水库除险加固工程	70				70			70								
华亭县车厂沟水库除险加固工程	148				148			148								
大中型病险水闸除险加固	2273	1821	1821		452						202		250			
永昌县金川河工农渠首泄洪闸除险加固	1250	1000	1000		250								250			
肃州区红山河马鬃门排砂闸除险加固	1023	821	821		202						202					
其他防洪项目	43941	38094		38094	5847			5847								
甘肃省 2014 年度山洪灾害防治项目(长)	2760	2760		2760												
甘肃省 2014 年度山洪灾害防治项目(黄)	10195	10195		10195												
甘肃省 2014 年度山洪灾害防治项目(内)	2930	2930		2930												
甘肃省山洪灾害防治补助 2013(内陆)	523	420		420		104		104								
甘肃省山洪灾害防治补助 2013(长江)	1198	763		763		436		436								
甘肃省山洪灾害防治补助 2013(黄河)	5330	3965		3965		1365		1365								
甘肃省山洪灾害防治补助 2015(内陆)	2617	2151		2151		466		466								
甘肃省山洪灾害防治补助 2015(黄河)	14386	11801		11801		2585		2585								
甘肃省山洪灾害防治补助 2015(长江)	4002	3110		3110		892		892								
灌溉除涝项目	596510	362566	101104	221348	110066	412	62669	8904	2500	1587	5249	5004	23741	10599	72085	41193
灌区建设工程	76637	59145	54257	4888	7980	412	1480	2800			1188		2100		2000	7512
皋兰县西岔中型灌区农业综合开发 2015	40	40		40												

3-7 续表

单位:万元

项目	本年完成投资	中央政府投资			地方政府投资									企业和私人投资	国内贷款	其他投资
		小计	预算内拨款	中央财政水利专项资金	小计	预算内拨款	地方财政水利专项资金	水利建设基金	重大水利工程建设基金	土地出让收益	水资源费	自筹资金	其他资金			
兴电灌区齐家大岘隧洞除险加固	3000				1000			1000							2000	
白银区工农渠灌区农业综合开发																
古浪县大靖河灌区农业综合开发	210	210		210												
甘州区上三灌区农业综合开发项目	1500	1000		1000	400		162						238			100
民乐县童子坝灌区农业综合开发项目	1500	1000		1000	400		180						220			100
静宁县东峡灌区农业综合开发																
敦煌水资源规划项目(酒泉市)2014	13416	7982	7982													5434
敦煌水资源规划项目(河道归束)2015	4364	2848	2848		1516								1516			
敦煌水资源规划项目(党河灌区)2015	6832	6387	6387		445	412							33			
环县甜水堡灌区节水改造项目	300				300			300								
合水县固城川灌区续建配套与节水改造	493				493		400						93			
临洮县溥济渠灌区农业综合开发	574	288		288	286		286									
渭源县石门灌区农业综合开发项目	1230	1000		1000	230		230									
临夏县北塬灌区农业综合开发项目	1222	1000		1000	222		222									
景泰川电力提灌二期灌区调蓄水池项目	900				900			900								
敦煌水资源利用与生态保护(疏勒河)2012																
敦煌水资源利用与生态保护(疏勒河)2013	1749	1749	1749													
敦煌水资源利用与生态保护(疏勒河)2014	16080	15082	15082		600			600								398
敦煌水资源利用与生态保护(疏勒河)2015	22737	20209	20209		1188						1188					1340
玉门市花海灌区农业综合开发	490	350	350													140
节水灌溉工程	**41814**	**29902**	**11396**	**18506**	**10169**						**2294**	**582**	**7293**			**1743**
2015年永登县牧区节水灌溉示范项目	375	300	300		75								75			
石羊河流域重点治理2014(金昌市)	3217	2895	2895		322							322				
永昌县牧区节水灌溉示范项目	375	300	300		75							75				
凉州区规模化节水灌溉增效示范2014	1225	900	900		325								325			
凉州区规模化节水增效示范(2013-2016)	5007	4006		4006	1001						1001					
民勤县牧区节水灌溉示范项目2015	375	300	300		75							75				
天祝县牧区节水灌溉示范项目2014	450	350	350		100								100			

3-7 续表

单位:万元

项目	本年完成投资	中央政府投资			地方政府投资									企业和私人投资	国内贷款	其他投资
		小计	预算内拨款	中央财政水利专项资金	小计	预算内拨款	地方财政水利专项资金	水利建设基金	重大水利工程建设基金	土地出让收益	水资源费	自筹资金	其他资金			
石羊河流域重点治理2014(张掖市)	300	270	270													30
肃州区规模化节水灌溉增效示范项目	1625	1300	1300		325								325			
肃州区规模化节水增效示范(2013-2016)	5430	4365		4365	1065						1065					
瓜州县牧区节水灌溉示范项目2014	501	400	400		101								101			
肃北县牧区节水灌溉示范项目2014	510	400	400		110							110				
阿克塞县牧区节水灌溉示范项目2014	500	400	400													100
敦煌市规模化节水灌溉增效示范项目	1326	1051	1051		275								275			
敦煌市规模化节水增效(2013-2016)	1440	1212		1212	228						228					
环县牧区节水灌溉示范项目2015	375	300	300		75								75			
安定区规模化节水综合灌溉示范2015	3771	3017		3017	754								754			
漳县牧区节水灌溉示范项目2015	375	300	300		75								75			
甘州区规模化节水灌溉示范(2013-2016)	7382	5906		5906												1476
合作市牧区节水灌溉示范项目2014	400	400	400													
迭部县牧区节水灌溉示范项目2015	375	300	300													75
夏河县2015牧区节水灌溉项目	308	246	246													62
石羊河流域重点治理(省景电)2012	39				39								39			
石羊河流域重点治理(省景电)2013	4788	983	983		3805								3805			
石羊河流域重点治理(省景电)2014	1343				1343								1343			
小型农田水利建设	295350	192585		152470	76288		60344			1587	787	4172	9398	9541	715	16221
镇原县2015抗旱引调提水项目(3)	1147	1012		1012	135						135					
镇原县小型农田水利2015维修养护	252	251		251	1								1			
榆中县中央财政高效节水2014(五)	1849	560		560	800		600			200						489
榆中县中央统筹(土地出让)2014	1000	1000														
榆中县抗旱引调提水项目2014	925	925														
红古区中央统筹(土地出让)2014	1268	1000														268
榆中县中央财政小型农田水利(5)	2834	1400		1400	800		600						200			634
榆中县小型农田水利2015维修养护	100	100		100												
榆中县2015抗旱引调提水项目(3)	995	995		995												

3-7 续表

单位：万元

项目	本年完成投资	中央政府投资			地方政府投资									企业和私人投资	国内贷款	其他投资
		小计	预算内拨款	中央财政水利专项资金	小计	预算内拨款	地方财政水利专项资金	水利建设基金	重大水利工程建设基金	土地出让收益	水资源费	自筹资金	其他资金			
西固区小型农田水利2015维修养护	100	100		100												
红古区中央财政高效节水2014(五)	830	200		200	400		400									230
红古区小型农田水利建设(五)	1452	700		700	310		300						10			442
红古区小型农田水利2015维修养护	100	100		100												
永登县高效节水项目2014(五)	1103				600		400						200			503
永登县2015年高效节水灌溉示范项目	2490	1400		1400	880		600						280			210
永登县2015年抗旱引调提水项目	1295	1295		1295												
永登县2015年水利工程维修养护项目	100	100		100												
皋兰2015年农田水利设施维修养护项目	100	100		100												
嘉峪关市中央财政高效节水2015(五)	2100	1400		1400	700		600			100						
嘉峪关市高效节水灌溉项目2015(六)	1600	1000		1000	600		500			100						
嘉峪关市小型农田水利维修养护2015年	300	300		300												
嘉峪关中央财政高效节水2013(五)	87				87					87						
嘉峪关中央财政高效节水2014(五)	350				350					350						
嘉峪关中央财政高效节水2014(六)	1050	300		300	750		500			250						
永昌县中央财政高效节水2014(五)	1309	100		100	1209		800					409				
金川区中央财政高效节水2014(六)	668	300		300	368		200						168			
永昌县中央财政高效节水2014(六)	1106	100		100	1006		500						506			
金川区高效节水灌溉项目(六)	637	300		300	337		200						137			
金川区中央财政小型农田水利工程2015	1697	1000		1000	697		500						197			
金川区小型农田水利2015维修养护项目	200	200		200												
永昌县小型农田水利建设(五)	2636	1400		1400	1236		600						636			
永昌县高效节水灌溉项目(六)	783	300		300	483		200						283			
永昌县中央财政小型农田水利工程2015	1774	1000		1000	774		500						274			
永昌县小型农田水利2015维修养护	127	100		100	27								27			
靖远县中央财政高效节水灌溉项目2013	800	560		560	240		240									
靖远县2013水利工程维修养护(土地出让)	120	120														
白银区中央财政高效节水灌溉项目2013	250	100		100	150		150									

3-7 续表

单位:万元

项目	本年完成投资	中央政府投资			地方政府投资									企业和私人投资	国内贷款	其他投资
		小计	预算内拨款	中央财政水利专项资金	小计	预算内拨款	地方财政水利专项资金	水利建设基金	重大水利工程建设基金	土地出让收益	水资源费	自筹资金	其他资金			
景泰县中央财政高效节水灌溉项目 2013	610	190		190	420		420									
景泰县中央财政景电农场节水灌溉 2013	810	210		210	600					300			300			
景泰县中央财政节水灌溉(土地出让)	300	300														
靖远县高效节水灌溉(土地出让)2014	910	910														
靖远县中央财政高效节水 2014(五)	1254	654		654	600		600									
白银区农业水价改革(土地出让)2014	868	768		768	100		100									
白银区中央财政高效节水 2014(五)	300				300		300									
白银区五小水利工程(土地出让)2014	744	744														
会宁 2014 年抗旱引调提水项目	1622	1622														
会宁县中央财政高效节水 2014(五)	422				422		422									
会宁县高效节水灌溉(土地出让)2014	880	880														
景泰县中央财政小农水重点县 2014	1400	600		600	800		800									
景泰县中央财政高效节水 2014(五)	1160	560		560	600		600									
景泰县抗旱规划引调提水项目(2014)	600	600														
平川区中央财政高效节水 2014(五)	1440	840		840	600		600									
靖远县 2014 年抗旱引调提水项目	628	628		628												
景泰水利工程维修养护(土地出让)2014	200	200														
会宁县 2015 年抗旱引调提水项目	1355	1355		1355												
平川区小型农田建设 2015(五)	2000	1400		1400	600		600									
会宁县中央财政高效节水 2015(五)	2000	1400		1400	600		600									
会宁县 2015 年维修养护项目	200	200		200												
平川区小型农田水利 2015 维修养护资金	100	100		100												
白银区小型农田水利建设(五)2015	1000	700		700	300		300									
白银区 2015 小型农水利维修养护资金	600	600		600												
景泰县中央财政小型农田水利建设 2015	2000	1400		1400	600		600									
景泰县 2015 年抗旱引调提水项目	1485	1485		1485												
景泰县小型农田水利 2015 年维修养护	200	200		200												
靖远县 2015 年高效节水灌溉示范项目	2000	1400		1400	600		600									

3–7 续表

单位：万元

项目	本年完成投资	中央政府投资			地方政府投资									企业和私人投资	国内贷款	其他投资
		小计	预算内拨款	中央财政水利专项资金	小计	预算内拨款	地方财政水利专项资金	水利建设基金	重大水利工程建设基金	土地出让收益	水资源费	自筹资金	其他资金			
靖远县2015年抗旱引调提水项目	1262	1262		1262												
靖远县2015年小型农田水利维修养护资金	100	100		100												
甘谷县2015抗旱引调提水工程	299	299		299												
甘谷县中央财政小型水利五小水利2015	1560	1000		1000	500		500									60
秦州区中央财政统筹(土地出让)2014	610	600														10
秦州区1万~5万亩灌区（土地出让）	614	600														14
秦州区2015年抗旱引调提水工程	1041	1041		1041												
秦州区小型农田水利2015维修养护	200	200		200												
麦积区小型农田水利2015年维修养护	202	200		200												2
清水县五小水利工程(土地出让)	251	245														6
清水县水利工程维修项目(土地出让)	200	200														
清水县2014年抗旱引调提水项目	884	884														
清水县2015抗旱引调提水项目	499	499		499												
清水县小型农田水利2015维修养护	100	100		100												
秦安县中央财政统筹(土地出让)2014	1100	1100														
秦安县2015抗旱引调水提水项目	436	436		436												
甘谷县2014年抗旱引调提水项目	520	416														104
武山县2014年度小型农田水利重点县	564	292		292	156		156									116
武山县高效节水灌溉项目(土地出让)	80				80		80									
武山县1万~5万亩灌区改造（土地出让）	705	600														105
武山县2015抗旱引调提水工程	407	407		407												
武山县小型农田水利2015维修养护项目	200	200		200												
张家川县小型农田水利2015维修养护	100	100		100												
凉州区中央财政高效节水2014(五)	2100	900		900	1200		1200									
凉州区中央财政高效节水2014(六)	2600	1600		1600	1000		1000									
凉州区2014抗旱规划引调提水项目	1481	1481														
凉州区中央财政小型农田水利建设(五)	4000	2800		2800	1200		1200									
凉州区高效节水灌溉项目(六)	3000	2000		2000	1000		1000									

3-7 续表

单位：万元

项目	本年完成投资	中央政府投资			地方政府投资									企业和私人投资	国内贷款	其他投资
		小计	预算内拨款	中央财政水利专项资金	小计	预算内拨款	地方财政水利专项资金	水利建设基金	重大水利工程建设基金	土地出让收益	水资源费	自筹资金	其他资金			
凉州区2015年抗旱引调提水工程	412	412		412												
凉州区农业水价综合改革(土地出让)	100				100		100									
凉州区小型农田水利2015维修养护	300	300		300												
民勤县2015年抗旱引调提水项目	800	800		800												
民勤县农业水价综合改革(土地出让)	100				100		100									
民勤县中央财政小型农田水利建设(5)	3000	1400		1400	1600		1600									
民勤县中央财政小农水重点县2015(五)	500	500		500												
民勤县高效节水灌溉项目(六)	1500	1000		1000	500		500									
民勤县中央财政小型农田水利工程2015	1500	1000		1000	500		500									
民勤县小型农田水利2015维修养护	500	500		500												
古浪县中央财政高效节水灌溉2013	992				510		510									482
古浪县中央财政小农水重点县2014	1389	110		110	800		800									479
古浪县中央财政统筹(土地出让)2014	157	150														7
古浪县中央财政高效节水2014(六)	1420	768		768	500		500									152
古浪县中央财政高效节水2014(五)	1017	417		417	600		600									
古浪县抗旱规划引调提水项目	1012	1012		1012												
古浪县小型农田水利建设(五)	2000	1400		1400	600		600									
古浪县高效节水灌溉项目(六)	1500	1000		1000	500		500									
古浪县2015抗旱引调提水项目	697	697		697												
古浪县中央财政小型农田水利工程2015	1425	1000		1000	425		425									
古浪县小型农田水利2015维修养护	100	100		100												
天祝县中央财政高效节水2014(六)	612	200		200	412		300						112			
天祝县高效节水灌溉项目(六)	1000	700		700	300		300									
天祝县小型农田水利2015维修养护	100	100		100												
高台县中央财政高效节水2014(六)	1863	1000		1000	700		500					200				163
山丹县抗旱规划引调提水项目2014	1355	746		746										609		
山丹县中央财政高效节水2014(六)	3218	1700		1700	1300		900					400				218
肃南县前滩1万~5万亩灌区（土地出让）2014	620	600			10							10				10

3–7 续表

单位：万元

项　目	本年完成投资	中央政府投资			地方政府投资									企业和私人投资	国内贷款	其他投资
		小　计	预算内拨款	中央财政水利专项资金	小　计	预算内拨款	地方财政水利专项资金	水利建设基金	重大水利工程建设基金	土地出让收益	水资源费	自筹资金	其他资金			
甘州区中央财政高效节水 2014(六)	2038	1000		1000	800		500					300				238
民乐县中央财政高效节水 2014(六)	1866	1000		1000	600		500						100			266
民乐县农业水价改革(土地出让)2014	1172	1000			172					100			72			
高台县中央财政统筹(土地出让)2014	322	200		200												122
山丹县中央财政统筹(土地出让)2014	100	100														
临泽县中央财政统筹(土地出让)2014	180	100		100	20								20			60
肃南县中央财政统筹(土地出让)2014	1264	1000		1000	100							100				164
山丹马场中央财政高效节水 2014(五)	1211	679		679										532		
山丹县小型农田水利建设 2015(五)	2760	1400		1400	1100		600						500			260
高台县农业水价改革(土地出让)2015	1100	1000		1000	100					100						
高台县小型农田水利 2015 维修养护	500	500		500												
高台县小型农田水利建设 2015(五)	2567	1400		1400	900		600						300			267
高台县高效节水灌溉项目 2015(六)	1967	1000		1000	700		500						200			267
高台县中央财政小型农田水利 2015(七)	1801	1000		1000	580		500						80			221
山丹县高效节水灌溉项目 2015(六)	2892	1700		1700	1100		900						200			92
临泽县小型农田水利 2015 维修养护	100	100		100												
临泽县小型农田水利建设 2015(五)	2609	1400		1400	900		600						300			309
山丹县中央财政小农水 2015(七)	2095	1000		1000	800		500						300			295
甘州区高效节水灌溉项目 2015(六)	1822	1000		1000	630		500						130			192
甘州区中央财政小型农田水利 2015(五)	2352	1400		1400	800		600						200			152
甘州区小型农田水利 2015 维修养护	300	300		300												
山丹县 2015 抗旱引调水项目	1487	1055		1055										432		
肃南县小型农田水利建设 2015(五)	2315	1400		1400	620		420						200			295
肃南县小型农田水利 2015 维修养护	200	200		200												
民乐县 2015 抗旱引调提水项目	621	479		479												142
民乐县高效节水灌溉项目 2015(六)	1814	1000		1000	600		500						100			214
民乐县小型农田水利建设 2015(五)	2550	1400		1400	700		600						100			450
民乐县中央财政小型农田水利 2015(七)	1030	600		600	300		300									130

3–7 续表

单位：万元

项目	本年完成投资	中央政府投资			地方政府投资									企业和私人投资	国内贷款	其他投资
		小计	预算内拨款	中央财政水利专项资金	小计	预算内拨款	地方财政水利专项资金	水利建设基金	重大水利工程建设基金	土地出让收益	水资源费	自筹资金	其他资金			
民乐县水利工程维修养护 2014–2015	400	400		400												
山丹马场 2014 年高效节水(六)	1128	400		400	300		300							428		
山丹马场小型农田水利建设 2015(五)	1133	700		700										433		
山丹马场高效节水灌溉项目 2015(六)	1088	400		400	300		300							388		
崆峒区中央财政统筹(土地出让)2014	1000	1000														
静宁县小型农田水利 2015 维修养护	200	200		200												
静宁县 2015 年抗旱水源引调提水工程	1017	1017		1017												
崆峒区抗旱规划引调提水项目	1043	1043														
崆峒区小型农田水利 2015 年维修养护	200	200		200												
泾川县中央财政统筹(土地出让)2014																
泾川县 2014 年抗旱引调提水项目	453	453														
灵台县中央财政小农水重点县 2014(四)	25															25
灵台县许家沟提灌工程(土地出让 2014)	288				288								288			
灵台县中央财政小型农田水利工程 2015	1350	1000		1000	350		350									
崇信县水利工程维修项目(土地出让)	200	200														
崇信县小型农田水利 2015 年维修养护	100	100		100												
华亭西华河1万~5万亩灌区（土地出让）2014	721	600			121								121			
庄浪县中央财政统筹(土地出让)2014	1000	1000														
庄浪县 2015 年抗旱引调提水项目	688	688		688												
庄浪县小型农田水利 2015 年维修养护	100	100		100												
静宁县中央财政统筹(土地出让)2014	1000	1000														
静宁县抗旱规划引调提水项目	999	999														
肃州区中央财政统筹(土地出让)2014	100	100										43				
瓜州县中央财政统筹(土地出让)2014	343	300			43											
酒泉市中央财政统筹(土地出让)2014	600	600														
肃州区中央财政高效节水 2014(五)	1129				1129		308						821			
肃州区中央财政高效节水 2014(六)	1904	1000		1000	904		500						404			
肃州区小型农田水利建设(五)	2578	1400		1400	1178		550						628			
肃州区高效节水灌溉项目(六)	1945	1000		1000	945		421						524			

3–7 续表

单位：万元

项目	本年完成投资	中央政府投资			地方政府投资									企业和私人投资	国内贷款	其他投资
		小计	预算内拨款	中央财政水利专项资金	小计	预算内拨款	地方财政水利专项资金	水利建设基金	重大水利工程建设基金	土地出让收益	水资源费	自筹资金	其他资金			
肃州区小型农田水利 2015 维修养护资金	100	100		100												
金塔县中央财政高效节水 2014(五)	2027	1100		1100	600		600									327
金塔县中央财政高效节水 2014(六)	1910	1000		1000	500		500									410
金塔县中央财政统筹(土地出让)2014	202	200												2		
金塔县高效节水灌溉项目(六)	1876	1000		1000	500		500								376	
金塔县中央财政小型农田水利工程 2015	1844	1000		1000	500		500									344
金塔县区小型农田水利建设(五)	2289	1400		1400	600		600								289	
瓜州县中央财政高效节水 2014(五)	2387	1400		1400	987		600					387				
瓜州县桥子1万~5万亩灌区（土地出让）2014	460				460		400					60				
瓜州县小型农田水利建设(五)	2400	1400		1400	1000		600					400				
瓜州县小型农田水利 2015 维修养护资金	101	100		100	1							1				
阿克塞小型农田水利 2015 维修养护	100	100		100												
玉门市中央财政高效节水 2014(五)	248				248							248				
玉门市中央财政高效节水 2014(六)	2059	1200		1200	700		700									159
玉门市小型农田水利建设(五)	2484	1400		1400	1000		600				400					84
玉门市高效节水灌溉项目(六)	2449	1500		1500	700		700									249
玉门市中央财政小型农田水利工程 2015	1113	600		600	295		295									218
酒泉市敦煌抗旱规划引调提水项目	1090	871			219								219			
敦煌市 2015 抗旱引调提水项目	1343	1343		1343												
敦煌市小型农田水利 2015 维修养护	270	270		270												
镇原吴家沟1万~5万亩灌区（土地出让）2014	702	600			60							60				42
合水县中央财政小农水重点县 2014	1936	650		650	1286		800						486			
正宁县四郎河1万~5万亩灌区（土地出让）	721	600			121								121			
西峰区中央财政统筹(土地出让)2014	200	200														
宁县中央财政统筹(土地出让)2014	204	200			4								4			
合水县中央财政统筹(土地出让)2014	200	200														
环县中央财政统筹(土地出让)2014	100	100														
镇原县抗旱规划引调提水项目	1196	1196														
华池县抗旱规划引调提水项目	901	901														

3–7 续表

单位：万元

项目	本年完成投资	中央政府投资			地方政府投资									企业和私人投资	国内贷款	其他投资
		小计	预算内拨款	中央财政水利专项资金	小计	预算内拨款	地方财政水利专项资金	水利建设基金	重大水利工程建设基金	土地出让收益	水资源费	自筹资金	其他资金			
环县抗旱规划引调提水项目	2021	2021														
西峰区小型农田水利 2015 维修养护	200	200		200												
庆城县 2015 抗旱引调提水项目(2)	893	698		698	195						195					
庆城县小型农田水利 2015 维修养护	100	100		100												
环县小型农田水利 2015 维修养护	100	100		100												
环县 2015 抗旱引调提水项目(3)	1780	1256		1256												524
华池县 2015 抗旱引调提水项目(2)	727	670		670	57						57					
合水县小型农田水利 2015 维修养护	200	200		200												
渭源县中央财政五小水利项目 2013	450															450
安定区抗旱应急调蓄工程	786	386		386	400								400			
通渭县中央财政小农水重点县 2014	868				780	380							400			88
通渭县中央财政统筹(土地出让)2014	100	100														
临洮县红旗1万~5万亩灌区（土地出让）2014	628	600														28
陇西县抗旱引调提水项目	1372	1372		1372												
渭源县中央财政五小水利 2014(五)	211				211		211									
临洮县小型农田水利 2015 维修养护	100	100		100												
临洮县中央财政五小水利(2014)	1649	1000		1000	649		500						149			
临洮县中央财政小农水五小水利 2015	1650	1000		1000	500		500									150
临洮县抗旱引调提水项目 2015	1567	1567		1567												
渭源县中央财政五小水利 2015	1350	1000		1000	350		350									
安定区 2015 年抗旱引调水工程	1660	1660		1660												
通渭县 2015 年抗旱引调提水项目	535	519		519												16
漳县小型农田水利 2015 维修养护	100	100		100												
康县中央财政统筹(土地出让)2014	1000	1000														
武都区中央财政统筹(土地出让)2014	300	300														
文县中央财政统筹(土地出让)2014	100	100														
徽县中央财政统筹(土地出让)2014	100	100														
西和县抗旱规划引调提水项目	1220	1220		1220												
礼县抗旱规划引调提水项目	1460	1206			254								254			

3-7 续表

单位:万元

项目	本年完成投资	中央政府投资			地方政府投资									企业和私人投资	国内贷款	其他投资
		小计	预算内拨款	中央财政水利专项资金	小计	预算内拨款	地方财政水利专项资金	水利建设基金	重大水利工程建设基金	土地出让收益	水资源费	自筹资金	其他资金			
武都区中央财政区域节水 2014(五)	1769	1000		1000	300		300									469
武都区中央财政区域节水 2014(六)	2619	1400		1400	600		600									619
武都区高效节水灌溉项目(六)	2154	1400		1400	600		600									154
武都区小型农田水利 2015 维修养护	300	300		300												
武都区水价改革及产权改革试点	100				100		100									
武都区中央财政小农水(区域节水)	1846	1000		1000	300		300									546
成县小型农田水利 2015 维修养护	100	100		100												
文县中央财政六小水利 2014(六)	780	300		300	200		200									280
文县高效节水灌溉项目(六)	770	300		300	200		200									270
文县小型农田水利 2015 维修养护	100	100		100												
康县小型农田水利 2015 维修养护	200	200		200												
西和县 2015 抗旱引调提水项目(2)	615	615		615												
礼县 2015 抗旱引调提水项目(3)	1724	1724		1724												
礼县小型农田水利 2015 维修养护	100	100		100												
徽县中央财政六小水利 2014(六)	538	300		300	200		200							38		
徽县小型农田水利 2015 维修养护	200	200		200												
徽县高效节水灌溉项目(六)	550	300		300	200		200								50	
民勤县中央财政小农水重点县 2014(5)	500				500		500									
民勤县 2014 年农业水价改革项目	500	500		500												
民勤县 2014 年高效节水灌溉项目	1250	750		750	500		500									
民勤县 2014 抗旱规划引调提水工程项目	1000	1000		1000												
两当县中央财政六小水利 2014(六)	694	300		300	200		200									194
两当县高效节水灌溉项目(六)	667	300		300	200		200									167
两当县小型农田水利 2015 维修养护	100	100		100												
东乡县中央财政五小水利项目 2013	652				500		500									152
东乡县水利工程维修养护(土地出让)																
永靖县五小水利工程(土地出让)	205															205
临夏市小型农田水利 2015 维修养护	100	100		100												
临夏县中央财政小农水重点县 2014	663	186		186												477

3–7 续表

单位：万元

项目	本年完成投资	中央政府投资			地方政府投资									企业和私人投资	国内贷款	其他投资
		小计	预算内拨款	中央财政水利专项资金	小计	预算内拨款	地方财政水利专项资金	水利建设基金	重大水利工程建设基金	土地出让收益	水资源费	自筹资金	其他资金			
临夏县 2014 年抗旱引调提水项目	206	206														
临夏县 2015 年抗旱引调提水项目	217	217		217												
康乐县中央财政统筹(土地出让)2014	68	55														13
康乐县小型农田水利 2015 维修养护资金	162	162		162												
永靖县中央财政统筹(土地出让)2014	1053	1000														53
永靖县 2014 抗旱引调提水项目	174	138														36
永靖县 2015 年抗旱引调水提水工程	208	208		208												
永靖县小型农田水利 2015 年维修养护	206	200		200												6
广河县 2014 年抗旱引调提水项目	214	189														25
广河县 2015 年中央财政小型农田水利	1370	1000		1000	370		370									
广河县 2015 三甲集抗旱应急水源配套	400	400		400												
广河县 2015 齐家镇抗旱应急水源配套	400	400		400												
和政县中央财政统筹(土地出让)2014	1154	1000														154
和政县 2014 年抗旱引调提水项目	232	232														
和政县小型农田水利 2015 维修养护	400	400		400												
和政县 2015 抗旱引调提水项目	485	485		485												
东乡县中央财政五小水利 2014(五)	864	190		190	500		500									175
东乡县 2014 年抗旱引调提水项目	167	167														
东乡县 2015 年抗旱引调提水项目	784	784		784												
东乡县中央财政五小水利项目 2015	1300	1000		1000	300		300									
积石山县中央财政五小水利 2014(五)	606	180		180	350		350									76
积石山县 2014 年抗旱引调提水项目	225	225														
积石山县中央财政五小水利 2015	1500	1000		1000	500		500									
积石山县 2015 抗旱应急水源配套工程	1185	1185		1185												
玛曲县水利工程维修项目(土地出让)	100	100														
卓尼县水利工程维修项目(土地出让)	100	100														
临潭县农田水利 2015 维修养护	100	100														
卓尼县小型农田水利 2015 维修养护	85	85		85												
舟曲县五小水利工程项目(土地出让)	1000	1000														

3–7 续表

单位：万元

项目	本年完成投资	中央政府投资			地方政府投资									企业和私人投资	国内贷款	其他投资
		小计	预算内拨款	中央财政水利专项资金	小计	预算内拨款	地方财政水利专项资金	水利建设基金	重大水利工程建设基金	土地出让收益	水资源费	自筹资金	其他资金			
舟曲县小型农田水利2015维修养护	200	200		200												
迭部县小型农田水利2015维修养护	100	100		100												
玛曲县小型农田水利2015维修养护	100	100		100												
夏河县中央财政小农水重点县2014	806				800		800									6
夏河县小型农田水利2015维修养护	100	100		100												
省农垦中央财政条山农场高效节水2013	267				145		145							122		
省农垦黑土洼农场高效节水(土地出让)	1115	700			300		300							115		
省农垦黄羊河农场高效节水(土地出让)	467													467		
省农垦八一农场中央财政节水2014(六)	2755	1400		1400	600		600							755		
省农垦生地湾农场中央财政节水2014(六)	753	242		242	100		100							411		
省农垦饮马农场中央财政节水2014(六)	756	250		250										506		
省农垦黄花农场中央财政节水2014(六)	1088	372		372	200		200							516		
省农垦张掖农场小型农田水利建设(五)	831	500		500	200		200									131
省农垦黑土洼农场高效节水灌溉(六)	1447	700		700	300		300							447		
省农垦黄花农场高效节水灌溉项目(六)	900	500		500	200		200							200		
省农垦饮马农场高效节水灌溉项目(六)	695	200		200	200		200							295		
省农垦饮马农场中央财政小农水2015	772	400		400	205		205							167		
敦煌农场小型农田水利建设(五)	991	400		400	100		100							491		
省农垦生地湾农场高效节水灌溉(六)	1020	500		500	200		200							320		
八一农场小型农田水利建设(五)	2701	1400		1400	600		600							701		
省农垦小型农田水利2015维修养护	300	300		300												
省农垦黄羊河农场高效节水灌溉(六)	1942	1400		1400										542		
省农垦黄羊河农场小型农田水利(五)	1126	500		500	200		200							426		
省农垦山丹农场高效节水灌溉项目(六)	962	500		500	200		200							199		63
省景电中央财政统筹(土地出让)2014	169	169														
省景电小型农田水利2015维修养护	400	400		400												
水库工程	132634	38769		38769	9584		6104	2500		980				1058	69370	13853
富川水库(抗旱规划内)	2386	2386		2386												
武威市杂木河毛藏寺水库工程	11853															11853

3-7 续表

单位：万元

项目	本年完成投资	中央政府投资			地方政府投资									企业和私人投资	国内贷款	其他投资
		小计	预算内拨款	中央财政水利专项资金	小计	预算内拨款	地方财政水利专项资金	水利建设基金	重大水利工程建设基金	土地出让收益	水资源费	自筹资金	其他资金			
天祝县二道墩水库	4500	4500		4500												
民乐县石灰窑水库	224	224		224												
临泽县红山湾水库工程	40000				2000			2000							36000	2000
山丹县白石崖水库(抗旱规划内)	1432	1432		1432												
山丹县大口子河水库工程	2558				1500			1500						1058		
山丹县西沟水库	1980														1980	
山丹县东沟水库	1740														1740	
崆峒区北杨涧水库(抗旱规划内)	5685	5685		5685												
泾川县朱家涧水库(抗旱规划内)	8226	8226		8226												
崇信县关河水库(抗旱规划内)	6591	6591		6591												
庄浪县花崖河水库(抗旱规划内)	4835	4835		4835												
阿克塞县工业园区水库	3104				104			104							3000	
酒泉循环经济产业园水源(大红泉水库)	16650														16650	
庆城县纸坊沟水库(抗旱规划内)	5870	4890		4890	980						980					
通渭县段家峡水库																
兰州新区 2 号 3 号石门沟水库	15000				5000			2500	2500						10000	
泵站工程	**42561**	**35451**	**35451**		**6046**		**846**					**250**	**4950**			**1064**
兰州市榆中三电泵站更新改造工程	1805	1000	1000		805		180						625			
兰州市皋兰县西电泵站更新改造工程	1652	1088	1088													564
兰州市工农坪泵站更新改造工程	2475	1850	1850		625		250						375			
兰州市大砂沟泵站更新改造工程	1866	1560	1560		306		306									
七里河区西津泵站更新改造工程	2860	2250	2250		110		110									500
白银市靖会泵站更新改造工程	8386	8386	8386													
景泰县中泉泵站更新改造工程	400	400	400													
白银市刘川泵站更新改造工程	2940	2940	2940													
白银市兴电泵站更新改造工程	2000	2000	2000													
白银市旱平川泵站更新改造工程	702	702	702													
靖远县 2014 年中堡泵站更新改造工程	975	975	975													
靖远县 2015 年中堡泵站更新改造工程	1000	1000	1000													

3-7 续表

单位:万元

项目	本年完成投资	中央政府投资			地方政府投资									企业和私人投资	国内贷款	其他投资
		小计	预算内拨款	中央财政水利专项资金	小计	预算内拨款	地方财政水利专项资金	水利建设基金	重大水利工程建设基金	土地出让收益	水资源费	自筹资金	其他资金			
平凉市白庙泵站更新改造工程	1000	1000	1000													
甘肃省景电泵站更新改造	14500	10300	10300		4200							250	3950			
其他灌溉除涝项目	7515	6715		6715												800
景泰县草窝滩镇排水工程																
临夏市大夏河风情线综合治理工程	800															800
永靖县刘盐八地质灾害灌区节水改造	6715	6715		6715												
供水项目	659513	217199	216260		158867	16505	69301	17588	26785		3316	1831	23541	13000	244112	26335
引水(调水)工程	426740	112752	111813		97026	14066	27200	14700	26785		1500		12775	13000	193027	10935
甘肃省引洮供水一期工程	24528	1268	1268		23260	1060	20700				1500					
靖远县双永供水工程																
兰州市水源地建设工程	150000				13006	13006									136994	
引洮供水一期榆中县配套工程	18500				6000				2000				4000		12500	
白银靖会甘沟干渠扩建及会宁城区供水	2875				2875								2875			
引洮一期工程会宁北部供水工程	30500	16800	16800		13700		6500	4000	2500				700			
秦州区2014年抗旱引调提水项目	1173	939														234
天祝县南阳山片下山入川供水工程	15950	15950	15950													
天祝县石门河调蓄引水工程	4700				4700								4700			
静宁县甘渭河庙堡调水工程	500				500			500								
肃北县马鬃山镇供水工程	17000													13000	4000	
盐环定扬黄续建工程调概算	6867				2500				2000				500		4367	
华池县葫芦河水源工程	1000				1000				1000							
引洮供水一期定西配套项目农村供水	20000														20000	
盐环定扬黄甘肃专用工程一期改造																
积石山引水工程	9285	800	800		8485			2200	6285							
临夏州引黄济临供水工程	15701				5000				5000							10701
引洮(博)济合供水工程	7327	7327	7327													
甘南州引洮入潭工程	2000				2000				2000							
兰州新区供水项目引大渠道除险加固	9150														9150	
甘肃引洮供水二期工程	69668	69668	69668													

3-7 续表

单位：万元

项目	本年完成投资	中央政府投资			地方政府投资									企业和私人投资	国内贷款	其他投资
		小计	预算内拨款	中央财政水利专项资金	小计	预算内拨款	地方财政水利专项资金	水利建设基金	重大水利工程建设基金	土地出让收益	水资源费	自筹资金	其他资金			
天水市城区引洮供水工程	20016				14000			8000	6000						6016	
人饮解困及饮水安全工程	**198506**	**95847**	**95847**		**56748**	**1439**	**42101**	**88**			**1816**	**1831**	**9473**		**37385**	**8526**
镇原县农村安全饮水项目	2545	1579	1579		966		797				169					
镇原县1236扶贫攻坚农村饮水安全2015	1395				1100								1100			295
榆中县农村饮水安全项目2015	8360	5125	5125		3235		3235									
皋兰县农村饮水安全项目2015	809	519	519		290		233						57			
兰州市农村饮水安全水质检测能力	670	670	670													
永登县2015年农村饮水安全工程	1417	584	584		833		739						94			
嘉峪关市农村饮水安全水质检测项目	112	84	84		28						28					
金昌市农村饮水安全水质检测中心	173	168	168		5							5				
会宁县农村饮水安全项目2015	10943	6849	6849		4094		3367						727			
白银市农村饮水安全水质监测能力	419	419	419													
白银区农村饮水安全项目2015	819	529	529		290		236						54			
景泰县农村饮水安全项目2015	1590	1116	1116		474		368						106			
靖远县2015年农村饮水安全项目	2891	2087	2087		804		556						248			
甘谷县农村饮水安全项目	7418	5379	5379		2039		1456					583				
天水市农村饮水安全水质检测能力	587	587	587													
秦州区农村饮水安全项目2015	3723	2494	2494		1229		982					247				
麦积区2015年农村饮水安全项目	8388	6494	6494		1894		1337					557				
清水县农村饮水安全项目	965	211	211		754		690					64				
秦安县农村饮水安全项目	2970	2181	2181		789		529					260				
武山县农村饮水安全项目示点(规划外)	3476														2607	869
武山县农村饮水安全(试点县规划外)	3601				665		665								2750	186
张家川县农村饮水安全项目(2015)	638	356	356		282		282									
武威市农村饮水安全水质监测能力	335	335	335													
凉州区农村饮水安全项目	716	490	490		226		154				72					
古浪县农村饮水安全项目	897	599	599		298		235				63					
天祝县藏区规划外农村饮水安全项目	5420	4048	4048		1372		838						534			
山丹县农村饮水安全(试点县规划外)	4617				574		459					115			4043	

3–7 续表

单位：万元

项目	本年完成投资	中央政府投资			地方政府投资									企业和私人投资	国内贷款	其他投资
		小计	预算内拨款	中央财政水利专项资金	小计	预算内拨款	地方财政水利专项资金	水利建设基金	重大水利工程建设基金	土地出让收益	水资源费	自筹资金	其他资金			
张掖市农村饮水安全水质检测能力	594	503	503		91								91			
甘州区农村饮水安全项目	5315	2998	2998		1964		1964									353
民乐县农村饮水安全项目	1892	1172	1172		594		594									126
平凉市农村饮水安全水质检测能力	586	586	586													
静宁县农村饮水安全项目 2015	1455	989	989		466		344						122			
崆峒区农村饮水安全项目 2015	813	353	353		460		406						54			
灵台县农村饮水安全项目 2015	903	501	501		402		342						60			
酒泉市农村饮水安全工程水质监测能力	586	586	586													
瓜州县农村饮水安全项目	622	413	413		209		130				60		19			
玉门市农村饮水安全项目	121	48	48		33		30				3					40
宁县农村饮水安全项目	2641	1600	1600		1041		866						175			
宁县 1236 扶贫攻坚农村饮水安全 2015	407				330								330			77
正宁县 1236 扶贫攻坚农村饮水安全 2015	407				275								275			132
庆阳市农村饮水安全水质监测能力	826	670	670		156								156			
西峰区 1236 扶贫攻坚农村饮水安全 2015	284				220								220			64
庆城县 2015 年规划外农村饮水安全	98				98			88					10			
庆城县 1236 扶贫攻坚农村饮水安全 2015	934				880								880			54
环县农村饮水安全项目	2073	649	649		814		32						782			610
环县 2015 年规划外农村饮水安全工程	13526				5700		5700								7826	
环县 1236 扶贫攻坚农村饮水安全 2015	4732				1980								1980			2752
华池县 1236 扶贫攻坚农村饮水安全 2015	839				440								440			399
华池县农村饮水安全项目	607	69	69		538		498				40					
合水县 1236 扶贫攻坚农村饮水安全 2015	276				276								276			
通渭县农村饮水安全(试点县规划外)	6825				643		643								5717	465
临洮县农村饮水安全项目 2015	1427	605	605		822		727						95			
岷县农村饮水安全项目	9175	7455	7455		1720		1720									
定西市农村饮水安全水质监测能力	586	586	586													
陇南市农村饮水安全水质检测能力	754	754	754													
两当县农村饮水安全(试点县规划外)	1067				1025		437						588		42	

3-7 续表

单位：万元

项目	本年完成投资	中央政府投资			地方政府投资									企业和私人投资	国内贷款	其他投资
		小计	预算内拨款	中央财政水利专项资金	小计	预算内拨款	地方财政水利专项资金	水利建设基金	重大水利工程建设基金	土地出让收益	水资源费	自筹资金	其他资金			
武都区农村饮水安全项目	6491	4812	4812		1679		1196				483					
成县农村饮水安全项目	1503	1076	1076		427		319				108					
文县农村饮水安全项目	906	619	619		287		227				60					
宕昌县农村饮水安全项目	1216	868	868		348		264				84					
西和县农村饮水安全项目	3698	2756	2756		942		644				298					
礼县农村饮水安全项目	5157	3458	3458		1699		1357				342					
徽县农村饮水安全项目	193	121	121		72		66				6					
临夏州农村饮水安全水质监测能力	670	670	670													
临夏市 2015 年度城郊农村饮水安全工程	614	124	124		239		239									251
临夏县 2015 年农村饮水安全(计划外)	4218				691		691								3527	
东乡县 2015 农村饮水安全(规划外)	7409				686		686								6723	
甘南州农村饮水安全水质检测能力	670	670	670													
合作市农村饮水安全项目 2014	1421														1103	318
合作市农村饮水安全项目 2015	1458	874	874		584		584									
合作市藏区规划外农村饮水安全	178	138	138		40		40									
临潭县农村饮水安全项目试点	1154				610		610								544	
临潭县藏区规划外农村饮水	329	271	271		58		58								456	523
卓尼县农村安全饮水项目 2014	979															
卓尼县农村饮水安全项目 2015	2497	1595	1595		902		902									
卓尼县藏区规划外农村饮水安全项目	1831	1438	1438		393		393									
舟曲县藏区规划外农村饮水安全	4326	3397	3397		929		929									
迭部县农村饮水安全项目 2014	84														84	
迭部县藏区规划外农村饮水安全	1538	1218	1218		320		320									
玛曲县农村饮水安全项目 2014	418															418
玛曲县农村饮水安全项目 2015	1177	968	968		209		209									
玛曲县藏区规划外农村饮水安全	2758	2163	2163		595		595									
碌曲县农村饮水安全项目 2014	2557														1963	594
碌曲县农村饮水安全项目 2015	872	707	707		165		165									
碌曲县藏区规划外农村饮水安全	167	151	151		16		16									

3-7 续表

单位:万元

项目	本年完成投资	中央政府投资			地方政府投资									企业和私人投资	国内贷款	其他投资
		小计	预算内拨款	中央财政水利专项资金	小计	预算内拨款	地方财政水利专项资金	水利建设基金	重大水利工程建设基金	土地出让收益	水资源费	自筹资金	其他资金			
夏河县农村饮水安全项目2015	2205	1489	1489		716	716										
夏河县藏区规划外农村饮水安全	3547	2824	2824		723	723										
其他供水工程	34266	8600	8600		5093	1000		2800					1293		13700	6873
镇原县北石窟旅游景区供水工程	463				463								463			
镇原县中盛产业配水工程	130				130								130			
山丹县城区供水管网工程																
金塔县北河湾循环产业区供水工程	4200				1000	1000									3200	
临洮县安家咀加水工程	826				800			800								26
陇西县引洮一期城区供水扩建工程	21347	7400	7400												10500	3447
积石山县县城区供水水源改扩建工程	4600	1200	1200													3400
武威市城乡融合黄羊土门组团供水(陆港)	2000				2000			2000								
靖远寺儿坪供水项目	700				700								700			
水务项目	4122	1140	330	810	320	320									2662	
城镇供水管线建设	600	280	280		320	320										
清水县城区自来水管网扩建工程	600	280	280		320	320										
污水处理工程	3110	860	50	810											2250	
临洮县污水处理厂配套管网工程	50	50	50													
山丹县城区生活污水处理工程	60	60		60												
民勤红沙岗污水处理厂及中水回用贮水池	3000	750		750											2250	
其他水务项目	412														412	
天水市城区供水高桥头引水枢纽工程	412														412	
水电开发利用	46594	10392	8592	1800	1150								1150	29870	4255	927
水力发电工程	25572	3900	3900											21672		
永昌县西大河二级水电站	6100	1100	1100											5000		
永昌县西大河总干渠1号水电站	619	300	300											319		
临泽县南台子一级水电站	1823													1823		
甘州区石庙一级水电站	677	240	240											437		
岷县天宝水电站	495													495		
岷县秦许水电站																

3-7 续表

单位:万元

项目	本年完成投资	中央政府投资			地方政府投资									企业和私人投资	国内贷款	其他投资
		小计	预算内拨款	中央财政水利专项资金	小计	预算内拨款	地方财政水利专项资金	水利建设基金	重大水利工程建设基金	土地出让收益	水资源费	自筹资金	其他资金			
两当县左家水电站																
东乡县达板水电站新增 2010	1524													1524		
康乐县杜家咀水电站																
临夏县卧龙沟水电站(4)																
康乐县纳沟水电站(4)																
合作市地乌尔水电站																
舟曲县天干沟水电站	260	260	260													
迭部县沟洁寺水电站	8759	1100	1100											7659		
迭部县阿夏水电站	950	200	200											750		
迭部县阿夏那盖水电站	1122	700	700											422		
夏河县安顺水电站																
夏河县和平桥水电站	3243													3243		
水电增效扩容	8769	1874	74	1800	1150								1150	4818		927
永昌县金川峡水库电站																
永昌县皇城水库电站																
永昌县头坝三号电站																
武威市凉州区南营水电站																
武威市凉州区黄羊水电站																
武威市凉州区西营总干电站	585	585		585												
山丹马场总场电力局 1 号水电站	1386	74	74											1312		
庆城县杨渠水电站																
武都区白鹤桥水电站	787	787		787												
武都区黄鹿坝水电站	1480													1480		
文县白水江林业局水电站	560													560		
文县慧达水电站	927															927
宕昌县何家堡水电站	1155	146		146	1009								1009			
礼县苗河水库坝后电站	271	130		130	141								141			
东乡县老虎嘴电站	262	152		152										110		
和政县炉子滩水电站	428													428		

3–7 续表

单位：万元

项目	本年完成投资	中央政府投资			地方政府投资									企业和私人投资	国内贷款	其他投资
		小计	预算内拨款	中央财政水利专项资金	小计	预算内拨款	地方财政水利专项资金	水利建设基金	重大水利工程建设基金	土地出让收益	水资源费	自筹资金	其他资金			
和政县达浪水电站	134													134		
和政县康家坪水电站	611													611		
和政县新营尕庄水电站	181													181		
康乐县虎关水电站	2													2		
合作市峡村电站																
夏河县白土坡水电站																
小水电代燃料	12254	4618	4618											3381	4255	
嘉峪关市南干渠小水电代燃料项目	950	551	551												399	
永昌县金川东小水电代燃料项目	130	130	130													
肃南县西营河一级小水电代燃料项目	3030	930	930											600	1500	
肃南县白银四级小水电代燃料项目	1311	258	258											153	900	
肃南县白银三级小水电代燃料项目	1777	519	519											158	1100	
肃南县白泉门一级小水电代燃料项目	3445	1430	1430											1659	356	
文县李子坝小水电代燃料项目	320	320	320													
合作市卡加曼小水电代燃料项目																
临潭县青石山小水电以电代燃料项目	95													95		
迭部县知子水电代燃料项目	690													690		
夏河县甫黄二级小水电代燃料项目	506	480	480											26		
水保及生态	68904	51638	26711	24927	2441		2441									14825
水土流失治理	68904	51638	26711	24927	2441		2441									14825
甘肃省坡耕地水土流失治理 2014(黄河)	2000	1400	1400													600
甘肃省坡耕地水土流失治理 2014(长江)	1800	1400	1400													400
甘肃省水土流失重点治理 2014(黄河)	6075	4860	4860													1215
甘肃省水土流失重点治理 2014(长江)	1600	1280	1280													320
甘肃省水土流失重点治理 2014(内陆)	500	400	400													100
甘肃省淤地坝新建及维修加固(2014)	575	460	460													115
甘肃省国家水土保持重点工程(2014)	11968	8378		8378												3590
甘肃省农业综合开发水土保持(2014)	4155	2484		2484		1416		1416								255
甘肃省国家水土保持重点工程(2015)	14060	10318		10318												3742

3-7 续表

单位：万元

项目	本年完成投资	中央政府投资			地方政府投资									企业和私人投资	国内贷款	其他投资
		小计	预算内拨款	中央财政水利专项资金	小计	预算内拨款	地方财政水利专项资金	水利建设基金	重大水利工程建设基金	土地出让收益	水资源费	自筹资金	其他资金			
甘肃省农业综合开发水土保持(2015)	5045	3747		3747	1025		1025									273
甘肃省淤地坝新建及维修加固(2015)	255	204	204													51
甘肃省坡耕地水土流失治理2015(黄河)	13669	10940	10940													2729
甘肃省坡耕地水土流失治理2015(长江)	4455	3569	3569													886
甘肃省水土流失重点治理2015(黄河)	2019	1615	1615													404
甘肃省水土流失重点治理2015(长江)	525	421	421													104
甘肃省水土流失重点治理2015(内陆)	203	162	162													41
机构能力建设专项	1781	1381	1381		400	400										
水文设施及能力建设	1581	1181	1181		400	400										
甘肃中小河流水文监测系统建设	1484	1084	1084		400	400										
甘肃水文水资源工程2013	97	97	97													
其他水利发展项目	200	200	200													
金昌市城市水资源实时监控与管理	200	200	200													
甘　肃	1587890	816065	461669	313341	302621	17637	140279	32366	30025	1587	9528	10922	60276	55617	324834	88754
兰州市	244520	52961	42946	7090	29075	13006	7953		2000	200			5916	158644	3840	
嘉峪关市	9081	5217	2217	3000	3465		1600			887	28		950		399	
金昌市	27948	13953	8893	5060	8676		3500					4232	944	5319		
白银市	116004	83236	60112	16980	30769		17959	5000	2500	300			5010		2000	
天水市	60751	38698	25590	7525	12299		6677					3471	2151		5357	4397
酒泉市	120177	53427	24914	26441	18861	1412	8534	774			1958	1249	4934	13002	27515	7373
张掖市	148777	58549	16928	39921	23876		13479	3500		200		1125	5572	10021	47619	8711
武威市	95115	59978	24880	33467	22165		13962				1897	535	5771			12973
定西市	84205	32734	18725	13309	9287		5547	800	450				2490	495	36217	5472
陇南市	71574	47910	24825	20378	15108		7631	462			1381		5634	4225	92	4239
平凉市	49863	47033	6796	33942	2805		1442	718					645			25
庆阳市	66022	25246	7701	11527	23634		9093	688	3000		1576	60	9217		12193	4949
临夏回族自治州	79980	30049	10159	16678	18809		4544	2700	11285				280	2990	10250	17882
甘南藏族自治州	74014	42399	37822	3377	12584	1439	5621	3234	2290					12885	4150	1996
省直属	339859	224675	149161	74645	71208	1780	32738	14490	8500		2688	250	10762	6679	20398	16897

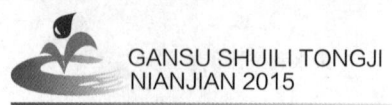

3-8 2015 年水利建设项目完成投资（按市州分）

单位：万元

项目	本年完成投资	中央政府投资				地方政府投资									企业和私人投资	国内贷款	其他投资
		小计	预算内拨款	中央财政水利专项资金	土地出让收益	小计	预算内拨款	地方财政水利专项资金	水利建设基金	重大水利工程建设基金	土地出让收益	水资源费	自筹资金	其他资金			
甘肃省	1587890	816065	461669	313341	41054	302621	17637	140279	32366	30025	1587	9528	10922	60276	55617	324834	88754
兰州市	244520	52961	42946	7090	2925	29075	13006	7953		2000	200			5916		158644	3840
兰州市榆中三电泵站更新改造工程	1805	1000	1000			805		180						625			
兰州市皋兰县西电泵站更新改造工程	1652	1088	1088														564
榆中县农村饮水安全项目 2015	8360	5125	5125			3235		3235									
榆中县中央财政高效节水 2014(五)	1849	560		560		800		600			200						489
榆中县中央统筹(土地出让)2014	1000	1000			1000												
榆中县抗旱引调提水项目 2014	925	925			925												
兰州市工农坪泵站更新改造工程	2475	1850	1850			625		250						375			
皋兰县农村饮水安全项目 2015	809	519	519			290		233						57			
兰州市大砂沟泵站更新改造工程	1866	1560	1560			306		306									
七里河区西津泵站更新改造工程	2860	2250	2250			110		110									500
红古区中央统筹(土地出让)2014	1268	1000			1000												268
榆中县中央财政小型农田水利(5)	2834	1400			1400		800		600					200			634
榆中县小型农田水利 2015 维修养护	100	100		100													
榆中县 2015 抗旱引调提水项目(3)	995	995		995													
兰州市水源地建设工程	150000					13006	13006									136994	
兰州市农村饮水安全水质检测能力	670	670	670														
西固区小型农田水利 2015 维修养护	100	100		100													
兰州市黄河干流防洪工程	28000	28000	28000														
引洮供水一期榆中县配套工程	18500					6000				2000				4000		12500	
红古区中央财政高效节水 2014(五)	830	200		200		400		400									230
红古区小型农田水利建设(五)	1452	700		700		310		300						10			442
红古区小型农田水利 2015 维修养护	100	100		100													
永登县高效节水项目 2014(五)	1103					600		400						200			503
永登县 2015 年高效节水灌溉示范项目	2490	1400		1400		880		600						280			210
永登县 2015 年抗旱引调提水项目	1295	1295		1295													
2015 年永登县牧区节水灌溉示范项目	375	300	300			75								75			

3-8 续表

单位：万元

项目	本年完成投资	中央政府投资				地方政府投资									企业和私人投资	国内贷款	其他投资
		小计	预算内拨款	中央财政水利专项资金	土地出让收益	小计	预算内拨款	地方财政水利专项资金	水利建设基金	重大水利工程建设基金	土地出让收益	水资源费	自筹资金	其他资金			
永登县2015年水利工程维修养护项目	100	100		100													
永登县2015年农村饮水安全工程	1417	584	584			833		739						94			
皋兰2015年农田水利设施维修养护项目	100	100		100													
皋兰县西岔中型灌区农业综合开发2015	40	40		40													
兰州新区供水项目引大渠道除险加固	9150															9150	
嘉峪关市	**9081**	**5217**	**2217**	**3000**		**3465**		**1600**			**887**	**28**		**950**		**399**	
嘉峪关市农村饮水安全水质检测项目	112	84	84			28						28					
讨赖河嘉峪关安远沟村至嘉酒河道治理	2532	1582	1582			950								950			
嘉峪关市中央财政高效节水2015(五)	2100	1400		1400		700		600			100						
嘉峪关市高效节水灌溉项目2015(六)	1600	1000		1000		600		500			100						
嘉峪关市小型农田水利维修养护2015年	300	300		300													
嘉峪关中央财政高效节水2013(五)	87					87					87						
嘉峪关中央财政高效节水2014(五)	350					350					350						
嘉峪关中央财政高效节水2014(六)	1050	300		300		750		500			250						
嘉峪关市南干渠小水电代燃料项目	950	551	551													399	
金昌市	**27948**	**13953**	**8893**	**5060**		**8676**		**3500**					**4232**	**944**	**5319**		
永昌县金川东小水电代燃料项目	130	130	130														
永昌县金川峡水库电站																	
永昌县皇城水库电站																	
永昌县头坝三号电站																	
永昌县老人头水库除险加固	280	260		260		20								20			
永昌县中央财政高效节水2014(五)	1309	100		100		1209		800					409				
金川区中央财政高效节水2014(六)	668	300		300		368		200						168			
永昌县中央财政高效节水2014(六)	1106	100		100		1006		500						506			
金昌市城市水资源实时监控与管理	200	200	200														
石羊河流域重点治理2014(金昌市)	3217	2895	2895			322							322				
金昌市农村饮水安全水质检测中心	173	168	168			5							5				
金川河金昌市河西堡至宁远堡段防洪	1667	1000	1000			667							667				

3–8 续表

单位：万元

项目	本年完成投资	中央政府投资				地方政府投资									企业和私人投资	国内贷款	其他投资
		小计	预算内拨款	中央财政水利专项资金	土地出让收益	小计	预算内拨款	地方财政水利专项资金	水利建设基金	重大水利工程建设基金	土地出让收益	水资源费	自筹资金	其他资金			
金川河金川区王家大砂沟至南环路桥防洪	3000	1800	1800			1200							1200				
永昌县西大河二级水电站	6100	1100	1100												5000		
永昌县西大河总干渠1号水电站	619	300	300												319		
永昌县金川河工农渠首泄洪闸除险加固	1250	1000	1000			250								250			
金川区高效节水灌溉项目(六)	637	300		300		337		200					137				
金川区中央财政小型农田水利工程2015	1697	1000		1000		697		500					197				
金川区小型农田水利2015维修养护项目	200	200		200													
永昌县小型农田水利建设(五)	2636	1400		1400		1236		600					636				
永昌县高效节水灌溉项目(六)	783	300		300		483		200					283				
永昌县中央财政小型农田水利工程2015	1774	1000		1000		774		500					274				
永昌县小型农田水利2015维修养护	127	100		100		27							27				
永昌县牧区节水灌溉示范项目	375	300	300			75							75				
白银市	116004	83236	60112	16980	6144	30769		17959	5000	2500	300			5010		2000	
靖远县双永供水工程																	
白银市靖会泵站更新改造工程	8386	8386	8386														
景泰县中泉泵站更新改造工程	400	400	400														
白银市刘川泵站更新改造工程	2940	2940	2940														
白银市兴电泵站更新改造工程	2000	2000	2000														
白银市旱平川泵站更新改造工程	702	702	702														
白银靖会甘沟干渠扩建及会宁城区供水	2875					2875								2875			
兴电灌区齐家大岘隧洞除险加固	3000					1000			1000							2000	
靖远县中央财政高效节水灌溉项目2013	800	560		560		240		240									
靖远县2013水利工程维修养护(土地出让)	120	120			120												
白银区中央财政高效节水灌溉项目2013	250	100		100		150		150									
引洮一期工程会宁北部供水工程	30500	16800	16800			13700		6500	4000	2500				700			
祖厉河会宁县城区段防洪工程																	
景泰县中央财政高效节水灌溉项目2013	610	190		190		420		420									
景泰县中央财政景电农场节水灌溉2013	810	210		210		600					300			300			

3-8 续表

单位:万元

项　　目	本年完成投资	中央政府投资				地方政府投资									企业和私人投资	国内贷款	其他投资
		小　计	预算内拨款	中央财政水利专项资金	土地出让收益	小　计	预算内拨款	地方财政水利专项资金	水利建设基金	重大水利工程建设基金	土地出让收益	水资源费	自筹资金	其他资金			
景泰县中央财政节水灌溉(土地出让)	300	300			300												
会宁县米峡水库除险加固工程	260	260		260													
靖远县 2014 年中堡泵站更新改造工程	975	975	975														
祖历河靖远县 2014 庄口至罗家湾防洪	2325	2325	2325														
祖历河靖远县苏家湾至黑城子段堤防	1584	1584	1584														
靖远县高效节水灌溉(土地出让)2014	910	910			910												
靖远县中央财政高效节水 2014(五)	1254	654		654		600		600									
白银区农业水价改革(土地出让)2014	868	768			768	100		100									
白银区中央财政高效节水 2014(五)	300					300		300									
白银区五小水利工程(土地出让)2014	744	744			744												
会宁 2014 年抗旱引调提水项目	1622	1622			1622												
会宁县中央财政高效节水 2014(五)	422					422		422									
会宁县高效节水灌溉(土地出让)2014	880	880			880												
景泰县中央财政小农水重点县 2014	1400	600		600		800		800									
景泰县中央财政高效节水 2014(五)	1160	560		560		600		600									
景泰县抗旱规划引调提水项目(2014)	600	600			600												
平川区中央财政高效节水 2014(五)	1440	840		840		600		600									
靖远县 2014 年抗旱引调提水项目	628	628		628													
景泰水利工程维修养护(土地出让)2014	200	200			200												
会宁县农村饮水安全项目 2015	10943	6849	6849			4094		3367						727			
会宁县 2015 年抗旱引调提水项目	1355	1355		1355													
平川区小型农田建设 2015(五)	2000	1400		1400		600		600									
白银区工农渠灌区农业综合开发																	
会宁县中央财政高效节水 2015(五)	2000	1400		1400		600		600									
会宁县 2015 年维修养护项目	200	200		200													
白银市农村饮水安全水质监测能力	419	419	419														
黄河干流白银市防洪治理工程	12000	12000	12000														
平川区小型农田水利 2015 维修养护资金	100	100		100													

3-8 续表

单位：万元

项　　目	本年完成投资	中央政府投资				地方政府投资									企业和私人投资	国内贷款	其他投资
		小计	预算内拨款	中央财政水利专项资金	土地出让收益	小计	预算内拨款	地方财政水利专项资金	水利建设基金	重大水利工程建设基金	土地出让收益	水资源费	自筹资金	其他资金			
白银区小型农田水利建设(五)2015	1000	700		700		300		300									
白银区 2015 小型农水利维修养护资金	600	600		600													
白银区东大沟民勤村至城区段治理工程	777	777		777													
白银区农村饮水安全项目 2015	819	529	529			290		236						54			
景泰县农村饮水安全项目 2015	1590	1116	1116			474		368						106			
景泰县草窝滩镇排水工程																	
景泰县中央财政小型农田水利建设 2015	2000	1400		1400		600		600									
景泰县 2015 年抗旱引调提水项目	1485	1485		1485													
景泰县小型农田水利 2015 年维修养护	200	200		200													
靖远县 2015 年高效节水灌溉示范项目	2000	1400		1400		600		600									
靖远县 2015 年农村饮水安全项目	2891	2087	2087			804		556						248			
靖远县 2015 年中堡泵站更新改造工程	1000	1000	1000														
靖远县 2015 年抗旱引调提水项目	1262	1262		1262													
靖远县 2015 年小型农田水利维修养护资金	100	100		100													
天水市	60751	38698	25590	7525	5584	12299		6677					3471	2151		5357	4397
甘谷县清溪河礼辛乡寨子至慰坪堤防工程																	
甘谷县农村饮水安全项目	7418	5379	5379			2039		1456					583				
甘谷县 2015 抗旱引调提水工程	299	299		299													
甘谷县中央财政小型水利五小水利 2015	1560	1000		1000		500		500									60
天水市农村饮水安全水质检测能力	587	587	587														
秦州区中央财政统筹(土地出让)2014	610	600			600												10
秦州区 2014 年抗旱引调提水项目	1173	939			939												234
秦州区1万~5万亩灌区（土地出让）	614	600			600												14
秦州区农村饮水安全项目 2015	3723	2494	2494			1229		982					247				
秦州区 2015 年抗旱引调提水工程	1041	1041		1041													
秦州区小型农田水利 2015 维修养护	200	200		200													
麦积区渭河城区段南堤防治理																	
葫芦河麦积区四合村至入渭河口段治理	1744	515	515			1229								1229			

3-8 续表

单位：万元

项目	本年完成投资	中央政府投资				地方政府投资									企业和私人投资	国内贷款	其他投资
		小计	预算内拨款	中央财政水利专项资金	土地出让收益	小计	预算内拨款	地方财政水利专项资金	水利建设基金	重大水利工程建设基金	土地出让收益	水资源费	自筹资金	其他资金			
渭河麦积区琥珀至新阳段治理工程	1582	660	660			922								922			
麦积区2015年农村饮水安全项目	8388	6494	6494			1894		1337					557				
麦积区小型农田水利2015年维修养护	202	200		200													2
清水县后川河杜川至王店段堤防工程	465	365		365													100
清水县五小水利工程(土地出让)	251	245			245												6
清水县水利工程维修项目(土地出让)	200	200			200												
清水县2014年抗旱引调提水项目	884	884			884												
清水县农村饮水安全项目	965	211	211			754		690					64				
清水县2015抗旱引调提水项目	499	499		499													
清水县小型农田水利2015维修养护	100	100		100													
葫芦河秦安县叶堡桥头至安坪村段治理	2955	1773	1773														
秦安县南小河王尹马河至兴国凤山段堤防																	
秦安县中央财政统筹(土地出让)2014	1100	1100			1100												
葫芦河秦安县李河至刘沟村防洪治理	2024	1215	1215			809							809				
葫芦河秦安县安伏至叶堡大桥段治理	2376	1425	1425			951							951				
秦安县2015抗旱引调水提水项目	436	436		436													
秦安县农村饮水安全项目	2970	2181	2181			789		529					260				
甘谷县上南河至杨赵村段治理工程	565																565
甘谷县2014年抗旱引调提水项目	520	416			416												104
武山县2014年度小型农田水利重点县	564	292		292		156		156									116
武山县山丹河口至西关渭河大桥段治理	1097	520	520														578
武山县高效节水灌溉项目(土地出让)	80					80		80									
武山县1万~5万亩灌区改造（土地出让）	705	600			600												105
武山县车家川至山丹河口段治理	2046	1780	1780														266
武山县农村饮水安全项目示点(规划外)	3476															2607	869
武山县2015抗旱引调提水工程	407	407		407													
武山县小型农田水利2015维修养护项目	200	200		200													
武山县农村饮水安全(试点县规划外)	3601					665		665								2750	186

3-8 续表

单位：万元

项　目	本年完成投资	中央政府投资				地方政府投资									企业和私人投资	国内贷款	其他投资
		小　计	预算内拨款	中央财政水利专项资金	土地出让收益	小　计	预算内拨款	地方财政水利专项资金	水利建设基金	重大水利工程建设基金	土地出让收益	水资源费	自筹资金	其他资金			
富川水库(抗旱规划内)	2386	2386		2386													
张家川县农村饮水安全项目(2015)	638	356	356			282		282									
张家川县小型农田水利2015维修养护	100	100		100													
酒泉市	120177	53427	24914	26441	2071	18861	1412	8534	774			1958	1249	4934	13002	27515	7373
瓜州县榆林河水库除险加固工程	401	400		400		1								1			
敦煌市野麻湾水库除险加固工程	437	371		371		66								66			
玉门市青山水库除险加固工程	589	580		580													9
敦煌水资源规划项目(酒泉市)2014	13416	7982	7982														5434
肃州区中央财政统筹(土地出让)2014	100	100			100												
瓜州县中央财政统筹(土地出让)2014	343	300			300	43							43				
酒泉市中央财政统筹(土地出让)2014	600	600			600												
酒泉市农村饮水安全工程水质监测能力	586	586	586														
敦煌水资源规划项目(河道归束)2015	4364	2848	2848			1516								1516			
酒泉市肃州区清水河堤防及河道治理	400	400		400													
酒泉市肃州区丰乐河堤防及河道治理	800	800		800													
肃州区中央财政高效节水2014(五)	1129					1129		308						821			
肃州区规模化节水灌溉增效示范项目	1625	1300	1300			325								325			
肃州区中央财政高效节水2014(六)	1904	1000		1000		904		500						404			
肃州区规模化节水增效示范(2013–2016)	5430	4365		4365		1065						1065					
肃州区小型农田水利建设(五)	2578	1400		1400		1178		550						628			
肃州区高效节水灌溉项目(六)	1945	1000		1000		945		421						524			
肃州区小型农田水利2015维修养护资金	100	100		100													
肃州区红山河马鬃门排砂闸除险加固	1023	821	821			202						202					
金塔县中央财政高效节水2014(五)	2027	1100		1100		600		600									327
金塔县中央财政高效节水2014(六)	1910	1000		1000		500		500									410
金塔县中央财政统筹(土地出让)2014	202	200			200										2		
黑河金塔县五爱至友好段河道治理	1540	1540	1540														
黑河金塔县常丰至中丰村段防洪治理	738	738	738														

3-8 续表

单位：万元

项目	本年完成投资	中央政府投资				地方政府投资									企业和私人投资	国内贷款	其他投资
		小计	预算内拨款	中央财政水利专项资金	土地出让收益	小计	预算内拨款	地方财政水利专项资金	水利建设基金	重大水利工程建设基金	土地出让收益	水资源费	自筹资金	其他资金			
金塔县高效节水灌溉项目(六)	1876	1000		1000		500		500								376	
金塔县中央财政小型农田水利工程 2015	1844	1000		1000		500		500									344
金塔县区小型农田水利建设(五)	2289	1400		1400		600		600								289	
金塔县北河湾循环产业区供水工程	4200					1000	1000									3200	
瓜州县牧区节水灌溉示范项目 2014	501	400	400			101								101			
瓜州县中央财政高效节水 2014(五)	2387	1400		1400		987		600					387				
瓜州县桥子1万~5万亩灌区（土地出让）2014	460					460		400					60				
瓜州县农村饮水安全项目	622	413	413			209		130				60		19			
瓜州县小型农田水利建设(五)	2400	1400		1400		1000		600					400				
瓜州县小型农田水利 2015 维修养护资金	101	100		100		1							1				
肃北县牧区节水灌溉示范项目 2014	510	400	400			110							110				
肃北县马鬃山镇供水工程	17000														13000	4000	
阿克塞县牧区节水灌溉示范项目 2014	500	400	400														100
阿克塞县工业园区水库	3104					104			104							3000	
阿克塞小型农田水利 2015 维修养护	100	100		100													
玉门市中央财政高效节水 2014(五)	248					248							248				
玉门市中央财政高效节水 2014(六)	2059	1200		1200		700		700									159
玉门市小型农田水利建设(五)	2484	1400		1400		1000		600				400					84
玉门市高效节水灌溉项目(六)	2449	1500		1500		700		700									249
玉门市中央财政小型农田水利工程 2015	1113	600		600		295		295									218
玉门市农村饮水安全项目	121	48	48			33		30				3					40
酒泉循环经济产业园水源(大红泉水库)	16650															16650	
酒泉市敦煌抗旱规划引调提水项目	1090	871			871	219								219			
敦煌市规模化节水灌溉增效示范项目	1326	1051	1051			275								275			
敦煌市规模化节水增效(2013–2016)	1440	1212		1212		228						228					
敦煌市 2015 抗旱引调提水项目	1343	1343		1343													
敦煌市小型农田水利 2015 维修养护	270	270		270													
敦煌水资源规划项目(党河灌区)2015	6832	6387	6387			445	412							33			

3-8 续表

单位：万元

项目	本年完成投资	中央政府投资				地方政府投资									企业和私人投资	国内贷款	其他投资
		小计	预算内拨款	中央财政水利专项资金	土地出让收益	小计	预算内拨款	地方财政水利专项资金	水利建设基金	重大水利工程建设基金	土地出让收益	水资源费	自筹资金	其他资金			
疏勒河干流瓜州县城区段河道治理	670					670			670								
张掖市	148777	58549	16928	39921	1700	23876		13479	3500		200		1125	5572	10021	47619	8711
肃南县西营河一级小水电代燃料项目	3030	930	930												600	1500	
张掖市酥油口水库除险加固	300	300		300													
山丹县马营河大马营段河道治理工程	600	600		600													
高台县中央财政高效节水 2014(六)	1863	1000		1000		700		500					200				163
山丹县抗旱规划引调提水项目 2014	1355	746		746											609		
山丹县中央财政高效节水 2014(六)	3218	1700		1700		1300		900					400				218
甘州区上三灌区农业综合开发项目	1500	1000		1000		400		162						238			100
肃南县白银四级小水电代燃料项目	1311	258	258												153	900	
肃南县白银三级小水电代燃料项目	1777	519	519												158	1100	
肃南县白泉门一级小水电代燃料项目	3445	1430	1430												1659	356	
石羊河流域重点治理 2014(张掖市)	300	270	270														30
肃南县前滩1万~5万亩灌区（土地出让）2014	620	600			600	10							10				10
民乐县童子坝灌区农业综合开发项目	1500	1000		1000		400		180						220			100
民乐县石灰窑水库	224	224		224													
临泽县小东沟河新柳至西街农田防护	400	400		400													
甘州区中央财政高效节水 2014(六)	2038	1000		1000		800		500					300				238
民乐县中央财政高效节水 2014(六)	1866	1000		1000		600		500						100			266
临泽县南台子一级水电站	1823														1823		
山丹县农村饮水安全(试点县规划外)	4617					574		459					115			4043	
民乐县农业水价改革(土地出让)2014	1172	1000			1000	172					100			72			
高台县中央财政统筹(土地出让)2014	322	200		200													122
山丹县中央财政统筹(土地出让)2014	100	100			100												
临泽县中央财政统筹(土地出让)2014	180	100		100		20								20			60
肃南县中央财政统筹(土地出让)2014	1264	1000		1000		100							100				164
山丹马场中央财政高效节水 2014(五)	1211	679		679											532		
山丹马场总场电力局 1 号水电站	1386	74	74												1312		

3-8 续表

单位:万元

项目	本年完成投资	中央政府投资				地方政府投资									企业和私人投资	国内贷款	其他投资
		小计	预算内拨款	中央财政水利专项资金	土地出让收益	小计	预算内拨款	地方财政水利专项资金	水利建设基金	重大水利工程建设基金	土地出让收益	水资源费	自筹资金	其他资金			
张掖市农村饮水安全水质检测能力	594	503	503			91								91			
山丹县小型农田水利建设2015(五)	2760	1400		1400		1100		600						500			260
高台县天城湖水库除险加固2014	400	400		400													
黑河张掖市高台县六坝至双丰段河道	1819	1819	1819														
黑河高台县西腰墩水库至刘家深湖防洪	1007	740	740			267								267			
高台县农业水价改革(土地出让)2015	1100	1000	1000			100					100						
高台县小型农田水利2015维修养护	500	500		500													
高台县小型农田水利建设2015(五)	2567	1400		1400		900		600						300			267
高台县高效节水灌溉项目2015(六)	1967	1000		1000		700		500						200			267
高台县中央财政小型农田水利2015(七)	1801	1000		1000		580		500						80			221
高台县小海子水库除险加固工程																	
山丹县高效节水灌溉项目2015(六)	2892	1700		1700		1100		900						200			92
临泽县小型农田水利2015维修养护	100	100		100													
临泽县小型农田水利建设2015(五)	2609	1400		1400		900		600						300			309
临泽县梨园河仙山口至西总干渠河道	2040	1224	1224			816								816			
黑河临泽县鸭暖小鸭至暖泉河道治理	2846	1708	1708			1138								1138			
临泽县红山湾水库工程	40000					2000			2000							36000	2000
山丹县中央财政小农水2015(七)	2095	1000		1000		800		500						300			295
甘州区高效节水灌溉项目2015(六)	1822	1000		1000		630		500						130			192
甘州区中央财政小型农田水利2015(五)	2352	1400		1400		800		600						200			152
甘州区小型农田水利2015维修养护	300	300		300													
甘州区农村饮水安全项目	5315	2998	2998			1964		1964									353
黑河甘州区兰新铁路桥至支家崖河道	1787	1787	1787														
黑河甘州区国道312至兰新铁路河道	1256	1256	1256														
甘州区石庙一级水电站	677	240	240												437		
山丹县2015抗旱引调水项目	1487	1055		1055											432		
山丹县白石崖水库(抗旱规划内)	1432	1432		1432													
山丹县大口子河水库工程	2558					1500			1500						1058		

3-8 续表

单位:万元

项目	本年完成投资	中央政府投资				地方政府投资									企业和私人投资	国内贷款	其他投资
		小计	预算内拨款	中央财政水利专项资金	土地出让收益	小计	预算内拨款	地方财政水利专项资金	水利建设基金	重大水利工程建设基金	土地出让收益	水资源费	自筹资金	其他资金			
山丹县西沟水库	1980															1980	
山丹县东沟水库	1740															1740	
肃南县小型农田水利建设 2015(五)	2315	1400		1400		620		420						200			295
肃南县小型农田水利 2015 维修养护	200	200		200													
民乐县 2015 抗旱引调提水项目	621	479		479													142
民乐县高效节水灌溉项目 2015(六)	1814	1000		1000		600		500						100			214
民乐县小型农田水利建设 2015(五)	2550	1400		1400		700		600						100			450
民乐县中央财政小型农田水利 2015(七)	1030	600		600		300		300									130
民乐县水利工程维修养护 2014-2015	400	400		400													
民乐县农村饮水安全项目	1892	1172	1172			594		594									126
山丹马场 2014 年高效节水(六)	1128	400		400		300		300							428		
山丹马场小型农田水利建设 2015(五)	1133	700		700											433		
山丹马场高效节水灌溉项目 2015(六)	1088	400		400		300		300							388		
山丹县城区供水管网工程																	
甘州区规模化节水灌溉示范(2013-2016)	7382	5906		5906													1476
武威市	**95115**	**59978**	**24880**	**33467**	**1631**	**22165**		**13962**				**1897**	**535**	**5771**			**12973**
武威市杂木河毛藏寺水库工程	11853																11853
武威市农村饮水安全水质监测能力	335	335	335														
武威市凉州区南营水电站																	
武威市凉州区黄羊水电站																	
武威市凉州区西营总干电站	585	585		585													
凉州区规模化节水灌溉增效示范 2014	1225	900	900			325								325			
凉州区中央财政高效节水 2014(五)	2100	900		900		1200		1200									
凉州区中央财政高效节水 2014(六)	2600	1600		1600		1000		1000									
凉州区 2014 抗旱规划引调提水项目	1481	1481			1481												
凉州区农村饮水安全项目	716	490	490			226		154				72					
凉州区规模化节水增效示范(2013-2016)	5007	4006		4006		1001						1001					
凉州区中央财政小型农田水利建设(五)	4000	2800		2800		1200		1200									

3–8 续表

单位：万元

项　　目	本年完成投资	中央政府投资				地方政府投资									企业和私人投资	国内贷款	其他投资
		小　计	预算内拨款	中央财政水利专项资金	土地出让收益	小　计	预算内拨款	地方财政水利专项资金	水利建设基金	重大水利工程建设基金	土地出让收益	水资源费	自筹资金	其他资金			
凉州区高效节水灌溉项目(六)	3000	2000		2000		1000		1000									
凉州区 2015 年抗旱引调提水工程	412	412		412													
石羊河凉州区松涛寺至红水河入河口防洪	1749	988	988			761						761					
凉州区农业水价综合改革(土地出让)	100					100		100									
凉州区小型农田水利 2015 维修养护	300	300		300													
民勤县 2015 年抗旱引调提水项目	800	800		800													
民勤县农业水价综合改革(土地出让)	100					100		100									
民勤县中央财政小型农田水利建设(5)	3000	1400		1400		1600		1600									
民勤县中央财政小农水重点县 2015(五)	500	500		500													
民勤县高效节水灌溉项目(六)	1500	1000		1000		500		500									
民勤县中央财政小型农田水利工程 2015	1500	1000		1000		500		500									
民勤县小型农田水利 2015 维修养护	500	500		500													
石羊河民勤县野马泉下案段河道治理	1380	920	920			460							460				
民勤县牧区节水灌溉示范项目 2015	375	300	300			75							75				
古浪县中央财政高效节水灌溉 2013	992					510		510									482
古浪县中央财政小农水重点县 2014	1389	110		110		800		800									479
古浪县中央财政统筹(土地出让)2014	157	150		150													7
古浪县中央财政高效节水 2014(六)	1420	768		768		500		500									152
古浪县中央财政高效节水 2014(五)	1017	417		417		600		600									
古浪县抗旱规划引调提水项目	1012	1012		1012													
古浪县农村饮水安全项目	897	599	599			298		235				63					
古浪县小型农田水利建设(五)	2000	1400		1400		600		600									
古浪县高效节水灌溉项目(六)	1500	1000		1000		500		500									
古浪县 2015 抗旱引调提水项目	697	697		697													
古浪县中央财政小型农田水利工程 2015	1425	1000		1000		425		425									
古浪县小型农田水利 2015 维修养护	100	100		100													
古浪县大靖河灌区农业综合开发	210	210		210													
古浪县古浪河朱家庄–龙泉寺治理	1200	1200		1200													

3–8 续表

单位：万元

项　目	本年完成投资	中央政府投资				地方政府投资									企业和私人投资	国内贷款	其他投资
		小　计	预算内拨款	中央财政水利专项资金	土地出让收益	小　计	预算内拨款	地方财政水利专项资金	水利建设基金	重大水利工程建设基金	土地出让收益	水资源费	自筹资金	其他资金			
天祝县牧区节水灌溉示范项目 2014	450	350	350			100								100			
天祝县中央财政高效节水 2014(六)	612	200		200		412		300						112			
天祝县南阳山片下山入川供水工程	15950	15950	15950														
天祝县二道墩水库	4500	4500	4500														
天祝县藏区规划外农村饮水安全项目	5420	4048	4048			1372		838						534			
天祝县石门河调蓄引水工程	4700					4700								4700			
天祝县高效节水灌溉项目(六)	1000	700		700		300		300									
天祝县小型农田水利 2015 维修养护	100	100		100													
民勤县中央财政小农水重点县 2014(5)	500					500		500									
民勤县 2014 年农业水价改革项目	500	500		500													
民勤县 2014 年高效节水灌溉项目	1250	750		750		500		500									
民勤县 2014 抗旱规划引调提水工程项目	1000	1000		1000													
定西市	84205	32734	18725	13309	700	9287		5547	800	450				2490	495	36217	5472
渭源县中央财政五小水利项目 2013	450																450
临洮县安家咀加水工程	826					800			800								26
洮河岷县齐家庄至石头咀段防洪	1500	1203	1203			297								297			
岷县天宝水电站	495														495		
陇西县三十里铺至四十里铺治理																	
临洮县溥济渠灌区农业综合开发	574	288		288		286		286									
渭源县峡口水库除险加固																	
安定区七一水库除险加固																	
安定区关川河大碱沟治理工程																	
安定区抗旱应急调蓄工程	786	386		386		400								400			
通渭县中央财政小农水重点县 2014	868					780		380						400			88
通渭县中央财政统筹(土地出让)2014	100	100			100												
通渭县段家峡水库																	
陇西王家营至河浦段堤防工程																	
陇西县首阳镇双泉公路桥至水月坪段治理																	

3-8 续表

单位：万元

项目	本年完成投资	中央政府投资				地方政府投资									企业和私人投资	国内贷款	其他投资
		小计	预算内拨款	中央财政水利专项资金	土地出让收益	小计	预算内拨款	地方财政水利专项资金	水利建设基金	重大水利工程建设基金	土地出让收益	水资源费	自筹资金	其他资金			
临洮县三甲电站至姬家河大桥防洪治理	878	878	878														
临洮县红旗1万~5万亩灌区（土地出让）2014	628	600			600												28
陇西县抗旱引调提水项目	1372	1372		1372													
渭源县石门灌区农业综合开发项目	1230	1000		1000		230		230									
渭源县中央财政五小水利2014(五)	211					211		211									
漳县龙川河草川坪至魏下段堤防工程	300	300		300													
临洮县小型农田水利2015维修养护	100	100		100													
临洮县中央财政五小水利(2014)	1649	1000		1000		649		500						149			
临洮县中央财政小农水五小水利2015	1650	1000		1000		500		500									150
临洮县抗旱引调提水项目2015	1567	1567		1567													
陇西县引洮一期城区供水扩建工程	21347	7400	7400													10500	3447
渭源县中央财政五小水利2015	1350	1000		1000		350		350									
安定区2015年抗旱引调水工程	1660	1660		1660													
安定区规模化节水综合灌溉示范2015	3771	3017		3017		754								754			
通渭县农村饮水安全(试点县规划外)	6825					643		643								5717	465
临洮县农村饮水安全项目2015	1427	605	605			822		727						95			
通渭县2015年抗旱引调提水项目	535	519		519													16
岷县农村饮水安全项目	9175	7455	7455			1720		1720									
定西市农村饮水安全水质监测能力	586	586	586														
漳县牧区节水灌溉示范项目2015	375	300	300			75								75			
漳县小型农田水利2015维修养护	100	100		100													
引洮供水一期定西配套项目农村供水	20000															20000	
岷县秦许水电站																	
洮河干流临洮县新添段堤防工程	1870	298	298			770				450				320			802
陇南市	71574	47910	24825	20378	2706	15108		7631	462			1381		5634	4225	92	4239
陇南市中小河流水毁工程修复和治理	2500	2500		2500													
礼县苗河水库除险加固	300	300		300													
康县中央财政统筹(土地出让)2014	1000	1000			1000												

3–8 续表

单位：万元

项目	本年完成投资	中央政府投资				地方政府投资									企业和私人投资	国内贷款	其他投资
		小计	预算内拨款	中央财政水利专项资金	土地出让收益	小计	预算内拨款	地方财政水利专项资金	水利建设基金	重大水利工程建设基金	土地出让收益	水资源费	自筹资金	其他资金			
武都区中央财政统筹(土地出让)2014	300	300			300												
文县中央财政统筹(土地出让)2014	100	100			100												
徽县中央财政统筹(土地出让)2014	100	100			100												
西和县抗旱规划引调提水项目	1220	1220		1220													
礼县抗旱规划引调提水项目	1460	1206			1206	254								254			
陇南市农村饮水安全水质检测能力	754	754	754														
两当县农村饮水安全(试点县规划外)	1067					1025		437						588		42	
武都区白鹤桥水电站	787	787		787													
武都区黄鹿坝水电站	1480														1480		
陇南市武都区北峪河治理工程	895	400		400													495
武都区中央财政区域节水 2014(五)	1769	1000		1000		300		300									469
武都区中央财政区域节水 2014(六)	2619	1400		1400		600		600									619
武都区高效节水灌溉项目(六)	2154	1400		1400		600		600									154
武都区小型农田水利 2015 维修养护	300	300		300													
武都区水价改革及产权改革试点	100					100		100									
武都区中央财政小农水(区域节水)	1846	1000		1000		300		300									546
武都区农村饮水安全项目	6491	4812	4812			1679		1196				483					
西汉水成县毛坝至魏家坝段堤防工程	627	567	567			60								60			
成县卢沟水库除险加固	777					777			462					315			
成县严河堤防工程																	
成县农村饮水安全项目	1503	1076	1076			427		319				108					
成县小型农田水利 2015 维修养护	100	100			100												
文县白水江林业局水电站	560														560		
文县慧达水电站	927																927
文县白马峪河治理工程	695	556		556		21		21									119
文县中路河中寨至白水江口段治理	2147														2147		
白龙江文县石坊乡东峪口至大渡坝河道	1053	1053	1053														
文县尚德镇水家坝至周家坝河道治理	1740	1740	1740														
文县中央财政六小水利 2014(六)	780	300		300		200		200									280

3–8 续表

单位:万元

项目	本年完成投资	中央政府投资				地方政府投资									企业和私人投资	国内贷款	其他投资
		小计	预算内拨款	中央财政水利专项资金	土地出让收益	小计	预算内拨款	地方财政水利专项资金	水利建设基金	重大水利工程建设基金	土地出让收益	水资源费	自筹资金	其他资金			
文县农村饮水安全项目	906	619	619			287		227				60					
文县高效节水灌溉项目(六)	770	300		300		200		200									270
文县小型农田水利 2015 维修养护	100	100		100													
宕昌县何家堡水电站	1155	146		146		1009								1009			
宕昌县恭河韩院段河堤工程	400	400		400													
宕昌县农村饮水安全项目	1216	868	868			348		264				84					
西汉水康县平洛河口至咀头上段提防	2320	1392	1392			928								928			
西汉水康县腰膛坝至高楼子段提防工程	1995	1198	1198			797								797			
康县阳坝河阳坝镇段治理工程	800	800		800													
康县小型农田水利 2015 维修养护	200	200		200													
西和县太石河治理工程	700	700		700													
西和县漾水河治理工程	700	700		700													
西汉水西和县赵家沟至郭家坝段防洪																	
西和县农村饮水安全项目	3698	2756	2756			942		644				298					
西和县 2015 抗旱引调提水项目(2)	615	615		615													
礼县苗河水库坝后电站	271	130		130		141								141			
西汉水礼县罗家堡至盐官镇段防洪	1799	1078	1078			721								721			
礼县农村饮水安全项目	5157	3458	3458			1699		1357				342					
礼县清水江张堡至教面堤防工程	1200	1200		1200													
礼县 2015 抗旱引调提水项目(3)	1724	1724		1724													
礼县小型农田水利 2015 维修养护	100	100		100													
徽县中央财政六小水利 2014(六)	538	300		300		200		200							38		
徽县农村饮水安全项目	193	121	121			72		66				6					
徽县小型农田水利 2015 维修养护	200	200		200													
徽县高效节水灌溉项目(六)	550	300		300		200		200								50	
白龙江干流陇南市月阳坝至宗家堡堤防	635	635	635														
白龙江干流陇南市段河坝下坝段堤防	1148	1148	1148														
宕昌县白龙江干流沙湾镇段堤防工程	2052	1231	1231			821								821			
文县李子坝小水电代燃料项目	320	320	320														

3-8 续表

单位：万元

项目	本年完成投资	中央政府投资				地方政府投资									企业和私人投资	国内贷款	其他投资
		小计	预算内拨款	中央财政水利专项资金	土地出让收益	小计	预算内拨款	地方财政水利专项资金	水利建设基金	重大水利工程建设基金	土地出让收益	水资源费	自筹资金	其他资金			
两当县左家水电站																	
两当县红崖河权坪河段综合治理工程																	
两当县红崖河蚂蚱河段综合治理工程	500	500		500													
两当县中央财政六小水利2014(六)	694	300		300		200		200									194
两当县高效节水灌溉项目(六)	667	300		300		200		200									167
两当县小型农田水利2015维修养护	100	100		100													
平凉市	49863	47033	6796	33942	6295	2805		1442	718					645			25
庄浪县红土坡至刘家湾段河堤工程																	
灵台县黑河东门至景家庄段河堤治理	700	700		700													
灵台县达溪河县城至百里段河堤治理																	
灵台县达溪河县城至安家庄段河堤治理	400	400		400													
崆峒区中央财政统筹(土地出让)2014	1000	1000			1000												
泾河平凉市吴老沟至平镇桥段河堤治理																	
平凉市农村饮水安全水质检测能力	586	586	586														
静宁县农村饮水安全项目2015	1455	989	989			466		344						122			
静宁县小型农田水利2015维修养护	200	200		200													
静宁县2015年抗旱水源引调提水工程	1017	1017		1017													
静宁县东峡灌区农业综合开发																	
静宁县甘渭河庙堡调水工程	500					500			500								
泾河崆峒区马莲沟至南阳涧河段防洪	1662	1662	1662														
崆峒区抗旱规划引调提水项目	1043	1043			1043												
崆峒区农村饮水安全项目2015	813	353	353			460		406						54			
崆峒区北杨涧水库(抗旱规划内)	5685	5685		5685													
崆峒区小型农田水利2015年维修养护	200	200		200													
平凉市白庙泵站更新改造工程	1000	1000	1000														
泾川县黑河荒场至茜家沟河堤治理工程	600	600		600													
泾川县洪河河堤治理工程	400	400		400													
泾川县中央财政统筹(土地出让)2014																	
泾川县2014年抗旱引调提水项目	453	453			453												

3-8 续表

单位：万元

项目	本年完成投资	中央政府投资				地方政府投资									企业和私人投资	国内贷款	其他投资
		小计	预算内拨款	中央财政水利专项资金	土地出让收益	小计	预算内拨款	地方财政水利专项资金	水利建设基金	重大水利工程建设基金	土地出让收益	水资源费	自筹资金	其他资金			
泾川县朱家涧水库(抗旱规划内)	8226	8226		8226													
泾川县汭河十里沟至枣林段河堤治理工程	900	900		900													
灵台县中央财政小农水重点县2014(四)	25																25
灵台县许家沟提灌工程(土地出让2014)	288					288								288			
灵台县中央财政小型农田水利工程2015	1350	1000		1000		350		350									
灵台县农村饮水安全项目2015	903	501	501			402		342						60			
崇信县黑河河堤治理工程	600	600		600													
崇信县汭河(九功渠首至野雀沟)河堤	900	900		900													
崇信县关河水库(抗旱规划内)	6591	6591		6591													
崇信县水利工程维修项目(土地出让)	200	200			200												
崇信县小型农田水利2015年维修养护	100	100		100													
华亭西华河1万~5万亩灌区（土地出让）2014	721	600			600		121							121			
庄浪县北洛河良邑郭魏至石家窑段河堤	800	800		800													
庄浪县中央财政统筹(土地出让)2014	1000	1000			1000												
庄浪县花崖河水库(抗旱规划内)	4835	4835		4835													
庄浪县2015年抗旱引调提水项目	688	688		688													
庄浪县小型农田水利2015年维修养护	100	100		100													
葫芦河静宁县狗娃河口至胡家河段河堤	1705	1705	1705														
静宁县中央财政统筹(土地出让)2014	1000	1000			1000												
静宁县抗旱规划引调提水项目	999	999			999												
灵台县北庄水库除险加固工程	70					70			70								
华亭县车厂沟水库除险加固工程	148					148			148								
泾河泾川县罗汉洞至洪河口段河堤治理																	
庆阳市	66022	25246	7701	11527	6018	23634		9093	688	3000		1576	60	9217		12193	4949
镇原县农村安全饮水项目	2545	1579	1579			966		797				169					
镇原县蒲河太平柳咀段防洪工程	611					611								611			
镇原县北石窟旅游景区供水工程	463					463								463			
镇原县中盛产业配水工程	130					130								130			
镇原县2015抗旱引调提水项目(3)	1147	1012		1012		135						135					

3-8 续表

单位：万元

项　　目	本年完成投资	中央政府投资				地方政府投资									企业和私人投资	国内贷款	其他投资
		小　计	预算内拨款	中央财政水利专项资金	土地出让收益	小　计	预算内拨款	地方财政水利专项资金	水利建设基金	重大水利工程建设基金	土地出让收益	水资源费	自筹资金	其他资金			
镇原县小型农田水利2015维修养护	252	251		251		1								1			
镇原县1236扶贫攻坚农村饮水安全2015	1395					1100								1100			295
庆阳市中小河流水毁工程修复和治理	1500	1500		1500													
马莲河干流合水县陈家坪至前坪段防洪																	
西峰区砚瓦川贺家塬沟护岸工程																	
镇原吴家沟1万~5万亩灌区（土地出让）2014	702	600			600	60							60				42
正宁县四郎河房河治理工程																	
蒲河宁县庄里至叶王川段防洪治理工程	1590	1590	1590														
宁县新宁镇高山堡村护岸工程	300					300			300								
合水县中央财政小农水重点县2014	1936	650		650		1286		800						486			
正宁县四郎河1万~5万亩灌区（土地出让）	721	600			600	121								121			
正宁县四郎河樊湾子治理工程																	
环县甜水堡灌区节水改造项目	300					300			300								
西峰区中央财政统筹(土地出让)2014	200	200			200												
宁县中央财政统筹(土地出让)2014	204	200			200	4								4			
合水县中央财政统筹(土地出让)2014	200	200			200												
环县中央财政统筹(土地出让)2014	100	100			100												
镇原县抗旱规划引调提水项目	1196	1196			1196												
华池县抗旱规划引调提水项目	901	901			901												
环县抗旱规划引调提水项目	2021	2021			2021												
宁县农村饮水安全项目	2641	1600	1600			1041		866						175			
宁县1236扶贫攻坚农村饮水安全2015	407					330								330			77
正宁县1236扶贫攻坚农村饮水安全2015	407					275								275			132
庆阳市农村饮水安全水质监测能力	826	670	670			156								156			
盐环定扬黄续建工程调概算	6867					2500				2000				500		4367	
西峰区小型农田水利2015维修养护	200	200		200													
西峰区1236扶贫攻坚农村饮水安全2015	284					220								220			64
庆城县杨渠水电站																	
庆城县2015抗旱引调提水项目(2)	893	698		698		195						195					

3-8 续表

单位:万元

项目	本年完成投资	中央政府投资				地方政府投资									企业和私人投资	国内贷款	其他投资
		小计	预算内拨款	中央财政水利专项资金	土地出让收益	小计	预算内拨款	地方财政水利专项资金	水利建设基金	重大水利工程建设基金	土地出让收益	水资源费	自筹资金	其他资金			
庆城县纸坊沟水库(抗旱规划内)	5870	4890		4890		980						980					
庆城县小型农田水利2015维修养护	100	100		100													
庆城县2015年规划外农村饮水安全	98					98			88					10			
庆城县1236扶贫攻坚农村饮水安全2015	934					880								880			54
环县农村饮水安全项目	2073	649	649			814		32						782			610
环县牧区节水灌溉示范项目2015	375	300	300			75								75			
环县小型农田水利2015维修养护	100	100		100													
环县2015抗旱引调提水项目(3)	1780	1256		1256													524
环县2015年规划外农村饮水安全工程	13526					5700		5700								7826	
环县1236扶贫攻坚农村饮水安全2015	4732					1980								1980			2752
华池县2015抗旱引调提水项目(2)	727	670		670		57						57					
华池县1236扶贫攻坚农村饮水安全2015	839					440								440			399
华池县农村饮水安全项目	607	69	69			538		498				40					
华池县葫芦河水源工程	1000					1000				1000							
合水县小型农田水利2015维修养护	200	200		200													
合水县1236扶贫攻坚农村饮水安全2015	276					276								276			
合水县固城川灌区续建配套与节水改造	493					493		400						93			
镇原县蒲河干流三岔桥至石咀村段防洪	1354	1244	1244			110								110			
盐环定扬黄甘肃专用工程一期改造																	
临夏回族自治州	79980	30049	10159	16678	3212	18809		4544	2700	11285				280	2990	10250	17882
东乡县达板水电站新增2010	1524														1524		
康乐县杜家咀水电站																	
临夏县卧龙沟水电站(4)																	
康乐县纳沟水电站(4)																	
积石山引水工程	9285	800	800			8485			2200	6285							
大夏河干流临夏市单子庄至新大桥段	50																50
临夏县大夏河干流双城至马九川段治理	23																23
广河县洮河干流新民滩至卧托段堤防	445																445
东乡县中央财政五小水利项目2013	652					500		500									152

3-8 续表

单位:万元

项目	本年完成投资	中央政府投资				地方政府投资									企业和私人投资	国内贷款	其他投资
		小计	预算内拨款	中央财政水利专项资金	土地出让收益	小计	预算内拨款	地方财政水利专项资金	水利建设基金	重大水利工程建设基金	土地出让收益	水资源费	自筹资金	其他资金			
大夏河干流临夏县祁牟至刘家峡水库防洪	295	109	109			186								186			
东乡县老虎嘴电站	262	152		152											110		
东乡县巴谢河五家至赵家段堤防	109																109
东乡县水利工程维修养护(土地出让)																	
大夏河东乡县折桥至刘家峡水库堤防																	
永靖县五小水利工程(土地出让)	205																205
临夏县老鸦关河双城至上阴洼段防洪																	
和政县牛津河罗家集至马家堡段防洪	389																389
和政县大南岔河吊滩段防洪工程	343																343
和政县炉子滩水电站	428														428		
和政县达浪水电站	134														134		
和政县康家坪水电站	611														611		
和政县新营尕庄水电站	181														181		
大夏河干流临夏市祁牟段堤防工程	94					94								94			
康乐县虎关水电站	2														2		
临夏州引黄济临供水工程	15701					5000				5000							10701
临夏州农村饮水安全水质监测能力	670	670	670														
黄河干流临夏段防洪治理工程	5530	5530	5530														
康乐县苏家集河附城镇段堤防工程	901	901		901													
临夏市大夏河风情线综合治理工程	800																800
临夏市2015年度城郊农村饮水安全工程	614	124	124			239		239									251
临夏市小型农田水利2015维修养护	100	100		100													
临夏县中央财政小农水重点县2014	663					186		186									477
临夏县2014年抗旱引调提水项目	206	206		206													
临夏县北塬灌区农业综合开发项目	1222	1000		1000		222		222									
临夏县2015年农村饮水安全(计划外)	4218					691		691								3527	
临夏县2015年抗旱引调提水项目	217	217		217													
康乐县中央财政统筹(土地出让)2014	68	55			55												
康乐县小型农田水利2015维修养护资金	162	162		162													

3-8 续表

单位：万元

项目	本年完成投资	中央政府投资				地方政府投资									企业和私人投资	国内贷款	其他投资
		小计	预算内拨款	中央财政水利专项资金	土地出让收益	小计	预算内拨款	地方财政水利专项资金	水利建设基金	重大水利工程建设基金	土地出让收益	水资源费	自筹资金	其他资金			
永靖县湟水干流白川至二房段河堤工程	1726	1726	1726														
永靖县中央财政统筹(土地出让)2014	1053	1000			1000												53
永靖县2014抗旱引调提水项目	174	138			138												36
永靖县刘盐八地质灾害灌区节水改造	6715	6715		6715													
永靖县2015年抗旱引调水提水工程	208	208		208													
永靖县小型农田水利2015年维修养护	206	200		200													6
广河县2014年抗旱引调提水项目	214	189			189												25
广河县2015年中央财政小型农田水利	1370	1000		1000		370		370									
广河县2015三甲集抗旱应急水源配套	400	400		400													
广河县2015齐家镇抗旱应急水源配套	400	400		400													
和政县中央财政统筹(土地出让)2014	1154	1000			1000												154
和政县2014年抗旱引调提水项目	232	232			232												
和政县小型农田水利2015维修养护	400	400		400													
和政县2015抗旱引调提水项目	485	485		485													
东乡县巴谢河赵家至那勒寺段堤防																	
东乡县中央财政五小水利2014(五)	864	190		190		500		500									175
东乡县2014年抗旱引调提水项目	167	167			167												
东乡县2015年抗旱引调提水项目	784	784		784													
东乡县中央财政五小水利项目2015	1300	1000		1000		300		300									
东乡县2015农村饮水安全(规划外)	7409					686		686								6723	
积石山县中央财政五小水利2014(五)	606	180		180		350		350									76
积石山吹麻滩河治理(赵家峡口至何家桥)	500					500		500									
积石山县2014年抗旱引调提水项目	225	225			225												
积石山县中央财政五小水利2015	1500	1000		1000		500		500									
积石山县2015抗旱应急水源配套工程	1185	1185		1185													
积石山县县城区供水水源改扩建工程	4600	1200	1200														3400
甘南藏族自治州	74014	42399	37822	3377	1200	12584	1439	5621	3234	2290					12885	4150	1996
玛曲县水利工程维修项目(土地出让)	100	100		100													

3-8 续表

单位：万元

项目	本年完成投资	中央政府投资				地方政府投资									企业和私人投资	国内贷款	其他投资
		小计	预算内拨款	中央财政水利专项资金	土地出让收益	小计	预算内拨款	地方财政水利专项资金	水利建设基金	重大水利工程建设基金	土地出让收益	水资源费	自筹资金	其他资金			
卓尼县水利工程维修项目(土地出让)	100	100		100													
甘南州农村饮水安全水质检测能力	670	670	670														
合作市卡加曼小水电代燃料项目																	
合作市地乌尔水电站																	
合作市格河多合儿防洪工程	492	492		492													
合作市峡村电站																	
引洮(博)济合供水工程	7327	7327	7327														
合作市德吾录河卡加防洪工程	300	300		300													
合作市牧区节水灌溉示范项目 2014	400	400	400														
洮河合作市段防洪工程	2037	2037	2037														
合作市农村饮水安全项目 2014	1421															1103	318
合作市农村饮水安全项目 2015	1458	874	874			584		584									
合作市藏区规划外农村饮水安全	178	138	138			40		40									
临潭县青石山小水电以电代燃料项目	95														95		
甘南州引洮入潭工程	2000							2000				2000					
洮河干流临潭县洮滨防洪堤工程																	
临潭县斜藏沟治理工程																	
临潭县羊沙河下河段治理工程	200	200		200													
临潭县农村饮水安全项目试点	1154					610		610								544	
临潭县农田水利 2015 维修养护	100	100		100													
临潭县藏区规划外农村饮水	329	271	271			58		58									
卓尼县洮河干流城区段堤防工程																	
卓尼县羊沙河恰盖防洪工程	200	200		200													
卓尼县石窖沟藏巴哇防洪工程	200	200		200													
洮河卓尼县麻路 1 段至牙当段																	
卓尼县农村安全饮水项目 2014	979															456	523
卓尼县农村饮水安全项目 2015	2497	1595	1595			902		902									
卓尼县藏区规划外农村饮水安全项目	1831	1438	1438			393		393									

3-8 续表

单位:万元

项目	本年完成投资	中央政府投资				地方政府投资									企业和私人投资	国内贷款	其他投资
		小计	预算内拨款	中央财政水利专项资金	土地出让收益	小计	预算内拨款	地方财政水利专项资金	水利建设基金	重大水利工程建设基金	土地出让收益	水资源费	自筹资金	其他资金			
卓尼县小型农田水利 2015 维修养护	85	85		85													
卓尼县车巴河流域防洪治理项目	2234					2234			2234								
舟曲县拱坝河堤防工程	700	700		700													
舟曲县五小水利工程项目(土地出让)	1000	1000		1000													
舟曲县小型农田水利 2015 维修养护	200	200		200													
舟曲县藏区规划外农村饮水安全	4326	3397	3397			929		929									
舟曲县天干沟水电站	260	260	260														
白龙江干流迭部县城段治理工程																	
迭部县沟洁寺水电站	8759	1100	1100												7659		
迭部县知子水电代燃料项目	690														690		
迭部县阿夏水电站	950	200	200												750		
迭部县农村饮水安全项目 2014	84															84	
迭部县阿夏流域治理工程	600	600		600													
迭部县卡坝乡尼吉巴防洪工程	1000					1000			1000						422		
迭部县阿夏那盖水电站	1122	700	700														
迭部县藏区规划外农村饮水安全	1538	1218	1218			320		320									
迭部县小型农田水利 2015 维修养护	100	100		100													
迭部县牧区节水灌溉示范项目 2015	375	300	300														75
玛曲县农村饮水安全项目 2014	418																418
玛曲县农村饮水安全项目 2015	1177	968	968			209		209									
玛曲县藏区规划外农村饮水安全	2758	2163	2163			595		595									
黄河甘肃段甘南州防洪治理工程	4000	4000	4000														
玛曲县小型农田水利 2015 维修养护	100	100		100													
碌曲洮河干流巴吾至博拉段防洪治理	874	874	874														
碌曲县农村饮水安全项目 2014	2557															1963	594
碌曲县农村饮水安全项目 2015	872	707	707			165		165									
碌曲县藏区规划外农村饮水安全	167	151	151			16		16									
夏河县甫黄二级小水电代燃料项目	506	480	480												26		

3-8 续表

单位：万元

项目	本年完成投资	中央政府投资				地方政府投资									企业和私人投资	国内贷款	其他投资
		小计	预算内拨款	中央财政水利专项资金	土地出让收益	小计	预算内拨款	地方财政水利专项资金	水利建设基金	重大水利工程建设基金	土地出让收益	水资源费	自筹资金	其他资金			
夏河县安顺水电站																	
夏河县尕寺沟至克芒切沟治理	446	156	156			290		290									
夏河县和平桥水电站	3243														3243		
夏河县垂子合大桥至阿一山大桥段治理	1059	1059	1059														
夏河县白土坡水电站																	
夏河县中央财政小农水重点县 2014	806					800		800									6
大夏河夏河县王格尔塘至曲奥段治理	780	780	780														
夏河县农村饮水安全项目 2015	2205	1489	1489			716	716										
夏河县藏区规划外农村饮水安全	3547	2824	2824			723	723										
夏河县小型农田水利 2015 维修养护	100	100		100													
夏河县 2015 牧区节水灌溉项目	308	246	246														62
省直属及打捆项目	**339859**	**224675**	**149161**	**74645**	**869**	**71208**	**1780**	**32738**	**14490**	**8500**		**2688**	**250**	**10762**	**6679**	**20398**	**16897**
甘肃省引洮供水一期工程	24528	1268	1268			23260	1060	20700				1500					
甘肃中小河流水文监测系统建设	1484	1084	1084			400	400										
甘肃省坡耕地水土流失治理 2014(黄河)	2000	1400	1400														600
甘肃省坡耕地水土流失治理 2014(长江)	1800	1400	1400														400
甘肃省水土流失重点治理 2014(黄河)	6075	4860	4860														1215
甘肃省水土流失重点治理 2014(长江)	1600	1280	1280														320
甘肃省水土流失重点治理 2014(内陆)	500	400	400														100
甘肃省淤地坝新建及维修加固(2014)	575	460	460														115
甘肃省国家水土保持重点工程(2014)	11968	8378		8378													3590
甘肃省农业综合开发水土保持(2014)	4155	2484		2484		1416		1416									255
甘肃省国家水土保持重点工程(2015)	14060	10318		10318													3742
甘肃省农业综合开发水土保持(2015)	5045	3747		3747		1025		1025									273
甘肃省淤地坝新建及维修加固(2015)	255	204	204														51
甘肃省坡耕地水土流失治理 2015(黄河)	13669	10940	10940														2729
甘肃省坡耕地水土流失治理 2015(长江)	4455	3569	3569														886
甘肃省水土流失重点治理 2015(黄河)	2019	1615	1615														404

3-8 续表

单位:万元

项目	本年完成投资	中央政府投资				地方政府投资									企业和私人投资	国内贷款	其他投资
		小计	预算内拨款	中央财政水利专项资金	土地出让收益	小计	预算内拨款	地方财政水利专项资金	水利建设基金	重大水利工程建设基金	土地出让收益	水资源费	自筹资金	其他资金			
甘肃省水土流失重点治理2015(长江)	525	421	421														104
甘肃省水土流失重点治理2015(内陆)	203	162	162														41
甘肃水文水资源工程2013	97	97	97														
省农垦中央财政条山农场高效节水2013	267					145		145							122		
省农垦黑土洼农场高效节水(土地出让)	1115	700			700	300		300							115		
省农垦黄羊河农场高效节水(土地出让)	467														467		
省农垦八一农场中央财政节水2014(六)	2755	1400		1400		600		600							755		
省农垦生地湾农场中央财政节水2014(六)	753	242		242		100		100							411		
省农垦饮马农场中央财政节水2014(六)	756	250		250											506		
省农垦黄花农场中央财政节水2014(六)	1088	372		372		200		200							516		
省农垦张掖农场小型农田水利建设(五)	831	500		500		200		200									131
省农垦黑土洼农场高效节水灌溉(六)	1447	700		700		300		300							447		
省农垦黄花农场高效节水灌溉项目(六)	900	500		500		200		200							200		
省农垦饮马农场高效节水灌溉项目(六)	695	200		200		200		200							295		
省农垦饮马农场中央财政小农水2015	772	400		400		205		205							167		
敦煌农场小型农田水利建设(五)	991	400		400		100		100							491		
省农垦生地湾农场高效节水灌溉(六)	1020	500		500		200		200							320		
八一农场小型农田水利建设(五)	2701	1400		1400		600		600							701		
省农垦小型农田水利2015维修养护	300	300		300													
省农垦黄羊河农场高效节水灌溉(六)	1942	1400		1400											542		
省农垦黄羊河农场小型农田水利(五)	1126	500		500		200		200							426		
省农垦山丹农场高效节水灌溉项目(六)	962	500		500		200		200							199	63	
甘肃省景电泵站更新改造	14500	10300	10300			4200							250	3950			
石羊河流域重点治理(省景电)2012	39					39								39			
石羊河流域重点治理(省景电)2013	4788	983	983			3805								3805			
石羊河流域重点治理(省景电)2014	1343					1343								1343			
省景电中央财政统筹(土地出让)2014	169	169			169												
景泰川电力提灌二期灌区调蓄水池项目	900					900			900								

3-8 续表

单位：万元

项目	本年完成投资	中央政府投资				地方政府投资									企业和私人投资	国内贷款	其他投资
		小计	预算内拨款	中央财政水利专项资金	土地出让收益	小计	预算内拨款	地方财政水利专项资金	水利建设基金	重大水利工程建设基金	土地出让收益	水资源费	自筹资金	其他资金			
省景电小型农田水利2015维修养护	400	400		400													
敦煌水资源利用与生态保护(疏勒河)2012																	
敦煌水资源利用与生态保护(疏勒河)2013	1749	1749	1749														
敦煌水资源利用与生态保护(疏勒河)2014	16080	15082	15082			600			600								398
甘肃疏勒河灌区三道沟河道治理	1425	500		500		925								925			
疏勒河干流昌马渠首段河道治理	2170	1680	1680			490			490								
敦煌水资源利用与生态保护(疏勒河)2015	22737	20209	20209			1188						1188					1340
甘肃双塔水库除险加固	1720															1720	
玉门市花海灌区农业综合开发	490	350		350													140
甘肃省2014年度山洪灾害防治项目(长)	2760	2760		2760													
甘肃省2014年度山洪灾害防治项目(黄)	10195	10195		10195													
甘肃省2014年度山洪灾害防治项目(内)	2930	2930		2930													
甘肃省山洪灾害防治补助2013(内陆)	523	420		420		104		104									
甘肃省山洪灾害防治补助2013(长江)	1198	763		763		436		436									
甘肃省山洪灾害防治补助2013(黄河)	5330	3965		3965		1365		1365									
甘肃省山洪灾害防治补助2015(内陆)	2617	2151		2151		466		466									
甘肃省山洪灾害防治补助2015(黄河)	14386	11801		11801		2585		2585									
甘肃省山洪灾害防治补助2015(长江)	4002	3110		3110		892		892									
甘肃引洮供水二期工程	69668	69668	69668														
兰州新区2号3号石门沟水库	15000					5000			2500	2500						10000	
临洮县污水处理厂配套管网工程	50	50	50														
山丹县城区生活污水处理工程	60	60		60													
天水市城区引洮供水工程	20016					14000			8000	6000						6016	
天水市城区供水高桥头引水枢纽工程	412															412	
民勤红沙岗污水处理厂及中水回用贮水池	3000	750		750												2250	
武威市城乡融合黄羊土门组团供水(陆港)	2000					2000			2000								
靖远寺儿坪供水项目	700					700								700			
清水县城区自来水管网扩建工程	600	280	280			320	320										

3-9 2015年水利建设项目完成投资（按投资用途、所属流域分）

单位：万元

项目	本年完成投资	按用途分								按流域分		
		防洪	灌溉	供水	发电	水保及生态	机构能力建设	前期工作	其他	黄河流域	长江流域	西北诸河流域
甘肃省	1587890	253092	418578	732684	56748	72242	1947	44442	8158	1031147	108712	448031
防洪项目	210465	206435	935			60		262	2773	129999	35243	45223
堤防工程	5404	5404								2234	1000	2170
江河湖泊治理工程	153164	150157				60		220	2727	97377	25206	30582
大江大湖治理	49530	47910							1620	49530		
重要支流治理	73520	72133				60		220	1107	34395	13368	25757
中小河流治理	30114	30114								13452	11837	4825
其他防洪项目												
水库除险加固	5682	5282	400							478	1077	4127
大中型病险水库除险加固	1720	1720										1720
小型病险水库除险加固	3962	3562	400							478	1077	2407
大中型病险水闸除险加固	2273	1650	535					42	46			2273
其他防洪项目	43941	43941								29911	7960	6070
灌溉除涝项目	596510	46657	417643	125674		3278	166	1418	1674	235743	21781	338987
灌区建设工程	76637	4064	69233			3000		340		7759		68878
节水灌溉工程	41814		41232			13		270	299	12224	375	29214
小型农田水利建设	295350	2233	244708	46184		100	166	585	1375	112591	21406	161353
水库工程	132634	40360	13395	78490		165		224		53093		79541
泵站工程	42561		41561	1000						42561		
其他灌溉除涝项目	7515		7515							7515		
供水项目	659513			606597	10153			42762		595400	26027	38086
引水（调水）工程	426740			373825	10153			42762		409740		17000
人饮解困及饮水安全工程	198506			198506						155593	26027	16886
其他供水工程	34266			34266						30066		4200
水务项目	4122			412				3710		1122		3000
自来水厂建设												
城镇供水管线建设	600							600		600		
城镇排水系统建设												
污水处理工程	3110							3110		110		3000
其他水务项目	412			412						412		
水电开发利用	46594				46594					7481	17281	21832
水力发电工程	25572				25572					5262	11091	9219
电网建设与改造												
水电增效扩容	8769				8769					1618	5180	1971
小水电代燃料	12254				12254					601	1010	10643
其他电气化工程												
水保及生态	68904					68904				59821	8380	703
水土流失治理	68904					68904				59821	8380	703
机构能力建设专项	1781						1781			1581		200
水文设施及能力建设	1581						1581			1581		
科研教育设施												
防汛通讯设施等能力建设												
其他水利发展项目	200						200					200

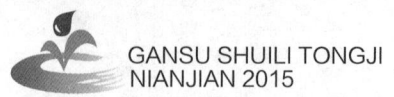

3-10 2015年水利建设项目完成投资（按隶属关系、建设性质分）

单位：万元

项目	本年完成投资	按隶属关系分			按流域分			
		省属	地市属	县属	新建	扩建	改建	恢复
甘肃省	1587890	223171	287730	1076989	1380453	42731	160812	3894
防洪项目	210465	10845	45332	154288	194733		13232	2500
堤防工程	5404	2170		3234	3234		2170	
江河湖泊治理工程	153164	6955	45032	101177	145907		4758	2500
大江大湖治理	49530	5530	40000	4000	49530			
重要支流治理	73520		2532	70988	70187		3333	
中小河流治理	30114	1425	2500	26189	26189		1425	2500
其他防洪项目								
水库除险加固	5682	1720	300	3662	401		5281	
大中型病险水库除险加固	1720	1720					1720	
小型病险水库除险加固	3962		300	3662	401		3561	
大中型病险水闸除险加固	2273			2273	1250		1023	
其他防洪项目	43941			43941	43941			
灌溉除涝项目	596510	87383	38651	470476	488092		107024	1394
灌区建设工程	76637	41956	3000	31681	24106		52038	493
节水灌溉工程	41814	6170	3217	32426	35643		6170	
小型农田水利建设	295350	24757	7048	263545	279883		14565	902
水库工程	132634		15000	117634	132634			
泵站工程	42561	14500	10386	17675	8310		34251	
其他灌溉除涝项目	7515			7515	7515			
供水项目	659513	123362	202384	333767	597545	27362	34606	
引水（调水）工程	426740	123362	195903	107475	410723		16017	
人饮解困及饮水安全工程	198506		4481	194025	179202	5315	13989	
其他供水工程	34266		2000	32266	7619	22047	4600	
水务项目	4122		412	3710	3522	600		
自来水厂建设								
城镇供水管线建设	600			600	600			
城镇排水系统建设								
污水处理工程	3110			3110	3110			
其他水务项目	412		412		412			
水电开发利用	46594		950	45644	25973	14769	5853	
水力发电工程	25572			25572	17030	6719	1823	
电网建设与改造								
水电增效扩容	8769			8769	2	7920	847	
小水电代燃料	12254		950	11304	8941	130	3183	
其他电气化工程								
水保及生态	68904			68904	68904			
水土流失治理	68904			68904	68904			
机构能力建设专项	1781	1581		200	1684		97	
水文设施及能力建设	1581	1581			1484		97	
科研教育设施								
防汛通讯设施等能力建设								
其他水利发展项目	200			200	200			

3-11 2015年水利建设项目完成投资（按项目规模、投资构成分）

单位：万元

项　　目	本年完成投资	按规模分		按构成分				
		大中型	小型	建筑工程	安装工程	设备工器具购置	其他费用	其中:移民征地费
甘肃省	1587890	272196	1315694	996740	159075	154087	277987	68201
防洪项目	210465	28000	182465	146144	2123	2635	59563	5574
堤防工程	5404		5404	3170			2234	
江河湖泊治理工程	153164	28000	125164	136389	1504	2500	12772	5574
大江大湖治理	49530	28000	21530	42685			6845	5561
重要支流治理	73520		73520	64959	1311	2370	4881	13
中小河流治理	30114		30114	28744	193	131	1047	
其他防洪项目								
水库除险加固	5682		5682	5134	251	20	277	
大中型病险水库除险加固	1720		1720	1720				
小型病险水库除险加固	3962		3962	3414	251	20	277	
大中型病险水闸除险加固	2273		2273	1451	369	115	338	
其他防洪项目	43941		43941				43941	
灌溉除涝项目	596510		596510	358895	100069	81656	55890	17851
灌区建设工程	76637		76637	73764	1257	35	1580	63
节水灌溉工程	41814		41814	26350	11914	1909	1641	15
小型农田水利建设	295350		295350	142077	74809	62359	16105	161
水库工程	132634		132634	95933	1429	1172	34100	17612
泵站工程	42561		42561	16818	10609	13710	1424	
其他灌溉除涝项目	7515		7515	3954	51	2471	1039	
供水项目	659513	244196	415317	399554	49532	48427	162000	44776
引水(调水)工程	426740	244196	182544	239393	18912	28188	140248	44755
人饮解困及饮水安全工程	198506		198506	142059	20080	17781	18586	
其他供水工程	34266		34266	18102	10540	2458	3166	21
水务项目	4122		4122	3407	506	30	180	
自来水厂建设								
城镇供水管线建设	600		600	120	420	30	30	
城镇排水系统建设								
污水处理工程	3110		3110	3000	50		60	
其他水务项目	412		412	287	36		90	
水电开发利用	46594		46594	18729	6516	21091	258	
水力发电工程	25572		25572	14187	2054	9122	209	
电网建设与改造								
水电增效扩容	8769		8769	1925	424	6370	50	
小水电代燃料	12254		12254	2617	4038	5599		
其他电气化工程								
水保及生态	68904		68904	68904				
水土流失治理	68904		68904	68904				
机构能力建设专项	1781		1781	1107	330	248	96	
水文设施及能力建设	1581		1581	1107	130	248	96	
科研教育设施								
防汛通讯设施等能力建设								
其他水利发展项目	200		200		200			

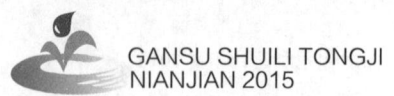

3–12 2015年水利建设项目新增能力及效益

项目	水库总库容(亿米^3)	有效灌溉面积(万亩)	发电装机容量(千千瓦)	供水能力(万吨/日)	改善灌溉面积(万亩)	新建及加固堤防长度(千米)	水保治理面积(万亩)	饮水安全达标人口(万人)	节水灌溉面积(万亩)	渠道防渗长度(千米)	河道整治长度(千米)
甘肃省	0.46	9.18	122.34	15.00	201.03	476.80	173.94	212.73	196.53	288.31	255.97
防洪项目					0.29	446.15					255.97
堤防工程						11.75					7.41
江河湖泊治理工程						434.40					248.56
大江大湖治理						20.00					
重要支流治理						294.45					170.22
中小河流治理						119.96					78.34
其他防洪项目											
水库除险加固					0.29						
大中型病险水库除险加固											
小型病险水库除险加固					0.29						
大中型病险水闸除险加固											
其他防洪项目											
灌溉除涝项目	0.46	9.18		3.98	198.04	30.65			196.53	288.31	
灌区建设工程					94.57	18.16			10.91	169.55	
节水灌溉工程		0.21			3.45				17.21	4.00	
小型农田水利建设		7.32		3.98	47.81	12.49			168.41	114.76	
水库工程	0.46										
泵站工程		1.65			52.21						
其他灌溉除涝项目											
供水项目				11.02	2.70			212.73			
引水(调水)工程				0.40	2.70			23.00			
人饮解困及饮水安全工程				4.72				166.53			
其他供水工程				5.90				23.20			
水务项目											
自来水厂建设											
城镇供水管线建设											
城镇排水系统建设											
污水处理工程											
其他水务项目											
水电开发利用			122.34								
水力发电工程			88.11								
电网建设与改造											
水电增效扩容			18.13								
小水电代燃料			16.10								
其他电气化工程											
水保及生态							173.94				
水土流失治理							173.94				
机构能力建设专项											
水文设施及能力建设											
科研教育设施											
防汛通讯设施等能力建设											
其他水利发展项目											

3-13 2015年水利建设项目一览表(一)

项　　目	项目个数(个)	所属流域	隶属关系	建设性质	建设阶段	开工时间	全部建成投产时间
甘肃省	747						
防洪项目	153						
堤防工程	3						
卓尼县车巴河流域防洪治理项目		黄河流域	县属	新建	本年正式施工	2015-07-09	
迭部县卡坝乡尼吉巴防洪工程		长江流域	县属	新建	本年正式施工	2015-04	
疏勒河干流昌马渠首段河道治理		黄河流域	省属	改建	本年正式施工	2014-04-01	2015-03
江河湖泊治理工程	124						
大江大湖治理	4						
兰州市黄河干流防洪工程		黄河流域	地市属	新建	本年正式施工	2015-10	
黄河干流白银市防洪治理工程		黄河流域	地市属	新建	本年正式施工	2015-8	
黄河干流临夏段防洪治理工程		黄河流域	省属	新建	本年正式施工	2015-10	
黄河甘肃段甘南州防洪治理工程		黄河流域	县属	新建	本年正式施工	2015-10-20	
重要支流治理	64						
讨赖河嘉峪关安远沟村至嘉酒河道治理		西北诸河流域	地市属	新建	本年正式施工	2015-10-10	2015-12-15
金川河金昌市河西堡至宁远堡段防洪		西北诸河流域	县属	新建	本年正式施工	2015-10	2015-11
金川河金川区王家大砂沟至南环路桥防洪		西北诸河流域	县属	新建	本年正式施工	2015-10	2015-12
祖厉河会宁县城区段防洪工程		黄河流域	县属	新建	筹建		
祖厉河靖远县2014庄口至罗家湾防洪		黄河流域	县属	新建	本年正式施工	2015-09	2015-12
祖厉河靖远县苏家湾至黑城子段堤防		黄河流域	县属	改建	本年正式施工	2014-07	
麦积区渭河城区段南堤防治理		黄河流域	县属	新建	本年正式施工	2011-02	
葫芦河麦积区四合村至入渭河口段治理		黄河流域	县属	新建	本年正式施工	2014-05	2015-12
渭河麦积区琥珀至新阳段治理工程		黄河流域	县属	新建	本年正式施工	2014-05	2015-12
葫芦河秦安县叶堡桥头至安坪村段治理		黄河流域	县属	新建	本年正式施工	2015-03	2015-09
葫芦河秦安县李河至刘沟村防洪治理		黄河流域	县属	新建	本年正式施工	2015-11	2015-12
葫芦河秦安县安伏至叶堡大桥段治理		西北诸河流域	县属	改建	本年正式施工	2015-11	2015-12
武山县山丹河口至西关渭河大桥段治理		西北诸河流域	县属	新建	本年正式施工	2013-09	2015-12
武山县车家川至山丹河口段治理		西北诸河流域	县属	新建	本年正式施工	2015-06	
石羊河凉州区松涛寺至红水河入河口防洪		西北诸河流域	县属	新建	本年正式施工	2015-10	
石羊河民勤县野马泉下案段河道治理		西北诸河流域	县属	新建	本年正式施工	2015-5	2015-12
黑河张掖市高台县六坝至双丰段河道		西北诸河流域	县属	新建	本年正式施工	2015-04	
黑河高台县西腰墩水库至刘家深湖防洪		西北诸河流域	县属	新建	本年正式施工	2015-10	
临泽县梨园河仙山口至西总干渠河道		西北诸河流域	县属	新建	本年正式施工	2015-09	2015-10
黑河临泽县鸭暖小鸭至暖泉河道治理		西北诸河流域	县属	新建	本年正式施工	2015-09	2015-12
黑河甘州区兰新铁路桥至支家崖河道		西北诸河流域	县属	新建	本年正式施工	2015-10	
黑河甘州区国道312至兰新铁路河道		西北诸河流域	县属	新建	本年正式施工	2015-10	
泾河平凉市吴老沟至平镇桥段河堤治理		黄河流域	地市属	新建	本年正式施工	2014-08	
泾河崆峒区马莲沟至南阳涧河段防洪		黄河流域	县属	新建	本年正式施工	2015-08	
葫芦河静宁县狗娃河口至胡家河段河堤		黄河流域	县属	新建	本年正式施工	2015-07	
黑河金塔县五爱至友好段河道治理		西北诸河流域	县属	新建	本年正式施工	2015-11	
黑河金塔县常丰至中丰村段防洪治理		西北诸河流域	县属	新建	本年正式施工	2015-11	
马莲河干流合水县陈家坪至前坪段防洪		黄河流域	县属	新建	本年正式施工	2014-04	
蒲河宁县庄里至叶王川段防洪治理工程		黄河流域	县属	新建	本年正式施工	2015-07-15	
镇原县蒲河干流三岔桥至石咀村段防洪		黄河流域	县属	新建	本年正式施工	2015-05	2015-11
洮河岷县齐家庄至石头咀段防洪		黄河流域	县属	新建	本年正式施工	2015-03	
陇西县三十里铺至四十里铺治理		黄河流域	县属	新建	本年正式施工	2014-05	
陇西王家营至河浦段堤防工程		黄河流域	县属	新建	本年正式施工	2014-08	

3-13 续表

项　　目	项目个数(个)	所属流域	隶属关系	建设性质	建设阶段	开工时间	全部建成投产时间
陇西县首阳镇双泉公路桥至水月坪段治理		黄河流域	县属	新建	本年正式施工	2014-05	
临洮县三甲电站至姬家河大桥防洪治理		黄河流域	县属	新建	本年正式施工	2015-09	2015-12
西汉水成县毛坝至魏家坝段堤防工程		长江流域	县属	新建	本年正式施工	2014-06	2015-10
白龙江文县石坊乡东峪口至大渡坝河道		长江流域	县属	新建	本年正式施工	2015-06	
文县尚德镇水家坝至周家坝河道治理		长江流域	县属	新建	本年正式施工	2015-06	
西汉水康县平洛河口至咀头上段堤防		长江流域	县属	新建	本年正式施工	2014-10	2015-08
西汉水康县腰膛坝至高楼子段堤防工程		长江流域	县属	新建	本年正式施工	2014-10	2015-08
西汉水西和县赵家沟至郭家坝段防洪		长江流域	县属	新建	筹建		
西汉水礼县罗家堡至盐官镇段防洪		长江流域	县属	新建	本年正式施工	2015-06	2015-11
洮河干流临洮县新添段堤防工程		黄河流域	县属	新建	本年正式施工	2013-03	
白龙江干流陇南市月阳坝至宗家堡堤防		长江流域	县属	新建	本年正式施工	2015-1	
白龙江干流陇南市段河坝下坝段堤防		长江流域	县属	新建	本年正式施工	2015-08	
宕昌县白龙江干流沙湾镇段堤防工程		长江流域	地市属	新建	本年正式施工	2014-11	2015-07
泾河泾川县罗汉洞至洪河口段河堤治理		黄河流域	县属	新建	本年正式施工	2012-07	
大夏河干流临夏市单子庄至新大桥段		黄河流域	县属	新建	本年正式施工	2014-11	
临夏县大夏河干流双城至马九川段治理		黄河流域	县属	新建	本年正式施工	2013-03	
广河县洮河干流新民滩至卧托段堤防		黄河流域	县属	新建	本年正式施工	2013-06	2015-05
大夏河干流临夏县祁牟至刘家峡水库防洪		黄河流域	县属	新建	本年正式施工	2014-11	
大夏河东乡县折桥至刘家峡水库堤防		黄河流域	县属	新建	本年正式施工	2014-09	
大夏河干流临夏市祁牟段堤防工程		黄河流域	县属	新建	本年正式施工	2014-07	
永靖县湟水干流白川至二房段河堤工程		黄河流域	县属	新建	本年正式施工	2015-10-20	
洮河合作市段防洪工程		黄河流域	县属	新建	本年正式施工	2015-07-20	
洮河干流临潭县洮滨防洪堤工程		黄河流域	县属	新建	本年正式施工	2013-09	
卓尼县洮河干流城区段堤防工程		黄河流域	县属	新建	本年正式施工	2013-05	
洮河卓尼县麻路1段至牙当段		黄河流域	县属	新建	筹建		
白龙江干流迭部县城段治理工程		长江流域	县属	新建	本年正式施工	2013-05	
碌曲洮河干流巴吾至博拉段防洪治理		黄河流域	县属	新建	本年正式施工	2015-07-15	2015-10-31
夏河县尕寺沟至克芒切沟治理		黄河流域	县属	新建	本年正式施工	2013-04	2015-10-30
夏河县垂子合大桥至阿一山大桥段治理		黄河流域	县属	新建	本年正式施工	2015-04	
大夏河夏河县王格尔塘至曲奥段治理		黄河流域	县属	新建	本年正式施工	2015-09	
疏勒河干流瓜州县城区段河道治理		西北诸河流域	县属	新建	本年正式施工	2015-03	2015-10
中小河流治理	56						
镇原县蒲河太平柳咀段防洪工程		黄河流域	县属	新建	本年正式施工	2015-06	2015-11
庄浪县红土坡至刘家湾段河堤工程		黄河流域	县属	新建	本年正式施工	2012-04	
白银区东大沟民勤村至城区段治理工程		黄河流域	县属	新建	本年正式施工	2015-07	2015-11
甘谷县清溪河礼辛乡寨子至慰坪堤防工程		黄河流域	县属	新建	本年正式施工	2014-06	2015-11
清水县后川河杜川至王店段堤防工程		黄河流域	县属	新建	本年正式施工	2013-05	
秦安县南小河王尹马河至兴国凤山段堤防		黄河流域	县属	新建	本年正式施工	2014-03	2015-12
甘谷县上南河至杨赵村段治理工程		黄河流域	县属	新建	本年正式施工	2014-08	2015-04
古浪县古浪河朱家庄-龙泉寺治理		西北诸河流域	县属	新建	本年正式施工	2015-05	2015-11
山丹县马营河大马营段河道治理工程		西北诸河流域	县属	新建	本年正式施工	2014-09	2015-11
临泽县小东沟河新柳至西街农田防护		西北诸河流域	县属	新建	本年正式施工	2014-03	
灵台县黑河东门至景家庄段河堤治理		黄河流域	县属	新建	本年正式施工	2014-03	
灵台县达溪河县城至百里段河堤治理		黄河流域	县属	新建	本年正式施工	2013-04	
灵台县达溪河县城至安家庄段河堤治理		黄河流域	县属	新建	本年正式施工	2014-05	
泾川县黑河荒场至茜家沟河堤治理工程		黄河流域	县属	新建	本年正式施工	2014-04	

3-13 续表

项　　目	项目个数(个)	所属流域	隶属关系	建设性质	建设阶段	开工时间	全部建成投产时间
泾川县洪河河堤治理工程		黄河流域	县属	新建	本年正式施工	2014-04	
泾川县汭河十里沟至枣林段河堤治理工程		黄河流域	县属	新建	本年正式施工	2014-03	
崇信县黑河河堤治理工程		黄河流域	县属	新建	本年正式施工	2014-04	
崇信县汭河(九功渠首至野雀沟)河堤		黄河流域	县属	新建	本年正式施工	2014-03	
酒泉市肃州区清水河堤防及河道治理		西北诸河流域	县属	新建	本年正式施工	2014-04	2015-11
酒泉市肃州区丰乐河堤防及河道治理		西北诸河流域	县属	新建	本年正式施工	2014-04	2015-11
庆阳市中小河流水毁工程修复和治理		黄河流域	县属	新建	本年正式施工	2015-03-20	2015-08-15
西峰区砚瓦川贺家塬沟护岸工程		黄河流域	县属	新建	本年正式施工	2014-03	2015-09
正宁县四郎河房河治理工程		黄河流域	县属	新建	本年正式施工	2014-5-06	2015-11-29
宁县新宁镇高山堡村护岸工程		黄河流域	县属	新建	本年正式施工	2015-07-13	
正宁县四郎河樊湾子治理工程		黄河流域	县属	新建	本年正式施工	2014-05-06	2015-11-29
安定区关川河大碱沟治理工程		黄河流域	县属	新建	本年正式施工	2014-10	
漳县龙川河草川坪至魏下段堤防工程		黄河流域	县属	新建	本年正式施工	2014-03	2015-06
陇南市中小河流水毁工程修复和治理		长江流域	地市属	恢复	本年正式施工	2015-04	2015-11
陇南市武都区北峪河治理工程		长江流域	县属	新建	本年正式施工	2014-04	2015-10
成县严河堤防工程		长江流域	县属	新建	本年正式施工	2014-07	
文县白马峪河治理工程		长江流域	县属	新建	本年正式施工	2014-03	2015-07
文县中路河中寨至白水江口段治理		长江流域	县属	新建	本年正式施工	2014-07	2015-09
宕昌县恭河韩院段河堤工程		长江流域	县属	新建	本年正式施工	2014-04	2015-10
康县阳坝河阳坝镇段治理工程		长江流域	县属	新建	本年正式施工	2014-03	
西和县太石河治理工程		长江流域	县属	新建	本年正式施工	2015-03	
西和县漾水河治理工程		长江流域	县属	新建	本年正式施工	2015-03	
礼县清水江张堡至教面堤防工程		长江流域	县属	新建	本年正式施工	2015-06	2015-11
两当县红崖河权坪河段综合治理工程		长江流域	县属	新建	本年正式施工	2014-08	
两当县红崖河蚂蚱河段综合治理工程		长江流域	县属	新建	本年正式施工	2014-08	2015-10
东乡县巴谢河五家至赵家段堤防		黄河流域	县属	新建	本年正式施工	2014-03	2015-08
临夏县老鸦关河双城至上阴洼段防洪		黄河流域	县属	新建	本年正式施工	2013-04	
和政县牛津河罗家集至马家堡段防洪		黄河流域	县属	新建	本年正式施工	2013-04	2015-11
和政县大南岔河吊滩段防洪工程		黄河流域	县属	新建	本年正式施工	2014-10	2015-08
康乐县苏家集河附城镇段堤防工程		黄河流域	县属	新建	本年正式施工	2015-03	2015-06
东乡县巴谢河赵家至那勒寺段堤防		黄河流域	县属	新建	本年正式施工	2014-03	
积石山吹麻滩河治理(赵家峡口至何家桥)		黄河流域	县属	新建	本年正式施工	2015-03	2015-08
合作市格河多合儿防洪工程		黄河流域	县属	新建	本年正式施工	2014-04-09	
合作市德吾录河卡加防洪工程		黄河流域	县属	新建	本年正式施工	2014-04-15	
临潭县斜藏沟治理工程		黄河流域	县属	新建	本年正式施工	2013-03	
临潭县羊沙河下河段治理工程		黄河流域	县属	新建	本年正式施工	2014-05	
卓尼县羊沙河恰盖防洪工程		黄河流域	县属	新建	本年正式施工	2014-05-15	
卓尼县石窖沟藏巴哇防洪工程		黄河流域	县属	新建	本年正式施工	2015-06-28	
舟曲县拱坝河堤防工程		长江流域	县属	新建	本年正式施工	2014-05	2015-12
迭部县阿夏流域治理工程		长江流域	县属	新建	本年正式施工	2013-07-10	
甘肃疏勒河灌区三道沟河道治理		西北诸河流域	省属	改建	本年正式施工	2014-04-01	2015-05
水库除险加固	15						
大中型病险水库除险加固	2						
高台县小海子水库除险加固工程		西北诸河流域	县属	改建	筹建		
甘肃双塔水库除险加固		西北诸河流域	省属	改建	本年正式施工	2015-11-22	
小型病险水库除险加固	13						
永昌县老人头水库除险加固		西北诸河流域	县属	改建	本年正式施工	2015-04	2015-10

3-13 续表

项　　目	项目个数(个)	所属流域	隶属关系	建设性质	建设阶段	开工时间	全部建成投产时间
会宁县米峡水库除险加固工程		黄河流域	县属	改建	本年正式施工	2014-01	2015-05
张掖市酥油口水库除险加固		西北诸河流域	地市属	改建	本年正式施工	2014-11-05	2015-10-31
高台县天城湖水库除险加固 2014		西北诸河流域	县属	改建	本年正式施工	2015-07	2015-10
瓜州县榆林河水库除险加固工程		西北诸河流域	县属	新建	本年正式施工	2015-04	2015-11
敦煌市野麻湾水库除险加固工程		西北诸河流域	县属	改建	本年正式施工	2014-10	2015-10
玉门市青山水库除险加固工程		西北诸河流域	县属	改建	本年正式施工	2015-06	2015-10
渭源县峡口水库除险加固		黄河流域	县属	改建	本年正式施工	2014-09	
安定区七一水库除险加固		黄河流域	县属	改建	筹建		
礼县苗河水库除险加固		长江流域	县属	改建	本年正式施工	2015-07	2015-11
成县卢沟水库除险加固		长江流域	县属	改建	本年正式施工	2014-03	2015-10
灵台县北庄水库除险加固工程		黄河流域	县属	改建	本年正式施工	2012-03	2015-11
华亭县车厂沟水库除险加固工程		黄河流域	县属	改建	本年正式施工	2012-05	2015-10
大中型病险水闸除险加固	2						
永昌县金川河工农渠首泄洪闸除险加固		西北诸河流域	县属	新建	本年正式施工	2015-10	2015-12
肃州区红山河马鬃门排砂闸除险加固		西北诸河流域	县属	改建	本年正式施工	2015-09	
其他防洪项目	9						
甘肃省 2014 年度山洪灾害防治项目(长)		长江流域	县属	新建	本年正式施工	2015-03	2015-10
甘肃省 2014 年度山洪灾害防治项目(黄)		黄河流域	县属	新建	本年正式施工	2015-03	2015-10
甘肃省 2014 年度山洪灾害防治项目(内)		西北诸河流域	县属	新建	本年正式施工	2015-03	2015-10
甘肃省山洪灾害防治补助 2013(内陆)		西北诸河流域	县属	新建	本年正式施工	2014-04	2015-09
甘肃省山洪灾害防治补助 2013(长江)		长江流域	县属	新建	本年正式施工	2014-04	2015-10
甘肃省山洪灾害防治补助 2013(黄河)		黄河流域	县属	新建	本年正式施工	2014-04	2015-10
甘肃省山洪灾害防治补助 2015(内陆)		西北诸河流域	县属	新建	本年正式施工	2015-03	2015-10
甘肃省山洪灾害防治补助 2015(黄河)		黄河流域	县属	新建	本年正式施工	2015-03	2015-10
甘肃省山洪灾害防治补助 2015(长江)		长江流域	县属	新建	本年正式施工	2015-03	2015-10
灌溉除涝项目	401						
灌区建设工程	21						
皋兰县西岔中型灌区农业综合开发 2015		黄河流域	县属	改建	本年正式施工	2015-10	
兴电灌区齐家大岘隧洞除险加固		黄河流域	地市属	新建	本年正式施工	2013-08	
白银区工农渠灌区农业综合开发		黄河流域	县属	新建	筹建		
古浪县大靖河灌区农业综合开发		西北诸河流域	县属	改建	本年正式施工	2015-12	2015-10
甘州区上三灌区农业综合开发项目		西北诸河流域	县属	改建	本年正式施工	2015-05	2015-11
民乐县童子坝灌区农业综合开发项目		西北诸河流域	县属	改建	本年正式施工	2015-04	2015-10
静宁县东峡灌区农业综合开发		黄河流域	县属	新建	筹建		
敦煌水资源规划项目(酒泉市)2014		西北诸河流域	县属	新建	本年正式施工	2014-09	2015-10
敦煌水资源规划项目(河道归束)2015		西北诸河流域	县属	新建	本年正式施工	2015-03	
敦煌水资源规划项目(党河灌区)2015		西北诸河流域	县属	改建	本年正式施工	2015-09	
环县甜水堡灌区节水改造项目		黄河流域	县属	新建	本年正式施工	2015-04	2015-06
合水县固城川灌区续建配套与节水改造		黄河流域	县属	恢复	本年正式施工	2015-08-03	2015-11-20
临洮县溥济渠灌区农业综合开发		黄河流域	县属	新建	本年正式施工	2014-07	
渭源县石门灌区农业综合开发项目		黄河流域	县属	新建	本年正式施工	2015-07	
临夏县北塬灌区农业综合开发项目		黄河流域	县属	新建	本年正式施工	2015-07-01	
景泰川电力提灌二期灌区调蓄水池项目		黄河流域	省属	改建	本年正式施工	2015-04	2015-07
敦煌水资源利用与生态保护(疏勒河)2012		西北诸河流域	省属	改建	本年正式施工	2012-04-01	2015-03
敦煌水资源利用与生态保护(疏勒河)2013		西北诸河流域	省属	改建	本年正式施工	2013-06-01	2015-05
敦煌水资源利用与生态保护(疏勒河)2014		西北诸河流域	省属	改建	本年正式施工	2014-06-01	2015-05
敦煌水资源利用与生态保护(疏勒河)2015		西北诸河流域	省属	改建	本年正式施工	2015-07-10	

3-13 续表

项　　目	项目个数(个)	所属流域	隶属关系	建设性质	建设阶段	开工时间	全部建成投产时间
玉门市花海灌区农业综合开发		西北诸河流域	省属	改建	本年正式施工	2015-11-15	
节水灌溉工程	25						
2015年永登县牧区节水灌溉示范项目		黄河流域	县属	新建	本年正式施工	2015-10-15	2015-12-30
石羊河流域重点治理2014(金昌市)		西北诸河流域	地市属	新建	本年正式施工	2013-07-15	2015-05
永昌县牧区节水灌溉示范项目		西北诸河流域	县属	新建	本年正式施工	2015-05	2015-08
凉州区规模化节水灌溉增效示范2014		西北诸河流域	县属	新建	本年正式施工	2014-12	2015-10
凉州区规模化节水增效示范(2013-2016)		西北诸河流域	县属	新建	本年正式施工	2015-03	2015-10
民勤县牧区节水灌溉示范项目2015		西北诸河流域	县属	新建	本年正式施工	2015-5	2015-12
天祝县牧区节水灌溉示范项目2014		黄河流域	县属	新建	本年正式施工	2014-12	2015-10
石羊河流域重点治理2014(张掖市)		西北诸河流域	县属	新建	本年正式施工	2015-05	2015-10
肃州区规模化节水灌溉增效示范项目		西北诸河流域	县属	新建	本年正式施工	2015-04	2015-10
肃州区规模化节水增效示范(2013-2016)		西北诸河流域	县属	新建	本年正式施工	2015-10	
瓜州县牧区节水灌溉示范项目2014		西北诸河流域	县属	新建	本年正式施工	2015-06	2015-10
肃北县牧区节水灌溉示范项目2014		西北诸河流域	县属	新建	本年正式施工	2015-04	2015-11
阿克塞县牧区节水灌溉示范项目2014		西北诸河流域	县属	新建	本年正式施工	2015-04	2015-10
敦煌市规模化节水灌溉增效示范项目		西北诸河流域	县属	新建	本年正式施工	2014-10	2015-10
敦煌市规模化节水增效(2013-2016)		西北诸河流域	县属	新建	本年正式施工	2015-09	
环县牧区节水灌溉示范项目2015		黄河流域	县属	新建	本年正式施工	2015-10	2015-12
安定区规模化节水综合灌溉示范2015		黄河流域	县属	新建	本年正式施工	2015-09	2015-12
漳县牧区节水灌溉示范项目2015		黄河流域	县属	新建	本年正式施工	2015-06	2015-10
甘州区规模化节水灌溉示范(2013-2016)		西北诸河流域	县属	新建	本年正式施工	2013-03	2015-12
合作市牧区节水灌溉示范项目2014		黄河流域	县属	新建	本年正式施工	2015-06-20	2015-08-20
迭部县牧区节水灌溉示范项目2015		长江流域	县属	新建	本年正式施工	2015-10-13	2015-12-25
夏河县2015牧区节水灌溉项目		黄河流域	县属	新建	本年正式施工	2015-10-09	
石羊河流域重点治理(省景电)2012		黄河流域	省属	改建	本年正式施工	2012-09-20	2015-10-01
石羊河流域重点治理(省景电)2013		黄河流域	省属	改建	本年正式施工	2013-12	
石羊河流域重点治理(省景电)2014		黄河流域	省属	改建	本年正式施工	2013-12	2015-10-01
小型农田水利建设	320						
镇原县2015抗旱引调提水项目(3)		黄河流域	县属	新建	本年正式施工	2015-04	2015-12
镇原县小型农田水利2015维修养护		黄河流域	县属	新建	本年正式施工	2015-08	2015-12
榆中县中央财政高效节水2014(五)		黄河流域	县属	新建	本年正式施工	2014-05	2015-11
榆中县中央统筹(土地出让)2014		黄河流域	县属	新建	本年正式施工	2015-03	2015-10
榆中县抗旱引调提水项目2014		黄河流域	县属	新建	本年正式施工	2015-03	2015-09
红古区中央统筹(土地出让)2014		黄河流域	县属	新建	本年正式施工	2015-03-27	2015-12-30
榆中县中央财政小型农田水利(5)		黄河流域	县属	新建	本年正式施工	2015-04	2015-12
榆中县小型农田水利2015维修养护		黄河流域	县属	新建	本年正式施工	2015-09	2015-11
榆中县2015抗旱引调提水项目(3)		黄河流域	县属	新建	本年正式施工	2015-07	2015-11
西固区小型农田水利2015维修养护		黄河流域	县属	新建	本年正式施工	2015-10	2015-11
红古区中央财政高效节水2014(五)		黄河流域	县属	新建	本年正式施工	2014-11-20	2015-11-30
红古区小型农田水利建设(五)		黄河流域	县属	新建	本年正式施工	2015-04-10	2015-12-30
红古区小型农田水利2015维修养护		黄河流域	县属	改建	本年正式施工	2015-10-07	2015-11-07
永登县高效节水项目2014(五)		黄河流域	县属	新建	本年正式施工	2014-07-01	2015-11
永登县2015年高效节水灌溉示范项目		黄河流域	省属	新建	本年正式施工	2015-05-01	2015-12-30
永登县2015年抗旱引调提水项目		黄河流域	县属	新建	本年正式施工	2015-10	2015-12
永登县2015年水利工程维修养护项目		黄河流域	县属	新建	本年正式施工	2015-05-08	2015-10-30
皋兰2015年农田水利设施维修养护项目		黄河流域	县属	新建	本年正式施工	2015-08	2015-10
嘉峪关市中央财政高效节水2015(五)		西北诸河流域	地市属	新建	本年正式施工	2015-05-01	

3-13 续表

项 目	项目个数(个)	所属流域	隶属关系	建设性质	建设阶段	开工时间	全部建成投产时间
嘉峪关市高效节水灌溉项目2015(六)		西北诸河流域	地市属	新建	本年正式施工	2015-05-01	
嘉峪关市小型农田水利维修养护2015年		西北诸河流域	地市属	新建	本年正式施工	2015-11-09	2015-11-30
嘉峪关中央财政高效节水2013(五)		西北诸河流域	地市属	新建	本年正式施工	2014-09-05	2015-08-05
嘉峪关中央财政高效节水2014(五)		西北诸河流域	地市属	新建	本年正式施工	2014-09-05	2015-08-05
嘉峪关中央财政高效节水2014(六)		西北诸河流域	地市属	新建	本年正式施工	2014-12-10	2015-10-10
永昌县中央财政高效节水2014(五)		西北诸河流域	县属	新建	本年正式施工	2014-12	2015-05
金川区中央财政高效节水2014(六)		西北诸河流域	县属	改建	本年正式施工	2014-06	2015-06
永昌县中央财政高效节水2014(六)		西北诸河流域	县属	新建	本年正式施工	2014-08	2015-06
金川区高效节水灌溉项目(六)		西北诸河流域	县属	改建	本年正式施工	2015-05	2015-10
金川区中央财政小型农田水利工程2015		西北诸河流域	县属	改建	本年正式施工	2015-10	2015-11
金川区小型农田水利2015维修养护项目		西北诸河流域	县属	改建	本年正式施工	2015-10	2015-11
永昌县小型农田水利建设(五)		西北诸河流域	县属	新建	本年正式施工	2015-05	2015-08
永昌县高效节水灌溉项目(六)		西北诸河流域	县属	新建	本年正式施工	2015-09	2015-11
永昌县中央财政小型农田水利工程2015		西北诸河流域	县属	新建	本年正式施工	2015-09	2015-11
永昌县小型农田水利2015维修养护		西北诸河流域	县属	新建	本年正式施工	2015-10	2015-11
靖远县中央财政高效节水灌溉项目2013		黄河流域	县属	新建	本年正式施工	2014-07	2015-10
靖远县2013水利工程维修养护(土地出让)		黄河流域	县属	新建	本年正式施工	2014-12	2015-10
白银区中央财政高效节水灌溉项目2013		黄河流域	县属	新建	本年正式施工	2014-04	2015-12
景泰县中央财政高效节水灌溉项目2013		黄河流域	县属	新建	本年正式施工	2014-06	2015-10
景泰县中央财政景电农场节水灌溉2013		黄河流域	省属	改建	本年正式施工	2013-12	
景泰县中央财政节水灌溉(土地出让)		黄河流域	县属	新建	本年正式施工	2015-03-20	2015-09-05
靖远县高效节水灌溉(土地出让)2014		黄河流域	县属	新建	本年正式施工	2014-12	2015-10
靖远县中央财政高效节水2014(五)		黄河流域	县属	新建	本年正式施工	2014-12	2015-12
白银区农业水价改革(土地出让)2014		黄河流域	县属	新建	本年正式施工	2015-03	2015-05
白银区中央财政高效节水2014(五)		黄河流域	县属	新建	本年正式施工	2014-11	2015-10
白银区五小水利工程(土地出让)2014		黄河流域	县属	新建	本年正式施工	2015-03	2015-12
会宁2014年抗旱引调提水项目		黄河流域	县属	新建	本年正式施工	2014-11	2015-04
会宁县中央财政高效节水2014(五)		黄河流域	县属	新建	本年正式施工	2014-12	2015-05
会宁县高效节水灌溉(土地出让)2014		黄河流域	县属	新建	本年正式施工	2014-10	2015-12
景泰县中央财政小农水重点县2014		黄河流域	县属	新建	本年正式施工	2014-11	2015-10
景泰县中央财政高效节水2014(五)		黄河流域	县属	新建	本年正式施工	2014-12	2015-10
景泰县抗旱规划引调提水项目(2014)		黄河流域	县属	新建	本年正式施工	2014-12	2015-12
平川区中央财政高效节水2014(五)		黄河流域	县属	新建	本年正式施工	2014-10	2015-10
靖远县2014年抗旱引调提水项目		黄河流域	县属	新建	本年正式施工	2014-12	2015-11
景泰水利工程维修养护(土地出让)2014		黄河流域	县属	新建	本年正式施工	2014-10	2015-01
会宁县2015年抗旱引调提水项目		黄河流域	县属	新建	本年正式施工	2015-08	2015-12
平川区小型农田建设2015(五)		黄河流域	县属	新建	本年正式施工	2015-11	2015-12
会宁县中央财政高效节水2015(五)		黄河流域	县属	新建	本年正式施工	2015-05	2015-10
会宁县2015年维修养护项目		黄河流域	县属	新建	本年正式施工	2015-10	2015-12
平川区小型农田水利2015维修养护资金		黄河流域	县属	新建	本年正式施工	2015-11	2015-12
白银区小型农田水利建设(五)2015		黄河流域	县属	新建	本年正式施工	2015-03	2015-10
白银区2015小型农水利维修养护资金		黄河流域	县属	新建	本年正式施工	2015-10	2015-11
景泰县中央财政小型农田水利建设2015		黄河流域	县属	新建	本年正式施工	2015-03	2015-12
景泰县2015年抗旱引调提水项目		黄河流域	县属	新建	本年正式施工	2015-03	2015-10
景泰县小型农田水利2015年维修养护		黄河流域	县属	新建	本年正式施工	2015-05	2015-12
靖远县2015年高效节水灌溉示范项目		黄河流域	县属	新建	本年正式施工	2015-04	2015-12
靖远县2015年抗旱引调提水项目		黄河流域	县属	新建	本年正式施工	2015-09	2015-12

3–13 续表

项　　目	项目个数(个)	所属流域	隶属关系	建设性质	建设阶段	开工时间	全部建成投产时间
靖远县 2015 年小型农田水利维修养护资金		黄河流域	县属	新建	本年正式施工	2015-10	2015-12
甘谷县 2015 抗旱引调提水工程		黄河流域	县属	新建	本年正式施工	2015-10	2015-12
甘谷县中央财政小型水利五小水利 2015		黄河流域	县属	新建	本年正式施工	2015-08	2015-12
秦州区中央财政统筹(土地出让)2014		黄河流域	县属	新建	本年正式施工	2014-10	2015-11
秦州区 1 万 ~5 万亩灌区(土地出让)		黄河流域	县属	新建	本年正式施工	2015-03	2015-12
秦州区 2015 年抗旱引调提水工程		黄河流域	县属	新建	本年正式施工	2015-05	2015-12
秦州区小型农田水利 2015 维修养护		黄河流域	县属	新建	本年正式施工	2015-05	2015-10
麦积区小型农田水利 2015 年维修养护		黄河流域	县属	新建	本年正式施工	2015-09	2015-12
清水县五小水利工程(土地出让)		黄河流域	县属	新建	本年正式施工	2014-07	2015-06
清水县水利工程维修项目(土地出让)		黄河流域	县属	新建	本年正式施工	2015-01	2015-06
清水县 2014 年抗旱引调提水项目		黄河流域	县属	新建	本年正式施工	2015-05	2015-12
清水县 2015 抗旱引调提水项目		黄河流域	县属	新建	本年正式施工	2015-10	2015-12
清水县小型农田水利 2015 维修养护		黄河流域	县属	新建	本年正式施工	2015-10	2015-12
秦安县中央财政统筹(土地出让)2014		黄河流域	县属	新建	本年正式施工	2014-07	2015-11
秦安县 2015 抗旱引调水提水项目		黄河流域	县属	新建	本年正式施工	2015-07	2015-12
甘谷县 2014 年抗旱引调提水项目		黄河流域	县属	新建	本年正式施工	2015-03	2015-06
武山县 2014 年度小型农田水利重点县		黄河流域	县属	新建	本年正式施工	2014-08-01	2015-04-20
武山县高效节水灌溉项目(土地出让)		黄河流域	县属	新建	本年正式施工	2014-08	2015-04
武山县 1 万 ~5 万亩灌区改造(土地出让)		黄河流域	县属	改建	本年正式施工	2015-04	2015-09
武山县 2015 抗旱引调提水工程		黄河流域	县属	新建	本年正式施工	2015-09	2015-12
武山县小型农田水利 2015 维修养护项目		黄河流域	县属	新建	本年正式施工	2015-10	2015-12
张家川县小型农田水利 2015 维修养护		黄河流域	县属	新建	本年正式施工	2015-08	2015-11
凉州区中央财政高效节水 2014(五)		西北诸河流域	县属	新建	本年正式施工	2014-12-10	2015-10
凉州区中央财政高效节水 2014(六)		西北诸河流域	县属	新建	本年正式施工	2014-12-10	2015-10
凉州区 2014 抗旱规划引调提水项目		西北诸河流域	县属	新建	本年正式施工	2015-3-05	2015-10
凉州区中央财政小型农田水利建设(五)		西北诸河流域	县属	新建	本年正式施工	2015-05	2015-10
凉州区高效节水灌溉项目(六)		西北诸河流域	县属	新建	本年正式施工	2015-05	2015-10
凉州区 2015 年抗旱引调提水工程		西北诸河流域	县属	新建	本年正式施工	2015-05	2015-11
凉州区农业水价综合改革(土地出让)		西北诸河流域	县属	改建	本年正式施工	2015-05	2015-10
凉州区小型农田水利 2015 维修养护		西北诸河流域	县属	改建	本年正式施工	2015-03	2015-10
民勤县 2015 年抗旱引调提水项目		西北诸河流域	县属	新建	本年正式施工	2015-05	2015-12
民勤县农业水价综合改革(土地出让)		西北诸河流域	县属	新建	本年正式施工	2015-05	2015-12
民勤县中央财政小型农田水利建设(5)		西北诸河流域	县属	新建	本年正式施工	2015-2	2015-12
民勤县中央财政小农水重点县 2015(五)		西北诸河流域	县属	新建	本年正式施工	2015-2	2015-12
民勤县高效节水灌溉项目(六)		西北诸河流域	县属	新建	本年正式施工	2015-2	2015-12
民勤县中央财政小型农田水利工程 2015		西北诸河流域	县属	新建	本年正式施工	2015-2	2015-12
民勤县小型农田水利 2015 维修养护		西北诸河流域	县属	新建	本年正式施工	2015-2	2015-12
古浪县中央财政高效节水灌溉 2013		西北诸河流域	县属	新建	本年正式施工	2014-10	2015-05
古浪县中央财政小农水重点县 2014		西北诸河流域	县属	新建	本年正式施工	2014-10	2015-05
古浪县中央财政统筹(土地出让)2014		西北诸河流域	县属	新建	本年正式施工	2014-10	2015-05
古浪县中央财政高效节水 2014(六)		西北诸河流域	县属	新建	本年正式施工	2014-10	2015-11
古浪县中央财政高效节水 2014(五)		西北诸河流域	县属	新建	本年正式施工	2014-10	2015-10
古浪县抗旱规划引调提水项目		西北诸河流域	县属	新建	本年正式施工	2014-09	2015-10
古浪县小型农田水利建设(五)		西北诸河流域	县属	新建	本年正式施工	2015-03	2015-11
古浪县高效节水灌溉项目(六)		西北诸河流域	县属	新建	本年正式施工	2015-01	2015-10
古浪县 2015 抗旱引调提水项目		西北诸河流域	县属	新建	本年正式施工	2015-09	2015-11
古浪县中央财政小型农田水利工程 2015		西北诸河流域	县属	新建	本年正式施工	2015-03	2015-10

3-13 续表

项　　　目	项目个数(个)	所属流域	隶属关系	建设性质	建设阶段	开工时间	全部建成投产时间
古浪县小型农田水利 2015 维修养护		西北诸河流域	县属	新建	本年正式施工	2015-10	2015-10
天祝县中央财政高效节水 2014(六)		黄河流域	县属	新建	本年正式施工	2014-11	2015-07
天祝县高效节水灌溉项目(六)		黄河流域	县属	新建	本年正式施工	2015-04	2015-09
天祝县小型农田水利 2015 维修养护		黄河流域	县属	新建	本年正式施工	2015-07	2015-10
高台县中央财政高效节水 2014(六)		西北诸河流域	县属	新建	本年正式施工	2015-03	2015-10
山丹县抗旱规划引调提水项目 2014		西北诸河流域	县属	新建	本年正式施工	2015-03	2015-07
山丹县中央财政高效节水 2014(六)		西北诸河流域	县属	新建	本年正式施工	2015-04	2015-10
肃南县前滩 1 万~5 万亩灌区（土地出让）2014		西北诸河流域	县属	新建	本年正式施工	2015-03	2015-07
甘州区中央财政高效节水 2014(六)		西北诸河流域	县属	新建	本年正式施工	2015-09	2015-12
民乐县中央财政高效节水 2014(六)		西北诸河流域	县属	新建	本年正式施工	2015-03	2015-06
民乐县农业水价改革(土地出让)2014		西北诸河流域	县属	新建	本年正式施工	2015-03	2015-05
高台县中央财政统筹(土地出让)2014		西北诸河流域	县属	新建	本年正式施工	2015-04	2015-09
山丹县中央财政统筹(土地出让)2014		西北诸河流域	县属	新建	本年正式施工	2015-03	2015-07
临泽县中央财政统筹(土地出让)2014		西北诸河流域	县属	新建	本年正式施工	2015-04	2015-07
肃南县中央财政统筹(土地出让)2014		西北诸河流域	县属	新建	本年正式施工	2015-03	2015-07
山丹马场中央财政高效节水 2014(五)		西北诸河流域	县属	新建	本年正式施工	2014-11	2015-06
山丹县小型农田水利建设 2015(五)		西北诸河流域	县属	新建	本年正式施工	2015-04	2015-10
高台县农业水价改革(土地出让)2015		西北诸河流域	县属	新建	本年正式施工	2015-03	2015-05
高台县小型农田水利 2015 维修养护		西北诸河流域	县属	改建	本年正式施工	2015-09	2015-10
高台县小型农田水利建设 2015(五)		西北诸河流域	县属	新建	本年正式施工	2015-03	2015-12
高台县高效节水灌溉项目 2015(六)		西北诸河流域	县属	新建	本年正式施工	2015-03	2015-12
高台县中央财政小型农田水利 2015(七)		西北诸河流域	县属	新建	本年正式施工	2015-09	2015-12
山丹县高效节水灌溉项目 2015(六)		西北诸河流域	县属	新建	本年正式施工	2015-04	2015-10
临泽县小型农田水利 2015 维修养护		西北诸河流域	县属	改建	本年正式施工	2015-11	2015-12
临泽县小型农田水利建设 2015(五)		西北诸河流域	县属	新建	本年正式施工	2015-05	2015-12
山丹县中央财政小农水 2015(七)		西北诸河流域	县属	新建	本年正式施工	2015-09	2015-12
甘州区高效节水灌溉项目 2015(六)		西北诸河流域	县属	新建	本年正式施工	2015-09	2015-12
甘州区中央财政小型农田水利 2015(五)		西北诸河流域	县属	新建	本年正式施工	2015-09	2015-12
甘州区小型农田水利 2015 维修养护		西北诸河流域	县属	新建	本年正式施工		
山丹县 2015 抗旱引调水项目		西北诸河流域	县属	新建	本年正式施工	2015-04	2015-11
肃南县小型农田水利建设 2015(五)		西北诸河流域	县属	新建	本年正式施工	2015-06	2015-11
肃南县小型农田水利 2015 维修养护		西北诸河流域	县属	新建	本年正式施工	2015-10	2015-11
民乐县 2015 抗旱引调提水项目		西北诸河流域	县属	新建	本年正式施工	2015-09	2015-11
民乐县高效节水灌溉项目 2015(六)		西北诸河流域	县属	新建	本年正式施工	2015-04	2015-10
民乐县小型农田水利建设 2015(五)		西北诸河流域	县属	新建	本年正式施工	2015-04	2015-10
民乐县中央财政小型农田水利 2015(七)		西北诸河流域	县属	新建	本年正式施工	2015-10	2015-12
民乐县水利工程维修养护 2014-2015		西北诸河流域	县属	改建	本年正式施工	2015-10	2015-11
山丹马场 2014 年高效节水(六)		西北诸河流域	县属	新建	本年正式施工	2015-06	
山丹马场小型农田水利建设 2015(五)		西北诸河流域	县属	新建	本年正式施工	2015-08	
山丹马场高效节水灌溉项目 2015(六)		西北诸河流域	县属	新建	本年正式施工	2015-08	
崆峒区中央财政统筹(土地出让)2014		黄河流域	县属	新建	本年正式施工	2015-02	2015-06
静宁县小型农田水利 2015 维修养护		黄河流域	县属	新建	本年正式施工	2015-09	2015-11
静宁县 2015 年抗旱水源引调提水工程		黄河流域	县属	新建	本年正式施工	2015-09	2015-11
崆峒区抗旱规划引调提水项目		黄河流域	县属	新建	本年正式施工	2015-02	2015-08
崆峒区小型农田水利 2015 年维修养护		黄河流域	县属	新建	本年正式施工	2015-10	2015-12
泾川县中央财政统筹(土地出让)2014		黄河流域	县属	新建	本年正式施工	2015-04	2015-10
泾川县 2014 年抗旱引调提水项目		黄河流域	县属	新建	本年正式施工	2015-04	2015-10

3–13 续表

项　　目	项目个数(个)	所属流域	隶属关系	建设性质	建设阶段	开工时间	全部建成投产时间
灵台县中央财政小农水重点县 2014(四)		黄河流域	县属	新建	本年正式施工	2014–09	
灵台县许家沟提灌工程(土地出让 2014)		黄河流域	县属	新建	本年正式施工	2014–05	2015–11
灵台县中央财政小型农田水利工程 2015		西北诸河流域	县属	新建	本年正式施工	2015–10	
崇信县水利工程维修项目(土地出让)		西北诸河流域	县属	新建	本年正式施工	2015–04	2015–09
崇信县小型农田水利 2015 年维修养护		黄河流域	县属	新建	本年正式施工	2015–08	2015–09
华亭西华河 1 万 ~5 万亩灌区（土地出让）2014		黄河流域	县属	新建	本年正式施工	2015–03	2015–08
庄浪县中央财政统筹(土地出让)2014		黄河流域	县属	改建	本年正式施工	2015–03	2015–08
庄浪县 2015 年抗旱引调提水项目		黄河流域	县属	新建	本年正式施工	2015–09	2015–11
庄浪县小型农田水利 2015 年维修养护		黄河流域	县属	新建	本年正式施工	2015–10	2015–11
静宁县中央财政统筹(土地出让)2014		黄河流域	县属	新建	本年正式施工	2015–04	2015–08
静宁县抗旱规划引调提水项目		黄河流域	县属	新建	本年正式施工	2015–04	2015–08
肃州区中央财政统筹(土地出让)2014		西北诸河流域	县属	新建	本年正式施工	2015–03	2015–06
瓜州县中央财政统筹(土地出让)2014		西北诸河流域	县属	新建	本年正式施工	2015–06	2015–11
酒泉市中央财政统筹(土地出让)2014		西北诸河流域	县属	新建	本年正式施工	2015–03	2015–10
肃州区中央财政高效节水 2014(五)		西北诸河流域	县属	新建	本年正式施工	2014–08	2015–10
肃州区中央财政高效节水 2014(六)		西北诸河流域	县属	新建	本年正式施工	2015–04	2015–11
肃州区小型农田水利建设(五)		西北诸河流域	县属	新建	本年正式施工	2015–04	
肃州区高效节水灌溉项目(六)		西北诸河流域	县属	新建	本年正式施工	2015–06	
武山县 1 万 ~5 万亩灌区改造（土地出让）		西北诸河流域	县属	新建	本年正式施工	2015–09	2015–10
金塔县中央财政高效节水 2014(五)		西北诸河流域	县属	新建	本年正式施工	2014–10–30	
金塔县中央财政高效节水 2014(六)		西北诸河流域	县属	新建	本年正式施工	2015–03	2015–07
金塔县中央财政统筹(土地出让)2014		西北诸河流域	县属	新建	本年正式施工	2015–03	2015–06
金塔县高效节水灌溉项目(六)		西北诸河流域	县属	新建	本年正式施工	2015–04	2015–11
金塔县中央财政小型农田水利工程 2015		西北诸河流域	县属	新建	本年正式施工	2015–09	2015–12
金塔县区小型农田水利建设(五)		西北诸河流域	县属	新建	本年正式施工	2015–04	2015–11
瓜州县中央财政高效节水 2014(五)		西北诸河流域	县属	新建	本年正式施工	2015–09	2015–11
瓜州县桥子 1 万 ~5 万亩灌区（土地出让）2014		西北诸河流域	县属	新建	本年正式施工	2015–03	2015–10
瓜州县小型农田水利建设(五)		西北诸河流域	县属	新建	本年正式施工	2015–05	
瓜州县小型农田水利 2015 维修养护资金		西北诸河流域	县属	新建	本年正式施工	2015–09	2015–11
阿克塞小型农田水利 2015 维修养护		西北诸河流域	县属	新建	本年正式施工	2015–09	2015–11
玉门市中央财政高效节水 2014(五)		西北诸河流域	县属	新建	本年正式施工	2014–10	2015–04
玉门市中央财政高效节水 2014(六)		西北诸河流域	县属	新建	本年正式施工	2015–03	2015–10
玉门市小型农田水利建设(五)		西北诸河流域	县属	新建	本年正式施工	2015–04	2015–10
玉门市高效节水灌溉项目(六)		西北诸河流域	县属	新建	本年正式施工	2015–05	2015–11
玉门市中央财政小型农田水利工程 2015		西北诸河流域	县属	新建	本年正式施工	2015–09	2015–11
酒泉市敦煌抗旱规划引调提水项目		西北诸河流域	县属	新建	本年正式施工	2014–10	2015–06
敦煌市 2015 抗旱引调提水项目		西北诸河流域	县属	新建	本年正式施工	2015–08	
敦煌市小型农田水利 2015 维修养护		西北诸河流域	县属	新建	本年正式施工	2015–10	
镇原吴家沟 1 万 ~5 万亩灌区（土地出让）2014		黄河流域	县属	恢复	本年正式施工	2015–04	2015–08
合水县中央财政小农水重点县 2014		黄河流域	县属	新建	本年正式施工	2014–07	2015–11–20
正宁县四郎河 1 万 ~5 万亩灌区（土地出让）		黄河流域	县属	新建	本年正式施工	2015–03–15	2015–10–20
西峰区中央财政统筹(土地出让)2014		黄河流域	县属	新建	本年正式施工	2015–5–18	2015–6–30
宁县中央财政统筹(土地出让)2014		黄河流域	县属	新建	本年正式施工	2015–04	2015–07
合水县中央财政统筹(土地出让)2014		黄河流域	县属	新建	本年正式施工	2015–04–18	2015–08–20
环县中央财政统筹(土地出让)2014		黄河流域	县属	新建	本年正式施工	2015–03	2015–05
镇原县抗旱规划引调提水项目		黄河流域	县属	新建	本年正式施工	2015–04	2015–10
华池县抗旱规划引调提水项目		黄河流域	县属	新建	本年正式施工	2015–05	2015–10

3-13 续表

项　　目	项目个数(个)	所属流域	隶属关系	建设性质	建设阶段	开工时间	全部建成投产时间
环县抗旱规划引调提水项目		黄河流域	县属	新建	本年正式施工	2015-04	2015-10
西峰区小型农田水利 2015 维修养护		黄河流域	县属	新建	本年正式施工	2015-10-23	2015-11-30
庆城县 2015 抗旱引调提水项目(2)		黄河流域	县属	新建	本年正式施工	2015-10-01	2015-12-30
庆城县小型农田水利 2015 维修养护		黄河流域	县属	新建	本年正式施工	2015-09-01	2015-11-30
环县小型农田水利 2015 维修养护		黄河流域	县属	新建	本年正式施工	2015-10	2015-12
环县 2015 抗旱引调提水项目(3)		黄河流域	县属	新建	本年正式施工	2015-09	2015-12
华池县 2015 抗旱引调提水项目(2)		黄河流域	县属	新建	本年正式施工	2015-10-10	2015-12-30
合水县小型农田水利 2015 维修养护		黄河流域	县属	改建	本年正式施工	2015-09	2015-11
渭源县中央财政五小水利项目 2013		黄河流域	县属	新建	本年正式施工	2014-05	
安定区抗旱应急调蓄工程		黄河流域	县属	新建	本年正式施工	2014-10	2015-10
通渭县中央财政小农水重点县 2014		黄河流域	县属	新建	本年正式施工	2014-10	2015-08
通渭县中央财政统筹(土地出让)2014		黄河流域	县属	新建	本年正式施工	2014-10	2015-06
临洮县红旗 1 万 ~5 万亩灌区（土地出让）2014		黄河流域	县属	新建	本年正式施工	2015-03	2015-10
陇西县抗旱引调提水项目		黄河流域	县属	新建	本年正式施工	2015-09-10	2015-12-10
渭源县中央财政五小水利 2014(五)		黄河流域	地市属	新建	本年正式施工	2014-09	
临洮县小型农田水利 2015 维修养护		黄河流域	县属	新建	本年正式施工	2015-01	2015-06
临洮县中央财政五小水利(2014)		黄河流域	县属	新建	本年正式施工	2015-01	2015-06
临洮县中央财政小农水五小水利 2015		黄河流域	县属	新建	本年正式施工	2015-01	2015-11
临洮县抗旱引调提水项目 2015		黄河流域	县属	新建	本年正式施工	2015-09	2015-12
渭源县中央财政五小水利 2015		黄河流域	县属	新建	本年正式施工	2015-06	
安定区 2015 年抗旱引调水工程		黄河流域	县属	新建	本年正式施工	2015-03	2015-10
通渭县 2015 年抗旱引调提水项目		黄河流域	县属	新建	本年正式施工	2015-03	2015-11
漳县小型农田水利 2015 维修养护		黄河流域	县属	新建	本年正式施工	2015-09	2015-12
康县中央财政统筹(土地出让)2014		长江流域	县属	新建	本年正式施工	2015-04	2015-11
武都区中央财政统筹(土地出让)2014		长江流域	县属	新建	本年正式施工	2015-08	2015-11
文县中央财政统筹(土地出让)2014		长江流域	县属	新建	本年正式施工	2015-04	2015-06
徽县中央财政统筹(土地出让)2014		长江流域	县属	新建	本年正式施工	2015-04	2015-06
西和县抗旱规划引调提水项目		长江流域	县属	新建	本年正式施工	2015-03	2015-11
礼县抗旱规划引调提水项目		长江流域	县属	新建	本年正式施工	2015-06	2015-10
武都区中央财政区域节水 2014(五)		长江流域	县属	新建	本年正式施工	2015-04	2015-09
武都区中央财政区域节水 2014(六)		长江流域	县属	新建	本年正式施工	2015-04	2015-09
武都区高效节水灌溉项目(六)		长江流域	县属	新建	本年正式施工	2015-05	2015-11
武都区小型农田水利 2015 维修养护		长江流域	县属	新建	本年正式施工	2015-09	2015-11
武都区水价改革及产权改革试点		长江流域	县属	新建	本年正式施工	2015-09	2015-11
武都区中央财政小农水(区域节水)		长江流域	县属	新建	本年正式施工	2015-05	2015-11
成县小型农田水利 2015 维修养护		长江流域	县属	恢复	本年正式施工	2015-10	2015-12
文县中央财政六小水利 2014(六)		长江流域	县属	新建	本年正式施工	2015-04	2015-07
文县高效节水灌溉项目(六)		长江流域	县属	新建	本年正式施工	2015-09	2015-12
文县小型农田水利 2015 维修养护		长江流域	县属	新建	本年正式施工	2015-10	2015-12
康县小型农田水利 2015 维修养护		长江流域	县属	新建	本年正式施工	2015-10	2015-12
西和县 2015 抗旱引调提水项目(2)		长江流域	县属	新建	本年正式施工	2015-10	2015-11
礼县 2015 抗旱引调提水项目(3)		长江流域	县属	新建	本年正式施工	2015-06	2015-10
礼县小型农田水利 2015 维修养护		长江流域	县属	恢复	本年正式施工	2015-07	2015-11
徽县中央财政六小水利 2014(六)		长江流域	县属	新建	本年正式施工	2014-03	2015-05
徽县小型农田水利 2015 维修养护		长江流域	县属	新建	本年正式施工	2015-09	2015-10
徽县高效节水灌溉项目(六)		长江流域	县属	新建	本年正式施工	2015-03	2015-08
民勤县中央财政小农水重点县 2014(5)		西北诸河流域	县属	新建	本年正式施工	2014-10	2015-12

3-13 续表

项目	项目个数(个)	所属流域	隶属关系	建设性质	建设阶段	开工时间	全部建成投产时间
民勤县 2014 年农业水价改革项目		西北诸河流域	县属	新建	本年正式施工	2014-12	2015-12
民勤县 2014 年高效节水灌溉项目		西北诸河流域	县属	新建	本年正式施工	2014-12	2015-12
民勤县 2014 抗旱规划引调提水工程项目		西北诸河流域	县属	新建	本年正式施工	2014-12	2015-12
两当县中央财政六小水利 2014(六)		长江流域	县属	新建	本年正式施工	2015-05	2015-08
两当县高效节水灌溉项目(六)		长江流域	县属	新建	本年正式施工	2015-07	2015-10
两当县小型农田水利 2015 维修养护		长江流域	县属	新建	本年正式施工	2015-08	2015-10
东乡县中央财政五小水利项目 2013		黄河流域	县属	新建	本年正式施工	2014-06	2015-12
东乡县水利工程维修养护(土地出让)		黄河流域	县属	改建	本年正式施工	2014-10	
永靖县五小水利工程(土地出让)		黄河流域	县属	新建	本年正式施工	2014-06-30	2015-06-30
临夏市小型农田水利 2015 维修养护		黄河流域	县属	新建	本年正式施工	2015-10-01	2015-12
临夏县中央财政小农水重点县 2014		黄河流域	地市属	新建	本年正式施工	2014-06	2015-06
临夏县 2014 年抗旱引调提水项目		黄河流域	县属	新建	本年正式施工	2014-12	2015-6-30
临夏县 2015 年抗旱引调提水项目		黄河流域	县属	新建	本年正式施工	2015-08	
康乐县中央财政统筹(土地出让)2014		黄河流域	县属	新建	本年正式施工	2014-10	2015-09
康乐县小型农田水利 2015 维修养护资金		黄河流域	县属	新建	本年正式施工	2015-10	
永靖县中央财政统筹(土地出让)2014		黄河流域	县属	新建	本年正式施工	2015-05	2015-09
永靖县 2014 抗旱引调提水项目		黄河流域	县属	新建	本年正式施工	2014-11	2015-10
永靖县 2015 年抗旱引调水提水工程		黄河流域	县属	新建	本年正式施工	2015-10-17	
永靖县小型农田水利 2015 年维修养护		黄河流域	县属	改建	本年正式施工	2015-10	2015-12
广河县 2014 年抗旱引调提水项目		黄河流域	县属	新建	本年正式施工	2014-11	2015-05
广河县 2015 年中央财政小型农田水利		黄河流域	县属	新建	本年正式施工	2015-10	
广河县 2015 三甲集抗旱应急水源配套		黄河流域	县属	新建	本年正式施工	2015-09-15	
广河县 2015 齐家镇抗旱应急水源配套		黄河流域	县属	新建	本年正式施工	2015-09-15	
和政县中央财政统筹(土地出让)2014		黄河流域	县属	新建	本年正式施工	2015-04	2015-07
和政县 2014 年抗旱引调提水项目		黄河流域	县属	新建	本年正式施工	2014-11	2015-05
和政县小型农田水利 2015 维修养护		黄河流域	县属	新建	本年正式施工	2015-09	2015-11
和政县 2015 抗旱引调提水项目		黄河流域	县属	新建	本年正式施工	2015-10	2015-12
东乡县中央财政五小水利 2014(五)		黄河流域	县属	改建	本年正式施工	2014-10	2015-12
东乡县 2014 年抗旱引调提水项目		黄河流域	县属	新建	本年正式施工	2014-12	
东乡县 2015 年抗旱引调提水项目		黄河流域	县属	新建	本年正式施工	2015-10	
东乡县中央财政五小水利项目 2015		黄河流域	县属	改建	本年正式施工	2015-07	
积石山县中央财政五小水利 2014(五)		黄河流域	县属	改建	本年正式施工	2014-11	2015-11
积石山县 2014 年抗旱引调提水项目		黄河流域	县属	新建	本年正式施工	2014-12	
积石山县中央财政五小水利 2015		黄河流域	县属	改建	本年正式施工	2015-03	
积石山县 2015 抗旱应急水源配套工程		黄河流域	县属	新建	本年正式施工	2015-9	
玛曲县水利工程维修项目(土地出让)		黄河流域	县属	新建	本年正式施工	2015-04	2015-08
卓尼县水利工程维修项目(土地出让)		黄河流域	县属	新建	本年正式施工	2015-07-01	2015-11
临潭县农田水利 2015 维修养护		黄河流域	县属	新建	本年正式施工	2015-08	2015-10
卓尼县小型农田水利 2015 维修养护		黄河流域	县属	新建	本年正式施工	2015-09-10	
舟曲县五小水利工程项目(土地出让)		长江流域	县属	新建	本年正式施工	2015-06	2015-11
舟曲县小型农田水利 2015 维修养护		长江流域	县属	改建	本年正式施工	2015-07	2015-11
迭部县小型农田水利 2015 维修养护		长江流域	县属	改建	本年正式施工	2015-09	2015-11
玛曲县小型农田水利 2015 维修养护		黄河流域	县属	新建	本年正式施工	2015-04-19	2015-09
夏河县中央财政小农水重点县 2014		黄河流域	县属	新建	本年正式施工	2014-10-05	2015-08
夏河县小型农田水利 2015 维修养护		黄河流域	县属	新建	本年正式施工	2015-07-09	2015-09
省农垦中央财政条山农场高效节水 2013		西北诸河流域	省属	新建	本年正式施工	2014-07	2015-06
省农垦黑土洼农场高效节水(土地出让)		西北诸河流域	省属	新建	本年正式施工	2015-02	2015-07

3-13 续表

项目	项目个数(个)	所属流域	隶属关系	建设性质	建设阶段	开工时间	全部建成投产时间
省农垦黄羊河农场高效节水(土地出让)		西北诸河流域	省属	新建	本年正式施工	2014-06	2015-06
省农垦八一农场中央财政节水2014(六)		西北诸河流域	省属	新建	本年正式施工	2015-02	2015-11
省农垦生地湾农场中央财政节水2014(六)		西北诸河流域	省属	新建	本年正式施工	2014-11	2015-11
省农垦饮马农场中央财政节水2014(六)		西北诸河流域	省属	新建	本年正式施工	2014-12	2015-04
省农垦黄花农场中央财政节水2014(六)		西北诸河流域	省属	新建	本年正式施工	2014-12	2015-11
省农垦张掖农场小型农田水利建设(五)		西北诸河流域	省属	新建	本年正式施工	2015-07	
省农垦黑土洼农场高效节水灌溉(六)		西北诸河流域	省属	新建	本年正式施工	2015-03	2015-10
省农垦黄花农场高效节水灌溉项目(六)		西北诸河流域	省属	新建	本年正式施工	2015-04	
省农垦饮马农场高效节水灌溉项目(六)		西北诸河流域	省属	新建	本年正式施工	2015-05	2015-11
省农垦饮马农场中央财政小农水2015		西北诸河流域	省属	新建	本年正式施工	2015-12	
敦煌农场小型农田水利建设(五)		西北诸河流域	省属	新建	本年正式施工	2015-03	2015-05
省农垦生地湾农场高效节水灌溉(六)		西北诸河流域	省属	新建	本年正式施工	2015-06	2015-11
八一农场小型农田水利建设(五)		西北诸河流域	省属	新建	本年正式施工	2015-03	2015-11
省农垦小型农田水利2015维修养护		西北诸河流域	省属	新建	本年正式施工	2015-01	
省农垦黄羊河农场高效节水灌溉(六)		西北诸河流域	省属	新建	本年正式施工	2015-01	2015-05
省农垦黄羊河农场小型农田水利(五)		西北诸河流域	省属	新建	本年正式施工	2015-09	
省农垦山丹农场高效节水灌溉项目(六)		西北诸河流域	省属	新建	本年正式施工	2015-08	2015-11
省景电中央财政统筹(土地出让)2014		黄河流域	省属	改建	本年正式施工	2013-12-31	2015-06-30
省景电小型农田水利2015维修养护		黄河流域	省属	改建	本年正式施工	2015-10-01	2015-12-30
水库工程	18						
富川水库(抗旱规划内)		黄河流域	县属	新建	本年正式施工	2013-01	
武威市杂木河毛藏寺水库工程		西北诸河流域	县属	新建	本年正式施工	2013-02	2015-10
天祝县二道墩水库		黄河流域	县属	新建	本年正式施工	2014-12	
民乐县石灰窑水库		西北诸河流域	县属	新建	本年正式施工	2014-11	
临泽县红山湾水库工程		西北诸河流域	县属	新建	本年正式施工	2014-12	
山丹县白石崖水库(抗旱规划内)		西北诸河流域	县属	新建	本年正式施工	2015-10	
山丹县大口子河水库工程		西北诸河流域	县属	新建	本年正式施工	2015-03	
山丹县西沟水库		西北诸河流域	县属	新建	本年正式施工	2015-03	
山丹县东沟水库		西北诸河流域	县属	新建	本年正式施工	2015-03	
崆峒区北杨涧水库(抗旱规划内)		黄河流域	县属	新建	本年正式施工	2015-12	
泾川县朱家涧水库(抗旱规划内)		黄河流域	县属	新建	本年正式施工	2015-08	
崇信县关河水库(抗旱规划内)		黄河流域	县属	新建	本年正式施工	2015-11	
庄浪县花崖河水库(抗旱规划内)		黄河流域	县属	新建	本年正式施工	2015-09	
阿克塞县工业园区水库		西北诸河流域	县属	新建	本年正式施工	2015-03	
酒泉循环经济产业园水源(大红泉水库)		西北诸河流域	县属	新建	本年正式施工	2013-09	
庆城县纸坊沟水库(抗旱规划内)		黄河流域	县属	新建	本年正式施工	2015-07-01	
通渭县段家峡水库		黄河流域	县属	新建	筹建		
兰州新区2号3号石门沟水库		黄河流域	地市属	新建	本年正式施工	2015-03	
泵站工程	14						
兰州市榆中三电泵站更新改造工程		黄河流域	县属	改建	本年正式施工	2009-10	
兰州市皋兰县西电泵站更新改造工程		黄河流域	县属	改建	本年正式施工	2009-10	2015-08
兰州市工农坪泵站更新改造工程		黄河流域	县属	新建	本年正式施工	2015-10	
兰州市大砂沟泵站更新改造工程		黄河流域	县属	改建	本年正式施工	2014-04	
七里河区西津泵站更新改造工程		黄河流域	县属	新建	本年正式施工	2014-11	
白银市靖会泵站更新改造工程		黄河流域	地市属	改建	本年正式施工	2013-01	
景泰县中泉泵站更新改造工程		黄河流域	县属	改建	本年正式施工	2013-01	
白银市刘川泵站更新改造工程		黄河流域	县属	改建	本年正式施工	2013-01	

3-13 续表

项　　目	项目个数(个)	所属流域	隶属关系	建设性质	建设阶段	开工时间	全部建成投产时间
白银市兴电泵站更新改造工程		黄河流域	地市属	改建	本年正式施工	2013-01	
白银市旱平川泵站更新改造工程		长江流域	县属	改建	本年正式施工	2013-01	
靖远县2014年中堡泵站更新改造工程		黄河流域	县属	新建	本年正式施工	2014-12	2015-12
靖远县2015年中堡泵站更新改造工程		黄河流域	县属	新建	本年正式施工	2015-10	2015-12
平凉市白庙泵站更新改造工程		黄河流域	县属	新建	本年正式施工	2015-06	
甘肃省景电泵站更新改造		黄河流域	省属	改建	本年正式施工	2012-02-08	
其他灌溉除涝项目	3						
景泰县草窝滩镇排水工程		黄河流域	县属	新建	筹建		
临夏市大夏河风情线综合治理工程		黄河流域	县属	新建	本年正式施工	2015-10	
永靖县刘盐八地质灾害灌区节水改造		黄河流域	县属	新建	本年正式施工	2015-06-20	
供水项目	118						
引水(调水)工程	22						
甘肃省引洮供水一期工程		黄河流域	省属	新建	本年正式施工	2006-11	
靖远县双永供水工程		黄河流域	县属	新建	本年正式施工	2011-12-15	2015-12-30
兰州市水源地建设工程		黄河流域	地市属	新建	本年正式施工	2015-08	
引洮供水一期榆中县配套工程		黄河流域	县属	新建	本年正式施工	2015-07	
白银靖会甘沟干渠扩建及会宁城区供水		黄河流域	地市属	新建	本年正式施工	2013-01	
引洮一期工程会宁北部供水工程		黄河流域	县属	新建	本年正式施工	2013-09	
秦州区2014年抗旱引调提水项目		黄河流域	县属	新建	本年正式施工	2014-03	2015-06
天祝县南阳山片下山入川供水工程		黄河流域	县属	新建	本年正式施工	2013-07	
天祝县石门河调蓄引水工程		黄河流域	县属	新建	本年正式施工	2012-08	
静宁县甘渭河庙堡调水工程		黄河流域	县属	新建	本年正式施工	2015-04	2015-08
肃北县马鬃山镇供水工程		西北诸河流域	县属	新建	本年正式施工	2015-03	
盐环定扬黄续建工程调概算		黄河流域	县属	改建	本年正式施工	2015-10-10	
华池县葫芦河水源工程		黄河流域	县属	新建	本年正式施工	2015-06-01	2015-11-30
引洮供水一期定西配套项目农村供水		黄河流域	地市属	新建	本年正式施工	2009-03	2015-12
盐环定扬黄甘肃专用工程一期改造		黄河流域	县属	改建	本年正式施工	2012-10-10	
积石山引水工程		黄河流域	县属	新建	本年正式施工	2012-09	
临夏州引黄济临供水工程		黄河流域	地市属	新建	本年正式施工	2015-07-15	
引洮(博)济合供水工程		黄河流域	地市属	新建	本年正式施工	2014-03	
甘南州引洮入潭工程		黄河流域	县属	新建	本年正式施工	2011-12	
兰州新区供水项目引大渠道除险加固		黄河流域	省属	改建	本年正式施工	2014-09	
甘肃引洮供水二期工程		黄河流域	省属	新建	本年正式施工	2015-08-06	
天水市城区引洮供水工程		黄河流域	省属	新建	本年正式施工	2014-08	
人饮解困及饮水安全工程	87						
镇原县农村安全饮水项目		黄河流域	县属	新建	本年正式施工	2015-05	2015-10
镇原县1236扶贫攻坚农村饮水安全2015		黄河流域	县属	新建	本年正式施工	2015-05	2015-11
榆中县农村饮水安全项目2015		黄河流域	县属	新建	本年正式施工	2015-04	2015-11
皋兰县农村饮水安全项目2015		黄河流域	县属	新建	本年正式施工	2015-04	2015-11
兰州市农村饮水安全水质检测能力		黄河流域	地市属	新建	本年正式施工	2015-09	2015-11
永登县2015年农村饮水安全工程		黄河流域	县属	新建	本年正式施工	2015-04-01	2015-12-30
嘉峪关市农村饮水安全水质检测项目		西北诸河流域	地市属	新建	本年正式施工	2015-07-01	
金昌市农村饮水安全水质检测中心		西北诸河流域	地市属	新建	本年正式施工	2015-09	2015-11
会宁县农村饮水安全项目2015		黄河流域	县属	新建	本年正式施工	2015-05	2015-10
白银市农村饮水安全水质监测能力		黄河流域	地市属	新建	本年正式施工	2015-5	2015-10
白银区农村饮水安全项目2015		黄河流域	县属	新建	本年正式施工	2015-04	2015-10
景泰县农村饮水安全项目2015		黄河流域	县属	新建	本年正式施工	2015-04	2015-10

3-13 续表

项　　目	项目个数(个)	所属流域	隶属关系	建设性质	建设阶段	开工时间	全部建成投产时间
靖远县2015年农村饮水安全项目		黄河流域	县属	新建	本年正式施工	2015-04	2015-10
甘谷县农村饮水安全项目		黄河流域	县属	新建	本年正式施工	2015-04	2015-10
天水市农村饮水安全水质检测能力		黄河流域	地市属	新建	本年正式施工	2015-06	2015-10
秦州区农村饮水安全项目2015		黄河流域	县属	新建	本年正式施工	2015-03	2015-10
麦积区2015年农村饮水安全项目		黄河流域	县属	新建	本年正式施工	2015-03	2015-12
清水县农村饮水安全项目		黄河流域	县属	新建	本年正式施工	2015-03	2015-10
秦安县农村饮水安全项目		黄河流域	县属	新建	本年正式施工	2015-03	2015-10
武山县农村饮水安全项目示点(规划外)		黄河流域	县属	新建	本年正式施工	2014-07	2015-04
武山县农村饮水安全(试点县规划外)		黄河流域	县属	新建	本年正式施工	2015-03	2015-06
张家川县农村饮水安全项目(2015)		黄河流域	县属	新建	本年正式施工	2015-04	2015-07
武威市农村饮水安全水质监测能力		西北诸河流域	县属	新建	本年正式施工	2015-05-01	2015-12
凉州区农村饮水安全项目		西北诸河流域	县属	改建	本年正式施工	2015-03	2015-11
古浪县农村饮水安全项目		西北诸河流域	县属	新建	本年正式施工	2015-03	2015-09
天祝县藏区规划外农村饮水安全项目		西北诸河流域	县属	新建	本年正式施工	2015-04-10	2015-10-28
山丹县农村饮水安全(试点县规划外)		西北诸河流域	县属	新建	本年正式施工	2014-08	2015-09
张掖市农村饮水安全水质检测能力		西北诸河流域	地市属	新建	本年正式施工	2015-09-01	2015-10-31
甘州区农村饮水安全项目		西北诸河流域	县属	扩建	本年正式施工	2015-04	2015-10
民乐县农村饮水安全项目		西北诸河流域	县属	新建	本年正式施工	2015-03	2015-11
平凉市农村饮水安全水质检测能力		黄河流域	地市属	新建	本年正式施工	2015-07	2015-10
静宁县农村饮水安全项目2015		黄河流域	县属	新建	本年正式施工	2015-04	2015-09
崆峒区农村饮水安全项目2015		黄河流域	县属	新建	本年正式施工	2015-04	2015-10
灵台县农村饮水安全项目2015		黄河流域	县属	新建	本年正式施工	2015-04	2015-10
酒泉市农村饮水安全工程水质监测能力		西北诸河流域	地市属	新建	本年正式施工	2015-03	2015-10
瓜州县农村饮水安全项目		西北诸河流域	县属	新建	本年正式施工	2015-04	2015-10
玉门市农村饮水安全项目		西北诸河流域	县属	新建	本年正式施工	2015-04	2015-09
宁县农村饮水安全项目		黄河流域	县属	新建	本年正式施工	2015-09	2015-10
宁县1236扶贫攻坚农村饮水安全2015		黄河流域	县属	新建	本年正式施工	2015-09	2015-10
正宁县1236扶贫攻坚农村饮水安全2015		黄河流域	县属	新建	本年正式施工	2015-08-15	2015-10-30
庆阳市农村饮水安全水质监测能力		黄河流域	县属	新建	本年正式施工	2015-06	2015-11
西峰区1236扶贫攻坚农村饮水安全2015		黄河流域	县属	新建	本年正式施工	2015-5-10	2015-10-30
庆城县2015年规划外农村饮水安全		黄河流域	县属	新建	本年正式施工	2015-08-01	2015-10-30
庆城县1236扶贫攻坚农村饮水安全2015		黄河流域	县属	新建	本年正式施工	2015-08-01	2015-10-30
环县农村饮水安全项目		黄河流域	县属	新建	本年正式施工	2015-03	2015-09
环县2015年规划外农村饮水安全工程		黄河流域	县属	新建	本年正式施工	2015-09	2015-12
环县1236扶贫攻坚农村饮水安全2015		黄河流域	县属	新建	本年正式施工	2015-07	2015-12
华池县1236扶贫攻坚农村饮水安全2015		黄河流域	县属	新建	本年正式施工	2015-06-09	2015-09-30
华池县农村饮水安全项目		黄河流域	县属	新建	本年正式施工	2015-05-19	2015-10-30
合水县1236扶贫攻坚农村饮水安全2015		黄河流域	县属	新建	本年正式施工	2015-05	2015-11
通渭县农村饮水安全(试点县规划外)		黄河流域	县属	新建	本年正式施工	2015-06	2015-10
临洮县农村饮水安全项目2015		黄河流域	县属	新建	本年正式施工	2015-01	2015-06
岷县农村饮水安全项目		黄河流域	县属	新建	本年正式施工	2015-04	2015-10
定西市农村饮水安全水质监测能力		黄河流域	县属	新建	本年正式施工	2015-07	2015-12
陇南市农村饮水安全水质检测能力		长江流域	地市属	新建	本年正式施工	2015-10	2015-12
两当县农村饮水安全(试点县规划外)		长江流域	县属	新建	本年正式施工	2015-03	2015-05
武都区农村饮水安全项目		长江流域	县属	新建	本年正式施工	2015-04	2015-10
成县农村饮水安全项目		长江流域	县属	新建	本年正式施工	2015-05	2015-10
文县农村饮水安全项目		西北诸河流域	县属	新建	本年正式施工	2015-05	2015-08
宕昌县农村饮水安全项目		长江流域	县属	新建	本年正式施工	2015-03	2015-09

3-13 续表

项目	项目个数(个)	所属流域	隶属关系	建设性质	建设阶段	开工时间	全部建成投产时间
西和县农村饮水安全项目		长江流域	县属	新建	本年正式施工	2015-04	2015-11
礼县农村饮水安全项目		长江流域	县属	新建	本年正式施工	2015-06	2015-10
徽县农村饮水安全项目		长江流域	县属	新建	本年正式施工	2015-03	2015-05
临夏州农村饮水安全水质监测能力		黄河流域	县属	新建	本年正式施工	2015-07	2015-11
临夏市 2015 年度城郊农村饮水安全工程		黄河流域	县属	新建	本年正式施工	2015-03-01	2015-08-31
临夏县 2015 年农村饮水安全(计划外)		黄河流域	县属	新建	本年正式施工	2015-03-01	2015-09-30
东乡县 2015 农村饮水安全(规划外)		黄河流域	县属	新建	本年正式施工	2015-04	2015-12
甘南州农村饮水安全水质检测能力		黄河流域	县属	新建	本年正式施工	2015-09	2015-11
合作市农村饮水安全项目 2014		黄河流域	县属	新建	本年正式施工	2014-9-15	2015-11-30
合作市农村饮水安全项目 2015		黄河流域	县属	新建	本年正式施工	2015-04-15	2015-10-15
合作市藏区规划外农村饮水安全		黄河流域	县属	新建	本年正式施工	2015-05-20	2015-09-20
临潭县农村饮水安全项目试点		黄河流域	县属	新建	本年正式施工	2014-09	2015-09
临潭县藏区规划外农村饮水		黄河流域	县属	新建	本年正式施工	2015-05	2015-09
卓尼县农村安全饮水项目 2014		黄河流域	县属	新建	本年正式施工	2014-08-01	2015-12-05
卓尼县农村饮水安全项目 2015		黄河流域	县属	新建	本年正式施工	2015-04-01	2015-12-10
卓尼县藏区规划外农村饮水安全项目		黄河流域	县属	新建	本年正式施工	2015-06-05	2015-12-20
舟曲县藏区规划外农村饮水安全		长江流域	县属	改建	本年正式施工	2015-04	2015-11
迭部县农村饮水安全项目 2014		长江流域	县属	新建	本年正式施工	2014-8-29	2015-10-30
迭部县藏区规划外农村饮水安全		长江流域	县属	改建	本年正式施工	2015-05	2015-10-8
玛曲县农村饮水安全项目 2014		黄河流域	县属	新建	本年正式施工	2014-09-05	2015-12-05
玛曲县农村饮水安全项目 2015		黄河流域	县属	新建	本年正式施工	2015-04-19	2015-10-19
玛曲县藏区规划外农村饮水安全		黄河流域	县属	新建	本年正式施工	2015-05-20	2015-11-15
碌曲县农村饮水安全项目 2014		黄河流域	县属	新建	本年正式施工	2014-9-15	2015-11-15
碌曲县农村饮水安全项目 2015		黄河流域	县属	新建	本年正式施工	2015-05-10	2015-09-28
碌曲县藏区规划外农村饮水安全		黄河流域	县属	新建	本年正式施工	2015-05-15	2015-09-30
夏河县农村饮水安全项目 2015		黄河流域	县属	新建	本年正式施工	2015-05-04	2015-10-31
夏河县藏区规划外农村饮水安全		黄河流域	县属	新建	本年正式施工	2015-08-15	2015-10-30
其他供水工程	9						
镇原县北石窟旅游景区供水工程		黄河流域	县属	新建	本年正式施工	2015-07	2015-11
镇原县中盛产业配水工程		黄河流域	县属	新建	本年正式施工	2015-04	
山丹县城区供水管网工程		西北诸河流域	县属	新建	筹建		
金塔县北河湾循环产业区供水工程		西北诸河流域	县属	新建	本年正式施工	2015-08	2015-12
临洮县安家咀加水工程		黄河流域	县属	新建	本年正式施工	2015-06	
陇西县引洮一期城区供水扩建工程		黄河流域	县属	扩建	本年正式施工	2010-08	2015-12
积石山县县城区供水水源改扩建工程		黄河流域	县属	改建	本年正式施工	2014-04	
武威市城乡融合黄羊土门组团供水(陆港)		黄河流域	地市属	新建	本年正式施工		
靖远寺儿坪供水项目		黄河流域	县属	扩建	本年正式施工	2015-10	
水务项目	5						
城镇供水管线建设	1						
清水县城区自来水管网扩建工程		黄河流域	县属	扩建	本年正式施工	2015-08	
污水处理工程	3						
临洮县污水处理厂配套管网工程		黄河流域	县属	新建	本年正式施工	2014-05	
山丹县城区生活污水处理工程		黄河流域	县属	新建	本年正式施工	2011-04	
民勤红沙岗污水处理厂及中水回用贮水池		西北诸河流域	县属	新建	本年正式施工	2015-07-01	
其他水务项目	1						
天水市城区供水高桥头引水枢纽工程		黄河流域	地市属	新建	本年正式施工	2015-09	
水电开发利用	51						
水力发电工程	18						

3-13 续表

项　目	项目个数(个)	所属流域	隶属关系	建设性质	建设阶段	开工时间	全部建成投产时间
永昌县西大河二级水电站		西北诸河流域	县属	扩建	本年正式施工	2015-07	2015-10
永昌县西大河总干渠1号水电站		西北诸河流域	县属	扩建	本年正式施工	2015-06	2015-10
临泽县南台子一级水电站		西北诸河流域	县属	改建	本年正式施工	2014-03	2015-12
甘州区石庙一级水电站		西北诸河流域	县属	新建	本年正式施工	2015-10	2015-12
岷县天宝水电站		黄河流域	县属	新建	本年正式施工	2014-06	
岷县秦许水电站		黄河流域	县属	新建	本年正式施工	2011-03	
两当县左家水电站		长江流域	县属	新建	本年正式施工	2011-05	
东乡县达板水电站新增2010		黄河流域	县属	新建	本年正式施工	2010-11	2015-10
康乐县杜家咀水电站		黄河流域	地市属	新建	本年正式施工	2010-11	
临夏县卧龙沟水电站(4)		黄河流域	县属	新建	本年正式施工	2010-10	
康乐县纳沟水电站(4)		黄河流域	县属	新建	本年正式施工	2010-09	
合作市地乌尔水电站		黄河流域	县属	扩建	本年正式施工	2010-09	
舟曲县天干沟水电站		长江流域	县属	新建	本年正式施工	2015-06	2015-12
迭部县沟洁寺水电站		长江流域	县属	改建	本年正式施工	2013-06	2015-11
迭部县阿夏水电站		长江流域	县属	新建	本年正式施工	2013-06	2015-10
迭部县阿夏那盖水电站		长江流域	县属	新建	本年正式施工	2013-5	2015-11
夏河县安顺水电站		黄河流域	县属	新建	本年正式施工	2012-03	
夏河县和平桥水电站		黄河流域	县属	新建	本年正式施工	2013-04	2015-06
水电增效扩容	22						
永昌县金川峡水库电站		西北诸河流域	县属	扩建	本年正式施工	2013-12-06	
永昌县皇城水库电站		西北诸河流域	县属	扩建	本年正式施工	2013-12-06	
永昌县头坝三号电站		西北诸河流域	县属	扩建	本年正式施工	2013-12-06	
武威市凉州区南营水电站		西北诸河流域	县属	改建	本年正式施工	2014-02-22	
武威市凉州区黄羊水电站		西北诸河流域	县属	改建	本年正式施工	2014-02-22	
武威市凉州区西营总干电站		西北诸河流域	县属	改建	本年正式施工	2014-02-22	
山丹马场总场电力局1号水电站		西北诸河流域	县属	扩建	本年正式施工	2014-10	2015-11
庆城县杨渠水电站		黄河流域	县属	新建	本年正式施工	2015-04	
武都区白鹤桥水电站		长江流域	县属	扩建	本年正式施工	2014-09	
武都区黄鹿坝水电站		长江流域	县属	扩建	本年正式施工	2014-08	
文县白水江林业局水电站		长江流域	县属	扩建	本年正式施工	2014-07	2015-09
文县慧达水电站		长江流域	县属	扩建	本年正式施工	2014-07	2015-12
宕昌县何家堡水电站		长江流域	县属	扩建	本年正式施工	2014-07	2015-10
礼县苗河水库坝后电站		长江流域	县属	扩建	本年正式施工	2015-07	2015-11
东乡县老虎嘴电站		黄河流域	县属	改建	本年正式施工	2014-12	
和政县炉子滩水电站		黄河流域	县属	扩建	本年正式施工	2014-10	2015-08
和政县达浪水电站		黄河流域	县属	扩建	本年正式施工	2014-09	2015-08
和政县康家坪水电站		黄河流域	县属	扩建	本年正式施工	2014-09	2015-08
和政县新营尕庄水电站		黄河流域	县属	扩建	本年正式施工	2014-09	2015-08
康乐县虎关水电站		黄河流域	县属	新建	本年正式施工	2014-04	
合作市峡村电站		黄河流域	县属	扩建	本年正式施工	2014-08-30	
夏河县白土坡水电站		黄河流域	县属	新建	本年正式施工	2014-05	
小水电代燃料	11						
嘉峪关市南干渠小水电代燃料项目		西北诸河流域	地市属	新建	本年正式施工	2014-12-01	2015-10-30
永昌县金川东小水电代燃料项目		西北诸河流域	县属	扩建	本年正式施工	2011-03	
肃南县西营河一级小水电代燃料项目		西北诸河流域	县属	新建	本年正式施工	2013-01	2015-10
肃南县白银四级小水电代燃料项目		西北诸河流域	县属	改建	本年正式施工	2014-09	2015-12
肃南县白银三级小水电代燃料项目		西北诸河流域	县属	改建	本年正式施工	2014-10	2015-12
肃南县白泉门一级小水电代燃料项目		西北诸河流域	县属	新建	本年正式施工	2014-04	

3-13 续表

项　　目	项目个数(个)	所属流域	隶属关系	建设性质	建设阶段	开工时间	全部建成投产时间
文县李子坝小水电代燃料项目		长江流域	县属	新建	本年正式施工	2014-07	2015-11
合作市卡加曼小水电代燃料项目		黄河流域	县属	扩建	本年正式施工	2010-09	
临潭县青石山小水电以电代燃料项目		黄河流域	县属	改建	本年正式施工	2010-09	2015-09
迭部县知子水电代燃料项目		长江流域	县属	新建	本年正式施工	2013-06	
夏河县甫黄二级小水电代燃料项目		黄河流域	县属	新建	本年正式施工	2013-04	
水保及生态	16						
水土流失治理	16						
甘肃省坡耕地水土流失治理2014(黄河)		黄河流域	县属	新建	本年正式施工	2014-11	2015-05
甘肃省坡耕地水土流失治理2014(长江)		长江流域	县属	新建	本年正式施工	2014-11	2015-05
甘肃省水土流失重点治理2014(黄河)		黄河流域	县属	新建	本年正式施工	2015-04	2015-09
甘肃省水土流失重点治理2014(长江)		长江流域	县属	新建	本年正式施工	2015-04	2015-09
甘肃省水土流失重点治理2014(内陆)		西北诸河流域	县属	新建	本年正式施工	2015-04	2015-09
甘肃省淤地坝新建及维修加固(2014)		黄河流域	县属	新建	本年正式施工	2015-10	2015-12
甘肃省国家水土保持重点工程(2014)		黄河流域	县属	新建	本年正式施工	2014-10	2015-05
甘肃省农业综合开发水土保持(2014)		黄河流域	县属	新建	本年正式施工	2014-10	2015-05
甘肃省国家水土保持重点工程(2015)		黄河流域	县属	新建	本年正式施工	2015-09	
甘肃省农业综合开发水土保持(2015)		黄河流域	县属	新建	本年正式施工	2015-09	
甘肃省淤地坝新建及维修加固(2015)		黄河流域	县属	新建	本年正式施工	2015-10	2015-12
甘肃省坡耕地水土流失治理2015(黄河)		黄河流域	县属	新建	本年正式施工	2015-09	
甘肃省坡耕地水土流失治理2015(长江)		长江流域	县属	新建	本年正式施工	2015-09	
甘肃省水土流失重点治理2015(黄河)		黄河流域	县属	新建	本年正式施工	2015-09	
甘肃省水土流失重点治理2015(长江)		长江流域	县属	新建	本年正式施工	2015-09	
甘肃省水土流失重点治理2015(内陆)		西北诸河流域	县属	新建	本年正式施工	2015-09	
机构能力建设专项	3						
水文设施及能力建设	2						
甘肃中小河流水文监测系统建设		黄河流域	省属	新建	本年正式施工	2012-03	
甘肃水文水资源工程2013		黄河流域	省属	改建	本年正式施工	2013-03	
其他水利发展项目	1						
金昌市城市水资源实时监控与管理		西北诸河流域	县属	新建	本年正式施工	2015-05	2015-10
甘　肃	747						
兰州市	31						
嘉峪关市	9						
金昌市	24						
白银市	57						
天水市	44						
酒泉市	53						
张掖市	69						
武威市	52						
定西市	39						
陇南市	67						
平凉市	45						
庆阳市	53						
临夏回族自治州	64						
甘南藏族自治州	68						
省直属	72						

注：甘肃省引洮供水一期工程、兰州市黄河干流防洪工程、兰州市水源地建设工程、甘肃引洮供水二期工程等四项为大中型，其余743项为小型。

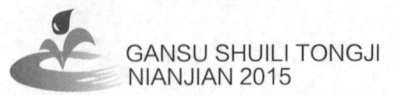

3-14 2015 年水利建设项目一览表（二）

项　　目	效益名称	建设规模	本年施工规模		累计新增效益	
			小计	其中：本年新开工	小计	其中：本年新增
甘肃省						
防洪项目						
堤防工程						
卓尼县车巴河流域防洪治理项目	新建及加固堤防长度（千米）	16.38	8.80	8.80	8.80	8.80
迭部县卡坝乡尼吉巴防洪工程	新建及加固堤防长度（千米）	8.73	2.34	2.34	2.34	2.34
疏勒河干流昌马渠首段河道治理	新建及加固堤防长度（千米）	15.61	7.80	0.61	15.61	0.61
	河道整治长度（千米）	15.61	7.41	7.41	15.61	7.41
江河湖泊治理工程						
大江大湖治理						
兰州市黄河干流防洪工程	新建及加固堤防长度（千米）	70.70				
黄河干流白银市防洪治理工程	新建及加固堤防长度（千米）	82.20	20.00	20.00	20.00	20.00
黄河甘肃段甘南州防洪治理工程	新建及加固堤防长度（千米）	91.16				
重要支流治理						
讨赖河嘉峪关安远沟村至嘉酒河道治理	新建及加固堤防长度（千米）	13.00	13.00	13.00	13.00	13.00
	河道整治长度（千米）	6.30	6.30	6.30	6.30	6.30
金川河金昌市河西堡至宁远堡段防洪	新建及加固堤防长度（千米）	14.59	14.59	14.59	14.59	14.59
金川河金川区王家大砂沟至南环路桥防洪	新建及加固堤防长度（千米）	5.30	5.30	5.30		
祖历河靖远县 2014 庄口至罗家湾防洪	新建及加固堤防长度（千米）	30.00	30.00	30.00	30.00	30.00
	河道整治长度（千米）	15.00	15.00	15.00	15.00	15.00
祖历河靖远县苏家湾至黑城子段堤防	新建及加固堤防长度（千米）	10.43	10.43	10.43	10.43	10.43
	河道整治长度（千米）	21.42	21.42	21.42	21.42	21.42
葫芦河麦积区四合村至入渭河口段治理	新建及加固堤防长度（千米）	11.07	9.27	9.27	11.07	9.27
渭河麦积区琥珀至新阳段治理工程	新建及加固堤防长度（千米）	8.91	6.91	6.91	8.91	6.91
葫芦河秦安县李河至刘沟村防洪治理	新建及加固堤防长度（千米）	6.80	6.80	6.80	6.80	6.80
葫芦河秦安县安伏至叶堡大桥段治理	新建及加固堤防长度（千米）	8.17	8.17	8.17	8.17	8.17
武山县山丹河口至西关渭河大桥段治理	河道整治长度（千米）	10.61	10.61	10.61	10.61	10.61
石羊河凉州区松涛寺至红水河入河口防洪	新建及加固堤防长度（千米）	7.81				
石羊河民勤县野马泉下案段河道治理	新建及加固堤防长度（千米）	10.65	10.65	10.65	10.65	10.65
黑河张掖市高台县六坝至双丰段河道	新建及加固堤防长度（千米）	12.76	8.80	8.80	8.80	8.80
	河道整治长度（千米）	21.43	14.78	14.78	14.78	14.78
黑河高台县西腰墩水库至刘家深湖防洪	新建及加固堤防长度（千米）	24.99	7.67	7.67	7.67	7.67
	河道整治长度（千米）	20.08	6.16	6.16	6.16	6.16
临泽县梨园河仙山口至西总干渠河道	新建及加固堤防长度（千米）	10.78	10.78	10.78	10.78	10.78
	河道整治长度（千米）	5.52	5.52	5.52	5.52	5.52
黑河临泽县鸭暖小鸭至暖泉河道治理	新建及加固堤防长度（千米）	12.78	12.78	12.78	12.78	12.78
	河道整治长度（千米）	14.75	14.75	14.75	14.75	14.75
黑河甘州区兰新铁路桥至支家崖河道	新建及加固堤防长度（千米）	10.50	10.50	10.50	10.50	10.50
黑河甘州区国道 312 至兰新铁路河道	新建及加固堤防长度（千米）	5.50	5.50	5.50	5.50	5.50
泾河平凉市吴老沟至平镇桥段河堤治理	新建及加固堤防长度（千米）	7.81				
泾河崆峒区马莲沟至南阳涧河段防洪	新建及加固堤防长度（千米）	8.44	6.93	6.93	6.93	6.93
葫芦河静宁县狗娃河口至胡家河段河堤	新建及加固堤防长度（千米）	9.93	7.05	7.05	7.05	7.05
黑河金塔县五爱至友好段河道治理	河道整治长度（千米）	12.80	9.00	9.00	9.00	9.00
黑河金塔县常丰至中丰村段防洪治理	河道整治长度（千米）	12.00	8.00	8.00	8.00	8.00
马莲河干流合水县陈家坪至前坪段防洪	新建及加固堤防长度（千米）	7.80			4.08	
	河道整治长度（千米）	8.00			4.32	

3-14 续表

项目	效益名称	建设规模	本年施工规模		累计新增效益	
			小计	其中：本年新开工	小计	其中：本年新增
蒲河宁县庄里至叶王川段防洪治理工程	新建及加固堤防长度(千米)	7.67	4.60	4.60	4.60	4.60
	河道整治长度(千米)	7.20	4.32	4.32	4.32	4.32
镇原县蒲河干流三岔桥至石咀村段防洪	新建及加固堤防长度(千米)	3.43	3.43	3.43	3.43	3.43
	河道整治长度(千米)	8.00	8.00	8.00	8.00	8.00
洮河岷县齐家庄至石头咀段防洪	新建及加固堤防长度(千米)	3.95	3.95	3.95	3.95	3.95
陇西县三十里铺至四十里铺治理	新建及加固堤防长度(千米)	8.60			1.86	
陇西王家营至河浦段堤防工程	新建及加固堤防长度(千米)	7.95			4.76	
陇西县首阳镇双泉公路桥至水月坪段治理	新建及加固堤防长度(千米)	7.95			4.76	
西汉水成县毛坝至魏家坝段堤防工程	新建及加固堤防长度(千米)	10.60	5.50	5.50	10.60	5.50
白龙江文县石坊乡东峪口至大渡坝河道	新建及加固堤防长度(千米)	6.40	6.40	3.84	3.84	3.84
	河道整治长度(千米)	5.40	5.40	3.24	3.24	3.24
文县尚德镇水家坝至周家坝河道治理	新建及加固堤防长度(千米)	8.23	8.23	4.94	4.94	4.94
	河道整治长度(千米)	5.21	5.21	3.13	3.13	3.13
西汉水康县平洛河口至咀头上段堤防	新建及加固堤防长度(千米)	11.81	11.81	11.81	11.81	11.81
	河道整治长度(千米)	26.00	26.00	26.00	26.00	26.00
西汉水康县腰膻坝至高楼子段堤防工程	新建及加固堤防长度(千米)	8.09	8.09	8.09	8.09	8.09
	河道整治长度(千米)	24.60	24.60	24.60	24.60	24.60
西汉水西和县赵家沟至郭家坝段防洪	新建及加固堤防长度(千米)	6.92				
西汉水礼县罗家堡至盐官镇段防洪	新建及加固堤防长度(千米)	15.08	15.08	15.08	15.08	15.08
洮河干流临洮县新添段堤防工程	新建及加固堤防长度(千米)	14.24			12.00	
白龙江干流陇南市月阳坝至宗家堡堤防	新建及加固堤防长度(千米)	2.77	0.72	0.72	0.72	0.72
白龙江干流陇南市段河坝下坝段堤防	新建及加固堤防长度(千米)	3.40	1.43	1.43	1.43	1.43
宕昌县白龙江干流沙湾镇段堤防工程	新建及加固堤防长度(千米)	7.82	7.82	7.82	7.82	7.82
泾河泾川县罗汉洞至洪河口段河堤治理	新建及加固堤防长度(千米)	11.97			10.70	
临夏县大夏河干流双城至马九川段治理	新建及加固堤防长度(千米)	14.94	1.00	1.00	10.05	1.00
广河县洮河干流新民滩至卧托段堤防	新建及加固堤防长度(千米)	13.00	13.00	13.00	13.00	13.00
大夏河干流临夏县祁牟至刘家峡水库防洪	新建及加固堤防长度(千米)	3.10	0.20	0.20	1.50	0.20
大夏河东乡县折桥至刘家峡水库堤防	新建及加固堤防长度(千米)	6.50			1.40	
大夏河干流临夏市祁牟段堤防工程	新建及加固堤防长度(千米)	3.43	0.20	0.20	2.60	0.20
永靖县湟水干流白川至二房段河堤工程	新建及加固堤防长度(千米)	10.49				
洮河合作市段防洪工程	新建及加固堤防长度(千米)	14.30	8.58	8.58	8.58	8.58
洮河干流临潭县洮滨防洪堤工程	新建及加固堤防长度(千米)	6.13			3.88	
卓尼县洮河干流城区段堤防工程	新建及加固堤防长度(千米)	6.32			6.32	
洮河卓尼县麻路 1 段至牙当段	新建及加固堤防长度(千米)	7.76				
白龙江干流迭部县城段治理工程	新建及加固堤防长度(千米)	8.51			8.51	
	河道整治长度(千米)	6.93			6.93	
碌曲洮河干流巴吾至博拉段防洪治理	新建及加固堤防长度(千米)	5.82	5.82	5.82	5.82	5.82
夏河县尕寺沟至克芒切沟治理	新建及加固堤防长度(千米)	12.24	0.70	0.70	5.87	0.70
夏河县垂子合大桥至阿一山大桥段治理	新建及加固堤防长度(千米)	9.30	3.30	3.30	3.30	3.30
大夏河夏河县王格尔塘至曲奥段治理	新建及加固堤防长度(千米)	25.99				
中小河流治理						
镇原县蒲河太平柳咀段防洪工程	河道整治长度(千米)	0.60	0.60	0.60	0.60	0.60
庄浪县红土坡至刘家湾段河堤工程	新建及加固堤防长度(千米)	14.90			12.00	
白银区东大沟民勤村至城区段治理工程	河道整治长度(千米)	12.18	12.18	12.18	12.18	12.18
甘谷县清溪河礼辛乡寨子至慰坪堤防工程	新建及加固堤防长度(千米)	19.57			19.57	

3-14 续表

项　　目	效益名称	建设规模	本年施工规模		累计新增效益	
			小计	其中：本年新开工	小计	其中：本年新增
清水县后川河杜川至王店段堤防工程	新建及加固堤防长度(千米)	18.06	2.64	2.64	14.99	2.64
秦安县南小河王尹马河至兴国凤山段堤防	新建及加固堤防长度(千米)	10.76			10.76	
甘谷县上南河至杨赵村段治理工程	新建及加固堤防长度(千米)	4.89	4.89	4.89	4.89	4.89
古浪县古浪河朱家庄-龙泉寺治理	新建及加固堤防长度(千米)	15.60	15.60	15.60	15.60	15.60
	河道整治长度(千米)	7.80	7.80	7.80	7.80	7.80
山丹县马营河大马营段河道治理工程	新建及加固堤防长度(千米)	21.35	6.95	6.95	21.35	6.95
	河道整治长度(千米)	14.25	6.25	6.25	14.25	6.25
临泽县小东沟河新柳至西街农田防护	新建及加固堤防长度(千米)	10.97	1.36	1.36	1.36	1.36
灵台县黑河东门至景家庄段河堤治理	新建及加固堤防长度(千米)	19.53	4.00	4.00	16.00	4.00
	河道整治长度(千米)	11.15	2.00	2.00	10.00	2.00
灵台县达溪河县城至百里段河堤治理	新建及加固堤防长度(千米)	18.00			14.00	
	河道整治长度(千米)	10.95			7.00	
灵台县达溪河县城至安家庄段河堤治理	新建及加固堤防长度(千米)	18.00	6.00	6.00	12.00	6.00
	河道整治长度(千米)	9.91	3.00	3.00	6.00	3.00
泾川县黑河荒场至茜家沟河堤治理工程	新建及加固堤防长度(千米)	11.85			11.85	
泾川县洪河河堤治理工程	新建及加固堤防长度(千米)	8.83			8.83	
泾川县汭河十里沟至枣林段河堤治理工程	新建及加固堤防长度(千米)	24.26			24.26	
崇信县黑河河堤治理工程	新建及加固堤防长度(千米)	24.06	4.12	4.12	13.74	4.12
	河道整治长度(千米)	20.76	2.32	2.32	10.60	2.32
崇信县汭河(九功渠首至野雀沟)河堤	新建及加固堤防长度(千米)	19.05	2.90	2.90	11.50	2.90
	河道整治长度(千米)	10.63	1.60	1.60	6.40	1.60
庄浪县北洛河良邑郭魏至石家窑段河堤	新建及加固堤防长度(千米)	21.00			17.00	
酒泉市肃州区清水河堤防及河道治理	新建及加固堤防长度(千米)	13.52			13.52	
酒泉市肃州区丰乐河堤防及河道治理	新建及加固堤防长度(千米)	24.96			24.96	
西峰区砚瓦川贺家塬沟护岸工程	新建及加固堤防长度(千米)	4.75			4.75	
	河道整治长度(千米)	4.92			4.92	
宁县新宁镇高山堡村护岸工程	新建及加固堤防长度(千米)	0.38	0.32	0.32	0.32	0.32
安定区关川河大碱沟治理工程	河道整治长度(千米)	3.36			1.05	
漳县龙川河草川坪至魏下段堤防工程	新建及加固堤防长度(千米)	11.60			11.60	
陇南市武都区北峪河治理工程	新建及加固堤防长度(千米)	13.15			13.15	
成县严河堤防工程	新建及加固堤防长度(千米)	5.00			5.00	
文县白马峪河治理工程	新建及加固堤防长度(千米)	11.04	3.31	3.31	3.31	3.31
	河道整治长度(千米)	10.50	3.15	3.15	3.15	3.15
文县中路河中寨至白水江口段治理	新建及加固堤防长度(千米)	14.38	10.78	10.78	10.78	10.78
	河道整治长度(千米)	11.60	8.70	8.70	8.70	8.70
宕昌县恭河韩院段河堤工程	新建及加固堤防长度(千米)	6.89	6.89	6.89	6.89	6.89
康县阳坝河阳坝镇段治理工程	新建及加固堤防长度(千米)	14.32	4.15	4.15	4.15	4.15
	河道整治长度(千米)	28.00	8.12	8.12	16.52	8.12
西和县太石河治理工程	新建及加固堤防长度(千米)	15.47	15.47	7.50	7.50	7.50
西和县漾水河治理工程	新建及加固堤防长度(千米)	13.20	13.20	13.20	4.20	4.20
礼县清水江张堡至教面堤防工程	新建及加固堤防长度(千米)	14.94	14.94	14.94	14.94	14.94
两当县红崖河权坪河段综合治理工程	新建及加固堤防长度(千米)	4.84			1.97	
两当县红崖河蚂蚱河段综合治理工程	新建及加固堤防长度(千米)	10.10	7.30	7.30	10.10	7.30
东乡县巴谢河五家至赵家段堤防	新建及加固堤防长度(千米)	11.70	1.90	1.90	9.80	1.90
临夏县老鸦关河双城至上阴洼段防洪	新建及加固堤防长度(千米)	14.10			10.80	

3-14 续表

项目	效益名称	建设规模	本年施工规模 小计	其中:本年新开工	累计新增效益 小计	其中:本年新增
东乡县巴谢河赵家至那勒寺段堤防	新建及加固堤防长度(千米)	20.05			16.50	
积石山吹麻滩河治理(赵家峡口至何家桥)	河道整治长度(公里)	1.48	1.48	1.48	1.48	1.48
合作市格河多合儿防洪工程	新建及加固堤防长度(千米)	9.09	4.00	4.00	7.56	4.00
合作市德吾录河卡加防洪工程	新建及加固堤防长度(千米)	8.41	2.63	2.63	4.38	2.63
临潭县斜藏沟治理工程	新建及加固堤防长度(千米)	10.20			10.20	
临潭县羊沙河下河段治理工程	新建及加固堤防长度(千米)	8.32	1.38	1.38	3.98	1.38
卓尼县羊沙河恰盖防洪工程	新建及加固堤防长度(千米)	9.16				
卓尼县石窑沟藏巴哇防洪工程	新建及加固堤防长度(千米)	5.91				
舟曲县拱坝河堤防工程	新建及加固堤防长度(千米)	19.90			19.90	
迭部县阿夏流域治理工程	新建及加固堤防长度(千米)	12.71			12.71	
	河道整治长度(千米)	10.74			10.74	
甘肃疏勒河灌区三道沟河道治理	新建及加固堤防长度(千米)	23.35	2.20	2.20	23.35	2.20
	河道整治长度(千米)	21.15	21.15	21.15	21.15	21.15
水库除险加固						
小型病险水库除险加固						
会宁县米峡水库除险加固工程	改善灌溉面积(万亩)	0.29	0.29	0.29	0.29	0.29
	改善或恢复库容(万米³)	0.05	0.05	0.05	0.05	0.05
玉门市青山水库除险加固工程	改善灌溉面积(万亩)	1.60				
大中型病险水闸除险加固						
肃州区红山河马鬃门排砂闸除险加固	改善灌溉面积(万亩)	2.83				
灌溉除涝项目						
灌区建设工程						
皋兰县西岔中型灌区农业综合开发2015	改善灌溉面积(万亩)	3.50				
兴电灌区齐家大岘隧洞除险加固	改善灌溉面积(万亩)	30.18	30.18	30.18	30.18	30.18
敦煌水资源规划项目(酒泉市)2014	改善灌溉面积(万亩)	6.50	6.50	6.50	6.50	6.50
	渠道防渗长度(千米)	32.34	32.34	32.34	32.34	32.34
敦煌水资源规划项目(河道归束)2015	新建及加固堤防长度(千米)	19.84	18.16	18.16	18.16	18.16
敦煌水资源规划项目(党河灌区)2015	渠道防渗长度(千米)	100.49				
环县甜水堡灌区节水改造项目	改善灌溉面积(万亩)	1.90	1.90	1.90	1.90	1.90
合水县固城川灌区续建配套与节水改造	改善灌溉面积(万亩)	0.23	0.23	0.23	0.23	0.23
临洮县溥济渠灌区农业综合开发	改善灌溉面积(万亩)	4.84			4.84	
	河道整治长度(千米)	19.83				
渭源县石门灌区农业综合开发项目	改善灌溉面积(万亩)	5.20	4.20	4.20	4.20	4.20
临夏县北塬灌区农业综合开发项目	改善灌溉面积(万亩)	2.50	2.00	2.00	2.00	2.00
敦煌水资源利用与生态保护(疏勒河)2012	节水灌溉面积(万亩)	17.05			17.05	
	渠道防渗长度(千米)	127.00			127.00	
	河道整治长度(千米)	20.00			20.00	
敦煌水资源利用与生态保护(疏勒河)2013	节水灌溉面积(万亩)	22.17			22.17	
	渠道防渗长度(千米)	191.14			191.14	
敦煌水资源利用与生态保护(疏勒河)2014	改善灌溉面积(万亩)	16.92	16.92	16.92	16.92	16.92
	节水灌溉面积(万亩)	5.72	5.72	5.72	5.72	5.72
	渠道防渗长度(千米)	87.00	67.21	67.21	87.00	67.21
敦煌水资源利用与生态保护(疏勒河)2015	改善灌溉面积(万亩)	30.50	30.50	30.50	30.50	30.50
	节水灌溉面积(万亩)	5.19	5.19	5.19	5.19	5.19
	渠道防渗长度(千米)	77.00	70.00	70.00	70.00	70.00

3-14 续表

项　　目	效益名称	建设规模	本年施工规模		累计新增效益	
			小计	其中:本年新开工	小计	其中:本年新增
玉门市花海灌区农业综合开发	改善灌溉面积(万亩)	6.12	2.14	2.14	2.14	2.14
节水灌溉工程						
2015年永登县牧区节水灌溉示范项目	节水灌溉面积(万亩)	0.50	0.50	0.50	0.50	0.50
石羊河流域重点治理2014(金昌市)	改善灌溉面积(万亩)	3.46	2.35	2.35	3.46	2.35
	渠道防渗长度(公里)	55.00	4.00	4.00	55.00	4.00
永昌县牧区节水灌溉示范项目	节水灌溉面积(万亩)	0.21	0.21	0.21	0.21	0.21
凉州区规模化节水灌溉增效示范2014	节水灌溉面积(万亩)	1.41	1.41	1.41	1.41	1.41
凉州区规模化节水增效示范(2013-2016)	节水灌溉面积(万亩)	3.16	3.16	3.16	3.16	3.16
民勤县牧区节水灌溉示范项目2015	节水灌溉面积(万亩)	0.41	0.41	0.41	0.41	0.41
天祝县牧区节水灌溉示范项目2014	节水灌溉面积(万亩)	0.50	0.50	0.50	0.50	0.50
肃州区规模化节水灌溉增效示范项目	改善灌溉面积(万亩)	1.10	1.10	1.10	1.10	1.10
肃州区规模化节水增效示范(2013-2016)	改善灌溉面积(万亩)	4.10				
肃北县牧区节水灌溉示范项目2014	节水灌溉面积(万亩)	0.37	0.37	0.37	0.37	0.37
阿克塞县牧区节水灌溉示范项目2014	节水灌溉面积(万亩)	0.07	0.07	0.07	0.07	0.07
敦煌市规模化节水灌溉增效示范项目	节水灌溉面积(万亩)	0.92	0.92	0.92	0.92	0.92
敦煌市规模化节水增效(2013-2016)	节水灌溉面积(万亩)	1.09	1.09	1.09	1.09	1.09
环县牧区节水灌溉示范项目2015	饮水安全达标人口(万人)	0.21	0.21	0.21	0.21	0.21
安定区规模化节水综合灌溉示范2015	节水灌溉面积(万亩)	2.64	2.64	2.64	2.64	2.64
漳县牧区节水灌溉示范项目2015	节水灌溉面积(万亩)	0.21	0.21	0.21	0.21	0.21
甘州区规模化节水灌溉示范(2013-2016)	节水灌溉面积(万亩)	7.03	5.16	5.16	7.03	5.16
合作市牧区节水灌溉示范项目2014	节水灌溉面积(万亩)	0.45	0.45	0.45	0.45	0.45
迭部县牧区节水灌溉示范项目2015	节水灌溉面积(万亩)	0.14	0.14	0.14	0.14	0.14
夏河县2015牧区节水灌溉项目	节水灌溉面积(万亩)	0.36				
小型农田水利建设						
镇原县小型农田水利2015维修养护	有效灌溉面积(万亩)	0.26	0.26	0.26	0.26	0.26
榆中县中央财政高效节水2014(五)	节水灌溉面积(万亩)	2.00	2.00	2.00	2.00	2.00
榆中县中央统筹(土地出让)2014	节水灌溉面积(万亩)	1.17	1.17	1.17	1.17	1.17
红古区中央统筹(土地出让)2014	节水灌溉面积(万亩)	1.00	1.00	1.00	1.00	1.00
榆中县中央财政小型农田水利(5)	节水灌溉面积(万亩)	2.08	2.08	2.08	2.08	2.08
榆中县小型农田水利2015维修养护	改善灌溉面积(万亩)	1.48	1.48	1.48	1.48	1.48
西固区小型农田水利2015维修养护	改善灌溉面积(万亩)	0.10	0.10	0.10	0.10	0.10
红古区中央财政高效节水2014(五)	节水灌溉面积(万亩)	1.00	1.00	1.00	1.00	1.00
红古区小型农田水利建设(五)	改善灌溉面积(万亩)	1.00	1.00	1.00	1.00	1.00
红古区小型农田水利2015维修养护	渠道防渗长度(千米)	0.45	0.45	0.45	0.45	0.45
永登县高效节水项目2014(五)	节水灌溉面积(万亩)	2.00	2.00	2.00	2.00	2.00
永登县2015年高效节水灌溉示范项目	节水灌溉面积(万亩)	2.00	2.00	2.00	2.00	2.00
永登县2015年抗旱引调提水项目	供水能力(万吨/日)	0.50	0.50	0.50	0.50	0.50
永登县2015年水利工程维修养护项目	渠道防渗长度(千米)	6.70	6.70	6.70	6.70	6.70
皋兰2015年农田水利设施维修养护项目	渠道防渗长度(千米)	8.70	8.70	8.70	8.70	8.70
嘉峪关市中央财政高效节水2015(五)	节水灌溉面积(万亩)	2.03	1.80	1.80	1.80	1.80
嘉峪关市小型农田水利维修养护2015年	节水灌溉面积(万亩)	0.47	0.47	0.47	0.47	0.47
嘉峪关中央财政高效节水2013(五)	节水灌溉面积(万亩)	2.12	0.68	0.68	2.12	0.68
嘉峪关中央财政高效节水2014(五)	节水灌溉面积(万亩)	2.06	0.72	0.72	2.06	0.72
嘉峪关中央财政高效节水2014(六)	节水灌溉面积(万亩)	1.41	0.84	0.84	1.41	0.84
永昌县中央财政高效节水2014(五)	节水灌溉面积(万亩)	2.00	1.50	1.50	2.00	1.50

3-14 续表

项　　目	效益名称	建设规模	本年施工规模 小计	其中: 本年新开工	累计新增效益 小计	其中: 本年新增
金川区中央财政高效节水 2014(六)	节水灌溉面积(万亩)	0.50	0.50	0.50	0.50	0.50
永昌县中央财政高效节水 2014(六)	节水灌溉面积(万亩)	2.00	1.50	1.50	2.00	1.50
金川区高效节水灌溉项目(六)	改善灌溉面积(万亩)	0.45	0.45	0.45	0.45	0.45
金川区中央财政小型农田水利工程 2015	改善灌溉面积(万亩)	1.06	1.06	1.06	1.06	1.06
金川区小型农田水利 2015 维修养护项目	渠道防渗长度(千米)	4.02	4.02	4.02	4.02	4.02
永昌县小型农田水利建设(五)	节水灌溉面积(万亩)	2.00	2.00	2.00	2.00	2.00
永昌县高效节水灌溉项目(六)	节水灌溉面积(万亩)	0.41	0.41	0.41	0.41	0.41
永昌县中央财政小型农田水利工程 2015	节水灌溉面积(万亩)	0.89	0.89	0.89	0.89	0.89
永昌县小型农田水利 2015 维修养护	渠道防渗长度(千米)	6.00	6.00	6.00	6.00	6.00
靖远县中央财政高效节水灌溉项目 2013	节水灌溉面积(万亩)	2.00			2.00	
白银区中央财政高效节水灌溉项目 2013	节水灌溉面积(万亩)	1.00	0.80	0.80	0.80	0.80
景泰县中央财政高效节水灌溉项目 2013	节水灌溉面积(万亩)	2.00	2.00	0.20	0.20	0.20
景泰县中央财政景电农场节水灌溉 2013	节水灌溉面积(万亩)	1.02	0.38	0.38	0.65	0.38
景泰县中央财政节水灌溉(土地出让)	改善灌溉面积(万亩)	2.50	2.50	2.50	2.50	2.50
靖远县高效节水灌溉(土地出让)2014	节水灌溉面积(万亩)	0.80	0.80	0.80	0.80	0.80
靖远县中央财政高效节水 2014(五)	节水灌溉面积(万亩)	2.00	2.00	2.00	2.00	2.00
白银区农业水价改革(土地出让)2014	节水灌溉面积(万亩)	1.00	1.00	1.00	1.00	1.00
白银区中央财政高效节水 2014(五)	节水灌溉面积(万亩)	1.03	1.03	1.03	1.03	1.03
会宁县中央财政高效节水 2014(五)	节水灌溉面积(万亩)	2.00	2.00	2.00	2.00	2.00
会宁县高效节水灌溉(土地出让)2014	节水灌溉面积(万亩)	1.26	1.26	1.26	1.26	1.26
景泰县中央财政小农水重点县 2014	节水灌溉面积(万亩)	2.01			2.01	
景泰县中央财政高效节水 2014(五)	节水灌溉面积(万亩)	2.00	2.00	2.00	2.00	2.00
景泰水利工程维修养护(土地出让)2014	改善灌溉面积(万亩)	1.00	1.00	1.00	1.00	1.00
平川区小型农田建设 2015(五)	节水灌溉面积(万亩)	1.00	1.00	1.00	1.00	1.00
会宁县中央财政高效节水 2015(五)	节水灌溉面积(万亩)	1.26	1.26	1.26	1.26	1.26
白银区小型农田水利建设(五)2015	改善灌溉面积(万亩)	0.99	0.99	0.99	0.99	0.99
白银区 2015 小型农水利维修养护资金	改善灌溉面积(万亩)	2.00	2.00	2.00	2.00	2.00
景泰县中央财政小型农田水利建设 2015	节水灌溉面积(万亩)	1.00	1.00	1.00	1.00	1.00
景泰县小型农田水利 2015 年维修养护	改善灌溉面积(万亩)	1.00	1.00	1.00	1.00	1.00
靖远县 2015 年高效节水灌溉示范项目	节水灌溉面积(万亩)	2.00	2.00	2.00	2.00	2.00
甘谷县中央财政小型水利五小水利 2015	节水灌溉面积(万亩)	0.50	0.50	0.50	0.50	0.50
秦州区中央财政统筹(土地出让)2014	节水灌溉面积(万亩)	0.30	0.30	0.30	0.30	0.30
秦州区 1 万~5 万亩灌区(土地出让)	改善灌溉面积(万亩)	0.60	0.60	0.60	0.60	0.60
秦州区小型农田水利 2015 维修养护	改善灌溉面积(万亩)	0.25	0.25	0.25	0.25	0.25
麦积区小型农田水利 2015 年维修养护	改善灌溉面积(万亩)	0.18	0.18	0.18	0.18	0.18
	节水灌溉面积(万亩)	0.06	0.06	0.06	0.06	0.06
清水县五小水利工程(土地出让)	节水灌溉面积(万亩)	0.42	0.42		0.42	0.42
清水县水利工程维修项目(土地出让)	新建及加固堤防长度(千米)	0.99	0.99	0.99	0.99	0.99
清水县 2014 年抗旱引调提水项目	供水能力(万吨/日)	0.13	0.13	0.13	0.13	0.13
清水县 2015 抗旱引调提水项目	供水能力(万吨/日)	0.21	0.21	0.21	0.21	0.21
清水县小型农田水利 2015 维修养护	新建及加固堤防长度(千米)	7.20	7.20	7.20	7.20	7.20
武山县 2014 年度小型农田水利重点县	节水灌溉面积(万亩)	2.00	2.00	2.00	2.00	2.00
武山县高效节水灌溉项目(土地出让)	节水灌溉面积(万亩)	0.20	0.20	0.20	0.20	0.20
武山县 1 万~5 万亩灌区改造(土地出让)	改善灌溉面积(万亩)	0.48	0.48	0.48	0.48	0.48
武山县小型农田水利 2015 维修养护项目	节水灌溉面积(万亩)	2.03	2.03	2.03	2.03	2.03

3-14 续表

项　　目	效益名称	建设规模	本年施工规模		累计新增效益	
			小计	其中:本年新开工	小计	其中:本年新增
凉州区中央财政高效节水 2014(五)	节水灌溉面积(万亩)	4.00	4.00	4.00	4.00	4.00
凉州区中央财政高效节水 2014(六)	节水灌溉面积(万亩)	2.75	2.75	2.75	2.75	2.75
凉州区 2014 抗旱规划引调提水项目	渠道防渗长度(千米)	4.85	4.85	4.85	4.85	4.85
凉州区中央财政小型农田水利建设(五)	节水灌溉面积(万亩)	4.00	4.00	4.00	4.00	4.00
凉州区高效节水灌溉项目(六)	节水灌溉面积(万亩)	2.99	2.99	2.99	2.99	2.99
凉州区 2015 年抗旱引调提水工程	渠道防渗长度(千米)	5.00	5.00	5.00	5.00	5.00
民勤县 2015 年抗旱引调提水项目	供水能力(万吨/日)	0.21	0.21	0.21	0.21	0.21
民勤县中央财政小型农田水利建设(5)	节水灌溉面积(万亩)	2.04	2.04	2.04	2.04	2.04
民勤县中央财政小农水重点县 2015(五)	节水灌溉面积(万亩)	0.53	0.53	0.53	0.53	0.53
民勤县高效节水灌溉项目(六)	节水灌溉面积(万亩)	0.99	0.99	0.99	0.99	0.99
民勤县中央财政小型农田水利工程 2015	节水灌溉面积(万亩)	1.09	1.09	1.09	1.09	1.09
古浪县中央财政高效节水灌溉 2013	节水灌溉面积(万亩)	2.13	2.13	2.13	2.13	2.13
古浪县中央财政小农水重点县 2014	节水灌溉面积(万亩)	2.01	2.01	2.01	2.01	2.01
古浪县中央财政统筹(土地出让)2014	改善灌溉面积(万亩)	0.35	0.35	0.35	0.35	0.35
古浪县中央财政高效节水 2014(六)	节水灌溉面积(万亩)	1.69	1.69	1.69	1.69	1.69
古浪县中央财政高效节水 2014(五)	节水灌溉面积(万亩)	1.83	1.83	1.83	1.83	1.83
古浪县小型农田水利建设(五)	节水灌溉面积(万亩)	2.07	2.07	2.07	2.07	2.07
古浪县高效节水灌溉项目(六)	节水灌溉面积(万亩)	1.65	1.65	1.65	1.65	1.65
古浪县 2015 抗旱引调提水项目	供水能力(万吨/日)	0.10	0.10	0.10	0.10	0.10
古浪县中央财政小型农田水利工程 2015	节水灌溉面积(万亩)	1.04	1.00	1.00	1.00	1.00
古浪县小型农田水利 2015 维修养护	改善灌溉面积(万亩)	1.64	1.64	1.64	1.64	1.64
天祝县中央财政高效节水 2014(六)	节水灌溉面积(万亩)	1.00	1.00	1.00	1.00	1.00
天祝县高效节水灌溉项目(六)	节水灌溉面积(万亩)	1.01	1.01	1.01	1.01	1.01
高台县中央财政高效节水 2014(六)	节水灌溉面积(万亩)	1.50	1.50	1.50	1.50	1.50
山丹县中央财政高效节水 2014(六)	节水灌溉面积(万亩)	2.60	2.60	2.60	2.60	2.60
肃南县前滩 1 万~5 万亩灌区(土地出让)2014	节水灌溉面积(万亩)	0.80	0.80	0.80	0.80	0.80
甘州区中央财政高效节水 2014(六)	节水灌溉面积(万亩)	1.97	1.97	1.97	1.97	1.97
民乐县中央财政高效节水 2014(六)	节水灌溉面积(万亩)	1.47	1.47	1.47	1.47	1.47
民乐县农业水价改革(土地出让)2014	改善灌溉面积(万亩)	0.27	0.27	0.27	0.27	0.27
	渠道防渗长度(千米)	27.90	27.90	27.90	27.90	27.90
肃南县中央财政统筹(土地出让)2014	节水灌溉面积(万亩)	1.73	1.73	1.73	1.73	1.73
山丹马场中央财政高效节水 2014(五)	节水灌溉面积(万亩)	1.00	1.00	1.00	1.00	1.00
山丹县小型农田水利建设 2015(五)	节水灌溉面积(万亩)	2.00	2.00	2.00	2.00	2.00
高台县农业水价改革(土地出让)2015	改善灌溉面积(万亩)	1.70	1.70	1.70	1.70	1.70
高台县小型农田水利 2015 维修养护	改善灌溉面积(万亩)	1.75	1.75	1.75	1.75	1.75
高台县小型农田水利建设 2015(五)	节水灌溉面积(万亩)	2.00	2.00	2.00	2.00	2.00
高台县高效节水灌溉项目 2015(六)	节水灌溉面积(万亩)	1.80	1.80	1.80	1.80	1.80
高台县中央财政小型农田水利 2015(七)	节水灌溉面积(万亩)	1.60	1.60	1.60	1.60	1.60
山丹县高效节水灌溉项目 2015(六)	节水灌溉面积(万亩)	2.80	2.80	2.80	2.80	2.80
临泽县小型农田水利建设 2015(五)	节水灌溉面积(万亩)	2.00	2.00	2.00	2.00	2.00
山丹县中央财政小农水 2015(七)	节水灌溉面积(万亩)	1.60	1.60	1.60	1.60	1.60
甘州区高效节水灌溉项目 2015(六)	节水灌溉面积(万亩)	1.62	1.62	1.62	1.62	1.62
甘州区中央财政小型农田水利 2015(五)	节水灌溉面积(万亩)	2.00	2.00	2.00	2.00	2.00
肃南县小型农田水利建设 2015(五)	节水灌溉面积(万亩)	3.10	3.10	3.10	3.10	3.10
民乐县 2015 抗旱引调提水项目	改善灌溉面积(万亩)	0.60	0.60	0.60	0.60	0.60

3-14 续表

项　　目	效益名称	建设规模	本年施工规模		累计新增效益	
			小计	其中：本年新开工	小计	其中：本年新增
民乐县高效节水灌溉项目 2015(六)	节水灌溉面积(万亩)	1.43	1.43	1.43	1.43	1.43
民乐县小型农田水利建设 2015(五)	节水灌溉面积(万亩)	2.00	2.00	2.00	2.00	2.00
民乐县中央财政小型农田水利 2015(七)	节水灌溉面积(万亩)	1.00	1.00	1.00	1.00	1.00
山丹马场 2014 年高效节水(六)	节水灌溉面积(万亩)	1.00	1.00	1.00	1.00	1.00
山丹马场小型农田水利建设 2015(五)	节水灌溉面积(万亩)	1.00	1.00	1.00	1.00	1.00
山丹马场高效节水灌溉项目 2015(六)	节水灌溉面积(万亩)	1.00	1.00	1.00	1.00	1.00
崆峒区中央财政统筹(土地出让)2014	节水灌溉面积(万亩)	0.55	0.55	0.55	0.55	0.55
泾川县中央财政统筹(土地出让)2014	节水灌溉面积(万亩)	0.35	0.35	0.35	0.35	0.35
灵台县中央财政小农水重点县 2014(四)	改善灌溉面积(万亩)	1.00			1.00	
	节水灌溉面积(万亩)	2.03	2.03	2.03	2.03	2.03
灵台县中央财政小型农田水利工程 2015	节水灌溉面积(万亩)	0.65	0.35	0.35	0.35	0.35
华亭西华河 1 万 ~5 万亩灌区（土地出让）2014	有效灌溉面积(万亩)	0.05	0.05	0.05	0.05	0.05
	改善灌溉面积(万亩)	0.47	0.47	0.47	0.47	0.47
庄浪县中央财政统筹(土地出让)2014	节水灌溉面积(万亩)	0.32	0.32	0.32	0.32	0.32
静宁县中央财政统筹(土地出让)2014	节水灌溉面积(万亩)	0.36	0.36	0.36	0.36	0.36
肃州区中央财政统筹(土地出让)2014	渠道防渗长度(千米)	4.93	4.93		4.93	4.93
瓜州县中央财政统筹(土地出让)2014	渠道防渗长度(千米)	3.51	3.51			
酒泉市中央财政统筹(土地出让)2014	改善灌溉面积(万亩)	0.50	0.50	0.50	0.50	0.50
肃州区中央财政高效节水 2014(五)	改善灌溉面积(万亩)	2.00	2.00		2.00	2.00
肃州区中央财政高效节水 2014(六)	改善灌溉面积(万亩)	1.40	1.40		1.40	1.40
肃州区小型农田水利建设(五)	改善灌溉面积(万亩)	2.01				
肃州区高效节水灌溉项目(六)	改善灌溉面积(万亩)	1.48				
肃州区小型农田水利 2015 维修养护资金	改善灌溉面积(万亩)	0.13	0.13	0.13	0.13	0.13
金塔县中央财政高效节水 2014(五)	节水灌溉面积(万亩)	2.08	2.08	2.08	2.08	2.08
金塔县中央财政高效节水 2014(六)	节水灌溉面积(万亩)	2.35	2.35	2.35	2.35	2.35
金塔县中央财政统筹(土地出让)2014	渠道防渗长度(千米)	12.99	12.99	12.99	12.99	12.99
金塔县高效节水灌溉项目(六)	节水灌溉面积(万亩)	2.24	2.24	2.24	2.24	2.24
金塔县中央财政小型农田水利工程 2015	节水灌溉面积(万亩)	2.02	2.02	2.02	2.02	2.02
金塔县区小型农田水利建设(五)	节水灌溉面积(万亩)	2.20	2.20	2.20	2.20	2.20
瓜州县中央财政高效节水 2014(五)	节水灌溉面积(万亩)	2.01	2.01			
瓜州县小型农田水利建设(五)	节水灌溉面积(万亩)	2.47	2.47	2.47	2.47	2.47
阿克塞小型农田水利 2015 维修养护	渠道防渗长度(千米)	6.00	6.00	6.00	6.00	6.00
玉门市中央财政高效节水 2014(五)	节水灌溉面积(万亩)	2.00	2.00	2.00	2.00	2.00
玉门市中央财政高效节水 2014(六)	节水灌溉面积(万亩)	2.01	2.01	2.01	2.01	2.01
玉门市小型农田水利建设(五)	节水灌溉面积(万亩)	2.00	2.00	2.00	2.00	2.00
玉门市高效节水灌溉项目(六)	节水灌溉面积(万亩)	1.94	1.94	1.94	1.94	1.94
玉门市中央财政小型农田水利工程 2015	节水灌溉面积(万亩)	1.10	1.10	1.10	1.10	1.10
酒泉市敦煌抗旱规划引调提水项目	渠道防渗长度(千米)	7.09				
敦煌市 2015 抗旱引调提水项目	改善灌溉面积(万亩)	1.60	1.60	1.60	1.60	1.60
敦煌市小型农田水利 2015 维修养护	渠道防渗长度(千米)	13.09				
镇原吴家沟 1 万 ~5 万亩灌区（土地出让）2014	有效灌溉面积(万亩)	0.70	0.70	0.70	0.70	0.70
	改善灌溉面积(万亩)	0.70	0.70	0.70	0.70	0.70
合水县中央财政小农水重点县 2014	有效灌溉面积(万亩)	1.00	1.00	1.00	1.00	1.00
	供水能力(万吨/日)	0.08	0.08	0.08	0.08	0.08

3-14 续表

项　　目	效益名称	建设规模	本年施工规模		累计新增效益	
			小计	其中:本年新开工	小计	其中:本年新增
	节水灌溉面积(万亩)	0.88	0.88	0.88	0.88	0.88
正宁县四郎河1万~5万亩灌区(土地出让)	改善灌溉面积(万亩)	1.10	1.10	1.10	1.10	1.10
西峰区中央财政统筹(土地出让)2014	有效灌溉面积(万亩)	0.06	0.06	0.06	0.06	0.06
	改善灌溉面积(万亩)	0.66	0.66	0.66	0.66	0.66
宁县中央财政统筹(土地出让)2014	改善灌溉面积(万亩)	0.03	0.03	0.03	0.03	0.03
合水县中央财政统筹(土地出让)2014	供水能力(万吨/日)	0.01	0.01	0.01	0.01	0.01
	改善灌溉面积(万亩)	0.23	0.23	0.23	0.23	0.23
环县中央财政统筹(土地出让)2014	改善灌溉面积(万亩)	0.80	0.80	0.80	0.80	0.80
西峰区小型农田水利2015维修养护	有效灌溉面积(万亩)	0.05	0.05	0.05	0.05	0.05
庆城县2015抗旱引调提水项目(2)	供水能力(万吨/日)	0.05	0.05	0.05	0.05	0.05
庆城县小型农田水利2015维修养护	供水能力(万吨/日)	0.02	0.02	0.02	0.02	0.02
环县小型农田水利2015维修养护	改善灌溉面积(万亩)	0.16	0.16	0.16	0.16	0.16
华池县2015抗旱引调提水项目(2)	供水能力(万吨/日)	0.03	0.03	0.03	0.03	0.03
合水县小型农田水利2015维修养护	供水能力(万吨/日)	0.01	0.01	0.01	0.01	0.01
渭源县中央财政五小水利项目2013	改善灌溉面积(万亩)	0.91	0.32	0.32	0.32	0.32
通渭县中央财政小农水重点县2014	改善灌溉面积(万亩)	0.12			0.12	
	渠道防渗长度(千米)	10.20	9.52	9.52	10.20	9.52
通渭县中央财政统筹(土地出让)2014	改善灌溉面积(万亩)	0.05	0.05	0.05	0.05	0.05
临洮县红旗1万~5万亩灌区(土地出让)2014	改善灌溉面积(万亩)	0.70	0.70	0.70	0.70	0.70
渭源县中央财政五小水利2014(五)	改善灌溉面积(万亩)	1.07				
临洮县小型农田水利2015维修养护	改善灌溉面积(万亩)	0.32	0.32	0.32	0.32	0.32
临洮县中央财政五小水利(2014)	改善灌溉面积(万亩)	1.25	1.25	1.25	1.25	1.25
临洮县中央财政小农水五小水利2015	改善灌溉面积(万亩)	1.22	1.22	1.22	1.22	1.22
渭源县中央财政五小水利2015	改善灌溉面积(万亩)	4.88	4.68	4.68	4.68	2.32
通渭县2015年抗旱引调提水项目	供水能力(万吨/日)	0.01	0.01	0.01	0.01	0.01
康县中央财政统筹(土地出让)2014	节水灌溉面积(万亩)	0.40	0.40	0.40	0.40	0.40
武都区中央财政统筹(土地出让)2014	新建及加固堤防长度(千米)	0.05	0.05	0.05	0.05	0.05
	节水灌溉面积(万亩)	0.89	0.89	0.89	0.89	0.89
西和县抗旱规划引调提水项目	供水能力(万吨/日)	0.15	0.15	0.15	0.15	0.15
礼县抗旱规划引调提水项目	供水能力(万吨/日)	0.07	0.07	0.07	0.07	0.07
武都区中央财政区域节水2014(五)	供水能力(万吨/日)	0.22	0.22	0.22	0.22	0.22
	节水灌溉面积(万亩)	1.00	1.00	1.00	1.00	1.00
武都区中央财政区域节水2014(六)	供水能力(万吨/日)	0.34	0.34	0.34	0.34	0.34
	节水灌溉面积(万亩)	1.54	1.54	1.54	1.54	1.54
武都区高效节水灌溉项目(六)	供水能力(万吨/日)	0.32	0.32	0.32	0.32	0.32
	节水灌溉面积(万亩)	1.47	1.47	1.47	1.47	1.47
武都区中央财政小农水(区域节水)	供水能力(万吨/日)	0.22	0.22	0.22	0.22	0.22
	节水灌溉面积(万亩)	1.02	1.02	1.02	1.02	1.02
文县中央财政六小水利2014(六)	节水灌溉面积(万亩)	0.71	0.71	0.71	0.71	0.71
文县高效节水灌溉项目(六)	节水灌溉面积(万亩)	0.70	0.70	0.70	0.70	0.70
康县小型农田水利2015维修养护	新建及加固堤防长度(千米)	0.71	0.71	0.71	0.71	0.71
	节水灌溉面积(万亩)					
西和县2015抗旱引调提水项目(2)	供水能力(万吨/日)	0.14	0.14	0.14	0.14	0.14
礼县2015抗旱引调提水项目(3)	供水能力(万吨/日)	0.11	0.11	0.11	0.11	0.11

3–14 续表

项　　目	效益名称	建设规模	本年施工规模		累计新增效益	
			小计	其中：本年新开工	小计	其中：本年新增
礼县小型农田水利 2015 维修养护	改善灌溉面积(万亩)	0.53	0.53	0.53	0.53	0.53
徽县中央财政六小水利 2014(六)	供水能力(万吨/日)	0.32	0.32	0.32	0.32	0.32
	节水灌溉面积(万亩)	0.44	0.44	0.44	0.44	0.44
徽县高效节水灌溉项目(六)	供水能力(万吨/日)	0.30	0.30	0.30	0.30	0.30
	节水灌溉面积(万亩)	0.37	0.37	0.37	0.37	0.37
民勤县中央财政小农水重点县 2014(5)	节水灌溉面积(万亩)	2.06	2.06	2.06	2.06	2.06
民勤县 2014 年高效节水灌溉项目	节水灌溉面积(万亩)	1.00	1.00	1.00	1.00	1.00
两当县中央财政六小水利 2014(六)	节水灌溉面积(万亩)	0.34	0.34	0.34	0.34	0.34
两当县高效节水灌溉项目(六)	节水灌溉面积(万亩)	0.34	0.34	0.34	0.34	0.34
两当县小型农田水利 2015 维修养护	新建及加固堤防长度(千米)	3.10	3.10	3.10	3.10	3.10
东乡县中央财政五小水利项目 2013	改善灌溉面积(万亩)	1.50	1.50	1.50	1.50	1.50
永靖县五小水利工程(土地出让)	改善灌溉面积(万亩)	0.97	0.97		0.97	0.97
临夏县中央财政小农水重点县 2014	改善灌溉面积(万亩)	3.44	1.10	1.10	3.44	1.10
永靖县中央财政统筹(土地出让)2014	改善灌溉面积(万亩)	0.91	0.91	0.91	0.91	0.91
永靖县小型农田水利 2015 年维修养护	改善灌溉面积(万亩)	2.75	2.75	2.75	2.75	2.75
广河县 2015 年中央财政小型农田水利	改善灌溉面积(万亩)	2.30				
东乡县中央财政五小水利 2014(五)	改善灌溉面积(万亩)	1.40	1.40	1.40	1.40	1.40
东乡县 2014 年抗旱引调提水项目	供水能力(万吨/日)	0.03	0.03	0.03	0.03	0.03
东乡县中央财政五小水利项目 2015	改善灌溉面积(万亩)	1.11				
积石山县中央财政五小水利 2014(五)	改善灌溉面积(万亩)	1.20	1.20	1.20	1.20	1.20
积石山县 2014 年抗旱引调提水项目	供水能力(万吨/日)	0.19	0.19	0.19	0.19	0.19
积石山县中央财政五小水利 2015	改善灌溉面积(万亩)	1.52	1.10	1.10	1.10	1.10
积石山县 2015 抗旱应急水源配套工程	供水能力(万吨/日)	0.23	0.21	0.21	0.21	0.21
卓尼县水利工程维修项目(土地出让)	新建及加固堤防长度(千米)	0.44	0.44	0.44	0.44	0.44
临潭县农田水利 2015 维修养护	渠道防渗长度(千米)	4.70	4.70	4.70	4.70	4.70
卓尼县小型农田水利 2015 维修养护	改善灌溉面积(万亩)	0.10				
舟曲县五小水利工程项目(土地出让)	改善灌溉面积(万亩)	0.91	0.91	0.91	0.06	0.06
舟曲县小型农田水利 2015 维修养护	改善灌溉面积(万亩)	0.11	0.11	0.11	0.11	0.11
迭部县小型农田水利 2015 维修养护	改善灌溉面积(万亩)	0.13	0.13	0.13	0.13	0.13
夏河县中央财政小农水重点县 2014	节水灌溉面积(万亩)	1.05	1.05	1.05	1.05	1.05
夏河县小型农田水利 2015 维修养护	渠道防渗长度(千米)	13.00	13.00	13.00	13.00	13.00
省农垦中央财政条山农场高效节水 2013	节水灌溉面积(万亩)	1.00	1.00	1.00	1.00	1.00
省农垦黑土洼农场高效节水(土地出让)	节水灌溉面积(万亩)	1.00	1.00	1.00	1.00	1.00
省农垦黄羊河农场高效节水(土地出让)	节水灌溉面积(万亩)	1.00	1.00	1.00	1.00	1.00
省农垦八一农场中央财政节水 2014(六)	有效灌溉面积(万亩)	2.00	2.00	2.00	2.00	2.00
	节水灌溉面积(万亩)	2.00	2.00	2.00	2.00	2.00
省农垦生地湾农场中央财政节水 2014(六)	有效灌溉面积(万亩)	1.00	1.00	1.00	1.00	1.00
省农垦饮马农场中央财政节水 2014(六)	节水灌溉面积(万亩)	0.70	0.70	0.70	0.70	0.70
省农垦黄花农场中央财政节水 2014(六)	改善灌溉面积(万亩)	0.70	0.70	0.70	0.70	0.70
省农垦张掖农场小型农田水利建设(五)	节水灌溉面积(万亩)	1.00	1.00	1.00		
省农垦黑土洼农场高效节水灌溉(六)	节水灌溉面积(万亩)	1.10	1.10	1.10	1.10	1.10
省农垦黄花农场高效节水灌溉项目(六)	节水灌溉面积(万亩)	0.70	0.70	0.70		
省农垦饮马农场高效节水灌溉项目(六)	节水灌溉面积(万亩)	0.40	0.40	0.40	0.40	0.40
省农垦饮马农场中央财政小农水 2015	节水灌溉面积(万亩)	0.55	0.55	0.55		

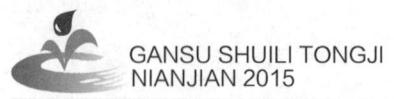

3–14 续表

项　　目	效益名称	建设规模	本年施工规模		累计新增效益	
			小计	其中：本年新开工	小计	其中：本年新增
敦煌农场小型农田水利建设(五)	节水灌溉面积(万亩)	0.62	0.62	0.62	0.62	0.62
省农垦生地湾农场高效节水灌溉(六)	有效灌溉面积(万亩)	1.20	1.20	1.20	1.20	1.20
八一农场小型农田水利建设(五)	节水灌溉面积(万亩)	2.00	2.00	2.00	2.00	2.00
省农垦黄羊河农场高效节水灌溉(六)	节水灌溉面积(万亩)	2.03	2.03	2.03	2.03	2.03
省农垦黄羊河农场小型农田水利(五)	节水灌溉面积(万亩)	1.00	1.00	1.00		
省农垦山丹农场高效节水灌溉项目(六)	有效灌溉面积(万亩)	1.00	1.00	1.00	1.00	1.00
水库工程						
武威市杂木河毛藏寺水库工程	水库总库容(亿米^3)	0.42	0.42		0.42	0.42
临泽县红山湾水库工程	水库总库容(亿米^3)	0.17	0.17	0.17		
山丹县白石崖水库(抗旱规划内)	水库总库容(亿米^3)	0.08	0.08	0.08		
山丹县大口子河水库工程	水库总库容(亿米^3)	0.01	0.01	0.01		
山丹县西沟水库	水库总库容(亿米^3)					
山丹县东沟水库	水库总库容(亿米^3)					
崆峒区北杨涧水库(抗旱规划内)	水库总库容(亿米^3)	0.09				
泾川县朱家涧水库(抗旱规划内)	水库总库容(亿米^3)	0.03				
崇信县关河水库(抗旱规划内)	水库总库容(亿米^3)	0.02				
庄浪县花崖河水库(抗旱规划内)	水库总库容(亿米^3)	0.02				
阿克塞县工业园区水库	水库总库容(亿米^3)	0.01	0.01	0.01	0.01	0.01
酒泉循环经济产业园水源(大红泉水库)	水库总库容(亿米^3)	0.04	0.04	0.04	0.04	0.04
兰州新区2号3号石门沟水库	水库总库容(亿米^3)	0.14				
泵站工程						
兰州市榆中三电泵站更新改造工程	改善灌溉面积(万亩)	15.00	2.00	2.00	12.00	2.00
兰州市皋兰县西电泵站更新改造工程	改善灌溉面积(万亩)	15.00	3.00	3.00	15.00	3.00
兰州市工农坪泵站更新改造工程	改善灌溉面积(万亩)	2.50	0.80	0.80	1.00	
兰州市大砂沟泵站更新改造工程	改善灌溉面积(万亩)	5.00	1.50	1.50	1.00	1.00
七里河区西津泵站更新改造工程	改善灌溉面积(万亩)	1.40	0.50	0.50	0.50	
白银市靖会泵站更新改造工程	改善灌溉面积(万亩)	30.42	6.00	1.50	2.00	1.50
景泰县中泉泵站更新改造工程	有效灌溉面积(万亩)	1.65	1.65	1.65	1.65	1.65
白银市刘川泵站更新改造工程	改善灌溉面积(万亩)	6.80	2.00	2.00	2.00	2.00
白银市兴电泵站更新改造工程	改善灌溉面积(万亩)	30.18	30.18	30.18	30.18	30.18
白银市旱平川泵站更新改造工程	改善灌溉面积(万亩)	3.48	1.50	1.50	3.48	1.50
靖远县2014年中堡泵站更新改造工程	改善灌溉面积(万亩)	1.00	1.00	1.00	1.00	1.00
靖远县2015年中堡泵站更新改造工程	改善灌溉面积(万亩)	1.20	1.20	1.20	1.20	1.20
甘肃省景电泵站更新改造	改善灌溉面积(万亩)	71.00	8.83	0.60	19.33	8.83
其他灌溉除涝项目						
永靖县刘盐八地质灾害灌区节水改造	节水灌溉面积(万亩)	5.70				
供水项目						
引水(调水)工程						
甘肃省引洮供水一期工程	有效灌溉面积(万亩)	19.00				
靖远县双永供水工程	供水能力(万吨/日)	60.00				
	有效灌溉面积(万亩)	1.94			1.94	
	供水能力(万吨/日)	0.80			0.80	
	饮水安全达标人口(万人)	3.30			3.30	
兰州市水源地建设工程	供水能力(万吨/日)	76.00				

3–14 续表

项　　目	效益名称	建设规模	本年施工规模		累计新增效益	
			小计	其中：本年新开工	小计	其中：本年新增
引洮供水一期榆中县配套工程	供水能力（万吨/日）	6.30				
	饮水安全达标人口（万人）	31.50				
白银靖会甘沟干渠扩建及会宁城区供水	改善灌溉面积（万亩）	3.00	1.50	1.00	2.50	1.00
引洮一期工程会宁北部供水工程	改善灌溉面积（万亩）	1.70	1.70	1.70	1.70	1.70
天祝县石门河调蓄引水工程	水库总库容（亿米^3）	0.05				
静宁县甘渭河庙堡调水工程	供水能力（万吨/日）	0.40	0.40	0.40	0.40	0.40
肃北县马鬃山镇供水工程	供水能力（万吨/日）	2.74				
引洮供水一期定西配套项目农村供水	供水能力（万吨/日）	13.10			13.10	
	饮水安全达标人口（万人）	23.00	23.00	23.00	23.00	23.00
引洮（博）济合供水工程	供水能力（万吨/日）	5.23				
甘南州引洮入潭工程	供水能力（万吨/日）	2.60				
甘肃引洮供水二期工程	有效灌溉面积（万亩）	29.20				
	供水能力（万吨/日）	85.76				
天水市城区引洮供水工程	供水能力（万吨/日）	18.10				
人饮解困及饮水安全工程						
镇原县农村安全饮水项目	饮水安全达标人口（万人）	2.64	2.64	2.64	2.64	2.64
镇原县 1236 扶贫攻坚农村饮水安全 2015	饮水安全达标人口（万人）	1.00	1.00	1.00	1.00	1.00
榆中县农村饮水安全项目 2015	饮水安全达标人口（万人）	9.07	9.07	9.07	9.07	9.07
皋兰县农村饮水安全项目 2015	饮水安全达标人口（万人）	0.89	0.89	0.89	0.89	0.89
永登县 2015 年农村饮水安全工程	饮水安全达标人口（万人）	1.47	1.47	1.47	1.47	1.47
会宁县农村饮水安全项目 2015	饮水安全达标人口（万人）	11.34	11.34	11.34	11.34	11.34
白银区农村饮水安全项目 2015	饮水安全达标人口（万人）	0.80	0.80	0.80	0.80	0.80
景泰县农村饮水安全项目 2015	饮水安全达标人口（万人）	1.64	1.64	1.64	1.64	1.64
靖远县 2015 年农村饮水安全项目	供水能力（万吨/日）	0.17	0.17	0.17	0.17	0.17
	饮水安全达标人口（万人）	4.27	4.27	4.27	4.27	4.27
甘谷县农村饮水安全项目	饮水安全达标人口（万人）	9.10	9.10	9.10	9.10	9.10
秦州区农村饮水安全项目 2015	饮水安全达标人口（万人）	5.92	5.92	5.92	5.92	5.92
麦积区 2015 年农村饮水安全项目	饮水安全达标人口（万人）	8.71	8.71	8.71	8.71	8.71
清水县农村饮水安全项目	饮水安全达标人口（万人）	1.01	1.01	1.01	1.01	1.01
秦安县农村饮水安全项目	饮水安全达标人口（万人）	4.07	4.07	4.07	4.07	4.07
武山县农村饮水安全项目示点（规划外）	饮水安全达标人口（万人）	4.34	4.34	4.34	4.34	4.34
武山县农村饮水安全（试点县规划外）	饮水安全达标人口（万人）	2.90	2.90	2.90	2.90	2.90
凉州区农村饮水安全项目	饮水安全达标人口（万人）	1.11	1.11	1.11	1.11	1.11
古浪县农村饮水安全项目	饮水安全达标人口（万人）	0.99	0.99	0.99	0.99	0.99
天祝县藏区规划外农村饮水安全项目	饮水安全达标人口（万人）					
山丹县农村饮水安全（试点县规划外）	供水能力（万吨/日）	0.30			0.30	
	饮水安全达标人口（万人）	2.70			2.70	
甘州区农村饮水安全项目	供水能力（万吨/日）	0.76	0.76	0.76	0.76	0.76
	饮水安全达标人口（万人）	5.51	5.51	5.51	5.51	5.51
民乐县农村饮水安全项目	供水能力（万吨/日）	0.27	0.27	0.27	0.27	0.27
	饮水安全达标人口（万人）	1.95	1.95	1.95	1.95	1.95
静宁县农村饮水安全项目 2015	饮水安全达标人口（万人）	1.91	1.91	1.91	1.91	1.91
崆峒区农村饮水安全项目 2015	饮水安全达标人口（万人）	0.84	0.84	0.84	0.84	0.84
灵台县农村饮水安全项目 2015	饮水安全达标人口（万人）	0.94	0.94	0.94	0.94	0.94

3-14 续表

项　　目	效益名称	建设规模	本年施工规模		累计新增效益	
			小计	其中:本年新开工	小计	其中:本年新增
瓜州县农村饮水安全项目	饮水安全达标人口(万人)	1.00	1.00	1.00	1.00	1.00
玉门市农村饮水安全项目	饮水安全达标人口(万人)	0.15	0.15	0.15	0.15	0.15
宁县农村饮水安全项目	饮水安全达标人口(万人)	2.74	2.74	2.74	2.74	2.74
宁县1236扶贫攻坚农村饮水安全2015	饮水安全达标人口(万人)	0.30	0.30	0.30	0.30	0.30
正宁县1236扶贫攻坚农村饮水安全2015	饮水安全达标人口(万人)	0.25	0.25	0.25	0.25	0.25
西峰区1236扶贫攻坚农村饮水安全2015	饮水安全达标人口(万人)	0.21	0.21	0.21	0.21	0.21
庆城县2015年规划外农村饮水安全	饮水安全达标人口(万人)	0.16	0.16	0.16	0.16	0.16
庆城县1236扶贫攻坚农村饮水安全2015	饮水安全达标人口(万人)	0.80	0.80	0.80	0.80	0.80
环县农村饮水安全项目	饮水安全达标人口(万人)	1.59	1.59	1.59	1.59	1.59
环县2015年规划外农村饮水安全工程	饮水安全达标人口(万人)	5.38	5.38	5.38	5.38	5.38
环县1236扶贫攻坚农村饮水安全2015	饮水安全达标人口(万人)	1.80	1.80	1.80	1.80	1.80
华池县1236扶贫攻坚农村饮水安全2015	饮水安全达标人口(万人)	0.40	0.40	0.40	0.40	0.40
华池县农村饮水安全项目	饮水安全达标人口(万人)	0.63	0.63	0.63	0.63	0.63
合水县1236扶贫攻坚农村饮水安全2015	供水能力(万吨/日)	0.01	0.01	0.01	0.01	0.01
	饮水安全达标人口(万人)	0.25	0.25	0.25	0.25	0.25
通渭县农村饮水安全(试点县规划外)	饮水安全达标人口(万人)	7.26	7.26	7.26	7.26	7.26
临洮县农村饮水安全项目2015	饮水安全达标人口(万人)	1.48	1.48	1.48	1.48	1.48
岷县农村饮水安全项目	供水能力(万吨/日)	0.56	0.56	0.56	0.56	0.56
	饮水安全达标人口(万人)	14.79	14.79	14.79	14.79	14.79
两当县农村饮水安全(试点县规划外)	饮水安全达标人口(万人)	0.52	0.52	0.52	0.52	0.52
武都区农村饮水安全项目	供水能力(万吨/日)	0.60	0.60	0.60	0.60	0.60
	饮水安全达标人口(万人)	7.55	7.55	7.55	7.55	7.55
成县农村饮水安全项目	供水能力(万吨/日)	0.10	0.10	0.10	0.10	0.10
	饮水安全达标人口(万人)	1.69	1.69	1.69	1.69	1.69
文县农村饮水安全项目	供水能力(万吨/日)	0.09	0.09	0.09	0.09	0.09
	饮水安全达标人口(万人)	1.32	1.32	1.32	1.32	1.32
宕昌县农村饮水安全项目	饮水安全达标人口(万人)	1.32	1.32	1.32	1.32	1.32
西和县农村饮水安全项目	供水能力(万吨/日)	0.23	0.23	0.23	0.23	0.23
	饮水安全达标人口(万人)	4.65	4.65	4.65	4.65	4.65
礼县农村饮水安全项目	供水能力(万吨/日)	0.43	0.43	0.43	0.43	0.43
	饮水安全达标人口(万人)	5.35	5.35	5.35	5.35	5.35
临夏市2015年度城郊农村饮水安全工程	饮水安全达标人口(万人)	0.98	0.98	0.98	0.98	0.98
临夏县2015年农村饮水安全(计划外)	饮水安全达标人口(万人)	1.94	1.94	1.94	1.94	1.94
东乡县2015农村饮水安全(规划外)	饮水安全达标人口(万人)	1.99	1.99	1.99	1.99	1.99
合作市农村饮水安全项目2014	饮水安全达标人口(万人)	1.59			1.59	
合作市农村饮水安全项目2015	饮水安全达标人口(万人)	1.52	1.52	1.52	1.52	1.52
合作市藏区规划外农村饮水安全	饮水安全达标人口(万人)	0.12	0.12	0.12	0.12	0.12
临潭县农村饮水安全项目试点	供水能力(万吨/日)	1.06	1.06	1.06	1.06	1.06
	饮水安全达标人口(万人)	3.05	1.22	1.22	3.05	1.22
临潭县藏区规划外农村饮水	供水能力(万吨/日)	0.02	0.02	0.02	0.02	0.02
	饮水安全达标人口(万人)	0.23	0.23	0.23	0.23	0.23
卓尼县农村安全饮水项目2014	饮水安全达标人口(万人)	2.61			2.61	
卓尼县农村饮水安全项目2015	饮水安全达标人口(万人)	2.59	2.59	2.59	2.59	2.59
卓尼县藏区规划外农村饮水安全项目	饮水安全达标人口(万人)	1.24	1.24	1.24	1.24	1.24

3-14 续表

项　　目	效益名称	建设规模	本年施工规模		累计新增效益	
			小计	其中：本年新开工	小计	其中：本年新增
舟曲县藏区规划外农村饮水安全	供水能力（万吨/日）	0.42	0.42	0.42	0.42	0.42
迭部县农村饮水安全项目 2014	饮水安全达标人口（万人）	0.58			0.58	
迭部县藏区规划外农村饮水安全	饮水安全达标人口（万人）	1.05	1.05	1.05	1.05	1.05
玛曲县农村饮水安全项目 2014	饮水安全达标人口（万人）	2.09			2.09	
玛曲县农村饮水安全项目 2015	饮水安全达标人口（万人）	1.62	1.62	1.62	1.62	1.62
玛曲县藏区规划外农村饮水安全	饮水安全达标人口（万人）	1.89	1.89	1.89	1.89	1.89
碌曲县农村饮水安全项目 2014	饮水安全达标人口（万人）	2.97			2.97	
碌曲县农村饮水安全项目 2015	饮水安全达标人口（万人）	1.29	1.29	1.29	1.29	1.29
碌曲县藏区规划外农村饮水安全	饮水安全达标人口（万人）	0.13	0.13	0.13	0.13	0.13
夏河县农村饮水安全项目 2015	饮水安全达标人口（万人）	2.29	2.29	2.29	2.29	2.29
夏河县藏区规划外农村饮水安全	饮水安全达标人口（万人）	2.44	2.44	2.44	2.44	2.44
其他供水工程						
镇原县北石窟旅游景区供水工程	饮水安全达标人口（万人）	3.00	3.00	3.00	3.00	3.00
镇原县中盛产业配水工程	饮水安全达标人口（万人）	0.20	0.20	0.20	0.20	0.20
金塔县北河湾循环产业区供水工程	供水能力（万吨/日）	5.00	5.00	5.00	5.00	5.00
临洮县安家咀加水工程	改善灌溉面积（万亩）	1.50				
陇西县引洮一期城区供水扩建工程	饮水安全达标人口（万人）	20.00	20.00	20.00	20.00	20.00
积石山县县城区供水水源改扩建工程	供水能力（万吨/日）	0.90	0.90	0.90	0.90	0.90
武威市城乡融合黄羊土门组团供水(陆港)	供水能力（万吨/日）	4.79				
靖远寺儿坪供水项目	供水能力（万吨/日）	0.12				
水务项目						
污水处理工程		0.05				
山丹县城区生活污水处理工程	排灌装机容量（千千瓦）	0.04				
民勤红沙岗污水处理厂及中水回用贮水池	水库总库容（亿米^3）	0.01				
其他水务项目						
天水市城区供水高桥头引水枢纽工程	供水能力（万吨/日）	1.50				
水电开发利用		181.35	128.79	109.29	145.86	122.34
水力发电工程		108.31	88.11	68.61	88.11	88.11
永昌县西大河二级水电站	发电装机容量（千千瓦）	21.00	21.00	21.00	21.00	21.00
永昌县西大河总干渠 1 号水电站	发电装机容量（千千瓦）	3.90	3.90	3.90	3.90	3.90
临泽县南台子一级水电站	发电装机容量（千千瓦）	4.40	4.40	4.40	4.40	4.40
甘州区石庙一级水电站	发电装机容量（千千瓦）	0.21	0.21	0.21	0.21	0.21
岷县天宝水电站	发电装机容量（千千瓦）	1.60				
东乡县达板水电站新增 2010	发电装机容量（千千瓦）	12.00	12.00		12.00	12.00
合作市地乌尔水电站	发电装机容量（千千瓦）	3.60				
舟曲县天干沟水电站	发电装机容量（千千瓦）	1.50	1.50	1.50	1.50	1.50
迭部县沟洁寺水电站	发电装机容量（千千瓦）	24.00	24.00	24.00	24.00	24.00
迭部县阿夏水电站	发电装机容量（千千瓦）	4.00	4.00	4.00	4.00	4.00
迭部县阿夏那盖水电站	发电装机容量（千千瓦）	9.60	9.60	9.60	9.60	9.60
夏河县安顺水电站	发电装机容量（千千瓦）	15.00				
夏河县和平桥水电站	发电装机容量（千千瓦）	7.50	7.50		7.50	7.50
水电增效扩容		32.37	18.13	18.13	28.33	18.13
永昌县金川峡水库电站	发电装机容量（千千瓦）	2.00			2.00	
永昌县皇城水库电站	发电装机容量（千千瓦）	4.80			4.00	
永昌县头坝三号电站	发电装机容量（千千瓦）	2.10			1.80	

3-14 续表

项　　目	效益名称	建设规模	本年施工规模		累计新增效益	
			小计	其中:本年新开工	小计	其中:本年新增
武威市凉州区南营水电站	发电装机容量(千千瓦)	1.00	1.00	1.00	1.00	1.00
武威市凉州区黄羊水电站	发电装机容量(千千瓦)	0.30	0.30	0.30	0.30	0.30
武威市凉州区西营总干电站	发电装机容量(千千瓦)	0.35	0.35	0.35	0.35	0.35
山丹马场总场电力局1号水电站	发电装机容量(千千瓦)	3.24	3.24	3.24	3.24	3.24
武都区白鹤桥水电站	发电装机容量(千千瓦)	1.10	0.40	0.40	0.40	0.40
武都区黄鹿坝水电站	发电装机容量(千千瓦)	1.50	0.40	0.40	1.30	0.40
文县白水江林业局水电站	发电装机容量(千千瓦)	2.06	2.06	2.06	2.06	2.06
文县慧达水电站	发电装机容量(千千瓦)	4.50	4.50	4.50	4.50	4.50
宕昌县何家堡水电站	发电装机容量(千千瓦)	3.75	3.75	3.75	3.75	3.75
礼县苗河水库坝后电站	发电装机容量(千千瓦)	0.50	0.50	0.50	0.50	0.50
和政县炉子滩水电站	发电装机容量(千千瓦)	0.43	0.43	0.43	0.43	0.43
和政县达浪水电站	发电装机容量(千千瓦)	0.20	0.20	0.20	0.20	0.20
和政县康家坪水电站	发电装机容量(千千瓦)	0.34	0.34	0.34	0.34	0.34
和政县新营尕庄水电站	发电装机容量(千千瓦)	0.32	0.32	0.32	0.32	0.32
康乐县虎关水电站	发电装机容量(千千瓦)	0.34	0.34	0.34	0.34	0.34
合作市峡村电站	发电装机容量(千千瓦)	1.50			1.50	
夏河县白土坡水电站	发电装机容量(千千瓦)	2.04				
小水电代燃料		40.67	22.55	22.55	29.42	16.10
嘉峪关市南干渠小水电代燃料项目	发电装机容量(千千瓦)	1.65	1.65	1.65	1.65	1.65
永昌县金川东小水电代燃料项目	发电装机容量(千千瓦)	8.00	3.00	3.00	8.00	3.00
肃南县西营河一级小水电代燃料项目	发电装机容量(千千瓦)	8.80	8.80	8.80	8.80	8.80
肃南县白银四级小水电代燃料项目	发电装机容量(千千瓦)	0.65	0.65	0.65	0.65	0.65
肃南县白银三级小水电代燃料项目	发电装机容量(千千瓦)	0.45	0.45	0.45		
肃南县白泉门一级小水电代燃料项目	发电装机容量(千千瓦)	6.00	6.00	6.00		
文县李子坝小水电代燃料项目	发电装机容量(千千瓦)	2.00	2.00	2.00	2.00	2.00
合作市卡加曼小水电代燃料项目	发电装机容量(千千瓦)	2.40				
临潭县青石山小水电以电代燃料项目	发电装机容量(千千瓦)	5.80			5.80	
迭部县知子水电代燃料项目	发电装机容量(千千瓦)	2.52			2.52	
夏河县甫黄二级小水电代燃料项目	发电装机容量(千千瓦)	2.40				
水保及生态		199.67	173.94	173.94	189.64	73.94
水土流失治理		199.67	173.94	173.94	189.64	73.94
甘肃省坡耕地水土流失治理2014(黄河)	水保治理面积(万亩)	10.39	1.89	1.89	10.39	1.89
甘肃省坡耕地水土流失治理2014(长江)	水保治理面积(万亩)	3.17	0.62	0.62	3.17	0.62
甘肃省水土流失重点治理2014(黄河)	水保治理面积(万亩)	19.27	19.27	19.27	19.27	19.27
甘肃省水土流失重点治理2014(长江)	水保治理面积(万亩)	5.40	5.40	5.40	5.40	5.40
甘肃省水土流失重点治理2014(内陆)	水保治理面积(万亩)	0.99	0.99	0.99	0.99	0.99
甘肃省国家水土保持重点工程(2014)	水保治理面积(万亩)	43.13	43.13	43.13	43.13	43.13
甘肃省农业综合开发水土保持(2014)	水保治理面积(万亩)	20.10	15.45	15.45	20.10	15.45
甘肃省国家水土保持重点工程(2015)	水保治理面积(万亩)	47.25	43.03	43.03	43.03	43.03
甘肃省农业综合开发水土保持(2015)	水保治理面积(万亩)	20.00	18.02	18.02	18.02	18.02
甘肃省坡耕地水土流失治理2015(黄河)	水保治理面积(万亩)	13.09	12.06	12.06	12.06	12.06
甘肃省坡耕地水土流失治理2015(长江)	水保治理面积(万亩)	3.09	2.95	2.95	2.95	2.95
甘肃省水土流失重点治理2015(黄河)	水保治理面积(万亩)	10.29	8.15	8.15	8.15	8.15
甘肃省水土流失重点治理2015(长江)	水保治理面积(万亩)	2.48	2.15	2.15	2.15	2.15
甘肃省水土流失重点治理2015(内陆)	水保治理面积(万亩)	1.02	0.83	0.83	0.83	0.83

3-15 2015 年水利建设项目一览表（三）

单位：万元

项目	项目计划总投资	实际需要总投资	其中：移民征地费	累计完成投资	累计新增固定资产	本年新增固定资产
甘肃省	5218405	5232325	99669	2917911	2122413	1362183
防洪项目	669637	675989	12019	314278	306951	205652
堤防工程	7778	7778		5894	5894	5404
卓尼县车巴河流域防洪治理项目	3000	3000		2234	2234	2234
迭部县卡坝乡尼吉巴防洪工程	2002	2002		1000	1000	1000
疏勒河干流昌马渠首段河道治理	2776	2776		2660	2660	2170
江河湖泊治理工程	573096	579448	11769	237326	229998	148352
大江大湖治理	308055	308055	10039	49530	44530	44530
兰州市黄河干流防洪工程	167900	167900		28000	28000	28000
黄河干流白银市防洪治理工程	95513	95513	8000	12000	7000	7000
黄河干流临夏段防洪治理工程	40641	40641	2039	5530	5530	5530
黄河甘肃段甘南州防洪治理工程	4000	4000		4000	4000	4000
重要支流治理	154709	159608	1730	107034	105177	72772
讨赖河嘉峪关安远沟村至嘉酒河道治理	2532	2532		2532	2532	2532
金川河金昌市河西堡至宁远堡段防洪	1667	1667		1667	1667	1667
金川河金川区王家大砂沟至南环路桥防洪	3000	3000		3000	3000	3000
祖厉河会宁县城区段防洪工程	1860	1860				
祖历河靖远县 2014 庄口至罗家湾防洪	3875	3875		2325	2325	2325
祖历河靖远县苏家湾至黑城子段堤防	2899	2899		1739	1739	1739
麦积区渭河城区段南堤防治理	2160	2160		870	870	
葫芦河麦积区四合村至入渭河口段治理	3104	3104		3104	3104	1744
渭河麦积区琥珀至新阳段治理工程	2682	2682		2682	2682	1582
葫芦河秦安县叶堡桥头至安坪村段治理	2955	2955		2955	2955	2955
葫芦河秦安县李河至刘沟村防洪治理	2024	2024		2024	2024	2024
葫芦河秦安县安伏至叶堡大桥段治理	2376	2376		2376	2376	2376
武山县山丹河口至西关渭河大桥段治理	2887	2887		2887	2887	1097
武山县车家川至山丹河口段治理	2966	2966		2046	2046	2046
石羊河凉州区松涛寺至红水河入河口防洪	2133	2133		1749	1749	1749
石羊河民勤县野马泉下案段河道治理	1380	1380		1380	1380	1380
黑河张掖市高台县六坝至双丰段河道	3034	3034		1819	1819	1819
黑河高台县西腰墩水库至刘家深湖防洪	1233	1233		1007	1007	1007
临泽县梨园河仙山口至西总干渠河道	2040	2040		2040	1644	1644
黑河临泽县鸭暖小鸭至暖泉河道治理	2846	2846		2846	2269	2269
黑河甘州区兰新铁路桥至支家崖河道	2978	2978		1787	1519	1519
黑河甘州区国道 312 至兰新铁路河道	2092	2092		1256	1068	1068
泾河平凉市吴老沟至平镇桥段河堤治理	2264	2264		504	504	
泾河崆峒区马莲沟至南阳涧河段防洪	2770	2770		1662	1662	1662
葫芦河静宁县狗娃河口至胡家河段河堤	2841	2841		1705	1705	1705
黑河金塔县五爱至友好段河道治理	2775	2775		1540	1540	1540
黑河金塔县常丰至中丰村段防洪治理	1230	1230		738	738	738
马莲河干流合水县陈家坪至前坪段防洪	2251	2251		1500	1500	
蒲河宁县庄里至叶王川段防洪治理工程	2496	2496		1590	1590	1590
镇原县蒲河干流三岔桥至石咀村段防洪	2073	2073		1354	1354	1354
洮河岷县齐家庄至石头咀段防洪	2004	5125		1500	1072	1072
陇西县三十里铺至四十里铺治理	2321	2321		1200	1200	
陇西王家营至河浦段堤防工程	1851	1851		1110	1110	

3-15 续表

单位：万元

项目	项目计划总投资	实际需要总投资	其中：移民征地费	累计完成投资	累计新增固定资产	本年新增固定资产
陇西县首阳镇双泉公路桥至水月坪段治理	1850	1851		1110	1110	1110
临洮县三甲电站至姬家河大桥防洪治理	1464	1464		878	878	878
西汉水成县毛坝至魏家坝段堤防工程	2778	2778		1727	1727	1727
白龙江文县石坊乡东峪口至大渡坝河道	2168	1755		1053	1053	1053
文县尚德镇水家坝至周家坝河道治理	2900	2900		1740	1740	1740
西汉水康县平洛河口至咀头上段堤防	2900	2900		2900	2900	2900
西汉水康县腰膻坝至高楼子段提防工程	2493	2493		2493	2493	1995
西汉水西和县赵家沟至郭家坝段防洪	2470	2470				
西汉水礼县罗家堡至盐官镇段防洪	1799	3989		1799	1799	1799
洮河干流临洮县新添段堤防工程	4496	4496		4270	4270	1870
白龙江干流陇南市月阳坝至宗家堡堤防	2440	2440		635	635	635
白龙江干流陇南市段河坝下坝段堤防	2733	2733		1148	1148	1148
宕昌县白龙江干流沙湾镇段堤防工程	2280	2280		2280	2280	2052
泾河泾川县罗汉洞至洪河口段河堤治理	2717	2717		1963	1963	
大夏河干流临夏市单子庄至新大桥段	2898	2898		1789	1789	50
临夏县大夏河干流双城至马九川段治理	2320	2320		1856	1856	23
广河县洮河干流新民滩至卧托段堤防	4891	4891		4891	4891	445
大夏河干流临夏县祁牟至刘家峡水库防洪	918	918		734	734	295
大夏河东乡县折桥至刘家峡水库堤防	1937	1937		1162	1162	
大夏河干流临夏市祁牟段堤防工程	823	823		588	588	94
永靖县湟水干流白川至二房段河堤工程	2628	2628		1726	1726	1726
洮河合作市段防洪工程	3393	3393		2037	2037	2037
洮河干流临潭县洮滨防洪堤工程	2001	2001		1400	1400	
卓尼县洮河干流城区段堤防工程	2384	2384	1730	1730	1730	
洮河卓尼县麻路1段至牙当段	2019	2019				
白龙江干流迭部县城段治理工程	1948	1948		1203	1203	
碌曲洮河干流巴吾至博拉段防洪治理	874	874		874	874	874
夏河县尕寺沟至克芒切沟治理	2927	2927		2046	2046	2046
夏河县垂子合大桥至阿一山大桥段治理	1741	1741		1059	1059	1059
大夏河夏河县王格尔塘至曲奥段治理	5250	5250		780	780	780
疏勒河干流瓜州县城区段河道治理	670	670		670	670	670
中小河流治理	**110332**	**111785**		**80762**	**80292**	**31049**
镇原县蒲河太平柳咀段防洪工程	611	611		611	611	611
庄浪县红土坡至刘家湾段河堤工程	2490	2490		1780	1780	
白银区东大沟民勤村至城区段治理工程	777	777		777	777	777
甘谷县清溪河礼辛乡寨子至慰坪堤防工程	2510	2510		2510	2510	500
清水县后川河杜川至王店段堤防工程	2500	2500		2175	2175	465
秦安县南小河王尹马河至兴国凤山段堤防	1466	1466		1466	1466	
甘谷县上南河至杨赵村段治理工程	1413	1413		1413	1413	565
古浪县古浪河朱家庄-龙泉寺治理	1200	1200		1200	1200	1200
山丹县马营河大马营段河道治理工程	2764	2764		1300	1170	559
临泽县小东沟河新柳至西街农田防护	1798	1798		800	760	400
灵台县黑河东门至景家庄段河堤治理	2432	2432		1500	1500	1500
灵台县达溪河县城至百里段河堤治理	2613	2613		2168	2168	
灵台县达溪河县城至安家庄段河堤治理	2719	2719		1000	1000	400
泾川县黑河荒场至茜家沟河堤治理工程	1730	1730		1000	1000	600

3-15 续表

单位：万元

项目	项目计划总投资	实际需要总投资	其中：移民征地费	累计完成投资	累计新增固定资产	本年新增固定资产
泾川县洪河河堤治理工程	1350	1350		800	800	800
泾川县汭河十里沟至枣林段河堤治理工程	2962	2962		1800	1800	900
崇信县黑河河堤治理工程	2451	2451		1400	1400	600
崇信县汭河(九功渠首至野雀沟)河堤	2972	2972		1800	1800	900
庄浪县北洛河良邑郭魏至石家窑段河堤	2302	2302		1300	1300	800
酒泉市肃州区清水河堤防及河道治理	1232	1232		1232	1232	400
酒泉市肃州区丰乐河堤防及河道治理	2553	2553		2553	2553	800
庆阳市中小河流水毁工程修复和治理	1500	1500		1500	1500	1500
西峰区砚瓦川贺家塬沟护岸工程	1050	1050		1050	1050	176
正宁县四郎河房河治理工程	2270	2270		2270	2270	400
宁县新宁镇高山堡村护岸工程	360	360		300	300	300
正宁县四郎河樊湾子治理工程	2650	2650		2650	2650	500
安定区关川河大碱沟治理工程	1100	1100		300	300	
漳县龙川河草川坪至魏下段堤防工程	3076	3076		3076	2776	300
陇南市中小河流水毁工程修复和治理	2500	2500		2500	2500	2500
陇南市武都区北峪河治理工程	2474	2474		1495	1495	895
成县严河堤防工程	2400	2400		400	400	
文县白马峪河治理工程	2318	2318		2318	2318	695
文县中路河中寨至白水江口段治理	2847	2847		2847	2847	2147
宕昌县恭河韩院段河堤工程	1245	1245		700	700	400
康县阳坝河阳坝镇段治理工程	2774	2774		1700	1700	800
西和县太石河治理工程	2876	2876		700	700	700
西和县漾水河治理工程	2854	2954		700	700	700
礼县清水江张堡至教面堤防工程	1200	1200		1200	1200	1200
两当县红崖河权坪河段综合治理工程	300	988		300	300	
两当县红崖河蚂蚱河段综合治理工程	900	1565		900	900	500
东乡县巴谢河五家至赵家段堤防	2714	2714		2362	2362	109
临夏县老鸦关河双城至上阴洼段防洪	2487	2487		1990	1990	
和政县牛津河罗家集至马家堡段防洪	2997	2997		2997	2997	389
和政县大南岔河吊滩段防洪工程	2013	2013		2013	2013	343
康乐县苏家集河附城镇段堤防工程	901	901		901	901	901
东乡县巴谢河赵家至那勒寺段堤防	2814	2814		2300	2300	
积石山吹麻滩河治理(赵家峡口至何家桥)	500	500		500	500	500
合作市格河多合儿防洪工程	1115	1115		929	929	492
合作市德吾录河卡加防洪工程	960	960		500	500	300
临潭县斜藏沟治理工程	2717	2717		2254	2254	
临潭县羊沙河下河段治理工程	1347	1347		500	500	200
卓尼县羊沙河恰盖防洪工程	1480	1480		600	600	200
卓尼县石窖沟藏巴哇防洪工程	850	850		200	200	200
舟曲县拱坝河堤防工程	2959	2959		1600	1600	700
迭部县阿夏流域治理工程	2105	2105		1300	1300	
甘肃疏勒河灌区三道沟河道治理	2834	2834		2325	2325	1425
水库除险加固	**25114**	**25114**		**7511**	**7511**	**5682**
大中型病险水库除险加固	**19003**	**19003**		**1720**	**1720**	**1720**
高台县小海子水库除险加固工程	3300	3300				
甘肃双塔水库除险加固	15703	15703		1720	1720	1720

3-15 续表

单位：万元

项　　目	项目计划总投资	实际需要总投资	其中：移民征地费	累计完成投资	累计新增固定资产	本年新增固定资产
小型病险水库除险加固	6111	6111		5791	5791	3962
永昌县老人头水库除险加固	280	280		280	280	280
会宁县米峡水库除险加固工程	380	380		380	380	260
张掖市酥油口水库除险加固	600	600		600	600	300
高台县天城湖水库除险加固2014	400	400		400	400	400
瓜州县榆林河水库除险加固工程	401	401		401	401	401
敦煌市野麻湾水库除险加固工程	466	466		466	466	437
玉门市青山水库除险加固工程	589	589		589	589	589
渭源县峡口水库除险加固	260	260		200	200	
安定区七一水库除险加固	260	260				
礼县苗河水库除险加固	300	300		300	300	300
成县卢沟水库除险加固	1577	1577		1577	1577	1577
灵台县北庄水库除险加固工程	246	246		246	246	70
华亭县车厂沟水库除险加固工程	352	352		352	352	148
大中型病险水闸除险加固	2375	2375	250	2273	2273	2273
永昌县金川河工农渠首泄洪闸除险加固	1250	1250		1250	1250	1250
肃州区红山河马鬃门排砂闸除险加固	1125	1125		1023	1023	1023
其他防洪项目	61274	61274		61274	61274	43941
甘肃省2014年度山洪灾害防治项目(长)	2760	2760		2760	2760	2760
甘肃省2014年度山洪灾害防治项目(黄)	10195	10195		10195	10195	10195
甘肃省2014年度山洪灾害防治项目(内)	2930	2930		2930	2930	2930
甘肃省山洪灾害防治补助2013(内陆)	3232	3232		3232	3232	523
甘肃省山洪灾害防治补助2013(长江)	3686	3686		3686	3686	1198
甘肃省山洪灾害防治补助2013(黄河)	17466	17466		17466	17466	5330
甘肃省山洪灾害防治补助2015(内陆)	2617	2617		2617	2617	2617
甘肃省山洪灾害防治补助2015(黄河)	14386	14386		14386	14386	14386
甘肃省山洪灾害防治补助2015(长江)	4002	4002		4002	4002	4002
灌溉除涝项目	1227954	1227436	5013	912558	859280	555217
灌区建设工程	142089	142202	206	119888	106152	63301
皋兰县西岔中型灌区农业综合开发2015	1500	1500		40		
兴电灌区齐家大岘隧洞除险加固	9616	9616	206	7000	6300	2700
白银区工农渠灌区农业综合开发	350	350				
古浪县大靖河灌区农业综合开发	350	350		210	210	210
甘州区上三灌区农业综合开发项目	1500	1500		1500	1290	1290
民乐县童子坝灌区农业综合开发项目	1500	1500		1500	1275	1275
静宁县东峡灌区农业综合开发	1400	1400				
敦煌水资源规划项目(酒泉市)2014	17916	17916		17916	17916	13416
敦煌水资源规划项目(河道归束)2015	4747	4747		4364	4364	4364
敦煌水资源规划项目(党河灌区)2015	8678	7388		6832	6832	6832
环县甜水堡灌区节水改造项目	300	300		300	300	300
合水县固城川灌区续建配套与节水改造	493	493493		493	493	493
临洮县溥济渠灌区农业综合开发	1500	1500		1286	1286	574
渭源县石门灌区农业综合开发项目	2050	2050		1230	1230	1230
临夏县北塬灌区农业综合开发项目	1490	1490		1222	1222	1222
景泰川电力提灌二期灌区调蓄水池项目	900	900		900	900	900
敦煌水资源利用与生态保护(疏勒河)2012	16162	16162		13841	13841	

3-15 续表

单位：万元

项　　目	项目计划总投资	实际需要总投资	其中：移民征地费	累计完成投资	累计新增固定资产	本年新增固定资产
敦煌水资源利用与生态保护(疏勒河)2013	22568	23971		19511	19511	1749
敦煌水资源利用与生态保护(疏勒河)2014	22408	22408		18516	18516	16080
敦煌水资源利用与生态保护(疏勒河)2015	25261	25261		22737	10177	10177
玉门市花海灌区农业综合开发	1400	1400		490	490	490
节水灌溉工程	**97419**	**97419**	**15**	**90878**	**89927**	**41126**
2015年永登县牧区节水灌溉示范项目	375	375		375	375	375
石羊河流域重点治理2014(金昌市)	17701	17701		17701	17701	3217
永昌县牧区节水灌溉示范项目	375	375		375	375	375
凉州区规模化节水灌溉增效示范2014	1625	1625		1625	1625	1225
凉州区规模化节水增效示范(2013-2016)	5007	5007		5007	5007	5007
民勤县牧区节水灌溉示范项目2015	375	375		375	375	375
天祝县牧区节水灌溉示范项目2014	500	500		500	500	500
石羊河流域重点治理2014(张掖市)	300	300		300	300	300
肃州区规模化节水灌溉增效示范项目	1625	1625		1625	1625	1625
肃州区规模化节水增效示范(2013-2016)	5872	5872		5430	5430	5430
瓜州县牧区节水灌溉示范项目2014	501	501		501	501	501
肃北县牧区节水灌溉示范项目2014	510	510		510	510	510
阿克塞县牧区节水灌溉示范项目2014	500	500		500	500	500
敦煌市规模化节水灌溉增效示范项目	1375	1375		1375	1375	1326
敦煌市规模化节水增效(2013-2016)	1516	1516		1440	1440	1440
环县牧区节水灌溉示范项目2015	375	375		375	375	375
安定区规模化节水综合灌溉示范2015	3771	3771		3771	3771	3771
漳县牧区节水灌溉示范项目2015	375	375		375	375	375
甘州区规模化节水灌溉示范(2013-2016)	9507	9507		9507	8556	8556
合作市牧区节水灌溉示范项目2014	400	400		400	400	400
迭部县牧区节水灌溉示范项目2015	375	375		375	375	375
夏河县2015牧区节水灌溉项目	375	375		308	308	308
石羊河流域重点治理(省景电)2012	13746	13746		13746	13746	39
石羊河流域重点治理(省景电)2013	19835	19835		19835	19835	4788
石羊河流域重点治理(省景电)2014	10502	10502		10502	10502	1343
小型农田水利建设	**368401**	**367770**	**774**	**355885**	**342807**	**287427**
镇原县2015抗旱引调提水项目(3)	1147	1147		1147	1147	1147
镇原县小型农田水利2015维修养护	252	252		252	252	252
榆中县中央财政高效节水2014(五)	2689	2689		2689	2689	1849
榆中县中央统筹(土地出让)2014	1000	1000		1000	1000	1000
榆中县抗旱引调提水项目2014	925	925		925	925	925
红古区中央统筹(土地出让)2014	1268	1268		1268	1268	1268
榆中县中央财政小型农田水利(5)	2834	2834		2834	2834	2834
榆中县小型农田水利2015维修养护	100	100		100	100	100
榆中县2015抗旱引调提水项目(3)	995	995		995	995	995
西固区小型农田水利2015维修养护	100	100		100	100	100
红古区中央财政高效节水2014(五)	1330	1330		1330	1330	830
红古区小型农田水利建设(五)	1452	1452		1452	1452	1452
红古区小型农田水利2015维修养护	100	100		100	100	100

3-15 续表

单位:万元

项　目	项目计划总投资	实际需要总投资	其中：移民征地费	累计完成投资	累计新增固定资产	本年新增固定资产
永登县高效节水项目2014(五)	2703	2703		2703	2703	1103
永登县2015年高效节水灌溉示范项目	2490	2490		2490	2490	2490
永登县2015年抗旱引调提水项目	1295	1295		1295	1295	1295
永登县2015年水利工程维修养护项目	100	100		100	100	100
皋兰2015年农田水利设施维修养护项目	100	100		100	100	100
嘉峪关市中央财政高效节水2015(五)	2327	2327		2100	2100	2100
嘉峪关市高效节水灌溉项目2015(六)	1792	1792		1600	1600	1600
嘉峪关市小型农田水利维修养护2015年	300	300		300	300	300
嘉峪关中央财政高效节水2013(五)	2871	2287		2287	2287	87
嘉峪关中央财政高效节水2014(五)	2609	2550		2550	2550	350
嘉峪关中央财政高效节水2014(六)	1771	1750		1750	1750	1050
永昌县中央财政高效节水2014(五)	2409	2409		2409	2409	1309
金川区中央财政高效节水2014(六)	668	668		668	668	668
永昌县中央财政高效节水2014(六)	2006	2006		2006	2006	1106
金川区高效节水灌溉项目(六)	637	637		637	637	637
金川区中央财政小型农田水利工程2015	1697	1697		1697	1697	1697
金川区小型农田水利2015维修养护项目	200	200		200	200	200
永昌县小型农田水利建设(五)	2636	2636		2636	2636	2636
永昌县高效节水灌溉项目(六)	783	783		783	783	783
永昌县中央财政小型农田水利工程2015	1774	1774		1774	1774	1774
永昌县小型农田水利2015维修养护	127	127		127	127	127
靖远县中央财政高效节水灌溉项目2013	2878	2878		2000	1800	720
靖远县2013水利工程维修养护(土地出让)	853	853		400	400	120
白银区中央财政高效节水灌溉项目2013	1050	1050		1050	900	250
景泰县中央财政高效节水灌溉项目2013	1420	1420		1420	1420	710
景泰县中央财政景电农场节水灌溉2013	1887	1887		1300	1300	810
景泰县中央财政节水灌溉(土地出让)	300	300		300	270	270
靖远县高效节水灌溉(土地出让)2014	1300	1300		1300	1300	910
靖远县中央财政高效节水2014(五)	2000	2000		2000	2000	1254
白银区农业水价改革(土地出让)2014	1100	1100		1100	1100	868
白银区中央财政高效节水2014(五)	1000	1000		1000	1000	300
白银区五小水利工程(土地出让)2014	1000	1000		1000	1000	744
会宁2014年抗旱引调提水项目	1762	1937		1762	1762	1622
会宁县中央财政高效节水2014(五)	2000	2255		2000	2000	422
会宁县高效节水灌溉(土地出让)2014	1000	1088		1000	1000	880
景泰县中央财政小农水重点县2014	2300	2300		2300	2100	2100
景泰县中央财政高效节水2014(五)	2000	2000		2000	1980	1160
景泰县抗旱规划引调提水项目(2014)	857	857		857	772	600
平川区中央财政高效节水2014(五)	2000	2000		2000	2000	1440
靖远县2014年抗旱引调提水项目	889	837		837	837	628
景泰水利工程维修养护(土地出让)2014	200	200		200	180	180
会宁县2015年抗旱引调提水项目	1355	1355		1355	1220	1220
平川区小型农田建设2015(五)	2000	2000		2000	1800	1800
会宁县中央财政高效节水2015(五)	2000	2296		2000	2000	2000

3-15 续表

单位:万元

项　　目	项目计划总投资	实际需要总投资	其中:移民征地费	累计完成投资	累计新增固定资产	本年新增固定资产
会宁县 2015 年维修养护项目	200	200		200	200	200
平川区小型农田水利 2015 维修养护资金	100	100		100	100	100
白银区小型农田水利建设(五)2015	1000	1000		1000	1000	1000
白银区 2015 小型农水利维修养护资金	600	600		600	600	600
景泰县中央财政小型农田水利建设 2015	2000	2000		2000	1800	1800
景泰县 2015 年抗旱引调提水项目	1485	1485		1485	1336	1336
景泰县小型农田水利 2015 年维修养护	200	200		200	198	198
靖远县 2015 年高效节水灌溉示范项目	2720	2720		2000	1800	1800
靖远县 2015 年抗旱引调提水项目	1370	1370		1262	1262	1262
靖远县 2015 年小型农田水利维修养护资金	100	100		100	100	100
甘谷县 2015 抗旱引调提水工程	299	299		299	299	299
甘谷县中央财政小型水利五小水利 2015	1560	1560		1560	1560	1560
秦州区中央财政统筹(土地出让)2014	610	610		610	610	610
秦州区 1 万~5 万亩灌区(土地出让)	614	614		614	614	614
秦州区 2015 年抗旱引调提水工程	1041	1041		1041	1041	1041
秦州区小型农田水利 2015 维修养护	200	200		200	200	200
麦积区小型农田水利 2015 年维修养护	202	202		202	202	202
清水县五小水利工程(土地出让)	867	867		806	806	251
清水县水利工程维修项目(土地出让)	200	200		200	200	200
清水县 2014 年抗旱引调提水项目	1101	1101		884	884	884
清水县 2015 抗旱引调提水项目	499	499		499	499	499
清水县小型农田水利 2015 维修养护	100	100		100	100	100
秦安县中央财政统筹(土地出让)2014	1100	1100		1100	1100	1100
秦安县 2015 抗旱引调水提水项目	436	436		436	436	436
甘谷县 2014 年抗旱引调提水项目	520	520		520	520	520
武山县 2014 年度小型农田水利重点县	2896	2896		2896	2896	564
武山县高效节水灌溉项目(土地出让)	400	400		400	400	80
武山县 1 万~5 万亩灌区改造(土地出让)	705	705		705	705	705
武山县 2015 抗旱引调提水工程	407	407		407	407	407
武山县小型农田水利 2015 维修养护项目	200	200		200	200	200
张家川县小型农田水利 2015 维修养护	100	100		100	100	100
凉州区中央财政高效节水 2014(五)	4000	4000		4000	4000	2100
凉州区中央财政高效节水 2014(六)	3000	3000		3000	3000	2600
凉州区 2014 抗旱规划引调提水项目	1481	1481		1481	1481	1481
凉州区中央财政小型农田水利建设(五)	4000	4000		4000	4000	4000
凉州区高效节水灌溉项目(六)	3000	3000		3000	3000	3000
凉州区 2015 年抗旱引调提水工程	412	412		412	412	412
凉州区农业水价综合改革(土地出让)	100	100		100	100	100
凉州区小型农田水利 2015 维修养护	300	300		300	300	300
民勤县 2015 年抗旱引调提水项目	800	800		800	800	800
民勤县农业水价综合改革(土地出让)	100	100		100	100	100
民勤县中央财政小型农田水利建设(5)	3000	3000		3000	3000	3000
民勤县中央财政小农水重点县 2015(五)	500	500		500	500	500
民勤县高效节水灌溉项目(六)	1500	1500		1500	1500	1500

3-15 续表

单位：万元

项　　目	项目计划总投资	实际需要总投资	其中：移民征地费	累计完成投资	累计新增固定资产	本年新增固定资产
民勤县中央财政小型农田水利工程2015	1500	1500		1500	1500	1500
民勤县小型农田水利2015维修养护	500	500		500	500	500
古浪县中央财政高效节水灌溉2013	2482	2482		2482	2482	992
古浪县中央财政小农水重点县2014	2779	2779		2779	2779	1389
古浪县中央财政统筹(土地出让)2014	207	207		207	207	157
古浪县中央财政高效节水2014(六)	1812	1812		1652	1652	1420
古浪县中央财政高效节水2014(五)	2809	2809		2000	2000	1017
古浪县抗旱规划引调提水项目	1763	1763		1412	1412	1012
古浪县小型农田水利建设(五)	2000	2000		2000	2000	2000
古浪县高效节水灌溉项目(六)	1500	1500		1500	1500	1500
古浪县2015抗旱引调提水项目	697	697		697	697	697
古浪县中央财政小型农田水利工程2015	1500	1500		1425	1425	1425
古浪县小型农田水利2015维修养护	100	100		100	100	100
天祝县中央财政高效节水2014(六)	1112	1112		1112	1112	1112
天祝县高效节水灌溉项目(六)	1000	1000		1000	1000	1000
天祝县小型农田水利2015维修养护	100	100		100	100	100
高台县中央财政高效节水2014(六)	1863	1863		1863	1863	1863
山丹县抗旱规划引调提水项目2014	1355	1355		1355	1219	1219
山丹县中央财政高效节水2014(六)	3218	3218		3218	2959	2959
肃南县前滩1万~5万亩灌区（土地出让）2014	620	620		620	620	620
甘州区中央财政高效节水2014(六)	2038	2038		2038	1834	1834
民乐县中央财政高效节水2014(六)	1866	1866		1866	1586	1586
民乐县农业水价改革(土地出让)2014	1172	1172		1172	996	996
高台县中央财政统筹(土地出让)2014	322	322		322	322	322
山丹县中央财政统筹(土地出让)2014	100	100		100	100	100
临泽县中央财政统筹(土地出让)2014	180	180		180	180	180
肃南县中央财政统筹(土地出让)2014	1264	1264		1264	1264	1264
山丹马场中央财政高效节水2014(五)	1232	1232		1232	1109	1109
山丹县小型农田水利建设2015(五)	2760	2760		2760	2564	2564
高台县农业水价改革(土地出让)2015	1100	1100		1100	1066	1066
高台县小型农田水利2015维修养护	500	500		500	500	500
高台县小型农田水利建设2015(五)	2567	2567		2567	2365	2365
高台县高效节水灌溉项目2015(六)	1967	1967		1967	1812	1812
高台县中央财政小型农田水利2015(七)	1801	1801		1801	1801	1801
山丹县高效节水灌溉项目2015(六)	2892	2892		2892	2820	2820
临泽县小型农田水利2015维修养护	100	100		100		
临泽县小型农田水利建设2015(五)	2609	2609		2609	2408	2408
山丹县中央财政小农水2015(七)	2095	2095		2095	1926	1926
甘州区高效节水灌溉项目2015(六)	1822	1822		1822	1640	1640
甘州区中央财政小型农田水利2015(五)	2352	2352		2352	2116	2116
甘州区小型农田水利2015维修养护	300	300		300		
山丹县2015抗旱引调水项目	1487	1487		1487	1459	1459
肃南县小型农田水利建设2015(五)	2315	2315		2315	2315	2315
肃南县小型农田水利2015维修养护	200	200		200	200	200

3-15 续表

单位:万元

项　　目	项目计划总投资	实际需要总投资	其中:移民征地费	累计完成投资	累计新增固定资产	本年新增固定资产
民乐县2015抗旱引调提水项目	621	621		621	528	528
民乐县高效节水灌溉项目2015(六)	1814	1814		1814	1541	1541
民乐县小型农田水利建设2015(五)	2550	2550		2550	2168	2168
民乐县中央财政小型农田水利2015(七)	1030	1030		1030	875	875
民乐县水利工程维修养护2014-2015	400	400		400		
山丹马场2014年高效节水(六)	1247	1247		1128	1015	1015
山丹马场小型农田水利建设2015(五)	1266	1266		1133	1020	1020
山丹马场高效节水灌溉项目2015(六)	1209	1209		1088	979	979
崆峒区中央财政统筹(土地出让)2014	1015	1015		1000	1000	1000
静宁县小型农田水利2015维修养护	200	200		200	200	200
静宁县2015年抗旱水源引调提水工程	1017	1017		1017	1017	1017
崆峒区抗旱规划引调提水项目	1043	1043		1043	1043	1043
崆峒区小型农田水利2015年维修养护	200	200		200	200	200
泾川县中央财政统筹(土地出让)2014	1000	1000		1000	1000	1000
泾川县2014年抗旱引调提水项目	453	453		453	453	453
灵台县中央财政小农水重点县2014(四)	2725	2725		2725	2725	25
灵台县许家沟提灌工程(土地出让2014)	2496	1788		1788	1788	288
灵台县中央财政小型农田水利工程2015	1500	1500		1350	1350	1350
崇信县水利工程维修项目(土地出让)	200	200		200	200	200
崇信县小型农田水利2015年维修养护	100	100		100	100	100
华亭西华河1万~5万亩灌区(土地出让)2014	721	721		721	721	721
庄浪县中央财政统筹(土地出让)2014	1000	1000		1000	1000	1000
庄浪县2015年抗旱引调提水项目	688	688		688	688	688
庄浪县小型农田水利2015年维修养护	100	100		100	100	100
静宁县中央财政统筹(土地出让)2014	1083	1083		1000	1000	1000
静宁县抗旱规划引调提水项目	999	999		999	999	999
肃州区中央财政统筹(土地出让)2014	100	100		100	100	100
瓜州县中央财政统筹(土地出让)2014	343	343	12	343	343	343
酒泉市中央财政统筹(土地出让)2014	600	600		600	600	600
肃州区中央财政高效节水2014(五)	2821	2821		2821	2821	1129
肃州区中央财政高效节水2014(六)	1904	1904		1904	1904	1904
肃州区小型农田水利建设(五)	2661	2661		2578	2578	2578
肃州区高效节水灌溉项目(六)	2051	2051		1945	1945	1945
肃州区小型农田水利2015维修养护资金	100	100		100	100	100
金塔县中央财政高效节水2014(五)	2327	2327		2327	2027	2027
金塔县中央财政高效节水2014(六)	1910	1910		1910	1910	1910
金塔县中央财政统筹(土地出让)2014	202	202		202	202	202
金塔县高效节水灌溉项目(六)	1876	1876		1876	1876	1876
金塔县中央财政小型农田水利工程2015	1844	1844		1844	1844	1844
金塔县区小型农田水利建设(五)	2289	2289		2289	2289	2289
瓜州县中央财政高效节水2014(五)	2387	2387		2387	2387	2387
瓜州县桥子1万~5万亩灌区(土地出让)2014	460	460		460	460	460
瓜州县小型农田水利建设(五)	2643	2643		2400	2400	2400
瓜州县小型农田水利2015维修养护资金	101	101		101	101	101

3-15 续表

单位：万元

项　　目	项目计划总投资	实际需要总投资	其中：移民征地费	累计完成投资	累计新增固定资产	本年新增固定资产
阿克塞小型农田水利2015维修养护	100	100		100	100	100
玉门市中央财政高效节水2014(五)	2484	2484		2484	2484	248
玉门市中央财政高效节水2014(六)	2059	2059		2059	2059	2059
玉门市小型农田水利建设(五)	2484	2484		2484	2484	2484
玉门市高效节水灌溉项目(六)	2449	2449		2449	2449	2449
玉门市中央财政小型农田水利工程2015	1113	1113		1113	1113	1113
酒泉市敦煌抗旱规划引调提水项目	1112	1112		1112	1112	1090
敦煌市2015抗旱引调提水项目	1669	1669		1343	1343	1343
敦煌市小型农田水利2015维修养护	300	300		270	270	270
镇原吴家沟1万~5万亩灌区（土地出让）2014	702	702		702	702	702
合水县中央财政小农水重点县2014	2786	2786		2786	2786	1936
正宁县四郎河1万~5万亩灌区（土地出让）	721	721		721	721	721
西峰区中央财政统筹(土地出让)2014	200	200		200	200	200
宁县中央财政统筹(土地出让)2014	204	204		204	204	204
合水县中央财政统筹(土地出让)2014	200	200		200	200	200
环县中央财政统筹(土地出让)2014	100	100		100	100	100
镇原县抗旱规划引调提水项目	1196	1196		1196	1196	1196
华池县抗旱规划引调提水项目	901	901		901	901	901
环县抗旱规划引调提水项目	2021	2021		2021	2021	2021
西峰区小型农田水利2015维修养护	200	200		200	200	200
庆城县2015抗旱引调提水项目(2)	893	893		893	893	893
庆城县小型农田水利2015维修养护	100	100		100	100	100
环县小型农田水利2015维修养护	100	100		100	100	100
环县2015抗旱引调提水项目(3)	1780	1780		1780	1780	1780
华池县2015抗旱引调提水项目(2)	727	727		727	727	727
合水县小型农田水利2015维修养护	200	200		200	200	200
渭源县中央财政五小水利项目2013	1800	1800		1650	1650	450
安定区抗旱应急调蓄工程	1386	1386		1386	786	786
通渭县中央财政小农水重点县2014	2088	2088		2088	2088	868
通渭县中央财政统筹(土地出让)2014	100	100		100	100	100
临洮县红旗1万~5万亩灌区（土地出让）2014	628	628		628	628	628
陇西县抗旱引调提水项目	1714	1714		1372	1372	1372
渭源县中央财政五小水利2014(五)	1568	1568		1411	1411	211
临洮县小型农田水利2015维修养护	100	100		100	100	100
临洮县中央财政五小水利(2014)	1649	1649		1649	1649	1649
临洮县中央财政小农水五小水利2015	1650	1650		1650	1650	1650
临洮县抗旱引调提水项目2015	1567	1567		1567	1567	1567
渭源县中央财政五小水利2015	1500	1500		1350	1350	1350
安定区2015年抗旱引调水工程	2200	2200	149	1660	1660	1660
通渭县2015年抗旱引调提水项目	535	535		535	535	535
漳县小型农田水利2015维修养护	100	100		100	100	100
康县中央财政统筹(土地出让)2014	1000	1000		1000	1000	1000
武都区中央财政统筹(土地出让)2014	300	300		300	300	300
文县中央财政统筹(土地出让)2014	100	100		100	100	100

3-15 续表

单位:万元

项 目	项目计划总投资	实际需要总投资	其中:移民征地费	累计完成投资	累计新增固定资产	本年新增固定资产
徽县中央财政统筹(土地出让)2014	100	100		100	100	100
西和县抗旱规划引调提水项目	1220	1220		1220	1220	1220
礼县抗旱规划引调提水项目	1460	1460		1460	1460	1460
武都区中央财政区域节水2014(五)	1769	1769		1769	1769	1769
武都区中央财政区域节水2014(六)	2619	2619		2619	2619	2619
武都区高效节水灌溉项目(六)	2154	2154		2154	2154	2154
武都区小型农田水利2015维修养护	300	300		300	300	300
武都区水价改革及产权改革试点	100	100		100	100	100
武都区中央财政小农水(区域节水)	1846	1846		1846	1846	1846
成县小型农田水利2015维修养护	100	100		100	100	100
文县中央财政六小水利2014(六)	780	780		780	780	780
文县高效节水灌溉项目(六)	770	770		770	770	770
文县小型农田水利2015维修养护	100	100		100	100	100
康县小型农田水利2015维修养护	200	200		200	200	200
西和县2015抗旱引调提水项目(2)	615	615		615	615	615
礼县2015抗旱引调提水项目(3)	1724	1724		1724	1724	1724
礼县小型农田水利2015维修养护	100	100		100	100	100
徽县中央财政六小水利2014(六)	538	538		538	538	538
徽县小型农田水利2015维修养护	200	200		200	200	200
徽县高效节水灌溉项目(六)	550	550		550	550	550
民勤县中央财政小农水重点县2014(5)	2000	2000		2000	2000	500
民勤县2014年农业水价改革项目	1000	1000		1000	1000	1000
民勤县2014年高效节水灌溉项目	1500	1500		1500	1500	1500
民勤县2014抗旱规划引调提水工程项目	1365	1365		1365	1365	1000
两当县中央财政六小水利2014(六)	694	694		694	694	694
两当县高效节水灌溉项目(六)	667	667		667	667	667
两当县小型农田水利2015维修养护	100	100		100	100	100
东乡县中央财政五小水利项目2013	1652	1652		1652	1652	652
东乡县水利工程维修养护(土地出让)	214	214		200	200	
永靖县五小水利工程(土地出让)	1090	1090		1090	1090	205
临夏市小型农田水利2015维修养护	100	100		100		
临夏县中央财政小农水重点县2014	2077	2077		2077	2077	663
临夏县2014年抗旱引调提水项目	896	896		896	896	206
临夏县2015年抗旱引调提水项目	253	253		217	217	217
康乐县中央财政统筹(土地出让)2014	313	313		313	313	68
康乐县小型农田水利2015维修养护资金	200	200		162	162	162
永靖县中央财政统筹(土地出让)2014	1053	1053		1053	1053	1053
永靖县2014抗旱引调提水项目	430	430		430	430	174
永靖县2015年抗旱引调水提水工程	376	376		208	208	208
永靖县小型农田水利2015年维修养护	206	206		206	206	206
广河县2014年抗旱引调提水项目	722	722		722	722	214
广河县2015年中央财政小型农田水利	1501	1501		1370	1370	1370
广河县2015三甲集抗旱应急水源配套	505	505		400	400	400
广河县2015齐家镇抗旱应急水源配套	512	512		400	400	400

3-15 续表

单位：万元

项　　目	项目计划总投资	实际需要总投资	其中：移民征地费	累计完成投资	累计新增固定资产	本年新增固定资产
和政县中央财政统筹(土地出让)2014	1154	1154		1154	1154	1154
和政县2014年抗旱引调提水项目	859	859		859	859	232
和政县小型农田水利2015维修养护	414	414		400	400	400
和政县2015抗旱引调提水项目	485	485		485	485	485
东乡县中央财政五小水利2014(五)	1675	1675		1675	1675	864
东乡县2014年抗旱引调提水项目	861	861		835	835	167
东乡县2015年抗旱引调提水项目	920	920		784	784	784
东乡县中央财政五小水利项目2015	1674	1674		1300	1300	1300
积石山县中央财政五小水利2014(五)	1576	1576		1576	1576	606
积石山县2014年抗旱引调提水项目	1327	1327		1327	1327	225
积石山县中央财政五小水利2015	1576	1576		1500	1500	1500
积石山县2015抗旱应急水源配套工程	1409	1409		1185	1185	1185
玛曲县水利工程维修项目(土地出让)	100	100		100	100	100
卓尼县水利工程维修项目(土地出让)	100	100		100	100	100
临潭县农田水利2015维修养护	100	100		100	100	100
卓尼县小型农田水利2015维修养护	100	100		100	100	100
舟曲县五小水利工程项目(土地出让)	1000	1000		1000	1000	1000
舟曲县小型农田水利2015维修养护	200	200		200	200	200
迭部县小型农田水利2015维修养护	100	100		100	100	100
玛曲县小型农田水利2015维修养护	100	100		100	100	100
夏河县中央财政小农水重点县2014	2006	2006		1606	1606	1606
夏河县小型农田水利2015维修养护	100	100		100	100	100
省农垦中央财政条山农场高效节水2013	822	822		822	555	555
省农垦黑土洼农场高效节水(土地出让)	1115	1115		1115	1115	1115
省农垦黄羊河农场高效节水(土地出让)	1213	1213		1213	1190	467
省农垦八一农场中央财政节水2014(六)	2755	2755		2755	2508	2508
省农垦生地湾农场中央财政节水2014(六)	1161	1161		1161	408	408
省农垦饮马农场中央财政节水2014(六)	1216	1216		1216	400	400
省农垦黄花农场中央财政节水2014(六)	1216	1216		1216		
省农垦张掖农场小型农田水利建设(五)	1283	1283		1283		
省农垦黑土洼农场高效节水灌溉(六)	1447	1447		1447	1447	1447
省农垦黄花农场高效节水灌溉项目(六)	1056	1056		900		
省农垦饮马农场高效节水灌溉项目(六)	695	695		695	695	695
省农垦饮马农场中央财政小农水2015	772	772		772	641	641
敦煌农场小型农田水利建设(五)	1145	1145		1145	991	991
省农垦生地湾农场高效节水灌溉(六)	1110	1110		1020	956	956
八一农场小型农田水利建设(五)	2701	2701		2701	2457	2457
省农垦小型农田水利2015维修养护	300	300		300	300	300
省农垦黄羊河农场高效节水灌溉(六)	1962	1942		1942	1942	1942
省农垦黄羊河农场小型农田水利(五)	1246	1246		1126	1126	1126
省农垦山丹农场高效节水灌溉项目(六)	1279	1279		962	962	962
省景电中央财政统筹(土地出让)2014	300	300		300	300	300
省景电小型农田水利2015维修养护	400	400		400	400	400
水库工程	304336	304336	3878	211758	189154	114630

3-15 续表

单位:万元

项　　目	项目计划总投资	实际需要总投资	其中:移民征地费	累计完成投资	累计新增固定资产	本年新增固定资产
富川水库(抗旱规划内)	12541	12541		5986	5986	2386
武威市杂木河毛藏寺水库工程	80927	80927		80927	80927	11853
天祝县二道墩水库	8666	8666	252	6350	6350	4500
民乐县石灰窑水库	7916	7916		824		
临泽县红山湾水库工程	55230	55230		40000	38200	38200
山丹县白石崖水库(抗旱规划内)	13765	13765		1432	1432	1432
山丹县大口子河水库工程	3198	3198		2558	2558	2558
山丹县西沟水库	2469	2469		1980	1980	1980
山丹县东沟水库	2175	2175		1740	1740	1740
崆峒区北杨涧水库(抗旱规划内)	9881	9881		5685	5685	5685
泾川县朱家涧水库(抗旱规划内)	12095	12095		8226	8226	8226
崇信县关河水库(抗旱规划内)	7668	7668	801	6591	6591	6591
庄浪县花崖河水库(抗旱规划内)	9057	9057	1918	4835	4835	4835
阿克塞县工业园区水库	3404	3404	59	3104	3104	3104
酒泉循环经济产业园水源(大红泉水库)	17845	17845		16650	16650	16650
庆城县纸坊沟水库(抗旱规划内)	6825	6825	848	5870	4890	4890
通渭县段家峡水库	3780	3780				
兰州新区2号3号石门沟水库	46894	46894		19000		
泵站工程	291295	291295	139	126635	123725	41218
兰州市榆中三电泵站更新改造工程	25562	25562		16906	16906	1805
兰州市皋兰县西电泵站更新改造工程	22245	22245		21327	21327	1652
兰州市工农坪泵站更新改造工程	3750	3750		3625	3625	2475
兰州市大砂沟泵站更新改造工程	4750	4750		4429	4429	1866
七里河区西津泵站更新改造工程	4687	4687		4360	4360	2860
白银市靖会泵站更新改造工程	43247	43247	62	11000	9900	7547
景泰县中泉泵站更新改造工程	9796	9796		4900	4410	360
白银市刘川泵站更新改造工程	11455	11455	50	7280	6552	2646
白银市兴电泵站更新改造工程	34291	34291	27	10390	10390	2000
白银市旱平川泵站更新改造工程	6152	6152		4922	4430	632
靖远县2014年中堡泵站更新改造工程	1625	1625		1300	1300	975
靖远县2015年中堡泵站更新改造工程	1250	1250		1000	900	900
平凉市白庙泵站更新改造工程	5681	5681		1000	1000	1000
甘肃省景电泵站更新改造	116803	116803		34196	34196	14500
其他灌溉除涝项目	24415	24415		7515	7515	7515
景泰县草窝滩镇排水工程	500	500				
临夏市大夏河风情线综合治理工程	1780	1780		800	800	800
永靖县刘盐八地质灾害灌区节水改造	22135	22135		6715	6715	6715
供水项目	2999250	3007494	82510	1420004	809404	554856
引水(调水)工程	2716798	2724794	79460	1168457	561782	325591
甘肃省引洮供水一期工程	501600	502102	11760	488686	1720	
靖远县双永供水工程	42000	42000	1573	34760	34760	
兰州市水源地建设工程	596712	596712	32164	150000	150000	150000
引洮供水一期榆中县配套工程	82678	82678	11797	18500	18500	18500
白银靖会甘沟干渠扩建及会宁城区供水	13267	13267		8000	7200	2588

3-15 续表

单位：万元

项　　目	项目计划总投资	实际需要总投资	其中：移民征地费	累计完成投资	累计新增固定资产	本年新增固定资产
引洮一期工程会宁北部供水工程	87556	87556	5163	60500	54450	28000
秦州区2014年抗旱引调提水项目	1173	1173		1173	1173	1173
天祝县南阳山片下山入川供水工程	41450	41450	229	40950	40950	40950
天祝县石门河调蓄引水工程	25050	25050	1757	24950	24950	4700
静宁县甘渭河庙堡调水工程	500	500		500	500	500
肃北县马鬃山镇供水工程	97004	97004		17000	17000	17000
盐环定扬黄续建工程调概算	7100	7100		6867	6867	6867
华池县葫芦河水源工程	1000	1000		1000	1000	1000
引洮供水一期定西配套项目农村供水	113701	121195	2334	121195	121195	20000
盐环定扬黄甘肃专用工程一期改造	2986	2986		1000	1000	
积石山引水工程	43000	43000	632	31000	31000	9285
临夏州引黄济临供水工程	71454	71454	3850	15701	15701	15701
引洮(博)济合供水工程	63970	63970		17416	17416	7327
甘南州引洮入潭工程	18358	18358		16400	16400	2000
兰州新区供水项目引大渠道除险加固	27480	27480		15995		
甘肃引洮供水二期工程	730609	730609	8200	69668		
天水市城区引洮供水工程	148150	148150		24042		
人饮解困及饮水安全工程	217675	217675	1216	217280	216055	197699
镇原县农村安全饮水项目	2545	2545		2545	2545	2545
镇原县1236扶贫攻坚农村饮水安全2015	1395	1395		1395	1395	1395
榆中县农村饮水安全项目2015	8360	8360		8360	8360	8360
皋兰县农村饮水安全项目2015	809	809		809	809	809
兰州市农村饮水安全水质检测能力	670	670		670	670	670
永登县2015年农村饮水安全工程	1417	1417		1417	1417	1417
嘉峪关市农村饮水安全水质检测项目	134	134		112	112	112
金昌市农村饮水安全水质检测中心	173	173		173	173	173
会宁县农村饮水安全项目2015	10943	10943		10943	10943	10943
白银市农村饮水安全水质监测能力	419	419		419	419	419
白银区农村饮水安全项目2015	819	819		819	819	819
景泰县农村饮水安全项目2015	1590	1590		1590	1431	1431
靖远县2015年农村饮水安全项目	2891	2891		2891	2891	2891
甘谷县农村饮水安全项目	7418	7418		7418	7418	7418
天水市农村饮水安全水质检测能力	587	587		587	587	587
秦州区农村饮水安全项目2015	3723	3723		3723	3723	3723
麦积区2015年农村饮水安全项目	8388	8388		8388	8388	8388
清水县农村饮水安全项目	965	965		965	965	965
秦安县农村饮水安全项目	2970	2970		2970	2970	2970
武山县农村饮水安全项目示点(规划外)	5401	5401		5401	5401	3476
武山县农村饮水安全(试点县规划外)	3601	3601		3601	3601	3601
张家川县农村饮水安全项目(2015)	638	638		638	638	638
武威市农村饮水安全水质监测能力	335	335		335	335	335
凉州区农村饮水安全项目	716	716		716	716	716
古浪县农村饮水安全项目	897	897		897	897	897
天祝县藏区规划外农村饮水安全项目	5420	5420		5420	5420	5420

3-15 续表

单位：万元

项　　目	项目计划总投资	实际需要总投资	其中：移民征地费	累计完成投资	累计新增固定资产	本年新增固定资产
山丹县农村饮水安全(试点县规划外)	11543	11543		11543	11543	4617
张掖市农村饮水安全水质检测能力	594	594		594	594	594
甘州区农村饮水安全项目	5315	5315		5315	5049	5049
民乐县农村饮水安全项目	1892	1892		1892	1514	1514
平凉市农村饮水安全水质检测能力	586	586		586	586	586
静宁县农村饮水安全项目2015	1455	1455		1455	1455	1455
崆峒区农村饮水安全项目2015	813	813		813	813	813
灵台县农村饮水安全项目2015	903	903		903	903	903
酒泉市农村饮水安全工程水质监测能力	586	586		586	586	586
瓜州县农村饮水安全项目	622	622		622	622	622
玉门市农村饮水安全项目	121	121		121	121	121
宁县农村饮水安全项目	2641	2641		2641	2641	2641
宁县1236扶贫攻坚农村饮水安全2015	407	407		407	407	407
正宁县1236扶贫攻坚农村饮水安全2015	407	407		407	407	407
庆阳市农村饮水安全水质监测能力	826	826		826	826	826
西峰区1236扶贫攻坚农村饮水安全2015	284	284		284	280	280
庆城县2015年规划外农村饮水安全	98	98		98	98	98
庆城县1236扶贫攻坚农村饮水安全2015	934	934		934	934	934
环县农村饮水安全项目	2073	2073		2073	2073	2073
环县2015年规划外农村饮水安全工程	13899	13899		13526	13526	13526
环县1236扶贫攻坚农村饮水安全2015	4732	4732		4732	4732	4732
华池县1236扶贫攻坚农村饮水安全2015	839	839		839	839	839
华池县农村饮水安全项目	607	607		607	607	607
合水县1236扶贫攻坚农村饮水安全2015	276	276		276	276	276
通渭县农村饮水安全(试点县规划外)	6825	6825		6825	6825	6825
临洮县农村饮水安全项目2015	1427	1427		1427	1427	1427
岷县农村饮水安全项目	9175	9175		9175	9175	9175
定西市农村饮水安全水质监测能力	586	586		586	586	586
陇南市农村饮水安全水质检测能力	754	754		754	754	754
两当县农村饮水安全(试点县规划外)	1067	1067		1067	1067	1067
武都区农村饮水安全项目	6491	6491		6491	6491	6491
成县农村饮水安全项目	1503	1503		1503	1503	1503
文县农村饮水安全项目	906	906		906	906	906
宕昌县农村饮水安全项目	1216	1216		1216	1216	1216
西和县农村饮水安全项目	3698	3698		3698	3698	3698
礼县农村饮水安全项目	5157	5157		5157	5157	5157
徽县农村饮水安全项目	193	193		193	193	193
临夏州农村饮水安全水质监测能力	670	670		670	670	670
临夏市2015年度城郊农村饮水安全工程	614	614		614	614	614
临夏县2015年农村饮水安全(计划外)	4218	4218		4218	4218	4218
东乡县2015农村饮水安全(规划外)	7409	7409		7409	7409	7409
甘南州农村饮水安全水质检测能力	670	670		670	670	670
合作市农村饮水安全项目2014	2639	2639		2639	2639	1421
合作市农村饮水安全项目2015	1458	1458		1458	1458	1458

3-15 续表

单位：万元

项　　目	项目计划总投资	实际需要总投资	其中：移民征地费	累计完成投资	累计新增固定资产	本年新增固定资产
合作市藏区规划外农村饮水安全	178	178		178	178	178
临潭县农村饮水安全项目试点	2885	2885		2885	2885	1154
临潭县藏区规划外农村饮水	329	329		329	329	329
卓尼县农村安全饮水项目2014	2749	2749		2749	2749	2749
卓尼县农村饮水安全项目2015	2497	2497		2497	2497	2497
卓尼县藏区规划外农村饮水安全项目	1831	1831		1831	1831	1831
舟曲县藏区规划外农村饮水安全	4326	4326		4326	4326	4326
迭部县农村饮水安全项目2014	508	508		508	508	508
迭部县藏区规划外农村饮水安全	1538	1538		1538	1538	1538
玛曲县农村饮水安全项目2014	3287	3287		3287	2869	418
玛曲县农村饮水安全项目2015	1177	1177		1177	1177	1177
玛曲县藏区规划外农村饮水安全	2758	2758		2758	2758	2758
碌曲县农村饮水安全项目2014	4468	4468		4468	4468	2557
碌曲县农村饮水安全项目2015	872	872		872	872	872
碌曲县藏区规划外农村饮水安全	167	167		167	167	167
夏河县农村饮水安全项目2015	2205	2205		2205	2205	2205
夏河县藏区规划外农村饮水安全	3547	3547		3547	3547	3547
其他供水工程	64777	65024	1834	34266	31566	31566
镇原县北石窟旅游景区供水工程	463	463		463	463	463
镇原县中盛产业配水工程	590	590		130	130	130
山丹县城区供水管网工程	2000	2000				
金塔县北河湾循环产业区供水工程	4200	4200		4200	4200	4200
临洮县安家咀加水工程	1479	1479		826	826	826
陇西县引洮一期城区供水扩建工程	21100	21347		21347	21347	21347
积石山县县城区供水水源改扩建工程	7082	7082		4600	4600	4600
武威市城乡融合黄羊土门组团供水(陆港)	26438	26438	1810	2000		
靖远寺儿坪供水项目	1425	1425	24	700		
水务项目	26632	26632	128	9380		
城镇供水管线建设	1709	1709		600		
清水县城区自来水管网扩建工程	1709	1709		600		
污水处理工程	23504	23504		8368		
临洮县污水处理厂配套管网工程	927	927		400		
山丹县城区生活污水处理工程	6000	6000		4968		
民勤红沙岗污水处理厂及中水回用贮水池	16577	16577		3000		
其他水务项目	1419	1419	128	412		
天水市城区供水高桥头引水枢纽工程	1419	1419	128	412		
水电开发利用	172817	172660		151127	146579	46257
水力发电工程	97670	97787		90026	89247	25373
永昌县西大河二级水电站	6100	6100		6100	6100	6100
永昌县西大河总干渠1号水电站	619	619		619	619	619
临泽县南台子一级水电站	1973	1973		1973	1624	1624
甘州区石庙一级水电站	677	677		677	677	677
岷县天宝水电站	1251	1251		850	850	495
岷县秦许水电站	798	798		430		

3-15 续表

单位：万元

项　　目	项目计划总投资	实际需要总投资	其中：移民征地费	累计完成投资	累计新增固定资产	本年新增固定资产
临泽县南台子一级水电站	1973	1973		1973	1624	1624
两当县左家水电站	1700	1700		1301	1301	
东乡县达板水电站新增2010	16324	16324		16324	16324	1524
康乐县杜家咀水电站	1023	1023		30	30	
临夏县卧龙沟水电站(4)	608	608		200	200	
康乐县纳沟水电站(4)	753	753		380	380	
合作市地乌尔水电站	2792	2792		1427	1427	
舟曲县天干沟水电站	1248	1248		1248	1248	260
迭部县沟洁寺水电站	26780	26780		26780	26780	8759
迭部县阿夏水电站	2150	2150		2150	2150	950
迭部县阿夏那盖水电站	7471	7471		5085	5085	1122
夏河县安顺水电站	20000	20000		19049	19049	
夏河县和平桥水电站	5403	5403		5403	5403	5403
水电增效扩容	33829	33829		22312	22107	8630
永昌县金川峡水库电站	793	793		689	689	
永昌县皇城水库电站	1431	1431		1182	1182	
永昌县头坝三号电站	725	725		616	616	
武威市凉州区南营水电站	1194	1194		351	351	
武威市凉州区黄羊水电站	1770	1770		527	527	
武威市凉州区西营总干电站	1992	1992		585	585	585
山丹马场总场电力局1号水电站	2045	2045		2045	1840	1247
庆城县杨渠水电站	658	658		187	187	
武都区白鹤桥水电站	4106	4106		1287	1287	787
武都区黄鹿坝水电站	7082	7082		5795	5795	1480
文县白水江林业局水电站	801	801		801	801	560
文县慧达水电站	1512	1512		1512	1512	927
宕昌县何家堡水电站	1496	1496		1496	1496	1155
礼县苗河水库坝后电站	271	271		271	271	271
东乡县老虎嘴电站	1651	1651		853	853	262
和政县炉子滩水电站	595	595		595	595	428
和政县达浪水电站	190	190		190	190	134
和政县康家坪水电站	763	763		763	763	611
和政县新营尕庄水电站	256	256		256	256	181
康乐县虎关水电站	248	248		241	241	2
合作市峡村电站	2677	2677		1170	1170	
夏河县白土坡水电站	1572	1572		900	900	
小水电代燃料	41319	41045		38790	35225	12254
嘉峪关市南干渠小水电代燃料项目	1224	950		950	950	950
永昌县金川东小水电代燃料项目	5690	5690		5016	5016	130
肃南县西营河一级小水电代燃料项目	8160	8160		8160	8160	3030
肃南县白银四级小水电代燃料项目	1914	1914		1914	1914	1311
肃南县白银三级小水电代燃料项目	2288	2288		2288	2288	1777
肃南县白泉门一级小水电代燃料项目	7761	7761		6527	6527	3445
文县李子坝小水电代燃料项目	2009	2009		2009	2009	320

3-15 续表

单位:万元

项　目	项目计划总投资	实际需要总投资	其中:移民征地费	累计完成投资	累计新增固定资产	本年新增固定资产
合作市卡加曼小水电代燃料项目	2024	2024		1851	1851	
临潭县青石山小水电以电代燃料项目	4459	4459		4459	894	95
迭部县知子水电代燃料项目	2290	2290		2290	2290	690
夏河县甫黄二级小水电代燃料项目	3500	3500		3326	3326	506
水保及生态	89590	89590		84409		
水土流失治理	89590	89590		84409		
甘肃省坡耕地水土流失治理2014(黄河)	12500	12500		12500		
甘肃省坡耕地水土流失治理2014(长江)	5000	5000		5000		
甘肃省水土流失重点治理2014(黄河)	6075	6075		6075		
甘肃省水土流失重点治理2014(长江)	1600	1600		1600		
甘肃省水土流失重点治理2014(内陆)	500	500		500		
甘肃省淤地坝新建及维修加固(2014)	575	575		575		
甘肃省国家水土保持重点工程(2014)	11968	11968		11968		
甘肃省农业综合开发水土保持(2014)	5960	5960		5960		
甘肃省国家水土保持重点工程(2015)	15770	15770		14060		
甘肃省农业综合开发水土保持(2015)	5944	5944		5045		
甘肃省淤地坝新建及维修加固(2015)	255	255		255		
甘肃省坡耕地水土流失治理2015(黄河)	15000	15000		13669		
甘肃省坡耕地水土流失治理2015(长江)	5000	5000		4455		
甘肃省水土流失重点治理2015(黄河)	2568	2568		2019		
甘肃省水土流失重点治理2015(长江)	625	625		525		
甘肃省水土流失重点治理2015(内陆)	250	250		203		
机构能力建设专项	32525	32525		26154	200	200
水文设施及能力建设	32525	32525		25954		
甘肃中小河流水文监测系统建设	31696	31696		25531		
甘肃水文水资源工程2013	629	629		423		
其他水利发展项目	200	200		200	200	200
金昌市城市水资源实时监控与管理	200	200		200	200	200
甘　肃	5218405	5232325	99669	2917911	2122413	1362183
兰州市	968377	968377	43961	294294	278259	235330
嘉峪关市	15560	14622		14181	14181	9081
金昌市	52941	52941	250	51805	51805	27948
白银市	425997	426759	15082	228217	207852	106099
天水市	90504	90504	614	81137	81137	61251
酒泉市	218453	217163	87	131589	131289	120177
张掖市	219040	219040		169984	158487	138440
武威市	230906	230906	2238	222577	222577	121415
定西市	205084	215947	2483	200213	198455	84887
陇南市	111594	114824	1216	88974	88974	71574
平凉市	101791	101083	2719	66758	66758	49863
庆阳市	82443	82443	848	75529	74530	66099
临夏回族自治州	279774	279774	6521	148615	148515	79880
甘南藏族自治州	254911	255028	1730	179863	175880	73414
省直属	1961029	1962914	21922	964175	223712	116724

3-16 2015 年水利建设项目一览表（四）

单位：万元

项目	本年计划投资		本年到位投资		本年完成投资	
	小计	其中：中央	小计	其中：中央	小计	其中：中央
甘肃省	1345095	570129	1428174	569066	1587890	816065
防洪项目	136519	107472	124795	109552	210465	171748
堤防工程	3500		5180	1680	5404	1680
卓尼县车巴河流域防洪治理项目	3000		3000		2234	
迭部县卡坝乡尼吉巴防洪工程	500		500		1000	
疏勒河干流昌马渠首段河道治理			1680	1680	2170	1680
江河湖泊治理工程	105105	88510	95303	88510	153164	127282
大江大湖治理	50000	50000	50000	50000	49530	49530
兰州市黄河干流防洪工程	28000	28000	28000	28000	28000	28000
黄河干流白银市防洪治理工程	12000	12000	12000	12000	12000	12000
黄河干流临夏段防洪治理工程	6000	6000	6000	6000	5530	5530
黄河甘肃段甘南州防洪治理工程	4000	4000	4000	4000	4000	4000
重要支流治理	30868	18640	24219	18640	73520	54261
讨赖河嘉峪关安远沟村至嘉酒河道治理	2532	1582	1582	1582	2532	1582
金川河金昌市河西堡至宁远堡段防洪	1667	1000	1667	1000	1667	1000
金川河金川区王家大砂沟至南环路桥防洪	3000	1800	3000	1800	3000	1800
祖厉河会宁县城区段防洪工程						
祖厉河靖远县 2014 庄口至罗家湾防洪					2325	2325
祖厉河靖远县苏家湾至黑城子段堤防					1584	1584
麦积区渭河城区段南堤防治理						
葫芦河麦积区四合村至入渭河口段治理					1744	515
渭河麦积区琥珀至新阳段治理工程					1582	660
葫芦河秦安县叶堡桥头至安坪村段治理					2955	1773
葫芦河秦安县李河至刘沟村防洪治理	2024	1215	2024	1215	2024	1215
葫芦河秦安县安伏至叶堡大桥段治理	2376	1425	2376	1425	2376	1425
武山县山丹河口至西关渭河大桥段治理					1097	520
武山县车家川至山丹河口段治理					2046	1780
石羊河凉州区松涛寺至红水河入河口防洪	2133	1280	2133	1280	1749	988
石羊河民勤县野马泉下案段河道治理	1380	920	1380	920	1380	920
黑河张掖市高台县六坝至双丰段河道	502	300	300	300	1819	1819
黑河高台县西腰墩水库至刘家深湖防洪	1233	740	740	740	1007	740
临泽县梨园河仙山口至西总干渠河道	2040	1224	1224	1224	2040	1224
黑河临泽县鸭暖小鸭至暖泉河道治理	2846	1708	1708	1708	2846	1708
黑河甘州区兰新铁路桥至支家崖河道	2978	1787	1787	1787	1787	1787
黑河甘州区国道 312 至兰新铁路河道	2092	1256	1256	1256	1256	1256
泾河平凉市吴老沟至平镇桥段河堤治理						
泾河崆峒区马莲沟至南阳涧河段防洪					1662	1662
葫芦河静宁县狗娃河口至胡家河段河堤					1705	1705
黑河金塔县五爱至友好段河道治理	2775	1665	1742	1665	1540	1540
黑河金塔县常丰至中丰村段防洪治理	1230	738	775	738	738	738
马莲河干流合水县陈家坪至前坪段防洪						
蒲河宁县庄里至叶王川段防洪治理工程					1590	1590
镇原县蒲河干流三岔桥至石咀村段防洪					1354	1244
洮河岷县齐家庄至石头咀段防洪					1500	1203
陇西县三十里铺至四十里铺治理						
陇西王家营至河浦段堤防工程						

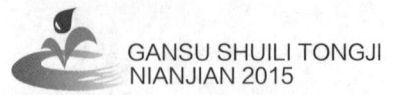

3-16 续表

单位:万元

项　　目	本年计划投资		本年到位投资		本年完成投资	
	小计	其中:中央	小计	其中:中央	小计	其中:中央
陇西县首阳镇双泉公路桥至水月坪段治理						
临洮县三甲电站至姬家河大桥防洪治理					878	878
西汉水成县毛坝至魏家坝段堤防工程	60		60		627	567
白龙江文县石坊乡东峪口至大渡坝河道					1053	1053
文县尚德镇水家坝至周家坝河道治理					1740	1740
西汉水康县平洛河口至咀头上段提防					2320	1392
西汉水康县腰膛坝至高楼子段提防工程					1995	1198
西汉水西和县赵家沟至郭家坝段防洪						
西汉水礼县罗家堡至盐官镇段防洪					1799	1078
洮河干流临洮县新添段堤防工程			320		1870	298
白龙江干流陇南市月阳坝至宗家堡堤防					635	635
白龙江干流陇南市段河坝下坝段堤防					1148	1148
宕昌县白龙江干流沙湾镇段堤防工程					2052	1231
泾河泾川县罗汉洞至洪河口段河堤治理						
大夏河干流临夏市单子庄至新大桥段			50		50	
临夏县大夏河干流双城至马九川段治理					23	
广河县洮河干流新民滩至卧托段堤防					445	
大夏河干流临夏县祁牟至刘家峡水库防洪					295	109
大夏河东乡县折桥至刘家峡水库堤防						
大夏河干流临夏市祁牟段堤防工程			94		94	
永靖县湟水干流白川至二房段河堤工程					1726	1726
洮河合作市段防洪工程					2037	2037
洮河干流临潭县洮滨防洪堤工程						
卓尼县洮河干流城区段堤防工程						
洮河卓尼县麻路1段至牙当段						
白龙江干流迭部县城段治理工程						
碌曲洮河干流巴吾至博拉段防洪治理					874	874
夏河县尕寺沟至克芒切沟治理					446	156
夏河县垂子合大桥至阿一山大桥段治理					1059	1059
大夏河夏河县王格尔塘至曲奥段治理					780	780
疏勒河干流瓜州县城区段河道治理					670	
中小河流治理	**24237**	**19870**	**21084**	**19870**	**30114**	**23491**
镇原县蒲河太平柳咀段防洪工程	611	5			611	
庄浪县红土坡至刘家湾段河堤工程						
白银区东大沟民勤村至城区段治理工程	777	777	777	777	777	777
甘谷县清溪河礼辛乡寨子至慰坪堤防工程	700	700	700	700		
清水县后川河杜川至王店段堤防工程					465	365
秦安县南小河王尹马河至兴国凤山段堤防	500	500	500	500		
甘谷县上南河至杨赵村段治理工程	565		565		565	
古浪县古浪河朱家庄-龙泉寺治理	1200	1200	1200	1200	1200	1200
山丹县马营河大马营段河道治理工程	600	600	600	600	600	600
临泽县小东沟河新柳至西街农田防护	400	400	400	400	400	400
灵台县黑河东门至景家庄段河堤治理	700	700	700	700	700	700
灵台县达溪河县城至百里段河堤治理						
灵台县达溪河县城至安家庄段河堤治理	400	400	400	400	400	400

3-16 续表

单位:万元

项目	本年计划投资		本年到位投资		本年完成投资	
	小计	其中:中央	小计	其中:中央	小计	其中:中央
泾川县黑河荒场至茜家沟河堤治理工程	600	600	600	600	600	600
泾川县洪河河堤治理工程	400	400	400	400	400	400
泾川县汭河十里沟至枣林段河堤治理工程	900	900	900	900	900	900
崇信县黑河河堤治理工程	600	600	600	600	600	600
崇信县汭河(九功渠首至野雀沟)河堤	900	900	900	900	900	900
庄浪县北洛河良邑郭魏至石家窑段河堤	800	800	800	800	800	800
酒泉市肃州区清水河堤防及河道治理	400	400	400	400	400	400
酒泉市肃州区丰乐河堤防及河道治理	800	800	800	800	800	800
庆阳市中小河流水毁工程修复和治理					1500	1500
西峰区砚瓦川贺家塬沟护岸工程	808	400	408	400		
正宁县四郎河房河治理工程	400	400	400	400		
宁县新宁镇高山堡村护岸工程	60		60		300	
正宁县四郎河樊湾子治理工程	500	500	500	500		
安定区关川河大碱沟治理工程						
漳县龙川河草川坪至魏下段堤防工程	300	300	300	300	300	300
陇南市中小河流水毁工程修复和治理					2500	2500
陇南市武都区北峪河治理工程	895	400	895	400	895	400
成县严河堤防工程						
文县白马峪河治理工程					695	556
文县中路河中寨至白水江口段治理	2147				2147	
宕昌县恭河韩院段河堤工程	400	400	400	400	400	400
康县阳坝河阳坝镇段治理工程	800	800	800	800	800	800
西和县太石河治理工程					700	700
西和县漾水河治理工程					700	700
礼县清水江张堡至教面堤防工程	1200	1200	1200	1200	1200	1200
两当县红崖河权坪河段综合治理工程						
两当县红崖河蚂蚱河段综合治理工程	500	500	500	500	500	500
东乡县巴谢河五家至赵家段堤防					109	
临夏县老鸦关河双城至上阴洼段防洪						
和政县牛津河罗家集至马家堡段防洪					389	
和政县大南岔河吊滩段防洪工程	81		81		343	
康乐县苏家集河附城镇段堤防工程	901	901	901	901	901	901
东乡县巴谢河赵家至那勒寺段堤防	400	400	400	400		
积石山吹麻滩河治理(赵家峡口至何家桥)					500	
合作市格河多合儿防洪工程	492	492	492	492	492	492
合作市德吾录河卡加防洪工程	300	300	300	300	300	300
临潭县斜藏沟治理工程						
临潭县羊沙河下河段治理工程	200	200	200	200	200	200
卓尼县羊沙河恰盖防洪工程	200	200	200	200	200	200
卓尼县石窖沟藏巴哇防洪工程					200	200
舟曲县拱坝河堤防工程	700	700	700	700	700	700
迭部县阿夏流域治理工程	600	600	600	600	600	600
甘肃疏勒河灌区三道沟河道治理	500	500	500	500	1425	500
水库除险加固	4534		943	400	5682	2871
大中型病险水库除险加固	4000				1720	

3-16 续表

单位：万元

项目	本年计划投资		本年到位投资		本年完成投资	
	小计	其中：中央	小计	其中：中央	小计	其中：中央
高台县小海子水库除险加固工程	2000					
甘肃双塔水库除险加固	2000				1720	
小型病险水库除险加固	534		943	400	3962	2871
永昌县老人头水库除险加固					280	260
会宁县米峡水库除险加固工程					260	260
张掖市酥油口水库除险加固					300	300
高台县天城湖水库除险加固 2014			400	400	400	400
瓜州县榆林河水库除险加固工程	1		1		401	400
敦煌市野麻湾水库除险加固工程					437	371
玉门市青山水库除险加固工程			9		589	580
渭源县峡口水库除险加固						
安定区七一水库除险加固						
礼县苗河水库除险加固					300	300
成县卢沟水库除险加固	315		315		777	
灵台县北庄水库除险加固工程	70		70		70	
华亭县车厂沟水库除险加固工程	148		148		148	
大中型病险水闸除险加固	2375	1900	2364	1900	2273	1821
永昌县金川河工农渠首泄洪闸除险加固	1250	1000	1250	1000	1250	1000
肃州区红山河马鬃门排砂闸除险加固	1125	900	1114	900	1023	821
其他防洪项目	21005	17062	21005	17062	43941	38094
甘肃省 2014 年度山洪灾害防治项目(长)					2760	2760
甘肃省 2014 年度山洪灾害防治项目(黄)					10195	10195
甘肃省 2014 年度山洪灾害防治项目(内)					2930	2930
甘肃省山洪灾害防治补助 2013(内陆)					523	420
甘肃省山洪灾害防治补助 2013(长江)					1198	763
甘肃省山洪灾害防治补助 2013(黄河)					5330	3965
甘肃省山洪灾害防治补助 2015(内陆)	2617	2151	2617	2151	2617	2151
甘肃省山洪灾害防治补助 2015(黄河)	14386	11801	14386	11801	14386	11801
甘肃省山洪灾害防治补助 2015(长江)	4002	3110	4002	3110	4002	3110
灌溉除涝项目	404697	228094	418099	240140	596510	362566
灌区建设工程	45583	34050	50365	42096	76637	59145
皋兰县西岔中型灌区农业综合开发 2015	400	400	400	400	40	40
兴电灌区齐家大岘隧洞除险加固	3000		3000		3000	
白银区工农渠灌区农业综合开发	350	350	350	350		
古浪县大靖河灌区农业综合开发	350	350	350	350	210	210
甘州区上三灌区农业综合开发项目	814	550	814	550	1500	1000
民乐县童子坝灌区农业综合开发项目	770	550	770	550	1500	1000
静宁县东峡灌区农业综合开发	560	400	560	400		
敦煌水资源规划项目(酒泉市)2014					13416	7982
敦煌水资源规划项目(河道归束)2015	4747	2848	4747	2848	4364	2848
敦煌水资源规划项目(党河灌区)2015	7388	6943	7388	6943	6832	6387
环县甜水堡灌区节水改造项目					300	
合水县固城川灌区续建配套与节水改造	493		493		493	
临洮县溥济渠灌区农业综合开发					574	288
渭源县石门灌区农业综合开发项目	550	550	550	550	1230	1000

3-16 续表

单位：万元

项目	本年计划投资 小计	本年计划投资 其中：中央	本年到位投资 小计	本年到位投资 其中：中央	本年完成投资 小计	本年完成投资 其中：中央
临夏县北塬灌区农业综合开发项目	550	550	550	550	1222	1000
景泰川电力提灌二期灌区调蓄水池项目					900	
敦煌水资源利用与生态保护(疏勒河)2012						
敦煌水资源利用与生态保护(疏勒河)2013			989	989	1749	1749
敦煌水资源利用与生态保护(疏勒河)2014			7657	7657	16080	15082
敦煌水资源利用与生态保护(疏勒河)2015	25261	20209	21397	20209	22737	20209
玉门市花海灌区农业综合开发	350	350	350	350	490	350
节水灌溉工程	24549	19634	29362	19634	41814	29902
2015年永登县牧区节水灌溉示范项目	375	300	375	300	375	300
石羊河流域重点治理2014(金昌市)					3217	2895
永昌县牧区节水灌溉示范项目	375	300	375	300	375	300
凉州区规模化节水灌溉增效示范2014						
凉州区规模化节水增效示范(2013-2016)	5007	4006	5007	4006	5007	4006
民勤县牧区节水灌溉示范项目2015	375	300	375	300	375	300
天祝县牧区节水灌溉示范项目2014					450	350
石羊河流域重点治理2014(张掖市)			30		300	270
肃州区规模化节水灌溉增效示范项目			325		1625	1300
肃州区规模化节水增效示范(2013-2016)	5872	4693	5758	4693	5430	4365
瓜州县牧区节水灌溉示范项目2014	1		1		501	400
肃北县牧区节水灌溉示范项目2014					510	400
阿克塞县牧区节水灌溉示范项目2014					500	400
敦煌市规模化节水灌溉增效示范项目					1326	1051
敦煌市规模化节水增效(2013-2016)	1516	1212	1516	1212	1440	1212
环县牧区节水灌溉示范项目2015	375	300	375	300	375	300
安定区规模化节水综合灌溉示范2015	3771	3017	3771	3017	3771	3017
漳县牧区节水灌溉示范项目2015	375	300	375	300	375	300
甘州区规模化节水灌溉示范(2013-2016)	5757	4606	6082	4606	7382	5906
合作市牧区节水灌溉示范项目2014					400	400
迭部县牧区节水灌溉示范项目2015	375	300	375	300	375	300
夏河县2015牧区节水灌溉项目	375	300	375	300	308	300
石羊河流域重点治理(省景电)2012					39	
石羊河流域重点治理(省景电)2013			3657		4788	983
石羊河流域重点治理(省景电)2014			1343		1343	
小型农田水利建设	175920	114551	185950	118551	295350	192585
镇原县2015抗旱引调提水项目(3)	1147	1012	1147	1012	1147	1012
镇原县小型农田水利2015维修养护	252	251	252	251	252	251
榆中县中央财政高效节水2014(五)			489		1849	560
榆中县中央统筹(土地出让)2014			1000	1000	1000	1000
榆中县抗旱引调提水项目2014					925	925
红古区中央统筹(土地出让)2014			268		1268	1000
榆中县中央财政小型农田水利(5)	2834	1400	2834	1400	2834	1400
榆中县小型农田水利2015维修养护	100	100	100	100	100	100
榆中县2015抗旱引调提水项目(3)	995	995	995	995	995	995
西固区小型农田水利2015维修养护	100	100	100	100	100	100
红古区中央财政高效节水2014(五)			100		830	200

3-16 续表

单位：万元

项　　目	本年计划投资		本年到位投资		本年完成投资	
	小计	其中：中央	小计	其中：中央	小计	其中：中央
红古区小型农田水利建设(五)	1452	700	1452	700	1452	700
红古区小型农田水利2015维修养护	100	100	100	100	100	100
永登县高效节水项目2014(五)			503		1103	
永登县2015年高效节水灌溉示范项目	2490	1400	2490	1400	2490	1400
永登县2015年抗旱引调提水项目	1295	1295	1295	1295	1295	1295
永登县2015年水利工程维修养护项目	100	100	100	100	100	100
皋兰2015年农田水利设施维修养护项目	100	100	100	100	100	100
嘉峪关市中央财政高效节水2015(五)	2100	1400	2100	1400	2100	1400
嘉峪关市高效节水灌溉项目2015(六)	1600	1000	1600	1000	1600	1000
嘉峪关市小型农田水利维修养护2015年	300	300	300	300	300	300
嘉峪关中央财政高效节水2013(五)	87				87	
嘉峪关中央财政高效节水2014(五)	350				350	
嘉峪关中央财政高效节水2014(六)	250		100		1050	300
永昌县中央财政高效节水2014(五)					1309	100
金川区中央财政高效节水2014(六)					668	300
永昌县中央财政高效节水2014(六)					1106	100
金川区高效节水灌溉项目(六)	637	300	637	300	637	300
金川区中央财政小型农田水利工程2015	1697	1000	1697	1000	1697	1000
金川区小型农田水利2015维修养护项目	200	200	200	200	200	200
永昌县小型农田水利建设(五)	2636	1400	2636	1400	2636	1400
永昌县高效节水灌溉项目(六)	783	300	783	300	783	300
永昌县中央财政小型农田水利工程2015	1774	1000	1774	1000	1774	1000
永昌县小型农田水利2015维修养护	127	100	127	100	127	100
靖远县中央财政高效节水灌溉项目2013					800	560
靖远县2013水利工程维修养护(土地出让)			400	400	120	120
白银区中央财政高效节水灌溉项目2013					250	100
景泰县中央财政高效节水灌溉项目2013					610	190
景泰县中央财政景电农场节水灌溉2013					810	210
景泰县中央财政节水灌溉(土地出让)					300	300
靖远县高效节水灌溉(土地出让)2014					910	910
靖远县中央财政高效节水2014(五)					1254	654
白银区农业水价改革(土地出让)2014	100		100		868	768
白银区中央财政高效节水2014(五)					300	
白银区五小水利工程(土地出让)2014					744	744
会宁2014年抗旱引调提水项目					1622	1622
会宁县中央财政高效节水2014(五)					422	
会宁县高效节水灌溉(土地出让)2014					880	880
景泰县中央财政小农水重点县2014					1400	600
景泰县中央财政高效节水2014(五)					1160	560
景泰县抗旱规划引调提水项目(2014)					600	600
平川区中央财政高效节水2014(五)					1440	840
靖远县2014年抗旱引调提水项目					628	628
景泰水利工程维修养护(土地出让)2014					200	200
会宁县2015年抗旱引调提水项目	1355	1355	1355	1355	1355	1355
平川区小型农田建设2015(五)	2000	1400	2000	1400	2000	1400

3-16 续表

单位：万元

项 目	本年计划投资		本年到位投资		本年完成投资	
	小计	其中：中央	小计	其中：中央	小计	其中：中央
会宁县中央财政高效节水 2015(五)	2000	1400	2000	1400	2000	1400
会宁县 2015 年维修养护项目	200	200	200	200	200	200
平川区小型农田水利 2015 维修养护资金	100	100	100	100	100	100
白银区小型农田水利建设(五)2015	1000	700	1000	700	1000	700
白银区 2015 小型农水利维修养护资金	600	600	600	600	600	600
景泰县中央财政小型农田水利建设 2015	2000	1400	2000	1400	2000	1400
景泰县 2015 年抗旱引调提水项目	1485	1485	1485	1485	1485	1485
景泰县小型农田水利 2015 年维修养护	200	200	200	200	200	200
靖远县 2015 年高效节水灌溉示范项目	2720	1400	2000	1400	2000	1400
靖远县 2015 年抗旱引调提水项目	1262	1262	1262	1262	1262	1262
靖远县 2015 年小型农田水利维修养护资金	100	100	100	100	100	100
甘谷县 2015 抗旱引调提水工程	299	299	299	299	299	299
甘谷县中央财政小型水利五小水利 2015	1560	1000	1560	1000	1560	1000
秦州区中央财政统筹(土地出让)2014	10		10		610	600
秦州区 1 万 ~5 万亩灌区（土地出让）	14		14		614	600
秦州区 2015 年抗旱引调提水工程	1041	1041	1041	1041	1041	1041
秦州区小型农田水利 2015 维修养护	200	200	200	200	200	200
麦积区小型农田水利 2015 年维修养护	202	200	202	200	202	200
清水县五小水利工程(土地出让)	6		6		251	245
清水县水利工程维修项目(土地出让)					200	200
清水县 2014 年抗旱引调提水项目					884	884
清水县 2015 抗旱引调提水项目	499	499	499	499	499	499
清水县小型农田水利 2015 维修养护	100	100	100	100	100	100
秦安县中央财政统筹(土地出让)2014					1100	1100
秦安县 2015 抗旱引调水提水项目	436	436	436	436	436	436
甘谷县 2014 年抗旱引调提水项目	104		104		520	416
武山县 2014 年度小型农田水利重点县					564	292
武山县高效节水灌溉项目(土地出让)					80	
武山县 1 万 ~5 万亩灌区改造（土地出让）	67		67		705	600
武山县 2015 抗旱引调提水工程	407	407	407	407	407	407
武山县小型农田水利 2015 维修养护项目	200	200	200	200	200	200
张家川县小型农田水利 2015 维修养护	100	100	100	100	100	100
凉州区中央财政高效节水 2014(五)					2100	900
凉州区中央财政高效节水 2014(六)					2600	1600
凉州区 2014 抗旱规划引调提水项目					1481	1481
凉州区中央财政小型农田水利建设(五)	4000	2800	4000	2800	4000	2800
凉州区高效节水灌溉项目(六)	3000	2000	3000	2000	3000	2000
凉州区 2015 年抗旱引调提水工程	412	412	412	412	412	412
凉州区农业水价综合改革(土地出让)	100		100		100	
凉州区小型农田水利 2015 维修养护	300	300	300	300	300	300
民勤县 2015 年抗旱引调提水项目	800	800	800	800	800	800
民勤县农业水价综合改革(土地出让)	100		100		100	
民勤县中央财政小型农田水利建设(5)	3000	1400	3000	1400	3000	1400
民勤县中央财政小农水重点县 2015(五)	500	500	500	500	500	500
民勤县高效节水灌溉项目(六)	1500	1000	1500	1000	1500	1000

3–16 续表

单位:万元

项　　目	本年计划投资		本年到位投资		本年完成投资	
	小计	其中: 中央	小计	其中: 中央	小计	其中: 中央
民勤县中央财政小型农田水利工程 2015	1500	1000	1500	1000	1500	1000
民勤县小型农田水利 2015 维修养护	500	500	500	500	500	500
古浪县中央财政高效节水灌溉 2013	482		482		992	
古浪县中央财政小农水重点县 2014	479		479		1389	110
古浪县中央财政统筹(土地出让)2014	7		7		157	150
古浪县中央财政高效节水 2014(六)	152		152		1420	768
古浪县中央财政高效节水 2014(五)					1017	417
古浪县抗旱规划引调提水项目					1012	1012
古浪县小型农田水利建设(五)	2000	1400	2000	1400	2000	1400
古浪县高效节水灌溉项目(六)	1500	1000	1500	1000	1500	1000
古浪县 2015 抗旱引调提水项目	697	697	697	697	697	697
古浪县中央财政小型农田水利工程 2015	1500	1000	1500	1000	1425	1000
古浪县小型农田水利 2015 维修养护	100	100	100	100	100	100
天祝县中央财政高效节水 2014(六)			112		612	200
天祝县高效节水灌溉项目(六)	1000	700	1000	700	1000	700
天祝县小型农田水利 2015 维修养护	100	100	100	100	100	100
高台县中央财政高效节水 2014(六)			363		1863	1000
山丹县抗旱规划引调提水项目 2014			609		1355	746
山丹县中央财政高效节水 2014(六)			618		3218	1700
肃南县前滩 1 万 ~5 万亩灌区（土地出让）2014			20		620	600
甘州区中央财政高效节水 2014(六)			538		2038	1000
民乐县中央财政高效节水 2014(六)			366		1866	1000
民乐县农业水价改革(土地出让)2014	100		100		1172	1000
高台县中央财政统筹(土地出让)2014			122		322	200
山丹县中央财政统筹(土地出让)2014					100	100
临泽县中央财政统筹(土地出让)2014			80		180	100
肃南县中央财政统筹(土地出让)2014			264		1264	1000
山丹马场中央财政高效节水 2014(五)					1211	679
山丹县小型农田水利建设 2015(五)	2760	1400	2760	1400	2760	1400
高台县农业水价改革(土地出让)2015	100		100		1100	1000
高台县小型农田水利 2015 维修养护	500	500	500	500	500	500
高台县小型农田水利建设 2015(五)	2567	1400	2567	1400	2567	1400
高台县高效节水灌溉项目 2015(六)	1967	1000	1967	1000	1967	1000
高台县中央财政小型农田水利 2015(七)	1801	1000	1801	1000	1801	1000
山丹县高效节水灌溉项目 2015(六)	2892	1700	2892	1700	2892	1700
临泽县小型农田水利 2015 维修养护	100	100	100	100	100	100
临泽县小型农田水利建设 2015(五)	2609	1400	2609	1400	2609	1400
山丹县中央财政小农水 2015(七)	2095	1000	2095	1000	2095	1000
甘州区高效节水灌溉项目 2015(六)	1822	1000	1822	1000	1822	1000
甘州区中央财政小型农田水利 2015(五)	2352	1400	2352	1400	2352	1400
甘州区小型农田水利 2015 维修养护	300	300	300	300	300	300
山丹县 2015 抗旱引调水项目	1487	1055	1487	1055	1487	1055
肃南县小型农田水利建设 2015(五)	2315	1400	2315	1400	2315	1400
肃南县小型农田水利 2015 维修养护	200	200	200	200	200	200
民乐县 2015 抗旱引调提水项目	621	479	621	479	621	479

3-16 续表

单位：万元

项　　目	本年计划投资		本年到位投资		本年完成投资	
	小计	其中：中央	小计	其中：中央	小计	其中：中央
民乐县高效节水灌溉项目 2015(六)	1814	1000	1814	1000	1814	1000
民乐县小型农田水利建设 2015(五)	2550	1400	2550	1400	2550	1400
民乐县中央财政小型农田水利 2015(七)	1030	600	1030	600	1030	600
民乐县水利工程维修养护 2014-2015	200	200	200	200	200	200
山丹马场 2014 年高效节水(六)	1247	400	1128	400		
山丹马场小型农田水利建设 2015(五)	1266	700	1266	700	1133	700
山丹马场高效节水灌溉项目 2015(六)	1209	400	1209	400	1088	400
崆峒区中央财政统筹(土地出让)2014					1000	1000
静宁县小型农田水利 2015 维修养护	200	200	200	200	200	200
静宁县 2015 年抗旱水源引调提水工程	1017	1017	1017	1017	1017	1017
崆峒区抗旱规划引调提水项目					1043	1043
崆峒区小型农田水利 2015 年维修养护	200	200	200	200	200	200
泾川县中央财政统筹(土地出让)2014						
泾川县 2014 年抗旱引调提水项目					453	453
灵台县中央财政小农水重点县 2014(四)	25		25		25	
灵台县许家沟提灌工程(土地出让 2014)					288	
灵台县中央财政小型农田水利工程 2015	1500	1000	1500	1000	1350	1000
崇信县水利工程维修项目(土地出让)					200	200
崇信县小型农田水利 2015 年维修养护	100	100	100	100	100	100
华亭西华河 1 万 ~5 万亩灌区（土地出让）2014	121		121		721	600
庄浪县中央财政统筹(土地出让)2014					1000	1000
庄浪县 2015 年抗旱引调提水项目	688	688	688	688	688	688
庄浪县小型农田水利 2015 年维修养护	100	100	100	100	100	100
静宁县中央财政统筹(土地出让)2014					1000	1000
静宁县抗旱规划引调提水项目					999	999
肃州区中央财政统筹(土地出让)2014					100	100
瓜州县中央财政统筹(土地出让)2014	43		43		343	300
酒泉市中央财政统筹(土地出让)2014					600	600
肃州区中央财政高效节水 2014(五)			821		1129	
肃州区中央财政高效节水 2014(六)					1904	1000
肃州区小型农田水利建设(五)	2661	1400	2628	1400	2578	1400
肃州区高效节水灌溉项目(六)	2051	1000	2024	1000	1945	1000
肃州区小型农田水利 2015 维修养护资金	100	100	100	100	100	100
金塔县中央财政高效节水 2014(五)					2027	1100
金塔县中央财政高效节水 2014(六)					1910	1000
金塔县中央财政统筹(土地出让)2014					202	200
金塔县高效节水灌溉项目(六)	1876	1000	1876	1000	1876	1000
金塔县中央财政小型农田水利工程 2015	1844	1000	1844	1000	1844	1000
金塔县区小型农田水利建设(五)	2289	1400	2289	1400	2289	1400
瓜州县中央财政高效节水 2014(五)					2387	1400
瓜州县桥子 1 万 ~5 万亩灌区（土地出让）2014	60		60		460	
瓜州县小型农田水利建设(五)	2643	1400	2500	1400	2400	1400
瓜州县小型农田水利 2015 维修养护资金	101	100	101	100	101	100
阿克塞小型农田水利 2015 维修养护	100	100	100	100	100	100

3-16 续表

单位:万元

项 目	本年计划投资		本年到位投资		本年完成投资	
	小计	其中:中央	小计	其中:中央	小计	其中:中央
玉门市中央财政高效节水 2014(五)			248		248	
玉门市中央财政高效节水 2014(六)	159		159		2059	1200
玉门市小型农田水利建设(五)	2484	1400	2484	1400	2484	1400
玉门市高效节水灌溉项目(六)	2449	1500	2449	1500	2449	1500
玉门市中央财政小型农田水利工程 2015	1113	600	1113	600	1113	600
酒泉市敦煌抗旱规划引调提水项目					1090	871
敦煌市 2015 抗旱引调提水项目	1669	1343	1669	1343	1343	1343
敦煌市小型农田水利 2015 维修养护	300	300	300	300	270	270
镇原吴家沟 1 万~5 万亩灌区（土地出让）2014			102		702	600
合水县中央财政小农水重点县 2014	486		486		1936	650
正宁县四郎河 1 万~5 万亩灌区（土地出让）	121		121		721	600
西峰区中央财政统筹(土地出让)2014					200	200
宁县中央财政统筹(土地出让)2014			204	200	204	200
合水县中央财政统筹(土地出让)2014					200	200
环县中央财政统筹(土地出让)2014					100	100
镇原县抗旱规划引调提水项目					1196	1196
华池县抗旱规划引调提水项目					901	901
环县抗旱规划引调提水项目					2021	2021
西峰区小型农田水利 2015 维修养护	200	200	200	200	200	200
庆城县 2015 抗旱引调提水项目(2)	893	698	893	698	893	698
庆城县小型农田水利 2015 维修养护	100	100	100	100	100	100
环县小型农田水利 2015 维修养护	100	100	100	100	100	100
环县 2015 抗旱引调提水项目(3)	1780	1256	1780	1256	1780	1256
华池县 2015 抗旱引调提水项目(2)	727	670	727	670	727	670
合水县小型农田水利 2015 维修养护	200	200	200	200	200	200
渭源县中央财政五小水利项目 2013					450	
安定区抗旱应急调蓄工程			400		786	386
通渭县中央财政小农水重点县 2014			488		868	
通渭县中央财政统筹(土地出让)2014					100	100
临洮县红旗 1 万~5 万亩灌区（土地出让）2014			28		628	600
陇西县抗旱引调提水项目					1372	1372
渭源县中央财政五小水利 2014(五)					211	
临洮县小型农田水利 2015 维修养护	100	100	100	100	100	100
临洮县中央财政五小水利(2014)			1649	1000	1649	1000
临洮县中央财政小农水五小水利 2015	1500	1000	1650	1000	1650	1000
临洮县抗旱引调提水项目 2015	1567	1567	1567	1567	1567	1567
渭源县中央财政五小水利 2015	1500	1000	1500	1000	1350	1000
安定区 2015 年抗旱引调水工程	2025	2025	2025	2025	1660	1660
通渭县 2015 年抗旱引调提水项目	519	519	519	519	535	519
漳县小型农田水利 2015 维修养护	100	100	100	100	100	100
康县中央财政统筹(土地出让)2014					1000	1000
武都区中央财政统筹(土地出让)2014					300	300
文县中央财政统筹(土地出让)2014					100	100
徽县中央财政统筹(土地出让)2014					100	100

3-16 续表

单位:万元

项目	本年计划投资		本年到位投资		本年完成投资	
	小计	其中:中央	小计	其中:中央	小计	其中:中央
西和县抗旱规划引调提水项目					1220	1220
礼县抗旱规划引调提水项目	254		254		1460	1206
武都区中央财政区域节水2014(五)					1769	1000
武都区中央财政区域节水2014(六)					2619	1400
武都区高效节水灌溉项目(六)	2154	1400	2154	1400	2154	1400
武都区小型农田水利2015维修养护	300	300	300	300	300	300
武都区水价改革及产权改革试点	100		100		100	
武都区中央财政小农水(区域节水)	1846	1000	1846	1000	1846	1000
成县小型农田水利2015维修养护	100	100	100	100	100	100
文县中央财政六小水利2014(六)	280		280		780	300
文县高效节水灌溉项目(六)	770	300	770	300	770	300
文县小型农田水利2015维修养护	100	100	100	100	100	100
康县小型农田水利2015维修养护	200	200	200	200	200	200
西和县2015抗旱引调提水项目(2)	615	615	615	615	615	615
礼县2015抗旱引调提水项目(3)	1724	1724	1724	1724	1724	1724
礼县小型农田水利2015维修养护	100	100	100	100	100	100
徽县中央财政六小水利2014(六)					538	300
徽县小型农田水利2015维修养护	200	200	200	200	200	200
徽县高效节水灌溉项目(六)	550	300	550	300	550	300
民勤县中央财政小农水重点县2014(5)					500	
民勤县2014年农业水价改革项目			1000	1000	500	500
民勤县2014年高效节水灌溉项目					1250	1250
民勤县2014抗旱规划引调提水工程项目					1000	1000
两当县中央财政六小水利2014(六)	194		194		694	300
两当县高效节水灌溉项目(六)	467	300	467	300	467	300
两当县小型农田水利2015维修养护	100	100	100	100	100	100
东乡县中央财政五小水利项目2013					652	
东乡县水利工程维修养护(土地出让)						
永靖县五小水利工程(土地出让)					205	
临夏市小型农田水利2015维修养护	100	100	100	100	100	100
临夏县中央财政小农水重点县2014					663	
临夏县2014年抗旱引调提水项目					206	206
临夏县2015年抗旱引调提水项目	253	253	253	253	217	217
康乐县中央财政统筹(土地出让)2014	13		13		68	55
康乐县小型农田水利2015维修养护资金	200	200	200	200	162	162
永靖县中央财政统筹(土地出让)2014	53		53		1053	1000
永靖县2014抗旱引调提水项目	36		36		174	138
永靖县2015年抗旱引调水提水工程	376	328	328	328	208	208
永靖县小型农田水利2015年维修养护	206	200	206	200	206	200
广河县2014年抗旱引调提水项目	25		25		25	
广河县2015年中央财政小型农田水利	1500	1000	1500	1000	1370	1000
广河县2015三甲集抗旱应急水源配套	505	425	505	425	400	400
广河县2015齐家镇抗旱应急水源配套	512	416	512	416	400	400
和政县中央财政统筹(土地出让)2014	154		154		1154	1000

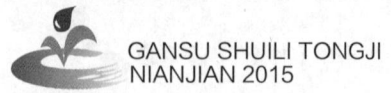

3-16 续表

单位:万元

项目	本年计划投资		本年到位投资		本年完成投资	
	小计	其中:中央	小计	其中:中央	小计	其中:中央
和政县2014年抗旱引调提水项目					232	232
和政县小型农田水利2015维修养护	400	400	400	400	400	400
和政县2015抗旱引调提水项目	485	485	485	485	485	485
东乡县中央财政五小水利2014(五)					864	190
东乡县2014年抗旱引调提水项目					167	167
东乡县2015年抗旱引调提水项目	892	892	892	892	784	784
东乡县中央财政五小水利项目2015	1674	1000	1500	1000	1300	1000
积石山县中央财政五小水利2014(五)					606	180
积石山县2014年抗旱引调提水项目	80				225	225
积石山县中央财政五小水利2015	1576	1000	1576	1000	1500	1000
积石山县2015抗旱应急水源配套工程	1409	1250	1250	1250	1185	1185
玛曲县水利工程维修项目(土地出让)					100	100
卓尼县水利工程维修项目(土地出让)					100	100
临潭县农田水利2015维修养护	100	100	100	100	100	100
卓尼县小型农田水利2015维修养护	100	100	100	100	100	100
舟曲县五小水利工程项目(土地出让)					1000	1000
舟曲县小型农田水利2015维修养护	200	200	200	200	200	200
迭部县小型农田水利2015维修养护	100	100	100	100	100	100
玛曲县小型农田水利2015维修养护	100	100	100	100	100	100
夏河县中央财政小农水重点县2014					806	
夏河县小型农田水利2015维修养护	100	100	100	100	100	100
省农垦中央财政条山农场高效节水2013					267	
省农垦黑土洼农场高效节水(土地出让)			300		1115	700
省农垦黄羊河农场高效节水(土地出让)					467	
省农垦八一农场中央财政节水2014(六)					2755	1400
省农垦生地湾农场中央财政节水2014(六)					753	242
省农垦饮马农场中央财政节水2014(六)					756	250
省农垦黄花农场中央财政节水2014(六)					1088	372
省农垦张掖农场小型农田水利建设(五)	831	500	831	500	831	500
省农垦黑土洼农场高效节水灌溉(六)	1447	700	1447	700	1447	700
省农垦黄花农场高效节水灌溉项目(六)	1056	500	900	500	900	500
省农垦饮马农场高效节水灌溉项目(六)	695	200	695	200	695	200
省农垦饮马农场中央财政小农水2015	772	400	772	400	772	400
敦煌农场小型农田水利建设(五)	991	400	803	400	991	400
省农垦生地湾农场高效节水灌溉(六)	1110	500	1020	500	1020	500
八一农场小型农田水利建设(五)	2701	1400	2701	1400	2701	1400
省农垦小型农田水利2015维修养护	300	300	300	300	300	300
省农垦黄羊河农场高效节水灌溉(六)	1942	1400	1942	1400	1942	1400
省农垦黄羊河农场小型农田水利(五)	1126	500	1126	500	1126	500
省农垦山丹农场高效节水灌溉项目(六)	1279	500	962	500	962	500
省景电中央财政统筹(土地出让)2014					169	169
省景电小型农田水利2015维修养护	400	400	400	400	400	400
水库工程	121586	28424	116631	28424	132634	38769
富川水库(抗旱规划内)	6684	5684	6684	5684	2386	2386

3-16 续表

单位：万元

项目	本年计划投资		本年到位投资		本年完成投资	
	小计	其中：中央	小计	其中：中央	小计	其中：中央
武威市杂木河毛藏寺水库工程	11853		11853		11853	
天祝县二道墩水库					4500	4500
民乐县石灰窑水库					224	224
临泽县红山湾水库工程	38000		38000		40000	
山丹县白石崖水库(抗旱规划内)	5685	5685	5685	5685	1432	1432
山丹县大口子河水库工程	1500		1500		2558	
山丹县西沟水库	1980				1980	
山丹县东沟水库	1740				1740	
崆峒区北杨涧水库(抗旱规划内)	5685	5685	5685	5685	5685	5685
泾川县朱家涧水库(抗旱规划内)					8226	8226
崇信县关河水库(抗旱规划内)					6591	6591
庄浪县花崖河水库(抗旱规划内)	5685	5685	5685	5685	4835	4835
阿克塞县工业园区水库	3104		3104		3104	
酒泉循环经济产业园水源(大红泉水库)	17845		16650		16650	
庆城县纸坊沟水库(抗旱规划内)	6825	5685	6825	5685	5870	4890
通渭县段家峡水库						
兰州新区2号3号石门沟水库	15000		15000		15000	
泵站工程	21624	17300	20856	17300	42561	35451
兰州市榆中三电泵站更新改造工程	1250	1000	1375	1000	1805	1000
兰州市皋兰县西电泵站更新改造工程			482		1652	1088
兰州市工农坪泵站更新改造工程	1875	1500	2250	1500	2475	1850
兰州市大砂沟泵站更新改造工程	2187	1750	2187	1750	1866	1560
七里河区西津泵站更新改造工程	2187	1750	2687	1750	2860	2250
白银市靖会泵站更新改造工程	2500	2000	2000	2000	8386	8386
景泰县中泉泵站更新改造工程	1250	1000	1000	1000	400	400
白银市刘川泵站更新改造工程	2500	2000	2000	2000	2940	2940
白银市兴电泵站更新改造工程	2500	2000	2000	2000	2000	2000
白银市旱平川泵站更新改造工程					702	702
靖远县2014年中堡泵站更新改造工程					975	975
靖远县2015年中堡泵站更新改造工程	1250	1000	1000	1000	1000	1000
平凉市白庙泵站更新改造工程	1250	1000	1000	1000	1000	1000
甘肃省景电泵站更新改造	2875	2300	2875	2300	14500	10300
其他灌溉除涝项目	15435	14135	14935	14135	7515	6715
景泰县草窝滩镇排水工程	500		500			
临夏市大夏河风情线综合治理工程	800		300		800	
永靖县刘盐八地质灾害灌区节水改造	14135	14135	14135	14135	6715	6715
供水项目	721698	192847	798149	176847	659513	217199
引水(调水)工程	490482	97000	580532	81000	426740	112752
甘肃省引洮供水一期工程	12632		12632		24528	1268
靖远县双永供水工程						
兰州市水源地建设工程	150000		326700		150000	
引洮供水一期榆中县配套工程	50800		50800		18500	
白银靖会甘沟干渠扩建及会宁城区供水	4700		4700		2875	
引洮一期工程会宁北部供水工程	8500	5000	6500	5000	30500	16800

3-16 续表

单位:万元

项　目	本年计划投资		本年到位投资		本年完成投资	
	小计	其中:中央	小计	其中:中央	小计	其中:中央
秦州区2014年抗旱引调提水项目					1173	939
天祝县南阳山片下山入川供水工程	36450	16000			15950	15950
天祝县石门河调蓄引水工程	4700		4700		4700	
静宁县甘渭河庙堡调水工程	500		500		500	
肃北县马鬃山镇供水工程	17000		17000		17000	
盐环定扬黄续建工程调概算	7100	2000			6867	
华池县葫芦河水源工程	1000		1000		1000	
引洮供水一期定西配套项目农村供水	29100		20000		20000	
盐环定扬黄甘肃专用工程一期改造						
积石山引水工程	9000		4000		9285	800
临夏州引黄济临供水工程	25000		5000		15701	
引洮(博)济合供水工程	17000	6000	8000	6000	7327	7327
甘南州引洮入潭工程	2000		2000		2000	
兰州新区供水项目引大渠道除险加固	11000		11000		9150	
甘肃引洮供水二期工程	80000	70000	80000	70000	69668	69668
天水市城区引洮供水工程	24000		24000		20016	
人饮解困及饮水安全工程	190362	95847	195257	95847	198506	95847
镇原县农村安全饮水项目	2545	1579	2545	1579	2545	1579
镇原县1236扶贫攻坚农村饮水安全2015	1395		1395		1395	
榆中县农村饮水安全项目2015	8360	5125	8360	5125	8360	5125
皋兰县农村饮水安全项目2015	809	519	809	519	809	519
兰州市农村饮水安全水质检测能力	670	670	670	670	670	670
永登县2015年农村饮水安全工程	1417	584	1417	584	1417	584
嘉峪关市农村饮水安全水质检测项目	112	84	112	84	112	84
金昌市农村饮水安全水质检测中心	173	168	173	168	173	168
会宁县农村饮水安全项目2015	10943	6849	10943	6849	10943	6849
白银市农村饮水安全水质监测能力	419	419	419	419	419	419
白银区农村饮水安全项目2015	819	529	819	529	819	529
景泰县农村饮水安全项目2015	1590	1116	1590	1116	1590	1116
靖远县2015年农村饮水安全项目	2891	2087	2891	2087	2891	2087
甘谷县农村饮水安全项目	7418	5379	7418	5379	7418	5379
天水市农村饮水安全水质检测能力	587	587	587	587	587	587
秦州区农村饮水安全项目2015	3723	2494	3723	2494	3723	2494
麦积区2015年农村饮水安全项目	8388	6494	8388	6494	8388	6494
清水县农村饮水安全项目	965	211	965	211	965	211
秦安县农村饮水安全项目	2970	2181	2970	2181	2970	2181
武山县农村饮水安全项目示点(规划外)					3476	
武山县农村饮水安全(试点县规划外)	3601		3601		3601	
张家川县农村饮水安全项目(2015)	638	356	638	356	638	356
武威市农村饮水安全水质监测能力	335	335	335	335	335	335
凉州区农村饮水安全项目	716	490	716	490	716	490
古浪县农村饮水安全项目	897	599	897	599	897	599
天祝县藏区规划外农村饮水安全项目	5420	4048	5420	4048	5420	4048
山丹县农村饮水安全(试点县规划外)	4617		4617		4617	

3-16 续表

单位:万元

项 目	本年计划投资		本年到位投资		本年完成投资	
	小计	其中:中央	小计	其中:中央	小计	其中:中央
张掖市农村饮水安全水质检测能力	594	503	594	503	594	503
甘州区农村饮水安全项目	5315	2998	5315	2998	5315	2998
民乐县农村饮水安全项目	1892	1172	1892	1172	1892	1172
平凉市农村饮水安全水质检测能力	586	586	586	586	586	586
静宁县农村饮水安全项目2015	1455	989	1455	989	1455	989
崆峒区农村饮水安全项目2015	813	353	813	353	813	353
灵台县农村饮水安全项目2015	903	501	903	501	903	501
酒泉市农村饮水安全工程水质监测能力	586	586	586	586	586	586
瓜州县农村饮水安全项目	622	413	622	413	622	413
玉门市农村饮水安全项目	121	48	121	48	121	48
宁县农村饮水安全项目	2641	1600	2641	1600	2641	1600
宁县1236扶贫攻坚农村饮水安全2015	407		270		407	
正宁县1236扶贫攻坚农村饮水安全2015	407		407		407	
庆阳市农村饮水安全水质监测能力	826	670	826	670	826	670
西峰区1236扶贫攻坚农村饮水安全2015	284		284		284	
庆城县2015年规划外农村饮水安全	98		98		98	
庆城县1236扶贫攻坚农村饮水安全2015	934		934		934	
环县农村饮水安全项目	2073	649	2073	649	2073	649
环县2015年规划外农村饮水安全工程	13899		13899		13526	
环县1236扶贫攻坚农村饮水安全2015	4732		4732		4732	
华池县1236扶贫攻坚农村饮水安全2015	839		839		839	
华池县农村饮水安全项目	607	69	607	69	607	69
合水县1236扶贫攻坚农村饮水安全2015	276		276		276	
通渭县农村饮水安全(试点县规划外)	6825		6825		6825	
临洮县农村饮水安全项目2015	1427	605	1427	605	1427	605
岷县农村饮水安全项目	9175	7455	9175	7455	9175	7455
定西市农村饮水安全水质监测能力	586	586	586	586	586	586
陇南市农村饮水安全水质检测能力	754	754	754	754	754	754
两当县农村饮水安全(试点县规划外)	1067		1067		1067	
武都区农村饮水安全项目	6491	4812	6491	4812	6491	4812
成县农村饮水安全项目	1503	1076	1503	1076	1503	1076
文县农村饮水安全项目	906	619	906	619	906	619
宕昌县农村饮水安全项目	1216	868	1216	868	1216	868
西和县农村饮水安全项目	3698	2756	3698	2756	3698	2756
礼县农村饮水安全项目	5157	3458	5157	3458	5157	3458
徽县农村饮水安全项目	193	121	193	121	193	121
临夏州农村饮水安全水质监测能力	670	670	670	670	670	670
临夏市2015年度城郊农村饮水安全工程	614	124	614	124	614	124
临夏县2015年农村饮水安全(计划外)	4218		4218		4218	
东乡县2015农村饮水安全(规划外)	7409		7409		7409	
甘南州农村饮水安全水质检测能力	670	670	670	670	670	670
合作市农村饮水安全项目2014			1421		1421	
合作市农村饮水安全项目2015	1458	874	1458	874	1458	874
合作市藏区规划外农村饮水安全	178	138	178	138	178	138

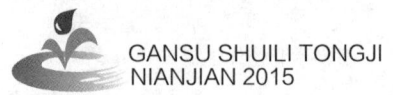

3-16 续表

单位:万元

项　目	本年计划投资		本年到位投资		本年完成投资	
	小计	其中:中央	小计	其中:中央	小计	其中:中央
临潭县农村饮水安全项目试点	1154		1588		1154	
临潭县藏区规划外农村饮水	329	271	329	271	329	271
卓尼县农村安全饮水项目2014			979		979	
卓尼县农村饮水安全项目2015	2497	1595	2497	1595	2497	1595
卓尼县藏区规划外农村饮水安全项目	1831	1438	1831	1438	1831	1438
舟曲县藏区规划外农村饮水安全	4326	3397	4326	3397	4326	3397
迭部县农村饮水安全项目2014					84	
迭部县藏区规划外农村饮水安全	1538	1218	1538	1218	1538	1218
玛曲县农村饮水安全项目2014	418		418		418	
玛曲县农村饮水安全项目2015	1177	968	1177	968	1177	968
玛曲县藏区规划外农村饮水安全	2758	2163	2758	2163	2758	2163
碌曲县农村饮水安全项目2014			2557		2557	
碌曲县农村饮水安全项目2015	872	707	872	707	872	707
碌曲县藏区规划外农村饮水安全	167	151	167	151	167	151
夏河县农村饮水安全项目2015	2205	1489	2205	1489	2205	1489
夏河县藏区规划外农村饮水安全	3547	2824	3547	2824	3547	2824
其他供水工程	40853		22360		34266	8600
镇原县北石窟旅游景区供水工程	463		130		463	
镇原县中盛产业配水工程	590		130		130	
山丹县城区供水管网工程	2000					
金塔县北河湾循环产业区供水工程	4200		4200		4200	
临洮县安家咀加水工程					826	
陇西县引洮一期城区供水扩建工程	13700		10500		21347	7400
积石山县县城区供水水源改扩建工程	4500				4600	1200
武威市城乡融合黄羊土门组团供水(陆港)	14700		6700		2000	
靖远寺儿坪供水项目	700		700		700	
水务项目	11212	750	3310	810	4122	1140
城镇供水管线建设					600	280
清水县城区自来水管网扩建工程					600	280
污水处理工程	10800	750	3310	810	3310	860
临洮县污水处理厂配套管网工程					50	50
山丹县城区生活污水处理工程			60	60	60	60
民勤红沙岗污水处理厂及中水回用贮水池	10800	750	3250	750	3000	750
其他水务项目	412				412	
天水市城区供水高桥头引水枢纽工程	412				412	
水电开发利用	25559	6970	32307	7721	46594	10392
水力发电工程	20780	3700	23254	3900	25572	3900
永昌县西大河二级水电站	6100	1100	6100	1100	6100	1100
永昌县西大河总干渠1号水电站	619	300	619	300	619	300
临泽县南台子一级水电站					1823	
甘州区石庙一级水电站	677	240	677	240	677	240
岷县天宝水电站					495	
岷县秦许水电站						
两当县左家水电站						

3-16 续表

单位：万元

项目	本年计划投资		本年到位投资		本年完成投资	
	小计	其中：中央	小计	其中：中央	小计	其中：中央
东乡县达板水电站新增2010			1524		1524	
康乐县杜家咀水电站						
临夏县卧龙沟水电站(4)						
康乐县纳沟水电站(4)						
合作市地乌尔水电站						
舟曲县天干沟水电站	260	260	260	260	260	260
迭部县沟洁寺水电站	8759	1100	8759	1100	8759	1100
迭部县阿夏水电站			950	200	950	200
迭部县阿夏那盖水电站	1122	700	1122	700	1122	700
夏河县安顺水电站						
夏河县和平桥水电站	3243		3243		3243	
水电增效扩容			4117		8769	1874
永昌县金川峡水库电站						
永昌县皇城水库电站						
永昌县头坝三号电站						
武威市凉州区南营水电站						
武威市凉州区黄羊水电站						
武威市凉州区西营总干电站					585	585
山丹马场总场电力局1号水电站					1386	74
庆城县杨渠水电站						
武都区白鹤桥水电站					787	787
武都区黄鹿坝水电站			1480		1480	
文县白水江林业局水电站			560		560	
文县慧达水电站			927		927	
宕昌县何家堡水电站			1009		1155	146
礼县苗河水库坝后电站			141		271	130
东乡县老虎嘴电站					262	152
和政县炉子滩水电站					428	
和政县达浪水电站					134	
和政县康家坪水电站					611	
和政县新营尕庄水电站					181	
康乐县虎关水电站					2	
合作市峡村电站						
夏河县白土坡水电站						
小水电代燃料	4779	3270	4936	3821	12254	4618
嘉峪关市南干渠小水电代燃料项目			950	551	950	551
永昌县金川东小水电代燃料项目	130	130	130	130	130	130
肃南县西营河一级小水电代燃料项目	1180	930	930	930	3030	930
肃南县白银四级小水电代燃料项目					1311	258
肃南县白银三级小水电代燃料项目	300	300	300	300	1777	519
肃南县白泉门一级小水电代燃料项目	2663	1430	1430	1430	3445	1430
文县李子坝小水电代燃料项目					320	320
合作市卡加曼小水电代燃料项目						

3-16 续表

单位:万元

项 目	本年计划投资		本年到位投资		本年完成投资	
	小计	其中:中央	小计	其中:中央	小计	其中:中央
临潭县青石山小水电以电代燃料项目					95	
迭部县知子水电代燃料项目			690		690	
夏河县甫黄二级小水电代燃料项目	506	480	506	480	506	480
水保及生态	45411	33996	50111	33996	68904	51638
水土流失治理	45411	33996	50111	33996	68904	51638
甘肃省坡耕地水土流失治理2014(黄河)					2000	1400
甘肃省坡耕地水土流失治理2014(长江)					1800	1400
甘肃省水土流失重点治理2014(黄河)			1215		6075	4860
甘肃省水土流失重点治理2014(长江)			320		1600	1280
甘肃省水土流失重点治理2014(内陆)			100		500	400
甘肃省淤地坝新建及维修加固(2014)					575	460
甘肃省国家水土保持重点工程(2014)			3590		11968	8378
甘肃省农业综合开发水土保持(2014)					4155	2484
甘肃省国家水土保持重点工程(2015)	15769	11038	15769	11038	14060	10318
甘肃省农业综合开发水土保持(2015)	5944	4000	5944	4000	5045	3747
甘肃省淤地坝新建及维修加固(2015)	255	204	255	204	255	204
甘肃省坡耕地水土流失治理2015(黄河)	15000	12000	14729	12000	13669	10940
甘肃省坡耕地水土流失治理2015(长江)	5000	4000	4886	4000	4455	3569
甘肃省水土流失重点治理2015(黄河)	2568	2054	2458	2054	2019	1615
甘肃省水土流失重点治理2015(长江)	625	500	604	500	525	421
甘肃省水土流失重点治理2015(内陆)	250	200	241	200	203	162
机构能力建设专项			1404		1781	1381
水文设施及能力建设			1404		1581	1181
甘肃中小河流水文监测系统建设			1404		1484	1084
甘肃水文水资源工程2013					97	97
其他水利发展项目					200	200
金昌市城市水资源实时监控与管理					200	200
甘 肃	1345095	570129	1428174	569066	1587890	816065
兰州市	268896	47888	449438	48888	244520	52961
嘉峪关市	7331	4366	6744	4917	9081	5217
金昌市	21168	10098	21168	10098	27948	13953
白银市	71611	48729	67291	49129	116004	83236
天水市	46384	31708	46384	31708	60751	38698
酒泉市	91275	33889	89668	33889	120177	53427
张掖市	124831	46613	115935	47413	148777	58549
武威市	94545	45237	59206	30237	95115	59978
定西市	73120	19124	63101	20124	84205	32734
陇南市	37356	24503	39526	24503	71574	47910
平凉市	26906	23804	26656	23804	49863	47033
庆阳市	57193	16339	50063	16539	66022	25246
临夏回族自治州	84727	30729	55933	30729	79980	30049
甘南藏族自治州	69457	34235	67488	34435	74014	42399
省直属	270296	152867	269573	162653	339859	224675

3-17 2015 年水利建设项目一览表（五）

项目	全部计划工程量					累计完成工程量				
	土方（万米³）	石方（万米³）	砼（米³）	金属结构（吨）	移民安置人数（人）	土方（万米³）	石方（万米³）	砼（米³）	金属结构（吨）	移民安置人数（人）
甘　肃	39798.79	6956.18	12063644	349203.90	8043	34196.85	5968.86	8399420	220732.95	543
防洪项目	6097.19	950.64	2747471	19793.19		4640.47	606.30	2010954	2671.09	
堤防工程	95.07	2.00	64320			88.72	2.00	51828		
卓尼县车巴河流域防洪治理项目										
迭部县卡坝乡尼吉巴防洪工程	9.57		20820			3.22		8328		
疏勒河干流昌马渠首段河道治理	85.50	2.00	43500			85.50	2.00	43500		
江河湖泊治理工程	5779.32	882.36	2477244	19143.98		4435.35	551.08	1883701	2035.96	
大江大湖治理	216.25	202.56	158621	18629.00		9.99	51.50	15861	1800.00	
兰州市黄河干流防洪工程	161.92	150.90	21			2.30	32.90	1		
黄河干流白银市防洪治理工程	52.44	37.06	158600	18629.00		5.80	4.00	15860	1800.00	
黄河干流临夏段防洪治理工程										
黄河甘肃段甘南州防洪治理工程	1.89	14.60				1.89	14.60			
重要支流治理	3319.32	463.54	1070500	469.28		2647.24	317.72	871708	190.26	
讨赖河嘉峪关安远沟村至嘉酒河道治理	80.00		2500			80.00		2500		
金川河金昌市河西堡至宁远堡段防洪	26.60		28000			26.60		28000		
金川河金川区王家大砂沟至南环路桥防洪	200.00		30000			200.00		30000		
祖厉河会宁县城区段防洪工程										
祖历河靖远县 2014 庄口至罗家湾防洪	6.94	5.01	2434			6.94	5.01	2434		
祖历河靖远县苏家湾至黑城子段堤防	29.46	5.44	4300			29.46	5.44	4300		
麦积区渭河城区段南堤防治理	65.50	1.83	26800			14.41	0.40	5896		
葫芦河麦积区四合村至入渭河口段治理	169.00		48600			169.00		48600		
渭河麦积区琥珀至新阳段治理工程	112.00	0.62	2660			112.00	0.62	2660		
葫芦河秦安县叶堡桥头至安坪村段治理	68.86		49040			68.86		49040		
葫芦河秦安县李河至刘沟村防洪治理	60.88	6.18	895			54.79	5.56	806		
葫芦河秦安县安伏至叶堡大桥段治理	61.19	4.59	19755			61.19	4.59	19755		
武山县山丹河口至西关渭河大桥段治理	113.40		47000			113.40		47000		
武山县车家川至山丹河口段治理	111.91		37500			77.22		25875		
石羊河凉州区松涛寺至红水河入河口防洪	29.64		88			24.30		72		
石羊河民勤县野马泉下案段河道治理	30.00	2.07				28.00	0.50			
黑河张掖市高台县六坝至双丰段河道	52.38	11.55	2100			36.14	7.97	1449		

3-17 续表

项　　目	全部计划工程量					累计完成工程量				
	土方（万米^3）	石方（万米^3）	砼（米^3）	金属结构（吨）	移民安置人数（人）	土方（万米^3）	石方（万米^3）	砼（米^3）	金属结构（吨）	移民安置人数（人）
黑河高台县西腰墩水库至刘家深湖防洪	67.95	18.92		350.52		15.04	4.20		77.50	
临泽县梨园河仙山口至西总干渠河道	92.21		22614			92.21		22614		
黑河临泽县鸭暖小鸭至暖泉河道治理	43.60	8.08	280	10.76		43.60	8.08	280	10.76	
黑河甘州区兰新铁路桥至支家崖河道	79.39	68.94	23300			48.23	38.19	13584		
黑河甘州区国道 312 至兰新铁路河道	87.17		15086			51.17		15086		
泾河平凉市吴老沟至平镇桥段河堤治理										
泾河崆峒区马莲沟至南阳涧河段防洪	66.40		33009			39.80		19811		
葫芦河静宁县狗娃河口至胡家河段河堤	60.25		27100			60.25		27100		
黑河金塔县五爱至友好段河道治理	43.30	10.40				20.00	7.50			
黑河金塔县常丰至中丰村段防洪治理	25.00	10.70				12.00	3.50			
马莲河干流合水县陈家坪至前坪段防洪	25.80	0.23	23000			22.85	0.17	18500		
蒲河宁县庄里至叶王川段防洪治理工程	15.02	0.72	5300			9.01	0.43	3200		
镇原县蒲河干流三岔桥至石咀村段防洪	5.03	1.96	906			5.03	1.96	906		
洮河岷县齐家庄至石头咀段防洪	64.86	7.36				64.86	7.36			
陇西县三十里铺至四十里铺治理	57.76	2.51	24946			29.86	1.30	12900		
陇西王家营至河浦段堤防工程	52.07	2.37	14800			31.23	1.42	14800		
陇西县首阳镇双泉公路桥至水月坪段治理	52.04	2.61	27704			31.22	1.57	1500		
临洮县三甲电站至姬家河大桥防洪治理	28.52	0.77	19901			28.52	0.77	19901		
西汉水成县毛坝至魏家坝段堤防工程	2.40		450			2.40		450		
白龙江文县石坊乡东峪口至大渡坝河道	18.21	5.36				10.93	3.22			
文县尚德镇水家坝至周家坝河道治理	16.13	8.60				9.68	5.16			
西汉水康县平洛河口至咀头上段堤防	68.22		52510			68.22		52510		
西汉水康县腰膛坝至高楼子段堤防工程	49.26		32760			49.26		32760		
西汉水西和县赵家沟至郭家坝段防洪	64.36		28340							
西汉水礼县罗家堡至盐官镇段防洪	55.38		39874			55.38		39874		
洮河干流临洮县新添段堤防工程	16.14	103.86	53200	3.00		16.14	103.86	53200	3.00	
白龙江干流陇南市月阳坝至宗家堡堤防	34.46	6.29				8.96	1.64			
白龙江干流陇南市段河坝下坝段堤防	42.38	7.34				17.80	3.08			
宕昌县白龙江干流沙湾镇段堤防工程	84.90	3.40	30900			84.90	3.40	30900		
泾河泾川县罗汉洞至洪河口段河堤治理	122.65	3.07	38400			122.65	2.97	37850		

3-17 续表

项　　目	全部计划工程量					累计完成工程量				
	土方（万米³）	石方（万米³）	砼（米³）	金属结构（吨）	移民安置人数（人）	土方（万米³）	石方（万米³）	砼（米³）	金属结构（吨）	移民安置人数（人）
大夏河干流临夏市单子庄至新大桥段	57.97	0.54	41543			36.13	0.32	25161		
临夏县大夏河干流双城至马九川段治理	83.08	0.84	39130			66.46	0.67	31304		
广河县洮河干流新民滩至卧托段堤防	111.53	19.68	15436	14.00		111.53	19.68	15436	14.00	
大夏河干流临夏县祁牟至刘家峡水库防洪	18.96		11931			15.17		9544		
大夏河东乡县折桥至刘家峡水库堤防	37.26	3.83	22400			31.27	2.60	9632		
大夏河干流临夏市祁牟段堤防工程	3.30	0.16	9932			3.30	0.15	5088		
永靖县湟水干流白川至二房段河堤工程	2.59	23.93	3300			0.51	2.63	283		
洮河合作市段防洪工程	62.61	33.71	2460			37.56	20.23	1476		
洮河干流临潭县洮滨防洪堤工程	80.92		26860			56.64		18802		
卓尼县洮河干流城区段堤防工程	15.70	12.94	25600			15.70	12.94	25600		
洮河卓尼县麻路 1 段至牙当段										
白龙江干流迭部县城段治理工程	22.38	0.98	19750	91.00		20.56	0.91	18200	85.00	
碌曲洮河干流巴吾至博拉段防洪治理	33.06		15600			33.06		15600		
夏河县尕寺沟至克芒切沟治理	56.13	22.83	6500			50.13	22.00	6000		
夏河县垂子合大桥至阿一山大桥段治理	15.72	5.72	3469			15.72	5.72	3469		
大夏河夏河县王格尔塘至曲奥段治理	59.50	27.60	10537							
疏勒河干流瓜州县城区段河道治理										
中小河流治理	2243.75	216.25	1248123	45.70		1778.12	181.85	996132	45.70	
镇原县蒲河太平柳咀段防洪工程	12.52	0.55	595	1.22		12.52	0.55	595	1.22	
庄浪县红土坡至刘家湾段河堤工程	85.93		38300			69.20		31700		
白银区东大沟民勤村至城区段治理工程	52.50	0.50	24000			52.50	0.50	24000		
甘谷县清溪河礼辛乡寨子至慰坪堤防工程	46.10	0.02	38200			46.10	0.02	38200		
清水县后川河杜川至王店段堤防工程	53.05		53110			52.05		52200		
秦安县南小河王尹马河至兴国凤山段堤防	12.38		24600			12.38		24600		
甘谷县上南河至杨赵村段治理工程	42.50		19000			42.50		19000		
古浪县古浪河朱家庄-龙泉寺治理	40.04		24839			40.04		24839		
山丹县马营河大马营段河道治理工程	32.64	34.45	3450			19.90	20.38	2087		
临泽县小东沟河新柳至西街农田防护	30.28	2.98	134			17.97	1.50	75		
灵台县黑河东门至景家庄段河堤治理	71.00	20.18	38400			68.32	18.22	36250		
灵台县达溪河县城至百里段河堤治理	75.34	12.48	44700			56.22	9.15	24382		

3–17 续表

项目	全部计划工程量					累计完成工程量				
	土方（万米³）	石方（万米³）	砼（米³）	金属结构（吨）	移民安置人数（人）	土方（万米³）	石方（万米³）	砼（米³）	金属结构（吨）	移民安置人数（人）
灵台县达溪河县城至安家庄段河堤治理	90.16	12.00	42600			57.84	9.04	42000		
泾川县黑河荒场至西家沟河堤治理工程	48.37		29400			48.37		29400		
泾川县洪河河堤治理工程	28.62	2.27	28500			20.00	2.00	20000		
泾川县汭河十里沟至枣林段河堤治理工程	82.69		49200			55.69		25000		
崇信县黑河河堤治理工程	54.05		46800			21.62		18720		
崇信县汭河(九功渠首至野雀沟)河堤	115.61		46600			52.05		20970		
庄浪县北洛河良邑郭魏至石家窑段河堤	76.85		32008			51.53		25000		
酒泉市肃州区清水河堤防及河道治理	37.43	17.33	30436	39.00		37.43	17.33	30436	39.00	
酒泉市肃州区丰乐河堤防及河道治理	83.38	47.30	58160	3.08		83.38	47.30	58160	3.08	
庆阳市中小河流水毁工程修复和治理	6.04	2.56	1030			6.04	2.56	1030		
西峰区砚瓦川贺家塬沟护岸工程	1.65	0.44	21000			1.65	0.44	21000		
正宁县四郎河房河治理工程	62.17		3			62.17		3		
宁县新宁镇高山堡村护岸工程	7.83	0.11	60			6.50	0.09	50		
正宁县四郎河樊湾子治理工程	76.10		3			76.10		3		
安定区关川河大碱沟治理工程	157.24	0.26	43750			42.77	0.07	11900		
漳县龙川河草川坪至魏下段堤防工程	66.82	0.07	4670			66.82	0.07	4670		
陇南市中小河流水毁工程修复和治理										
陇南市武都区北峪河治理工程										
成县严河堤防工程										
文县白马峪河治理工程	21.43	5.29				21.43	5.29			
文县中路河中寨至白水江口段治理	27.19	7.36				27.19	7.36			
宕昌县恭河韩院段河堤工程	4.81	31989				1.60	10663			
康县阳坝河阳坝镇段治理工程	13.05	1.45				7.68	0.84			
西和县太石河治理工程	25.70	6.76				18.90	3.21			
西和县漾水河治理工程	53.52	2.89	26210			13.50	0.90	8450		
礼县清水江张堡至教面堤防工程	40.33		28580			40.33		28580		
两当县红崖河权坪河段综合治理工程	20.72		14300			20.72		14300		
两当县红崖河蚂蚱河段综合治理工程	34.84		11300			34.84		11300		
东乡县巴谢河五家至赵家段堤防	28.80		48000			24.54		40710		
临夏县老鸦关河双城至上阴洼段防洪	65.37		28285			52.30		22628		

3–17 续表

项目	全部计划工程量					累计完成工程量				
	土方（万米³）	石方（万米³）	砼（米³）	金属结构（吨）	移民安置人数（人）	土方（万米³）	石方（万米³）	砼（米³）	金属结构（吨）	移民安置人数（人）
和政县牛津河罗家集至马家堡段防洪	60.49		49400			60.49		49400		
和政县大南岔河吊滩段防洪工程	15.89	15.81	38400			15.89	15.81	38400		
康乐县苏家集河附城镇段堤防工程	1.62	0.07	1933	2.40		1.62	0.07	1933	2.40	
东乡县巴谢河赵家至那勒寺段堤防	52.30		42000			42.00		34400		
积石山吹麻滩河治理(赵家峡口至何家桥)	10.00		8233			10.00		8233		
合作市格河多合儿防洪工程	10.80	2.50				9.00	2.08			
合作市德吾录河卡加防洪工程	10.10	2.13				5.26	0.67			
临潭县斜藏沟治理工程	68.47		32800			68.47		32800		
临潭县羊沙河下河段治理工程	11.71		12500			9.57		9650		
卓尼县羊沙河恰盖防洪工程	2.91	1.58	9202			0.78	0.42	2450		
卓尼县石窖沟藏巴哇防洪工程	0.78	0.91	1773							
舟曲县拱坝河堤防工程	29.40	1.54	35100			29.40	1.54	35100		
迭部县阿夏流域治理工程	3.65	0.08	38871			2.37	0.05	25166		
甘肃疏勒河灌区三道沟河道治理	92.95	2.00	45700			92.95	2.00	45700		
水库除险加固	**190.37**	**65.73**	**200865**	**508.38**		**84.25**	**52.73**	**70713**	**508.38**	
大中型病险水库除险加固	**126.00**	**15.00**	**180000**			**20.00**	**2.00**	**50000**		
高台县小海子水库除险加固工程										
甘肃双塔水库除险加固	126.00	15.00	180000			20.00	2.00	50000		
小型病险水库除险加固	**64.37**	**50.73**	**20865**	**508.38**		**64.25**	**50.73**	**20713**	**508.38**	
永昌县老人头水库除险加固	25.00	48.00	50	3.00		25.00	48.00	50	3.00	
会宁县米峡水库除险加固工程	0.54		1737	107.19		0.54		1737	107.19	
张掖市酥油口水库除险加固	0.47	1.20	1264	68.00		0.47	1.20	1264	68.00	
高台县天城湖水库除险加固 2014	6.30	0.87	320	5.39		6.30	0.87	320	5.39	
瓜州县榆林河水库除险加固工程	0.53	0.01	580	25.80		0.53	0.01	580	25.80	
敦煌市野麻湾水库除险加固工程	3.20	0.31	908	22.00		3.20	0.31	908	22.00	
玉门市青山水库除险加固工程	11.46	0.07	962			11.46	0.07	962		
渭源县峡口水库除险加固	0.58		662			0.45		510		
安定区七一水库除险加固										
礼县苗河水库除险加固	0.93	0.19	3152			0.93	0.19	3152		
成县卢沟水库除险加固	8.28	0.07	9700	250.00		8.28	0.07	9700	250.00	

3-17 续表

项目	全部计划工程量 土方（万米³）	石方（万米³）	砼（米³）	金属结构（吨）	移民安置人数（人）	累计完成工程量 土方（万米³）	石方（万米³）	砼（米³）	金属结构（吨）	移民安置人数（人）
灵台县北庄水库除险加固工程	6.06		1015			6.06		1015		
华亭县车厂沟水库除险加固工程	1.03		515	27.00		1.03		515	27.00	
大中型病险水闸除险加固	32.43	0.56	5041	140.83		32.15	0.50	4712	126.75	
永昌县金川河工农渠首泄洪闸除险加固	29.60		1750			29.60		1750		
肃州区红山河马鬃门排砂闸除险加固	2.83	0.56	3291	140.83		2.55	0.50	2962	126.75	
其他防洪项目										
甘肃省2014年度山洪灾害防治项目(长)										
甘肃省2014年度山洪灾害防治项目(黄)										
甘肃省2014年度山洪灾害防治项目(内)										
甘肃省山洪灾害防治补助2013(内陆)										
甘肃省山洪灾害防治补助2013(长江)										
甘肃省山洪灾害防治补助2013(黄河)										
甘肃省山洪灾害防治补助2015(内陆)										
甘肃省山洪灾害防治补助2015(黄河)										
甘肃省山洪灾害防治补助2015(长江)										
灌溉除涝项目	10849.02	3046.55	2886436	72577.45	7959	9761.09	2746.69	2206484	41351.01	459
灌区建设工程	1099.64	130.85	823587	5574.47		1082.84	122.99	738630	4190.29	
皋兰县西岔中型灌区农业综合开发2015										
兴电灌区齐家大岘隧洞除险加固	13.60	1.85	33735	4192.00		12.47	1.73	27046	3037.00	
白银区工农渠灌区农业综合开发										
古浪县大靖河灌区农业综合开发	0.32	0.34	6744	29.00		0.32	0.34	936	29.00	
甘州区上三灌区农业综合开发项目	2.77	1.64	7167	9.14		2.77	1.64	7167	9.14	
民乐县童子坝灌区农业综合开发项目	8.44		5288	12.83		8.44		5288	12.83	
静宁县东峡灌区农业综合开发										
敦煌水资源规划项目(酒泉市)2014	385.00	30.00	14300	35.00		385.00	30.00	14300	35.00	
敦煌水资源规划项目(河道归束)2015	160.76	1.53				154.52	1.39			
敦煌水资源规划项目(党河灌区)2015	43.07	6.40	41300	606.00		43.00	1.72	22300	460.00	
环县甜水堡灌区节水改造项目	5.12		1270			5.12		1270		
合水县固城川灌区续建配套与节水改造	5.90		3536	107.54		5.90		3536	107.54	
临洮县溥济渠灌区农业综合开发	13.55	0.14	8400			11.30	0.12	7400		

3-17 续表

项　目	全部计划工程量					累计完成工程量				
	土方（万米^3）	石方（万米^3）	砼（米^3）	金属结构（吨）	移民安置人数（人）	土方（万米^3）	石方（万米^3）	砼（米^3）	金属结构（吨）	移民安置人数（人）
渭源县石门灌区农业综合开发项目	7.73	2.30	12836	18.40		6.20	1.80	10260	14.70	
临夏县北塬灌区农业综合开发项目	3.47	0.08	7732	16.98		2.85	0.07	6340	13.50	
景泰川电力提灌二期灌区调蓄水池项目	34.83	4.66	1999	95.58		34.83	4.66	1999	95.58	
敦煌水资源利用与生态保护(疏勒河)2012	16.00	8.00	50000			16.00	8.00	50000		
敦煌水资源利用与生态保护(疏勒河)2013	88.00	26.00	170000			88.00	26.00	170000		
敦煌水资源利用与生态保护(疏勒河)2014	78.00	24.00	150000			78.00	24.00	150000		
敦煌水资源利用与生态保护(疏勒河)2015	225.47	23.91	305081	395.00		225.47	21.52	259318	356.00	
玉门市花海灌区农业综合开发	7.61		4200	57.00		2.66		1470	20.00	
节水灌溉工程	975.45	80.57	467859	9007.45		936.52	78.03	425671	7245.56	
2015 年永登县牧区节水灌溉示范项目	13.85		613	17.06		13.85		613	17.06	
石羊河流域重点治理 2014(金昌市)	60.10	61.23	59750	210.00		60.10	61.23	59750	210.00	
永昌县牧区节水灌溉示范项目	9.86	0.42	100			9.86	0.42	100		
凉州区规模化节水灌溉增效示范 2014	14.71		1510			14.71		1510		
凉州区规模化节水增效示范(2013–2016)	73.67		1950			73.67		1950		
民勤县牧区节水灌溉示范项目 2015	1.23	0.03	377	5.65		1.23	0.03	377	5.65	
天祝县牧区节水灌溉示范项目 2014	4.27		11	0.70		4.27		11	0.70	
石羊河流域重点治理 2014(张掖市)	5.69	1.67	1760			5.69	1.67	1760		
肃州区规模化节水灌溉增效示范项目	23.80	0.03	265	12.11		23.80	0.03	265	12.11	
肃州区规模化节水增效示范(2013–2016)	164.58	0.04	1456	13.87		149.77	0.04	1325	13.00	
瓜州县牧区节水灌溉示范项目 2014	0.95	0.07	3310	1.22		0.85	0.06	2800	1.22	
肃北县牧区节水灌溉示范项目 2014	4.82	1.22	2411			4.82	1.22	2411		
阿克塞县牧区节水灌溉示范项目 2014	6.51		3176	0.20		6.51		3176	0.20	
敦煌市规模化节水灌溉增效示范项目	22.29					22.29				
敦煌市规模化节水增效(2013–2016)	14.91	0.01	221	0.41		14.14	0.01	209	0.39	
环县牧区节水灌溉示范项目 2015	5.88	0.04	285	18.30		5.88	0.04	285	18.30	
安定区规模化节水综合灌溉示范 2015	24.86			15.93		24.86			15.93	
漳县牧区节水灌溉示范项目 2015	13.57		284			13.57		284		
甘州区规模化节水灌溉示范(2013–2016)	223.43	0.26	6000			223.43	0.26	6000		
合作市牧区节水灌溉示范项目 2014	2.64	2.26	492			2.64	2.26	492		
迭部县牧区节水灌溉示范项目 2015	0.53	0.10	1558	169.00		0.53	0.10	1558	169.00	

3-17 续表

项目	全部计划工程量					累计完成工程量				
	土方（万米^3）	石方（万米^3）	砼（米^3）	金属结构（吨）	移民安置人数（人）	土方（万米^3）	石方（万米^3）	砼（米^3）	金属结构（吨）	移民安置人数（人）
夏河县2015牧区节水灌溉项目	3.20	1.20	300			2.80	0.75	240		
石羊河流域重点治理(省景电)2012	115.27	0.74	170536	668.00		115.27	0.74	170536	668.00	
石羊河流域重点治理(省景电)2013	103.84	7.08	146697	4961.00		80.99	5.00	105222	3200.00	
石羊河流域重点治理(省景电)2014	60.99	4.16	64797	2914.00		60.99	4.16	64797	2914.00	
小型农田水利建设	**6141.32**	**2058.44**	**716784**	**10043.99**	**7500**	**6000.12**	**2055.83**	**648211**	**9796.65**	
镇原县2015抗旱引调提水项目(3)	16.80	0.25	3809	77.76		16.80	0.25	3809	77.76	
镇原县小型农田水利2015维修养护	1.80	0.01	1485	20.50		1.80	0.01	1485	20.50	
榆中县中央财政高效节水2014(五)	55.86		4532	70.84		55.86		4532	70.84	
榆中县中央统筹(土地出让)2014	20.00	0.20	150	120.00		20.00	0.20	150	120.00	
榆中县抗旱引调提水项目2014	8.00	0.02	100			8.00	0.02	100		
红古区中央统筹(土地出让)2014	26.82		2360	41.00		26.82		2360	41.00	
榆中县中央财政小型农田水利(5)	26.00	10.40	1600	102.00		26.00	10.40	1600	102.00	
榆中县小型农田水利2015维修养护	0.47	0.02	9700	8.63		0.02	0.02	9		
榆中县2015抗旱引调提水项目(3)	8.00		650	3.00		8.00		650	3.00	
西固区小型农田水利2015维修养护										
红古区中央财政高效节水2014(五)	32.32		2700			32.32		2700		
红古区小型农田水利建设(五)	34.43		1773	41.37		34.43		1773	41.00	
红古区小型农田水利2015维修养护	0.22	0.07	843	48.90		0.22	0.07	843	48.90	
永登县高效节水项目2014(五)	65.27	0.09	3752	113.06		65.27	0.09	3752	113.06	
永登县2015年高效节水灌溉示范项目	59.93		2773	10.20		59.93		2773	10.20	
永登县2015年抗旱引调提水项目	44.53	0.59	952	41.11		41.11	0.54	866	37.40	
永登县2015年水利工程维修养护项目	1.76	0.08	1032	6.13		1.76	0.08	1032	6.13	
皋兰2015年农田水利设施维修养护项目	1.36	0.08				1.36	0.08			
嘉峪关市中央财政高效节水2015(五)	14.00					14.00				
嘉峪关市高效节水灌溉项目2015(六)	16.00					12.00				
嘉峪关市小型农田水利维修养护2015年										
嘉峪关中央财政高效节水2013(五)	40.00					40.00				
嘉峪关中央财政高效节水2014(五)	40.00					40.00				
嘉峪关中央财政高效节水2014(六)	30.00					30.00				
永昌县中央财政高效节水2014(五)	75.86	0.42	900			75.86	0.42	900		

3–17 续表

项　　目	全部计划工程量					累计完成工程量				
	土方（万米^3）	石方（万米^3）	砼（米^3）	金属结构（吨）	移民安置人数（人）	土方（万米^3）	石方（万米^3）	砼（米^3）	金属结构（吨）	移民安置人数（人）
金川区中央财政高效节水 2014(六)	12.43		180			12.43		180		
永昌县中央财政高效节水 2014(六)	29.60	0.29	400			29.60	0.29	400		
金川区高效节水灌溉项目(六)	8.42	0.18	190			8.42	0.18	190		
金川区中央财政小型农田水利工程 2015	17.57	1.40	820	10.40		17.57	1.40	820	10.40	
金川区小型农田水利 2015 维修养护项目	0.27	0.55	1000	2.20		0.27	0.55	1000	2.20	
永昌县小型农田水利建设(五)	49.00	20.00	731	20.00		49.00	20.00	731	20.00	
永昌县高效节水灌溉项目(六)	13.67	5.80	181	5.60		13.67	5.80	181	5.60	
永昌县中央财政小型农田水利工程 2015	36.20	15.10	527	15.21		36.20	15.10	527	15.21	
永昌县小型农田水利 2015 维修养护	0.29		1200	2.70		0.29		1200	2.70	
靖远县中央财政高效节水灌溉项目 2013	39.72	0.80	5500			39.72	0.80	5500		
靖远县 2013 水利工程维修养护(土地出让)	7.61	0.07	516			7.61	0.07	516		
白银区中央财政高效节水灌溉项目 2013	32.00		2569			32.00		2569		
景泰县中央财政高效节水灌溉项目 2013	36.50		2219	59.90		20.59		1442	39.00	
景泰县中央财政景电农场节水灌溉 2013	8.90		1840	15.12		7.90		1705	13.50	
景泰县中央财政节水灌溉(土地出让)	1.50	0.30	3000	230.00		1.50	0.30	3000	230.00	
靖远县高效节水灌溉(土地出让)2014	13.70	0.05	690			13.70	0.05	690		
靖远县中央财政高效节水 2014(五)	55.60	0.40	1300			55.60	0.40	1300		
白银区农业水价改革(土地出让)2014	18.50		20500	13.00		18.50		20500	13.00	
白银区中央财政高效节水 2014(五)	23.90	2.00	1589	0.76		23.90	2.00	1589	0.76	
白银区五小水利工程(土地出让)2014	1.16		7886	156.00		1.16		7886	156.00	
会宁 2014 年抗旱引调提水项目	38.05		4590	68.00		38.05		4590	68.00	
会宁县中央财政高效节水 2014(五)	30.00		1700	23.00		21.00		1360	20.00	
会宁县高效节水灌溉(土地出让)2014	30.80		158	105.25		30.80		158	105.25	
景泰县中央财政小农水重点县 2014	63.31	0.49	2027	58.00		63.31	0.49	2027	58.00	
景泰县中央财政高效节水 2014(五)	83.00		1800	60.03		83.00		1800	60.03	
景泰县抗旱规划引调提水项目(2014)	4.20	17.43	207	142.01		4.20	17.43	207	142.01	
平川区中央财政高效节水 2014(五)	69.47		1569			69.47		1569		
靖远县 2014 年抗旱引调提水项目	26.00	0.20	2275			26.00	0.20	2275		
景泰水利工程维修养护(土地出让)2014										
会宁县 2015 年抗旱引调提水项目	14.24		6472	554.80		14.24		6472	554.80	

3–17 续表

项　目	全部计划工程量					累计完成工程量				
	土方（万米^3）	石方（万米^3）	砼（米^3）	金属结构（吨）	移民安置人数（人）	土方（万米^3）	石方（万米^3）	砼（米^3）	金属结构（吨）	移民安置人数（人）
平川区小型农田建设 2015(五)	10.60	0.02	966	22.00		10.60	0.02	966	22.00	
会宁县中央财政高效节水 2015(五)	30.80		160	55.00		30.80		160	55.00	
会宁县 2015 年维修养护项目										
平川区小型农田水利 2015 维修养护资金										
白银区小型农田水利建设(五)2015	19.30	0.30	600	0.40		19.30	0.30	600	0.40	
白银区 2015 小型农水利维修养护资金	1.50	0.30	558	70.89		1.50	0.30	558	70.89	
景泰县中央财政小型农田水利建设 2015	36.26		120			36.26		120		
景泰县 2015 年抗旱引调提水项目	56.65		6800	15.00		56.65		6800	15.00	
景泰县小型农田水利 2015 年维修养护	3.51	0.11	1200	4.30		3.51	0.11	1200	4.30	
靖远县 2015 年高效节水灌溉示范项目	55.60	0.40	1300			55.60	0.40	1300		
靖远县 2015 年抗旱引调提水项目	33.93		1288			33.93		1288		
靖远县 2015 年小型农田水利维修养护资金	0.29	0.26	4969			0.29	0.26	4969		
甘谷县 2015 抗旱引调提水工程	2.48		2831	42.00		2.48		2831	42.00	
甘谷县中央财政小型水利五小水利 2015	23.51		6037	112.00		23.51		6037	112.00	
秦州区中央财政统筹(土地出让)2014	9.60		1856	21.00		9.60		1856	21.00	
秦州区 1 万 ~5 万亩灌区（土地出让）	4.84	0.24	5764	29.00		4.84	0.24	5764	29.00	
秦州区 2015 年抗旱引调提水工程										
秦州区小型农田水利 2015 维修养护	2.38		110			2.38		110		
麦积区小型农田水利 2015 年维修养护	1.30		228			1.30		228		
清水县五小水利工程(土地出让)	4.68		986	127.09		4.68		986	127.09	
清水县水利工程维修项目(土地出让)	2.57	0.29	43			2.57	0.29	43		
清水县 2014 年抗旱引调提水项目	15.57	0.06	3572	535.69		15.57	0.06	3572	535.69	
清水县 2015 抗旱引调提水项目	4.03	0.02	1271	260.63		4.03	0.02	1271	260.63	
清水县小型农田水利 2015 维修养护	1.76	0.01	263	23.60		1.76	0.01	263	23.60	
秦安县中央财政统筹(土地出让)2014	71.96		746			71.96		746		
秦安县 2015 抗旱引调水提水项目	7.10		8774			7.10		8774		
甘谷县 2014 年抗旱引调提水项目	4.38		632	36.00		4.38		632	36.00	
武山县 2014 年度小型农田水利重点县	56.36		1686	94.80		56.36		1686	94.80	
武山县高效节水灌溉项目(土地出让)	7.16		1362	2.28		7.16		1362	2.28	
武山县 1 万 ~5 万亩灌区改造（土地出让）	5.24	0.54	6321	156.00		5.24	0.54	6321	156.00	

3-17 续表

项　目	全部计划工程量					累计完成工程量				
	土方（万米^3）	石方（万米^3）	砼（米^3）	金属结构（吨）	移民安置人数（人）	土方（万米^3）	石方（万米^3）	砼（米^3）	金属结构（吨）	移民安置人数（人）
武山县 2015 抗旱引调提水工程	3.83		16			3.83		16		
武山县小型农田水利 2015 维修养护项目	6.97		9			6.97		9		
张家川县小型农田水利 2015 维修养护	0.40	1.71	1308			0.40	1.71	1308		
凉州区中央财政高效节水 2014(五)	98.53		2600	45.83		98.53		2600	45.83	
凉州区中央财政高效节水 2014(六)	24.67		800			24.67		800		
凉州区 2014 抗旱规划引调提水项目	37.50	0.44	7210	84.70		37.50	0.44	7210	84.70	
凉州区中央财政小型农田水利建设(五)	85.28	0.09	3700	36.91		85.28	0.09	3700	36.91	
凉州区高效节水灌溉项目(六)	69.28	0.11	1800	55.43		69.28	0.11	1800	55.43	
凉州区 2015 年抗旱引调提水工程	1.94	1.22	500	13.70		1.94	1.22	500	13.70	
凉州区农业水价综合改革(土地出让)										
凉州区小型农田水利 2015 维修养护										
民勤县 2015 年抗旱引调提水项目	18.01	0.09	200	8.00		18.01	0.09	200	8.00	
民勤县农业水价综合改革(土地出让)										
民勤县中央财政小型农田水利建设(5)	64.70	1.59	2000	45.00		64.70	1.59	2000	45.00	
民勤县中央财政小农水重点县 2015(五)	10.84	0.27	400	5.68		10.84	0.27	400	5.68	
民勤县高效节水灌溉项目(六)	31.40	0.65	979	22.90		31.40	0.65	979	22.90	
民勤县中央财政小型农田水利工程 2015	22.10	0.22	633	8.58		22.10	0.22	633	8.58	
民勤县小型农田水利 2015 维修养护	0.20	0.14	845			0.20	0.14	845		
古浪县中央财政高效节水灌溉 2013	30.24		1548	7.04		30.24		1548	7.04	
古浪县中央财政小农水重点县 2014	54.30		475	3.65		54.30		475	3.65	
古浪县中央财政统筹(土地出让)2014	3.87	0.01	1481			3.87	0.01	1481		
古浪县中央财政高效节水 2014(六)	80.32		507			80.32		507		
古浪县中央财政高效节水 2014(五)	66.70		1176			66.70		1176		
古浪县抗旱规划引调提水项目	20.32		2288	140.33		20.32		2288	140.33	
古浪县小型农田水利建设(五)	78.89	0.04	3524	15.42		78.89	0.04	3524	15.42	
古浪县高效节水灌溉项目(六)	19.21		2000	22.67		19.21		2000	22.67	
古浪县 2015 抗旱引调提水项目	22.76	1.04	1371	21.80	7500.00	22.76	1.04	1371	21.80	
古浪县中央财政小型农田水利工程 2015	41.15		605	13.15		41.15		605	13.15	
古浪县小型农田水利 2015 维修养护	0.84					0.84				
天祝县中央财政高效节水 2014(六)	35.06	0.14	2780			35.06	0.14	2780		

3–17 续表

项目	全部计划工程量					累计完成工程量				
	土方（万米³）	石方（万米³）	砼（米³）	金属结构（吨）	移民安置人数（人）	土方（万米³）	石方（万米³）	砼（米³）	金属结构（吨）	移民安置人数（人）
天祝县高效节水灌溉项目(六)	32.85		166	7.26		32.85		166	7.26	
天祝县小型农田水利 2015 维修养护	1.05	0.04	652			1.05	0.04	652		
高台县中央财政高效节水 2014(六)	36.46	4.05	2240			36.46	4.05	2240		
山丹县抗旱规划引调提水项目 2014	11.50	10.90	138	13.60		11.50	10.90	138	13.60	
山丹县中央财政高效节水 2014(六)	75.79	0.43	1200			75.79	0.43	1200		
肃南县前滩 1 万 ~5 万亩灌区（土地出让）2014	19.58		54			19.58		54		
甘州区中央财政高效节水 2014(六)	33.18		1100			33.18		1100		
民乐县中央财政高效节水 2014(六)	29.49	0.01	200			29.49	0.01	200		
民乐县农业水价改革(土地出让)2014	12.17		10100			12.17		10100		
高台县中央财政统筹(土地出让)2014	4.43	0.62	109			4.43	0.62	109		
山丹县中央财政统筹(土地出让)2014										
临泽县中央财政统筹(土地出让)2014	2.76	0.30	745			2.76	0.30	745		
肃南县中央财政统筹(土地出让)2014	44.73		127			44.73		127		
山丹马场中央财政高效节水 2014(五)	13.74	0.08	944	28.26		13.74	0.08	944	28.26	
山丹县小型农田水利建设 2015(五)	5.19	0.07	670			5.19	0.07	670		
高台县农业水价改革(土地出让)2015	9.33	4.47	6541			9.33	4.47	6541		
高台县小型农田水利 2015 维修养护	4.42	0.33	1693	36.67		4.42	0.33	1693	36.67	
高台县小型农田水利建设 2015(五)	25.00	11.44	1800			25.00	11.44	1800		
高台县高效节水灌溉项目 2015(六)	20.00	9.88	2200			20.00	9.88	2200		
高台县中央财政小型农田水利 2015(七)	38.16	0.01	300	4.65		38.16	0.01	300	4.65	
山丹县高效节水灌溉项目 2015(六)	59.53	0.43	1000			59.53	0.43	1000		
临泽县小型农田水利 2015 维修养护	2.76	0.30	745			2.76	0.30	745		
临泽县小型农田水利建设 2015(五)	58.08	0.16	3472	27.55		58.08	0.16	3472	27.55	
山丹县中央财政小农水 2015(七)	44.92	0.22	726	92.00		44.92	0.22	726	92.00	
甘州区高效节水灌溉项目 2015(六)	40.89		1100			40.89		1100		
甘州区中央财政小型农田水利 2015(五)	51.45		1500			51.45		1500		
甘州区小型农田水利 2015 维修养护										
山丹县 2015 抗旱引调水项目	40.73	1.28	45	0.55		40.73	1.28	45	0.55	
肃南县小型农田水利建设 2015(五)	40.41		1129	12.00		40.41		1129	12.00	
肃南县小型农田水利 2015 维修养护	2.84	12.08	13437			2.84	12.08	13437		

3-17 续表

项目	全部计划工程量					累计完成工程量				
	土方（万米³）	石方（万米³）	砼（米³）	金属结构（吨）	移民安置人数（人）	土方（万米³）	石方（万米³）	砼（米³）	金属结构（吨）	移民安置人数（人）
民乐县 2015 抗旱引调提水项目	18.83		711	4.45		18.83		711	4.45	
民乐县高效节水灌溉项目 2015(六)	31.40	0.02	500	3.04		31.40	0.02	500	3.04	
民乐县小型农田水利建设 2015(五)	38.87	0.05	480	1.98		38.87	0.05	480	1.98	
民乐县中央财政小型农田水利 2015(七)	0.03		47	0.38		0.03		47	0.38	
民乐县水利工程维修养护 2014-2015	2.69	1.64	3280	19.93		2.69	1.64	3280	19.93	
山丹马场 2014 年高效节水(六)	17.16	0.05	169	10.76		7.80	0.05	132	10.50	
山丹马场小型农田水利建设 2015(五)	10.68	0.07	471	28.80		5.68	0.07	450	27.00	
山丹马场高效节水灌溉项目 2015(六)	16.41	0.02	135	8.24		6.50	0.02	120	7.90	
崆峒区中央财政统筹(土地出让)2014	6.10		775	72.70		6.10		775	72.70	
静宁县小型农田水利 2015 维修养护	2.32					2.32				
静宁县 2015 年抗旱水源引调提水工程	15.06	0.15	500	28.00		15.06	0.15	500	28.00	
崆峒区抗旱规划引调提水项目	10.67		1892	1269.81		10.67		1892	1269.81	
崆峒区小型农田水利 2015 年维修养护										
泾川县中央财政统筹(土地出让)2014	9.57		260			9.57		260		
泾川县 2014 年抗旱引调提水项目										
灵台县中央财政小农水重点县 2014(四)	46.80		100	3.80		44.20		84	2.00	
灵台县许家沟提灌工程(土地出让 2014)	17.60		13100			17.60		13100		
灵台县中央财政小型农田水利工程 2015	14.80	0.21	3400	0.18		13.32	0.19	3000	0.16	
崇信县水利工程维修项目(土地出让)										
崇信县小型农田水利 2015 年维修养护										
华亭西华河 1 万 ~5 万亩灌区（土地出让）2014	10.92	0.82	2954	13.92		10.92	0.82	2954	13.92	
庄浪县中央财政统筹(土地出让)2014	9.56		2400	192.30		9.56		2400	192.30	
庄浪县 2015 年抗旱引调提水项目	12.83		1088	26.75		12.83		1088	26.75	
庄浪县小型农田水利 2015 年维修养护	1.81		380			1.81		380		
静宁县中央财政统筹(土地出让)2014	14.25		1700	155.00		14.25		1700	155.00	
静宁县抗旱规划引调提水项目	6.61	0.86	2400	51.00		6.61	0.86	2400	51.00	
肃州区中央财政统筹(土地出让)2014	0.73	0.48	721	18.09		0.73	0.48	721	18.09	
瓜州县中央财政统筹(土地出让)2014	2.50	1.54	2932	15.94		2.50	1.54	2932	15.94	
酒泉市中央财政统筹(土地出让)2014										
肃州区中央财政高效节水 2014(五)	38.12	0.57	813			38.12	0.57	813		

3-17 续表

项目	全部计划工程量					累计完成工程量				
	土方（万米^3）	石方（万米^3）	砼（米^3）	金属结构（吨）	移民安置人数（人）	土方（万米^3）	石方（万米^3）	砼（米^3）	金属结构（吨）	移民安置人数（人）
肃州区中央财政高效节水 2014(六)	15.51	0.08	1300			15.51	0.08	1300		
肃州区小型农田水利建设(五)	25.90	0.04	1200			24.66	0.04	1142		
肃州区高效节水灌溉项目(六)	16.41	0.01	1300			15.26	0.01	1209		
肃州区小型农田水利 2015 维修养护资金	0.41	0.53	259	2.65		0.41	0.53	259	2.65	
金塔县中央财政高效节水 2014(五)	27.27		900			20.00		800		
金塔县中央财政高效节水 2014(六)	37.68		1654			37.68		1654		
金塔县中央财政统筹(土地出让)2014	1.60		1786			1.60		1786		
金塔县高效节水灌溉项目(六)	35.60		3000			35.60		3000		
金塔县中央财政小型农田水利工程 2015	35.18		1300	43.33		35.18		1300	43.33	
金塔县区小型农田水利建设(五)	44.50		1900			44.50		1900		
瓜州县中央财政高效节水 2014(五)	48.12		2034			48.12		2034		
瓜州县桥子 1 万 ~5 万亩灌区（土地出让）2014	2.46	2.00	2250	7.78		2.46	2.00	2250	7.78	
瓜州县小型农田水利建设(五)	36.59		20			36.59		20		
瓜州县小型农田水利 2015 维修养护资金	0.46	0.65	640	1.01		0.46	0.65	640	1.01	
阿克塞小型农田水利 2015 维修养护	4.20		920	2.00		4.20		920	2.00	
玉门市中央财政高效节水 2014(五)	30.18	0.02	5	2.03		30.18	0.02	5	2.03	
玉门市中央财政高效节水 2014(六)	27.23		688	0.97		27.23		688	0.97	
玉门市小型农田水利建设(五)	31.91		1788	23.88		31.91		1788	23.88	
玉门市高效节水灌溉项目(六)	37.12		574	1.63		37.12		574	1.63	
玉门市中央财政小型农田水利工程 2015	22.50		150			22.50		150		
酒泉市敦煌抗旱规划引调提水项目	23.85	0.33	1302	2.00		23.85	0.33	1302	2.00	
敦煌市 2015 抗旱引调提水项目	71.62		59	1.00		71.62		38		
敦煌市小型农田水利 2015 维修养护	3.90		2844	0.92		3.30		2350		
镇原吴家沟 1 万 ~5 万亩灌区（土地出让）2014	8.20		4664	31.44		8.20		4664	31.44	
合水县中央财政小农水重点县 2014	11.12	0.80	6511	189.00		11.12	0.80	6511	189.00	
正宁县四郎河 1 万 ~5 万亩灌区（土地出让）	20.90		4580	17.00		20.90		4580	17.00	
西峰区中央财政统筹(土地出让)2014	6.20		182	16.19		6.20		182	16.00	
宁县中央财政统筹(土地出让)2014	2.03	0.05	500			2.03	0.05	500		
合水县中央财政统筹(土地出让)2014	2.80	0.05	98	1.80		2.80	0.05	98	1.80	
环县中央财政统筹(土地出让)2014	0.86		560	0.54		0.86		560	0.54	

3–17 续表

项目	全部计划工程量					累计完成工程量				
	土方（万米^3）	石方（万米^3）	砼（米^3）	金属结构（吨）	移民安置人数（人）	土方（万米^3）	石方（万米^3）	砼（米^3）	金属结构（吨）	移民安置人数（人）
镇原县抗旱规划引调提水项目										
华池县抗旱规划引调提水项目										
环县抗旱规划引调提水项目										
西峰区小型农田水利 2015 维修养护	1.06	0.01	74	2.44		1.06	0.01	74	2.44	
庆城县 2015 抗旱引调提水项目(2)	5.44	0.21	1786	94.25		5.44	0.21	1786	94.25	
庆城县小型农田水利 2015 维修养护	0.87			11.90		0.87			11.90	
环县小型农田水利 2015 维修养护	1.22		708	0.54		1.22		708	0.54	
环县 2015 抗旱引调提水项目(3)	14.28	0.07	10516	505.12		14.28	0.07	10516	505.12	
华池县 2015 抗旱引调提水项目(2)	9.58	0.14	1447	65.74		9.58	0.14	1447	65.74	
合水县小型农田水利 2015 维修养护	3.80	0.01	112	2.30		3.80	0.01	112	2.30	
渭源县中央财政五小水利项目 2013	18.47	0.20	12808	19.00		15.69	0.18	10900	16.15	
安定区抗旱应急调蓄工程	6.50	9.70	1495			6.50	9.70	1495		
通渭县中央财政小农水重点县 2014	48.59	0.89	7520	95.00		48.59	0.89	7520	95.00	
通渭县中央财政统筹(土地出让)2014	6.40	0.05	239			6.40	0.05	239		
临洮县红旗1万~5万亩灌区（土地出让）2014	7.75	0.08	3200			7.75	0.08	3200		
陇西县抗旱引调提水项目	13.67	0.01	4474			12.98	0.01	4250		
渭源县中央财政五小水利 2014(五)	24.30	0.38	19536	12.00		20.60		17500	10.20	
临洮县小型农田水利 2015 维修养护										
临洮县中央财政五小水利(2014)	22.09		10600	79.30		22.09		10600	79.30	
临洮县中央财政小农水五小水利 2015	25.62		15963	30.60		25.62		15963	30.60	
临洮县抗旱引调提水项目 2015	4.24		700			4.24		700		
渭源县中央财政五小水利 2015	23.53		13900	14.00		19.73		11420	8.90	
安定区 2015 年抗旱引调水工程	30.43			0.58		30.43			0.58	
通渭县 2015 年抗旱引调提水项目	1.10	0.30	1415			1.10	0.30	1415		
漳县小型农田水利 2015 维修养护			806	31.50				806	31.50	
康县中央财政统筹(土地出让)2014	5.04	1.20	768			5.04	1.20	768		
武都区中央财政统筹(土地出让)2014	17.20	6.40				17.20	6.40			
文县中央财政统筹(土地出让)2014										
徽县中央财政统筹(土地出让)2014	1.50		612			1.50		612		
西和县抗旱规划引调提水项目	53.52	2.89	26210			13.50	0.90	8450		

3–17 续表

项目	全部计划工程量					累计完成工程量				
	土方（万米³）	石方（万米³）	砼（米³）	金属结构（吨）	移民安置人数（人）	土方（万米³）	石方（万米³）	砼（米³）	金属结构（吨）	移民安置人数（人）
礼县抗旱规划引调提水项目	21.32		6807			21.32		6807		
武都区中央财政区域节水2014(五)	67.50	0.15	845			67.50	0.15	845		
武都区中央财政区域节水2014(六)	78.70	0.18	1020			78.70	0.18	1020		
武都区高效节水灌溉项目(六)	77.78		1367			77.78		1367		
武都区小型农田水利2015维修养护										
武都区水价改革及产权改革试点										
武都区中央财政小农水(区域节水)	73.83	0.17	1000			73.83	0.17	1000		
成县小型农田水利2015维修养护	1.20	0.09	300			1.20	0.09	300		
文县中央财政六小水利2014(六)	5.96	0.14	5200			5.96	0.14	5200		
文县高效节水灌溉项目(六)	5.89	0.14	2100			5.89	0.14	2100		
文县小型农田水利2015维修养护										
康县小型农田水利2015维修养护	0.69	0.39	100			0.69	0.39	100		
西和县2015抗旱引调提水项目(2)	11.15	0.36	1135			11.15	0.36	1135		
礼县2015抗旱引调提水项目(3)	23.97		16767			23.97		16767		
礼县小型农田水利2015维修养护										
徽县中央财政六小水利2014(六)	2.37		300			2.37		300		
徽县小型农田水利2015维修养护	1.20	0.24	35			1.20	0.24	35		
徽县高效节水灌溉项目(六)	2.28		230			2.28		230		
民勤县中央财政小农水重点县2014(5)	47.80	0.72	1000	48.40		47.80	0.72	1000	48.40	
民勤县2014年农业水价改革项目	0.48		3272			0.48		3272		
民勤县2014年高效节水灌溉项目	31.90	0.73	960	20.70		31.90	0.73	960	20.70	
民勤县2014抗旱规划引调提水工程项目	36.87	0.33	3550	8.35		36.87	0.33	3550	8.35	
两当县中央财政六小水利2014(六)	12.01	0.01	3790			12.01	0.01	3790		
两当县高效节水灌溉项目(六)	14.82	0.01	1720			14.82	0.01	1720		
两当县小型农田水利2015维修养护	0.21		1529			0.21		1529		
东乡县中央财政五小水利项目2013	11.26		10200			11.26		10200		
东乡县水利工程维修养护(土地出让)	1.98		950			1.98		930		
永靖县五小水利工程(土地出让)	4.85	0.16	6766	205.00		4.85	0.16	6766	205.00	
临夏市小型农田水利2015维修养护	0.35		872			0.35		872		
临夏县中央财政小农水重点县2014	39.69		26400	14.00		39.69		26400	14.00	

3-17 续表

项　　目	全部计划工程量					累计完成工程量				
	土方（万米^3）	石方（万米^3）	砼（米^3）	金属结构（吨）	移民安置人数（人）	土方（万米^3）	石方（万米^3）	砼（米^3）	金属结构（吨）	移民安置人数（人）
临夏县 2014 年抗旱引调提水项目	13.52	1.41	2266	22.81		13.52	1.41	2266	22.81	
临夏县 2015 年抗旱引调提水项目	1.93	0.02	1018				0.02	1018		
康乐县中央财政统筹(土地出让)2014	13.00	0.25	2984	32.70		13.00	0.25	2984	32.70	
康乐县小型农田水利 2015 维修养护资金	1.48		245			1.20		200		
永靖县中央财政统筹(土地出让)2014	2.83		4533	7.45		2.83		4533	7.45	
永靖县 2014 抗旱引调提水项目	5.95	0.62	996	10.03		5.95	0.62	996	10.03	
永靖县 2015 年抗旱引调水提水工程	1.70	0.04	1180			1.10	0.03	880		
永靖县小型农田水利 2015 年维修养护	5.82		657	16.30		5.82		657	16.30	
广河县 2014 年抗旱引调提水项目	10.52	1.10	1762	18.00		10.52	1.10	1762	18.00	
广河县 2015 年中央财政小型农田水利	18.01		30113	437.00		16.00		2700	360.00	
广河县 2015 三甲集抗旱应急水源配套	6.04	650.00	808	60.00		5.80	650.00	48		
广河县 2015 齐家镇抗旱应急水源配套	5.75	1200.00	1363	41.00		5.00	1200.00	35		
和政县中央财政统筹(土地出让)2014	12.16	0.13	6247	59.00		12.16	0.13	6247	59.00	
和政县 2014 年抗旱引调提水项目	12.96	1.35	2172	22.00		12.96	1.35	2172	22.00	
和政县小型农田水利 2015 维修养护	3.95	0.02	301			3.95	0.02	251	1.10	
和政县 2015 抗旱引调提水项目	2.05	0.02	2003			2.05	0.02	2003		
东乡县中央财政五小水利 2014(五)	23.43		13900			23.43		13900		
东乡县 2014 年抗旱引调提水项目	12.60	1.32	2119	21.00		12.20	1.23	2027	20.00	
东乡县 2015 年抗旱引调提水项目	2.36	0.02	2195			2.36	0.02	1910		
东乡县中央财政五小水利项目 2015	6.88		3300			5.71		2582		
积石山县中央财政五小水利 2014(五)	11.60	0.30	3000	94.00		11.60	0.30	3000	94.00	
积石山县 2014 年抗旱引调提水项目	18.82	1.97	3153	31.74		17.82	1.97	3153	31.74	
积石山县中央财政五小水利 2015	2.83	0.06	5824	54.00		1.83	0.05	5000	40.00	
积石山县 2015 抗旱应急水源配套工程	10.27	0.12	4552	625.00		7.27	0.12	4552	625.00	
玛曲县水利工程维修项目(土地出让)	2.97	0.01	150	5.00		2.97	0.01	150	5.00	
卓尼县水利工程维修项目(土地出让)		0.31	1439	1.00			0.31	1439	1.00	
临潭县农田水利 2015 维修养护	0.48	0.22	230			0.48	0.22	230		
卓尼县小型农田水利 2015 维修养护	0.15	0.18	61			0.13	0.15	52		
舟曲县五小水利工程项目(土地出让)	2.63	0.03	15276	184.00		2.63	0.03	15276	184.00	

3-17 续表

项目	全部计划工程量					累计完成工程量				
	土方（万米^3）	石方（万米^3）	砼（米^3）	金属结构（吨）	移民安置人数（人）	土方（万米^3）	石方（万米^3）	砼（米^3）	金属结构（吨）	移民安置人数（人）
舟曲县小型农田水利2015维修养护	0.26	0.30	1147			0.26	0.30	1147		
迭部县小型农田水利2015维修养护	0.88		1122	1.00		0.88		1122	1.00	
玛曲县小型农田水利2015维修养护	3.69		140	4.50		3.69		140	4.50	
夏河县中央财政小农水重点县2014	15.23	10.55	1000			15.23	10.55	1000		
夏河县小型农田水利2015维修养护	0.23	0.07	125			0.23	0.07	125		
省农垦中央财政条山农场高效节水2013	13.10		377	6.36		13.10		377	6.36	
省农垦黑土洼农场高效节水(土地出让)	26.00	0.30	200	3.00		26.00	0.30	200	3.00	
省农垦黄羊河农场高效节水(土地出让)	57.93					57.93				
省农垦八一农场中央财政节水2014(六)	36.40		700			36.40		700		
省农垦生地湾农场中央财政节水2014(六)	14.11		45	23.73		14.11		45	23.73	
省农垦饮马农场中央财政节水2014(六)	67.76					67.76				
省农垦黄花农场中央财政节水2014(六)	12.86	0.08	800	11.23		12.86	0.08	800	11.23	
省农垦张掖农场小型农田水利建设(五)	25.21	0.05	30	1.38		25.21	0.05	30	1.38	
省农垦黑土洼农场高效节水灌溉(六)	27.00		45	0.88		27.00		45	0.88	
省农垦黄花农场高效节水灌溉项目(六)	7.80	3.50	8	1.00		7.80	3.50	8	1.00	
省农垦饮马农场高效节水灌溉项目(六)	18.00					18.00				
省农垦饮马农场中央财政小农水2015	8.90					8.90				
敦煌农场小型农田水利建设(五)	29.65	0.93	292	22.00		29.65	0.93	292	22.00	
省农垦生地湾农场高效节水灌溉(六)	1.92		555	26.34		1.92		555	26.34	
八一农场小型农田水利建设(五)	36.64		600	21.00		36.64		600	21.00	
省农垦小型农田水利2015维修养护	2.00					2.00				
省农垦黄羊河农场高效节水灌溉(六)	29.34		61			29.34		61		
省农垦黄羊河农场小型农田水利(五)	14.48		242			12.80		223		
省农垦山丹农场高效节水灌溉项目(六)	7.40					7.40				
省景电中央财政统筹(土地出让)2014	5.90	0.40	3239	5.00		5.90	0.40	3239	5.00	
省景电小型农田水利2015维修养护	5.92	0.68	4850	15.00		5.92	0.68	4850	15.00	
水库工程	**2382.44**	**716.91**	**438281**	**10876.95**	**459**	**1585.57**	**457.94**	**191377**	**5701.29**	**459**
富川水库(抗旱规划内)	10.85	75.12	17400	932.00		4.05	37.52	4116	38.00	
武威市杂木河毛藏寺水库工程	277.24		68000	4830.00	459.00		277.24	68000	4830.00	459.00

3-17 续表

项目	全部计划工程量					累计完成工程量				
	土方（万米³）	石方（万米³）	砼（米³）	金属结构（吨）	移民安置人数（人）	土方（万米³）	石方（万米³）	砼（米³）	金属结构（吨）	移民安置人数（人）
天祝县二道墩水库	132.54	0.26	13302	383.00		95.43	0.19	6944	225.67	
民乐县石灰窑水库	28.78	47.32	15000	596.00						
临泽县红山湾水库工程	544.60	33.60	68300	287.98		466.66	30.80	40700	53.36	
山丹县白石崖水库(抗旱规划内)	9.74	46.10	12600	688.00		1.67	5.07			
山丹县大口子河水库工程	41.60	0.95	4700	89.00		33.30	0.76	3760	71.20	
山丹县西沟水库	44.10	3.05	4100	99.00		30.87	2.13	2870	70.00	
山丹县东沟水库	36.80	4.00	3400	119.00		25.76	2.80	2380	83.30	
崆峒区北杨涧水库(抗旱规划内)	127.72	0.66	25100			102.18				
泾川县朱家涧水库(抗旱规划内)	400.20	2.50	53800	330.00		3.90	0.43			
崇信县关河水库(抗旱规划内)	47.69	10.89	42200	931.00		13.60	3.10	8440	181.00	
庄浪县花崖河水库(抗旱规划内)	58.00	6.50	18382	527.00		20.00	2.14			
阿克塞县工业园区水库	44.46		7167	1.60		44.46		7061	1.60	
酒泉循环经济产业园水源(大红泉水库)	478.70	35.74	27555	59.74		469.40	35.74	27555	59.74	
庆城县纸坊沟水库(抗旱规划内)	106.23	4.30	8795	573.13		90.30	4.30	486	75.42	
通渭县段家峡水库										
兰州新区 2 号 3 号石门沟水库	270.43	168.68	48480	430.50		184.00	55.72	19066	12.00	
泵站工程	186.28	55.50	400572	34587.59		136.13	31.01	190336	13642.53	
兰州市榆中三电泵站更新改造工程	26.75	1.06	20269	1498.52		26.75	1.06	20269	1498.52	
兰州市皋兰县西电泵站更新改造工程	15.79	5.12	30864	1830.17		15.79	5.12	30864	1830.17	
兰州市工农坪泵站更新改造工程	10.88	0.60	3320	1553.00		10.55	0.60	3174	1410.00	
兰州市大砂沟泵站更新改造工程	8.36	0.30	13358	840.00		8.36	0.30	13358	840.00	
七里河区西津泵站更新改造工程	8.83	0.14	2096	1730.47		6.12	0.06	1477	1068.60	
白银市靖会泵站更新改造工程	14.80	0.37	10000	500.00		14.80	0.37	10000	500.00	
景泰县中泉泵站更新改造工程	7.08	0.82	9588	275.00		7.08	0.82	9588	275.00	
白银市刘川泵站更新改造工程	21.20	9.50	22300	818.00		15.10	8.80	12914	557.00	
白银市兴电泵站更新改造工程	11.98	3.04	71800	3029.00		3.19	0.76	25115	717.00	
白银市旱平川泵站更新改造工程	4.76	1.02	3770	191.00		4.76	1.02	3770	191.00	
靖远县 2014 年中堡泵站更新改造工程	2.65		3135			2.65		3135		
靖远县 2015 年中堡泵站更新改造工程	0.46	0.03	2079			0.46	0.03	2079		

3-17 续表

项目	全部计划工程量					累计完成工程量				
	土方（万米^3）	石方（万米^3）	砼（米^3）	金属结构（吨）	移民安置人数（人）	土方（万米^3）	石方（万米^3）	砼（米^3）	金属结构（吨）	移民安置人数（人）
平凉市白庙泵站更新改造工程	9.40	3.47	4100	762.18		3.28	2.94		607.14	
甘肃省景电泵站更新改造	43.33	30.03	203893	21560.25		17.24	9.14	54593	4148.10	
其他灌溉除涝项目	**63.90**	**4.28**	**39352**	**2487.00**		**19.90**	**0.89**	**12258**	**774.70**	
景泰县草窝滩镇排水工程										
临夏市大夏河风情线综合治理工程										
永靖县刘盐八地质灾害灌区节水改造	63.90	4.28	39352	2487.00		19.90	0.89	12258	774.70	
供水项目	**12088.28**	**1962.21**	**5339415**	**241544.96**	**84**	**9565.04**	**1629.81**	**3146859**	**163155.94**	**84**
引水(调水)工程	**6779.75**	**1567.66**	**4721757**	**227108.16**	**84**	**4378.13**	**1235.30**	**2586558**	**149080.81**	**84**
甘肃省引洮供水一期工程	1178.00	833.59	1893661	107362.78		1178.00	833.59	1893661	107362.78	
靖远县双永供水工程	200.00	10.40	60000	3600.00		200.00	10.40	60000	3600.00	
兰州市水源地建设工程	71.33	234.40	27146	6610.50		71.33	234.40	27146	6610.50	
引洮供水一期榆中县配套工程	702.00	14.22	220000	17691.00		12.64	5.67	20614	1800.55	
白银靖会甘沟干渠扩建及会宁城区供水	68.75	2.11	61777	4514.00		40.06	2.11	30315	3514.00	
引洮一期工程会宁北部供水工程	171.07	7.40	52692	3541.00	42.00	150.00	5.50	42915	3003.00	42.00
秦州区 2014 年抗旱引调提水项目	15.57	0.06	2602	55.00		15.57	0.06	2602	55.00	
天祝县南阳山片下山入川供水工程	293.51	25.15	49131	7670.00		199.58	17.11	33409	6632.00	
天祝县石门河调蓄引水工程	187.31	7.93	89300	5716.88	12.00	161.52	7.21	70724	3729.00	12.00
静宁县甘渭河庙堡调水工程										
肃北县马鬃山镇供水工程										
盐环定扬黄续建工程调概算										
华池县葫芦河水源工程										
引洮供水一期定西配套项目农村供水	2157.00	47.00	103411	7967.00		2157.00	47.00	103411	7967.00	
盐环定扬黄甘肃专用工程一期改造			3600	26.00				2000	16.00	
积石山引水工程	89.56	16.76	139278	3517.00	30.00	88.00	16.10	123000	3180.00	30.00
临夏州引黄济临供水工程										
引洮(博)济合供水工程	75.15	13.92	142600	9852.00		2.15	4.18	8019	1125.00	
甘南州引洮入潭工程	60.50	34.18	29800			60.50	33.59	29750		
兰州新区供水项目引大渠道除险加固	21.46	4.65	108559	7263.00		21.46	4.65	108559	485.98	
甘肃引洮供水二期工程	1050.13	298.80	1713900	14700.00		8.44	8.58	23933		

3–17 续表

项目	全部计划工程量					累计完成工程量				
	土方（万米³）	石方（万米³）	砼（米³）	金属结构（吨）	移民安置人数（人）	土方（万米³）	石方（万米³）	砼（米³）	金属结构（吨）	移民安置人数（人）
天水市城区引洮供水工程	438.41	17.09	24300	27022.00		11.88	5.16	6500		
人饮解困及饮水安全工程	4915.00	390.36	524613	7845.00		4914.84	390.36	524613	7845.00	
镇原县农村安全饮水项目	0.03	0.04	3	0.50		0.03	0.04	3	0.50	
镇原县 1236 扶贫攻坚农村饮水安全 2015	5.03	1.96	906			5.03	1.96	906		
榆中县农村饮水安全项目 2015	73.49	1.29	1560	210.33		73.49	1.29	1560	210.33	
皋兰县农村饮水安全项目 2015	12.83	0.10	688	7.02			0.10	688	7.02	
兰州市农村饮水安全水质检测能力										
永登县 2015 年农村饮水安全工程	32.70		1334	60.93		32.70		1334	60.93	
嘉峪关市农村饮水安全水质检测项目										
金昌市农村饮水安全水质检测中心										
会宁县农村饮水安全项目 2015	445.00	10.05	7174	240.00		445.00	10.05	7174	240.00	
白银市农村饮水安全水质监测能力										
白银区农村饮水安全项目 2015	15.20	0.80	130	2.20		15.20	0.80	130	2.20	
景泰县农村饮水安全项目 2015	81.30		2736	132.05		81.30		2736	132.05	
靖远县 2015 年农村饮水安全项目	73.80		18354			73.80		18354		
甘谷县农村饮水安全项目	135.32		104584	293.90		135.32		104584	293.90	
天水市农村饮水安全水质检测能力										
秦州区农村饮水安全项目 2015	121.77		30213	275.31		121.77		30213	275.31	
麦积区 2015 年农村饮水安全项目	237.00		9800			237.00		9800		
清水县农村饮水安全项目	31.36	0.77	9775	310.00		31.36	0.77	9775	310.00	
秦安县农村饮水安全项目	105.99		4183			105.99		4183		
武山县农村饮水安全项目示点（规划外）	97.57	2.13	19630	722.00		97.57	2.13	19630	722.00	
武山县农村饮水安全(试点县规划外）	125.36	0.79	10444	244.20		125.36	0.79	10444	244.20	
张家川县农村饮水安全项目(2015）	21.39		2677	9.00		21.39		2677	9.00	
武威市农村饮水安全水质监测能力	17.89		1540	10.40		17.89		1540	10.40	
凉州区农村饮水安全项目	8.73		1070			8.73		1070		
古浪县农村饮水安全项目										
天祝县藏区规划外农村饮水安全项目	291.14	0.34	22666	175.66		291.14	0.34	22666	175.66	
山丹县农村饮水安全(试点县规划外）	104.37	0.91	2300	253.18		104.37	0.91	2300	253.18	

3-17 续表

项　　目	全部计划工程量					累计完成工程量				
	土方（万米³）	石方（万米³）	砼（米³）	金属结构（吨）	移民安置人数（人）	土方（万米³）	石方（万米³）	砼（米³）	金属结构（吨）	移民安置人数（人）
张掖市农村饮水安全水质检测能力										
甘州区农村饮水安全项目	475.67	0.82	2986	210.00		475.67	0.82	2986	210.00	
民乐县农村饮水安全项目	65.28	0.08	1355	24.20		65.28	0.08	1355	24.20	
平凉市农村饮水安全水质检测能力										
静宁县农村饮水安全项目 2015	41.90		3220	98.00		41.90		3220	98.00	
崆峒区农村饮水安全项目 2015	11.40	4.97	568	61.00		11.40	4.97	568		
灵台县农村饮水安全项目 2015	31.75	2.03	880			31.75	2.03	880		
酒泉市农村饮水安全工程水质监测能力	0.72	1.68	371	44.70		0.72	1.68	371	44.70	
瓜州县农村饮水安全项目										
玉门市农村饮水安全项目	4.86		200	2.00		4.86		200	2.00	
宁县农村饮水安全项目	3.25	0.58	5800			3.25	0.58	5800		
宁县 1236 扶贫攻坚农村饮水安全 2015	1.35	0.38	5500			1.35	0.38	5500		
正宁县 1236 扶贫攻坚农村饮水安全 2015	1.76		3700			1.76		3700		
庆阳市农村饮水安全水质监测能力										
西峰区 1236 扶贫攻坚农村饮水安全 2015	6.20			2.52		6.20			2.52	
庆城县 2015 年规划外农村饮水安全	0.45		20			0.45		20		
庆城县 1236 扶贫攻坚农村饮水安全 2015	2.93	0.05	1500			2.93	0.05	1500		
环县农村饮水安全项目	40.50		22700	90.82		40.50		22700	90.82	
环县 2015 年规划外农村饮水安全工程	478.67	8.51	73219	407.03		478.67	8.51	73219	407.03	
环县 1236 扶贫攻坚农村饮水安全 2015	3.88		68	4.84		3.88		68	4.84	
华池县 1236 扶贫攻坚农村饮水安全 2015	2.02	0.11	2167			2.02	0.11	2167		
华池县农村饮水安全项目	0.15	0.31				0.15	0.31			
合水县 1236 扶贫攻坚农村饮水安全 2015	3.56	0.01	826	1.80		3.56	0.01	826	1.80	
通渭县农村饮水安全(试点县规划外)	127.00		11512			127.00		11512		
临洮县农村饮水安全项目 2015	61.59		3966	110.00		61.59		3966	110.00	
岷县农村饮水安全项目	180.00	2.49	12800	345.83		180.00	2.49	12800	345.83	
定西市农村饮水安全水质监测能力										
陇南市农村饮水安全水质检测能力										
两当县农村饮水安全(试点县规划外)	19.68	0.68	1520			19.68	0.68	1520		

3-17 续表

项　目	全部计划工程量					累计完成工程量				
	土方（万米³）	石方（万米³）	砼（米³）	金属结构（吨）	移民安置人数（人）	土方（万米³）	石方（万米³）	砼（米³）	金属结构（吨）	移民安置人数（人）
武都区农村饮水安全项目	126.56	0.39	3942			126.56	0.39	3942		
成县农村饮水安全项目	49.10	0.05	2689	91.00		49.10	0.05	2689	91.00	
文县农村饮水安全项目	43.80		503			43.80		503		
宕昌县农村饮水安全项目	35.70	2.70	3100			35.70	2.70	3100		
西和县农村饮水安全项目	100.10		6394			100.10		6394		
礼县农村饮水安全项目	140.58	0.03	4116			140.58	0.03	4116		
徽县农村饮水安全项目	5.19		47			5.19		47		
临夏州农村饮水安全水质监测能力										
临夏市 2015 年度城郊农村饮水安全工程	4.20		2314			4.20		2314		
临夏县 2015 年农村饮水安全(计划外)	3.47	0.08	7732	16.98		3.47	0.08	7732	16.98	
东乡县 2015 农村饮水安全(规划外)	112.85	267.00	18200	786.00		112.80	267.00	18200	786.00	
甘南州农村饮水安全水质检测能力										
合作市农村饮水安全项目 2014	67.45	23.78	7			67.45	23.78	7		
合作市农村饮水安全项目 2015	36.04	14.41	1004	89.00		36.04	14.41	1004	89.00	
合作市藏区规划外农村饮水安全	4.40	1.76	123	10.87		4.40	1.76	123	10.87	
临潭县农村饮水安全项目试点	37.29	0.37	875	80.11		37.29	0.37	875	80.11	
临潭县藏区规划外农村饮水	7.95	0.03	320			7.95	0.03	320		
卓尼县农村安全饮水项目 2014	61.03	0.02	4800	263.00		61.03	0.02	4800	263.00	
卓尼县农村饮水安全项目 2015	62.17	20.70	3413	274.00		62.17	20.70	3413	274.00	
卓尼县藏区规划外农村饮水安全项目	9.60	5.30	978	57.50		9.60	5.30	978	57.50	
舟曲县藏区规划外农村饮水安全	40.35	10.09	7830	420.00		40.35	10.09	7830	420.00	
迭部县农村饮水安全项目 2014	13.46	0.01	1033	68.75		13.46	0.01	1033	68.75	
迭部县藏区规划外农村饮水安全	66.00		2002	111.00		66.00		2002	111.00	
玛曲县农村饮水安全项目 2014	5.08	0.04	2578	51.74		5.08	0.04	2578	51.74	
玛曲县农村饮水安全项目 2015	2.94		15867	215.00		2.94		15867	215.00	
玛曲县藏区规划外农村饮水安全	31.65		13240	86.00		31.65		13240	86.00	
碌曲县农村饮水安全项目 2014	58.57	0.08	5256	84.06		58.57	0.08	5256	84.06	
碌曲县农村饮水安全项目 2015	41.01	0.04	966	66.11		41.01	0.04	966	66.11	
碌曲县藏区规划外农村饮水安全	2.88	0.01	1094	24.46		2.88	0.01	1094	24.46	
夏河县农村饮水安全项目 2015	71.34	0.77	3769	348.00		71.34	0.77	3769	348.00	

3-17 续表

项目	全部计划工程量					累计完成工程量				
	土方（万米³）	石方（万米³）	砼（米³）	金属结构（吨）	移民安置人数（人）	土方（万米³）	石方（万米³）	砼（米³）	金属结构（吨）	移民安置人数（人）
夏河县藏区规划外农村饮水安全	72.40	0.81	3778	352.00		72.40	0.81	3778	352.00	
其他供水工程	393.53	4.19	93045	6591.80		272.06	4.14	35688	6230.13	
镇原县北石窟旅游景区供水工程	1.48	0.04	510	1.96		1.48	0.04	510	1.96	
镇原县中盛产业配水工程	1.25	0.04	343	3.22		0.27	0.01	76	0.71	
山丹县城区供水管网工程										
金塔县北河湾循环产业区供水工程	51.02	3.45	1828	3555.46		51.02	3.45	1828	3555.46	
临洮县安家咀加水工程	6.45		3051	706.60		3.45		1600	350.00	
陇西县引洮一期城区供水扩建工程	163.00	0.33	23000	2322.00		163.00	0.33	23000	2322.00	
积石山县县城区供水水源改扩建工程	53.21	0.31	7600			45.80	0.30	7538		
武威市城乡融合黄羊土门组团供水(陆港)	108.02		54612	2.56						
靖远寺儿坪供水项目	9.10	0.02	2100			7.04	0.01	1136		
水务项目	72.87	11.36	16525			64.10	11.36	11325		
城镇供水管线建设	2.76					0.42				
清水县城区自来水管网扩建工程	2.76					0.42				
污水处理工程	69.50	4.36	12325			63.07	4.36	8825		
临洮县污水处理厂配套管网工程	4.46		25			3.15		25		
山丹县城区生活污水处理工程	5.04	4.36	2300			5.04	4.36	2300		
民勤红沙岗污水处理厂及中水回用贮水池	60.00		10000			54.88		6500		
其他水务项目	0.61	7.00	4200			0.61	7.00	2500		
天水市城区供水高桥头引水枢纽工程	0.61	7.00	4200			0.61	7.00	2500		
水电开发利用	352.81	92.77	507542	14878.08		318.69	82.05	457815	13144.68	
水力发电工程	137.21	52.22	278215	9526.58		117.24	44.30	257649	8376.68	
永昌县西大河二级水电站			70					70		
永昌县西大河总干渠1号水电站	11.24	3.70	179	10.00		11.24	3.70	179	10.00	
临泽县南台子一级水电站										
甘州区石庙一级水电站	0.25	0.04	400	7.68		0.25	0.04	400	7.68	
岷县天宝水电站	0.85	1.36	3500	233.00		0.30	0.39	1900	83.00	
岷县秦许水电站										
两当县左家水电站	4.24	1.68	25600	87.00		3.96	0.91	21300	87.00	

3-17 续表

项目	全部计划工程量					累计完成工程量				
	土方（万米³）	石方（万米³）	砼（米³）	金属结构（吨）	移民安置人数（人）	土方（万米³）	石方（万米³）	砼（米³）	金属结构（吨）	移民安置人数（人）
东乡县达板水电站新增 2010	11.00	3.00	100000	2000.00		11.00	3.00	96200	1900.00	
康乐县杜家咀水电站	4.50	0.15	4500	132.00						
临夏县卧龙沟水电站(4)	1.80	0.80	4200	35.00		1.30			13.00	
康乐县纳沟水电站(4)	3.80	0.60	3165	153.90		2.40	0.60	1400	95.00	
合作市地乌尔水电站	70.65	20.52	112101	2865.00		58.02	17.08	112101	2212.00	
舟曲县天干沟水电站	1.32	0.38	2200	130.00		1.32	0.38	2200	130.00	
迭部县沟洁寺水电站	1.50	3.80	12000	3600.00		1.50	3.80	12000	3600.00	
迭部县阿夏水电站	6.34	3.34		158.00		6.34	3.34		158.00	
迭部县阿夏那盖水电站	0.32	4.15	1300	115.00		0.21	2.36	899	81.00	
夏河县安顺水电站										
夏河县和平桥水电站	19.40	8.70	9000			19.40	8.70	9000		
水电增效扩容	**102.63**	**9.64**	**59676**	**1142.00**		**100.03**	**8.94**	**58659**	**1141.00**	
永昌县金川峡水库电站										
永昌县皇城水库电站										
永昌县头坝三号电站										
武威市凉州区南营水电站										
武威市凉州区黄羊水电站										
武威市凉州区西营总干电站										
山丹马场总场电力局 1 号水电站	0.34	2.72	11245	896.00		0.34	2.72	11245	896.00	
庆城县杨渠水电站										
武都区白鹤桥水电站										
武都区黄鹿坝水电站										
文县白水江林业局水电站										
文县慧达水电站										
宕昌县何家堡水电站	87.00	2.52	31580			87.00	2.52	31580		
礼县苗河水库坝后电站										
东乡县老虎嘴电站			4917	15.00				4500	15.00	
和政县炉子滩水电站	0.78	0.04	1001	80.00		0.78	0.04	1001	80.00	
和政县达浪水电站	0.10	0.03	310	29.00		0.10	0.03	310	29.00	

3-17 续表

项目	全部计划工程量					累计完成工程量				
	土方（万米³）	石方（万米³）	砼（米³）	金属结构（吨）	移民安置人数（人）	土方（万米³）	石方（万米³）	砼（米³）	金属结构（吨）	移民安置人数（人）
和政县康家坪水电站	0.56	0.40	1140	51.00		0.56	0.40	1140	51.00	
和政县新营尕庄水电站	0.37	0.30	618	54.00		0.37	0.30	618	54.00	
康乐县虎关水电站	0.08	0.03	365	17.00		0.08	0.03	365	16.00	
合作市峡村电站										
夏河县白土坡水电站	13.40	3.60	8500			10.80	2.90	7900		
小水电代燃料	**112.97**	**30.92**	**169651**	**4209.50**		**101.42**	**28.82**	**141507**	**3627.00**	
嘉峪关市南干渠小水电代燃料项目										
永昌县金川东小水电代燃料项目	1.38	0.60	7800	280.00		1.38	0.60	7800	280.00	
肃南县西营河一级小水电代燃料项目										
肃南县白银四级小水电代燃料项目	2.11		9370	142.00		2.11		9370	142.00	
肃南县白银三级小水电代燃料项目										
肃南县白泉门一级小水电代燃料项目										
文县李子坝小水电代燃料项目	0.60	1.20	760	55.00		0.18	0.36	228	16.00	
合作市卡加曼小水电代燃料项目	70.62	20.34	112321	2866.00		60.93	19.10	87319	2351.00	
临潭县青石山小水电以电代燃料项目	8.70	0.65	12000	680.00		8.70	0.65	12000	680.00	
迭部县知子水电代燃料项目	9.56	0.13	17400	186.50		8.12	0.11	14790	158.00	
夏河县甫黄二级小水电代燃料项目	20.00	8.00	10000			20.00	8.00	10000		
水保及生态	**10312.82**	**877.65**	**553678**	**65.43**		**9826.67**	**877.65**	**553406**	**65.43**	
水土流失治理	**10312.82**	**877.65**	**553678**	**65.43**		**9826.67**	**877.65**	**553406**	**65.43**	
甘肃省坡耕地水土流失治理 2014（黄河）	1971.20	0.90	1391			1971.20	0.90	1391		
甘肃省坡耕地水土流失治理 2014（长江）	619.60	15.01	546216			619.60	15.01	546216		
甘肃省水土流失重点治理 2014（黄河）	475.19	0.24	598			475.19	0.24	598		
甘肃省水土流失重点治理 2014（长江）	37.35	0.95	454			37.35	0.95	454		
甘肃省水土流失重点治理 2014（内陆）	0.44					0.44				
甘肃省淤地坝新建及维修加固（2014）	39.62	0.04	3185	65.43		39.62	0.04	3185	65.43	
甘肃省国家水土保持重点工程（2014）	1200.84	390.51	116			1200.84	390.51	116		
甘肃省农业综合开发水土保持（2014）	426.28					426.28				
甘肃省国家水土保持重点工程（2015）	1447.50		758			1268.32		662		
甘肃省农业综合开发水土保持（2015）	793.68	470.00	835			710.07	470.00	660		

3–17 续表

项目	全部计划工程量					累计完成工程量				
	土方（万米^3）	石方（万米^3）	砼（米^3）	金属结构（吨）	移民安置人数（人）	土方（万米^3）	石方（万米^3）	砼（米^3）	金属结构（吨）	移民安置人数（人）
甘肃省淤地坝新建及维修加固(2015)										
甘肃省坡耕地水土流失治理2015(黄河)	2481.82					2308.00				
甘肃省坡耕地水土流失治理2015(长江)	707.78					658.24				
甘肃省水土流失重点治理2015(黄河)	105.51		124			105.51		124		
甘肃省水土流失重点治理2015(长江)	6.01					6.01				
甘肃省水土流失重点治理2015(内陆)										
机构能力建设专项	25.80	15.00	12577	344.80		20.80	15.00	12577	344.80	
水文设施及能力建设	21.00		12410	341.00		16.00		12410	341.00	
甘肃中小河流水文监测系统建设	21.00		12410	341.00		16.00		12410	341.00	
甘肃水文水资源工程2013										
其他水利发展项目	4.80	15.00	167	3.80		4.80	15.00	167	3.80	
金昌市城市水资源实时监控与管理	4.80	15.00	167	3.80		4.80	15.00	167	3.80	
甘　肃	39798.79	6956.18	12063644	349203.90	8043	34196.85	5968.86	8399420	220732.95	543
兰州市	1545.17	424.32	462746	39918.24		689.17	297.64	252797	16433.19	
嘉峪关市	220.00		2500			216.00		2500		
金昌市	611.89	172.69	133995	562.91		611.89	172.69	133995	562.91	
白银市	2120.14	118.54	636709	41423.90	42	1981.81	80.48	388718	19303.38	42
天水市	2042.68	107.35	622284	4281.50		1943.01	67.71	575472	3387.50	
酒泉市	2235.14	173.11	230236	4686.24		2151.67	158.12	209383	4523.32	
张掖市	2949.97	349.08	283626	4161.54		2616.98	191.00	213374	2285.00	
武威市	2194.06	321.24	329550	19456.79	7971	2029.89	310.84	283071	16273.58	471
定西市	3484.32	185.03	465049	12003.74		3281.86	179.75	381523	11483.69	
陇南市	1777.19	76.61	462151	483.00		1552.89	52.37	372133	444.00	
平凉市	1891.97	83.06	675745	4549.64		1133.46	59.01	403353	2785.78	
庆阳市	994.75	24.55	223677	2275.40		967.55	24.15	206889	1764.99	
临夏回族自治州	1167.39	2217.63	844226	11179.39	30	1018.62	2189.56	675113	8619.71	30
甘南藏族自治州	1577.26	342.26	823036	23509.60		1341.39	278.30	600502	13546.10	
省直属	14986.88	2360.71	5868113	180712.02		12660.66	1907.22	3700598	119319.81	

3-18 2015 年水利建设项目一览表（六）

项目	全部计划工程量					累计完成工程量				
	土方（万米^3）	石方（万米^3）	砼（米^3）	金属结构（吨）	移民安置人数（人）	土方（万米^3）	石方（万米^3）	砼（米^3）	金属结构（吨）	移民安置人数（人）
甘　肃	22566.57	4347.50	3434644	56573.96	459	22835.35	4318.18	3928688	58025.09	459
防洪项目	2609.20	437.62	1146517	2487.98		2373.08	421.67	1094300	2498.90	
堤防工程	88.72	2.00	51828			88.72	2.00	51828		
卓尼县车巴河流域防洪治理项目										
迭部县卡坝乡尼吉巴防洪工程	3.22		8328			3.22		8328		
疏勒河干流昌马渠首段河道治理	85.50	2.00	43500			85.50	2.00	43500		
江河湖泊治理工程	2418.52	383.54	1022739	1953.96		2182.53	367.21	970087	1936.96	
大江大湖治理	9.99	51.50	15861	1800.00		9.99	51.50	15861	1800.00	
兰州市黄河干流防洪工程	2.30	32.90	1			2.30	32.90	1		
黄河干流白银市防洪治理工程	5.80	4.00	15860	1800.00		5.80	4.00	15860	1800.00	
黄河干流临夏段防洪治理工程										
黄河甘肃段甘南州防洪治理工程	1.89	14.60				1.89	14.60			
重要支流治理	1693.22	274.24	589538	110.26		1531.98	257.71	580502	93.26	
讨赖河嘉峪关安远沟村至嘉酒河道治理	80.00		2500							
金川河金昌市河西堡至宁远堡段防洪	26.60		28000			26.60		28000		
金川河金川区王家大砂沟至南环路桥防洪	200.00		30000			200.00		30000		
祖厉河会宁县城区段防洪工程										
祖厉河靖远县 2014 庄口至罗家湾防洪	6.94	5.01	2434			6.94	5.01	2434		
祖厉河靖远县苏家湾至黑城子段堤防	10.97	2.03	1605			10.97	2.03	1605		
麦积区渭河城区段南堤防治理										
葫芦河麦积区四合村至入渭河口段治理			48000					48000		
渭河麦积区琥珀至新阳段治理工程		0.62	2260				0.62	2260		
葫芦河秦安县叶堡桥头至安坪村段治理	68.86		49040			68.86		49040		
葫芦河秦安县李河至刘沟村防洪治理	60.88	6.18	895			54.79	5.56	806		
葫芦河秦安县安伏至叶堡大桥段治理	61.19	4.59	19755			61.19	4.59	19755		
武山县山丹河口至西关渭河大桥段治理	27.21		17860			27.21		17860		
武山县车家川至山丹河口段治理	77.22		25875			77.22		25875		
石羊河凉州区松涛寺至红水河入河口防洪	29.64		88			24.30		72		
石羊河民勤县野马泉下案段河道治理	30.00	2.07				28.00	0.50			
黑河张掖市高台县六坝至双丰段河道	52.38	11.55	2100			36.14	7.97	1449		

3–18 续表

项目	全部计划工程量					累计完成工程量				
	土方（万米^3）	石方（万米^3）	砼（米^3）	金属结构（吨）	移民安置人数（人）	土方（万米^3）	石方（万米^3）	砼（米^3）	金属结构（吨）	移民安置人数（人）
黑河高台县西腰墩水库至刘家深湖防洪	18.34	5.11	94.50			15.04	4.20		77.50	
临泽县梨园河仙山口至西总干渠河道	92.21		22614			92.21		22614		
黑河临泽县鸭暖小鸭至暖泉河道治理	43.60	8.08	280	10.76		43.60	8.08	280	10.76	
黑河甘州区兰新铁路桥至支家崖河道	48.23	38.19	13584			48.23	38.19	13584		
黑河甘州区国道 312 至兰新铁路河道	57.17		15086			57.17		15086		
泾河平凉市吴老沟至平镇桥段河堤治理										
泾河崆峒区马莲沟至南阳涧河段防洪	39.84		19811			39.80		19811		
葫芦河静宁县狗娃河口至胡家河段河堤	60.25		27100			60.25		27100		
黑河金塔县五爱至友好段河道治理	20.00	7.50				20.00	7.50			
黑河金塔县常丰至中丰村段防洪治理	12.00	3.50				12.00	3.50			
马莲河干流合水县陈家坪至前坪段防洪										
蒲河宁县庄里至叶王川段防洪治理工程	15.02	0.72	5300			9.01	0.43	3200		
镇原县蒲河干流三岔桥至石咀村段防洪	5.03	1.96	906			5.03	1.96	906		
洮河岷县齐家庄至石头咀段防洪	64.86	7.36				64.86	7.36			
陇西县三十里铺至四十里铺治理										
陇西王家营至河浦段堤防工程										
陇西县首阳镇双泉公路桥至水月坪段治理										
临洮县三甲电站至姬家河大桥防洪治理	28.52	0.77	19901			28.52	0.77	19901		
西汉水成县毛坝至魏家坝段堤防工程	0.40		450			0.40		450		
白龙江文县石坊乡东峪口至大渡坝河道	18.21	5.36				10.93	3.22			
文县尚德镇水家坝至周家坝河道治理	16.13	8.60				9.68	5.16			
西汉水康县平洛河口至咀头上段提防	54.58		42008			54.58		42008		
西汉水康县腰牖坝至高楼子段提防工程	39.41		26208			39.41		26208		
西汉水西和县赵家沟至郭家坝段防洪										
西汉水礼县罗家堡至盐官镇段防洪	55.38		39874			55.38		39874		
洮河干流临洮县新添段堤防工程	5.14	103.86	53200	3.00		5.14	103.86	53200	3.00	
白龙江干流陇南市月阳坝至宗家堡堤防	8.96	1.64				8.96	1.64			
白龙江干流陇南市段河坝下坝段堤防	17.80	3.08				17.80	3.08			
宕昌县白龙江干流沙湾镇段堤防工程	76.40	3.06	30900			76.40	3.06	30900		
泾河泾川县罗汉洞至洪河口段河堤治理										

3–18 续表

项目	全部计划工程量					累计完成工程量				
	土方（万米^3）	石方（万米^3）	砼（米^3）	金属结构（吨）	移民安置人数（人）	土方（万米^3）	石方（万米^3）	砼（米^3）	金属结构（吨）	移民安置人数（人）
大夏河干流临夏市单子庄至新大桥段	1.35		235			1.35		235		
临夏县大夏河干流双城至马九川段治理	41.88	0.46	10387			25.26	0.29	2561		
广河县洮河干流新民滩至卧托段堤防	2.63	0.88	1636	2.00		2.63	0.88	1636	2.00	
大夏河干流临夏县祁牟至刘家峡水库防洪	6.10		3834			6.10		3834		
大夏河东乡县折桥至刘家峡水库堤防										
大夏河干流临夏市祁牟段堤防工程			4000					4000		
永靖县湟水干流白川至二房段河堤工程	0.51	2.63	283			0.51	2.63	283		
洮河合作市段防洪工程	62.61	33.71	2460			37.56	20.23	1476		
洮河干流临潭县洮滨防洪堤工程										
卓尼县洮河干流城区段堤防工程										
洮河卓尼县麻路1段至牙当段										
白龙江干流迭部县城段治理工程										
碌曲洮河干流巴吾至博拉段防洪治理	33.06		15600			33.06		15600		
夏河县尕寺沟至克芒切沟治理						19.18	9.67	5130		
夏河县垂子合大桥至阿一山大桥段治理	15.72	5.72	3469			15.72	5.72	3469		
大夏河夏河县王格尔塘至曲奥段治理										
疏勒河干流瓜州县城区段河道治理										
中小河流治理	**715.31**	**57.80**	**417340**	**43.70**		**640.56**	**58.00**	**373724**	**43.70**	
镇原县蒲河太平柳咀段防洪工程	12.52	0.55	595	1.22		12.52	0.55	595	1.22	
庄浪县红土坡至刘家湾段河堤工程										
白银区东大沟民勤村至城区段治理工程	52.50	0.50	24000			52.50	0.50	24000		
甘谷县清溪河礼辛乡寨子至慰坪堤防工程										
清水县后川河杜川至王店段堤防工程	1.09		9000			1.09		9000		
秦安县南小河王尹马河至兴国凤山段堤防										
甘谷县上南河至杨赵村段治理工程	17.00		7600			17.00		7600		
古浪县古浪河朱家庄–龙泉寺治理	40.04		24839			40.04		24839		
山丹县马营河大马营段河道治理工程	9.80	9.68	1012			9.80	9.68	1012		
临泽县小东沟河新柳至西街农田防护	6.74	0.70	30			6.74	0.70	30		
灵台县黑河东门至景家庄段河堤治理	3.00	1.00	2000			3.00	1.00	2000		
灵台县达溪河县城至百里段河堤治理										

3-18 续表

项　　目	全部计划工程量					累计完成工程量				
	土方（万米^3）	石方（万米^3）	砼（米^3）	金属结构（吨）	移民安置人数（人）	土方（万米^3）	石方（万米^3）	砼（米^3）	金属结构（吨）	移民安置人数（人）
灵台县达溪河县城至安家庄段河堤治理	28.92	4.52	21000			28.92	4.52	21000		
泾川县黑河荒场至茜家沟河堤治理工程										
泾川县洪河河堤治理工程	10.00	1.00	10000			10.00	1.00	10000		
泾川县汭河十里沟至枣林段河堤治理工程	28.00		15000			28.00		15000		
崇信县黑河河堤治理工程	21.62		18720			21.62		18720		
崇信县汭河(九功渠首至野雀沟)河堤	52.05		20970			52.05		20970		
庄浪县北洛河良邑郭魏至石家窑段河堤										
酒泉市肃州区清水河堤防及河道治理	17.52	17.33	19636	39.00		17.52	17.33	19636	39.00	
酒泉市肃州区丰乐河堤防及河道治理	46.98	0.55	21259	1.08		46.98	0.55	21259	1.08	
庆阳市中小河流水毁工程修复和治理	6.04	2.56	1030			6.04	2.56	1030		
西峰区砚瓦川贺家塬沟护岸工程										
正宁县四郎河房河治理工程										
宁县新宁镇高山堡村护岸工程	7.83	0.11	60			6.50	0.09	50		
正宁县四郎河樊湾子治理工程										
安定区关川河大碱沟治理工程										
漳县龙川河草川坪至魏下段堤防工程										
陇南市中小河流水毁工程修复和治理										
陇南市武都区北峪河治理工程										
成县严河堤防工程										
文县白马峪河治理工程						6.43	1.59			
文县中路河中寨至白水江口段治理	27.19	7.36				20.39	5.52			
宕昌县恭河韩院段河堤工程	4.81		31989			1.60		10663		
康县阳坝河阳坝镇段治理工程	3.78	0.42				3.78	0.42			
西和县太石河治理工程	25.70	6.76				18.90	3.21			
西和县漾水河治理工程	53.52	2.89	26210			13.50	0.90	8450		
礼县清水江张堡至教面堤防工程	40.33		28580			40.33		28580		
两当县红崖河杈坪河段综合治理工程						12.44		8580		
两当县红崖河蚂蚱河段综合治理工程	20.90		6780			20.90		6780		
东乡县巴谢河五家至赵家段堤防	0.45		510			0.45		510		
临夏县老鸦关河双城至上阴洼段防洪										

3–18 续表

项　　目	全部计划工程量					累计完成工程量				
	土方（万米³）	石方（万米³）	砼（米³）	金属结构（吨）	移民安置人数（人）	土方（万米³）	石方（万米³）	砼（米³）	金属结构（吨）	移民安置人数（人）
和政县牛津河罗家集至马家堡段防洪	60.49		49400			19.64		26300		
和政县大南岔河吊滩段防洪工程						5.39	6.01	10000		
康乐县苏家集河附城镇段堤防工程	1.62	0.07	1933	2.40		1.62	0.07	1933	2.40	
东乡县巴谢河赵家至那勒寺段堤防										
积石山吹麻滩河治理(赵家峡口至何家桥)	10.00		8233			10.00		8233		
合作市格河多合儿防洪工程	4.77	1.10				4.77	1.10			
合作市德吾录河卡加防洪工程	3.16	0.67				3.16	0.67			
临潭县斜藏沟治理工程										
临潭县羊沙河下河段治理工程	6.82		7255			6.82		7255		
卓尼县羊沙河恰盖防洪工程										
卓尼县石窖沟藏巴哇防洪工程										
舟曲县拱坝河堤防工程										
迭部县阿夏流域治理工程	1.17	0.02	24000			1.17	0.02	24000		
甘肃疏勒河灌区三道沟河道治理	88.95		35700			88.95		35700		
水库除险加固	**69.53**	**51.52**	**66909**	**393.19**		**69.68**	**51.96**	**67673**	**435.19**	
大中型病险水库除险加固	**20.00**	**2.00**	**50000**			**20.00**	**2.00**	**50000**		
高台县小海子水库除险加固工程										
甘肃双塔水库除险加固	20.00	2.00	50000			20.00	2.00	50000		
小型病险水库除险加固	**49.53**	**49.52**	**16909**	**393.19**		**49.68**	**49.96**	**17673**	**435.19**	
永昌县老人头水库除险加固	25.00	48.00	50	3.00		25.00	48.00	50	3.00	
会宁县米峡水库除险加固工程	0.34		1237	87.00		0.34		1237	87.00	
张掖市酥油口水库除险加固						0.15	0.44	764	42.00	
高台县天城湖水库除险加固 2014	6.30	0.87	320	5.39		6.30	0.87	320	5.39	
瓜州县榆林河水库除险加固工程	0.53	0.01	580	25.80		0.53	0.01	580	25.80	
敦煌市野麻湾水库除险加固工程	3.20	0.31	908	22.00		3.20	0.31	908	22.00	
玉门市青山水库除险加固工程	11.46	0.07	962			11.46	0.07	962		
渭源县峡口水库除险加固										
安定区七一水库除险加固										
礼县苗河水库除险加固	0.93	0.19	3152			0.93	0.19	3152		
成县卢沟水库除险加固	1.78	0.07	9700	250.00		1.78	0.07	9700	250.00	

3-18 续表

项目	全部计划工程量					累计完成工程量				
	土方（万米³）	石方（万米³）	砼（米³）	金属结构（吨）	移民安置人数（人）	土方（万米³）	石方（万米³）	砼（米³）	金属结构（吨）	移民安置人数（人）
灵台县北庄水库除险加固工程										
华亭县车厂沟水库除险加固工程										
大中型病险水闸除险加固	32.43	0.56	5041	140.83		32.15	0.50	4712	126.75	
永昌县金川河工农渠首泄洪闸除险加固	29.60		1750			29.60		1750		
肃州区红山河马鬃门排砂闸除险加固	2.83	0.56	3291	140.83		2.55	0.50	2962	126.75	
其他防洪项目										
甘肃省 2014 年度山洪灾害防治项目(长)										
甘肃省 2014 年度山洪灾害防治项目(黄)										
甘肃省 2014 年度山洪灾害防治项目(内)										
甘肃省山洪灾害防治补助 2013(内陆)										
甘肃省山洪灾害防治补助 2013(长江)										
甘肃省山洪灾害防治补助 2013(黄河)										
甘肃省山洪灾害防治补助 2015(内陆)										
甘肃省山洪灾害防治补助 2015(黄河)										
甘肃省山洪灾害防治补助 2015(长江)										
灌溉除涝项目	8136.82	2361.79	1359510	19531.98	459	8181.27	2306.02	1350506	20534.26	459
灌区建设工程	905.09	83.21	581093	2890.94		903.56	80.32	532754	2848.29	
皋兰县西岔中型灌区农业综合开发 2015										
兴电灌区齐家大岘隧洞除险加固	3.34	0.11	17270	1700.00		3.34	0.11	17270	1700.00	
白银区工农渠灌区农业综合开发										
古浪县大靖河灌区农业综合开发	0.32	0.34	936	29.00		0.32	0.34	936	29.00	
甘州区上三灌区农业综合开发项目	2.77	1.64	7167	9.14		2.77	1.64	7167	9.14	
民乐县童子坝灌区农业综合开发项目	8.44		5288	12.83		8.44		5288	12.83	
静宁县东峡灌区农业综合开发										
敦煌水资源规划项目(酒泉市)2014	305.00	22.00	11300	30.00		305.00	22.00	11300	30.00	
敦煌水资源规划项目(河道归束)2015	154.52	1.39				154.52	1.39			
敦煌水资源规划项目(党河灌区)2015	43.00	1.72	22300	460.00		43.00	1.72	22300	460.00	
环县甜水堡灌区节水改造项目	5.12		1270			5.12		1270		
合水县固城川灌区续建配套与节水改造	5.90		3536	107.54		5.90		3536	107.54	
临洮县溥济渠灌区农业综合开发	6.15	0.07	4300			6.15	0.07	4300		

3-18 续表

项　　目	全部计划工程量					累计完成工程量				
	土方（万米³）	石方（万米³）	砼（米³）	金属结构（吨）	移民安置人数（人）	土方（万米³）	石方（万米³）	砼（米³）	金属结构（吨）	移民安置人数（人）
渭源县石门灌区农业综合开发项目	7.73	2.30	12836	18.40		6.20	1.80	10260	14.70	
临夏县北塬灌区农业综合开发项目	2.85	0.07	6340	13.50		2.85	0.07	6340	13.50	
景泰川电力提灌二期灌区调蓄水池项目	34.83	4.66	1999	95.58		34.83	4.66	1999	95.58	
敦煌水资源利用与生态保护(疏勒河)2012										
敦煌水资源利用与生态保护(疏勒河)2013	24.00	4.00	60000			24.00	4.00	60000		
敦煌水资源利用与生态保护(疏勒河)2014	73.00	21.00	120000			73.00	21.00	120000		
敦煌水资源利用与生态保护(疏勒河)2015	225.47	23.91	305081	395.00		225.47	21.52	259318	356.00	
玉门市花海灌区农业综合开发	2.66		1470	19.95		2.66		1470	20.00	
节水灌溉工程	**587.17**	**14.62**	**36534**	**767.56**		**627.55**	**15.69**	**108285**	**1792.56**	
2015 年永登县牧区节水灌溉示范项目	13.85		613	17.06		13.85		613	17.06	
石羊河流域重点治理 2014(金昌市)	6.00	7.00	5980	25.00		6.00	7.00	5980	25.00	
永昌县牧区节水灌溉示范项目	9.86	0.42	100			9.86	0.42	100		
凉州区规模化节水灌溉增效示范 2014	11.18		1110			11.18		1110		
凉州区规模化节水增效示范(2013-2016)	73.67		1950			73.67		1950		
民勤县牧区节水灌溉示范项目 2015	1.23	0.03	377	5.65		1.23	0.03	377	5.65	
天祝县牧区节水灌溉示范项目 2014	3.87		9	0.70		4.27		11	0.70	
石羊河流域重点治理 2014(张掖市)	5.69	1.67	1760			5.69	1.67	1760		
肃州区规模化节水灌溉增效示范项目	23.80	0.03	265	12.11		23.80	0.03	265	12.11	
肃州区规模化节水增效示范(2013-2016)	149.77	0.04	1325	13.00		149.77	0.04	1325	13.00	
瓜州县牧区节水灌溉示范项目 2014	0.85	0.06	2800	1.22		0.85	0.06	2800	1.22	
肃北县牧区节水灌溉示范项目 2014	4.82	1.22	2411			4.82	1.22	2411		
阿克塞县牧区节水灌溉示范项目 2014	6.51		3176	0.20		6.51		3176	0.20	
敦煌市规模化节水灌溉增效示范项目	22.29					22.29				
敦煌市规模化节水增效(2013-2016)	14.14	0.01	209	0.39		14.14	0.01	209	0.39	
环县牧区节水灌溉示范项目 2015	5.88	0.04	285	18.30		5.88	0.04	285	18.30	
安定区规模化节水综合灌溉示范 2015	24.86			15.93		24.86			15.93	
漳县牧区节水灌溉示范项目 2015	13.57		284			13.57		284		
甘州区规模化节水灌溉示范(2013-2016)	177.97	0.26	5500			177.97	0.26	5500		
合作市牧区节水灌溉示范项目 2014	2.64	2.26	492			2.64	2.26	492		
迭部县牧区节水灌溉示范项目 2015	0.53	0.10	1558	169.00		0.53	0.10	1558	169.00	

3–18 续表

项目	全部计划工程量					累计完成工程量				
	土方（万米^3）	石方（万米^3）	砼（米^3）	金属结构（吨）	移民安置人数（人）	土方（万米^3）	石方（万米^3）	砼（米^3）	金属结构（吨）	移民安置人数（人）
夏河县 2015 牧区节水灌溉项目	3.20	1.20	300			2.80	0.75	240		
石羊河流域重点治理(省景电)2012						5.27	0.02	9006	58.00	
石羊河流域重点治理(省景电)2013						35.11	1.50	62803	967.00	
石羊河流域重点治理(省景电)2014	10.99	0.28	6030	489.00		10.99	0.28	6030	489.00	
小型农田水利建设	**5086.00**	**2038.10**	**547067**	**9154.90**		**5116.09**	**2036.99**	**528075**	**8789.44**	
镇原县 2015 抗旱引调提水项目(3)	16.80	0.25	3809	77.76		16.80	0.25	3809	77.76	
镇原县小型农田水利 2015 维修养护	1.80	0.01	1485	20.50		1.80	0.01	1485	20.50	
榆中县中央财政高效节水 2014(五)						55.36		4432	50.84	
榆中县中央统筹(土地出让)2014	20.00	0.20	150	120.00		20.00	0.20	150	120.00	
榆中县抗旱引调提水项目 2014	8.00	0.02	100			8.00	0.02	100		
红古区中央统筹(土地出让)2014	26.82		2360	41.00		26.82		2360	41.00	
榆中县中央财政小型农田水利(5)	26.00	10.40	1600	102.00		26.00	10.40	1600	102.00	
榆中县小型农田水利 2015 维修养护	0.02	0.02	9			0.02	0.02	9		
榆中县 2015 抗旱引调提水项目(3)	8.00		650	3.00		8.00		650	3.00	
西固区小型农田水利 2015 维修养护										
红古区中央财政高效节水 2014(五)	32.32		2700			28.32		2700		
红古区小型农田水利建设(五)	34.43		1773	41.37		34.43		1773	41.00	
红古区小型农田水利 2015 维修养护	0.22	0.07	843	48.90		0.22	0.07	843	48.90	
永登县高效节水项目 2014(五)	13.07	0.02	752	23.06		13.07	0.02	752	23.06	
永登县 2015 年高效节水灌溉示范项目	59.93		2773	10.20		59.93		2773	10.20	
永登县 2015 年抗旱引调提水项目	44.53	0.59	952	41.11		41.11	0.54	866	37.40	
永登县 2015 年水利工程维修养护项目	1.76	0.08	1032	6.13		1.76	0.08	1032	6.13	
皋兰 2015 年农田水利设施维修养护项目	1.36	0.08				1.36	0.08			
嘉峪关市中央财政高效节水 2015(五)	14.00									
嘉峪关市高效节水灌溉项目 2015(六)	12.00					12.00				
嘉峪关市小型农田水利维修养护 2015 年										
嘉峪关中央财政高效节水 2013(五)	10.00					10.00				
嘉峪关中央财政高效节水 2014(五)	10.00					10.00				
嘉峪关中央财政高效节水 2014(六)	20.00					20.00				
永昌县中央财政高效节水 2014(五)						39.06	0.12	900		

3–18 续表

项目	全部计划工程量					累计完成工程量				
	土方（万米³）	石方（万米³）	砼（米³）	金属结构（吨）	移民安置人数（人）	土方（万米³）	石方（万米³）	砼（米³）	金属结构（吨）	移民安置人数（人）
金川区中央财政高效节水 2014(六)						12.43		180		
永昌县中央财政高效节水 2014(六)						29.60	0.29	400		
金川区高效节水灌溉项目(六)	8.42	0.18	190			8.42	0.18	190		
金川区中央财政小型农田水利工程 2015	17.57	1.40	820	10.40		17.57	1.40	820	10.40	
金川区小型农田水利 2015 维修养护项目	0.27	0.55	1000	2.20		0.27	0.55	1000	2.20	
永昌县小型农田水利建设(五)	49.00	20.00	731	20.00		49.00	20.00	731	20.00	
永昌县高效节水灌溉项目(六)	13.67	5.80	181	5.60		13.67	5.80	181	5.60	
永昌县中央财政小型农田水利工程 2015	36.20	15.10	527	15.21		36.20	15.10	527	15.21	
永昌县小型农田水利 2015 维修养护	0.29		1200	2.70		0.29		1200	2.70	
靖远县中央财政高效节水灌溉项目 2013										
靖远县 2013 水利工程维修养护(土地出让)										
白银区中央财政高效节水灌溉项目 2013										
景泰县中央财政高效节水灌溉项目 2013										
景泰县中央财政景电农场节水灌溉 2013	1.90		884	4.87		0.90		749	3.25	
景泰县中央财政节水灌溉(土地出让)	1.50	0.30	3000	230.00		1.50	0.30	3000	230.00	
靖远县高效节水灌溉(土地出让)2014	13.68	0.05	687			13.70	0.05	690		
靖远县中央财政高效节水 2014(五)	34.85	0.25	815			34.85	0.25	815		
白银区农业水价改革(土地出让)2014	18.50		17000	13.00		18.50		17000	13.00	
白银区中央财政高效节水 2014(五)	23.90	2.00	1589	0.76		23.90	2.00	1589	0.76	
白银区五小水利工程(土地出让)2014	1.16		7886	156.00		1.16		7886	156.00	
会宁 2014 年抗旱引调提水项目	38.05		4590	68.00		38.05		4590	68.00	
会宁县中央财政高效节水 2014(五)	9.00		340	3.00		9.00		340	3.00	
会宁县高效节水灌溉(土地出让)2014	30.80		158	105.25		30.80		158	105.25	
景泰县中央财政小农水重点县 2014	48.31	0.49	1007	13.00		48.31	0.49	1007	13.00	
景泰县中央财政高效节水 2014(五)	83.00		1800	60.03		83.00		1800	60.03	
景泰县抗旱规划引调提水项目(2014)	4.20	17.43	207	142.01		4.20	17.43	207	142.01	
平川区中央财政高效节水 2014(五)	69.47					69.47				
靖远县 2014 年抗旱引调提水项目	26.00	0.20	2275			26.00	0.20	2275		
景泰水利工程维修养护(土地出让)2014										
会宁县 2015 年抗旱引调提水项目	14.24		6472	554.80		14.24		6472	554.80	

3–18 续表

项　　目	全部计划工程量					累计完成工程量				
	土方（万米³）	石方（万米³）	砼（米³）	金属结构（吨）	移民安置人数（人）	土方（万米³）	石方（万米³）	砼（米³）	金属结构（吨）	移民安置人数（人）
平川区小型农田建设 2015(五)	10.60	0.02	966	22.00		10.60	0.02	966	22.00	
会宁县中央财政高效节水 2015(五)	30.80		160	55.00		30.80		160	55.00	
会宁县 2015 年维修养护项目										
平川区小型农田水利 2015 维修养护资金										
白银区小型农田水利建设(五)2015	19.30	0.30	600	0.40		19.30	0.30	600	0.40	
白银区 2015 小型农水利维修养护资金	1.50	0.30	558	70.89		1.50	0.30	558	70.89	
景泰县中央财政小型农田水利建设 2015	36.26		120			36.26		120		
景泰县 2015 年抗旱引调提水项目	56.65		6800	15.00		56.65		6800	15.00	
景泰县小型农田水利 2015 年维修养护	3.51	0.11	1200	4.30		3.51	0.11	1200	4.30	
靖远县 2015 年高效节水灌溉示范项目	55.60	0.40	1300			55.60	0.40	1300		
靖远县 2015 年抗旱引调提水项目	33.93		1288			33.93		1288		
靖远县 2015 年小型农田水利维修养护资金	0.29	0.26	4969			0.29	0.26	4969		
甘谷县 2015 抗旱引调提水工程	2.48		2831	42.00		2.48		2831	42.00	
甘谷县中央财政小型水利五小水利 2015	23.51		6037	112.00		23.51		6037	112.00	
秦州区中央财政统筹(土地出让)2014	9.60		1856	21.00		9.60		1856	21.00	
秦州区 1 万 ~5 万亩灌区（土地出让）	4.84	0.24	5764	29.00		4.84	0.24	5764	29.00	
秦州区 2015 年抗旱引调提水工程										
秦州区小型农田水利 2015 维修养护	2.38		110			2.38		110		
麦积区小型农田水利 2015 年维修养护	1.30		228			1.30		228		
清水县五小水利工程(土地出让)	2.36		154	90.46		2.36		154	90.46	
清水县水利工程维修项目(土地出让)	2.57	0.29	43			2.57	0.29	43		
清水县 2014 年抗旱引调提水项目	15.57	0.06	3572	535.69		15.57	0.06	3572	535.69	
清水县 2015 抗旱引调提水项目	4.03	0.02	1271	260.63		4.03	0.02	1271	260.63	
清水县小型农田水利 2015 维修养护	1.76	0.01	263	23.60		1.76	0.01	263	23.60	
秦安县中央财政统筹(土地出让)2014	71.96		746			71.96		746		
秦安县 2015 抗旱引调水提水项目	7.10		8774			7.10		8774		
甘谷县 2014 年抗旱引调提水项目	4.38		632	36.00		4.38		632	36.00	
武山县 2014 年度小型农田水利重点县	10.99		326	18.50		10.99		326	18.50	
武山县高效节水灌溉项目(土地出让)	1.43		273	0.46		1.43		273	0.46	
武山县 1 万 ~5 万亩灌区改造（土地出让）	5.24	0.54	6321	156.00		5.24	0.54	6321	156.00	

3-18 续表

项目	全部计划工程量					累计完成工程量				
	土方（万米^3）	石方（万米^3）	砼（米^3）	金属结构（吨）	移民安置人数（人）	土方（万米^3）	石方（万米^3）	砼（米^3）	金属结构（吨）	移民安置人数（人）
武山县2015抗旱引调提水工程	3.83		16			3.83		16		
武山县小型农田水利2015维修养护项目	6.97		9			6.97		9		
张家川县小型农田水利2015维修养护	0.40	1.71	1308			0.40	1.71	1308		
凉州区中央财政高效节水2014(五)	70.94		1900	33.00		70.94		1900	33.00	
凉州区中央财政高效节水2014(六)	21.22		700			21.22		700		
凉州区2014抗旱规划引调提水项目	37.50	0.44	7210	84.70		37.50	0.44	7210	84.70	
凉州区中央财政小型农田水利建设(五)	85.28	0.09	3700	36.91		85.28	0.09	3700	36.91	
凉州区高效节水灌溉项目(六)	69.28	0.11	1800	55.43		69.28	0.11	1800	55.43	
凉州区2015年抗旱引调提水工程	1.94	1.22	500	13.70		1.94	1.22	500	13.70	
凉州区农业水价综合改革(土地出让)										
凉州区小型农田水利2015维修养护										
民勤县2015年抗旱引调提水项目	18.01	0.09	200	8.00		18.01	0.09	200	8.00	
民勤县农业水价综合改革(土地出让)										
民勤县中央财政小型农田水利建设(5)	64.70	1.59	2000	45.00		64.70	1.59	2000	45.00	
民勤县中央财政小农水重点县2015(五)	10.84	0.27	400	5.68		10.84	0.27	400	5.68	
民勤县高效节水灌溉项目(六)	31.40	0.65	979	22.90		31.40	0.65	979	22.90	
民勤县中央财政小型农田水利工程2015	22.10	0.22	633	8.58		22.10	0.22	633	8.58	
民勤县小型农田水利2015维修养护	0.20	0.14	845			0.20	0.14	845		
古浪县中央财政高效节水灌溉2013	11.76		1548	7.04		11.76		1548	7.04	
古浪县中央财政小农水重点县2014	11.93		470	3.65		11.93		470	3.65	
古浪县中央财政统筹(土地出让)2014	3.29	0.01	1261			3.29	0.01	1261		
古浪县中央财政高效节水2014(六)	70.69		507			70.69		507		
古浪县中央财政高效节水2014(五)	44.70		1176			44.70		1176		
古浪县抗旱规划引调提水项目	20.32		2288	140.33		20.32		2288	140.33	
古浪县小型农田水利建设(五)	78.89	0.04	3524	15.42		78.89	0.04	3524	15.42	
古浪县高效节水灌溉项目(六)	19.21		2000	22.67		19.21		2000	22.67	
古浪县2015抗旱引调提水项目	22.76	1.04	1371	21.80		22.76	1.04	1371	21.80	
古浪县中央财政小型农田水利工程2015	41.15		605	13.15		41.15		605	13.15	
古浪县小型农田水利2015维修养护	0.84					0.84				
天祝县中央财政高效节水2014(六)	21.06	0.14	1670			21.06	0.14	1670		

3-18 续表

项目	全部计划工程量					累计完成工程量				
	土方（万米^3）	石方（万米^3）	砼（米^3）	金属结构（吨）	移民安置人数（人）	土方（万米^3）	石方（万米^3）	砼（米^3）	金属结构（吨）	移民安置人数（人）
天祝县高效节水灌溉项目(六)	32.85		166	7.26		32.85		166	7.26	
天祝县小型农田水利 2015 维修养护	1.05	0.04	652			1.05	0.04	652		
高台县中央财政高效节水 2014(六)	36.46	4.05	2240			36.46	4.05	2240		
山丹县抗旱规划引调提水项目 2014	11.50	10.90	138	13.60		11.50	10.90	138	13.60	
山丹县中央财政高效节水 2014(六)	75.79	0.43	1200			75.79	0.43	1200		
肃南县前滩 1 万 ~5 万亩灌区（土地出让）2014	19.58		54			19.58		54		
甘州区中央财政高效节水 2014(六)	33.18		1100			33.18		1100		
民乐县中央财政高效节水 2014(六)	29.49	0.01	200			29.49	0.01	200		
民乐县农业水价改革(土地出让)2014	12.17		10100			12.17		10100		
高台县中央财政统筹(土地出让)2014	4.43	0.62	109			4.43	0.62	109		
山丹县中央财政统筹(土地出让)2014										
临泽县中央财政统筹(土地出让)2014	2.76	0.30	745			2.76	0.30	745		
肃南县中央财政统筹(土地出让)2014	44.73		127			44.73		127		
山丹马场中央财政高效节水 2014(五)	13.54	0.08	944	28.26		13.54	0.08	944	28.26	
山丹县小型农田水利建设 2015(五)	5.19	0.07	670			5.19	0.07	670		
高台县农业水价改革(土地出让)2015	9.33	4.47	6541			9.33	4.47	6541		
高台县小型农田水利 2015 维修养护	4.42	0.33	1693	36.67		4.42	0.33	1693	36.67	
高台县小型农田水利建设 2015(五)	25.00	11.44	1800			25.00	11.44	1800		
高台县高效节水灌溉项目 2015(六)	20.00	9.88	2200			20.00	9.88	2200		
高台县中央财政小型农田水利 2015(七)	38.16	0.01	300	4.65		38.16	0.01	300	4.65	
山丹县高效节水灌溉项目 2015(六)	59.53	0.43	1000			59.53	0.43	1000		
临泽县小型农田水利 2015 维修养护	2.76	0.30	745			2.76	0.30	745		
临泽县小型农田水利建设 2015(五)	58.08	0.16	3472	27.55		58.08	0.16	3472	27.55	
山丹县中央财政小农水 2015(七)	44.92	0.22	726	92.00		44.92	0.22	726	92.00	
甘州区高效节水灌溉项目 2015(六)	40.89		1100			40.89		1100		
甘州区中央财政小型农田水利 2015(五)	51.45		1500			51.45		1500		
甘州区小型农田水利 2015 维修养护										
山丹县 2015 抗旱引调水项目	40.73	1.28	45	0.55		40.73	1.28	45	0.55	
肃南县小型农田水利建设 2015(五)	40.41		1129	12.00		40.41		1129	12.00	
肃南县小型农田水利 2015 维修养护	2.84	12.08	13437			2.84	12.08	13437		

3-18 续表

项目	全部计划工程量					累计完成工程量				
	土方（万米³）	石方（万米³）	砼（米³）	金属结构（吨）	移民安置人数（人）	土方（万米³）	石方（万米³）	砼（米³）	金属结构（吨）	移民安置人数（人）
民乐县2015抗旱引调提水项目	18.83		711	4.45		18.83		711	4.45	
民乐县高效节水灌溉项目2015(六)	31.40	0.02	500	3.04		31.40	0.02	500	3.04	
民乐县小型农田水利建设2015(五)	38.87	0.05	480	1.98		38.87	0.05	480	1.98	
民乐县中央财政小型农田水利2015(七)	0.03		47	0.38		0.03		47	0.38	
民乐县水利工程维修养护2014-2015	2.69	1.64	3280	19.93		2.69	1.64	3280	19.93	
山丹马场2014年高效节水(六)	17.16	0.05	169	10.76		7.80	0.05	132	10.50	
山丹马场小型农田水利建设2015(五)	10.68	0.07	471	28.80		5.68	0.07	450	27.00	
山丹马场高效节水灌溉项目2015(六)	16.41	0.02	135	8.24		6.50	0.02	120	7.90	
崆峒区中央财政统筹(土地出让)2014	6.10		775	72.70		6.10		775	72.70	
静宁县小型农田水利2015维修养护	2.32					2.32				
静宁县2015年抗旱水源引调提水工程	15.06	0.15	500	28.00		15.06	0.15	500	28.00	
崆峒区抗旱规划引调提水项目	10.67		1892	1269.81		10.67		1892	1269.81	
崆峒区小型农田水利2015年维修养护										
泾川县中央财政统筹(土地出让)2014	9.57		260			9.57		260		
泾川县2014年抗旱引调提水项目										
灵台县中央财政小农水重点县2014(四)	4.00					4.00				
灵台县许家沟提灌工程(土地出让2014)	2.10		5300			2.10		5300		
灵台县中央财政小型农田水利工程2015	13.32	0.19	3000	0.16		13.32	0.19	3000	0.16	
崇信县水利工程维修项目(土地出让)										
崇信县小型农田水利2015年维修养护										
华亭西华河1万~5万亩灌区（土地出让）2014	10.92	0.82	2954	13.92		10.92	0.82	2954	13.92	
庄浪县中央财政统筹(土地出让)2014	9.56		2400	192.30		9.56		2400	192.30	
庄浪县2015年抗旱引调提水项目	12.83		1088	26.75		12.83		1088	26.75	
庄浪县小型农田水利2015年维修养护	1.81		380			1.81		380		
静宁县中央财政统筹(土地出让)2014	14.25		1700	155.00		14.25		1700	155.00	
静宁县抗旱规划引调提水项目	6.61	0.86	2400	51.00		6.61	0.86	2400	51.00	
肃州区中央财政统筹(土地出让)2014	0.73	0.48	721	18.09		0.73	0.48	721	18.09	
瓜州县中央财政统筹(土地出让)2014	2.50	1.54	2932	15.94		2.50	1.54	2932	15.94	
酒泉市中央财政统筹(土地出让)2014										
肃州区中央财政高效节水2014(五)	10.00	0.57	200			10.00	0.57	200		

3-18 续表

项　目	全部计划工程量					累计完成工程量				
	土方（万米^3）	石方（万米^3）	砼（米^3）	金属结构（吨）	移民安置人数（人）	土方（万米^3）	石方（万米^3）	砼（米^3）	金属结构（吨）	移民安置人数（人）
肃州区中央财政高效节水 2014(六)	15.51	0.08	1300			15.51	0.08	1300		
肃州区小型农田水利建设(五)	25.90	0.04	1200			24.66	0.04	1200		
肃州区高效节水灌溉项目(六)	16.41	0.01	1300			15.26	0.01	1300		
肃州区小型农田水利 2015 维修养护资金	0.41	0.53	259	2.65		0.41	0.53	259	2.65	
金塔县中央财政高效节水 2014(五)	20.00		800			20.00		800		
金塔县中央财政高效节水 2014(六)	37.68		1654			37.68		1654		
金塔县中央财政统筹(土地出让)2014	1.60		1786			1.60		1786		
金塔县高效节水灌溉项目(六)	35.60		3000			35.60		3000		
金塔县中央财政小型农田水利工程 2015	35.18		1300	43.33		35.18		1300	43.33	
金塔县区小型农田水利建设(五)	44.50		1900			44.50		1900		
瓜州县中央财政高效节水 2014(五)	48.12		2034			48.12		2034		
瓜州县桥子 1 万 ~5 万亩灌区（土地出让）2014	2.46	2.00	2250	7.78		2.46	2.00	2250	7.78	
瓜州县小型农田水利建设(五)	31.25		19			31.25		19		
瓜州县小型农田水利 2015 维修养护资金	0.46	0.65	640	1.01		0.46	0.65	640	1.01	
阿克塞小型农田水利 2015 维修养护	4.20		920	2.00		4.20		920	2.00	
玉门市中央财政高效节水 2014(五)	2.18	0.02	4	1.00		2.18	0.02	4	1.00	
玉门市中央财政高效节水 2014(六)	27.23		688	0.97		27.23		688	0.97	
玉门市小型农田水利建设(五)	31.91		1788	23.88		31.91		1788	23.88	
玉门市高效节水灌溉项目(六)	37.12		574	1.63		37.12		574	1.63	
玉门市中央财政小型农田水利工程 2015	22.50		150			22.50		150		
酒泉市敦煌抗旱规划引调提水项目	23.85	0.33	1302	2.00		23.85	0.33	1302	2.00	
敦煌市 2015 抗旱引调提水项目	71.62		59	1.00		71.62		38		
敦煌市小型农田水利 2015 维修养护	3.30		2350			3.30		2350		
镇原吴家沟 1 万 ~5 万亩灌区（土地出让）2014	8.20		4664	31.44		8.20		4664	31.44	
合水县中央财政小农水重点县 2014	3.56	0.64	4826	189.00		3.56	0.64	4826	189.00	
正宁县四郎河 1 万 ~5 万亩灌区（土地出让）	20.90		4580	17.00		20.90		4580	17.00	
西峰区中央财政统筹(土地出让)2014	6.20		182	16.00		6.20		182	16.00	
宁县中央财政统筹(土地出让)2014	2.03	0.05	500			2.03	0.05	500		
合水县中央财政统筹(土地出让)2014						2.80	0.05	98	1.80	
环县中央财政统筹(土地出让)2014	0.86		560	0.54		0.86		560	0.54	

3-18 续表

项目	全部计划工程量 土方（万米³）	全部计划工程量 石方（万米³）	全部计划工程量 砼（米³）	全部计划工程量 金属结构（吨）	全部计划工程量 移民安置人数（人）	累计完成工程量 土方（万米³）	累计完成工程量 石方（万米³）	累计完成工程量 砼（米³）	累计完成工程量 金属结构（吨）	累计完成工程量 移民安置人数（人）
镇原县抗旱规划引调提水项目										
华池县抗旱规划引调提水项目										
环县抗旱规划引调提水项目										
西峰区小型农田水利2015维修养护	1.06	0.01	74	2.44		1.06	0.01	74	2.44	
庆城县2015抗旱引调提水项目(2)	5.44	0.21	1786	94.25		5.44	0.21	1786	94.25	
庆城县小型农田水利2015维修养护	0.87			11.90		0.87			11.90	
环县小型农田水利2015维修养护	1.22		708	0.54		1.22		708	0.54	
环县2015抗旱引调提水项目(3)	14.28	0.07	10516	505.12		14.28	0.07	10516	505.12	
华池县2015抗旱引调提水项目(2)	9.58	0.14	1447	65.74		9.58	0.14	1447	65.74	
合水县小型农田水利2015维修养护	3.80	0.01	112	2.30		3.80	0.01	112	2.30	
渭源县中央财政五小水利项目2013	8.89	0.18	10900	16.15		8.89	0.18	10900	16.15	
安定区抗旱应急调蓄工程	2.60	3.90				2.60	3.90			
通渭县中央财政小农水重点县2014	19.44	0.36	3008	38.00		19.44	0.36	3008	38.00	
通渭县中央财政统筹(土地出让)2014	6.40	0.05	239			6.40	0.05	239		
临洮县红旗1万~5万亩灌区（土地出让）2014	7.75	0.08	3200			7.75	0.08	3200		
陇西县抗旱引调提水项目	13.67	0.01	4474			12.98	0.01	4250		
渭源县中央财政五小水利2014(五)	3.70					13.80		11500		
临洮县小型农田水利2015维修养护										
临洮县中央财政五小水利(2014)	22.09		10600	79.30		22.09		10600	79.30	
临洮县中央财政小农水五小水利2015	25.62		15963	30.60						
临洮县抗旱引调提水项目2015	4.24		700			4.24		700		
渭源县中央财政五小水利2015	23.53		13900	14.00		19.73		11420	8.90	
安定区2015年抗旱引调水工程	30.43			0.58		30.43			0.58	
通渭县2015年抗旱引调提水项目	1.10	0.30		1415		1.10	0.30		1415	
漳县小型农田水利2015维修养护			806	31.50				806	31.50	
康县中央财政统筹(土地出让)2014	5.04	1.20	768			5.04	1.20	768		
武都区中央财政统筹(土地出让)2014	17.20	6.40				17.20	6.40			
文县中央财政统筹(土地出让)2014										
徽县中央财政统筹(土地出让)2014	1.50		612			1.50		612		
西和县抗旱规划引调提水项目	53.52	2.89	26210			13.50	0.90	8450		

3-18 续表

项目	全部计划工程量					累计完成工程量				
	土方（万米^3）	石方（万米^3）	砼（米^3）	金属结构（吨）	移民安置人数（人）	土方（万米^3）	石方（万米^3）	砼（米^3）	金属结构（吨）	移民安置人数（人）
礼县抗旱规划引调提水项目	21.32		6807			21.32		6807		
武都区中央财政区域节水 2014(五)	67.50	0.15	845			67.50	0.15	845		
武都区中央财政区域节水 2014(六)	78.70	0.18	1020			78.70	0.18	1020		
武都区高效节水灌溉项目(六)	77.78		1367			77.78		1367		
武都区小型农田水利 2015 维修养护										
武都区水价改革及产权改革试点										
武都区中央财政小农水(区域节水)	73.83	0.17	1000			73.83	0.17	1000		
成县小型农田水利 2015 维修养护	1.20	0.09	300			1.20	0.09	300		
文县中央财政六小水利 2014(六)	5.96	0.14	5200			5.96	0.14	5200		
文县高效节水灌溉项目(六)	5.89	0.14	2100			5.89	0.14	2100		
文县小型农田水利 2015 维修养护										
康县小型农田水利 2015 维修养护	0.69	0.39	100			0.69	0.39	100		
西和县 2015 抗旱引调提水项目(2)	11.15	0.36	1135			11.15	0.36	1135		
礼县 2015 抗旱引调提水项目(3)	23.97		16767			23.97		16767		
礼县小型农田水利 2015 维修养护										
徽县中央财政六小水利 2014(六)	2.37		300			2.37		300		
徽县小型农田水利 2015 维修养护	1.20	0.24	35			1.20	0.24	35		
徽县高效节水灌溉项目(六)	2.28		230			2.28		230		
民勤县中央财政小农水重点县 2014(5)	24.38	0.72	300	48.40		24.38	0.72	300	48.40	
民勤县 2014 年农业水价改革项目	0.39		3151			0.39		3151		
民勤县 2014 年高效节水灌溉项目	26.80	0.73	807	20.70		26.80	0.73	807	20.70	
民勤县 2014 抗旱规划引调提水工程项目	30.09	0.33	3394	6.84		30.09	0.33	3394	6.84	
两当县中央财政六小水利 2014(六)	12.01	0.01	3790			12.01	0.01	3790		
两当县高效节水灌溉项目(六)	14.82	0.01	1720			14.82	0.01	1720		
两当县小型农田水利 2015 维修养护	0.21		1529			0.21		1529		
东乡县中央财政五小水利项目 2013	4.56		390			4.56		390		
东乡县水利工程维修养护(土地出让)										
永靖县五小水利工程(土地出让)	1.97	0.06	2816	122.00		1.97	0.06	2816	122.00	
临夏市小型农田水利 2015 维修养护	0.35		872			0.35		872		
临夏县中央财政小农水重点县 2014	7.63		3900	12.00		7.63		3900	12.00	

3-18 续表

项目	全部计划工程量					累计完成工程量				
	土方（万米³）	石方（万米³）	砼（米³）	金属结构（吨）	移民安置人数（人）	土方（万米³）	石方（万米³）	砼（米³）	金属结构（吨）	移民安置人数（人）
临夏县 2014 年抗旱引调提水项目						3.11	0.32	521	5.00	
临夏县 2015 年抗旱引调提水项目	1.93	0.02	1018			1.60	0.02	1018		
康乐县中央财政统筹(土地出让)2014	4.20	0.18	1398	16.00		4.20	0.18	1398	32.70	
康乐县小型农田水利 2015 维修养护资金	1.20		200			1.20		200		
永靖县中央财政统筹(土地出让)2014	2.83		4533	7.45		2.83		4533	7.45	
永靖县 2014 抗旱引调提水项目	2.08	0.21	349	3.51		2.08	0.21	349	3.51	
永靖县 2015 年抗旱引调水提水工程	1.10	0.03	880			1.10	0.03	880		
永靖县小型农田水利 2015 年维修养护	5.82		657	16.30		5.82		657	16.30	
广河县 2014 年抗旱引调提水项目	2.85	0.30	477	5.00		2.85	0.30	477	5.00	
广河县 2015 年中央财政小型农田水利	16.00		2800	400.00		16.00		2700	16.00	
广河县 2015 三甲集抗旱应急水源配套	5.80	650.00	48			5.80	650.00	48		
广河县 2015 齐家镇抗旱应急水源配套	5.00	1200.00	35			5.00	1200.00	35		
和政县中央财政统筹(土地出让)2014	12.16	0.13	6247	59.00		12.16	0.13	6247	59.00	
和政县 2014 年抗旱引调提水项目	3.50	0.36	587	6.00		3.50	0.36	587	6.00	
和政县小型农田水利 2015 维修养护	3.95	0.02	251	1.10		3.95	0.02	251	1.10	
和政县 2015 抗旱引调提水项目	2.05	0.02	2003			2.05	0.02	2003		
东乡县中央财政五小水利 2014(五)	13.98		13060			13.98		13060		
东乡县 2014 年抗旱引调提水项目	3.90	0.53	762	5.00		3.90	0.53	762	5.00	
东乡县 2015 年抗旱引调提水项目	2.36	0.02	2195			2.36	0.02	1910		
东乡县中央财政五小水利项目 2015	6.88		3300			5.71		2582		
积石山县中央财政五小水利 2014(五)	4.28	0.02	740	64.00		4.28	0.02	740	64.00	
积石山县 2014 年抗旱引调提水项目	3.39	0.36	567	6.00		2.39	0.36	567	6.00	
积石山县中央财政五小水利 2015	2.83	0.06	5824	54.00		1.83	0.05	5000	40.00	
积石山县 2015 抗旱应急水源配套工程	10.27	0.12	3552	625.00		7.27	0.12	3552	625.00	
玛曲县水利工程维修项目(土地出让)	2.97	0.01	150	5.00		2.97	0.01	150	5.00	
卓尼县水利工程维修项目(土地出让)										
临潭县农田水利 2015 维修养护	0.48	0.22	230			0.48	0.22	230		
卓尼县小型农田水利 2015 维修养护						0.13	0.15	52		
舟曲县五小水利工程项目(土地出让)	2.63	0.03	15276	184.00		2.63	0.03	15276	184.00	

3-18 续表

项目	全部计划工程量					累计完成工程量				
	土方（万米³）	石方（万米³）	砼（米³）	金属结构（吨）	移民安置人数（人）	土方（万米³）	石方（万米³）	砼（米³）	金属结构（吨）	移民安置人数（人）
舟曲县小型农田水利 2015 维修养护	0.26	0.30	1147			0.26	0.30	1147		
迭部县小型农田水利 2015 维修养护	0.88		1102	1.00		0.88		1102	1.00	
玛曲县小型农田水利 2015 维修养护	3.69		140	4.50		3.69		140	4.50	
夏河县中央财政小农水重点县 2014	9.16	6.33	600			9.16	6.33	600		
夏河县小型农田水利 2015 维修养护	0.23	0.07	125			0.23	0.07	125		
省农垦中央财政条山农场高效节水 2013	13.10		377	6.36		13.10		377	6.36	
省农垦黑土洼农场高效节水(土地出让)	26.00	0.30	200	3.00		26.00	0.30	200	3.00	
省农垦黄羊河农场高效节水(土地出让)	57.93					57.93				
省农垦八一农场中央财政节水 2014(六)	36.40		700			36.40		700		
省农垦生地湾农场中央财政节水 2014(六)	14.11		45	23.73		14.11		45	23.73	
省农垦饮马农场中央财政节水 2014(六)	67.76					67.76				
省农垦黄花农场中央财政节水 2014(六)	12.86	0.08	800	11.23		12.86	0.08	800	11.23	
省农垦张掖农场小型农田水利建设(五)	25.21	0.05	30	1.38		25.21	0.05	30	1.38	
省农垦黑土洼农场高效节水灌溉(六)	27.00		45	0.88		27.00		45	0.88	
省农垦黄花农场高效节水灌溉项目(六)	7.80	3.50	8	1.00		7.80	3.50	8	1.00	
省农垦饮马农场高效节水灌溉项目(六)	18.00					18.00				
省农垦饮马农场中央财政小农水 2015	8.90					8.90				
敦煌农场小型农田水利建设(五)	29.65	0.93	292	22.00		29.65	0.93	292	22.00	
省农垦生地湾农场高效节水灌溉(六)	1.92		555	26.34		1.92		555	26.34	
八一农场小型农田水利建设(五)	36.64		600	21.00		36.46		600	21.00	
省农垦小型农田水利 2015 维修养护	2.00					2.00				
省农垦黄羊河农场高效节水灌溉(六)	29.34		61			29.34		61		
省农垦黄羊河农场小型农田水利(五)	12.80		223			12.80		223		
省农垦山丹农场高效节水灌溉项目(六)	7.40					7.40				
省景电中央财政统筹(土地出让)2014						3.37	0.02	1739	3.00	
省景电小型农田水利 2015 维修养护	5.92	0.68	4850	15.00		5.92	0.68	4850	15.00	
水库工程	**1498.10**	**220.19**	**140846**	**1980.18**	**459**	**1474.95**	**166.48**	**113011**	**806.78**	**459**
富川水库(抗旱规划内)	5.78	40.04	9275	488.00		27.36		156		
武威市杂木河毛藏寺水库工程					459.00					459.00

3–18 续表

项　　目	全部计划工程量					累计完成工程量				
	土方（万米^3）	石方（万米^3）	砼（米^3）	金属结构（吨）	移民安置人数（人）	土方（万米^3）	石方（万米^3）	砼（米^3）	金属结构（吨）	移民安置人数（人）
天祝县二道墩水库	68.92	0.14	6917	199.16		68.92	0.14	6917	199.16	
民乐县石灰窑水库										
临泽县红山湾水库工程	466.66	30.80	40700	53.36		466.66	30.80	40700	53.36	
山丹县白石崖水库(抗旱规划内)	9.74	46.10	12600	688.00		1.67	5.07			
山丹县大口子河水库工程	33.30	0.76	3760	71.20		33.30	0.76	3760	71.20	
山丹县西沟水库	30.87	2.13	2870	70.00		30.87	2.13	2870	70.00	
山丹县东沟水库	25.76	2.80	2380	83.30		25.76	2.80	2380	83.30	
崆峒区北杨涧水库(抗旱规划内)	102.18					102.18				
泾川县朱家涧水库(抗旱规划内)	3.90	0.43				3.90	0.43			
崇信县关河水库(抗旱规划内)	13.60	3.10	8440	181.00		13.60	3.10	8440	181.00	
庄浪县花崖河水库(抗旱规划内)	20.00	2.14				20.00	2.14			
阿克塞县工业园区水库	44.46		7061	1.60		44.46		7061	1.60	
酒泉循环经济产业园水源(大红泉水库)	398.64	31.73	27291	57.14		389.34	31.73	21175	59.74	
庆城县纸坊沟水库(抗旱规划内)	90.30	4.30	486	75.42		90.30	4.30	486	75.42	
通渭县段家峡水库										
兰州新区 2 号 3 号石门沟水库	184.00	55.72	19066	12.00		184.00	55.72	19066	12.00	
泵站工程	**40.54**	**4.79**	**41712**	**3963.70**		**39.21**	**5.65**	**56123**	**5522.49**	
兰州市榆中三电泵站更新改造工程	2.09		1901	110.00		1.99		1805	110.00	
兰州市皋兰县西电泵站更新改造工程	2.25	0.36	3764	186.95		2.25	0.36	3764	186.95	
兰州市工农坪泵站更新改造工程	3.30		1460	753.00		2.97		1314	610.00	
兰州市大砂沟泵站更新改造工程	6.62		1	190.61		1.36		3158		
七里河区西津泵站更新改造工程	3.69		1463	468.00		3.08		1357	459.00	
白银市靖会泵站更新改造工程	7.14	0.37	6334	37.00		7.14	0.37	6334	37.00	
景泰县中泉泵站更新改造工程	1.31		1873	172.00		0.91		545	90.00	
白银市刘川泵站更新改造工程	5.90	1.00	6600	600.00		4.50	0.60	2079	116.00	
白银市兴电泵站更新改造工程	1.83	0.03	11019	439.00		0.97	0.03	6588	380.00	
白银市旱平川泵站更新改造工程										
靖远县 2014 年中堡泵站更新改造工程	2.60		3132			2.65		3135		
靖远县 2015 年中堡泵站更新改造工程	0.46	0.03	2079			0.46	0.03	2079		

3-18 续表

项目	全部计划工程量					累计完成工程量				
	土方（万米^3）	石方（万米^3）	砼（米^3）	金属结构（吨）	移民安置人数（人）	土方（万米^3）	石方（万米^3）	砼（米^3）	金属结构（吨）	移民安置人数（人）
平凉市白庙泵站更新改造工程	3.28	2.94	725	607.14		3.28	2.94		607.14	
甘肃省景电泵站更新改造	0.07	0.06	1361	400.00		7.66	1.33	23965	2926.40	
其他灌溉除涝项目	19.90	0.89	12258	774.70		19.90	0.89	12258	774.70	
景泰县草窝滩镇排水工程										
临夏市大夏河风情线综合治理工程										
永靖县刘盐八地质灾害灌区节水改造	19.90	0.89	12258	774.70		19.90	0.89	12258	774.70	
供水项目	5682.72	647.88	872454	32513.52		5746.53	673.93	875196	32845.02	
引水(调水)工程	908.76	304.97	337556	19679.63		908.37	305.03	335969	19679.63	
甘肃省引洮供水一期工程										
靖远县双永供水工程										
兰州市水源地建设工程	71.33	234.20	27146	6610.50		71.33	234.20	27146	6610.50	
引洮供水一期榆中县配套工程	12.64	5.67	20614	1800.55		12.64	5.67	20614	1800.55	
白银靖会甘沟干渠扩建及会宁城区供水	11.74	0.61	8815	1200.00		11.74	0.61	8815	1200.00	
引洮一期工程会宁北部供水工程	100.00	3.00	25000	1800.00		100.00	3.00	25000	1800.00	
秦州区 2014 年抗旱引调提水项目	15.57	0.06	2602	55.00		15.57	0.06	2602	55.00	
天祝县南阳山片下山入川供水工程	111.53	9.56	18670	2914.60		111.53	9.56	18670	2914.60	
天祝县石门河调蓄引水工程	33.72	1.43	16074	1029.00		33.72	1.43	16074	1029.00	
静宁县甘渭河庙堡调水工程										
肃北县马鬃山镇供水工程										
盐环定扬黄续建工程调概算										
华池县葫芦河水源工程										
引洮供水一期定西配套项目农村供水	470.00	9.60	23605	1795.00		470.00	9.60	23605	1795.00	
盐环定扬黄甘肃专用工程一期改造										
积石山引水工程	28.00	1.00	50000	1300.00		28.00	1.00	50000	1300.00	
临夏州引黄济临供水工程										
引洮(博)济合供水工程	2.21		5365	916.00		2.21		5365	916.00	
甘南州引洮入潭工程	20.08	22.49	10856			20.08	22.49	10856		
兰州新区供水项目引大渠道除险加固	13.61	1.50	98059	258.98		13.61	1.50	98059	258.98	
甘肃引洮供水二期工程	10.00	8.50	23900			8.44	8.58	23933		

3-18 续表

项目	全部计划工程量					累计完成工程量				
	土方（万米³）	石方（万米³）	砼（米³）	金属结构（吨）	移民安置人数（人）	土方（万米³）	石方（万米³）	砼（米³）	金属结构（吨）	移民安置人数（人）
天水市城区引洮供水工程	10.54	4.94	6850			11.71	4.92	5230		
人饮解困及饮水安全工程	**4494.49**	**338.76**	**499148**	**6603.77**		**4566.10**	**364.76**	**503539**	**6935.27**	
镇原县农村安全饮水项目	0.03	0.04	3	0.50		0.03	0.04	3	0.50	
镇原县1236扶贫攻坚农村饮水安全2015	5.03	1.96	906			5.03	1.96	906		
榆中县农村饮水安全项目2015	73.49	1.29	1560	210.33		73.49	1.29	1560	210.33	
皋兰县农村饮水安全项目2015	12.83	0.10	688	7.02		12.72	0.10	688	7.02	
兰州市农村饮水安全水质检测能力										
永登县2015年农村饮水安全工程	32.70		1334	60.93		32.70		1334	60.93	
嘉峪关市农村饮水安全水质检测项目										
金昌市农村饮水安全水质检测中心										
会宁县农村饮水安全项目2015	445.00	10.05	7174	240.00		445.00	10.05	7174	240.00	
白银市农村饮水安全水质监测能力										
白银区农村饮水安全项目2015	15.20	0.80	130	2.20		15.20	0.80	130	2.20	
景泰县农村饮水安全项目2015	81.30		2736	132.05		81.30		2736	132.05	
靖远县2015年农村饮水安全项目	73.80		18354			73.80		18354		
甘谷县农村饮水安全项目	135.32		104584	293.90		135.32		104584	293.90	
天水市农村饮水安全水质检测能力										
秦州区农村饮水安全项目2015	121.77		30213	275.31		121.77		30213	275.31	
麦积区2015年农村饮水安全项目	237.00		9800			237.00		9800		
清水县农村饮水安全项目	31.36	0.77	9775	310.00		31.36	0.77	9775	310.00	
秦安县农村饮水安全项目	105.99		4183			105.99		4183		
武山县农村饮水安全项目示点(规划外)	58.79	1.37	14530	533.00		58.79	1.37	14530	533.00	
武山县农村饮水安全(试点县规划外)	125.36	0.79	10444	244.20		125.36	0.79	10444	244.20	
张家川县农村饮水安全项目(2015)	21.39		2677	9.00		21.39		2677	9.00	
武威市农村饮水安全水质监测能力										
凉州区农村饮水安全项目	17.89		1540	10.40		17.89		1540	10.40	
古浪县农村饮水安全项目	8.73		1070			8.73		1070		
天祝县藏区规划外农村饮水安全项目	291.14	0.34	22666	175.66		291.14	0.34	22666	175.66	
山丹县农村饮水安全(试点县规划外)										

3-18 续表

项目	全部计划工程量					累计完成工程量				
	土方（万米^3）	石方（万米^3）	砼（米^3）	金属结构（吨）	移民安置人数（人）	土方（万米^3）	石方（万米^3）	砼（米^3）	金属结构（吨）	移民安置人数（人）
张掖市农村饮水安全水质检测能力										
甘州区农村饮水安全项目	475.67	0.82	2986	210.00		475.67	0.82	2986	210.00	
民乐县农村饮水安全项目	65.28	0.08	1355	24.20		65.28	0.08	1355	24.20	
平凉市农村饮水安全水质检测能力										
静宁县农村饮水安全项目 2015	41.90		3220	98.00		41.90		3220	98.00	
崆峒区农村饮水安全项目 2015	11.40	4.97	568	61.00		11.40	4.97	568	61.00	
灵台县农村饮水安全项目 2015	31.75	2.03	880			31.75	2.03	880		
酒泉市农村饮水安全工程水质监测能力										
瓜州县农村饮水安全项目	0.72	1.68	371	44.70		0.72	1.68	371	44.70	
玉门市农村饮水安全项目	4.86		200	2.00		4.86		200	2.00	
宁县农村饮水安全项目	3.25	0.58	5800			3.25	0.58	5800		
宁县 1236 扶贫攻坚农村饮水安全 2015	1.35	0.38	5500			1.35	0.38	5500		
正宁县 1236 扶贫攻坚农村饮水安全 2015	1.76		3700			1.76		3700		
庆阳市农村饮水安全水质监测能力										
西峰区 1236 扶贫攻坚农村饮水安全 2015	6.20			2.52		6.20			2.52	
庆城县 2015 年规划外农村饮水安全	0.45		20			0.45		20		
庆城县 1236 扶贫攻坚农村饮水安全 2015	2.93	0.05	1500			2.93	0.05	1500		
环县农村饮水安全项目	40.50		22700	90.82		40.50		22700	90.82	
环县 2015 年规划外农村饮水安全工程	478.67	8.51	73219	407.03		478.67	8.51	73219	407.03	
环县 1236 扶贫攻坚农村饮水安全 2015	3.88		68	4.84		3.88		68	4.84	
华池县 1236 扶贫攻坚农村饮水安全 2015	2.02	0.11	2167			2.02	0.11	2167		
华池县农村饮水安全项目	0.15	0.31				0.15	0.31			
合水县 1236 扶贫攻坚农村饮水安全 2015	3.56	0.01	826	1.80		3.56	0.01	826	1.80	
通渭县农村饮水安全(试点县规划外)	127.00		11512			127.00		11512		
临洮县农村饮水安全项目 2015	61.59		3966	110.00		61.59		3966	110.00	
岷县农村饮水安全项目	180.00	2.49	12800	345.83		180.00	2.49	12800	345.83	
定西市农村饮水安全水质监测能力										
陇南市农村饮水安全水质检测能力										
两当县农村饮水安全(试点县规划外)	19.68	0.68	1520			19.68	0.68	1520		

3–18 续表

项目	全部计划工程量					累计完成工程量				
	土方（万米³）	石方（万米³）	砼（米³）	金属结构（吨）	移民安置人数（人）	土方（万米³）	石方（万米³）	砼（米³）	金属结构（吨）	移民安置人数（人）
武都区农村饮水安全项目	126.56	0.39	3942			126.56	0.39	3942		
成县农村饮水安全项目	49.10	0.05	2689	91.00		49.10	0.05	2689	91.00	
文县农村饮水安全项目	43.80		503			43.80		503		
宕昌县农村饮水安全项目	35.70	2.70	3100			35.70	2.70	3100		
西和县农村饮水安全项目	100.10		6394			100.10		6394		
礼县农村饮水安全项目	140.58	0.03	4116			140.58	0.03	4116		
徽县农村饮水安全项目	5.19		47			5.19		47		
临夏州农村饮水安全水质监测能力										
临夏市 2015 年度城郊农村饮水安全工程	4.20		2314			4.20		2314		
临夏县 2015 年农村饮水安全(计划外)	3.47	0.08	7732	16.98		3.47	0.08	7732	16.98	
东乡县 2015 农村饮水安全(规划外)	112.85	267.00	18200	786.00		112.80	267.00	18200	786.00	
甘南州农村饮水安全水质检测能力										
合作市农村饮水安全项目 2014										
合作市农村饮水安全项目 2015	36.04	14.41	1004	89.00		36.04	14.41	1004	89.00	
合作市藏区规划外农村饮水安全	4.40	1.76	123	10.87		4.40	1.76	123	10.87	
临潭县农村饮水安全项目试点	37.29	0.37	875	80.11		37.29	0.37	875	80.11	
临潭县藏区规划外农村饮水	7.95	0.03	320			7.95	0.03	320		
卓尼县农村安全饮水项目 2014										
卓尼县农村饮水安全项目 2015						62.17	20.70	3413	274.00	
卓尼县藏区规划外农村饮水安全项目						9.60	5.30	978	57.50	
舟曲县藏区规划外农村饮水安全	40.35	10.09	7830	420.00		40.35	10.09	7830	420.00	
迭部县农村饮水安全项目 2014										
迭部县藏区规划外农村饮水安全	66.00		2002	111.00		66.00		2002	111.00	
玛曲县农村饮水安全项目 2014										
玛曲县农村饮水安全项目 2015	2.94		15867	215.00		2.94		15867	215.00	
玛曲县藏区规划外农村饮水安全	31.65		13240	86.00		31.65		13240	86.00	
碌曲县农村饮水安全项目 2014										
碌曲县农村饮水安全项目 2015	41.01	0.04	966	66.11		41.01	0.04	966	66.11	
碌曲县藏区规划外农村饮水安全	2.88	0.01	1094	24.46		2.88	0.01	1094	24.46	

3-18 续表

项目	全部计划工程量					累计完成工程量				
	土方（万米^3）	石方（万米^3）	砼（米^3）	金属结构（吨）	移民安置人数（人）	土方（万米^3）	石方（万米^3）	砼（米^3）	金属结构（吨）	移民安置人数（人）
夏河县农村饮水安全项目 2015	71.34	0.77	3769	348.00		71.34	0.77	3769	348.00	
夏河县藏区规划外农村饮水安全	72.40	0.81	3778	352.00		72.40	0.81	3778	352.00	
其他供水工程	279.47	4.15	35750	6230.13		272.06	4.14	35688	6230.13	
镇原县北石窟旅游景区供水工程	1.48	0.04	510	1.96		1.48	0.04	510	1.96	
镇原县中盛产业配水工程	0.27	0.01	76	0.71		0.27	0.01	76	0.71	
山丹县城区供水管网工程										
金塔县北河湾循环产业区供水工程	51.02	3.45	1828	3555.46		51.02	3.45	1828	3555.46	
临洮县安家咀加水工程	3.45		1600	350.00		3.45		1600	350.00	
陇西县引洮一期城区供水扩建工程	163.00	0.33	23000	2322.00		163.00	0.33	23000	2322.00	
积石山县县城区供水水源改扩建工程	53.21	0.31	7600			45.80	0.30	7538		
武威市城乡融合黄羊土门组团供水(陆港)			1136							
靖远寺儿坪供水项目	7.04	0.01				7.04	0.01	1136		
水务项目	59.14	7.00	8417			59.06	7.00	9017		
城镇供水管线建设	0.50					0.42				
清水县城区自来水管网扩建工程	0.50					0.42				
污水处理工程	58.03		6517			58.03		6517		
临洮县污水处理厂配套管网工程	3.15		17			3.15		17		
山丹县城区生活污水处理工程										
民勤红沙岗污水处理厂及中水回用贮水池	54.88		6500			54.88		6500		
其他水务项目	0.61	7.00	1900			0.61	7.00	2500		
天水市城区供水高桥头引水枢纽工程	0.61	7.00	1900			0.61	7.00	2500		
水电开发利用	51.38	16.51	44868	2036.68		51.81	16.91	46097	2077.68	
水力发电工程	29.76	13.93	12159	1236.68		29.76	13.93	12159	1236.68	
永昌县西大河二级水电站			70					70		
永昌县西大河总干渠 1 号水电站	11.24	3.70	179	10.00		11.24	3.70	179	10.00	
临泽县南台子一级水电站										
甘州区石庙一级水电站	0.25	0.04	400	7.68		0.25	0.04	400	7.68	
岷县天宝水电站										
岷县秦许水电站										

3–18 续表

项　　目	全部计划工程量					累计完成工程量				
	土方（万米³）	石方（万米³）	砼（米³）	金属结构（吨）	移民安置人数（人）	土方（万米³）	石方（万米³）	砼（米³）	金属结构（吨）	移民安置人数（人）
两当县左家水电站										
东乡县达板水电站新增 2010				200	50.00			200	50.00	
康乐县杜家咀水电站										
临夏县卧龙沟水电站(4)										
康乐县纳沟水电站(4)										
合作市地乌尔水电站										
舟曲县天干沟水电站	1.32	0.38	2200	130.00		1.32	0.38	2200	130.00	
迭部县沟洁寺水电站	0.37	0.91	2900	870.00		0.37	0.91	2900	870.00	
迭部县阿夏水电站	6.34	3.34		158.00		6.34	3.34		158.00	
迭部县阿夏那盖水电站	0.04	0.16	210	11.00		0.04	0.16	210	11.00	
夏河县安顺水电站										
夏河县和平桥水电站	10.20	5.40	6000			10.20	5.40	6000		
水电增效扩容	**20.10**	**2.29**	**21269**	**741.00**		**20.35**	**2.33**	**22270**	**766.00**	
永昌县金川峡水库电站										
永昌县皇城水库电站										
永昌县头坝三号电站										
武威市凉州区南营水电站										
武威市凉州区黄羊水电站										
武威市凉州区西营总干电站										
山丹马场总场电力局 1 号水电站	1.44		10795	715.00		1.44		10795	715.00	
庆城县杨渠水电站										
武都区白鹤桥水电站										
武都区黄鹿坝水电站										
文县白水江林业局水电站										
文县慧达水电站										
宕昌县何家堡水电站	20.00	0.52	6316			20.00	0.52	6316		
礼县苗河水库坝后电站										
东乡县老虎嘴电站			2090	1.00				2090	1.00	
和政县炉子滩水电站						0.25	0.04	1001	25.00	

3–18 续表

项目	全部计划工程量					累计完成工程量				
	土方（万米³）	石方（万米³）	砼（米³）	金属结构（吨）	移民安置人数（人）	土方（万米³）	石方（万米³）	砼（米³）	金属结构（吨）	移民安置人数（人）
和政县达浪水电站		0.03	310	4.00			0.03	310	4.00	
和政县康家坪水电站	0.08		1140	10.00		0.08		1140	10.00	
和政县新营尕庄水电站	0.02	0.30	618	11.00		0.02	0.30	618	11.00	
康乐县虎关水电站										
合作市峡村电站										
夏河县白土坡水电站										
小水电代燃料	1.52	0.29	11440	59.00		1.70	0.65	11668	75.00	
嘉峪关市南干渠小水电代燃料项目										
永昌县金川东小水电代燃料项目				9.00					9.00	
肃南县西营河一级小水电代燃料项目										
肃南县白银四级小水电代燃料项目	0.74		3280	50.00		0.74		3280	50.00	
肃南县白银三级小水电代燃料项目										
肃南县白泉门一级小水电代燃料项目										
文县李子坝小水电代燃料项目						0.18	0.36	228	16.00	
合作市卡加曼小水电代燃料项目										
临潭县青石山小水电以电代燃料项目										
迭部县知子水电代燃料项目										
夏河县甫黄二级小水电代燃料项目	0.78	0.29	8160			0.78	0.29	8160		
水保及生态	6022.51	861.70	2711			6418.79	877.65	553405	65.43	
水土流失治理	6022.51	861.70	2711			6418.79	877.65	553405	65.43	
甘肃省坡耕地水土流失治理 2014(黄河)						271.33	0.90	1391		
甘肃省坡耕地水土流失治理 2014(长江)						109.59	15.01	546216		
甘肃省水土流失重点治理 2014(黄河)	475.19	0.24	598			475.19	0.24	598		
甘肃省水土流失重点治理 2014(长江)	37.35	0.95	454			37.35	0.95	454		
甘肃省水土流失重点治理 2014(内陆)	0.44					0.44				
甘肃省淤地坝新建及维修加固(2014)						39.62	0.04	3185	65.43	
甘肃省国家水土保持重点工程(2014)	50.84	390.51	116			200.84	390.51	116		
甘肃省农业综合开发水土保持(2014)						228.28				
甘肃省国家水土保持重点工程(2015)	1447.50		758			1268.32		662		

3-18 续表

项目	全部计划工程量					累计完成工程量				
	土方（万米^3）	石方（万米^3）	砼（米^3）	金属结构（吨）	移民安置人数（人）	土方（万米^3）	石方（万米^3）	砼（米^3）	金属结构（吨）	移民安置人数（人）
甘肃省农业综合开发水土保持(2015)	710.07	470.00	660			710.07	470.00	660		
甘肃省淤地坝新建及维修加固(2015)										
甘肃省坡耕地水土流失治理 2015(黄河)	2481.82					2308.00				
甘肃省坡耕地水土流失治理 2015(长江)	707.78					658.24				
甘肃省水土流失重点治理 2015(黄河)	105.51		124			105.51		124		
甘肃省水土流失重点治理 2015(长江)	6.01					6.01				
甘肃省水土流失重点治理 2015(内陆)										
机构能力建设专项	4.80	15.00	167	3.80		4.80	15.00	167	3.80	
水文设施及能力建设										
甘肃中小河流水文监测系统建设										
甘肃水文水资源工程 2013										
其他水利发展项目	4.80	15.00	167	3.80		4.80	15.00	167	3.80	
金昌市城市水资源实时监控与管理	4.80	15.00	167	3.80		4.80	15.00	167	3.80	
甘　肃	22566.57	4347.50	3434644	56573.96	459	22835.35	4318.18	3928688	58025.09	459
兰州市	527.17	287.70	174298	11110.70		568.69	287.64	181453	10814.85	
嘉峪关市	146.00		2500			52.00				
金昌市	438.52	117.15	70945	106.91		519.61	117.56	72425	106.91	
白银市	1493.18	49.66	223891	9727.56		1489.58	49.26	213481	9100.94	
天水市	1354.47	57.28	418903	3533.75		1342.61	43.98	409694	3045.75	
酒泉市	1891.14	99.42	158303	4527.80		1879.17	99.36	151688	4515.32	
张掖市	2501.31	221.65	214974	2398.22		2443.58	176.55	202414	1732.82	
武威市	1617.45	21.78	142004	4985.33	459	1610.51	20.21	141990	4985.33	459
定西市	1325.33	131.66	232209	5170.29		1303.79	131.16	222467	5130.89	
陇南市	1485.06	56.16	346313	341.00		1393.52	43.16	298275	357.00	
平凉市	590.81	24.15	171083	2756.78		590.77	24.15	170358	2756.78	
庆阳市	801.76	23.63	165711	1747.19		797.22	23.38	163699	1748.99	
临夏回族自治州	482.48	2126.15	248714	4373.94		419.80	2132.33	227321	4022.64	
甘南藏族自治州	612.46	129.80	168790	4251.05		678.09	151.69	177319	4582.55	
省直属	7299.44	1001.31	696007	1543.45		7746.41	1017.74	1296104	5124.33	

4 主要统计指标解释

主要统计指标解释

一、水利综合统计

1. 水利工程统计

【蓄水工程】指人工修建的蓄积水量的工程，包括水库、塘坝、窖池等。

【水库】指在河道、山谷或低洼地有水源，或可从另一河道引入水源的地方修建挡水坝或堤堰，形成具有拦洪蓄水和调节水量功能，且总库容大于等于 10 万米^3 的水利工程。

【塘坝】利用天然洼地开挖修建堰坝，或在坡地上、山谷间筑坝，形成具有拦截和贮存地表径流功能的，蓄水容积大于等于 500 米^3 且小于 10 万米^3 的蓄水工程。

【窖池】指采取防渗措施拦蓄、收集天然来水，用于农村分散供水、农业灌溉的蓄水工程。一般包括水窖、水池、水柜等形式。

【水电站】指将水能转换为电能而修建的水工建筑物和设置的机械、电气设备的综合枢纽。

【泵站】指建在河道、湖泊、渠道上或水库岸边，由泵和其他机电设备、泵房以及进出水建筑物组成，可以将低处的水提升到所需高度，用于排水、灌溉、城镇生活和工业供水等的水利工程。河湖取水泵站是指修建在河流湖泊岸边，为灌溉、城镇生活和工业供水的泵站。水库取水泵站是指修建在水库岸边，为灌溉、城镇生活和工业供水的泵站。

【水闸】指建在河道、渠道、海堤上或湖泊、水库岸边，利用闸门控制流量和调节水位，具有挡水和泄（引）水功能的低水头水工建筑物。河湖引水闸是指修建在河流湖泊岸边，为灌溉、城镇生活和工业供水的水闸。水库引水闸是指修建在水库岸边，为灌溉、城镇生活和工业供水的水闸。

【机电井】指以电动机、柴油机等动力机械带动水泵抽取地下水的水井。

2. 水利工程供水统计

【供水能力】指蓄水、引水、取水泵站、机电井供水系统中，现状条件下相应设计供水保证率的可供水量。供水能力主要与水源状况、工程条件等方式有关。供水能力一般分为设计供水能力和实际供水能力。

【水利工程供水】指通过蓄、引、提等水利工程，收集和分配地表和地下淡水资源的活动。

【按供水用途分】指按水利工程的直接供水用途进行划分，主要分为农业灌溉、工业生产、城镇生活、乡村生活、生态环境和其他。

［农业灌溉供水］指水利工程为农田、林地、果园、牧草灌溉实际毛供水量的总和。

［工业生产供水］指水利工程为城市及县以下乡镇工业的供水。

［城镇生活供水］指水利工程对城镇居民生活供水，还包括用于餐饮、服务以及市政环卫等公共服务方面的供水。生活供水主要统计各类水利工程向自来水厂或城镇居民供应的原水量，即未经任何

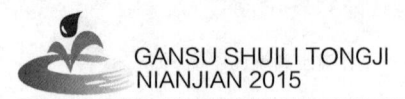

处理的水量。

[**乡村生活供水**] 除乡村居民生活用水外，还包括牲畜用水。

[**生态环境供水**] 主要指通过水利工程设施向城镇、乡村生态脆弱地区或恶化地区以及其他地区补水，以维持、控制、恢复、改善原有的生态环境状态，如为了避免湿地萎缩、维持地下水位、防止海水入侵、恢复原有湖泊、保护植被等目的，以及为了人类居住地的生态环境需要所进行的补水。

【**按水源类型分**】根据城乡供水工程的水源来源进行划分，主要包括地表水、地下水、海水淡化和污水处理回用等。

[**地表水**] 指直接取自自然环境中地表水体的水。

[**地下水**] 指直接取自自然环境中地下含水层的水。

[**海水淡化**] 指将海水通过化学或物理方法处理成淡水的水。

[**污水处理回用**] 指由城市集中污水处理厂直接供给的经过处理后的废污水量，不包括单位内部处理后的重复用水量。以进入水利（水务）单位的水量统计。污水处理厂把处理后的废污水排放到河流，其下游的经济单位和住户从该河流的取水，统计为地表水取水量，而不作为污水处理回用量。

[**其他**] 包括集雨工程雨水、海水直接利用等其他水源类型。

3. 灌溉统计

【**灌溉面积**】灌溉工程设施基本配套，且水源具有一定保证率的可灌溉的面积。按照土地类型，灌溉面积可分为耕地灌溉面积、林地灌溉面积、园地灌溉面积和牧草地灌溉面积。

【**耕地**】指种植农作物的土地，包括熟地、新开发、复垦、整理地、休闲地（含轮歇地、轮作地）；以种植农作物（含蔬菜）为主，间有零星果树，或其他树木的土地；平均每年能保证收获一季的已垦滩地和海涂。耕地中包括南方宽度＜1米，北方宽度＜2.0米固定的沟、渠、路和地坎（埂）；临时种植药材、草皮、花卉、苗木等的耕地，以及其他临时改变用途的耕地。

【**耕地灌溉面积**】又称有效灌溉面积。指耕地上灌溉工程设施基本配套，且水源具有一定保证率的可以灌溉的面积。

[**林地**] 指生长乔木、竹类、灌木、沿海红树林的土地，不包括居民绿化用地，以及铁路、公路、河流沟渠的护路、护草林。林地又分成林地、灌木林、疏林地、未成林造林地、迹地和苗圃6个二级地类。

[**园地**] 指种植以采集果、叶、根茎等为主的集约经营的多年生木本和草本作物，覆盖度大于50%，或每亩株数大于合理株数70%的土地，包括果实苗圃等用地。

[**牧草地**] 指以生长草本植物为主，主要用于畜牧业的土地。

【**新增耕地灌溉面积**】指由于增加或改善水源、灌溉工程配套设施建设等原因，当年增加的耕地灌溉面积。

【**减少耕地灌溉面积**】指由于建设占地、水源不足、工程损毁、退耕，以及其他原因当年减少的耕地灌溉面积。

[**建设占地**] 指由于城市建成区的扩大，铁路、公路、厂矿建设、乡镇建设、住房、绿化等原因而减少的耕地。

[**水源不足**] 指连续5年以上因地表来水持续减少、地下水位持续下降，以及限采、封井等措施而

造成的水源水量减少，无法正常灌溉。

【工程损毁】指由于自然灾害或管护不当造成已有灌溉设施的破损、报废等。

【退耕】指由于实施退耕还林、退田还湖等政策，将原有耕地改为其他用途而减少的耕地。

【其他】指由于行政区划调整和统计数据修正等原因减少的耕地灌溉面积。

【实际耕地灌溉面积】指当年利用水利工程设施实际进行了灌溉的耕地面积。在同一亩耕地上，当年内无论灌水几次，都应按一亩计算。

【节水灌溉工程面积】指采用喷灌、微灌、低压管道输水、渠道衬砌防渗等工程技术措施，提高用水效率和效益的灌溉面积。

喷灌、微灌、低压管道输水、渠道衬砌防渗灌溉面积按照《节水灌溉工程技术规范》（GB/T50363-2006）的有关规定计算。

【新增节水灌溉面积】指因为喷灌、微灌、低压管道输水、渠道衬砌防渗等节水灌溉工程建设，当年增加的节水灌溉面积。

【减少节水灌溉面积】指因为工程设施老化失修、毁损，以及水源不足等原因当年减少的节水灌溉工程面积。

【规模以上灌区数量】指设计灌溉面积大于等于2000亩以上的灌区处数。

50万亩以上：指设计灌溉面积大于等于50万亩及以上的灌区。

30万～50万亩：指设计灌溉面积大于等于30万亩，小于50万亩的灌区。

10万～30万亩：指设计灌溉面积大于等于10万亩，小于30万亩的灌区。

5万～10万亩：指设计灌溉面积大于等于5万亩，小于10万亩的灌区。

1万～5万亩：指设计灌溉面积大于等于1万亩，小于5万亩的灌区。

0.2万～1万亩：指设计灌溉面积大于等于0.2万亩（2000亩），小于1万亩的灌区。

渠道长度和衬砌防渗渠道长度按渠道的设计流量划分：灌区渠道的设计流量以设计文件中的数据为准，划分为30米^3/秒及以上；5～30米^3/秒（含5米^3/秒）；1～5米^3/秒（含1米^3/秒）；0.2～1米^3/秒（含0.2米^3/秒）四类。

4. 防洪统计

【堤防长度】堤防指沿河、湖、海等岸边，或行洪区、分洪区、蓄洪区、围垦区边缘修筑的挡水建筑物，其长度按堤顶中心线长度计算。

堤防工程等级划分执行《防洪标准》（GB 50201—94）的规定，分为五个级别，具体见下表：

防洪标准 [重现期（年）]	≥100	<100，且≥50	<50，且≥30	<30，且≥20	<20，且≥10
堤防等级	1	2	3	4	5

【新增堤防长度】指当年因投资建设，新建成的堤防长度。

【达标堤防长度】指达到规划防洪标准的堤防长度。堤防防洪标准划分参见《防洪标准》（GB50201-94）。

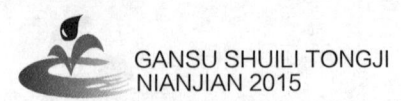

【新增达标堤防长度】指当年因投资建设，新达到规划防洪标准的堤防长度。

【新增加高加固堤防长度】指当年因投资建设，在已建成堤防上得以加高加固的堤防长度，不包括新建成的堤防长度。

【堤防保护人口数量】指堤防工程保护区的年末全部人口数。

【堤防保护耕地面积】指堤防保护范围内的耕地面积。

5. 水土保持统计

【水土流失综合治理面积】指按照综合治理的原则，对水土流失区域采取各种治理措施，以及按小流域综合治理措施所治理的水土流失面积总和。

【小流域综合治理面积】指采用综合治理措施治理的小流域面积。

【小流域综合治理】指以 10～30 千米^2 的流域为单元，根据流域内的自然条件，按照土壤侵蚀的类型特点和农业区划方向，在全面规划的基础上，合理安排农、林、牧、副各业用地，布置水土保持农业技术措施、林草措施与工程措施，相互协调、相互促进形成综合的水土流失防治体系的治理面积。

【新增水土流失综合治理面积】指当年治理的水土流失面积。

【按措施分】指按照水土流失治理措施进行划分，水土流失治理常用措施包括基本农田、水土保持林、经济林、种草、封禁治理和其他措施。

[基本农田] 指人工修建的能抵御一般旱、涝等自然灾害，保持高产稳产的农作土地，包括梯田、坝地和其他基本农田等三类。

[梯田] 指在坡面上沿等高线修建的田面水平平整、纵断面呈台阶状的田块，按其断面形式可分为水平梯田、坡式梯田、隔坡梯田。

[坝地] 指在沟道拦蓄工程上游因泥沙淤积形成的地面较平整的可耕作土地。

[其他基本农田] 指小片水地、滩地、引水拉沙造田等农田。

[水土保持林] 指以防治水土流失为主要功能营造的人工林。根据其功能的不同，可分为坡面防护林、沟头防护林、沟底防护林、塬边防护林、护岸林、水库防护林、防风固沙林、海岸防护林等。

[经济林] 指为利用林木的果实、叶片、皮层、树液等林产品供人食用，或作为工业原料，或作为药材等为主要目的而培育和经营的人工林。

[种草] 指经人工种植或培育，覆盖度达到 70% 以上的草地。

[封禁治理] 指采取禁伐禁砍，实施封育管护等的水土流失治理措施的面积。

[其他] 指通过除上述措施以外的采用其他治理的水土流失措施，包括保土耕作、地埂植物带、改垄等措施。

【新增小流域综合治理面积】指当年综合治理的小流域面积。

【封禁治理保有面积】指为控制水土流失、改善生态环境，采取封育管护措施，对稀疏植被采取封禁管理，利用自然修复能力，辅以人工补植和抚育，促进植被恢复，使林草郁闭度达 80% 以上的封禁治理区域的面积。

【已治理沟道条数】已经治理过的侵蚀沟道条数。

【已建成黄土高原淤地坝】指在黄土高原沟道中，已经修建成的以控制沟道侵蚀、拦泥淤地、减少洪水和泥沙灾害为主要目的的沟道治理工程设施。

[**骨干坝**] 指库容在 50 万米^{3}以上的淤地坝。

[**中型坝**] 指库容在 10 万～ 50 万米^{3}的淤地坝。

[**已实施小流域综合治理条数**] 指实施小流域综合治理的小流域条数。

6. 入河湖排污口统计

【**入河湖排污口数量**】指直接或者通过沟、渠、管道等设施向河流（含河流上的水库）、湖泊排放废污水的排污口数量。

【**按排入水域分**】指按入河湖排污口将废污水排进的水域类型划分，可分为河流、湖泊和水库三类。

【**按污水来源分**】指按入河湖排污口排放废污水的来源划分，可分为工业企业直排、生活直排、污水处理厂排放、市政直排和其他类型。

二、水利建设投资统计

1. 项目概况

【**建设项目**】指按照以总体设计进行施工，由一个或若干个具有内在联系的工程组成的总体。基本建设项目指经批准在一个总体设计或初步设计范围内进行建设，经济上实行统一核算，行政上有独立组织形式，实行统一管理的基本建设单位。

【**项目类型**】指水利建设投资项目按照项目的建设内容和目标所进行的分类。

【**隶属关系**】基本建设项目按建设单位直属或主管上级机关确定。隶属关系分为中央、省（自治区、直辖市）、地区（州、盟、省辖市）、县（旗、县级市）和其他五大类。

⑴中央：指中共中央、人大常委会和国务院各部、委、局、总公司以及直属机构直接领导和管理的基本建设项目和企业、事业、行政单位。这些单位的固定资产投资计划由中央有关各部门直接编制和下达，建设中所需要的统配物资和主要设备以及建设中的问题都由中央有关部门安排和解决。

⑵省（自治区、直辖市）：是由省（自治区、直辖市）政府及业务主管部门直接领导和管理的基本建设项目和企业、事业、行政单位。

⑶地区（州、盟、省辖市）：是由地区、自治州、盟、省辖市直接领导和管理的基本建设项目和企业、事业、行政单位。

⑷县（旗、县级市）：是由县、自治旗、县级市直接领导和管理的基本建设项目和企业、事业、行政单位。

⑸其他：不隶属以上各级政府及主管部门的建设项目和企业、事业单位，如外商投资企业和无主管部门的企业等。

【**项目规模**】基本建设项目按规模分为大中型项目和小型项目，水利基本建设项目大中型项目划分标准是：①水库：总库容 1 亿米^{3}以上（包括 1 亿米^3，下同）。②灌溉面积：灌溉面积 50 万亩以上。③水电工程：发电装机 5 万千瓦以上，以及列入国家发展改革委员会（年度计划）计划单子上的项目均填报为大中型；水库除险加固、灌区续建配套及更新改造、农村饮水安全工程、中小河流治理、小型农田水利建设等均作为小型项目。④其他项目：是指水利建设项目前期工作投资等不产生固定资产的项目。

【建设性质】基本建设项目的建设性质根据整个建设项目的情况确定，分为：

⑴新建：一般是指从无到有、“平地起家”开始建设的企业、事业和行政单位或独立的工程。现有企业、事业、行政单位一般不属于新建。但如有的单位原有基础很小，经过建设后新增的资产价值超过该企业、事业、行政单位原有固定资产价值（原值）三倍以上的也应作为新建。

⑵扩建：是指在厂内或其他地点，为扩大原有产品的生产能力（或效益）或增加新的产品生产能力，而增建主要的生产车间（或主要工程）、分厂、独立的生产线的企业、事业单位。行政、事业单位在原单位增建业务用房（如学校增建教学用房、医院增建门诊部、病房等）也作为扩建。现有企业、事业单位为扩大原有主要产品生产能力或增加新的产品生产能力，增建一个或几个主要生产车间（或主要工程）、分厂，同时进行一些更新改造工程的，也应作为扩建。

⑶改建：是指对原有设施进行技术改造或更新（包括相应配套的辅助性生产、生活福利设施），没有增建主要生产车间、分厂等的企业、事业单位。灌区续建配套与节水改造、水库除险加固一般列入改造性质，在立项审批文件中列有新增生产能力或效益时，应列入扩建性质。

⑷单纯建造生活设施：是指在不扩建、改建生产性工程和业务用房的情况下，单纯建造职工住宅、托儿所、子弟学校、医务室、浴室、食堂等生活福利设施的企业、事业及行政单位。

⑸迁建：是指为改变生产力布局或由于城市环境保护和安全生产的需要等原因而搬迁到另地建设的工程。

⑹恢复：是指自然灾害、战争等原因，使原有的固定资产全部或部分报废，以后又投资恢复建设的单位。尚未建成投产的建设项目，因自然灾害损毁重建，不作为恢复项目，仍按原有建设性质填报。

⑺单纯购置：是指现有企业、事业、行政单位单纯购置不需要安装的设备、工具、器具，而不进行工程建设的单位。有些单位虽然本年只从事购置活动，但该项目设计中规定有建筑安装活动，应根据立项时规定的建设性质填报。建设过程中不能改变建设性质。

(8) 前期工作：是指水利规划、工程项目前期、专题研究和基础性工作（含业务建设）。

【建设阶段】指建设项目报告期所处的建设阶段。分为：

(1) 筹建项目：指正在进行前期工作尚未正式施工的项目。按照国家有关规定，建设规模较大的建设项目，在正式开工以前，经批准可以设立专门的筹建机构，为建设做准备工作。包括研究和论证建设方案、组织审核设计文件和预算，订购设备、材料，办理征地拆迁和平整场地等。筹建项目已发生的投资额，应计算投资完成额，但不计算施工项目个数。

(2) 本年正式施工项目：是指本年正式进行过建筑安装施工活动的建设项目。包括本年新开工项目，本年续建项目，以前年度全部停、缓建在本年恢复施工的项目，本年进行过施工、又在本年内全部建成投产或全部停、缓建的项目。不包括以前年度建成投产在本年进行收尾的项目，以及以前年度全部停、缓建在本年进行维护工程的项目。

(3) 本年收尾项目：是指以前年度已经全部建成投入生产或交付使用，但有遗留工程尚未竣工，在本年内进行收尾工程的项目。如果以前年度没有报过全部建成投产，而在本年度继续施工，不论其遗留工作量大小，都按正式施工项目统计。

(4) 停、缓建项目：是指根据国民经济宏观调控及其他原因，经有关部门批准停止建设或近期内不再建设的项目。停缓建项目分为全部停、缓建项目和部分停、缓建项目。全部停、缓建项目是指经批准并已收到全部停、缓建通知的项目，包括报告期内有部分工程需要做到一定部位或仓库、生活福利施工工程经上级批准本年继续施工的项目。

①全部停、缓建项目是指经有关部门批准不再建设或短期内整个项目停止建设的项目。

②部分停、缓建项目是指建设项目仍在施工，但其中的部分单项工程经有关部门批准停止或近期内不再建设并已停止施工的项目。报告期部分停缓建项目仍应作为施工项目统计。

(5) 单纯购置：是指现有企业、事业、行政单位单纯购置不需要安装的设备、工具、器具，而不进行工程建设的单位。有些单位虽然本年只从事购置活动，但该项目设计中规定有建筑安装活动，应根据立项时规定的建设性质填报。建设过程中不能改变建设性质。

(6) 前期工作：是指水利规划、工程项目前期、专题研究和基础性工作（含业务建设）四类项目。

【开工时间】填写水利建设项目正式开工的时间。如建设性质为"前期工作"，则建设阶段也应为"前期工作"，则无需填写开工时间；如建设阶段为"筹建"和"单纯购置"，则也无需填写开工时间。

【全部建成投产时间】指报告期内按设计文件规定建成主体工程和相应配套的辅助设施，形成生产能力或工程效益，已正式投入生产或交付使用的时间。

【审批文号】指项目筹建阶段为各类批复文件的文件号。

2. 总体进度

【项目计划总投资】指建设项目或企业、事业单位中的建设工程，按照总体设计规定的内容全部建成计划（或按设计概算或预算）需要的总投资。一般应采用上级批准的计划总投资。在上级批准计划总投资后，又批准调整时，应填报批准后的调整数字；无上级批准计划总投资的，采用上报的计划总投资或年内施工工程计划总投资。

【实际需要总投资】指在累计完成投资额已超过上级批准计划总投资的情况下，采用建设项目按总体设计规定的内容全部建成所需的投资。

【移民征地费】指由于水库淹没、工程建设占地等原因需要通过划拨方式或出让方式取得土地使用权核定的各项费用。包括通过划拨方式取得土地使用权所支付的土地补偿费、附着物和青苗补偿费、安置补偿费及土地征收管理费等（计入新增固定资产）；以及通过出让方式取得土地使用权所支付的出让金（不计入新增固定资产）。

【自开工累计完成投资】指建设项目从开始建设到本年底止累计完成的投资。它是反映整个建设项目或企、事业单位建设总进度的指标，应包括建成投产或停、缓建工程完成的投资以及拆除、报废工程的投资。

【新增固定资产】是以货币形式反映建设活动最终成果的综合性指标，是指通过投资活动在一定时期建成或交付使用的新的固定资产的价值。包括已经建成投入生产或交付使用的工程投资和达到固定资产标准的设备、工器具的购置投资及应摊入的费用。新增固定资产是反映基本建设投资活动成果的价值量指标，只有已经完成建造和购置过程，并正式移交生产、使用单位的固定资产才能计算新增固定资产。没有安装的需要安装设备、正在施工的建设工程等都不能计算新增固定资产。

新增固定资产指标是综合计算不同时期、不同部门、不同地区的基本建设投资效果的重要依据，一定时期的新增固定资产，与同期完成投资额密切相关。

【自开工累计新增固定资产】指建设项目在"自开始建设至本年底累计完成投资"中已交付使用的固定资产价值，包括已经建成投产或交付使用的工程投资和达到固定资产标准的设备、工具、器具的投资，以及应摊入固定资产的费用。投资包干节余和国内贷款利息也计入新增固定资产价值中。它是自开始建设累计完成投资中开始发挥效益的部分，是反映整个建设项目的建设进度和建设成果的指标。

【本年新增固定资产】指报告期全年内交付使用的固定资产价值。它是反映年度固定资产投资成果的重要指标。

【本年完成投资】指从本年1月1日起至本年最后一天止完成的全部投资额。实际完成投资额是以货币表示的工作量指标，包括实际完成的建筑安装工程价值，设备、工具、器具的购置费，以及实际发生的其他费用。没用到工程实体的建筑材料、工程预付款和没有进行安装的需要安装的设备等，都不能计算投资完成额。

【计算投资额所依据的价格】建筑安装工程投资额一般按预算价格计算。实行招标的工程，按中标价格计算。凡经建设单位与施工单位双方协商同意的工程价差、量差，且经建设银行同意拨款的，应视同修改预算价格。建筑安装工程应按修改后的预算价格计算投资完成额。对于某些工程已进入施工但施工图预算尚未编出的，统计报表可根据工程进度先按设计概算或套用相同的结构、类型工程的预算综合价格计算，待预算编出后再进行调整；建设单位议价购料供应给施工单位，材料价差部分未转给施工单位的，建设单位应将这部分价差包括在建安工程投资中；设备、工具、器具购置投资额一律按实际价格，即支出的全部金额计算；外购设备、工具、器具除设备本身的价格外，还应包括运杂费、仓库保管费等；自制的设备、工具、器具，按实际发生的全部支出计算；其他费用的价格：一般按财务部门实际支付的金额计算；国内贷款利息按报告期实际支付的利息计算投资完成额，并作为增加固定资产的费用处理；利用国外资金或国家自有外汇购置的国外设备、工具、器具、材料以及支付的各种费用，按实际结算价格折合人民币计算。

【本年完成投资额按构成分】①建筑工程（建筑工作量）：指各种房屋、建筑物的建造工程，又称建筑工作量。②安装工程（安装工作量）：指各种设备、装置的安装工程，又称安装工作量。③设备工具器具购置：指把工业企业生产的产品转为固定资产的购置活动，包括建设单位或企业、事业单位购置或自制达到固定资产标准的设备、工具、器具的价值。新建单位及扩建单位的新建车间，按照设计或计划要求购置或自制的全部设备、工具、器具，不论是否达到固定资产标准均计入"设备工具器具购置"中。④其他费用：指在固定资产建造和购置过程中发生的，除建筑安装工程和设备、工器具购置投资完成额以外的费用，不指经营中财务上的其他费用。包括旧房屋购置，基本畜禽支出、林木支出，退耕退牧还林还草、土壤改良、城市绿化，办公生活用家具、器具购置，建设单位管理费，土地征用、购置及迁移补偿费，政府收费，勘察设计费，研究实验费，可行性研究费，临时设施费，施工机械转移费，设备检验费，负荷联合试车费，土地占用、使用费，建设期应付利息，包干节余，企业债券发行费，合同公证费及工程质量监测费，国外借款手续费及承诺费，汇兑损益，调整器材调拨价格折价，坏账损失，固定资产亏损及损失等。

【本年完成投资按用途分】①防洪工程投资：是指各种防洪工程所完成的投资。包括以防洪工程为主的水库工程投资、堤防加固、河道治理、蓄滞洪区建设等工程性措施和防汛调度、防洪保险、预警系统等非工程设施建设。②灌溉工程投资：是指用于灌溉工程建设所完成的投资。包括以灌溉工程为主的水库工程投资、灌区、引水枢纽、渠道、土地平整等投资。③除涝工程投资：是指用于建设除涝工程完成的投资。包括排水渠道、排水闸等工程投资。④水电工程投资：是指用于水电工程建设所完成的投资。包括水电站工程的主体工程、临时工程、征地移民投资及电网建设投资。也包括综合利用的水利枢纽工程中的电站厂房投资、电站设备、电站安装工程投资等。⑤供水工程投资：是指用于城镇、工业供水工程建设所完成的投资。包括以供水为主的水库工程投资，不包括用于农业灌溉的引水工程投资。⑥水土保持及生态工程投资：是指用于水土保持工程建设所完成的投资。包括大江大河中上游水土保持、重点治理区及小流域治理投资等。⑦机构能力建设：是用于机构能力建设所完成的投资。包括房屋建设和科研设备购置等。⑧项目前期工作：是指各类水利进行项目建议书、可研、初设等项目前期工作投资。非工程、非基建项目所完成的投资。⑨其他：是指除上述用途之外的其他工程建设所完成的投资。包括水利企事业单位的旅游、水产等设施投资。

综合利用水库工程一般同时具有多项效益，根据该工程规划立项时的投资分摊的比例计算各种用途投资的完成额，按其主要作用列入防洪、灌溉、水电、供水内。

3. 投资进度

【按来源划分】主要划分为中央政府投资、地方政府投资、利用外资、企业和私人投资、国内贷款、债券和其他投资。

[预算内拨款]指财政预算内经营性或非经营性基金，一般指发改部门下达的投资计划。

[预算内专项（国债）]指预算内长期建设国债资金。

[中央预算内专项]指国家下发的国债用于水利建设投资。

[地方预算内专项]是指地方政府发行的地方债券中用于水利建设的投资。

[中央财政水利专项资金]指中央财政安排的用于水利建设的专项资金。

[地方财政水利专项资金]指地方财政安排的用于水利建设的专项资金。

[水利建设基金]指预算内水利建设专项资金，分为中央政府水利建设基金和地方政府水利建设基金。

[重大水利工程建设基金]指预算内重大水利工程建设基金，分为中央政府和地方政府用于重大水利工程的建设基金。

【土地出让收益】从2011年7月1日起，各省、自治区、直辖市、计划单列市（以下简称各地区）所辖市、县（区），统一按照当年实际缴入地方国库的招标、拍卖、挂牌和协议出让国有土地使用权取得的土地出让收入，扣除当年从地方国库中实际支付的征地和拆迁补偿支出、土地开发支出、计提农业土地开发资金支出、补助被征地农民社会保障支出、保持被征地农民原有生活水平补贴支出、支付破产或改制企业职工安置费支出、支付土地出让业务费、缴纳新增建设用地土地有偿使用费等相关支出项目后，作为计提农田水利建设资金的土地出让收益口径，严格按照10%的比例计提农田水利建设资金。

为确保各地区及时足额从土地出让收益中计提农田水利建设资金，在《2011年政府收支分类科目》中，

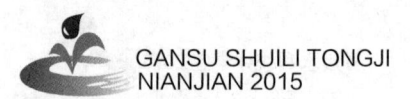

增设"103014805 农田水利建设资金收入"科目，反映从土地出让收益中计提的农田水利建设资金，并在地方国库中实行分账核算。相关地区根据中发〔2011〕1号文件以及省级人民政府文件规定，从2011年1月1日起至2011年6月30日期间，已经从土地出让收入中计提的农田水利建设资金，统一划入"103014805 农田水利建设资金收入"科目核算管理。从2011年7月1日起，各地区从土地出让收益中计提的农田水利建设资金统一按照本通知规定的口径和比例执行。各地区不得将农田水利建设资金并入水利建设基金管理，相关地区规定与本通知规定不一致的，要按照本通知规定进行调整。

〔**水资源费**〕指地方政府征收的水资源费用于水利建设的投资。

〔**自筹资金**〕指部门及事业单位以自己名义筹集的各类资金，包括自有资金、银行贷款等。

〔**企业和私人投资**〕指企业、私人以自己名义投入的各类资金。

〔**国内贷款**〕指以项目名义从国内银行或其他金融机构得到的、需要项目投产后收入进行偿还的各类政策性或商业性贷款。

〔**债券**〕指以项目名义从债券市场（各种资本市场）募集的各类资金。

〔**其他投资**〕包括乡镇自筹、群众投工投劳折资等。

【**累计安排投资**】指自项目开工以来截至到报告期经有关机关、单位批准或同意安排的计划投资额。

【**本年计划投资**】指经有关机关、单位批准或同意安排的当年计划投资额。

【**累计到位投资**】指建设单位自项目开工以来累计收到的各种来源的投资。对于实行国库集中支付的投资，只要建设单位收到国家投资计划，就算投资到位。对于银行贷款，只要收到投资银行批准的贷款指标，就算投资到位。企业自有、企业债券按报告期实际收到的资金数量进行统计。由国外银行直接支付的外资，已经承诺支付、按工程进度或采购设备计算投资后即按到位统计。无偿拨入的设备，应在收到设备时进行统计。

【**本年到位投资**】指本年建设单位收到的工程建设的各种来源的投资，包括以往年度下达的计划投资今年到位数。

4. 形象进度

【**实物工程量**】是以自然物理计量单位表示的水利工程建设完成的各种工程数量，包括各类主体工程、施工导流和围堰的工程数量，不包括一般房屋建筑、附属工程、临时工程完成的数量。实物工程量是计算工作量的依据，是反映水利基本建设的成果、考核工程进度的重要指标之一。

【**土方**】指水利工程建设中土方的开挖、回填、填筑的数量。包括土坝填筑、灌区渠道、防洪堤防等土方。如监理月报中只有土石方的开挖、回填等数据，则全部计入"土方"中，"石方"则不计入。

【**石方**】指水利工程建设中石方开挖、石方回填、石方砌筑（包括干砌石和浆砌石）、抛石护岸等，包括水库大坝、渠道及堤防建筑物中的石方等。

【**混凝土**】指水利工程建设中浇筑、衬砌的混凝土的数量。包括水库混凝土大坝、渠道及堤防建筑物中的混凝土等。

【**全部计划实物工程量**】指建设项目的设计文件中列入计划的全部实物工程量。一般按批准总体设计文件的实物工程量填列。没有批准总体设计文件的，采用上报设计文件中的工程量数或年内施工工程的计划实物工程量。当累计完成实物工程量超过全部计划实物工程量时，采用累计完成实物工程量加未完工程计划实物工程量。

【本年计划实物工程量】指年度施工计划中的工程量计划，年度施工计划又有调整的，采用调整数。

【累计完成实物工程量】指建设项目自开始建设到报告期止累计完成的实物工程量。

【本年完成实物工程量】指从本年1月1日起至本年最后一天止完成的全部实物工程量。

【单项工程个数】根据编制建设项目概（预）算、制订计划以及进行统计、会计核算的需要，基本建设项目一般可划分为单项工程、单位工程、分部工程及分项工程。单项工程是指有独立设计文件，建成后能独立发挥效益的工程。单项工程是基本建设项目的组成部分，也是划分工程用途、事业种类、计算新增固定资产价值和新增生产能力或效益的依据。反映大中型项目单项工程的建设和投产情况，也是基本建设统计的一项重要内容。水利综合利用枢纽工程项目中，单项工程一般是指水库（大坝、溢洪道、输水洞）、水电站、灌区、房屋等。当水保、人饮、水电等面上比较分散的项目打捆统计时，每一个可独立实施的项目可作为打捆项目的统计项目个数。

【规划用地面积】土地征用和购置：①规划用地面积：指根据经有关部门批准的项目规划，建设项目需要使用的土地面积。②本年实际征用和购置土地面积：指报告期内通过征用等各种方式获得使用权的土地面积。③本年土地征用和购置价款：指报告期内征用和购置土地进行土地使用权交易活动的最终金额。具体包括：通过划拨方式取得土地使用权而支付的土地补偿费、附着物和青苗补偿费、水库淹没处理补偿费、农村移民安置迁建费、城镇及集镇迁建补偿费、专业项目恢复改建费、防护工程费、库底清理费、有关税费、环境影响等补偿费和其他费用。征用和购置的土地价款与征用和购置土地面积同口径，目的是正确计算平均土地征用和购置价格。

5. 投资效益

【新增生产能力（或工程效益）】指通过基本建设投资活动而新增加的设计生产能力（或工程效益），是以实物形态表现的基本建设投资效果指标，也是考核投资经济效果的重要依据之一。

【水库总库容】是水库按校核水位计算的总蓄水容量。它是反映水库工程效益的指标。只有当水库工程的主体工程大坝、溢洪道、输水洞三个单位工程都按设计建成才能拦洪蓄水。发挥整体效益时，才能计算新增水库总库容。

【耕地灌溉面积】又称有效灌溉面积。指耕地上灌溉工程设施基本配套，且水源具有一定保证率的可以灌溉的面积。如果是灌区续建配套或节水改造项目、病险水库除险加固项目等，一般规模应选择"改善灌溉面积"。

【除涝面积】具有除涝工程设施（如圩堤、水闸、泵站、暗管等），排水出路有保证，能够按照设计标准，减轻或消除涝、渍灾害的耕地面积。

【发电装机容量】水力发电工程在水库蓄水，水工建筑物、引水系统、尾水系统、水轮发电机组及风、水、电、油等附属设备系统均已验收合格，按验收规程调试完毕的发电机组铭牌出力指标。

【排灌装机容量】指排灌机组的铭牌容量。它是反映灌溉、排涝工程机械设备容量的指标。

【供水能力】指用于城镇和工业生产、生活供水工程的日供水能力。不包括农业灌溉工程的供水能力。

【改善灌溉面积】指在已经达到有效灌溉面积标准的基础上，通过工程措施，使原有灌溉面积的灌溉标准有所提高。如提高灌水的保证率、增加灌溉节水措施等。

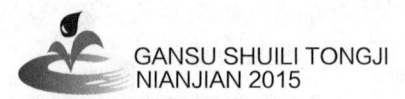

【改善除涝面积】指在已经达到除涝面积标准的基础上，通过工程措施，使除涝标准有所提高。

【新建及加固堤防长度】指按照设计标准建成或基本建成的河堤、江堤、海堤、湖堤，包括防洪墙等各类防洪、防潮堤防之总和。不包括单纯除涝河道的堤防和弃土形成的堤防，也不包括子埝和生产堤。

【水保治理面积】指按照综合治理的原则，对水土流失区域采取各种治理措施，以及按小流域综合治理措施所治理的水土流失面积总和。

【饮水安全达标人口】指满足农村饮水安全标准（高标准）的农村地区（即城市及县城关镇以外地区）年末常驻人口。农村饮水包括农村居民餐饮、洗涤以及散养畜禽等日常生活用水。按照水利部、卫生部联合下发的《关于印发农村饮用水安全卫生评价指标体系的通知》的要求，农村饮水安全主要采用水质、水量、取水方便程度以及供水保证率四项指标进行评价，并对五类地区分安全饮水和基本安全饮水两个档次设置标准，只有当上述四项指标均达到饮水安全标准的人口，才算饮水安全达标人口。

【节水灌溉面积】指采用喷灌、微灌、低压管道输水、渠道衬砌防渗等工程技术措施，提高用水效率和效益的灌溉面积。

【渠道防渗长度】指渠道采取防渗措施整治的长度。

【河道整治长度】指采取各种工程措施改善水流条件、泥沙运动，调整河床冲淤部位等的河道长度。

【改善或恢复库容】指通过工程措施，使原有设计总库容恢复或者增加的库容。

【新增生产能力的数量】原则上应按工程的设计（计划）能力计算。设计能力是指设计文件中规定的主体工程及相应配套的辅助工程（或配套设备）在正常情况下能够达到的生产能力。在建设过程中需要调整设计能力时，必须经原批准设计的管理机关批准后，才能按批准修改后的能力计算。如尚未批准，仍按原设计能力计算，并加以说明。无设计（或计划）能力的，可根据验收时的鉴定能力计算。

【建设规模】指建设项目或工程设计文件中规定的全部设计能力（或工程效益）。包括已经建成和尚未建成投产的工程的效益。它是以实物形态表示的建设项目规模指标，反映建设项目全部建成投产后，能够为社会提供的新增效益。

建设规模应填写设计任务书或计划文件中规定的全部效益。如小浪底水利枢纽除填水库库容 126.5 亿米^3 外，还要填发电装机容量 180 万千瓦。新建项目按全部设计工程效益计算；改、扩建工程按改、扩建后新增加的效益计算，不包括改、扩建前原有的效益。没有总体设计的项目，填本年施工的全部单项工程的设计效益。

【本年新增工程效益】指在报告期内按照新增效益的计算条件和标准，实际建成投入生产或交付使用的工程效益。

【本年施工规模】指报告期内施工的单项工程的工程效益，包括报告期以前开工跨入本年继续施工的工程的设计效益和报告期新开工工程的设计效益。也包括报告期内建成投产或报告期施工后又停缓建的单项工程的效益。不包括在报告期以前投产或已经停缓建的单项工程，以及报告期内尚未正式开工的工程设计效益。

［本年施工规模］是全部建设规模中在本年正式施工的部分，即本年施工的工程的全部设计能力。

［水库工程］当水库大坝基础开始施工时，水库库容的本年施工规模与建设规模一致。

［水电站工程］当大坝基础开始施工时，尽管发电厂房和机组尚未施工和安装，此时就应填发电装机容量的本年施工规模，即建设规模，因为大坝的基础也是电站的基础。报告期以前投产的发电装机容

量应在本年施工规模中扣除。

【累计新增工程效益】指自开始建设至报告期止建成投产的全部单项工程累计新增的工程效益。包括报告期以前已经建成投产和报告期内建成投产的单项工程的效益。没有总体设计的工程填本年施工的全部工程自开始建设至本年底止的累计新增工程效益。

三、水利建设项目主要分类

代码	项目类型		解　释
0100	控制性枢纽工程项目		具有防洪、发电、灌溉、供水或生态保护等多目标能力的蓄水枢纽建设、包括滞洪水库建设
0110		水库枢纽工程	具有多目标能力的水闸枢纽工程
0120		水闸枢纽工程	除水库、水闸枢纽工程外,其他枢纽工程
0190		其他枢纽工程	
0200	防洪项目		
0210		堤防工程	指江河湖堤和圩垸、围堤等,包括堤防加高加固中的隐蔽工程
0220		江河湖泊治理工程	包括河道整治中的清淤疏浚以及护坡、护岸、导流和河控等工程建设以及恢复河湖行蓄洪能力为目的的平垸行洪和移民建镇等活动
0221		大江大湖治理	大江大湖的治理活动
0222		重要支流治理	重要支流的治理活动
0223		中小河流治理	有关中小河流的治理活动
0229		其他	除上述三类的关于江河湖泊的各项治理活动
0230		行蓄洪区安全建设	行蓄(滞)洪区安全设施建设,包括分洪闸、分洪水道等建设
0240		城市防洪工程	城市防洪设施建设
0250		水库除险加固	
0251		大中型病险水库除险加固	大中型病险水库的除险加固工程
0252		小型病险水库除险加固	小型病险水库的除险加固工程
0260		海堤建设	
0270		国际界河工程	以国际界河岸线保护、河势控制为主的工程
0280		大中型病险水闸除险加固	大中型病险水闸的除险加固工程
0290		其他防洪项目	除上述以外的防洪工程
0300	灌溉除涝项目		
0310		灌区建设工程	灌区渠首建筑物、输配水渠道及其渠系建筑物的建设
0320		节水灌溉工程	灌区配套与节水改造工程、节水示范工程等
0330		小型农田水利建设	
0340		水库工程	以灌溉、供水为主要目的的蓄水水库(中小水库)建设
0350		泵站工程	用于灌溉、排涝(渍)的泵站工程
0390		其他灌溉除涝项目	

续表

代码	项目类型		解释
0500	供水项目		以城乡居民生活、公共服务和工业生产等为目的的供水设施及能力建设
0510		引水(调水)工程	以引水灌溉或供水为主要目的,在河床上建设拦河闸坝工程,包括各类输配水渠道、管线及配套设施的建设
0520		农村饮水安全工程建设	以农村饮水安全保障为目的的各类饮水工程建设
0590		其他供水工程	
0600	水务项目		主要指城镇供、排、用水项目
0610		自来水厂建设	自来水厂建设与改造工程
0620		城镇供水管线建设	供水管网建设与改造工程
0630		城镇排水系统建设	排水管网建设与改造工程
0640		污水处理工程建设	污水处理厂、污水处理管网建设
0690		其他水务能力建设	
0700	非常规水资源利用项目		
0710		中水回用	废、污水收集处理为中水回用的工程系统建设
0720		雨水集用	利用雨水集用等技术措施增水农村居民饮水的项目
0730		海水淡化	运用海水淡化等措施处理后用于工业冷却水、生产用水的项目
0800	水电开发利用		
0810		水力发电工程建设	包括以发电为主的水库枢纽工程建设
0820		电网建设与改造	
0830		水电增效扩容	
0840		小水电代燃料	
0890		其他电气化工程	
0900	水保及生态		
0910		水土流失治理	包括生态修复
0920		流域生态综合治理	包括生态补水
0930		水环境污染防治	水污染控制工程、水体置换净化工程建设
0940		水利血防项目	防治血吸虫病的水利措施,包括河湖治理等
0950		财政水保	财政资金用于水保项目的投资
0990		其他环境水利项目	

续表

代 码	项目类型		解 释
1000	滩涂治理及围垦工程建设		
1100	机构能力建设专项		
1110		水文设施及能力建设	水文站网及设施
1120		科研教育设施	科研教育基础设施建设及相关设备购置
1130		防汛通讯设施等能力建设	包括防汛抢险队、基础设施建设、设备购置及能力建设等
1190		其他水利发展项目	
1200	前期工作项目		
1210		水利规划	全国、流域和区域水利规划等规划编制工作
1220		专题研究	为解决水利规划、工程项目前期工作中重大技术、经济、环境问题及改革与管理问题开展的研究论证
1230		项目前期	包括项目建议书、可行性研究、初步设计编制工作
1240		基础管理	开展行业技术规范、行业标准、定额管理等基础工作
1260		其他前期工作	包括水利建设基础勘探
1300	其他水利项目		包括水毁修复、移民、专项等